# कृषि प्रसार में सुधार

## एक संदर्भित मैनुअल

## तालिका सूची

# चित्र सूची

## भाग-3 : प्रसार प्रबंधन का सुधार



## भाग-4 : वर्तमान प्रवृत्ति एवं विकास

# विषयानुक्रमणिका

'मूलतः यह पुस्तक संयुक्त राष्ट्र के खाद्य एवं कृषि संगठन द्वारा प्रकाशित किया गया।'

'इस प्रकाशन में नामों का उल्लेख तथा विषयों की प्रस्तुति का संयुक्त राष्ट्र के खाद्य एवं कृषि संगठन के विचारों की उक्ति किसी प्रकार भी नहीं है जिसका संबंध किसी देश, सीमा, नगर या क्षेत्र के अन्तर्गत वैध अवस्था से हो या उसकी सीमाओं या सीमा प्रदेश के परिसीमन से हो।'

'उन्नत' एवं 'उन्नतिशील' अर्थव्यवस्था जैसे शब्दों का उपयोग केवल सांख्यिकी की सुविधाओं के लिये किया गया है एवं यह आवश्यक रूप से किसी देश सीमा या क्षेत्र की विकास प्रक्रिया में उसकी अवस्था से नहीं है।


**ISBN: 978-81-7035-473-4**



*प्रकाशक* : **दया पब्लिशिंग हाउस®**
**ऐस्ट्रल इंटरनेशनल (प्रा०) लिमिटेड की इकाई**
– ISO 9001:2015 Certified Company –
4736/23, अंसारी रोड, दरियागंज,
नई दिल्ली-110002
दूरभाष 011-35004336, 2327 8134
ईमेल: info@astralint.com
वेबसाइट: www.astralint.com

# कृषि प्रसार में सुधार

## एक संदर्भित मैनुअल

*लेखक*

बर्टन ई. स्वानसन

रॉबर्ट पी. बेंज

एन्ड्रयू जे. सोफरेंको

संयुक्त राष्ट्र व खाद्य एवं कृषि संगठन, रोम की अनुमति से

**2024**

**दया पब्लिशिंग हाउस**

**ऐस्ट्रल इंटरनेशनल (प्रा॰) लिमिटेड**

***की इकाई***

**नई दिल्ली–110 002**

# प्राक्कथन

स्थायी कृषि विकास के संदर्भ में कृषि प्रसार की निर्णायक भूमिका है। प्रसार सेवाओं के कार्यों एवं उत्तरदायित्वों का क्षेत्र एवं सूची को आवश्यक रूप से विस्तृत आधार का रहना होगा और इस प्रकार कृषिजन्य तकनिकी स्थानांतरण से बाहर भी। इसके द्वारा कृषकों तक कृषि के तकनिकों एवं अच्छी खेती के तरीकों को स्थानांतरित कर जानकारी देना ही यथेष्ट नहीं है। प्रसार सेवा-एजेंसियों तथा कर्मचारियों को पूर्व क्रियाशील तथा भागीदारी की भूमिका निभानी होगी तथा मूल उत्पादकों, प्रशिक्षकों, एवं कृषि अनुसंधानकर्त्ताओं के बीच पहल कर पारस्परिक अर्थमूलक जानकारी पर आधारित समान परस्पर क्रिया की सुविधा देकर, ज्ञान एवं सूचना अधिकारी की भूमिका निभानी होगी। इसकी लागत-क्षमता के सुधार के लिए अनुकूल एवं स्पष्ट कृषि-प्रसार नीति के लिए उपयुक्त कुशलता तथा वकालत की आवश्यकता होगी। आधुनिक कुशल योजना तथा गुणी प्रबंधन के उपकरणों एवं विचारों का उपयोग विकसित या पुनर्गठित हो रहे कृषि प्रसार सगठनों में करना चाहिए। किसानों को क्रमबद्ध समस्याओं एवं जनित आवश्यकताओं तथा इन आवश्यकताओं एवं समस्याओं पर आधारित कृषि अनुसंधान कार्यालय को बनाने एवं स्थापना करने के लिए अधिक अनुसंधानात्मक तरीकों का विकास करना चाहिए। संक्षेप में सैद्धांतिक तकनिकी एवं कार्यकारी तरीकों तथा उपकरणों में सुधार एवं विकास की आवश्यकता है जिससे कुशल योजना, सक्षम प्रबंधन एवं वैज्ञानिक ढंग से समस्या समाधान का मूल्यांकन, एवं आवश्यकताधारित कृषि प्रसार कार्यक्रम होना सभंव हो।

इसलिए यह परमावश्यक है कि कृषि प्रसार से संबंधित जानकारी की संस्था के द्वारा निरंतर सुधार, आद्यतन सूचना प्रसारित होना चाहिए। यह भी महत्त्वपूर्ण है कि कृषि कला पर पुनर्विचार एवं माल सूची पर कृषि प्रसार सिद्धांत में व्यवहार में लगे कृषि प्रसार, कृषि प्रसारकों, शिक्षकों एवं शिक्षाविदों के बीच व्यापक विचार-विमर्श एवं हिस्सेदारी होनी चाहिए। खाद्य एवं कृषि संगठन के प्रसार, शिक्षा एवं संप्रेशन सेवा ने अब कृषि प्रसार के संदर्भ को एक क्लासिक मैनुअल के तृतीय संस्करण को पूरा कर लिया है। इसका प्रथम संस्करण 1973 में तथा द्वितीय संस्करण 1984 में प्रस्तुत हुआ। 'इम्प्रूविंग एग्रीकल्चरल एक्टेंशन: ए रेफरेंस मैनुअल' नाम का यह तीसरा संस्करण (हिन्दी) बिल्कुल नया है तथा कई ऐसे मामले इसमें शामिल किए गए हैं जिसे दिसंबर, 1989, रोम में आयोजित फाओ प्रायोजित कृषि प्रसार पर भूमंडलीय सलाह की बैठक के दौरान उठाकर विचार-विमर्श किया गया था।

साधारण कृषि जनित प्रसार ज्ञान का संग्रह करने जैसा एक सामान्य कार्य को निरूपित करना सहज नहीं है, जिसे भूमंडलीय आधार पर लागू किया जा सके। फिर भी फाओ/एसडीआरई ने विभिन्न देशों के भिन्न शैक्षणिक वातावरण के प्रसारकर्त्ताओं, शिक्षकों एवं शिक्षाविदों के सहयोग से समस्या को कम करने का प्रयास किया है। इस प्रकाशन के 23 अध्यायों में 15 देशों के 38 लेखकों ने योगदान किया है। हम आशा करते हैं कि यह पुस्तक प्रसार नियोजकों, प्रबंधकों, शिक्षकों, प्रशिक्षकों एवं क्षेत्र में मौजूद लोगों के लिए उपयोगी होगी जो कृषि प्रसार की गुणवत्ता में सुधार एवं प्रसार कार्यक्रमों के लागत-प्रभाव (कमी) को आगे बढ़ाने के लिये नए विचारों एवं तरीकों में वृद्धि का अवसर प्रदान करेगा।

इस पुस्तक की तैयारी का संयोजन प्रो. डॉ. बर्टन ई.

स्वानसन द्वारा फाओ के प्रसार, शिक्षा एवं संप्रेषण कर्मचारियों के सहयोग एवं  मार्गदर्शनानुसार किया गया। इस कार्य में प्रो. बी. ई. स्वानसन का सहयोग उनके दो सहकर्मियों डॉ. रॉबोट पी. बेंज एवं डॉ. एन्ड्रयू, जे. सोफरेंकों ने किया जो अमरीका के अरबाना चैम्पेन के इलिनोईस विश्वविद्यालय से संबद्ध थे। जिन्होंने एक साथ 23 अध्यायों पर लिखे 38 अंतर्राष्ट्रीय लेखकों के योगदानों का संपादन किया। यहाँ हम इन लेखकों तथा संपादकों के प्रति कृतज्ञता प्रदर्शित करना चाहेंगे खासकर प्रो. बी. ई. स्वानसन का उनके निरंतर प्रयासों के लिए जो उन्होंने 15 देशों के लेखकों के साथ यह संयोजन किया।

खाद्य तथा कृषि संगठन के प्रसार, शिक्षा एवं संप्रेषण सेवा के मजबूत समर्थन के बिना यह तीसरा संस्करण संभव नहीं होता खासकर इसके विभागाध्यक्ष डॉ. टीटो.ई.कोन्टाडो तथा इसके प्रसार शिक्षा एवं प्रशिक्षण पद्धति के विशेषज्ञ डॉ. रोनी अधिकार्या के बिना जिन्होंने पहल कर इस प्रकाशन के निर्माण तथा सैद्धांतिक रूप देने में नेतृत्व प्रदान किया। रेफरेंस मैनुअल के लिए इन दोनों ने अध्याय भी लिखा है।

रोम,
संयुक्त राष्ट्र संघ, खाद्य एवं कृषि संगठन।

**स्टीन डब्ल्यू. बाई.**
संचालक,
अनुसंधान, प्रसार एवं प्रशिक्षण(एस डी आर) विभाग,
प्राप्य विकास विभाग।

# भूमिका

यह नई पुस्तक 'इंप्रुविंग एग्रीकल्चरल एक्सटेंशन' उस क्रम का तीसरा है जो 1972 में प्रारंभ किया गया। प्रथम संस्करण 'एग्रीकल्चरल एक्टेंशन: ए रेफरेंस मैनुअल' में एडिशन एच. मौंडर ने कई ऐसी सामग्रियों का लेखन एवं संपादन किया जिसने प्रथम बार 'प्रसार' को अध्ययन एवं व्यवहार का क्षेत्र माना और उसके बाद प्रसार कार्यक्रम विकास तथा विभिन्न प्रसार शिक्षण प्रक्रियाओं की व्याख्या की तथा जिसका अंत:प्रसार प्रबंधन प्रभाग से हुआ। इसके प्रथम संस्करण को लिखते समय, कई प्रगतिशील देश अपने कृषिजन्य प्रसार संगठनों की स्थापना प्रक्रिया से गुजर रहे थे। इसलिए यह प्रथम संदर्भ मैनुअल प्रसार-प्रबंधकों तथा कार्यक्रम निर्माताओं के लिए एक अनिवार्य हस्तपुस्तिका बनी तथा उन विद्यार्थियों के लिए टेक्स्टबुक भी जो प्रसार सेवा में प्रवेश पाने की तैयारी में थे।

एग्रीकल्चरल एक्टेन्शन : ए रेफरेंस मैनुअल का दूसरा संस्करण एक संपादित वोल्युम था जो 1984 में प्रकाशित हुआ। इसका निर्माण प्रथम मैनुअल के कई सामग्रियों के अनुसार ही हुआ पर कृषि विकास में प्रसार की भूमिका पर विशेष ध्यान दिया गया खासकर तकनिकी स्थानांतरण में प्रसार की भूमिका पर। इसके कुछ भाग में कई देशों एवं दानकर्त्ताओं के विचारों में इस प्रवृत्ति की झलक देखी गयी, जहाँ विश्व की बढ़ती आबादी को खिलाने के लिए खाद्य उत्पादन को बढ़ाने तथा किसानों को प्रसार द्वारा उन्नत तकनिकी मुहैया कराने की आवश्यकता देखी गयी। उस समय तक राष्ट्रीय एवं अंतर्राष्ट्रीय अनुसंधानों में विनियोजन का विस्तार हुआ तथा इस भावना में वृद्धि देखी गयी कि लगभग 1 बीलियन किसानों तक उन्नत तकनिकी कैसे पहुँचायी जाए जहाँ इनका 90% भाग छोटे एवं उपांत किसानों का था जो विकासशील देशों में रहते एवं कार्य करते थे।

तीसरे वोल्युम में द्रुततर गति से बदलते विश्व में प्रसार के निरंतर विकास का वर्णन है। खासकर औद्योगिक रूप से विकसित देशों में अस्थायी खाद्य अतिरिक्तता ने कई सरकारों एवं दानकर्त्ताओं का ध्यान आकर्षित किया है कि वे कृषि क्षेत्र में और विनियोजन से दूर रहें। सरकारों से अर्ज किया जा रहा है कि वे कृषि अनुसंधानों पर होने वाले खर्चों में कटौती कर इस राशि को किसानों पर ही लगायें। कुलक-कृषकों के लिए तकनिकी पद्धति के निजीकरण का लक्ष्य है जबकि छोटे, मध्यवर्गीय एवं भूमिहीन किसानों की अधिक जिम्मेदारियाँ गैर-सरकारी संगठनों पर छोड़ना है।

इस कठिन दौर में अपने संगठनों के मार्गदर्शन के लिए कृषि प्रसार संचालकों को प्रत्यक्ष रूप से तीन मुख्य समस्याओं पर ध्यान केंद्रित करना होगा। सर्वप्रथम उन्हें प्रसार कार्य के उन क्षेत्रों पर ध्यान केंद्रित करना चाहिए जहाँ ये अपेक्षाकृत लाभदायक हैं। उदाहरण के लिए प्रसार को अपने उन प्रयासों पर प्रकाश डालना चहिए जो ज्ञानाधारित तकनिकी से संबद्ध हों किसानों की चिंता उनका केंद्र एवं प्राकृतिक संसाधनों के आधार को बनाये रखें। साधारणत: ये उन विषयवस्तुओं के क्षेत्र हैं जहाँ निजी क्षेत्र की कोई भूमिका नहीं है। उदाहरणों में शामिल हैं उत्पादन प्रबंधन, तकनीक का विस्तार जो विभिन्न फसलों की विशेषताएँ हैं एवं पशुधन पद्धति, प्राकृतिक संसाधन प्रबंधन तकनिकी जैसे मिट्टी तथा जल प्रबंधन, एकीकृत कीट प्रबंधन, कृषिजन्य वन एवं स्थायी विकास से संबद्ध अन्य तकनिकी, कुशल खेती प्रबंधन सहित ऐसे विषय हैं जो किसानों को उनकी कार्यक्षमता में सुधार लाने में सक्षम बनाएगा, उनकी फसल-सघनता की वृद्धि करेगा तथा अधिक मूल्य की वस्तुओं की ओर ले जाएगा।

दूसरा यह कि प्रसार संचालकों को अपने संगठन में प्रबंधन प्रक्रिया में सुधार लाना होगा। संक्षेप में (1) उन्हें कार्यक्रमों पर जोर डालने के लिए विस्तृत जानकारी एवं अनुमानित प्रभावों को बताकर, वार्षिक बजट को सही साबित करने का अच्छा सबूत देना होगा, (2) प्रसार- कार्यकलापों को प्रभावी बनाने एवं सुधार के लिए प्रबंधन के निर्णयों को विकेंद्रित करना होगा; एवं (3) कृषि उत्पादकता पर प्रभाव, खेती की आय तथा प्राकृतिक संसाधन प्रबंधन सहित विषयों, प्रसार के कार्यों पर नजर रखने, माप करने एवं रिपोर्ट तैयार करने पर ध्यान देना होगा।

तीसरे, यह कि अधिक उत्तरदायित्व का बोध जगाने के लिए बढ़ते दबाव को ऊपर से नीचे तक के दफ्तरशाही, व्यवहार की बढ़ती उदासी ने और भी बढ़ा दिया है, जिसने प्रसार को ग्राहकी की आवश्यकताओं के प्रति संवेदनहीन बना दिया है। इसलिए प्रसार निर्माताओं, तकनिकी विशेषज्ञों तथा फिल्ड स्टाफ की भूमिका को किसानों की भागीदारी, आवश्यकताओं के निर्धारण, प्राथमिकता निरूपण एवं कार्यक्रम कार्यान्वयन में, बढ़ानी होगी। अधिकांश किसानों खासकर छोटे एवं मध्यवर्गीय किसानों को अनुसंधान एवं प्रसार कार्यों में पूरी तरह शामिल नहीं करने का एक महत्त्वपूर्ण कारण उनका संगठित नहीं होना है। इसलिए प्रसार को एक अधिक सक्रिय भूमिका निभाकर किसानों को संगठित करने में सहायता देनी होगी जिससे वे कार्यकारी संगठनों, सहकारिता संगठनों वस्तु-समूहों, खास समितियों एवं अन्य प्रकार के किसानों की संस्थाओं से जुड़ सकें। किसानों की ऐसी संस्थाएँ, संदेश फैलाने में प्रसार की क्षमता को बढ़ा सकती है तथा ये समूह विशिष्ट कार्यक्रमों एवं कार्यकलापों के लिए सूचना प्राप्त करने का तार्किक साधन बन सकते हैं। इसके अतिरिक्त, इन विभिन्न किसान संगठनों के प्रतिनिधि स्थानीय, जिला, प्रांतीय एवं राष्ट्रीय प्रसार सलाहकार पैनलों में भाग लेकर प्रसार पद्धति के विभिन्न स्तरों के लिए फीडबैक प्रदान कर सकते हैं। संक्षेप में किसानों को संगठित करना एवं उन्हें प्रसार नीति निर्धारण में प्रत्यक्ष भूमिका देना तथा प्रसार प्राथमिकताओं की स्थापना, मांग आधारित प्रसार पद्धति के सृजन का एक अनिवार्य तत्त्व है जिसे जनता का विश्वास एवं समर्थन प्राप्त करना होगा।

'इंप्रुविंग एग्रीकल्चरल एक्सटेंशन: एक रेफरेंस मैनुअल' का नया वोल्युम तैयार करने में वर्तमान प्रवृत्तियों एवं परिप्रेक्ष्यों को शामिल किया गया है। संपादकों की राय में कृषि अनुसंधान एवं प्रसार को मांग आधारित होना होगा अगर इन संस्थाओं को जनता का विश्वास प्राप्त करना या बनाये रखना है जो प्रभावी ढंग से जनकोषों के लिए प्रतियोगी बन सके। इसलिए पुस्तक के प्रथम भाग, 'कृषि एवं ग्रामीण क्षेत्रों के विकास में प्रसार पर नजर' में चार अध्याय हैं जिसमें समय-समय पर कृषि प्रसार के विकास का वर्णन है। पिछले 30-40 वर्षों में आये विभिन्न प्रसार सिद्धांतों को बताते हुए विकास प्रक्रिया में प्रसार की भूमिका को यह पुनर्निर्मित करता है एवं कृषि एवं ग्रामीण क्षेत्रों के विकास में प्रसार की आर्थिक योगदान को भी बताता है।

दूसरे भाग 'प्रसार कार्यक्रमों एवं प्रक्रियाओं में सुधार' में सात अध्याय शामिल हैं जो प्रसार कार्यक्रम के विकास एवं कार्यान्वयन पर केंद्रीभूत हैं। इसके पाँचवें अध्याय में आवश्यकता-निर्धारण प्रक्रियाओं पर ध्यान केंद्रित हुआ है तथा इसके अगले छठे अध्याय में त्वरित गति से ग्राहकों की आवश्यकता निर्धारण के विभिन्न तरीकों को बताया गया है जो भागीदारी पद्धति पर आधारित है। सातवें अध्याय में इन पहचानी गई आवश्यकताओं के इर्द-गिर्द प्रसार कार्यक्रम के विकास की प्रक्रिया को दर्शाया गया है एवं आठवें अध्याय में इन पहचानी गई आवश्यकताओं को पूरा करने के लिए उपयुक्त तरीकों तथा प्रसार तत्त्वों का चयन बताया गया है। कई प्रसार पद्धतियों में ग्रामीण महिलाओं को सरसरी तौर पर उपेक्षित किया गया है इसलिए नवें अध्याय में इस ग्राहक-समूह तक पहुँचने के लिए प्रसार कार्यक्रमों के आयोजनों पर विशेष ध्यान दिया गया है। इस प्रभाग के अंतिम दो अध्यायों में प्रसार प्रबंधकों के लिए प्रसार कार्यक्रमों की कुशल योजना तैयार करने की आवश्यकता पर जोर डाला गया है जिसमें प्रसार कार्यक्रमों के आयोजन में मास मीडिया की भूमिका एवं विकास कार्यक्रमों के विकास एवं कार्यान्वयन के सुधार पर प्रसार के प्रभाव के मूल्यांकन की आवश्यकता भी शामिल है।

प्रसार प्रबंधन के सुधार के तीसरे भाग में आठ अध्याय हैं जो प्रत्यक्षत: प्रसार, सुधार एवं प्रबंधन से संबद्ध हैं। अध्याय 12 में प्रसार के मिशन, लक्ष्य एवं प्रसार के ग्राहकों की विशिष्टता बताते हुए प्रसार-नीति के महत्त्व को बताया गया है और यह भी कि इसके लिए वित्त कहाँ से प्राप्त होगा। अगले अध्याय में प्रसार संगठनों एवं प्रबंधन में सुधार के लिए आवश्यक मुख्य सिद्धांतों को बताया गया है। आगे के दो अध्यायों में प्रसार कर्मचारियों का प्रबंधन एवं पेशेवर कर्मचारी

विकास की प्रक्रियाओं पर विचार किया गया है। इसके अगले अध्याय में वित्तीय संसाधनों की प्राप्ति एवं प्रबंधन पर विचार किया गया है। इसके बाद के दो अध्यायों में प्रसारान्तर्गत, उत्तरदायित्व एवं उन्नत कार्यक्षमता प्राप्त करने की आवश्यकता के प्रयास पर जोर डाला गया है जो प्रसार कार्यक्रमों पर नजर रखने के महत्त्व एवं प्रसार संसाधनों, कार्यकलापों तथा उत्पादनों पर नजर रखने के लिए प्रबंधन सूचना पद्धति की स्थापना, पर प्रकाश डालता है। तीसरे भाग के अंतिम अध्याय में सर्वाधिक व्याप्त समस्याओं में से एक अनुसंधान-प्रसार-कृषक संबंधों की आवश्यकता पर विचार किया गया है जिससे सभी प्रसार पद्धतियाँ एवं अनुसंधान संस्थाएँ मुखातिब हैं।

वर्तमान प्रवृत्तियाँ एवं विकास के अंतिम अध्याय में कृषि प्रसार के क्षेत्र में वर्तमान प्रकरण पर विचार गया है जैसा कि हम भविष्य में इसके कार्यान्वियन को देख पाते हैं। प्रथम तो यह कि विश्व जनसंख्या में विस्तार से जिसमें पहले के उन्नतिशील देशों के बीच उच्चतर आय वाले लोगों के कारण अधिक एवं अधिक गुणवत्ता के भोजन की मांग में भूमंडलीय वृद्धि हो गई है। इस बढ़ती मांग ने, बदले में, प्राकृतिक संसाधनों पर अधिक दबाव बढ़ाया है जिसके कारण वातावरण का ह्रास होता जा रहा है। इसलिए अध्याय 20 में, स्थायी एवं ज्ञानाधारित तकनिकी को फैलाने में प्रसार की भूमिका को दर्शाया गया है यथा एकीकृत कीट प्रबंधन। अगले अध्याय में गैर-सरकारी संस्थाओं की भूमिका पर विचार किया है जो किसानों को सुसंगठित कर उनकी समस्याओं के निदान स्वयं ढूँढ़ने के लिए उन्हें शक्ति प्रदान करने में उनकी सहायता करते हैं। इसके अतिरिक्त किसानों को वस्तुओं एवं अनुसंधान प्रसार पद्धति के अनुसार संबंधित कृषक संगठनों में उन्हें संगठित करना अनिवार्य है अगर विभिन्न समूहों के किसानों को अपनी आवश्यकताएँ पहचानने एवं निरूपित करने में प्रभावकारी होना है।

अध्याय 22 में प्रसार निजीकरण प्रक्रिया को एक साधन की तरह पेश किया गया है तथा जो विकास की निरंतरता के साथ-साथ अनुसंधान एवं प्रसार लागत को किसानों पर देश की प्रगति के रूप में आरोपित करेगा। प्रसार के भविष्य के स्वरूप के लिए यह महत्त्वपूर्ण है कि नीति-निर्धारक स्थायी विकास सुनिश्चित करने के लिए राजनैतिक एवं वातावरणीय दोनों क्षेत्रों में निजी एवं सरकारी वस्तुओं के बीच अंतर करना जानें। इस वोल्यूम के अंतिम अध्याय में गैर-सरकारी संगठनों की प्रसार प्रक्रियाओं में महत्त्वपूर्ण भूमिका पर प्रकाश डाला गया है जिसमें शामिल हैं छोटे, मध्यवर्गीय एवं भूमिहीन कृषकों को संगठित करने में उनकी सफलता एवं विश्व मे दरिद्रता निवारण तथा स्थायी विकास की समस्याओं के निराकरण में इनकी भूमिका जहाँ कृषि एवं ग्रामीण क्षेत्रों के विकास में बहुत कम संसाधनों का विनियोजन होता है।

फाओ के इस नए मैनुअल तैयार करने में कई लोगों की कार्यकारी भूमिका है। सबसे पहले हम इस योजना में वित्तीय समर्थन देने के लिए संयुक्त राष्ट्र के खाद्य एवं कृषि संगठन एवं खासकर डॉ. टीटो कंटेडो एवं डॉ. रोनी अधिकार्या की सहायता एवं मार्गदर्शन के लिए तथा प्रसार, शिक्षण एवं संप्रेषण सेवा की सहायता के लिए उनके द्वारा विचारधारा की इस योजना को अंतिम प्रकाशन तक ले जाने के लिए साथ ही उनके द्वारा लिखे अध्यायों के लिए सराहना करते हैं। इसके बाद विश्व के 15 देशों के 38 लेखकों को जिन्होंने इस नये प्रकाशन के लिए 23 अध्याय लिखा। संपादकों के अतिरिक्त कई 'इन्टरपाक्स' कर्मचारियों ने इसके संपादन में कैमरा के लिए तैयार हस्तलिपियों में सार्थक भूमिका निभायी। मिस शीला रयान ने इसमें तकनिकी संपादन का कार्य किया तथा इस पुस्तक के लिए नये विभिन्न हस्तलिपियों के बीच स्थायित्व स्थापित कर गुणवत्ता के स्तर को बनाये रखा। मिस चेन हुई ने लिखित अध्यायों को गति देने के लिए प्रोजेक्ट प्रबंधक का कार्य किया साथ ही पुनर्विचार, संपादन एवं स्वरूप प्रक्रियाओं में भी योगदान किया। अंत में, मिस लोरी स्वाईप्स ने पुस्तक के अंतिम प्रकाशन के लिए पुस्तक निरूपण एवं मुख्य संशोधनों का उत्तरदायित्व निभाया।

'इम्प्रुविंग एग्रीकल्चरल एक्सटेंशन' की इस पुस्तक को विकसित करने में सभी शामिल व्यक्तियों के प्रति हम आभार प्रकट करते हैं। हमारी आशा है कि बीते समय की शक्तियों पर निर्मित यह तीसरा संस्करण भविष्य में प्रसार पेशेवरों के लिए मूल्यवान स्रोत होगा क्योंकि हम एक-साथ कृषि प्रसार की सुधार प्रक्रियाओं को जारी रखेंगे ताकि त्वरित गति से बदलती दुनियां में यह खेतिहर परिवारों की आवश्यकताओं की पूर्त्ति करे।

**वटेन ई. स्वानसन, रॉबर्ट पी. बेंज एवं**
**एन्ड्रयू जे. सोफरेंको,**

*संपादकगण, कृषि प्रसार में सुधार:*
*एक संदर्भित मैनुअल*
जुलाई 30, 1996

# भाग-1
# कृषि एवं ग्रामीण क्षेत्रों के विकास में प्रसार पर एक दृष्टिकोण

अध्याय-1

# कृषि प्रसार का इतिहास, विकास एवं भविष्य

ग्वीन ई. जोंस क्रीस गारफॉर्थ

कृषि-प्रसार कार्य एक सराहनीय कार्य है यद्यपि इसका इतिहास अलिखित ही है। यह एक महत्त्वपूर्ण सामाजिक खोज है। कृषि में बदलाव का एक महत्त्वपूर्ण बल जिसका सदियों से सृजन, पुनर्सृजन हुआ है तथा अपनाकर विकसित किया गया है। इसका विकास लगभग चार हजार वर्षों में हुआ है यद्यपि इसका वर्तमान स्वरूप पिछली दो सदियों में सृजित हुआ है। आज जो संगठन एवं कर्मचारी कृषि प्रसार के कार्यों में संलग्न हैं वे विभिन्न क्षेत्रों से हैं जो सामाजिक मान्यता के साथ वैध कार्य-कलापों से संबद्ध हैं तथा जिनका उद्देश्य खेतिहर लोगों की क्षमताओं को बढ़ाना एवं सुधार करना है ताकि वे अधिक उपयुक्त पर प्राय: नया दृष्टिकोण अपनाकर बदलती अवस्थाओं तथा सामाजिक आवश्यकताओं से घुल-मिल जाएँ।

## प्रसार शब्द

प्रसार शब्द का उपयोग 19वीं शताब्दी के दूसरे हिस्से के दौरान इंग्लैंड में शैक्षणिक विकास के क्रम में किया गया। सन् 1850 के आसपास दो प्राचीन विश्वविद्यालयों ऑक्सफोर्ड एवं कैंब्रीज में यह विचार-विमर्श आरंभ हुआ कि किस प्रकार शहरी एवं औद्योगिक क्षेत्रों में बढ़ती आबादी के लिये उनके घर के पास ही शैक्षणिक आवश्यकताओं को पूरा किया जाये। सन् 1867 में पहली बार 'विश्वविद्यालय प्रसार' के नाम से व्यवहारिक कदम उठाया गया, पर शताब्दी के अंत से पहले ही उस कार्यकलाप के द्रुत विकास के कारण इसने एक अच्छे आंदोलन का रूप ग्रहण कर लिया। प्रारंभ में अधिकांश भाषणों का संबंध साहित्यिक एवं सामाजिक विषयों पर ही रहा पर 1890 तक आते-आते ग्रामीण क्षेत्रों में घुमंतु भाषणों में कृषि-जनित विषयों को भी लिया गया। (जोंस, 1994) ब्रिटेन में इस कार्य के विकास एवं सफलता के कारण अमरीका में भी ऐसे कार्य की पहल पर प्रभाव पड़ा। वहाँ कई राज्यों में 1890 तक इसी प्रकार कालेज से बाहर भाषणों का सिलसिला शुरू हो गया। (संच में 1900, 1928 तक)। शताब्दी के प्रथम दो दशकों में, भूमि-अनुदान कालेजों के बाहर खेतिहर परिवार की आवश्यकतानुसार सेवा से संबद्ध कार्य नाटकीय रूप से विस्तार पाकर संगठित हो गया, पर प्रसार शब्द का इस्तेमाल होता रहा तथा यह इस कार्य के नाम से जाना जाता रहा।

प्रसार करने के भाव का प्रत्यक्ष इस्तेमाल दूर के वयस्कों के लिये संगत सूचना देने के क्रम में हुआ जो वि.वि. प्रसार कार्यक्रमों से पहले ही हुआ। उन्नीसवीं शताब्दी के 'शुरू में एक ब्रिटिश राजनेता लॉर्ड हेनरी ब्राउघम ने, जो गरीबों के लिये सामान्य शिक्षा तथा वयस्क शिक्षा के समर्थक थे, सन् 1826 में "डिफ्यूजन ऑफ यूजफुल नोलेज" नामक संस्था को स्थापित किया। इसका उद्देश्य "संप्रदाय के सभी वर्गों को लाभदायक सूचना मुहैया कराना था, खासकर उन लोगों को जो अनुभवी शिक्षकों तक स्वयं पहुँचने में सक्षम नहीं थे या जो स्वयं सीखने को प्रश्रय देते थे।" सोसायटी ने मुख्य रूप से सस्ते प्रकाशनों द्वारा तथा देशभर में स्थानीय समितियों की स्थापना कर इस कार्य को अंजाम दिया जिससे 'इसके उद्देश्यों का प्रसार हो।' (सोसायटी फॉर दी डिफ्यूजन ऑफ यूजफुल नोलेज, 1827) अपने बीस साल के अस्तित्व में सोसायटी ने अपने प्रकाशनों में कृषि संबंधित प्रकरणों पर ध्यान दिया। अन्य कई यूरोपीय देशों में इसी प्रकार की संस्थाओं की स्थापना 1840 से पहले की गयी यद्यपि बहुत थोड़े समय के लिये ही जो भारत, चीन, मलेशिया एवं अमरीका के वर्जिनिया में भी दीख पड़ा (ग्रोबेल, 1933 स्मिथ, 1972)।

## सुदूर उद्‌गम

फिर भी किसानों तक संगत सूचना तथा सलाह पहुँचाने का एक लंबा उतार-चढ़ाव का इतिहास है उन्नीसवीं सदी के पहले जब कृषि प्रसार का मौजूदा आधुनिक स्वरूप उदित हुआ।

इसका प्रथम उदाहरण मेसोपोटामिया (आज का ईराक) में दिखाई पड़ा। सन् 1800 ईसा से पहले के आसपास पुरातत्ववेत्ताओं ने उस समय के मिट्टी के नमूनों को खोज निकाला है, जिस पर फसलों की सिंचाई एवं चूहों से बचाव के निर्देश अंकित हैं– जो किसानों से प्राप्त करों से आय में संभावित नुकसान को पूरा करने के लिये महत्त्वपूर्ण थे। (अहमद, 1982 जैसा बनसाद में दिखाया गया, 1990) मिस्र के कुछ चित्रलेखों में भी फसलों की क्षति रोकने तथा नील नदी की बाढ़ से जन-हानि से बचने की सलाह दी गई है। इसकी एक महत्त्वपूर्ण अग्रगति का आरंभ कृषि से संबद्ध लेखों में हुआ। यद्यपि कुछ ही बचे हैं, पर सबसे पहले प्राचीन ग्रीक एवं फोएलेशियन सभ्यताओं में इसका जिक्र मिलता है जिनमें से कुछ को रोम के लेखकों ने अपना लिया। ईसा से पहले दूसरी सदी से लेकर चौथी सदी ई. के बीच कई महत्त्वपूर्ण लेटिन पुस्तकें लिखी गयीं जिसमें खेती के व्यवहारिक अनुभवों का जिक्र है जिसका उद्देश्य रोम के भूस्वामियों को अपनी जागीर एवं आय के रखरखाव तथा सुधार करने में सहायता देना था। (ह्वाइट, 1970, 1977)

इसी समय के आसपास चीन साम्राज्य में कृषि सूचना के प्रारंभिक स्वरूप को अग्रगति देने तथा फैलाने का कार्य आरंभ हुआ। ईसा पहले छठी सदी से ही, भूस्वामियों एवं उनके रैयतों द्वारा उत्पादन में सुधार करने की चिंता देखी गयी जिससे आगे अपनी आय के लिये भूस्वामी भूमि कर पर निर्भर हो गये। संगत कृषि अनुसंधान तथा सूचना प्रसारण एवं सलाह की शुरुआत वास्तव में हान वंश से की गयी (25-220 ई.) सबसे पुराने जीवित चीनी कृषि पद्धति "एसेन्सीयल टैकनिक्स फॉर दी पीजेंट्री" 535 ई. में आया जिसका उद्देश्य भूस्वामियों द्वारा काश्तकारों को सलाह देकर अपनी जागीर के प्रबंधन में सुधार लाना था। यंग एवं युवान वंश का नाम स्थानीय प्रशासन में उल्लेखनीय है, जिन्होंने कृषि अनुसंधान के संगठन एवं विकास, प्रसार कार्य, तथा कृषि एवं रेशम के कीड़ों का पालन करने पर जोर डाला, जो लकड़ी के ब्लाक पर अंकन से और सुविधाजनक हुआ और कृषि साहित्य एवं व्यवहारिक हस्तपुस्तिकाओं का विस्तृत वितरण संभव हो गया। मींग (1368-1644) तथा चीईंग (1644-1912) वंशों में भी ऐसे कार्य चलते रहे जिसका एकमात्र कारण बढ़ती आबादी से अकाल का भय ही नहीं था, वरन राज्य द्वारा अच्छे ढंग से संयोजित प्रसार कार्यों को मान्यता देना था जिसका संबंध कृषि संस्तुतियों से भी था अगर सर्वाधिक लाभ प्राप्त करना हो। (पर्किंस, 1969, एलविन, 1973 ब्रे 1984, डेल्मान 1991)

## कृषि प्रसार के विकास के लिये आवश्यक परिस्थितियाँ

संबंधित समाज एवं अर्थव्यवथा में किसानों एवं कृषि महत्त्व के अलावा कृषि प्रसार कार्यों के संगठित विकास एवं पहल के लिये कई अन्य परिस्थितियाँ भी आवश्यक हैं।

मुख्य शर्त यह है कि सूचनाएँ एकत्र की जा चुकी हों, क्रमबद्ध रहें तथा अच्छे या उन्नतिशील या नये कृषि व्यवहारों पर उपलब्ध हों जो एक खास वातावरण के उपयुक्त रहे, जो या तो (या दोनों) संचित अनुभवों या अनुसंधानों के निष्कर्ष (चाहे प्रारंभिक) पर आधारित हों। दूसरे यह कि इस सूचना का इस्तेमाल अन्य चीजों के अलावा, पेशेवर किसानों को शिक्षित करने के लिये हो जिससे वे इस ज्ञान-संस्था को आगे बढ़ाने, परिष्कृत करने में सक्षम या स्वयं सक्रिय प्रसारक एवं प्रचारक बन सकें। तीसरे, यह कि एक उपयुक्त प्रशासनिक या संगठनात्मक ढाँचा है जिसके अन्तर्गत प्रसार-कार्यों को स्थापित कर, क्रियान्वित किया जाये। चौथे, यह कि कोई वैध या सरकार अनुमोदित अन्य संस्था या प्रभावकारी समर्थक संस्था हो जो यह प्रतिपादित करे कि प्रसार कार्य वांछनीय है एवं अवश्य होना चाहिये। पाँचवाँ यह कि इनका नितांत रूप से एक पूर्व कालिक स्थिति हो जिसने कृषि सूचनाओं एवं सलाह फैलाने को मूल स्वरूप देने का प्रयास किया हो। इसके अलावा महत्त्वपूर्ण अवस्थाओं का भार जैसे अकाल, फसलों की असफलता, मिट्टी की अक्षमता या परिवर्तित आर्थिक अवस्थाएँ या संबंधों से एक तत्काल कारण उपस्थित हो जाय प्रसार कार्यों के लिये पहल करना या उन्हें संगठित करना आवश्यक हो जाये। ये सब या इनमें से कई अवस्थाएँ कृषि प्रसार के आधुनिक स्वरूप में मौजूद हैं।

## वर्तमान युग की ओर

उन्नीसवीं सदी में यूरोप एवं अमरीका में घटित संगठित कृषि अनुसंधान एवं उसके फल प्रसारण का प्रत्यक्ष पूर्वकाल 'पुनर्जागरण' के युग से जोड़ा जा सकता है जो 14वीं सदी में हुआ। सन् 1300 से 1700 ई. के बीच यूरोपीय समाज का मध्यकालीन सामंती स्वरूप वर्तमान मान्य सामाजिक पद्धतियों में रूपान्तरित हो गया। यह एक कठिन बहुभंजित विकास का युग था। राष्ट्रीय राज्यों के विकास एवं यूरोपीय अनुसंधानों तथा विश्व की खोज के साथ-साथ नयी सीख भी आयी। इसमें पुनर्जागृत प्राचीन कला एवं साहित्य की नयी प्रशंसा ही शामिल नहीं हैं बल्कि कई अनोखे विचार एवं कार्य-कलाप भी हैं जो मानवता के भाव एवं बौद्धिक खोज से संबंधित है। इन सभी को काफी सुविधा मिली मुद्रण के अनुसंधान से जिसमें गतिशील टंकण का इस्तेमाल होता है जिसका श्रेय सन् 1450 के आसपास गुटेनबर्ग को जाता है तथा इसके साथ ही यूरोप में मुद्रण-प्रेस का द्रुत विस्तार आया जिसके उत्पादन के लिये बाजार तैयार खड़ा था।

पुनर्जागरण कृषि की सबसे पहली पुस्तक लेटिन भाषा में पीट्रो डे क्रेसेंजी द्वारा 1304 ई. में लिखा गया जिसका अनुवाद इटालियन एंड फ्रेंच भाषा में हुआ। 15वीं सदी के मध्य में कृषि पर मुद्रित यह पहली पुस्तक थी। इसके बाद अन्य आये जिसका आधार प्राय: लेटिन-पुस्तक या किसानों एवं उनके परिवारों का संग्रहित अनुभव था। एक जाना-माना उदाहरण है, टुडो। इंग्लैंड में सर्वाधिक बिकी एवं साधारण कविता में सहायक सलाहों का संकलन जो थॉमस टसरे के 'ए हंड्रेडथ गुड प्वांटस ऑफ हस्बेंड्री' नाम से 1557 में प्रकाशित हुआ तथा 1573 में इसका विस्तार पाँच सौ अच्छी बिंदुओं के साथ एवं इतने ही "गुड हाउस विफरी" में हुआ। (टसरे 1580) फिर कम प्रिय किन्तु अधिकतर महत्त्वपूर्ण फ्रांसिस वेकन के लेख थे, अगली सदी के प्रारंभ में जो लंदन के ऊपर उनकी जागीर पर किये उनके वैज्ञानिक अनुसंधानों तथा उनके अनुभवों पर आधारित था और यह कृषि के लिये विज्ञान तथा वैज्ञानिक तरीकों के इस्तेमाल की शुरुआत थी।

अट्ठारवीं सदी के मध्य तक अधिकांश यूरोप में प्रगतिशील भूस्वामियों (प्राय: कुलीन) एवं उनके एजेंटों ने तथा उनके विचारों के कुछ किसानों ने 'सुधारकों' का नामधारण किया। ये लोग ही कुछ वैज्ञानिकों के साथ (विज्ञान के लोगों) कृषि क्लब एवं संस्थाओं के प्रवर्तक बने। ये अपने नियमित बैठकों में एवं प्रदर्शनियों में, स्थानीय एवं क्षेत्रीय स्तर पर भूस्वामियों तथा अग्रणी किसानों के बीच विचारों एवं सूचनाओं का आदान-प्रदान कर खेती में सुधार पर विचार विमर्श करते। इस आन्दोलन की दो अन्तर्हित शक्तियाँ थीं। प्रथम, कई भूस्वामी अपनी जागीर में सुधार के तरीके साथ ही काश्तकारों की उत्पादन क्षमता को भी जानने को उत्सुक थे जिससे उनकी जागीर की कीमत तथा भाड़े से आय बढ़ाना संभव हो। दूसरे, आधुनिक विज्ञान में प्रगति हो रही थी ताकि इसे कृषि पर खासकर कृषिजनित रसायन एवं पौधे वनस्पति में लागू किया जा सके। (रसेल, 1966) इन संस्थाओं ने परंपरागत खेती के तरीकों में प्रयोगों, प्रदर्शनियों का आयोजन, सूचनाओं का प्रसारण तथा अनुसंधानों को अपनाने की वकालत करने का सिलसिला चलाकर आमूल परिवर्तन करना चाहा। इसके संभ्रांत सदस्यों द्वारा प्राय यह कर्तव्य मान लिया गया कि उनकी पहल एवं कार्यों को इन कार्यक्रमों के प्रकाशन द्वारा तथा समाचार-पत्रों में अपनी बैठकों की रिपोर्ट को साधारण किसान भी जानें। (हडसन, 1972) यद्यपि ऐसी कृषि संस्थाएँ प्रारंभ में धीरे-धीरे फैली-प्रथम का निर्माण मिलन के निकट रिजमाटो में 1548 में हुआ (कोईटी, 1900) जो 1800 तक आते-आते अधिकांश यूरोप में फैल गया एवं उसी साल युवा अमरीका तथा पूर्वी कनाडा में थोड़ी संख्या में स्थापित किया गया।

यहाँ विस्तार में जाना संभव नहीं है कि कृषि के बढ़ते वैज्ञानिक ज्ञान तथा व्यवहार में इसके लागू होने के बीच की परस्पर क्रिया, कृषि सुधार के बढ़ते विस्तार के कई उदाहरण तथा यूरोप तथा उत्तर अमरीका में, सदी के दौरान या 1750 के बाद, कई व्यक्तित्वों की संलग्नता को जानें। फिर भी उस संदर्भ अवश्य आनां चाहिये एक व्यक्ति जिनके विचार एवं कार्य के महत्त्व का यह केंद्रबिंदु है उस समय या बाद के विकासों के लिये। यह थे फिलीपएमन्युएल वोन फेलेनबर्ग (1771-184) जिन्होंने 1799 में विलडहॉफ की जागीर खरीद लिया जिसका नाम फिर से उन्होंने होफवाइल रखा जो स्वीट्जरलैंड में बर्न के निकट है। (ग्रे, 1952, गुगीसबर्ग 1953) अगले दशक में उन्होंने हॉफवील गरीबों तथा किसानों के बच्चों एवं कुलीनों एवं उनके एजेंटों के लिये कृषि स्कूल की स्थापना की। यद्यपि यूरोप में यह पहला स्कूल नहीं है, पर वोन

फेलेनबर्ग का स्कूल 1850 के पूर्व स्थापित कई स्कूलों के लिये नमूना बना खासकर डेनमार्क, जर्मनी, फ्रांस एवं इंग्लैंड में और इस प्रकार प्रशिक्षित कृषकों, कर्मियों की उपस्थिति निश्चित बनी।

हॉफवील में वोन फेलेनबर्ग ने उपयुक्त पशुपालन तरीकों तथा तकनीक की जाँच के लिये प्रायोगिक-सह-नमूना स्कूल को भी स्थापित किया। उन्होंने इस यथार्थ शैक्षणिक कालोनी के कार्य का प्रचार किया एक जरनल एवं कृषि उत्सवों के जरिये होफवील में तथा आगंतुकों की बड़ी संख्या का स्वागत कर जो यूरोप के सभी भागों से आते थे उनके साथ पत्राचार के द्वारा। कई आगंतुक उनके तरीकों के लिये कृषि पर लाभदायक सूचनाओं के प्रसारण एवं अन्य विषयों में इसके व्यवहारिक मूल्य को मानकर स्वधर्मत्यागी बन गये। ऐसे एक आगंतुक थे लॉर्ड हेनरी ब्राउघम जिनका जिक्र हो चुका है जो ब्रिटेन में वोन फेलेनबर्ग के कार्यों के मुख्य प्रचारक बन गये एवं जिनकी संस्था "डिफ्यूजन ऑफ यूजफुल नोलेज" प्रसार के आरंभिक रूप का एक संगठन था।

सन् 1820 तक कृषि प्रसार के वर्तमान स्वरूप के सृजन के अधिकांश तत्त्व आ रहे थे यद्यपि प्रत्येक को उन्नीसवीं सदी के दौरान प्रभावी रूप से विकास करना था। फिर भी, एक महत्त्वपूर्ण तत्त्व नहीं था जो सामान्य किसानों को प्रभावी ढंग से प्रत्यक्षत: सूचना, सलाह एवं प्रोत्साहन देने का साधन बने। ऐसे सचल कृषक की आवश्यकता थी जो किसानों से उनके घरेलू स्थानों पर मिल सकें, उपदेशात्मक बातें एवं प्रदर्शन कर सकें, उत्तम एवं नये तरीकों को बता सकें तथा किसानों के साथ बातचीत कर सकें। सचलता का भाव नया नहीं था क्योंकि बाद के मध्य युग से ही व्यापारी एवं मौलिक पेशेवरों ने अपने ग्राहकों की सेवा करने के लिये ग्रामीण क्षेत्रों की यात्रा की थी। सन् 1920 में नये इंग्लैंड एवं न्यूयार्क में इन सचल व्याख्याताओं एवं उपदेशकों का होना प्रथम ऐसा उदाहरण है एवं (ट्रूय 1928) फ्रांस में भी जहाँ प्रथम सचल शिक्षक की नियुक्ति 1837 में जिरोंड में हुई तथा बाद के वर्षों में और उनकी देश के विभिन्न भागों में (बाउलेट, एन.डी.) 1840 के दौरान ऐसा ही छिटपुट विकास अमरीका खासकर न्यूयार्क में ओहियो एवं मेरीलैंड में (ट्रूय 1928) दिखाई पड़ा जबकि, विर्टेमबर्ग, दक्षिण पश्चिम जर्मनी में राज्य कृषि संस्था द्वारा किसानों, भूस्वामियों तथा शहरी प्रशासकों को, भूमि जल निकासी, सिंचाई तथा उन्नत चारागाह प्रबंधन के लिये सलाह देने एक चारागाह विशेषज्ञ को (विसेनवौनिस्टर) 18 अन्य तकनिकी कर्मचारियों के साथ नियोजित किया गया। (सीएलवीएस, 1845)।

यूरोप में कृषि विज्ञान का विकास 1840 तक तेजी से हो रहा था जब जर्मनी में सफलता के साथ गीसेन में जस्टस वोन लीबिग द्वारा उल्लेखनीय कार्य हुआ एवं रोथम्सटेड इंग्लैंड में कृषिजनित प्रयोगों की स्थापना 1843 में जॉन बेनेट लावेस तथा हेनरी गिल्बर्ट द्वारा किया गया। कृषि वैज्ञानिक एवं उनका प्रदर्शन फल-फूल रहा था। बहुसंख्यक प्रकाशनों एवं सामयिकों के लक्ष्य किसान बने। अधिकांश यूरोपीय देशों में सार्वजनिक स्थल नहीं, पर कृषि स्कूलों की स्थापना की गयी। इस प्रकार युवा भूस्वामियों एवं किसानों के अल्प भाग को स्थानीय औपचारिक शिक्षा मिली, जबकि इस उद्देश्य के लिए प्रशिक्षित कृषक जागीर एजेंटों एवं शिक्षकों के नियोजन के लिये उपलब्ध थे। कई प्रगतिशील भूस्वामियों ने एजेंटों का नियोजन कर लिया जो उनकी जागीरों के इर्द-गिर्द यात्रा कर काश्तकारों को खेती के उन्नत तरीके बताते। मुख्य तत्त्व जो आधुनिक कृषि प्रसार सेवा के सृजन के लिये आवश्यक था, वह था वैध प्राधिकारों द्वारा आवश्यक संगठन बनाना जिसका बीज फ्रांस, जर्मनी एवं अमरीका में उपस्थित रहा था।

## आधुनिक कृषि प्रसार सेवाओं का जन्म

आधुनिक प्रकार का प्रथम कृषि प्रसार सेवा एक संकट के फलानुसार अस्तित्व में आया जो एक उच्चाधिकारी की पहल पर हुआ। यह संकट था 1845 में यूरोप, में उकठे आलू (पालाजड़ित) का फैलाव। आयरलैंड में इसका प्रभाव खासकर अतिशय था क्योंकि यहाँ की आबादी किसानों का आलू मुख्य भोजन था और यह आलू का अकाल 1851 तक कायम रहा। आयरलैंड के नवनियुक्त ब्रिटिश वायसराय अर्ल ऑफ क्लेयरेंडन ने, 1847 में आयरलैंड पहुँचने पर 1841 में स्थापित रॉयल एग्रीकल्चरल इंप्रूवमेंट सोसायटी ऑफ आयरलैंड के अध्यक्ष को एक पत्र लिख (जोंस, 1982), जो बहुसंख्यक स्थानीय कृषि संस्थाओं के लिए केंद्रीय सोसायटी के रूप में कार्यरत था। इस पत्र में जो सरकारी निर्देश था, सोसायटी से अर्ज किया कि वह सचल व्याख्याताओं की नियुक्ति करे जो सर्वाधिक पीड़ित जिलों के इर्द-गिर्द यात्रा कर छोटे किसानों को सूचना देकर दिखाये साधारण शब्दों में कि उनकी खेती में कैसे सुधार हो तथा

आलू के अलावा जड़ों की पोषक फसलों को कैसे उगाया जाये। लॉर्ड कलेयरेंडनस प्रेक्टीकल इन्सट्रक्शनल इन हस्बेंड्री के नाम से विख्यात इस कार्यक्रम की नियुक्ति, कार्यकारिता एवं भुगतान केंद्र द्वारा ही किया जाता था जिसका साप्ताहिक रिपोर्ट डबलीन की सोसायटी को देना होता था एवं इनके कुछ कार्यकलापों का नियंत्रण उस क्षेत्र के बड़े भूस्वामियों के अधीन था। इसके चार साल से ऊपर के अस्तित्व में इस योजना के कुल खर्च का आधा कोष, भूस्वामियों द्वारा एवं कल्याणकारी दानों से दिया गया तथा बाकी बचा कोष सरकार-नियंत्रित था। (जोंस, 1979, 81)

आलू के अकाल ने उस विचार को भी प्रभावित किया जिसके अनुसार विर्ट्रेमबर्ग को सचल खेती सलाहकार नियुक्त करना था किन्तु यह प्रस्ताव अनुमोदित न हो पाया। (आर, बिहलर, व्यक्तिगत संचार) फिर भी 1880 दशक के मध्य से पहले विर्ट्रेमबर्ग, हेस एवं पश्चिमी प्रथा में सचल कृषि शिक्षकों की नियुक्ति होने लगी केंद्रीय कृषि संस्थाओं के अधीन कुछ दस वर्षों बाद पद्धति का विकास तेजी से हुआ जिसका एक अंश अंगूरी लताओं के उत्पादकों के बीच संकट से प्रभावित था उसे औपचारिकता दे दी गयी। जो उस फाइलोक्सेरा एफीड के भरमार के कारण विनाश का प्रतिफल था (जोंस, 1981) सामान्यतः, वान्डरलेहार ने गर्मी का आधा भाग जिलों के दौरे में बिताया, बातचीत करते, प्रदर्शन दिखाते तथा किसानों को सलाह देते तथा वर्ष के बाकी समय में उन्होंने जाड़े के कृषि विद्यालयों में किसानों के बच्चों को पढ़ाया। यद्यपि औपचारिक रूप से उनके कार्य कृषि संस्थाओं का एक भाग था पर उनके कार्य सभी अवस्थाओं में राज्य के कोष से समर्थित होते थे पर किसानों को दी जाने वाली सलाह मुफ्त थी। सन् 1896 में जब इस पद्धति को वलेरिया राज्य में अपनाया गया। यह राज्य नागरिक सेवा का एक अभिन्न अंग था तथा प्रसार कर्मचारियों को अच्छे नाम 'रॉयल एग्रीकल्चरल टीचर' से जाना जाता था (कोनिगलिच लैंड वार्सचेफ्सलरेट) (मायेर-वोड, 1910)।

उन्नीसवीं सदी के अंत में कृषि प्रसार पद्धति की रूपरेखा काफी दूर तक जर्मनी के वांडरलहेटर के समान हो गयी जो डेनमार्क में 1970 के आगे फैला नीदरलैंड तक जहाँ कुछ प्रसार कर्मचारी नियुक्त किये गये कृषि संस्थाओं द्वारा 1840 एवं 1850 दशकों के बीच पर 1890 के दशक में सरकारी पद्धति के पुनर्जीवित होने से पहले ही गायब हो गये। जब इटली में प्रथम सचल कृषि शिक्षक (केटेड्रा एंकलेंट डी एग्री कोलतुरा) की नियुक्ति रोकिगो में 1886 में की गयी जो पो नदी के मुहाने के पास है। इसके बाद अन्य ने भी ऐसा ही किया अगले दशक में जिसका वित्त पोषण जनता के दानों से, चर्च से एवं बैंकों से किया गया फिर यह स्वीटजरलैंड, आस्ट्रो-हंगेरियन एम्पायर और फिर रूस तक फैला।

इस बीच फ्रांस में प्रथम राष्ट्रीय पूर्णरूपेण राज्य द्वारा वित्तपोषित कृषि प्रसार सेवा की स्थापना 1879 में की गई। थोड़े सचल कृषक जिनकी नियुक्ति 1848 से पहले हुई थी-वे बरकरार रहे पर वे देश के विभागों में अल्प संख्या में ही थे। सन् 1874 में लोक शिक्षा के मंत्री ने सुधरे तृतीय गणतंत्र में एक आदेश जारी किया जिसमें इस पद्धति की भारी प्रशंसा तथा प्रसार की वकालत भी की गयी। (जे.डी. एग्रीक, प्राट, 1874 पेज 257-258) इसका फल विभागों द्वारा 33 अतिरिक्त सचल कृषि शिक्षकों की नियुक्ति में हुआ अगले पाँच वर्षों में तथा 1879 में एक कानून बनाकर विभागीय स्तर पर सचल कृषि शिक्षकों के लिये सरकारी कार्यालय की स्थापना की गई। (प्रोफेसर डिपार्टमेंटल डी एग्रीकल्चर) इस कानून को व्यवहारिक रूप से सन् 1880 में तथा 1881 के प्रारंभ में एक मंत्री को व्याख्यात्मक आदेश द्वारा आदेश जारी कर प्रभावी करार दिया गया। (मिनो डी एले एग्रीक, 1882 पेज 819) तब से आगे हर प्रोफेसर राज्य द्वारा नियोजित नागरिक सेवक था। उसका कार्य था प्राईमरी स्कूल शिक्षक के प्रशिक्षुओं को निर्देश देना। मुख्यतः कृषि मंत्रालय के उत्तरदायित्वाधीन वह अपने विभाग में एक भ्रमणकारी था जिसका कार्य आधुनिक खोजों एवं नये अनुसंधानों से किसानों को अवगत कराना जिसे आर्थिक रूप से लागू किया जाये 'लाभ के साथ प्रगति के साथ सर्वप्रियता लाने वाला', 'गाँवों के हृदय तक बौद्धिकता ले जाने वाला' आदि के रूप में। इन प्रसार कर्मचारियों की संख्या में द्रुत, वृद्धि हुई तथा 1880 के दशक के अंत तक पूरे फ्रांस में यह सेवा प्रचलित थी। (जोंस, 1981)

महादेशीय यूरोप में कृषि शिक्षा एवं प्रसार कार्य का भारी प्रभाव संयुक्त राज्य (इंग्लैंड) में समान कार्यकलापों के विकास पर होना ही था। सन् 1880 दशक के प्रारंभ में तकनिकी शिक्षा पर एक सरकारी आयोग में यूरोपीय विकास पर विस्तृत पुनर्विचार पेश किया गया (जेंकिन्स, 1884)।

दशक के अंत में कानूनों का झुंड आया जिसने काउंटी आधारित स्थानीय सरकार की स्थापना की, एक कृषि-बोर्ड का सृजन किया, तकनिकी (कृषि सहित) शिक्षा को आगे बढ़ाया तथा इस उद्देश्य के लिये कोष का प्रबंध कि ा जिससे कृषि प्रसार कार्य की पहल की शुरुआत हो पायी। स्थानीय सरकारी प्राधिकारों द्वारा दी जाने वाली सेवा का यह एक भाग था। उन्होंने या तो स्वयं अपना कृषि अधिकारी नियोजित किया या अधिक सामान्य रूप से प्रायोजित भाषण एवं कृषि पर सचल स्कूल (खासकर डेयरी-फार्मों) की स्थापना, विश्वविद्यालय प्रसार पद्धति के भाग की तरह कर लिया। इसका अर्थ था कृषि विभाग में कर्मचारियों की भर्ती, जो नये उच्चतर शिक्षा संस्थानों में कायम किये जा रहे थे। इन कार्यकलापों के लिये सरकारी कोष उपलब्ध थे, पर वित्त का प्रबंध स्थानीय काउंटी प्राधिकारों द्वारा भी किया जाना था (जोंस, 1994) सदी के अंत तक ऐसे कार्य पूरे ब्रिटेन में आ गये।

यह पद्धति एवं इसके अंर्तनिहित कानून आयरलैंड पर लागू नहीं था। जो उस समय संयुक्त राज्य, का एक हिस्सा था। वहाँ कृषि प्रसार कार्य 1900 में होरेस प्लंकेट की पहल पर स्थापित किया गया जो कृषि सहयोग के पैरोकोर माने जाते थे। सन् 1896 में प्लंकेट की अध्यक्षता में एक सरकारी कमेटी का गठन किया गया जिसने यूरोप एवं उत्तरी अमरीका के विकास पर पुनर्विचार किया (रिपोर्ट, रिसेसकमेटी, 1896) तथा आयरलैंड की अवस्थाओं के उपयुक्त विभिन्न पद्धतियों को अपनाने को कहा। सन् 1900 में डबलीन में एक कृषि एवं तकनीकी शिक्षा विभाग की स्थापना हुई जिसका संचालन आयरलैंड के नागरिकों के प्रतिनिधियों के बोर्ड द्वारा हुआ। इससे सचल कृषि शिक्षा पर पहल की गई, प्रत्येक काउंटी में ब्रिटेन जैसा संगठन किया गया एवं उसी प्रकार स्थानीय एवं केंद्रीय कोषों के स्रोत से इसे चलाया गया। आधी सदी पहले लॉर्ड क्लेयरेंडन के "व्यवहारिक उपदेशक" की निरर्थक यादों का अस्तित्व बना रहा तथा 'संचल उपदेशक' का नाम नये प्रसारकर्मियों को दिया गया जिनका कार्य सूचना एवं सलाह देना था और प्रत्येक को किसानों के लिए "मार्गदर्शक, दार्शनिक एवं मित्र होना था" (प्लंकेट, 1901-02 पेज 26)।

उत्तरी अमरीका से यूरोप आने वाले बहुत से आगंतुकों एवं प्रतिनिधि मंडलों ने, खासकर उन्नीसवीं सदी के मध्य से आगे कृषि अनुसंधान एवं शिक्षा की प्रगति पर रिपोर्ट पेश किया जिसमें सचल शिक्षक भी शामिल थे। अमरीका तथा पूर्वी कनाडा में सदी के पूर्वार्द्ध में कृषि संस्थाएँ सामान्य हो गईं एवं साधारणतः इन्हें अपने राज्य या प्रांतीय विधायिकाओं से समर्थन प्राप्त हुआ तथा कुछ ने तो समय-समय पर कृषि पर सचल लेक्चर को भी प्रायोजित किया। फिर भी 1850 के बाद के दो विकास अमरीका में कृषि प्रसार के विकास के लिये महत्त्वपूर्ण थे। प्रथम था 1862 में सिविल वार के दौरान 26 राष्ट्रपति लिंकन द्वारा हस्तांतरित मौरिल एक्ट, जिसने 'कृषि एवं यांत्रिक कला' के कालेजों को उत्तरी अमरीका में जन्म दिया तथा इसके भूमि-अनुदान प्रावधान ने राज्यों को कालेज स्थापित करने एवं वित्त प्रावधान के लिये सक्षम बनाया। दूसरा था इसी समय किसानों के संस्थान का आंदोलन।

पहले दशक के दौरान इन दोनों स्थितियों पर विस्तृत चर्चा हो चुकी है तथा अगली आधी सदी के दौरान इसके विकास की कड़ी एक-दूसरे से जुड़ी है। संस्थानों के घुमंतु वक्ताओं में बहुत से राज्य के कृषि कालेजों में प्रोफेसर थे एवं दोनों ही अपने राज्य की विधायिका तथा किसानों के समर्थन खासकर उनकी कृषि संस्थाओं पर निर्भर थे (टू, 1895, 1928 कीले, 1921) अगले 40 वर्षों तक इन कार्यकलापों पर ब्रिटेन के विश्वविद्यालय प्रसार आंदोलन तथा वयस्कों के स्वयं सुधार की ओर बढ़ती दिलचस्पी का प्रभाव पड़ा जिसे न्यूयार्क राज्य के चौतुकुआ वयस्क शिक्षण संस्थान द्वारा प्रेरणा मिली। सन् 1890 में जब द्वितीय मोरिल एक्ट ने अमरीका के बाकी भागों में कृषि कालेजों की स्थापना के लिये संघीय कोश को मान्यता दी तो किसानों के संस्थान पूरी जगह फैल गये तथा संघीय समर्थन एवं पर्यवेक्षण में ये राष्ट्रीय संस्थान बन गये, जिसे 1887 के हैच एक्ट द्वारा और प्रोत्साहन मिला जिसके अनुसार राज्य के कृषि कालेजों में प्रयोगात्मक कार्यों की स्थापना की औपचारिकता पूरी हुई। इसी वर्ग का एक किसानों के संस्थान का विकास 1885 मे कनाडा के ओक्टोरियो में हुआ। इनका वित्त पोषण प्रांतीय विधायिका द्वारा किया गया लेक्चरारों के साथ तेजी से फैला जो मुख्यतः गोल्फ के ओंटेरियो कृषि कालेज से आते थे। (1874 में स्थापित) इसी प्रकार की एक पद्धति प्रिंस एडवर्ड आयरलैंड में भी शुरु हुई (प्रोविंस ऑफ आंटेरियो, 1900; ब्लैकबर्न एंड विस्ट 1984)।

इस प्रकार सदी के अंत आते-आते उत्तरी अमरीका बड़े भाग में कृषि प्रसार कार्य पद्धति अच्छी तरह स्थापित हो गयी। अमरीका में कालेजों एवं उनकी अग्रणी प्रोफेसरों ने, अधिक व्यवहारिक प्रसार कार्य के उल्लेखनीय समर्थकों के साथ, इस कार्यकलाप के संगठन एवं पहल का जिम्मा उठा लिया। सन् 1914 में स्मिथ लीवर एक्ट पारित होने के बाद यह चरमोत्कर्ष पर पहुँच गया क्योंकि इससे संघ, राज्य एवं काउंटी सरकारों के त्रिपक्षीय सहयोग से सहयोग प्रसार सेवा की स्थापना हुई जिसका प्रसार एजेंट राज्य के कालेजों को बनाया गया। "जिससे कृषि एवं गृह अर्थशास्त्र से संबंधित विषयों पर व्यवहारिक सूचना संयुक्त राष्ट्र के लोगों के बीच पहुँचाया जा सके एवं इसे कार्यान्वित करने का प्रोत्साहन मिले।"

दक्षिणी गोलार्द्ध में भी आस्ट्रेलिया के दक्षिणी एवं पूर्वी किनारे के क्षेत्रों में प्रसार कार्य की स्थापना की गई। उन्नीसवीं सदी के उत्तरार्द्ध में कई कृषि (शो) समितियों का निर्माण हुआ यद्यपि इनका प्रभाव सुस्त था, पर राज्य प्रशासन के अधिक संगठित होते ही 1870 से 1880 के दशकों में कृषि विभाग की स्थापना की गयी जिसका उद्देश्य उनके भूभागों की क्रियाशीलता का विकास करना था। उन्होंने कृषि शिक्षा के महत्त्व को स्वीकार किया ब्रिटेन, आयरलैंड एवं अमरीका के कुछ उदाहरणों से प्रभावित होकर जिनके कार्यकलापों की विस्तृत चर्चा आस्ट्रेलिया के प्रेस में की गई थी। सदी समाप्त होने से पहले, विशेष राज्य कानून के अंतर्गत कृषि विभाग ने कृषि कालेजों तथा प्रयोगात्मक कार्य की स्थापना विक्टोरिया, दक्षिण आस्ट्रेलिया, न्यू साऊथ वेल्स एवं क्वींसलैंड में किया (ब्लैक, 1976)।

इस विकास से संबद्ध होकर 1880 के दशक के अंत में इन राज्यों ने प्रथम सचल कृषि उपदेशकों की नियुक्ति की। इसी समय दुग्ध उत्पादन के क्रियाशील महत्त्व के कारण सचल डेयरी सकूलों का आरंभ हुआ जबकि राज्य प्रदर्शनी खासकर मेलबोर्न का सेंटेनियल प्रदर्शनी ने 1888 में वह प्रदर्शित किया जो संभव था एवं खेती के सुधार को प्रभावकारी प्रेरणा मिली। इंग्लैंड एवं अमरीका के कुछ सरकारी विशेषज्ञों की संख्या बढ़ी 1890 के दशक में तथा अगली सदी के प्रथम दशक में प्रसार के क्षेत्र की प्रगति हुई। इसका तथा कृषि कालेजों का प्रारंभिक वर्षों में प्रभाव धीमा था, पर आगे के विकास का आधार तैयार हो गया (लोगन, 1984)।

जापान में भी 1900 ई. से पहले कृषि प्रसार कार्य प्रारंभ हुआ। सन् 1868 में मीजी रिस्टोरेशन के बाद नये प्रशासनिक ढाँचे एवं विभिन्न आधुनिकीकरण की नीतियाँ अपनायी गईं। पाश्चात्य शिक्षकों के अधीन दो कृषि कालेजों की स्थापना 1870 के दशक के मध्य की गई। इन कालेजों तथा सरकारी फार्मों में प्रयोगात्मक कार्य किये गये तथा नये तरीकों की जाँच कर उन्हें विकसित किया गया। इसके साथ ही कृषि मेला एवं प्रदर्शनियों का आयोजन होने लगा जहाँ जापानी किसान भाषण देते तथा प्रदर्शन करते। सन् 1881 के बाद इसके कारण कई कृषि संस्थाओं का जन्म हुआ एवं इस 'आंदोलन' को 1899 के कानून में मान लिया गया। सन् 1885 में सरकार ने राष्ट्रीय एवं छात्र स्तर पर अनुभवी किसानों को सचल कृषि लेक्चरार के रूप में नियुक्ति का पहल किया (क्योंकि पाश्चात्य विशेषज्ञों की चावल की खेती के बारे में बहुत कम जानकारी थी)। सन् 1893 से स्थापित सरकारी प्रयोगशालाओं के कार्य के समर्थन द्वारा इन किसानों ने कृषि प्रसार कार्य की आधारशिला रखी।

प्रदर्शन-फार्म स्थापना सहित यह कार्यकलाप 1903 में बहुसंख्यक कृषि संस्थाओं के हवाले कर दिया गया जिन्होंने राज्य कोष की सहायता से कृषि तकनीशियनों की नियुक्ति की। सन् 1910 में 1899 के कानून को मजबूती दी गयी किसानों को किसी ग्रामीण कृषि संस्था से संबद्ध रहना था जो राष्ट्रीय नेटवर्क तथा पदक्रम से जुड़ा होता था तथा किसान सोसायटी के प्रसार कर्मचारियों की संस्तुतियों एवं मार्गदर्शन को अपनाने के लिये बाध्य होना था जिसे 'बलपूर्वक प्रसार' की संज्ञा दी गयी। (तंजीमा, 1991, कृषि मंत्रालय, 1993)। कृषि प्रसार कार्य का संगठन एवं विकास समशीतोष्ण क्षेत्र के देशों तक ही सीमित नहीं था। विभिन्न तरीकों से इसे उष्ण कटिबंधीय देशों खासकर औपनिवेशिक भूभागों में भी शुरू किया गया। यूरोपीय औपनिवेशिक शक्तियों ने समुद्र पार भूभागों को उष्ण-कटिबंधीय उत्पादन का स्रोत माना।

यूरोपवासियों का कुछ औपनिवेशिक क्षेत्रों से लंबा संबंध होने के बावजूद ये कई उष्णकटिबंधीय कृषि पौधों से अनभिज्ञ ही रहे। इसका निदान था प्रयोगात्मक एवं प्रदर्शन के लिये 'वनस्पति-बागानों' की स्थापना। सन् 1821 में सर्वप्रथम पेराडेनिया, श्रीलंका में इसकी स्थापना की गई तथा देश में दो और बागानों की स्थापना उन्नीसवीं सदी के उत्तरार्द्ध में हुई। छोटे-छोटे कई बागानों की स्थापना

कैरिवियाई तथा पश्चिम अफ्रीकी भूभागों में की गई। बीसवीं सदी के शुरू के वर्षों में इनमें से कुछ का काफी विकास हुआ यद्यपि अन्य का जीवन अल्प ही रहा। जो सफल रहे, वे महत्त्वपूर्ण कृषि ज्ञान एवं खोज के स्रोत बने तथा कृषि सोसायटी एवं कृषि निर्देशों में दिलचस्पी पैदा करने में सक्षम हुए। 'स्वदेशी कृषि' में सुधार के लिये भी कुछ प्रयास किये गये। यह प्राय: प्रशासन के अंश की तरह कृषि विभाग की स्थापना एवं पेशेवर कृषकों की कृषि संचालक के पद पर नियुक्ति से संबद्ध रहा। सन् 1866 में उड़ीसा के अकाल के बाद भारत में कृषि का एक केंद्रीय विभाग खुला तथा भारत सरकार ने इसके शीघ्र बाद प्रत्येक प्रांत में यह विभाग खोलने का निर्णय लिया। फिर भी यह 1905 में ही, एक केंद्रीय सरकार के आदेश में प्रत्येक प्रांत के लिये एक पूर्णकालिक कृषि संचालक की नियुक्ति का प्रावधान किया गया जो कृषि अनुसंधान एवं प्रदर्शनी फार्म को संगठित कर अपने कर्मचारियों द्वारा किसानों को सलाह दिये जाने का कार्य करायेगा। (मूक, 1982) ब्रिटेन का प्रथम उपनिवेश आजीवन में 1896 में एक कृषि संचालक की नियुक्ति हुई। इससे अधिक महत्त्वपूर्ण था सन् 1898 में, बारबाडोस मुख्यालय के साथ वेस्टइंडीज में 'इमपेरियल डिपार्टमेंट ऑफ एग्रीकल्चर' की स्थापना। 1914 से पहले ऐसे कृषि विभागों की स्थापना कई अफ्रीकी एवं दक्षिण-पश्चिमी एशियाई भूभागों के साथ ही कैरिबियाई द्वीप समूहों में भी की गयी (मेसफील्ड, 1900)। सन् 1880 के आसपास श्रीलंका में कुछ कृषि उपदेशकों की नियुक्ति सरकारी एजेंटों के साथ की गई। सन् 1904 में प्रयोगात्मक कार्यों को बढ़ाने जब सीलोन एग्रीकल्चरल सोसायटी का निर्माण हुआ तब वहाँ एक कृषि प्रसार सेवा का प्रारंभ भी हुआ जिसका उद्देश्य स्वदेशी किसानों तक इसे पहुँचाना था। (अरासिंघम, 1981) स्कूल बागानों के साथ (विलीस, 1922) प्रसार कर्मचारी द्वारा गाँवों में उन्नत खेती के तरीकों को बताने का एक प्रभावशाली तरीका समझा गया। कैरिबियाई क्षेत्रों में भी ऐसे ही विकास किये गये।

सन् 1914 से पहले अधिकांश अफ्रीकी उष्ण-कटिबंधीय भूभागों में देशी कृषि के साथ यूरोपीय परस्पर क्रिया बहुत कम थी। 'अफ्रीका के लिये संघर्ष' मुख्यत: 19वीं सदी में देर से आया तथा कृषि का युवा विभाग जहाँ भी था, को बड़े पैमाने पर प्रशासनिक कार्यों में संलग्न किया गया। फिर भी 1914 से पहले सरकारी सहायता प्राप्त सभी स्कूलों में कृषि शिक्षा दी जाने लगी साथ ही घाना के चार कृषि स्थलों पर भी। (स्वर्ण किनारा) (लुकास, 1913) इसके अतिरिक्त मिशनरियों ने धार्मिक कार्यों के साथ-साथ कृषि शिक्षा, प्रदर्शनी एवं कार्यक्रमों के सुधार का भार उठाया। सन् 1895 में चर्च फार्म (फर्मस चेपेलेस) में शुरू हुआ जे. सुट्स द्वारा तब के बेल्जियम काँगों में (डी फैली, 1970) जिसे कई अन्य जगहों पर अन्य विचार के मिशनरियों ने नकल किया।

## आधुनिक कृषि प्रसार

सदी के प्रारंभ में, प्रसार सेवाएँ प्रारंभिक अवस्था में थी। वे आकार में छोटे तथा अपने कार्यों एवं किसानों से संपर्क में सीमित दायरे में थे तथा उनका संगठन वैध होने पर भी बिखरा दीखता था। इनका संगठन, मुख्यत: केंद्रीय या स्थानीय सरकारों द्वारा या कृषि कालेजों द्वारा साधारणत: प्रयोगात्मक स्थलों या किसानों के संगठनों की नजदीकी संबद्धता (कृषि संस्थाएँ, सहकारी संस्थाएँ, किसान संघों, या कृषि चैम्बरों) या इन संयुक्त जन्मदायी संस्थाओं के साथ मिलकर किया गया। सदी के विकास के साथ-साथ संगठन भी काबिल हो गये। इनके जन्मदायी सस्थाओं से संबद्धता में बदलाव हुआ। सरकारी कोष अधिक महत्त्वपूर्ण हो गया उनका लक्ष्य विस्तृत हो गया खासकर उत्तर में तथा प्रसार कर्मचारी का प्रशिक्षण उत्तम हुआ और वे अधिक पेशेवर हो गये। इसके अलावा और समान कार्य की कई अन्य प्रकार के संगठनों, कृषि आधारित वाणिज्यिक कंपनियाँ, कृषि पदार्थ विक्रय बोर्ड जिन्हें अपने विशिष्ट उत्पादन की गुणवत्ता एवं आपूर्ति को सुनिश्चित करना होता था, कृषि विकास योजनाएँ, कई भूभागीय आकार के भी, तथा विभिन्न प्रकार के गैर-सरकारी संगठनों (खासकर धार्मिक एवं कल्याणकारी) जो कृषि एवं ग्रामीण विकास में संलग्न थे, इन सबका विकास हुआ।

जैसे-जैसे कृषि प्रसार संगठनों का विकास एवं परिवर्तन हुआ वे समान रूप से अधिक अनुशासनशाही एवं विशिष्ट ढाँचों में तब्दील हो गये। बिखरे प्रसार कर्मचारियों के शासन एवं नियंत्रण के लिये एक या एकाधिक स्तरीय बीच का ढाँचा, फील्डस्तरीय एजेंटों तथा उनके मुख्यालयों के बीच (उदाहरण- जिला, क्षेत्र) निर्मित हुआ। इस प्रकार प्रसार कार्यों का प्रबंधन एक बड़ा पूर्वाधिकार हो गया तथा कई संगठनों की आलोचना उनके शीर्षस्थ या निम्नस्थ विचार

के लिये होने लगी। फिर भी राष्ट्रीय कोष से वित्त प्राप्त (या अंतर्राष्ट्रीय अनुदानों से) होने के कारण वरिष्ठ प्रबंधकों की जिम्मेदारी हो गयी कि वे अपने संगठनों के कार्यों को उचित ठहरायें। ऐसा भाव समान रूप से उत्तर एवं दक्षिण दोनों में देखा गया जहाँ औपनिवेशिक भूभागों ने स्वाधीनता प्राप्ति के बाद प्रसार कार्यों को समान रूप से पुनर्जीवित किया जिसके कर्मचारी नये प्रशासनाधीन स्वदेशी लोग ही बने। (कृषि मंत्रालयाधीन) बीते 25 वर्षों के दौरान, प्रसार सेवाओं का कार्य प्राय: अधिक विविधतापूर्ण हो गया है। कम उन्नत देशों में अभी भी कृषि उत्पादन पर ही प्रकाश डाला गया है (खासकर खाद्य) पर बहुसंख्यक छोटे एवं गरीब किसानों के लाभ के लिये उन तक पहुँचकर उन्हें प्रभावित करने की मान्यता के प्रति सम्मान भी बढ़ा है। प्रशिक्षण एवं दौरे के कार्यक्रम द्वारा इस दिशा में गंभीर प्रयास किये गये हैं। उत्तर के वाणिज्यिक किसानों के बीच एक प्रमुख समस्या आयी है अतिरिक्त उत्पादन का जहाँ किसान आर्थिक एवं नीति के दबावों के कारण इसे सीमित नहीं कर पाते। गहन खेती के तरीकों की संबद्धता से वातावरण ह्रास तथा पशुधन से संबंधित कई समस्याएँ उपस्थित हो गयी हैं। इस प्रकार ये प्रसार कार्य के महत्त्वपूर्ण भाग हो गये हैं खासकर सामाजिक-आर्थिक मार्गदर्शन जो दोनों पर प्रकाश डालता है, साधन पर जिसके द्वारा किसान अपनी आय-स्तर को अपने संसाधनों से बनाये रख सकता है (उदाहरण के लिये, विशिष्ट फसलों को लाकर, पशुधन एवं विभिन्न ग्रामीण उपक्रमों के जरिये) तथा वे रास्ते जो किसानों एवं उनके परिवारों के कल्याण को लंबी अवधि तक सुनिश्चित करें। कृषि प्रसार सेवाएँ इस प्रकार अपने कार्यकलापों में एक सामाजिक आयाम भी जोड़ते हैं।

आधुनिक खेती के लिये कृषि प्रसार को एक अनिवार्य स्वरूप मान लिया गया है जो सूचना एवं सलाह देकर इसे बढ़ाये। इन सुविधाओं या जानकारियों से चूँकि किसान प्रत्यक्ष रूप से लाभान्वित होते हैं इसलिये प्रसार संगठनों के निजीकरण की ओर झुकाव होता जा रहा है बहुधा परजीवी या अर्द्ध सरकारी एजेंसियों के साथ जहाँ किसानों को उन सेवाओं के लिये भुगतान करना होता है, जिसे पहले वे मुफ्त प्राप्त करते थे। उत्तर में यह प्रवृत्ति अधिक है तथा दक्षिण में भी इसके शुरू होने के उदाहरण हैं।

कृषि प्रसार संगठनों, कार्यों, कुशल नीतियों एवं विचारों में परिवर्तन के गति में तेजी के स्पष्ट संकेत हैं।

## भविष्य

निकट भविष्य में कृषि एवं ग्रामीण क्षेत्रो में सूचनाओं एवं सलाह-सेवाओं की आवश्यकता के गहन होने की संभावनाएँ हैं। विश्व के अधिकांश भागों में कृषि के सामने चुनौती है द्रुत गति से बढ़ती जनसंख्या के साथ गति बनाये रखने की जबकि क्रियाशील खेती योग्य जमीन की उपलब्धता कम है। किसानों को अधिक सक्षम एवं विशेषज्ञ होना पड़ेगा। सरकारी यथार्थता से उत्पादन को जो भी प्राथमिकता दिया जाये, प्रसार नीति का मुख्य उपकरण बना रहेगा जो खेती के तरीकों को पर्यावरणीय एवं सामाजिक प्राप्यता को बढ़ाता रहेगा।

हाल के विकास के कुछ अधिक संवेदनशील संभावनाएँ प्रसार की प्रक्रियाओं में घटित हुई हैं जहाँ मुख्य प्रकरण पर्यावरण है या न्याय से जुड़ा है। वनों का संयुक्त प्रबंधन पेशेवरों एवं स्थानीय वनवासियों द्वारा एवं एकीकृत कीट प्रबंधन इसके उदाहरण हैं। प्रचलित खोजी विचारों के साथ-साथ एक स्थिर भाव ग्रामीण भागीदारी का अंदाज है (चैम्बर्स, 1993) जो प्रसार एजेंटों एवं ग्राहकों की पारस्परिक भूमिका में मौलिक परिवर्तन है। एजेंट को अब एकमात्र विशेषज्ञ नहीं माना जाता जो लाभदायक सूचना एवं तकनिकी निदान देगा, ग्राहकों के व्यक्तिगत एवं सामूहिक ज्ञान एवं होशियारी, भी प्रमुख स्रोत माने जाते हैं। स्थानीय समस्याओं का समाधान ग्राहकों एवं एजेंटों की भागीदारी से होता है। चूँकि प्रसार समर्थन का दायरा जहाँ प्रसार आवश्यक है, व्यक्तिगत खेती से बड़ा है इसलिये प्रसारकर्मियों को विपरीत प्रस्तावों के बीच वार्तालाप की नयी कुशलता लानी होगी तथा उगते सामुदायिक संगठनों की सेवा करनी होगी (गारफोर्थ, 1993, स्मिथ, 1994)।

भविष्य में इस हाल के संकेतों के पलटने की संभावनाएं भी हैं जो पदसोपानयुक्त प्रसार सेवाओं के अंतर्गत अफसरशाही एवं इनके सरकारी कोष पर निर्भरता की ओर है। इसके अलावा प्रसार के समर्थन में सूचना तकनीक की द्रुत वृद्धि देखी जा सकती है। इन क्षेत्रों में परिवर्तन की शक्तियाँ चार मुख्य दिशाओं से आयेंगी।

### आर्थिक एवं नीतिगत अवस्था

पिछले दशकों में समाजवादी ढाँचे के आर्थिक संगठनों के पतन के साथ ही राष्ट्रीय अर्थव्यवस्था में सरकारी क्षेत्र

की प्रभावकारी भूमिका पर प्रश्नचिह्न लगा है जिससे सरकारी खर्चे में कमी के मजबूत आसार दीख पड़ते हैं। इस प्रकार सरकारी प्रसार सेवाएँ एवं वे संस्थाएँ जो सरकारी वित्त पर मुख्यत: आधारित हैं तथा होंगे, उन पर लगातार दबाव बना रहेगा कि वे अधिक सक्षम बनें, अपने खर्च एवं कर्मचारियों में कटौती करें एवं होने वाले खर्चों का भाग अपने ग्राहकों पर थोपें जो प्रत्यक्ष रूप से आर्थिक लाभ प्राप्त करते हैं। खासकर यह उन देशों में देखा जाता है जहाँ खेती पर आधारित जनसंख्या बहुत कम है एवं कृषि उत्पादन का अधिशेष है। कम विकसित देशों में मामला कमजोर है, पर अनुपस्थित नहीं जहाँ खेतिहर परिवारों की कुल जनसंख्या में अधिक अनुपात है एवं जहाँ खाद्य उत्पादन की वृद्धि अभी भी महत्त्वपूर्ण है। इस प्रकार ग्राहकों से सेवा के बदले भुगतान करने की संभावना और बढ़ेगी जबकि सरकार के लिये भी यह आकर्षक होगा कि सेवाओं का भार निजी या स्वयंसेवी क्षेत्र को दे दिया जाये।

## ग्रामीण क्षेत्रों में सामाजिक संदर्भ

भविष्य में ग्रामीण आबादी निस्संदेह अधिक शिक्षित होकर उन्नतिशील रहेगी, जबकि उनके पास मीडिया के प्रति रूझान से उनकी निर्धनता में कमी होगी। सूचना से उदासी के विचार एवं राष्ट्रीय एवं अंतर्राष्ट्रीय संदर्भ में अपनी अवस्था के प्रति उनकी जागरुकता बढ़ेगी। फिर भी इस प्रकार जुड़ने से भी प्रसार की आवश्यकता कम नहीं होगी। बल्कि आबादी की वृद्धि से कृषि उत्पादनों की बदलती माँगों, बढ़ते शहरीकरण, कानूनी बदलाव, तथा बाजारी आवश्यकताओं के कारण अधिक कुशल खेतिहर जनसंख्या को विभिन्न प्रसार सेवाओं की जरूरत होगी। ग्रामीण क्षेत्रों में सामाजिक एवं आर्थिक रूझानों के कारण अधिक उच्च प्रशिक्षित, विशिष्टताओं एवं तकनीकी रूप से सक्षम कर्मियों की आवश्यकता होगी जिन्हें मालूम हो कि कहाँ से संगत सूचनाएँ एवं समस्याओं के निदान तथा विभिन्न प्रावधानों एवं संगठन के स्वरूपों की जानकारी प्राप्त की जाये (मोरिस, 1991, हेवार्ड, 1940) जो परतदार सरकारी प्रसार एजेंसियों को स्थानापन्न कर सके। इस एजेंसी के लिये आवश्यक होगा पहचान बना कर विभिन्न प्रकार के ग्राहकों की सेवा करना जो अपनाये जाने वालों की श्रेणी के रूप में नहीं बल्कि बाजारी निर्भरता परिवार की आय एवं कल्याण के लिये जरूरी हों।

## ज्ञान की पद्धतियाँ

स्थानीय खेती पद्धति के चरित्र की पहचान तथा कृषि सूचना पद्धति जो इनका समर्थन करती हों, वह प्रसार सेवाओं का जिम्मा लेने में तथा अफसरशाही को समाप्त करने पर दबाव बढ़ाने का एक महत्त्वपूर्ण स्त्रोत है। इस पहचान में यह भी शामिल है कि प्रसारकर्मी एवं किसान संयुक्त रूप से नई तकनीक की जाँच एवं अपनाने के कार्य में शामिल रहें और इस प्रकार प्रसारकर्मी किसानों को प्रयोगकर्त्ताओं तथा विकास के, तकनीक ग्रहणकर्त्ताओं के रूप में सम्मान दें तथा स्थानीय क्षेत्रों में अधिक समय व्यतीत करें। प्रसार सेवाओं का जिम्मा उठाकर स्थानीय संगठनों को देना एक उचित अनुमान है। मास मीडिया तकनिकी में एक दशक पहले ही प्रकट विकास प्रसार प्रयास के इस स्थानीयकरण का समर्थन करता रहेगा। (गारफॉर्थ, 1986)

## सूचना तकनिकी

दूरभाष संचारतंत्र एवं कम्प्यूटर आधारित सूचना तकनिकी में लगातार हो रहे द्रुत विकास प्रसार में परिवर्तन का सबसे बड़ा तत्त्व है जो अन्य परिवर्तनों को सुविधा देकर पुनर्शक्तिशाली बनायेगा। कृषि प्रसार में इसे लागू करने की क्रियाशीलता की अपार संभावनाएँ हैं। (फाओ, 1993 जित्र, 1994) सूचना तकनीकी नयी सूचना सेवाएँ ग्रामीण क्षेत्रों तक ले जायेगा, जिस पर उपभोक्ता अभी के सूचना चैनलों से सभी किसानों के पास कंप्यूटर टर्मिनल नहीं रहने पर भी यह स्थानीय सूचना स्रोत केंद्रों में तत्काल उपलब्ध होगा। कंप्यूटर सहित निपुण पद्धति निर्णय लेने में किसानों की सहायता करेंगे। फिर भी इससे प्रसारकर्मी प्रचुर नहीं हो पायेंगे। बल्कि, वे अपने कार्यों एवं सेवाओं पर ध्यान केंद्रित कर सकेंगे जहाँ मानवीय परस्पर क्रिया अनिवार्य है जो किसानों को व्यक्तिगत एवं छोटे समूह स्तर पर समस्या की पहचान, आंकड़ों के अर्थ लगाने तथा इनके अर्थ को लागू करने में सहायता करेंगे। (लिवीस, 1993)

भविष्य में अधिक सक्षम, अधिक स्वतंत्र, अधिक ग्राहकोन्मुख प्रसारकर्मियों की आवश्यकता होगी। एजेंट एवं ग्राहक के बीच परस्पर क्रिया की गुणवत्ता पर विशेष बल होगा, एक सोपानयुक्त पद्धति द्वारा 'संवादों' को भेजने की अपेक्षा।

लचीलापन एवं अनुकूलता गुण माने जायेंगे विपणन या गलती नहीं। विरोधाभास रूप में यूरोप में आधुनिक प्रसार के आरंभिक विस्तार की ओर ले जायेंगे। सचल कृषि शिक्षक विशाल अफसरशाही के भार से दबे एवं लंबे पदसोपानों के नीचे, अपने समकक्षियों को अब कंप्यूटर सहित प्रसारकर्मी के रूप में देखेंगे जो बड़ी सहजता से किसानों को अपनी खेती कार्यों के लिये उनकी क्रियाशीलता समझने के लिये आवश्यक सूचना की पहचान करने में सहायता करेंगे। पीछे देखने पर हम 1970 से 1995 की अवधि को आवश्यक पर खर्चीला समय मान सकते हैं प्रसार पद्धतियों के विकास में जिसके बाद प्रसार एजेंट अपने मुख्य कार्य पर तैनात हुए जो सर्वोत्तम उपलब्ध वैज्ञानिक ज्ञान एवं किसानों की विशेषज्ञता को एक साथ लाता है जिससे खेती एवं स्थानीय कृषि अर्थव्यवस्था का विकास हो सके।

## संदर्भ

अहमद, ए. (1982) '*दी रोल ऑफ दी इन्फोरमेशन सिस्टम इन डेवेलपमेंट।* स्टडी सीरिज नं. 314, बगदाद, ईराक संस्कृति एवं सूचना मंत्रालय।

अरासिंघम, एस.आर. (1981) एग्रीकल्चरल एक्सटेंशन इन श्रीलंका, *ट्रोपिकल एग्रीकल्चरिस्ट*, 137, 41-511।

ब्लैक, ए. डब्ल्यू. (1976) *ओरगेनाईजेशनल जेनेसिस एंड डेवेलपमेंट : ए स्टडी ऑफ आस्ट्रेलियन एग्रीकल्चरल कॉलेजेज।* सेंट लुसिया, यूनिवर्सिटी ऑफ क्वींसलैंड प्रेस।

ब्लैकवर्न, डी.जे. एंड विस्ट, डी. एल. (1984) हिस्टोरिकल रूट्स एंड फिलोसफी ऑफ एक्सटेंशन। इन डी.जे. ब्लैकबर्न (एडि.), *एक्सटेंशन हैंडबुक* (प्रथम संस्करण) गुएल्फ, ओंटोरियो, गुएल्फ विश्वविद्यालय।

बने साद, एम.एच.ए. अल-ह (1990) *एन एनालसिस ऑफ दी निड्स एंड प्रोब्लेम्स ऑफ ईराकी फार्म वुमेन : इम्लीकेशंस फॉर एग्रीकल्चरल एक्सटेंशन सर्विसेज;* अन-पब्लिस्ड डोक्टोरल थेसिस, यूनिवर्सिटी कॉलेज, डबलिन।

बौलेट, एम. (एन.डी.) अन टाईप आरिजीनल डी इन सीजनेंट : ले प्रोफेसर डिपार्टमेंटल दी' एग्रीकल्चर, अनपब्लिस्ड पेपर।

ब्रे, एफ. (1984) *जोसेफ नीधमस साईंस एंड सिविलाइजेशन इन चायना : वोल्यूम 6, बायोलोजी एंड बायोलोजिकल टेक्नोलोजी, पीटी. II, एग्रीकल्चर,* कैम्ब्रिज, कैंब्रिज यूनिवर्सिटी प्रेस।

चेम्बर्स, आर. (1993) *चेलेंजींग दी प्रोफेसन : फ्रांटियर्स फॉर रूरल डेवेलपमेंट,* लंदन, आईटी पब्लिकेशंस।

सीएलवीएस, (1845) विसेनवी बासे रंग। *वोर्धन व्लेट फुर लैंड ऊंड हौबिर्सस्थ चाफ्ट, गेवेर्द एंड हेंडेलम,* (सेंट्रलस्टेली डेस लैंडविर्सथचैफरलीचेन वेरेस जु स्टुट गार्ट), 24, 133.

कोलेटी एफ. (1900), 1985 ले एसोकियाजिओनी एग्रेरी इन इटालिया डेला मेटाडेल सेकोलो XVIII एल XIX रिप्रिंटेड इन II *डोटोर इन साईंस एग्रेटी ई फोरेस्टली* 35, *2* (1985, अक्तूबर), 17-30।

डी. फैली, डी. (1970) हिस्टोयार डी। इनसेगीनेमेंट एग्रीकोल औ काँगो (पीटी-1) *कैरियर्स काँगोलायस* 13 (1) 100-133.

डेलमान, जे. (1991) *एग्रीकल्चरल एक्सटेंशन इन रेनसाउ काउंटी, चायना : ए केस स्टडी ऑफ ब्यूटोक्रोटिक इन्टरवेंशन फोर एग्रीकल्चरल इन्नोदेशन एंड चेंज,* आरहस, डेनमार्क, इंस्टीट्यूट ऑफ एशियन स्टडीज।

एलविन, एम. (1973) *दी पैटर्न ऑफ दी चायनीज पास्ट,* लंदन, मेथुएन।

फाओ (1993) *दी पोटेंशियल्स ऑफ माइक्रोकम्प्यूटर इन सपोर्ट आफ एग्रीकल्चरल एक्सटेंशन, एडकेशन एंड ट्रेनिंग,* रोम, फाओ।

गारफोर्थ, सी. (1986) मास मीडिया एंड कम्युनिकेशंस टेक्नोलोजी इन जी.ई. जोंस (इडी.) *इनवेस्टिंग इन रूरल एक्सटेंशन स्ट्रेटजीज एंड गोल्स* (पेज 185-192) लंदन एंड न्यूयार्क एल्सेवियर एप्लायड साईंस पब्लिशर्स।

गारफोर्थ, सी. (1993) सीईंग दी पिपुल फोर दी ट्रीज : ट्रेनिंग फॉर सोशल फोरेस्ट्री इन कर्नाटक इंडिया। *रूरल एक्सटेंशन बुलेटिन,* 2, 33-39.

ग्रे, ई. एम. (1952) *दी एडुकेशनल वर्क ऑफ फिलीप इमामुएल वोन फेलेनवर्ग (1771-1844).* अनपब्लिस्ड मास्टरर्स थेसिम, दी क्वींस यूनिवर्सिटी, वेलफास्ट।

ग्रोवेल, एम. (1933) *दी सोसायटी फॉर दी डिफ्यूजन ऑफ यूजफुल नोलेज, 1826-1846 एड इट्स रिलेशन टू एडल्ड एडुकेशन इन दी फर्स्ट हाफ ऑफ दी नाइनटीथ सेंचुरी।* अलपब्लिस्ड मास्टर्स थेसिस, यूनिवर्सिटी ऑफ लंदन।

गगीसबर्ग, के. (1953) *फिलीप इमानुएल वान फेलेनबर्ग अंड सीन एटजीहुग्सस्टाट* (2 वोल्यूम) बर्न, स्वीजरलैंड वर्लाग, हाबर्ट लांग।

हेवार्ड, जे. (1990) एग्रीकल्चरल एक्सटेंशन दी वर्ल्ड बैंकस एक्सपीरियेंस एंड एप्रोचेज। इन फाओ *रिपोर्ट ऑफ दी ग्लोबल कम्पल्टेशन ऑन एग्रीकल्चरल एक्सटेंशन* (पेज 175-134), रोम, फाओ।

हडसन, के. (1972) *पेट्रोटियज्म विथ प्रोफीट ब्रिटीश एग्रीकल्चरल सोसायटीज इन दी ऐटिथ एंड नाईनटिथ सेंचुरीज।* लंदन, हग एवेलीन।

जेंकींस, एच. एम. (1884) *रिपोर्ट आन एग्रीकल्चरल एडुकेशन इन नार्थ जर्मनी, फ्रांस, डेनमार्क, बेल्जियम, होलैंड एंड दी यूनाइटेड कींगडम* (सी-3981-1) लंदन, इरेएंड स्पोटीरावुड।

जोंस, जी.ई. (1979) दी ओरिजनल एग्रीकल्चरल एडवाईसरी सर्विस: लार्ड कलेयरेंडस प्रेक्टीकल इन्सट्रक्टर्स इन मिड-नाइनटीन्थ सेनचुरी आयरलैंड. इन *प्रोसीडिंग ऑफ दी फोर्थ इन्टरनेशनल सेमिनार ऑन एक्सटेंशन एडुकेशन।* डब्लीन, यूनिवर्सिटी कॉलेज, डिपार्टमेंट ऑफ एग्रीकल्चरल एक्सटेंशन।

जोंस, जी.ई. (1981) दी ओरिजिंस ऑफ एग्रीकल्चरल एडवाईजटी सर्विसेज इन नाइनटिंथ सेंचुरी। *सोशल बायोलोजी एंड ह्यूमेन एफेयर्स,* (46/2) 89-106।

जोंस, जी.ई. (1982) दी कलेयरेंडन लेटर। इन जी.ई. जोंस एंड सम.गे. रोलीस (इडीएस) *प्रोग्रेस इन सरल एक्सटेंशन एंड कम्युनिटी डेवलपमेंट। वोल्युम। एक्सटेंशन एंड रिलेटिव एडवान्टेज इन रूरल डेवलपमेंट* (पेज 11-19) चीचंस्टर : जॉन बिली एंड संस।

जोंस, जी.ई. (1994) एग्रीकल्चरल एडवाईजरी वर्क इन इंग्लैंड एंड वेल्स : दी बिगीनींग्स, *एग्रीकल्चरल प्रोग्रेस 69, 55-69 जरनल डी' एग्रीकल्चर प्रथिक* (1874, 38वां वर्षा, वोल्यु-2)।

कीले, ओ.एम. (1921) *दी फार्म ब्यूरो मूवमेंट,* न्यूयार्क, मैकमिलन।

लीविस, सी. (1993) *ऑफ कंप्युटर्स, मिथ्स एंड मोललिंग : री सोशल कस्ट्रक्शन ऑफ डायवर्सिटी, नोलेज इन्फोरमेशन एंड एग्रीकल्चरल एक्सटेंशन* बागेनीजेन, स्टडीज इन सोसिओलोजी, 36 बाजेनिजेन, एग्रीकल्चरल यूनिवर्सिटी।

लोगन, जी. एम. (1984) मैन एंड दी लैंड इन क्वींसलैंड एडुकेशन, 1874-1905 : एग्रीकल्चरल एडुकेशन ऐज ए सोल्यूशन मैन फिजियोग्राफी, डिसोनेंस इन कोलोनिस्ट क्वींसलैंड, अनपब्लिस्ड एम.एड. थोगिस, यूनिवर्सिटी ऑफ क्वींसलैंड।

लुकास, सी.पी. (1913) *ए हिस्टोरिकल ज्योग्राफी ऑफ ब्रिटीश कोलोनीज, वोल्यु-III, वेस्ट अफ्रीका* (3र्ड एडीशन) ऑक्सफोर्ड, क्लेयरेंडन प्रेस।

मैयर-बोडे, एफ. (1910) *डाय आगरेनाइजेशन एंड एरफोर डेस लैंड विरचैफ्टली चेन वान्दानटेरीच्टस इम कोंमिंग्रीच बेयर्न,* लैंड्सवर्ग ऐम लेच. जार्ज वेर्जा।

मेसफील्ड, जी.बी. (1950) *ए शॉर्ट हिस्टरी ऑफ एग्रीकल्चर इन दी ब्रिटीश कोलोनीज,* आक्सफोर्ड, कलेयरेंडन प्रेस।

मिनिस्टेर डी 'एग्रीकल्चर (1882) *बुलेटिन,* फर्स्ट ईयर, वो.1।

मिनिस्टरी ऑफ एग्रीकल्चर (1993) *आउटलाईन ऑफ कोओपरेटिव एग्रीकल्चरल एक्सटेंशन सर्विस इन जापान,* टोक्यो, मिनिस्ट्री ऑफ एग्रीकल्चर, फोरेस्ट्री एंड फीशरीज (एक्सटेंशन एंड एडुकेशन, डिवीजन)।

मूक, बी.टी. (1982) दी *वर्ल्ड ऑफ दी इंडियन फील्ड एडमिनिस्ट्रेटर.* नई दिल्ली, विकास पब्लिशिंग हाऊस।

मोरिस, जे. (1991) *एक्सटेंशन आलटरनेटिव इन ट्रो पिकल अफ्रीका.* लंदन, ओवरसीज डेवेलपमेंट इंस्टीट्यूट।

पर्किंस, डी.एच. (1969) *एग्रीकल्चरल डेवेलपमेंट इन चायना 1368-1968।* शिकागो एल्डाईन पब्लिशींग, एडिनका, एडिनबर्ग यूनिवर्सिटी प्रेस।

प्लंकेट, एच. (1901-02) एग्रीकल्चरल एडुकेशन फॉर आयरलैंड *डिपार्टमेंट ऑफ एग्रीकल्चर एंड टेक्नीकल इन्सट्रक्शन* फोर *आयरलैंड, जरनल* 2 (1) 18-41।

प्रोविंस ऑफ ओंटोरियो (1900) *रिपोर्ट ऑफ दी सुपरिन्टेडेंट ऑफ फारमर्स इन्सटीट्यूट्स ऑफ दी प्रोविंस ऑफ ओंटोरियो 1899-1900,* टोरंटो, एल.के. कैमरान।

*रिपोर्ट ऑफ दी रिसेस कमिटी ऑन दी एस्टेंबसीसमेंट ऑफ ए डिपार्टमेंट ऑफ एग्रीकल्चर एंड इंडस्ट्रीज फोर आयरलैंड* (1896) डबलीन, बोन एंड नोलान।

रिवेरा, डब्ल्यू.एम., एंड गुस्टाफसन, डी.जे. (इडीएक) (1991) *एग्रीकल्चरल एक्सटेंशन : वर्ल्ड वाईड इंस्टीट्युशनल* इवोल्युशन एंड फोरसेज फॉर चेंज. एम्सटरडम एंड न्यूयार्क, एल्सेकीयर।

रसेल, ई.जे. (1966) *ए हिस्ट्री ऑफ एग्रीकल्चरल साईंस इन ग्रेट ब्रिटेन, 1620-1954,* लंदन जॉज एलेन एंड उनविन।

स्मिथ, एच. (1972) *दी सोसायटी* फोर *दी डिफ्यूजन ऑफ दी यूजफुल नोलेज, 1826-1846,* लंदन, विने प्रेस।

स्मिथ, वी. (1994, समर) ए लर्नर सेंटर्ड एप्रोच टू सोशन स्कील्स फोर टेकनीकल फोरेस्टर्स। इन *फ्रेम दी फील्ड. रूरल*

डेवेलपमेंट फोरस्ट्री नेटवर्क पेपर, 17 ई. (पेज 12-20) लंदन, ऑवरसीज डिवलपमेंट इन्स्टीट्यूट

सोसायटी फोर दी डिफ्यूजन ऑफ यूजफुल नोलेज (1827) रूरल *ऑफ दी सोसायटी फोर डिफ्युजन ऑफ यूजफुल नोलेज.* लंदन, विलियम क्लोवेस।

तेजीमा. एस. (1991) प्रोसेस ऑफ डेवेलपमेंट ऑफ एग्रीकल्चरल एक्सटेंशन इन जापान। इन *एग्रीकल्चरल एक्सटेंशन इन एशिया एंड दी पैसिफीक* (पे. 19-36) टोक्यो, एग्रीकल्चरल प्रोडक्टीविटी आरगेजनाईजेशन।

ट्रू, ए.सी. (1895) एडुकेशन एंड रिसर्च इन एग्रीकल्चरल इन द यूनाइटेड स्टेट्स. इन *ईयरबुक ऑफ द यू.एस. डिपार्टमेंट ऑफ एग्रीकल्चर, 1984* (पेज 81-116). वाशिंगटन, डीसी : यू.एस. गोर्वनमेंट प्रिटिंग ऑफिस।

टू, ए.सी. (1900). एग्रीकल्चरल एडूकेशन इन द यूनाइटेड स्टेट्स. इन *ईयरबुक ऑफ द यू.एस. डिपार्टमेंट ऑफ एग्रीकल्चर 1899* (पेज 157-190) वाशिंगटन डीसी : यू.एस. गोर्वनमेंट प्रिंटिंग आफिस।

टू ए.सी. (1928). ए हिस्ट्री ऑफ एग्रीकल्चरल एक्सटेंशन वर्क *इन दी यूनाइटेड स्टेट्स। 1785-1923।* यूएसडीए, मिस्ले- मियस पब्लिकेशंस नं. 15, वाशिंगटन डीसी, यू. एस. गोर्वनमेंट प्रिटींग ऑफिस।

टूसेर, टी. [(1580), 1984)] *फाईव हंड्रेड प्वायंटस ऑफ गुड हस्वेंड्री*, आक्सफोर्ड, आक्सफोर्ड यूनिवर्सिटी प्रेस।

ह्वाईट, के. डी. (1970) *रोमन फार्मिंग*, लंदन, थेम्स एंड हडसन।

ह्वाईट, के.डी. (1977) *कंट्री लाईफ इन क्लासिकल टाईम्स*, लंदन, एलेक ब्रूक्स।

विलीस, जे.सी. (1922) *एग्रीकल्चर इन दी ट्रोपिक्स : एन एलीमेंटरी ट्रीटाइज* (थर्ड एडी.) कैंब्रीज, कैंब्रीज यूनिवर्सिटी प्रेस।

जिज्प, डब्ल्यू. (1994) *इम्प्रूविंग दी ट्रान्सफर एंड यूज ऑफ एग्रीकल्चरल इन्फोरमेशन : ए गाईड टू इन्फोरमेशन टेक्नोलोजी*, वर्ल्ड बैंक डिस्कशन पेपर 247, वाशिंगटन, डीसी, दी वर्ल्ड बैंक।

## अध्याय-2

# प्रसार संगठन के वैकल्पिक विचार

ऊवे जेंस नाजेल

सूचना के संगठित सूचना एवं कुशलता का उद्देश्य युक्त स्थानांतरण की तरह प्रसार एक हाल की अद्भुत घटना है। स्पष्टतः सूचना एवं ज्ञान का स्थानांतरण स्थायी कृषि के उद्‌गमकाल से ही है। आज का कार्य भिन्न है इस अर्थ में कि प्रक्रिया में संगठन की प्रधानता है एवं इसका क्षेत्र अजड़ित स्थानीय घटनाओं से बढ़कर बृहत पैमाने पर इसमें विश्वव्यापी कठिन कार्य शामिल हो गये हैं।

इस अध्याय में प्रसार के विचारों को इनके सर्वाधिक महत्त्वपूर्ण संगठनात्मक स्वरूप तथा उनके लक्ष्य प्रस्तुत किये गये हैं। लक्ष्य पद्धति विभिन्न समूह के शक्ति स्थलों को प्रतिबिंबित करता है। इसलिये संलग्न दिलचस्प समूहों को एवं ऐतिहासिक परिस्थितियों को जाने बगैर वर्तमान प्रसार सिद्धांतों की सफलताओं एवं कमियों का मूल्यांकन नहीं किया जा सकता। यह माना जाता है कि प्रसार संगठन के विभिन्न रूप अपने आप में न तो अच्छे हैं और नहीं बुरे। बल्कि प्रसार सेवाओं को उनके लक्ष्यों के आधार पर जाना जाना चाहिये। एक सर्वमान्य मापदंड है ग्रामीण क्षेत्रों में उनका सेवाकार्य। प्रसार जो अपने ग्राहकों के संपर्क में नहीं है तथा उनके जीवन-स्तर को सुधारने में कोई योगदान नहीं करता। वह अपनी वैधता समाप्त कर लेता है।

## प्रसार-लक्ष्य

लक्ष्य, व्यक्तियों, समूहों तथा संगठनों के कार्यों का मार्गदर्शन है। भविष्य की अवस्था को इंगित करने में वे बीते समय के अनुभवों से प्रभावित रहते हैं, अगर निर्णायक न भी हों। यह अपने समर्थकों की दिलचस्पी दर्शाता है और इसलिये जीवन की विशेष परिस्थितियों, शक्ति के पदों, एवं दर्शन के विकास के अनुसार इनमें अंतर होता है। एक पद्धति का मुख्य स्वरूप जैसे इसका संगठनात्मक ढाँचा, ग्राहकों का चयन, इसके कार्य की रूपरेखा तथा इस्तेमाल के तरीके प्रत्यक्षरूप से इसके लक्ष्य हैं एवं अपने लक्ष्य प्राप्ति के लिये किये गये योगदान के आधार पर ही इनका मूल्यांकन होना चाहिये।

प्रसार पद्धति में मुख्य भूमिका निभाने वाले हैं, ग्रामीण संप्रदायों के सदस्य, प्रसार एवं अन्य विकास कर्मचारी, अनुसंधानकर्त्ता तथा वाणिज्यिक या जनसेवा के कर्मचारी तथा समर्थक संगठन। आनुमानित साक्ष्य विविध स्वरूप दर्शाते हैं जहाँ इन समूहों की परस्पर क्रिया संस्थागतीय हो गई है। स्वरूपों की विविधता एक समान लक्ष्य की विविधता बताती है तथा दोनों में किसी का भी इस्तेमाल प्रसार-सिद्धांतों के वर्गीकरण के लिये हो सकता है। फिर भी व्यवहार में विलगावहीन लक्ष्य ही देखे जाते हैं एवं स्पष्ट वर्गीकरण नहीं हो पाता। तब यह अधिक उपयुक्त लगता है कि ग्राहकों की चयनता का एक विस्तृत वर्गीकरण माना जाए एवं उनके लक्ष्य को ही वर्गीकृत मान लिया जाये। इस निरंतरता के दो अन्तिम बिन्दुओं पर होगा तकनिकी स्थानांतरण एवं मानव स्रोत का विकास। दोनों का सुझाव देते हुए किया गया हो तो एक संकुचित तकनीक हो या फिर विस्तृत सामाजिक-आर्थिक विकास का दृष्टिकोण।

## तकनिकी स्थानांतरण

अट्ठारहवीं सदी के अंत तक खेती के तरीकों में धीरे-धीरे पर ठोस रूप से विकास हुआ सदियों में कुछ गुणात्मक पर लोगों के साथ उपनिवेशवाद तथा साम्राज्य विस्तार से अनुसंधानों का आगमन हुआ जैसे मक्का, तम्बाकू, आलू के महत्त्वपूर्ण उदाहरण, पर प्रयोगों तथा ज्ञान प्रसार

मूलरूप से स्थानीय खेती स्तर पर ही रहा। इस दिशा में कृषि विज्ञान के उत्थान से नाटकीय परिवर्तन आया। वास्तविक खेती क्षेत्र से बाहर सरकारी अनुसंधान संगठनों का निर्माण बढ़ता रहा। हाल के दौर में औद्योगिक अर्थव्यवस्था में निजी उपक्रमों के लिये कृषि जन्य तकनिकी के अनुसंधान एवं विकास बहुत लाभदायक व्यापार है।

दशकों तक अनुसंधान प्रसार किसान का संबंध खासकर उन्नतिशील देशों में एक साधारण नमूने पर आधारित रहा। विकास तक पहुँचने के लिये आधुनिक अनुसंधान फलों को परंपरागत किसानों को स्थानांतरित किया जाना चाहिये और इसके लिये प्रसार एक उपयुक्त साधन है। विज्ञान में सभी का विश्वास तथा आधुनिकीकरण के संकल्प ने घरेलु ज्ञान को बदनाम कर दिया। आज तक भी कई प्रशासकों, अनुसंधानकर्ताओं एवं प्रसार एजेंटों का यही मत है, पर अब इस पर, गंभीरता से सवाल उठाये जा रहे हैं। खेती पद्धति के अनुसंधान एवं किसानों के ज्ञान की पुनर्खोज (चैंम्बर्स, पेसी एंड थ्रुप, 1989) ने दिखा दिया है कि उन्नत तकनीक एक साधनों एवं तरीकों का पैकेज है जो कई स्रोतों से आता है। (यूएमडीपी, 1991 पेज, 2) कृषि ज्ञान पर परंपरागत विचार के पुनःपरीक्षण का प्रतिफल नयी तकनिकी के स्रोत के रूप में अनुसंधान के महत्त्वपूर्ण भूमिका पर प्रश्न के रूप में नहीं हो सकता। विकासशील देशों के लिये ऐसा देखा जाता है कि द्रुत विकास तथा विस्तृत समस्याएँ जैसे उपांत भूमि की अवनति का निदान ढूँढना स्थानीय लोगों की क्षमता के बाहर है। यहाँ आवश्यकता इस बात की है कि सूचना स्थानांतरण की अपेक्षा समस्या निदान पर आधारित ज्ञान पद्धति का निर्माण हो एवं नयी प्राथमिकताओं की स्थापना की जाये।

## मानव संसाधन विकास

तकनिकी स्थानांतरण की अपेक्षा मानव संसाधन विकास का विचार अधिक विस्तृत है यद्यपि दोनों का एक-दूसरे से निकट संबंध है। केवल तकनिकी की बढ़ती कठिनाइयों की नहीं वरन् सुदूर क्षेत्रों के किसानों की जीवन अवस्था भी नया ज्ञान चाहती है। इन ज्ञानों की सहायता से ग्रामीण महिलाएँ एवं पुरुष "समस्याओं के नेटवर्क में झाँकने की अधिक अच्छी दृष्टि प्राप्त करते हैं तथा उपलब्ध वैकल्पिक निदानों की पहचान करते हैं।" (अलब्रेच्ट इट *एल.*, 1989, पेज 3) परंपरागत रूप से, साक्षरता एवं अंकों का मूल ज्ञान प्रसार कार्य नहीं रहे हैं। निर्धन देशों में साक्षरता कार्यक्रम की सीमित सफलता में अनौपचारिक शिक्षा की ओर ध्यान आकर्षित किया है जिसमें प्रसार की महत्त्वपूर्ण भूमिका है। (कुम्बस एवं अहमद, 1974) जबकि अधिकांश मामलों में इसके लिये विभिन्न संगठनों के समन्वित प्रयासों की आवश्यकता है तथा प्रसार उनमें से एक है, मानव संसाधन विकास को भी सही प्रसार तत्त्व माना जा सकता है।

अवकाश-शिक्षा की तरह किसी खास अवधि में कार्यक्रम को प्रसार से पद स्थापित किया जा सकता है जो अभी यहाँ नहीं है, पर इससे अधिक महत्त्वपूर्ण है प्रबंधकीय तथा संगठनात्मक ज्ञान सिखाना जो किसानों को अपनी समस्याओं का समाधान करने में सक्षम बनाये। मानव संसाधन विकास इस प्रकार के संकटजनित योग्यता का लक्ष्य सामने रखता है। प्रसार ग्राहक जानते हैं कि वे क्या मांग करें, वे तकनिकी सूचनाओं की उपयुक्तता का मूल्यांकन कर सकते हैं क्योंकि वे ही जिम्मेदार निर्णायक हैं। ऐसी योग्यता के लोग प्रत्येक ग्रामीण समुदाय में पाये जाते हैं और उन्हें ही सक्रिय रूप से और सहायता चाहिये। इसलिये किसी भी प्रसार पद्धति का महत्त्वपूर्ण कार्य है सुविधाहीन लोगों तक मानवसंसाधन विकास को पहुँचाना जिनकी औपचारिक या अवकाश शिक्षा तक पहुँच नहीं है वे चाहे जो भी हों, महिलाएँ, किसान, ग्रामीण युवक, तथा निर्जन क्षेत्र के छोटे किसान।

## प्रसार संगठन के वैकल्पिक रास्ते

पूरी व्यवस्थान्तर्गत तथा विभिन्न प्रसार संगठनों में, प्रसार के लक्ष्य भिन्न हो सकते हैं, जैसा कि दिखाया जा चुका है। इसके आलावा विशेष लक्ष्य कभी-कभी एक-दूसरे के विपरीत भी हो सकते हैं। जहाँ छोटी पद्धतियों में समान लक्ष्य का निर्माण किया जा सकता है या विपरीत रुचियों को मिलाया जा सकता है। बृहत पैमाने के संगठनों को समझौते के आधार पर कार्य करना चाहिये। इस क्रम में एक्सीन के प्रधान विचार का खास महत्त्व है। "किसी कृषि प्रसार कार्यक्रम की सफलता प्रत्यक्ष रूप से वहाँ तक संबंधित है जहाँ तक इसके विचार कार्यक्रम के लक्ष्य पर सही बैठते हैं जिसके लिये उसकी स्थापना हुई है।" (एक्सीन, 1988 पेज 135)

प्रसार संगठन की विकल्पों की मांग विभिन्न स्तरों पर के चयन निम्नलिखित है:

- जनता बनाम निजी
- सरकारी बनाम गैर सरकारी
- ऊपर से नीचे (अफसरी) बनाम नीचे से ऊपर (भागीदारी)
- लाभ बनाम लाभरहित
- मुक्त बनाम लागत-प्राप्ति
- सामान्य बनाम क्षेत्र
- बहुउद्देश्यीय बनाम एकल उद्देश्यीय
- तकनिकी आधारित बनाम आवश्यकताजनित

व्यवहार में प्रसार संगठन हर जगह तकनिकी स्थानांतरण एवं मानव संसाधन विकास के लक्ष्य का पालन करते हैं यद्यपि जोर पर अंतर होता है। प्रत्येक संगठन में लक्ष्यों का मिश्रण होता है तथा प्रत्येक देश में प्राय: संगठनों के नमूनों का मिश्रण रहता है। सर्वाधिक महत्त्वपूर्ण नमूने पर विचार करते समय हम एक अच्छी तरह स्थापित नाम का इस्तेमाल करेंगे (एक्सीन, 1988, यूएनडीपी, 1991) यद्यपि इनका समूह मिला है। हम उन विचारों में भेद जानेंगे कि वे जो सिद्धांत में ही सही, खेती में लगे ग्रामीण क्षेत्रों के सभी लोगों को लेते हैं तथा वे विशेष मापदंडों के अनुसार ही ग्राहकों का उद्देश्यपूर्ण चयन करते हैं।

## साधारण ग्राहकी का सिद्धांत

मंत्रालय आधारित साधारण प्रसार – आजादी के कुछ पहले या बाद, कृषि मंत्रालयान्तर्गत कृषिप्रसार कार्यों का संगठन कई अफ्रीकी एवं एशियाई सरकारों के लिये एक आदर्श निदान के रूप में आया। बड़ी संख्या में ग्राहकों तक पहुँचने के लिये तथा अच्छी सूचना एवं सहायता के सभी विकल्प खुले जैसे लगे। मूल औपनिवेशिक ढाँचों में अनुसंधान एवं प्रसार को एक ही संगठन में मिला दिया गया। छोटे पैमाने की कृषि के लिये सभी महत्त्वपूर्ण पहलुओं, जैसे पौधों का उत्पादन, पशुपालन, गृह अर्थशास्त्र, पर मंत्रालय में स्थापित ऐसे प्रमाणों द्वारा देखभाल होती थी जो उसके अधीन था। यह तथ्य कि मंत्रालयी सोपान देश के भूभागीय अनमंडलों के अनुसार था ने इस पद्धति को क्रमागत प्रसार की तरह नीचे गांव तक ले गया। क्षेत्र के प्रसारकर्मियों के कार्य उन समस्याओं को देखना था जिससे गैर-वाणिज्यिक उत्पादकों को सामना करना होता था। विशेष आवश्यकता की पूर्ति के लिये चाहे तकनिकी हो या लक्ष्य समूह, विशेषज्ञों को नियोजित किया जा सकता था। इस प्रकार ग्राहकों की श्रेणी को वे सभी आते थे जो कृषि में संलग्न थे। वाणिज्यिक सेवा एवं समर्थक संगठन जिनके पास ग्रामस्तरीय प्रसारकर्मियों की कमी होती सूचना पूरा करते उन सेवाओं को देकर जिसके लागू करने से उत्पादकता बढ़े। एक समानरूपी राष्ट्रव्यापी संगठनात्मक ढाँचे से सूचना प्रवाह बाहरी विशेषज्ञता सहित की सुविधा होने लगी तथा सुधार के उपाय की जब भी कमजोरियों का पता लगे। लोगों की दिलचस्पी लक्ष्य निर्माण, कार्यक्रम निर्धारण एवं क्षेत्र के कार्यों के कार्यान्वयन में देखी जा सकती थी।

अफ्रीका एवं एशिया में पिछले 30 साल के प्रसार कार्यों को देखने से पता चलता है कि वास्तविकता बहुत दूर है क्योंकि असफलताएँ कठिन एवं बहुसख्यक हैं तथा इन्हें इस परिदृश्य से हटाया नहीं जा सकता। (मोरिस, 1991) असफलता के कारण बहुत दुरूह एवं बहुआयामी हैं तथा इसे मात्र अक्षमता या राष्ट्रीय सरकारों के बुरी इच्छा पर नहीं थोपा जा सकता।

एक कारण है लक्ष्य की विपरीत प्रकृति। जनता की रुचि में शामिल है किसानों एवं शहरी आबादी की सेवा करना, जीवनयापन उत्पादन प्राप्त करना एवं निर्यात के लिये नगदी फसलों का विकास करना, ग्रामीण लोगों तक पहुँचना एवं विशेष समूह की आवश्यकताओं की सेवा करना, उच्च क्रियाशीलता एवं क्षतिग्रस्त उत्पादकों की सहायता करना आदि। संक्षेप में, प्राथमिकताएँ तय करनी पड़ेंगी जो प्राय: शहरोन्मुख हैं दामनीति में, वर्तमान क्षेत्र में खोजी व्यक्तियों का पक्ष, लेना गरीब लोगों की अवहेलना करना तथा महिला-किसानों को भूल जाना आदि।

कई प्रकार से, पदसोपानीय एवं उच्च अफसरशाही के कारण, जहाँ सेवा गठित होती हैं, इनकी क्रियाशीलता के पूर्ण उपयोग में बाधा आती है। अनुसंधानों की प्राथमिकता का निर्माण शायद ही क्षेत्र प्रसार मूल्यांकनों पर होता है क्योंकि प्रक्रिया में ऊपरी संप्रेशन का प्रावधान ही नहीं है।

तकनिकी एवं अन्य सूचनाओं को जिस प्रकार क्षेत्र तक संवादों में भेजा जाता है वह बारंबार विकृत एवं पुरानी सूचनाएँ होती हैं।

मंत्रालय की नजर में प्रसार कभी भी शुद्धरूप से शैक्षणिक कार्य नहीं रहा है। यह एक वैध विचार है कि कार्यों में अनुरूपता नहीं होती है तथा मूलरूप से ये ग्राहकोन्मुख होते हैं। (साधनापूर्ति के संगठन में सहायता) गैर-शैक्षणिक कार्यकलापों में कुछ भी शामिल रह सकता है सांख्यिकी आंकड़ों का संग्रह से लेकर विदेशी आगंतुकों तक।

स्पष्ट रूप से क्षति करने वाले प्रसार के नियमित कार्यों में अनुकूलता नहीं रहने के कारण जैसे कर्ज पुनर्भुगतान का पर्यवेक्षण करना, रोज नियंत्रण तरीकों की नीति बनाना स्वयंसेवी संप्रदाय कार्य को संगठित करना तथा चुनाव में भाग लेना जैसे कार्य बाधक हैं।

आर्थिक, सामाजिक, मनोवैज्ञानिक तथा तकनिकी कारणों से मंत्रालय आधारित प्रसार अधिसंख्यक क्रियाशील ग्राहकों तक पहुँचने में समर्थ नहीं हो सके हैं। नाटकीय रूप से कर्मियों की संख्या में वृद्धि से भी जिसमें अधिक किसानों के निकट होते हैं, ग्राहक से एजेंटों के अनुपात का प्रबंधकीय रूप सामने नहीं आ पाया है। हाल के वर्षों में संकेत नकारात्मक ही रहे हैं। वित्तीय सीमाओं के कारण कर्मचारियों की संख्या में कटौती की गयी है जिसका सबसे बुरा असर क्षेत्र स्तर पर हुआ है। संसाधन नहीं बचे हैं या बहुत कम बचे हैं जिससे गतिशीलता बनाई रखी जा सके।

इसके अलावा कई प्रसारकर्मी ग्राहकों के बीच अधिक जिम्मेदार भाग का चयन करते हैं। उनकी योजना उत्पादन पूरा करना, या स्थिति या कार्य संतुष्टि में सुधार करना या फिर किसी लक्ष्य-समूह के प्रति दुर्भावनाशील हो सकती है। अंत में, ग्रामीण आबादी के बड़े क्षेत्र के लिये प्रसार के पास कोई संदेश देने के लिये नहीं होता है। किसानों की समस्याओं के लिये यथेष्ट एवं स्थानीय विशेष हल उपलब्ध नहीं रहते हैं क्योंकि यह अनुसंधान का क्षेत्र नहीं होता या फिर निदान क्षेत्र तक नहीं पहुँच पाया है।

आज की परिस्थिति को दो अतिरिक्त पहलू और भी कठिन बना देते हैं जिसका संबंध सेवा के आंतरिक ढाँचे से है जो है प्रबंधन की समस्या एवं नीचे से नियंत्रण का अभाव। मंत्रालय प्रसार हजारों कर्मियों को नियुक्त करता है जो विविध अवस्थाओं एवं क्षेत्रों में कार्य करते हैं। निर्णय करने एवं प्रबंधन का कार्य प्राय: केंद्रित एवं औपचारिकतापूर्ण होते हैं। दूसरी ओर, क्षेत्र के प्रसार कार्य की मांग है स्थान वैशेषिक लचीला एवं प्राय: त्वरित निर्णय एवं कार्य होना। अदृश्य पुरुषों या महिलाओं का प्रबंधन बहुत प्रभावहीन होगा जब तक उन्हें आदेशों को ग्रहण करना एवं पालन करना हो। (चैम्बर्स, 1974)

ये सभी समस्यायें जानी-पहचानी हैं तथा मंत्रालय के अंदर एवं बाहर दोनों जगह आलोचना हुई है। जो कमी है वह है ग्राहकों की ओर से संगठित जानकारी। किसान अपना असंतोष प्रकट कर प्रसार के साथ सहयोग नहीं भी कर सकते हैं पर वे किसी प्रकार संस्थागत सुधारों के प्रभावित नहीं कर सकते।

**प्रशिक्षण एवं प्रसार-भ्रमण:** (टी एवं वी) सही माने में टी एवं वी एक अलग विचार नहीं है वरन् मंत्रालय आधारित प्रसार के संगठन का एक तरीका है। टी एवं वी पर विवादास्पद बहस प्रच्छन्न रूप से इस तथ्य की ओर इंगित करता है कि परंपरागत प्रसार सेवाओं को कुछ विशिष्ट समस्याओं का निदान करना था।

बेनर एवं हैरिसन के मूल प्रपत्र जो प्रसार के अब तक के सबसे प्रभावी प्रकाशनों में से एक है, 1970 के दशक के मंत्रालय-आधारित प्रसार पद्धति का आलोचनात्मक मूल्यांकन पेश करता है। (बेनर एवं हैरिसन, 1977, पे. 6-9) उन्होंने पाया एक नाकाफी आंतरिक संगठनात्मक ढाँचा, प्रसारकर्मियों की अक्षमता, प्रसार तत्त्वों की अनुपयुक्तता या असंगति प्रसार-प्रभाव का मिश्रण।

जो भी प्रभाव पहुँचे वह केवल पक्षपाती क्षेत्र के थोड़े किसानों के लिये ही होते हैं खेतिहर समुदाय के अधिसंख्यक लोगों के लिये नहीं। (पेज-9)

प्रथमवार लागू होते समय टी एवं वी प्रभावी रूप से मौलिक एवं होनहार लगा क्योंकि इसमें था साधारण पर विश्वस्त तत्त्वों का समावेश जो स्वीकार्य था। सभी किसानों तक प्रत्यक्षता: पहुँचने का प्रयास करने की बजाय एवं इस प्रकार लगातार असफलता को पहले जान लेने की बजाय यह पद्धति ठेके के किसानों पर संकेंद्रित होता है जिनसे यह उम्मीद की जाती है कि समान समस्या वाले किसानों को सूचना देगा। क्षेत्र ठेके को सुनिश्चित करने, पर्यवेक्षण एवं संचार को सुविधाजनक बनाने, स्पष्ट तथा प्राप्य लक्ष्य निर्धारित करने, लगातार मध्यांतरों पर निश्चित दौरा करना

तय किया गया है। इसी प्रकार प्रसारकर्मियों के प्रशिक्षण एवं प्रशासनिक बातचीत के लिये नियमित सेशन किये जाते हैं। इस प्रकार मंहगे रिफ्रेशर कोर्स नहीं किये जाते, ज्ञान को सीढ़ी-दर-सीढ़ी बढ़ाया जाता है तथा प्रक्रिया में सूचनाओं को आद्यांत किया जा सकता है।

इसके अलावा इस अनुमान से कार्यरत होता है कि प्रसारकर्मियों की संलग्नता पूरी तरह शैक्षणिक कार्यकलापों में है एवं यह कि एक एकीकृत प्रसार सेवा उपलब्ध है। कृषि अनुसंधान केवल प्रभावशाली ही न रहें वरन् ये प्रसार के नजदिकी संबद्धता में भी रहें। आंतरिक एवं बाह्य दोनों मूल्यांकन का इस्तेमाल लगातार सुधार करने तथा बदलती परिस्थितियों के अनुरूप अपनाया जाना चाहिये।

नुस्खे बहुत आसान लगते हैं, पर इनका कार्यान्वयन बड़ा कठिन है। ठेके के किसान की सोच, जहाँ दो चरणों में सूचना प्रवाह होता है, प्रसारकर्मी से ठेका-किसान को और फिर उसके द्वारा अन्य किसानों को, वह बुरी तरह असफल हुआ। प्रसारकर्मियों पर गलत चयन का आरोप लगाया गया है पर इसकी जड़ ही समस्यान्तर्गत शुद्धरूप से टी एवं वी का तकनिकी सिद्धांत है। व्यवहार में अन्य पहलुओं जैसे संचार कुशलता नेतृत्व एवं संगठनात्मक क्षमताओं को अवहेलित किया जाता है। किसानों एवं ग्रामीण प्रसारकर्मियों दोनों के लिये ही भागीदारी तथा पहल की संभावनाएँ नहीं रहतीं क्योंकि टी एवं वी की अवधारणा ऊपर से नीचे का विचार है। स्वयं मूल्यांकन आधारित समालोचनात्मक जानकारी पर कोई जोर नहीं होता है। इसके फलस्वरूप लचीलेपन की जगह सख्ती ही स्थानीय क्षेत्र कार्य को प्रभावित करती है।

दूसरे बेनर का भय कि प्रसार सेवाएँ द्रुत गति से किसी को भी प्रसारित होने से रोक सकती हैं। (बेनर एवं हैरिसन, 1977, पेज-8) जो कई टी एवं वी के क्षेत्र की अवस्थाओं को दर्शाती है। स्तरीय संदेश जो भेजे जाते हैं उनकी स्थानीय अवस्थाओं से अनुरूपता नहीं होती। एक बार टी एवं वी को कम पक्षपाती क्षेत्र में ले जाये जाने पर शीघ्र ही यह साफ हो गया कि हरित क्रांति जैसी तकनिकी उपलब्ध ही नहीं है जिससे द्रुत एवं दर्शनीय फल प्राप्त हों। फिर भी प्रशिक्षण सेशन चलते रहे तथा निश्चित समयानुसार दौरे होते रहे तथा रुचिहीन किसानों एवं निष्प्रेरित प्रसारकर्मियों को पीछे छोड़ दिया गया।

वर्तमान स्वरूप में टी एवं वी की सीमित सफलता की राष्ट्रव्यापी प्रसार पद्धति इसके कई तत्त्वों की उपयुक्तता एवं गुणवत्ता को बदनाम नहीं कर सकते। कम सख्ती से लागू कर तथा मानव संसाधन विकास से युक्त होकर साथ ही भागीदारी का भाव ग्रहण कर, ये तत्त्व छोटे या बड़े प्रसार संगठनों के सुधार का मूल्यवान आधार हो सकते हैं। (नेजेल इल एट, 1992)।

## एकीकृत ( योजना ) सिद्धांत

एकीकृत विचार का लक्ष्य संपूर्ण ग्रामीण विकास प्रक्रिया को प्रभावित करना है। प्रसार इनमें से एक है, पर एक महत्त्वपूर्ण तत्त्व है इस विचार में जिसका लक्ष्य किसी निश्चित क्षेत्र में संपूर्ण आजादी है। पर लाभहीन समूह के साथ कार्य करना है। "एकीकृत सिद्धांतों का कार्यान्वयन सामान्यतः बड़े पैमाने पर तथा विदेशी कोष की योजनाओं के लिये होता है जिनका उद्देश्य ग्रामीण क्षेत्रों में दरिद्रता उन्मूलन रहता है एवं जिसका आधार एक ही समय प्राकृतिक संसाधनों तथा मानव की क्षमताओं के उपयोग में सुधार है।" (राउच, 1993 पेज 6) उत्पादन बढ़ाने के उपाय स्वयं-सहायता पर भारी बल के साथ जुड़े रहते हैं। निहित मत प्रयोगात्मक एवं बहुक्षेत्रीय होता है।

एक दशक से अधिक के एकीकृत ग्रामीण विकास कार्यों के मूल्यांकन से पता चलता है कि इन योजनाओं के जन-दरिद्रता उन्मूलन के लक्ष्य तक पहुँचने में भारी कमी देखी गयी है। (आई बी आर डी, 1987; बीएमजेड, 1990) योजनाओं के कार्यकलापों का लाभ न तो गरीबों की बड़ी संख्या तक पहुँचा और न ही प्राप्यता के आधार पर समन्वित सकारात्मक प्रभाव ही दिखाई पड़ा। योजनाओं की कमियों का संबंध प्रबंधन से है एवं प्रायः बहुक्षेत्रीय कार्यक्रमों एवं इनके महत्त्वाकांक्षी लक्ष्यों की दुरुहता के अनुमान गंभीर कमी से पीड़ित हैं। लक्ष्य समूह के सिद्धांतों तथा फ्रेमवर्क अवस्थाओं के प्रति उदासीनता (आर्थिक एवं संस्थागत) ने भी एक महत्त्वपूर्ण भूमिका निभायी है जैसा कि तकनिकी निदानों की अनुकूलता की कमी से भी हुआ है। सभी सामान्य प्रसार विचारों के लिये क्षेत्रीय ग्रामीण विकास योजनाओं में हाल के सुधार प्रयासों तथा एक विस्तृत एवं प्राप्य प्रभाव के अवसर बढ़ाने के कार्य संगत है। मुख्य मत है समान आधार पर स्थापित स्थानीय रूप से अपनाये गये निदानों की उपलब्धता। इस के लिये केवल भागीदारी

के तकनिकी की पहचान, जाँच एवं बिखराव ही आवश्यक नहीं है, वरन् परिवर्तन एजेंसी की सक्रिय भूमिका भी, जो शामिल विभिन्न संस्थाओं एवं उनकी रुचियों के बीच मध्यस्थता कर इसे पूरा करता है। विपरीत परिस्थितियों के फ्रेमवर्क से निपटने के लिये एक खास जोर डाला गया है जो उन्हें पूरी तरह हिसाब-किताब तक ले जाता है तथा प्रभावित कर ग्राहकों के पक्ष में उन्हें लाने का प्रयास करता है। अंत में इन सुधारों को प्राप्त करने के लिये नये प्रयास किये जाने चाहिये जो इन्हें विशिष्टता प्रदान करने एवं लक्ष्य एवं विचार के प्रति कार्यशील बनाने से संबंधित हैं (प्राप्यता, भागीदारी, लिंग वैशिष्ट्य, लक्ष्य ग्रुप के विचार तथा दरिद्रता उन्मूलन)।

## विश्वविद्यालय आधारित प्रसार

जबकि अमरीका की सहकारिता प्रसार सेवा अब भी एकमात्र प्रक्रिया है जिसमें मुख्य प्रसार कार्य शामिल हैं। विश्वविद्यालयन्तर्गत, कुछ विकासशील देश जैसे भारत ने शैक्षणिक संस्थाओं को व्यवहारिक प्रसार कार्यों के साथ एकीकृत कर दिया है। अमरीका में राज्य विश्वविद्यालयों ने परंपरागत ढंग से स्थानीय काउंटी एवं अमरीका कृषि विभाग के साथ प्रसार कार्यों में शिक्षा एवं अनुसंधान के अलावा सहयोग किया है। पिछले 130 वर्षों में भूमि अनुदान के कालेजों का प्रसार लक्ष्य व्यवहारिक शिक्षा से तकनिकी स्थानांतरण की ओर हो गया है एवं हाल-फिलहाल एक अधिक विस्तृत सोच मानव संसाधन विकास की तरफ है।

मजबूत निजी क्षेत्र एवं अन्य सरकारी क्षेत्रों के उदय के साथ अनुसंधान एवं विकास संगठनों एवं कृषि उत्पादन क्षेत्र अंतर्गत नाटकीय परिवर्तनों से सहकारिता प्रसार सेवा सहयोग एवं संयोजन से संबंधित नयी चुनौतियों के सामने है। इसकी परंपरागत भूमिका के अलावा नेटवर्क प्रारंभिक भूमिका में होगी। (बेनेट, 1990, पेज 16) इस पद्धपि में उद्योग तथा बीच एवं अंत के ज्ञानोपासक प्रसार पद्धति का भाग हो जाते हैं।

जबकि अधिकांश देशों में शैक्षणिक संस्थाओं का प्रधान कार्य प्रसार के लिये गुणी, संकल्पित तथा जिम्मेदार कर्मचारियों को प्रशिक्षण देना है। कुछ भारतीय विश्वविद्यालय बिना प्रसार कार्यों का भार उठाये अमरीकी नमूने के निकट पहुँच गये हैं। क्षेत्रों में उन्होंने वही कार्य अपने जिम्मे लिया है जो मंत्रालय द्वारा यथेष्ट रूप से नहीं किये जाते और इस प्रकार सामान्य प्रसार कार्य की उल्लेखनीय विशेषताएँ हैं ग्राहकों की आवश्यकताओं का प्रत्यक्ष निर्धारण, उपभोक्ता उन्मुख अनुसंधान राज्य कर्मचारियों के लिये स्तरीय प्रशिक्षण तथा शैक्षणिक योग्यता के बीच मजबूत संबंध। नमूनों का एक राज्य से दूसरे राज्य में अंतर होता है। पंजाब कृषि विश्वविद्यालय में (PAU) का अपना बहुत अनुशासनिक प्रसार दल है जो प्रत्येक जिले में योग्य अनुसंधान प्रशिक्षण तथा सलाहकारी में कार्यरत है। विश्वविद्यालय प्रांगण में प्रसार विशेषज्ञों से मुक्त वे अनुसंधानकर्मियों से, किसानों एवं राज्य प्रसारकर्मियों से अनुभवों को प्राप्त कर भेजते भी हैं। इस विश्वविद्यालय में इन अनुभवों को प्रक्रियात्मक पद्धति की एक अलौकिक व्यवहार के रूप में अपनाया गया है। नियमित कार्यशालाओं का आयोजन होता है जहाँ विश्वविद्यालय एवं अनुसंधान एवं प्रसार के विभागीय कर्मियों को एक-साथ असाधारण किसानों के साथ जोड़ा जाता है। नई खोजों एवं जानकारियों को उपस्थित, मूल्यांकित एवं प्रकाशित किया जाता है। व्यवहारों के पैकेज के रूप में जिसका इस्तेमाल अगले सेशन में सभी प्रसारकर्मी करते हैं (नेजेल, 1980)।

फिलीपीन में जो मंत्रालय चालित प्रसार के साथ कार्य करता है, विश्वविद्यालय को व्यवहारिक विकास कार्यों के साथ क्षेत्र संपर्क के साथ मिला दिया गया है। लौस वेनौस के फिलीपीनी विश्वविद्यालय का ग्रामीण क्षेत्रों में अपना सामाजिक प्रयोगशाला है। विचारों का स्थानांतरण केवल उत्पादन तकनिकों तक ही सीमित नहीं है पर इसमें शामिल हैं संचार विचारों की जाँच तथा किसानों को स्वयं संगठित होने में सहायता। अनुभवों को यूपीएलबी की शिक्षा एवं अनुसंधान में फिर रख लिया जाता है। (एक्सीन, 1988, पेज 102-103)

## ग्रामीण हुलास

आजादी से पहले हस्तक्षेप के निरंकुश एवं दमनात्मक प्रकृति का उत्तर है ग्रामीण हुलास। मूल रूप से इसका विकास फ्रांसिसी इंस्टीट्यूट डे रिसर्जेज इट डी एप्लीकेशन डेस मेथडस डी डेवेलवमेंट (आईआरएल) द्वारा हुआ जिसकी कई क्षेत्रों में ब्राजील के पाउलो फ्रेरियर से समकक्षता है।

ग्रामीण क्षेत्रों का राष्ट्रीय पद्धति में एकीकरण की प्राप्ति ग्रामीण संप्रदायों एवं राज्य के बीच बातचीत की शुरुआत से

की जा सकती है। द्वन्द्वात्मकता में ग्रामीणों की बढ़ती प्रतिस्पर्धात्मकता अपनी आवश्यकता प्रकट करने में उन्हें औपनिवेशिक निर्भरता से मुक्त करेगा। इस प्रक्रिया पर पहल एवं स्थायित्व देने के लिये हुलासी ग्रामीणों ने बड़ी संख्या में स्वयंसेवी भागीदारों पर भरोसा किया जो हुलासी कहे जाने वाले थे। ग्रामीणों द्वारा चयनित इन हुलासी का अनुभवी एवं प्रतिष्ठित होना आवश्यक होता था पर परंपरागत नेता नहीं। ग्रामीण विकास मंत्रालय ने प्रशिक्षण, पर्यवेक्षण एवं हुलासियों के समर्थन का आयोजन किया। उनका कार्य था संप्रदायान्तर्गत स्थानीय आवश्यकताओं तथा लक्ष्यों पर बातचीत की पहल कर देना और इस प्रकार ग्रामीण लोगों को राज्य के साथ संवाद की क्षमता देना। इसके साथ-साथ उन्हें सरकारी योजनाओं को समझाना तथा उपलब्ध सेवाओं से परिचित कराना। लंबी अवधि के परिप्रेक्ष्य में इस परंपरागत संस्थाओं का स्थापना तथा विकास-सेल का सृजन करना था जो राज्य के अफसरशाही से ठेके पर बातचीत कर सके।

सिजलर एवं पेयर के अनुसार (1990, पेज 34) एअर प्रसार दर्शन की तरह असफल नहीं हुआ यद्यपि राष्ट्रीय स्तर पर यह कोई बड़ी सफलता नहीं दिखा पाया। स्थायी प्रभाव का अभाव आंतरिक एवं बाह्य तत्त्वों के कारण था। एअर का लक्ष्यों को कार्यरूप देना बड़ा कठिन था जिसके फलस्वरूप हुलासकों की भूमिका अस्पष्ट रही। इसके अलावा ईनामों की कमी तथा चयन की गलतियों ने इस तथ्य को बल दिया तथा कई हुलासकों की अपने कार्य में रुचि नहीं रही। किसानों की अधिक रुचि गुणी तकनिकी सहायता पाने में भी और हुलासकों द्वारा सफलतापूर्वक योजनाओं पर पहल करने के बाद भी ये तकनिशीयन थे जो लाभ उठा ले गये। अंत में इस पर प्रश्नचिह्न है कि क्या प्रशासन गंभीर रूप से एक पद्धति के सृजन के प्रति संकल्पित है जो उसके स्वयं के अधिकारों में कटौती करे।

सशक्तिकरण सिद्धांत में जो कुछ बचा रहा वह सशक्तिकरण एवं व्यवहारिक अनुभव ही था। कई गैर-सरकारी संगठनों ने हुलासी ग्रामीणों के विचारों का उपयोग किया पर उन्हें जाने बिना, वर्तमान वार्तालाप अपने स्थायी प्रभाव को ही दर्शाता है।

## चयनित ग्राहकों के लिये प्रसार

वस्तु आधारित प्रसार-मंत्रालय चालित सामान्य विचार के बाद वस्तु आधारित प्रसार, जो सरकार, परोपकारी संस्थाएँ या निजी उद्गमों द्वारा ही प्राय: प्रसार संगठन चलाये जाते हैं। ग्राहक बड़े क्षेत्रों में फैले हो सकते हैं या नजदीकी रूप से जुड़े जैसा कि अफ्रीका के कई फ्रेंकोफोन देशों में बृहत केंद्र द्वारा चालित सिंचाई योजनाओं के मामले में है। वस्तु आधारित प्रसार की ही प्रधानता है (सुलज, 1973) पर यह अन्य देशों में भी मजबूत है जहाँ वाणिज्यिक या निर्यात फसलें होती हैं। इसकी मौलिक प्रासंगिकता आय पैदा करना तथा औपनिवेशिक शक्तियों के लिये उष्णकटिबंधीय उत्पादों की आपूर्ति सुनिश्चित करना था। आज भी स्पष्टत: लक्ष्य उत्पादन एवं लाभोन्मुख ही हैं। किसी खास फसल के उत्पादन एंड विक्रय के सभी पहलू लंबवत एकीकृत किये गये हैं जो अनुसंधान, सलाह, किसानों को दी जाने वाली वस्तुपरक समर्थन से लेकर विक्रयी संगठन तथा निर्यात तक भी संपूर्ण क्षेत्र में फैले हुए हैं। इस विचार के समर्थकों का तर्क है कि परंपरागत खेती में आधुनिक तकनीक एवं मौद्रिक उत्प्रेरक की उपचर्चा करने से संचित प्रभावों का सिलसिला प्रारंभ होता है जो सभी विकास कार्यों में योगदान करता है।

प्रसार कार्यों के संगठन से लाभ स्पष्ट दीखते हैं। यह साधारणत: अच्छी तरह जाँची-परखी तकनिकों के साथ कार्य करता है। उद्देश्य एवं लक्ष्य स्पष्ट रूप में परिभाषित कर संगठन ढाँचे को सहज रखा जा सकता है। केवल एक या दो फसलों पर जोर से प्रसारकर्मियों के प्रशिक्षण में सुविधा होती है जो संबंधित संस्था या बोर्ड के एजेंट होते हैं। एजेंटों एवं किसानों का नियंत्रण आसान होता है क्योंकि ये परिभाषित लक्ष्य पर जाँचे-परखे जाते हैं।

इन लाभों पर ध्यान देने से पता चलता है कि ये वस्तु संगठन के परिप्रेक्ष्य में ही परिभाषित हैं। जब तक संगठनात्मक एवं ग्राहकों के लक्ष्य समान रहें। किसी प्रकार की समस्या नहीं आती जैसा कि कॉफी, चाय या सिसल बोर्ड के बागवानी क्षेत्र में है। छोटे किसानों के लिये परिस्थितियाँ भिन्न हो सकती हैं। पद्धति की सख्ती के कारण किसानों की आवश्यकताओं को नियमित करना संभव नहीं होता। नियंत्रण एवं बल प्रयोग के बीच की सीमा का प्राय: उल्लंघन होता है जब किसानों को परंपरागत जीवनदायी फसलों के बदले वाणिज्यिक फसलें बोनी पड़ती हैं। प्रसारकर्मियों को सफल तब माना जाता है जब वे किसानों को संगठनानुसार 'क्या और कैसे' के उत्पादन स्तर तक ले आते हैं। सुनिश्चित विक्रय का स्पष्ट लाभ अपने आप

कृषि उत्पादकों को सुरक्षा मुहैया नहीं करा पाता। दाम के उतार-चढ़ाव पर किसान तेजी से प्रतिक्रिया नहीं कर पाते तथा कुछ मामलों में कर्मचारियों या संगठन के लाभ के लिये स्तरों को मनमाने ढंग से तय किया जाता है। कई सरकारों ने इस प्रक्रिया को अपनाया है अत्यधिक आय के लिये खेती स्थल पर कम मूल्य निर्धारण के लिये।

वस्तुपरक विचारों में अपनी शक्ति के साथ सीमाएं भी हैं जो इसके संकीर्ण विचार से है। यह तकनिकी स्थानांतरण में लाभदायक है, पर महत्त्वपूर्ण जन अभिरुचियों के मामले (जैसे पर्यावरण सुरक्षा) तथा लक्ष्य समूह (जैसे वाणिज्यिक उत्पादन) को ये पीछे छोड़ देते हैं। पूर्वी अफ्रीका के राष्ट्रीय स्तर पर सामान्य एवं वस्तु आधारित प्रसार के सफल मिश्रण की मांग है स्पष्ट नीति लक्ष्य एवं अति सक्षम प्रबंधन।

**वाणिज्यिक सेवा के रूप में प्रसार**-यह एक हाल का विचार है, कृषि के औद्योगीकृत स्वरूप या तथा परंपरागत कृषि के सर्वाधिक आधुनिक क्षेत्र दोनों का प्रयोगात्मक रूप है। यह या तो कच्चा माल आपूर्तिकर्त्ताओं की विक्रय कुशलता है या कृषि उत्पादकों द्वारा विशेषज्ञ परामर्शी सेवाओं की माँग हो सकती है। दोनों मामले में व्यक्ति या संगठन का लक्ष्य लाभार्जन है जो ग्राहकों की संतुष्टि से बँधा है। प्रत्यक्षरूप से यह निजी सलाहकारों के मामले में होता है कि उन्हें सेवामुक्त कर दिया जायेगा जब ग्राहक अनुभव करें कि किये गये खर्चों से लाभ नहीं है। बृहत पैमाने के आपूर्ति उद्‌गम तथा ग्रामीण बैंक जो स्वयं अपने प्रसारकर्मियों को विक्रयकर्मी की तरह इस्तेमाल करते हैं उनका उन उत्पादों एवं सेवाओं के प्रति निश्चय ही दीर्घकालीन परिप्रेक्ष्य होगा। गलत तरीको के इस्तेमाल का नकारात्मक प्रभाव स्वयं उत्पाद से ही जोड़ा जायेगा। वाणिज्यिक प्रसार के ग्राहक भी लाभोन्मुख होंगे। उनका उद्देश्य खरीदे साधनों या विशेषज्ञ ठेकों का अन्यतम उपयोग ही होगा।

वाणिज्यिक प्रसार के उद्‌भव से इस बहस को बल मिला है कि प्रसार-खर्च को कौन वहन करेगा। घाटा बजट की वृद्धि से प्रसार विचार मुफ्त जनसेवा हो, यह कोई नहीं मानता। यह कहा जाता है कि वे जो इसका वहन कर सकते हैं उन्हें परामर्शी सेवाओं के लिये वास्तव में भुगतान करना चाहिये। वाणिज्यिक साधनों के आपूर्तिकर्त्ताओं के लिये यह बहुत आसान है; प्रसार का खर्च वस्तु के मूल्य में जुड़ा रहता है साथ ही अनुसंधान एवं विज्ञापन के खर्च भी। निजीपरामर्शदातृ संस्थाओं की मँहगी सेवा या तो बड़े उत्पादक या अति विशेषज्ञता प्राप्त किसानों के लिये ही संभव है।

सामान्य प्रवृत्ति अनुसार औद्योगीकृत देशों पर दबाव है कि वे खर्च की भागीदारी या एक साथ परामर्शी कार्य का वाणिज्यिकरण करें। अभी जर्मनी के पूर्वी राज्यों में यह विचार जो वाणिज्यिक तथा जन तत्त्वों को मिला देता है, लागू किया जा रहा है। उदाहरण के लिये ब्रेन्डोनबर्ग के कृषि मंत्रालय वास्तव में एक बार ली गयी परामर्श सेवा के खर्च को वित्त पोषित करता है। किसानों के पास विकल्प है कि वे या तो प्रसार चक्र में संगठित हों या अपने प्रसारकर्मी रखें या फिर एक प्रसार-परामर्श- दाता का चयन कर लें जिन्हें मंत्रालय द्वारा औपचारिक मान्यता प्राप्त है, जब वे एक बार एक प्रसार-संस्था में कम से कम 20 ग्राहकों को संगठित कर लेते हैं। दोनों ही अवस्थाओं में किसानों को प्रसार खर्च का एक निश्चित सीमा तक 80% अंश का पुनर्भुगतान कर दिया जाता है।

उच्चतर प्रभावशीलता तथा सक्षमता के नाम पर निजीकरण तथा खर्च-भागीदारी को प्रतिपादित किया जाता है, पर ये अधिकतर वित्तीय-सीमाओं से ही प्रेरित होते हैं। यह स्पष्ट है कि निजी क्षेत्र आवश्यक लाभ के मामले में ही सक्रिय होगा तथा उनकी रुचि जन-अभिरुचि के मामलों में नहीं होगी।

निजी क्षेत्र में चयनित भागीदारी के कारण जनता को अच्छी सूचनाओं का प्रावधान करने के लिये सरकारी क्षेत्र की जिम्मेदारी बनी रहेगी। .... सरकारी एवं लाभरहित संगठनों को एक-साथ मिलकर कार्य करना होगा जिससे अनाथ क्षेत्रों के लोगों की आवश्यकताएँ पूरी हो सकें। (नुमाली एवं स्टावार्ट्ज, 1994)

ग्राहक आधारित एवं ग्राहक नियंत्रित प्रसार बृहत पैमाने के प्रसार प्रक्रिया की कमी से निपटने का एक तरीका है प्रसार का स्थानीयकरण करना एवं ग्रामीण समूहों के स्वयं सहायता की क्षमता का उपयोग करना। बाहरी लोगों द्वारा संगठित विशिष्ट लक्ष्य समूह की आवश्यकताओं को पूरा करने में ये विकेंद्रित पद्धतियाँ अधिक सक्षम हैं, खासकर उनके लिये जो अलाभकर परिस्थिति में है। अपने ग्राहकों के निकट संपर्क तथा उनके जीवन की अवस्थाओं से अधिक

जानकारी समस्या-उन्मुख प्रसार कार्यों के लिये अनिवार्य हैं। बाहरी संगठन के चले जाने पर, स्थानीय लोगों की पहचान कर ली जाती है जो नेतृत्व संभाल लेते हैं। इन संगठनों के सिद्धांत (जागरूकता, सशक्तिकरण, भागीदारी, एवं स्वयं-सहायता) राष्ट्रीय आयामरहित ग्रामीण हुलासियों के सिद्धांत के निकट है।

ग्राहक-आधारित विचारों का प्रभाव दो स्तरों पर देखा जाना चाहिये। प्रत्यक्षत: ये अपने ग्राहकों को लाभ पहुँचाते हैं। विविधता एवं छोटी योजनाओं की बड़ी संख्या के कारण मानव संसाधन विकास के क्षेत्र में इसकी प्रभावशीलता पर सामान्य धारणा पेश नहीं की जा सकती। फिर भी ऐसा लगता है कि इनकी कमजोरियाँ तकनिकी क्षेत्र में अधिक हैं (यूएनडीसी, 1991, पे. 22)। इसके अलावा ये बहुत सीमित क्षेत्र के लोगों तक ही पहुँच सकते हैं। इसके अतिरिक्त वे संगठनात्मक-नवनिर्माताओं की महत्त्वपूर्ण भूमिका भी निभाते हैं। इन्होंने साबित कर दिखाया है कि व्यवहार में भागीदारी कार्य कर सकता है तथा कई किसान तकनिकी विकास में सक्षम भागीदार बन चुके हैं। सरकारी प्रसार सेवाएँ उनके ऊपर से नीचे के विचार पर फिर से सोचने को बाध्य हुए हैं, मानव संसाधन विकास को समान रूप से महत्त्वपूर्ण प्रसार लक्ष्य को मानने तथा ग्रामीण महिलाओं की समस्याओं को समझने के लिये।

बल्कि ताईवान में एक अलौकिक बात सामने लायी गई है। जहाँ प्रसार कार्य का बड़ा भाग किसान संगठनों द्वारा किया जाता है। (लायनबर्ग एवं चांग, 1970, एक्सीन एंड थोरट, 1972) प्रान्तीय काउंटी में तथा शहरी स्तरों पर संगठित इसकी कुल सदस्यता का 90% ताईवानी किसानों का है। प्रसार शिक्षा कार्य एजेंटों द्वारा किया जाता है जिन्हें शहरी स्तर पर किसानों की संस्था द्वारा नियोजित किया जाता है तथा इसके वित्त का प्रबंध प्राय: किसान ही करते हैं।

उल्लिखित खर्च सहायता समूहों के विपरीत अनुसंधान एवं अन्य सेवाओं में मजबूत एवं संस्थागत संबंध हैं। प्रसार-नीति को सरकार परिभाषित करती है। दूसरी ओर ग्राहकी बिल्कुल भिन्न है; खेती को आधुनीकृत किया जा चुका है तथा प्रसार-सलाह माँग आधारित है।

## प्रसारकर्मियों का वर्तमान एवं भविष्य की भूमिका

सूचना स्थानांतरण का सर्वाधिक महत्त्वपूर्ण रूप परंपरागत रूप से व्यक्ति से व्यक्ति के बीच का संप्रेषण है। मुद्रण मीडिया तथा रेडियो एवं दूरदर्शन पूरक प्रकृति के होते हैं क्योंकि यहाँ बार-बार लक्ष्य-समूह स्थान-विशेषता एवं सूचनाओं का अभाव रहता है तथा ये अद्यांत नहीं होते हैं। संचार-तकनिकी में क्रांतिकारी परिवर्तन ने नाटकीय रूप से सूचना स्थानांतरण की गुणवत्ता एवं गति को बढ़ाया है तथा औद्योगीकृत देशों में प्रसारकर्मियों की भूमिका बदल डाली है। वैद्युतिक संचार पद्धतियों से व्यक्तिगत भ्रमण कुछ कम हुआ है किसी एजेंट का एक प्रमुख कार्य उनके ग्राहकों को अन्य सूचना-आपूर्तिकर्त्ताओं से जोड़ना है।

इतना सब होने पर भी यह तथ्य कि उनका इस्तेमाल केवल औद्योगीकृत देशों तक सीमित नहीं है, आधुनिक संचार साधनों के प्रति आकर्षण की प्रवृत्ति इस तथ्य को घुमाना है कि अधिकांश प्रसारकर्मी जिसका 90% उन्नतिशील देशों में ही है (फाओ, 1990) वे बिल्कुल कठिन एवं हानिकारक परिस्थितियों में ही कार्य करते हैं। वास्तव में पिछले दो दशकों में मूल त्रुटियों को दूर करने का बहुत कम प्रयास किया गया है तथा इस प्रक्रिया में अभी भी क्षेत्रीय एजेंट सबसे कमजोर कड़ी है।

संगठनात्मक लक्ष्य तथा सुप्रशिक्षित एवं सुसंकल्पित क्षेत्रीय कर्मियों की भी क्षमता के बीच भारी असंगति है। शुरू के भारतीय सामुदायिक विकास कार्यों ने लगभग 50% क्षेत्र को लिया। (उस भूमि के पुनरुद्धार से लेकर स्वयं सहायता पर आधारित उन्नत ग्रामीण आवास) और ये सभी स्थानीय गाँवस्तरीय कर्मी के प्रबंधनान्तर्गत थे। (दूबे, 1958 पेज 19-21) सर्वाधिक विकासशील देशों में भी क्षेत्रकार्यावस्था की विशेषता रही है, नैतिकपतन, गतिहीनता, उपकरणहीनता तथा अति न्यून वेतन की स्थिति को बढ़ाना। कई प्रसारकर्मियों के लिये अतिरिक्त आय के स्रोत ढूँढ़ना भौतिक अस्तित्व के प्रश्न से जुड़ा है। गुणी कार्य में निम्न शैक्षणिक योग्यता तथा प्रगति की संभावनाओं का अभाव और बड़ी बाधा है। (स्वानसन, फार्मर एवं बहल, 1900 पेज 55-64) जबकि प्रसारकर्मियों के कार्यावस्था में ह्रास हुआ है, उनके कार्य से अपेक्षाएँ बढ़ गयी हैं। वे अब मात्र तकनिकी ज्ञान के संप्रेषक नहीं रह गये हैं। उन्हें भागीदारी तरीकों का इस्तेमाल, लिंग संबंधी मामलों की पहचान एवं समान, स्थानीय जरूरतों की समझ तथा समस्या-निदान, गाँव के बाहरी क्षेत्र से संपर्क की सेवा आदि उल्लेखनीय हैं वर्तमान के कुछ मामलों में। इस भूमिका का उदय सामाजिक-आर्थिक सामुदायिक कर्मी के बहुत निकट है

(ब्लैकबर्न एवं फ्लाहर्टी, 1994, पेज 16) तकनिकी विशेषज्ञ की अपेक्षा, पर उनका प्रशिक्षण इन दोनों में से किसी का नहीं है।

उल्लिखित अवस्थाएँ जानी पहचानी हैं तथा प्रपत्रित भी। खासकर अफ्रीका के गरीब देशों की क्षमताओं से बाहर है ये समस्याएँ। विदेशी वित्तपोषित योजनाओं ने कुछ ही समस्याओं को लिया है तथा गैर-योजनाओं के कर्मचारियों का भरपूर उपयोग किया है। राष्ट्रीय स्तर पर कर्मचारियों की कटौती यथास्थिति तक भी नहीं पहुँच सकी है। दोनों में से किसी ने भी मूल भ्राँति का समाधान नहीं किया है जो सर्वमान्य सामाजिक लक्ष्य तक पहुँचने के लिये नाकाफी पदार्थ एवं मानव स्रोत है। अपने स्रोतों पर ही निर्भर होने के कारण कई देश इस अवस्था में नहीं होंगे कि वे तकनिकी का स्थानांतरण कर पायें, मानव संसाधन विकास की महत्त्वपूर्ण माँग को पूरा करना तो दूर की बात है। विशिष्ट प्रसार सिद्धांत जो भी रहें, प्रसार-कर्मचारियों के स्रोत को पुनर्जीवित करना तथा सशक्तिकरण के लिये मजबूत अंतर्राष्ट्रीय संकल्प का कोई भी विकल्प नहीं है।

## संदर्भ


अलब्रेचट, एच., बर्गमैन, एच. डीडरिच, डी. ग्रोसर, ई. हॉफमैन, वी., केलर, पी. पेयर, जी. तथा सिल्जर, आर. (1989) *एग्रीकल्चरल एक्सटेंशन : वोल्यूम 1, बेसिक कंसेप्ट्स एवं मेथड्स*, एश्चबोर्न, ड्यूटसे जेसेल्सहाफ्ट फिर टेचनिचे जुसामेनाटविट (जीटीजेड) (1) ऊपरी लेखक ही (1990) *एग्रीकल्चरल एक्सटेंशन वोल्युम 2 एक्जांपिल्स एंड बैकग्राउंड मेटेरियल*, एश्चबोर्न (ऊपरी जैसा ही)।

एक्सीन, जी.एच. (1988) *गाईड ऑन अल्टरनेटिव एक्सटेंशन एप्रोचेज*, रोम फाओ।

एक्सीन, जी. एच. एंड थोरट, एस. (1972) *मॉडर्नाइजिंग वर्ल्ड एग्रीकल्चर : ए कंपेरेटिव स्टडी ऑफ एग्रीकल्चरल एक्सटेंशन एडुकेशन सिस्टम्स*, नयी दिल्ली, आक्सफोर्ड एवं आइबीएच पब्लिशींग।

बेनेट, सी. (1990) *कोपरेटिव एक्सटेंशन रोल्स एंड रिलेशनशीप फॉर ए न्यू इरा : समरी*, वाशिंगटन डीसी, एक्सटेंशन सर्विस, यू.एस. डिपार्टमेंट ऑफ एग्रीकल्चर।

बेनर, डी. एंड हैरिसन, जे. क्यू. (1977) *एग्रीकल्चरल एक्सटेंशन दी ट्रेनिंग एवं विजिट सिस्टम*, वाशिंगटन डीसी : दी वर्ल्डबैंक।

ब्लैकबर्न, डी.जे. एंड फलसर्टी, जे. (1994) ट्रांजीशन्स एंड डायरेक्शन इन एक्सटेंशन। इन डी.जे. ब्लैकवर्न (इडी.) *एक्सटेंशन हैंडबुक : प्रोसेस एंड प्रेक्टिसेस* (पे.8-17) टोरंटो, थामसन एडुकेशनल पब्लिशींग।

बीएमजे (1990) *क्वेश्चेनिट्सनाईज वोन प्रोजेक्टेनडर लैडलीचने रिजनलेंट विकलंग*। बोन बुंडसे मिनिस्टरीयम फिर वर्सट्स चापटलिच जुसामेनार विट।

चैंबर्स, आर. (1974) *मैनेजिंग रूरल डेवेलपमेंट*। उयासला स्कैंडिलेवियन इंस्टीट्यूट ऑफ अफ्रीकन स्टडीज।

चैंबर्स, आर. पेसी, ए. एंड ग्रुप, एल.ए. (इडीएस.) (1989) *फोरमर फर्स्ट : फार्मर इन्नोवेशन एंड एग्रीकल्चरल रिसर्च*, लंदन, इन्टरमीडियेट टेक्नोलोजी पब्लिकेशंस।

कूब्स, पी.एच. एंड अहमद एम. (1974) *एटैकींग रूरल पोवर्टी : हाउ ननफोरमल एडुकेशन कैन हेल्प*। बाल्टीमोर एंड लंदन : जोन हॉपकींस यूनिवर्सिटी प्रेस।

डेवेल्डे, जे. सी. (1967) *एक्सपेरियेन्सेस विथ एग्रीकल्चरल डेवेलपमेंट इन ट्रोपिकल अफ्रीका, वोल्युम-2 दी केस स्टडीज*, बालटीमोर, जोन्स हॉपकींस यूनिवर्सिटी प्रेस।

दूबे, एस. सी. (1958) *इंडियाज चेंजीज विलेजेज*, लंदन राउटलेज।

फाओ, (1990) *रिपोर्ट ऑफ दी ग्लोबल कंसल्टेशन ऑन एग्रीकल्चरल एक्सटेंशन*, रोम, फाओ।

आइबीआरडी (198) *वर्ल्ड बैंक एक्सपेरियेंस विथ रूरल डेवलपमेंट, 1965-1986*, वाशिंगटन डीसी : दी वर्ल्ड बैंक।

जोरजेज, बी. (1967) एनीमेशन रूरेल इन अफ्रीका-डाय मेथेनडर ईराम. *जिट्सच्रिफ्ट फिर औसलैंडीच लैडविर्सचाफ्ट*, 6, 293-309.

लायनबर्गर, एच.एफ. एंड चाँग, एन.सी. (1970) *फार्म इन्फोरमेशन फोर मार्डनाईजिंग एग्रीकल्चर : दी ताईवान सिस्टम*, न्यूयार्क, प्रेयगर।

मोरिस, जे. (1991) *एक्सटेंशन अलटरनेटिव्स इन ट्रोपिकल अफ्रीका*, लंदन, ओवरसीज डिवलपमेंट इंस्टीट्यूट।

नाजेल, यू.जे. (1980) *इंस्टीट्यूलाइजेशन ऑफ नोलेज फ्लोज एन एनालसिस ऑफ दी एक्सटेंशन रोक ऑफ टू एग्रीकल्चरल यूनिवर्सिटीज इन इंडिया*। फ्रैंकफर्ट (मेन) डीएलडी-वर्लाग।

नाजेल, यू.जे., बास, एस, चियानिका, पी. एकर्ट, एस एडसन, जे. गीगर, एम, लाउ, आर, लुब्के, गी एंड मारवेच, एच., (1992) *डिवलपिगए पार्टीसियेटरी एक्सटेंशन एप्रोच ए*

*डिजायन फॉर सियावागा स्ट्रीक्ट, जांबिया*, बर्लिन सेंटर फोर एडवान्स्ड ट्रेनिंग इन एग्रीकल्चरल डेवेलपमेंट।

राउच, टी, (1993) *रिजनल रूरल डेवेलपमेंट आरआरडी अपडेट, एलिमेंट्स ऑफ ए स्ट्रेटजी फोर इम्प्लीमेंटींग दी आरआरडी कंसेप्ट इन ए चेन्ज्ड आपरेशनल कंटेस्ट*। इश्चर्वार्न, डयूट्र्स, गेलिसचाफ्ट फिर टेपनिश्चे जुसामेनारबिट (जीटीजेड)।

शुल्ज, एम. (1973) *लैंड्स विर्स्ट चाफ्टलिच न्युरंग्सवरब्रिटींग एनडर एलविन कुश्ते* : सारबुकेन : वलोज डर एमएस च्रिफ्टेन।

सुलजर, आर. एंड पेयर, जी. (1990) सोसियो-इक्नोमिक डेवेलपमेंट एप्रोच : एनीमेशन रूरेल इन फ्रेंकाफोन, अफ्रीका. इन एच, एलब्रेच्ट इट एल. (इडीएस) *एग्रीकल्चरल एक्सटेंशन, वोल-2 एक्जाम्पुल्स एंड बैकग्राउंड मेटेरियल*, पे. 31-35, एश्चर्वार्न ड्यूरसे, गेसेलचाफ्ट फुर टेटश्र्चि जुसामेनारविर (जीटीजेड)।

स्वानसन, वी.ई. फार्नर बी.जे एंड बहल, आर. (1990) दी करेंट स्टेटस ऑफ एग्रीकल्चरल एक्सटेंशन वर्ल्डवाईड इन फाओ, *रिपोर्ट ऑफ दी ग्लोबल कंसल्टेशन ऑन एग्रीकल्चरल एक्सटेंशन* पेज 43-76 रोम, फाओ।

उमाली, डी.एल. एंड स्वाट्र्ज एल. (1994) *पब्लिक एंड प्राइवेट एग्रीकल्चरल एक्सटेंशन: बियोंड ट्राजिनल फ्रोंरियर्स*, वाशिंगटन डीसी, दी वर्ल्ड बैंक।

यूएनडीपी (1991) *एग्रीकल्चरल एक्सटेंशन प्रोग्राम एडवाईजरी नोट*, न्यूयार्क, यूनाईटेड नेशंस डेवेलपमेंट प्रोग्राम।

## अध्याय-3

# कृषि एवं ग्रामीण विकास में प्रसार का संदर्भ

वारेन पीटरसन

कृषि प्रसार चाहे सरकारी, हो या निजी उस संदर्भ में या वातावरण में चलता है जो इसके संगठन, स्वरूप एवं स्थानांतरण के कार्यकलापों की सूची पर निर्भर होता है। इस सूची की प्रधान विशेषता है परिवर्तन। चूँकि परिवर्तन प्रसार के सभी पहलुओं पर प्रभाव डालते हैं इसलिए संदर्भ की जाँच को समझा जाना चाहिये ताकि प्रसार का प्रबंधन ठीक हो सके।

यह अध्याय सर्वप्रथम प्रसार को कृषि तकनीक की पद्धति उत्पादन एवं स्थानांतरण के अधीन ही रखता है। दो प्रमुख प्रभाग इसके बाद आते हैं। एक बृहत-संदर्भ तत्त्वों जैसे पुरातात्विक, ढाँचागत निर्माण, नीति, राजनैतिक, आर्थिक एवं सामाजिक सांस्कृतिक का वर्णन करता है। दूसरा, संस्थागत संदर्भ को देखता है जो अन्य संस्थागत पात्र हैं वे कृषिप्रसार से संबद्ध कार्यों में शामिल हैं जैसे अनुसंधान तथा स्थानांतरण एवं प्रशिक्षण, साधनापूर्ति एवं वित्त।

## पद्धति का एक परिदृश्य

कृषि तकनिकी उत्पादन एवं बिखराब के विश्लेषण एवं समझ के लिए किसी प्रक्रिया के सिद्धांत की लाभान्विता की विस्तृत मान्यता है। (अन्य तथा नेजेल, 1979, स्वानसन एंड पेटरसन, 1991 रोलिंग 1991, इजिलट 1994) यद्यपि इनकी सूक्ष्मता के कारण कभी-कभी इनकी आलोचना की जाती है, पद्धति के विश्लेषण से, सुविधा एवं प्रसन्नता की स्थिति बनकर उन तत्त्वों की समझ बनती है जो तकनिकी एवं सूचना प्रवाह के रास्तों में या तो रुकावट डालते हैं या प्रशस्त करते हैं जो किसानों तथा जन संगठनों के बीच पद्धति के अंग हैं।

यहाँ जिस नमूने का इस्तेमाल हुआ है वह एक कृषि पद्धति का ज्ञान है जो बृहत्तर संदर्भ में चार तत्त्वों से निर्मित हुआ है। (चित्र 1) ये तत्त्व हैं तकनिकी विकास, तकनिकी स्थानांतरण (ज्ञान एवं साधन), तकनिकी उपयोग तथा कृषि नीति (स्वानसन, सैड्स एवं पीटरसन, 1990) वे संगठन जिनमें ये तत्त्व शामिल हैं तथा प्रक्रिया के वातावरण में अन्य एक-दूसरे पर जटिल प्रभाव छोड़ते हैं। ऐसे जनहित पोषित पद्धतियों की स्थापना ग्रामीण एवं शहरी आबादी के जीवन सुधार एवं कल्याण तथा कृषि उत्पादकता में वृद्धि के लिए सरकार द्वारा की जाती है।

तकनीक एवं सूचना के प्रवाह एवं प्राप्त जानकारी से संबंधित कार्य एवं संबंधों एवं तत्त्वों की प्रक्रिया ही परिभाषित करती है। सरकारी क्षेत्र में कृषि अनुसंधान संगठनों (तकनिकी उत्पादन) एवं प्रसार (तकनिकी स्थानांतरण) प्रमुख पात्र हैं, यद्यपि वाणिज्यिक कंपनियाँ एवं गैर-सरकारी संगठन (निजी क्षेत्र) भी शामिल रहते हैं। जिस तरीके से इन्हें संगठनों में बांटा जाता है, उसमें एक देश से दूसरे देश में अंतर रहता है।

(तकनीक) टेक्नोलोजी उत्पादन में शामिल हैं अनुसंधान कार्य की योजना, प्रशासन एवं कार्यान्वयन जो किसानों एवं अन्य उपभोक्ताओं के लिये उन्नत कृषि का तकनिकी विकास, निर्धारण अपनाने तथा जाँच का कार्य करता है। सरकारी क्षेत्र में, ये कार्य तथा अन्य प्रसारण कार्य कृषि अनुसंधान संगठनों द्वारा किए जाते हैं।

तकनिकी स्थानातंरण आगे अनुसंधान उत्पादन का मूल्यांकन कर उपभोक्ताओं के लिए अपनाता है और तब

चित्र 1 : Outputs/Production Increases

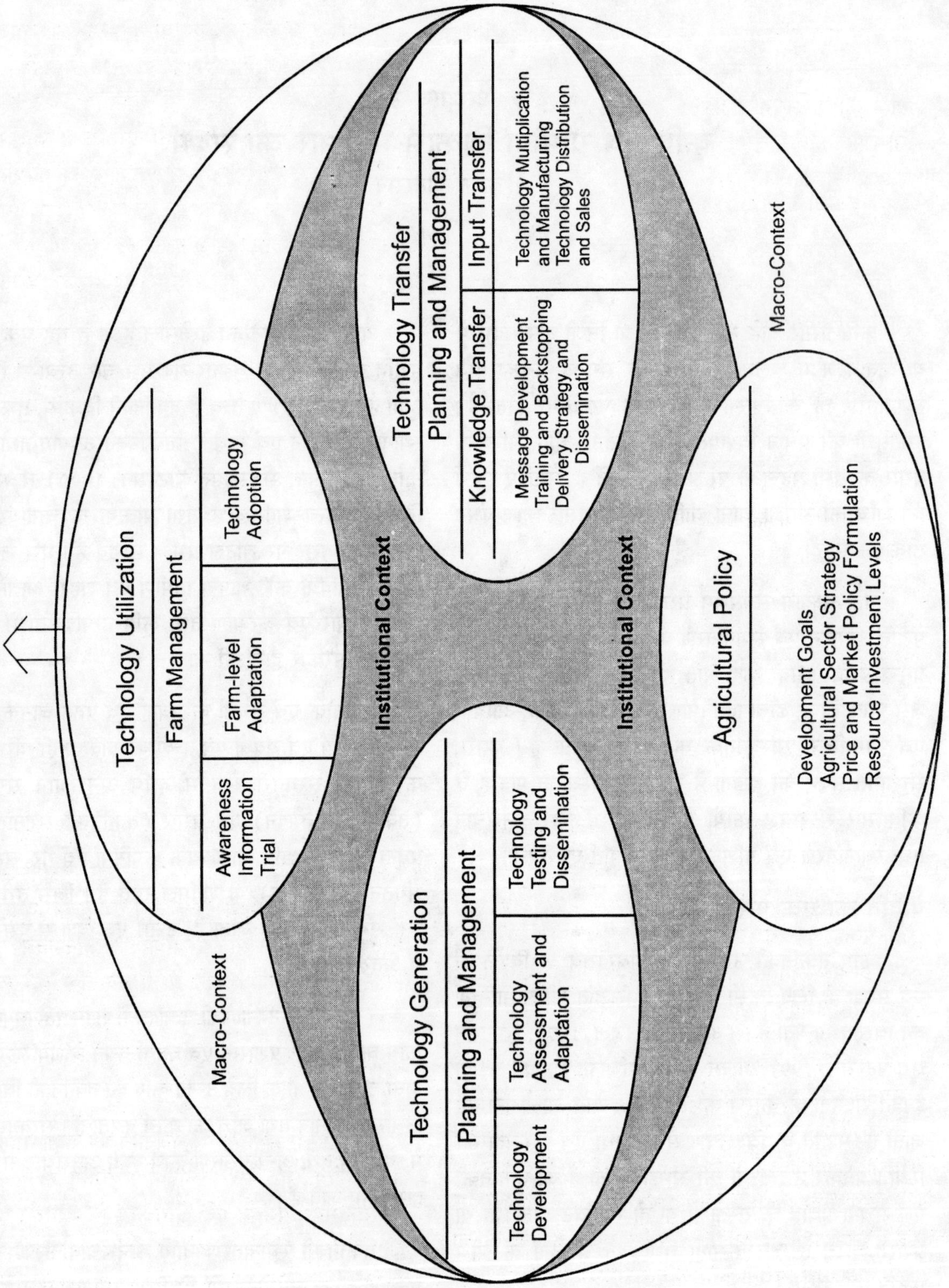

इस ज्ञान एवं संसाधन को विभिन्न लक्ष्य के ग्राहकों को विभिन्न्न श्रेणियों के किसानों, निजी कंपनियों आदि को दे देता है। चित्र 1 स्थानांतरण तत्त्वों के दो भाग को दिखाता है ज्ञान एवं साधनापूर्ति। कई देशों में सरकारी प्रसार ये दोनों प्रकार के स्थानांतरण करते हैं यद्यपि जोर ज्ञान पर ही होता है। दोनों प्रकार के स्थानांतरण में निजी संगठनों को भी शामिल किया जाता है यद्यपि किसानों पर ध्यान सीमित है तथा साधन स्थानांतरण पर विशेष बल हो सकता है। तकनिकी उपयोगिता तत्त्व कृषि तकनीक के उपभोक्ताओं, मुख्यत: किसानों को घेरे हुए हैं। विभिन्न क्षेत्रों से उपभोक्ता जागरुकता, अनुकूलन तथा उन्नत तकनीक की स्वीकार्यता खेती की उत्पादकता तथा लाभान्विता को एवं अंततोगत्वा राष्ट्रीय स्तर पर आर्थिक विकास को प्रभावित करती है। उपभोक्ताओं अनुसंधानों एवं स्थानांतरण के बीच परस्पर क्रिया तथा फीडबैक सहयोग में सुधार लाकर तकनीक की संगति को बढ़ा देते हैं।

नीति तत्त्व का संबंध सरकारी विकास के लक्ष्य एवं कौशल बाजार तथा मूल्यनीति एवं तथा प्रक्रिया में स्रोत विनियोजन के स्तर से है। विविध सरकारी संस्थाएँ विकासनीति की स्थापना में एक भूमिका अदा करते हैं। तकनिकी विकास तथा स्थानांतरण संगठन नीति से मौलिक रूप में प्रभावित होते हैं।

उत्पादन एवं स्थानातंरण कार्य के संगठन क्षेत्र एक देश से दूसरे देश से भिन्न होते हैं जैसा कि नीति एवं उपयोगिता तत्त्वों की प्रकृति है। फिर भी तकनीक के प्रवाह को जाना जा सकता है क्योंकि यह बीच में आता है या कृषि तकनीक पद्धति से संबद्ध संगठनों द्वारा प्रभावित होता है। प्रवाह विश्लेषण से उत्पादन तथा स्थानांतरण की बाधाएँ एवं अन्य संस्थागत पात्र के प्रभाव को जाना जा सकता है तथा यह संभावित मामलों को उजागर करता है।

कृषि तकनिकी पद्धति के संदर्भ जिसमें सरकारी प्रसार संगठन कार्य करते हैं, उसे दो प्रकरणों से जाना जा सकता है जो है बृहत-तत्त्व एवं संस्थागत तत्त्व। इसके बाद जो विचार आता है वह अधिक महत्त्वपूर्ण होता है प्रत्येक श्रेणी में जिसे प्रसार नियोजकों तथा प्रबंधकों को जानना आवश्यक है। इनमें से कोई भी तत्त्व प्रसार एवं किसानों के बीच तकनीक एवं सूचना को बाधित या प्रभावित कर सकता है।

## बृहत-तत्त्व

### कृषि-पर्यावरणीय

चूँकि प्राकृतिक वातावरण प्रसार योजनाओं तथा कार्यकलापों को बुरी तरह प्रभावित करते हैं इसलिये विभिन्न कृषि-पर्यावरणीय क्षेत्रों में किसानों की तकनिकी आवश्यकताओं पर प्रसार को प्रतिक्रिया जाहिर करना चाहिये। किसी देश में कृषि-पर्यावरणीय क्षेत्रों के प्रतिनिधित्व में भारी अंतर हो सकता है। तापमान, वर्षा, मिट्टी के प्रकार वाष्पवहनीयता आदि खेती की अवस्था की विविधता तथा उपलब्ध उत्पादन पद्धति को प्रतिबिंबित करते हैं।

प्रसार नियोजकों को कुछ कठिन चयन का मुकाबला करना होता है, कई विभिन्न क्षेत्रों से किसानों की विविध तकनिकी एवं सूचना की आवश्यकता पर प्रतिक्रिया को जाहिर करने की जरूरत है तथा इसके साथ-साथ देश की विस्तृत ग्रामीण आबादी को समाहित करने की आवश्यकताओं को संतुष्ट करने की भी जरूरत है। उदाहरण के लिए प्रसार स्रोत विनियोजन को किसानों की आबादी संकेन्द्रन चयनित कृषि पर्यावरणीय क्षेत्रों की उत्पादक क्षमता या दोनों के मिश्रण से निर्धारित हो सकता है।

### राजनैतिक-आर्थिक

राजनैतिक एवं आर्थिक वातावरण प्रसार को कई तरीकों से प्रभावित करता है। सर्वाधिक महत्त्वपूर्ण तत्त्वों में से एक है देश के आर्थिक विकास की स्थिति। दूसरा जनप्रसार क्षेत्र में सरकारी विनियोजन का स्तर है। यह ढाँचागत समायोजन कार्यक्रम की उपस्थिति या अनुपस्थिति कृषि पर आर्थिक निर्भरता के अंश तथा उद्योग के विपरीत कृषि में आर्थिक रूप से सक्रिय आबादी के अनुपात से प्रभावित होता है। स्थानांतरित होने वाली तकनीक के प्रकार को कम स्रोत के निर्धन छोटे किसानों का प्रतिशत प्रभावित करता है खासकर सरकार की रुचि सभी श्रेणियों के किसानों को लेना है।

जनप्रसार संगठनों पर राजनीति का जाना-माना प्रभाव है। राष्ट्रीय स्तर पर राजनैतिक परिवर्तन के फलस्वरूप प्रसारकर्मियों, प्रबंधन एवं कार्यक्रमों में परिवर्तन होता है। शीर्ष प्रबंधनों के चले जाने से प्रबंधन अनुभवों में कमी आती है तथा नेतृत्व की निरंतरता भी प्रभावित होती है।

इसके अतिरिक्त राजनैतिक् अस्थिरता एवं युद्ध प्राय: प्रसार के प्रयासों को असंभव बना देते हैं। (मुस्ताफसन, 1954)

**सामाजिक-सांस्कृतिक**

कई देशों में सामाजिक-सांस्कृतिक तत्त्व प्रसार के प्रभावी होने में अग्रणी बाधक रहते हैं। भाषा का अंतर एवं निरक्षरता उन्नत तकनीक के संचार में बाधा डालते हैं जब तक उन पर ध्यान नहीं जाता। लिंगों के बीच श्रम विभाजन से सांस्कृतिक पहलू में अंतर हो सकता है तथा यह विभिन्न क्षेत्रों में खेती की पद्धति के चरित्र को प्रभावित कर सकता है। कई देशों में पुरुष खेती से बाहर के काम में नियोजित हो जाते हैं तथा खेती का कार्य महिलाओं पर छोड़ दिया जाता है। प्रसार संगठनों में प्रसार बल में महिलाओं के कम प्रतिनिधित्व से अर्थ निकलता है कि खेती-स्तर पर महिलाओं की आवश्यकताओं एवं उत्पादन जिम्मेदारियों पर यथेष्ट ध्यान नहीं दिया जाता।

किसानों के बीच सांस्कृतिक भिन्नता तथा उनके स्थायी निधि स्रोत के अंतर पर भी विचार किया जाना चाहिए। खासकर ये भूमि व्यवहार के कौशल से जाने जाते हैं। चारागाही पशुपालकों के लिए अलग प्रकार की विषय-वस्तुओं की विशेषज्ञता की आवश्यकता होगी तथा प्रसार को उनके लिए तकनीक स्थानांतरण के लिए भिन्न कौशल की आवश्यकता होगी स्थायी खेती के किसानों की अपेक्षा। तकनीक अपनाये जाने के स्तर को विभिन्न श्रेणियों के किसानों के आर्थिक स्रोत भी प्रभावित करते हैं। जीविका-निर्वाहक किसान मुख्यत: सस्ते तकनीकों को अपनाते हैं। इस कारण सांस्कृतिक कार्यक्रमों तथा वहनीय तकनीक पर प्रकाश डालने के प्रसार कार्यक्रम उन देशों के उपयुक्त है जहाँ बड़ी संख्या में गरीब किसान रहते हैं।

**नीति**

किसी कृषि तकनीक पद्धति का नीति तत्त्व प्रसार को उस रूप में सक्षम या सीमित कर सकता है, जो प्रसार प्रबंधकों की पहुँच से बाहर है। प्रभाव का मुख्य क्षेत्र किसानों के लिए मूल्य संकेत एवं सरकारी निर्णय होते हैं जो जन कृषि विकास संगठनों को प्रभावित करते हैं।

**कृषि विकास**

यह सरकारी नीति निर्धारक संस्थाओं के लक्ष्य एवं उद्देश्य जैसे खाद्य सुरक्षा की प्राप्ति या आर्थिक विकास को प्रेरित करने अतिरिक्त कृषि उत्पादन या फिर ग्रामीण विकास के लिए स्वास्थ्य एवं शिक्षा पर ध्यान देना जैसे विषयों की स्थापना है। यह सरकारी प्रसार संगठनों का कार्य है कि इन लक्ष्यों की प्राप्ति के लिए संबद्ध उद्देश्यों एवं नीतियों का निर्धारण करने में सहायता करे ताकि वे प्राप्त हो सकें।

कृषि विकास में सरकारी एवं विकास-समुदाय द्वारा विनियोजित राशि प्रयास की गति एवं स्तर को प्रभावित करते हैं। कई अवस्थाओं में सरकारी सहमति से ढांचागत समायोजन कार्यक्रम द्वारा जन संस्थाओं के लिए खर्च की सीमा तय कर दी गयी है। प्रसार कार्यक्रम को इन सीमाओं पर ध्यान रखने की आवश्यकता है खासकर कर्मचारी से संबंधित विषयों पर जिसका बजट पर प्रमुखतम प्रभाव होता है।

जन कृषि प्रसार के वित्तीय स्तर का निर्धारण सरकारी नीति एवं योजना संस्था द्वारा खर्च पर सीमा बांधकर किया जाता है। यह मूलरूप से प्रसार-प्रयासों को बाधित कर सकता है। बजट में वेतन की राशि से तुलना करने पर यह कार्य प्राय: नाकाफी रहता है, जिसका नकारात्मक असर होता है। उदाहरण के लिये, गाड़ी खरीदने या उसमें पेट्रोल डालने के लिए धनाभाव के कारण प्रसारकों की गतिशीलता कम हो जाती है। इसके अलावा अगर वेतन बहुत कम हो तो प्रसार शिक्षित कर्मचारी को रखने या आकर्षित करने की क्षमता नहीं रख पाता तथा सेवाओं की क्षति होगी। कुशलतापूर्वक कार्यक्रम के मार्गदर्शन में सावधानीपूर्वक योजना बनाने से स्रोतों के इस्तेमाल में सुधार हो सकता है तथा सरकारी वित्त की सीमा में प्रसार-कार्य प्रभावी हो सकते हैं।

**बाजारी हस्तक्षेप**

उपभाक्ताओं, उत्पादकों के उत्पादों का मूल्य, साधनों के लिए सहायता (सब्सिडी), कर्ज की उपलब्धता, आयातों का प्रतिस्थापन, निर्यात अर्जन, खाद्य स्वयं निर्भरता तथा प्राकृतिक संसाधनों के प्रबंधन की नीति सरकार तय करती है। ये किसानों को प्रत्यक्ष या अप्रत्यक्ष रूप से इंगित कर देते हैं तथा उनके उत्पादन-निर्णयों को प्रभावित करते हैं। उदाहरण के लिए खाद की अधिक कीमत के कारण किसान इसका इस्तेमाल कम करते हैं। प्रसार संगठनों को बाजार की स्थिति की जानकारी होना चाहिए ये सुनिश्चित करने

कि वे जिस तकनीक की संस्तुति कर रहे हैं वे किसानों की वर्तमान आवश्यकता के अनुरूप हैं। अपने कार्यकलापों की निरंतरता की संगति को सुनिश्चित रखने के लिए उन्हें किसानों से तथ्य की जानकारी प्राप्त करना चाहिए।

सरकारी नीतियों से प्रभावित वस्तुओं के मूल्य किसानों के उत्पादन के लिए प्रोत्साहक या निरुत्साहक का कार्य करते हैं। अगर किसी खास फसल के लिए लाभ का प्रावधान न हो तो उन्नत तकनीक को विकसित या स्थानांतरित करने का कोई अर्थ नहीं रहता जो उस फसल से संबंधित हो। उदाहरण के लिए अंतर्राष्ट्रीय बाजार से कम दाम पर खाद्यान्न का उत्पादन देश में हतोत्साहित होता है। ऐसी फसलों पर प्रकाश डालने वाले तकनिकी उत्पादन या स्थानांतरित उत्पादन में किसानों की रुचि नहीं रहती। नीति तत्त्व की उत्पादन में किसानों की रुचि नहीं रहती। नीति तत्त्व की संदर्भता की जाँच महत्त्वपूर्ण है जो संगठनों को निरर्थक प्रयास एवं स्रोत से दूर रखता है।

## ढाँचागत निर्माण

ढाँचागत निर्माण खासकर परिवहन अवस्था, संचार अवस्था तथा बाजार की सुविधाएँ किसानों तथा प्रसार दोनों को प्रभावित करते हैं। प्रसार के कार्यकलाप तथा क्षमता, इनके साधनों तथा उत्पादन तथा सूचना प्राप्त करने एवं भेजने की क्षमता से प्रभावित होती है। बाजार का ढाँचागत निर्माण स्वयं कम या नाकाफी हो सकता है।

## परिवहन

बहुत से ऐसे क्षेत्र हो सकते हैं जहाँ सड़कों द्वारा नहीं पहुँचा जा सकता या फिर परिवहन की गाड़ियों की उपलब्धि ही कम हो, दोनों ही अवस्थाओं में ऐसी स्थिति के किसानों तक उन्नत तकनीक के साथ पहुँचना कठिन है, तथा उनके लिए भी साधनों या उत्पादनों को भेजना एक बड़ी समस्या है। उदाहरण के लिए साधनों की दूकानें काफी दूर हो सकती हैं तथा परिवहन की अत्यधिक दूरी से परंपरागत किसानों के लिए यह कठिन या असंभव है कि वे उन्नत तरीकों को अपनाये।

## संचार

प्रसार संगठनों के लिए संचार का ढाँचागत निर्माण एन्ड अतिरिक्त रुकावट पैदा करता है। किसानों की पहुँच प्रकाशनों, रेडियो या दूरदर्शन तक सीमित होती है तथा इससे अपने संदेश प्रसारित करने में प्रसार के पास उपलब्ध विकल्प की कमी होती है इसके साथ ही स्वयं प्रसार के लिए रेडियो या दूरभाष (फोन) की पहुँच नहीं होती जिससे लंबे क्षेत्र के संचार हो सकें। इस कमी से इनके क्षेत्र के कार्यकलापों को संगठित करने या चलाने में इनकी क्षमता पर बुरा प्रभाव पड़ता है।

किसानों तक प्रसार संदेशों को भेजने के लिए देश के मीडिया संगठन के दो तत्त्व मुद्रण तथा श्रव्य-दृश्य दोनों ही प्रसार क्षमता को प्रभावित करते हैं। (माथुर एवं सिन्हा, 1991) एक है मीडिया प्रबंधकों की विषय रुचि तथा मुद्रा जो ग्रामीण स्रोताओं के कार्यक्रम के लिए जिम्मेदार होते हैं। दूसरा है संगठनात्मक परिस्थिति खासकर नैतिकता। यह महत्त्वपूर्ण है कि प्रसार मास मीडिया संगठनों की क्षमता जाने (समाचार पत्र, मैगजीन, रेडियो तथा दूरदर्शन) अपने कौशल एवं योजना के रूप में किसानों के साथ जुड़ने के लिए।

## संस्थागत तत्त्व

अधिकांश देशों में सरकारी कृषिप्रसार संगठनों का दो तरफा कार्य अनुसंधान एवं उपभोक्ताओं खासकर किसानों के बीच सूचना एवं उन्नत तकनीक के प्रवाह प्रावधान करने का रहता है। वे संस्थागतीय वातावरण में कार्य करते हैं जिसमें शामिल होते हैं अन्य सरकारी एवं निजी संस्थाएँ जो कृषि में सक्रिय हों। खासकर वे अन्य तत्त्व जो कृषि तकनीक के उत्पादन एवं स्थानांतरण में शामिल रहते हैं, उनकी जाँच एवं समझ प्रसार के प्रभाव एवं क्षमता में सुधार करने के लिए होना चाहिए।

## अनुसंधान

तकनीक उत्पादन तथा स्थानांतरण में, कृषि अनुसंधान संगठन प्रसार के सर्वाधिक निकट संस्थागत भागीदार है। यद्यपि ये कार्य निजी संगठनों द्वारा भी किये जाते हैं पर सरकारी क्षेत्र के संगठनों का कार्य ऐसे तकनीक का उत्पादन करना है जो सभी श्रेणियों के उत्पादकों तथा कृषि पर्यावरणीय क्षेत्रों के लिए संगत हैं। अनुसंधान के स्वरूप तथा संगठन के तरीके तथा अनुसंधान-प्रसार के संबंधों के नियोजन तथा प्रबंधन द्वारा प्रसार के प्रभावों को बढ़ाया या सीमित किया जा सकता है।

विकासशील देशों में कृषि अनुसंधान संगठनों को कई

समस्याओं से जूझना पड़ता है (इदापावा, 1987 ओरम एवं विंडलीस, 1984) इनमें शामिल हैं वित्तीय स्रोतों का अभाव, अच्छे प्रशिक्षित वैज्ञानिकों की भारी कमी, अनुसंधान नतीजों के संगत होने को सुनिश्चित करने में किसानों से वापसी जानकारी का अभाव, बाहरी ज्ञान तक पहुँचने के स्रोत का अभाव, अनुसंधान सुविधाओं एवं उपकरणों की कमी, निम्न कर्मचारी, नैतिकता तथा कार्यशील बजट की कमी, कर्मचारी-उत्साह एवं वेतन की कमी। इनमें से कुछ का ख्याल प्रसार प्रबंधकों द्वारा किया जा सकता है पर वे तकनीक के उत्पादन को बाधित कर सकते हैं जिसका फल और कम अनुसंधान-विकास में होगा जिसका प्रसार के स्थानांतरण से संबंध है। योजना प्रसार कार्यों में अनुसंधान की समस्या की समझ तथा इन्हें अनुसंधान से संयोजन करने का एक महत्त्वपूर्ण चरण है।

बहुत देशों में अनुसंधान एवं प्रसार के बीच कमजोर कड़ी तकनिकी प्रवाह में एक प्रमुख बाधा है। (कैमोविज, स्नाईवर एवं इंजेला, 1990, इयोनाउ, 1993) इन संबंधों की समस्या मूल प्रकार से दो हैं, वे जो अनुसंधान एवं प्रसार तक किसानों द्वारा फीडबैक देने से है तथा वे जो अनुसंधान एवं प्रसार के बीच सहयोग एवं संयोजन से संबंध रखते है। दोनों ही मामलों में प्रसार प्रबंधक एक संबंधित कौशल की कड़ी जोड़कर अवस्था में सुधार ला सकते हैं तथा इस कार्य के लिए यथेष्ट स्रोतों तथा जिम्मेदारियाँ निर्धारित कर सकते हैं।

## शिक्षा एवं प्रशिक्षण

### शैक्षणिक प्रशिक्षण

शैक्षणिक संगठन जो प्रसारकों को प्रशिक्षण देते हैं वे प्रसार के लिए संस्थागत संदर्भ में महत्त्वपूर्ण तत्त्व हैं। खासकर विश्वविद्यालयों के कार्य तथा प्रशिक्षण संस्थानों का प्रसार संगठनों पर महत्त्वपूर्ण प्रभाव होता है। उनके पाठ्यक्रम की सूची तथा इनके स्नातकों की संख्या एवं योग्यताओं से किसी देश में ये सीमित होते हैं या वृद्धि पाते हैं। कई मामलों में प्रसार एवं शिक्षा संगठनों के बीच संचार का अभाव रहता है। फलस्वरूप प्रसार को कर्मचारी की समस्या होती है। यह प्रसार संगठनों के लिए असामान्य नहीं होते है कि कुछ पद या तो खाली रहते हैं या वहाँ कम योग्यता के कर्मचारी रहते हैं।

सरकारी क्षेत्र के प्रसार संगठनों के लिए कर्मचारियों की योग्यता एवं संख्या में कमी एक कठिन समस्या बनी रहती है। वेतन एवं अन्य लाभ किसी भी प्रकार निजी या जन-संस्थानों के कर्मचारियों से मेल नहीं खाते जिसका फल नैतिक पतन तथा उच्च कर्मचारी पलायन के रूप में होता है। शैक्षणिक स्तर काफी कम रह सकता है खासकर किसान संपर्क कर्मचारियों में। अधिकांश देशों में योग्य प्रसार कर्मचारी को बनाए रखना या आकर्षित करना सीमित हो जाता है अन्य सरकारी एजेन्सियों द्वारा नागरिक सेवा के वेतनमान के कारण।

कर्मचारियों एवं प्रशिक्षण की योजनाओं की स्थापना कर इसमें सुधार लाया जा सकता है। कर्मचारी-योजना में शामिल है वर्तमान मानवस्रोत; कर्मचारीहीन स्थानों की पहचान तथा एक निश्चित समय के लिए कर्मचारियों की आवश्यकता की योजनाएँ। प्रशिक्षिक योजना में विशेष प्रकार के प्रशिक्षण आते हैं (सेवा में तथा औपचारिक) जो मानव स्रोत में ज्ञान की कमी को पूरा करने के लिए आवश्यक होते हैं तथा नियोजित कार्यक्रमों के लिए कर्मचारियों की आवश्यकता को पूरा करने भी। प्रशिक्षण आवश्यकताओं के संयोजन का अतिरिक्त कदम शैक्षणिक योग्यताओं की आवश्यकता है।

## साधनों की आपूर्ति

उत्पादन बढ़ाने के लिए किसानों को साधन की आवश्यकता है, पर कम विकसित देशों में इन्हें पहुँचना कठिन है कमी के कारण। जबकि परिवहन तथा बाजार के ढाँचागत निर्माण की कमी समस्या की जड़ है फिर भी कुछ तत्त्व ऐसे हैं जिन्हें प्रसार पूरा कर सकता है।

### प्रजनन संबंधी तकनीक

प्रमुख उत्पादनों के तकनिकी प्रसार के लिए उपपद्धति है प्रजननजनित वस्तुओं का सुधार। पौधों एवं पशुओं की नई विविधताएँ अधिक उत्पादन सहित या कीटों या रोगों का अवरोधक उपलब्ध होता है। फिर भी किसानों को यह जानना चाहिए कि यह कब आयी, खेती की अवस्थाओं में यह कैसे कार्य करता है और कहाँ से इसके बीज या प्रजनन सामग्री प्राप्त हो सकते हैं। प्रसार की जिम्मेदारी है कि वह उपयुक्त मीडिया एवं संपर्क सूत्र द्वारा इस सूचना को फैलाये। पर तकनीक के प्रवाह में एक सामान्य बाधा प्रजनन संबंधी

वस्तुओं की उपलब्धता है। कुछ देशों में बीजों की वृद्धि एवं आबंटन में भी प्रसार को शामिल किया गया है। इस प्रक्रिया में शामिल अंगों से प्रभावी संबंधों की स्थापना से आश्वस्त होने में सहायता मिल सकती है कि प्रजनन संबंधी सामग्रियाँ किसानों को उपलब्ध हों।

## कृषि रसायन एवं अन्य साधन

नयी प्रजातियों का कार्य प्राय: कृषि रसायन एवं अन्य साधनों से सुधार सकते हैं या इन पर निर्भर रह सकते हैं जो खेती स्तर पर उपलब्ध हों। खाद के प्रकार एवं मात्रा की संतुष्टि जो स्थानीय मिट्टी की अवस्थाओं के उपयुक्त हों, पशुओं के भोजन मिश्रण तथा तरीके तथा पौधों एवं पशुओं के लिए कीटों एवं रोगों पर नियंत्रण प्रसार संवादों के अभिन्न अंग हैं। इस सूचना तथा पदार्थों तक पहुँच नहीं होने के कारण अधिकतम उत्पादन रोक देता है, इसलिए प्रसार संगठनों के लिए यह सुनिश्चित करने की आवश्यकता है कि किसानों को इसकी उपलब्धता तथा इस्तेमाल की सूचना दी जाती है। अगर यह पहुँच बाह्य तत्त्वों से सीमित है तो प्रसार को इसके अनुसार अपनी योजना तैयार करना चाहिए जहाँ कम साधनों की संतुष्टि पर ध्यान न हो।

कृषि रसायन एवं अन्य साधनों के उपयोग की सलाह किसानों को निजी कंपनियों तथा लाभरहित संगठनों द्वारा भी दी जाती है। प्रसार संगठनों के लिए इन पात्रों के साथ संयोजन तथा संप्रेषण विकसित करने की जरूरत है जिससे कृषि रसायन का अत्यधिक उपयोग करने से मानव स्वास्थ्य तथा वातावरण को क्षति न पहुँचे। रूढ़िवादी संतुष्टियाँ एवं वैकल्पिक विचार जैसे एकीकृत कीट प्रबंधन जनता की रुचि के हैं तथा प्रसार, किसानों के साथ अपने संपर्क तथा अन्य संबंधों से बढ़ा सकते हैं।

## साख या ऋण

नयी उत्पादन तकनीक तथा उत्पादन वृद्धि के लिए किसानों की क्षमता में सुधार करने का एक तरीका है ऋण की उपलब्धता। खासकर महत्त्वपूर्ण है उन्नत बीजों तथा साधनों की जिन्हें खरीदने की क्षमता किसानों की होनी चाहिए। अगर उन्नत तकनीक उपलब्ध हों पर किसानों द्वारा इस्तेमाल न किया जाए तब सरकार पर किसानों द्वारा ऋण की व्यवस्था समस्या का एक भाग हो सकता है।

प्रसार के लिए महत्त्वपूर्ण है ऋण संदर्भ की समझ, सरकारी एवं बैंक नीति, इसकी उपलब्धता, तथा इसके कार्यान्वयन में संस्थागत संबंधों की सघनता। कम से कम उपलब्ध ऋण की अवस्था की जाँच की जानी चाहिए ताकि तकनीक अपनाने एवं इस्तेमाल करने के प्रभावी तत्त्वों की पहचान हो सके। इनमें शामिल है ऋण तक असमान पहुँच, नाकाफी राशि तथा स्थानांतरण कार्य की छूट जो ऋण संस्थाओं के साथ प्रसार लक्ष्यों के संयोजन के लिए होता है।

## किसानों के संगठन एवं अन्य गैर-सरकारी संगठन

कृषि अनुसंधान एवं प्रसार में निजी क्षेत्र की बढ़ती संलग्नता देखी जा सकती है, लाभ रहित एवं वाणिज्यिक संगठनों दोनों में। जबकि ऐसे संगठनों का सीमित अनुसंधान लक्ष्य तथा सीमित क्षेत्रीय लक्ष्य हो सकता है, पर वे तकनिकी उत्पादन तथा स्थानांतरण में भागीदार हैं। बीज एवं कृषि रसायन कंपनियों जैसे निजी निगमों की कुछ प्रकार के तकनिकी विकास करने, साधन जुटाने एवं किसानों को इसके इस्तेमाल की जानकारी देने में प्रमुख भूमिका होती है। आदर्श स्थिति में इन पात्रों से प्रसार की सहमति होनी चाहिए जिससे प्रयासों का दोहरापन कम से कम रहे तथा परस्पर विरोधी संवादों से किसान दूर रहें कम से कम उनके कार्य अंकित किये जाँए तथा प्रसार को इन्हें क्रमबद्ध करने का प्रयास करना चाहिए तथा उनके सफल तरीकों एवं वस्तुओं का उपयोग करना चाहिए।

किसान संस्थाएँ खासकर सतही संस्थाएँ उपयोग तत्त्व के भाग हैं। ये बड़ी संख्या में किसानों के साथ प्रसार संपर्क के लिए एक प्रभावी चैनल प्रस्तुत करते हैं साथ ही प्रसार संगठनों के साथ भागीदारी की परस्पर क्रिया के अवसर भी देते हैं। किसानों की आवश्यकता पर फीड बैक, उत्पादन समस्या एवं अपनाए जाने के फल की जानकारी ऐसे समूहों से लेना एक महत्त्वपूर्ण विचार की वृद्धि करेगा।

## समापन विचार

एक कृषि तकनिकी पद्धति पर विचार तथा इसमें प्रसार के स्थान ने उस प्रगतिशील संदर्भ के महत्त्व की समझ पर जोर डाला है जिसमें यह पद्धति कार्यरत है। यहाँ प्राप्त कृषि तकनिकी पद्धति का नमूना प्रसार योजनाओं तथा

कौशल के लिए प्रसार कार्यों को वैचारिक रूपरेखा में रखता है तथा प्रासांगिक तत्त्वों के महत्त्व को कम कर आंकता है। प्रसार संगठनों को प्रभावित करने वाले किसी खास बाहरी शक्तियों पर प्रबंधकों द्वारा क्रमबद्ध विचार करने से इन्हें अपने स्रोतों के इस्तेमाल, पहुँच, तरीकों तथा उस प्रकार के संबंधों का अवसर देता है जो किसानों की आवश्यकताओं तथा अन्य संगठनों की भूमिका के प्रति उन्मुख हैं।

## संदर्भ


इलियट, एच. (1994) एप्लाइंग दी एग्रीकल्चरल टेक्नोलोजी सिस्टम्स एप्रोचः लेसंस फ्रॉम आइएसएमएआर एक्सपेरियेंस इन आए.एम.ए. लॉयंस एंड एफ. डटेपा-मुपोडवा (इडीएस.) *मैनेजमेंट फोर रिसर्चर्स* डिपार्टमेंट ऑफ एग्रीकल्चरल इक्नोमिक्स एंड फार्म मैनेजमेंट, यूनिवर्सिटी ऑफ मनिटोबग, विनीपेग, मनिटोबा फ्रीसेन प्रिंटर्स।

इपेनाऊ, टी. (1993) *पार्टनर्स इन एग्रीकल्चरलल टेक्नोलोजी* आइएसएपएआर, रिसर्च रिपोर्ट न.1 दी हेग: आई एसएनएआर।

गुस्ताफसन, डी.जे. (1994) डेवेलपींग सस्टेनेबल इंस्टीट्यूसनः लेशंस फ्रोम कॉस-केस एनलासिस ऑफ 24 एग्रीकल्चरल एक्सटेंशन प्रोग्राम्स। *पब्लिक एडमिनीस्ट्रशन एंड डेवेलपमेंट 14,4.*

इदाचाबा, एफ. (1987) एग्रीकल्चरल रिसर्च इन नाईजेरिया ऑरगेनाईजेशन एंड पोलिसी। इन वी. डब्ल्यूः रतन एंड सी. प्रे. (इडीएस) *पॉलिसी फार एग्रील्चरल रिसर्च*। बौल्डर, सीओ, वेस्टव्यू प्रेस।

कैमोवीज, डी., स्नाईडर, एम एंजेल, पी. (1990) ए कंसेप्चुअल फ्रेमवर्क फॉर स्टइंग दी लिंक्स विटवीन एग्रीकल्चरल रिसर्च एंड टेक्नोलाजी ट्रांसफर इन डेवेलपींग कंट्रीज। इन डी. कैमोविज (इडी) *मेकींग दी लिंकेः एग्रीकल्चरल रिसर्च एंड टेक्नोलोजी ट्रांसफर इन डेवेलपींग कंट्रीज*। लंदन, वेस्टव्यू प्रेस।

माथुर, पी.एन.एंड सिन्हा, बी.पी.(1991) एक्टेंशन एंड कम्युनिकेशंस स्ट्रेटेजीज फॉर रेनफेड एग्रीकल्चर-इंडियन एक्सपीरिएंस। इन सी. प्रसाद 2 पी. दास(इबीएस) *एक्सटेंशन स्ट्रेटेजीज फॉर रेनफेड एग्रीकल्चर*, न्यू देहली इंडियन सोसायटी ऑफ एक्स्टेंशन एजुकेशन।

मोरिस, जे. (1991) *एक्सटेंशन अलटरनेटिव्स इन ट्रोपिकरण एग्रीकल्चर*, लंदन ओडीआई।

ओराम.पी.ए. एंड बिल्लीश, वी.(1984) *इन्वेस्टमेंट इन एग्रीकल्चरल रिसर्च इन डेवेलपींग कंट्रीजः प्रोगेस प्रब्लेमस एंड डिटरमीनेशन ऑफ प्रोयोरिटीज*, वाशिंगठन, डी.सी. आइएफपीआरआई।,

रोलिंग, एन(1991) नोलेज सिस्टम इन देयर पालिटीलकल कंटकेस्ट. इन *प्रोसिडिंग ऑफ इन्टरनेशनल वर्कशप। एग्रीकल्चरल नोलेज सिस्टम्स एंड दी रोल ऑफ एक्टेंशन*, बैड बोल, मई 21-24, 1991।

स्वानसन, बी.ई. एंड पीटरसन, डब्ल्यू, ई.(1991) स्ट्रेंथनिंग रिसर्च एक्सटेंशन लिंकेजेग टू एड्रे दी नीड्स ऑफ रिसोर्स पुअर फारमर्स इन रेनफेड एग्रीकल्चर। इन सी. प्रसाद 8 पी. दास (इडीएस) *एक्सटेंशन स्ट्रेटजीज फॉर रेनफेड एग्रीकल्चर*, नई दिल्ली, इंडियन सोसायटी ऑफ एक्सटेंशन एजुकेशन।

स्वानसन, बी. ई., सैंड्स, सी.एम. 8 पीटरसन, डब्ल्यु. ई.(1990) एनालाईजिंग एग्रीकल्चरल टेक्नोलोजी सिस्टम्स सम मेथोडोलोनिकरण टूल्स इन चेवेरिया (इडी.) *मेथड फॉर डायग्नोजिंग रिसर्च सिस्टम कंस्टेंट्रंस एंड एसेसींग दी इफैक्ट ऑफ एग्रीकल्चरल रिसर्चः वोल्यूम 1 डायग्नोजिंग एग्रीकल्चरल रिसर्च सिस्टम कंस्ट्रेन्ट्स*। दी हेग आई एसएनआर।

वर्ल्ड बैंक (1994) *एग्रीकल्चरल एक्सटेंशन, लेगंस फ्रोम कंप्रीटडे प्रोजेक्ट्स*, वाशिंगटन, डीसी, वर्ल्ड बैंक।

# अध्याय-4

# कृषि प्रसार का कृषि एवं ग्रामीण विकास में आर्थिक योगदान

रोबर्ट इवेन्सन

अंतर्राष्ट्रीय परिप्रेक्ष्य से कृषि प्रसार कार्यक्रम का बिल्कुल भिन्न अर्थ है। अधिकांश का प्रबंधन सरकारी क्षेत्र की एजेंसियों की तरह होता है सामान्यत: कृषि मंत्रालय के अंतर्गत पर कुछ अन्य मंत्रालयों में भी स्थित है, जैसे शिक्षा या ग्रामीण विकास। बहुतों का प्रबंधन गैर-सरकारी संगठनों द्वारा होता है। कई निजी उद्यम तथा निजी संगठन (कॉफी उत्पादक संघ) भी प्रसार कार्यक्रम चलाते हैं। सर्वाधिक प्रयोगात्मक संगठनात्मक ढाँचे में भी जहाँ प्रसार सरकारी कृषि मंत्रालय का एक भाग है वहाँ भी प्रसार सेवाओं के प्रावधान के विकेंद्रीकरण के स्तर में भारी अंतर है। कुछ देशों, जैसे भारत में प्रसार सेवाओं का विकेंद्रीकरण हो चुका है एवं यह एक राज्य का विषय बनाया गया है। सर्वाधिक विकासशील देशों में फिर भी सरकारी सेवाएँ प्राय: केंद्रित हैं जिसमें क्षेत्रीय एवं उप-क्षेत्रीय प्रभाग इस प्रकार बनाये गये हैं जिससे स्थानीय क्षेत्रों की सेवा की जा सके।

आगे क्षेत्र के कर्मचारियों के कृषि ज्ञान एवं कुशलता के स्तर में काफी बड़ा अंतर है। कुछ पद्धतियों में क्षेत्र के कर्मचारियों का कोई औपचारिक तकनिकी प्रशिक्षण कृषि विज्ञान में नहीं होता है। कुछ मामलों में इस पर ग्रामीण-कर्मियों के दर्शन का प्रभाव रहता है तो कुछ स्थानीय भाषा की मांग के अनुरूप होते हैं। परंतु अधिकांश मामलों में यह मात्र उस निर्णय का प्रतिफल है जिसके अनुसार कृषि प्रसार कार्यक्रम का 1950 एवं 1960 के दशकों में तेजी से प्रसार करना था जब कुछ प्रशिक्षक कृषक उपलब्ध हुए। (देखें बिंडालीश एवं इवेन्सन, 1993 एवं बिंडलीश ग्वेटीवाड एवं इवेंशन, 1993 फॉर अफ्रीकन स्टडीज तथा स्वानसन एंड कलर, 1984 फॉर ए जनरल हिस्ट्री)

अंत में ज्ञान, प्रबंधन पद्धति एवं उद्देश्यों में समय पर परिवर्तन हुआ। कई देशों में संभवत: पिछले चार दशकों में प्रबंधन कृषि प्रसार पद्धतियों की रूपरेखा में प्रमुख परिवर्तन का संबंध प्रशिक्षण एवं दौरे से रहा (टी एवं वी) जिसे 1970 के दशक में बेच हैरिसन एवं बाक्टर (1984) द्वारा लाया गया तथा कई देशों में वर्ल्ड बैंक के ऋण समर्थन से किया गया।

इस भिन्नता में कृषि विकास में कृषि प्रसार के आर्थिक योगदान के बारे में सामान्यता बताना संभव नहीं है। कई स्थिति के विशेष तत्त्व प्रसार कार्यक्रम के प्रभावशीलता से टकराते हैं। यह तथ्य कि कई प्रकार कार्यक्रमों को सुधार कर फिर डिजाइन किया गया है, बताता है कि इनमें से कुछ का कम प्रभावी होना, इनके समर्थकों ने मान लिया था। परंतु अब प्रसार सेवाओं के आर्थिक अध्ययन की कई देशों में काफी संस्थाएँ हैं। आर्थिक प्रभाव के 75 अध्ययनों की प्रसार पद्धति का आज तक प्रकाशन हो चुका है। इस अध्याय में मेरा कार्य इन अध्ययनों में से 57 के निष्कर्षों पर पुनर्विचार करना एवं इनसे कुछ सीख ग्रहण करना है।

मैं यह पुनर्विचार प्रसार एवं कृषि अनुसंधान दोनों के लिये किये गये विनियोजन की रूपरेखा के संक्षिप्त विवरण से प्रारंभ करता हूँ। इसका उद्देश्य ऐतिहासिक परिदृश्य पेश करना तथा कुछ आर्थिक एवं संस्थागत भिन्नता पर ध्यान देना है जिसमें प्रसार पद्धति को कार्य करना है। दूसरे प्रयास में आर्थिक प्रभाव की माप के लिए वैचारिक नींव पर पुन: विचार करता हूँ। सांख्यिकी प्रक्रियाएँ पर तीसरे प्रभाग में विचार किया गया है तथा चौथे भाग में अध्ययनों के निष्कर्षों का संक्षिप्त विवरण जो पुनर्विचाराधीन है उसे तथा इन्हें

आर्थिक एवं संस्थागत स्थापनों के कुछ अंतरों से संबद्ध करने का प्रयास उपस्थित करूँगा।

## विनियोजन संकेतक : कृषि अनुसंधान एवं प्रसार

तालिका 4.1 मे तकनीक से संबद्ध ढाँचागत निर्माणों में कई विनियोग संकेतक दिये गये हैं। इनमें शामिल हैं कृषि प्रसार, कृषि अनुसंधान एवं मानक संसाधन विनियोजन। तकनिकी के ढाँचागत निर्माणों के स्तर में भिन्नता प्रदर्शित करने के लिये देशी समूह का निर्माण होता है। इन देशी समूह की श्रेणियों का उपयोग इस प्रपत्र में हर जगह किया जाएगा। पहचान के साधन की तरह कि प्रसार कार्यक्रमों का संचालन विभिन्न अवस्थाओं में होता है तथा यह कि उनकी रूपरेखा (डिजाइन) प्रावधान तथा प्रभावशीलता इन अवस्थाओं पर निर्भर है। इस प्रकार यह महत्त्वपूर्ण है कि इन देशी समूहों का वर्णन कुछ विस्तार से हो (अधिक जानकारी के लिए इवैसन एवं वेस्टफाल, 1994 देखें)।

विकासशील देशों के लिए तीन प्रथम श्रेणी के तथा तीन द्वितीय श्रेणी के प्रकार है। श्रेणी 1 में वे देश आते हैं जो सभी क्षेत्र की वस्तुओं के उत्पादन पर स्वामित्व नहीं स्थापित कर पाये हैं आधुनिक तकनीक के इस्तेमाल से 1ए श्रेणी में 20 देश आते हैं। (जिनमें यमन, लाओस, सूरीनाम तथा जायरे शामिल हैं) जहाँ सभी प्रकार के मूल ढाँचागत निर्माणों का अभाव है। सरकार का सीमित प्रभाव है तथा ऐसे देशों में निर्माण क्षमता बहुत कम है।

1बी श्रेणी में 30 देश आते हैं (नेपाल, पयुआ, न्यूगिनी, हायही, इथियोपिया, बर्किना, फासो सहित) जहाँ प्रारंभिक तकनिकी ढाँचागत निर्माण है। कुछ विदेशी विनियोजन की प्रत्यक्ष उपस्थिति है। जिससे विदेशी तकनीक तक थोड़ी पहुँच है। इन देशों में कृषि नीति में परास्टेटल संगठनों की प्रधानता है।

कुछ उच्चतर शिक्षा का प्रावधान है। करीब-करीब सभी स्नानकों को सरकारी एजेंसियों में नौकरी मिल जाती है जिसमें कृषि प्रसार सेवा भी शामिल है।

1सी में 25 देश आते हैं। जिन्होंने आधुनिकीकरण का कुछ अंश प्राप्त कर लिया है श्रीलंका, ट्श्युनिशा, केन्या, आभरी कोस्ट, बांगलादेश आदि) इनमें अधिकांश देशों में आधुनिक कृषि के तरीके अपनाये गये हैं तथा अधिकांश देशों में विकसित प्रसार सेवाएँ तथा कृषि अनुसंधान हैं। अधिकांश कामगार साक्षर हैं। विश्वविद्यालयों ने वैज्ञानिकों एवं इंजीनियरों का प्रशिक्षण आरंभ कर दिया है। स्नातक सरकार के बाहर भी नौकरी करते हैं। इन देशों में अब तक निजी क्षेत्र के किसी महत्त्वपूर्ण अनुसंधान एवं विकास क्षमता का निर्माण नहीं हो सका है।

श्रेणी 2 के 20 विकासशील देशों ने दूसरी ओर तकनीक के ढाँचागत निर्माण में यथेष्ट विनियोजन किया है समर्थकों एवं विकास तक पहुँचने के लिये। दूसरे शब्दों में ये देश विकसित देशों के पास पहुँच रहे हैं।

श्रेणी 2ए के देश (भारत, कोलंबिया, मैक्सिको, अर्जेंटीना, टर्की सहित) ने आधुनिक अभियांत्रिकी क्षमता हासिल कर लिया है। निजी क्षेत्र में महत्त्वपूर्ण अनुसंधान एवं विकास का कार्य किया गया है। विश्वविद्यालय उन्नत हैं। अधिकांश ने अब तक औद्योगिक, व्यापारिक, तकनिकी एवं बृहत आर्थिक नीति शासन को प्राप्त नहीं किया है जिससे द्रुत विकास हो पाये।

2बी श्रेणी के देशों ने (इंडोनेशिया, थाईलैंड, मलेशिया, चीली, चीन आदि) नए औद्योगीकृत देशों के स्तर से संक्रमण को प्राप्त कर लिया है साथ ही इससे संबद्ध द्रुत विकास भी। इन देशों ने तकनिकी क्षमताओं एवं प्रभावी वातावरणीय नीति प्राप्त कर लिया है। इनमें से कुछ देश उदाहरण के लिये इंडोनेशिया श्रेणी 2ए के स्तर पर पहुँचने का प्रबंध बहुत कम समय में कर लिया है।

2सी श्रेणी के देश (हांगकांग, दक्षिण कोरिया, सिंगापुर, ताईवान) पूर्ण स्थापित एमआईसी देश हैं।

तालिका 1 में विनियोजन गहनता के दो प्रकार के संकेतक (विनियोजन/ओडीपी) एवं एक प्रकार के मूल्य संकेतक इन देशों के लिये दिखाये गये हैं।

कृषि अनुसंधान संकेतक दिखाता है कि सरकारी क्षेत्र की अनुसंधान क्षमता अधिकांश देशों में है और संभवतः 1ए श्रेणी के देशों में 10 ऐसे हो सकते हैं जिनके पास ऐसी क्षमता नहीं है। इसके विपरीत निजी क्षेत्र के अनुसंधान एवं विकास जो कृषि के लिये या उद्योग संगत हैं, वह 1 श्रेणी के देशों के लिये महत्त्वपूर्ण नहीं हैं। जैसे-जैसे देश अधिक उन्नत होता है अनुसंधान एवं विकास अधिक महत्त्वपूर्ण हो जाता है। (जो हैं 2ए एवं 2बी श्रेणियां के लिये)

**तालिका-1 अन्तर्राष्ट्रीय तकनिकी विनियोजक संकेतक : विनियोजन गहनता**
**( अ एवं वि/जी.डी.पी, प्रसार/जीडीपी व्यय/कर्मचारी, 1990 )**

| संकेतक | तकनीकि ढाँचागत निर्माण के प्रकार | | | | | | | |
|---|---|---|---|---|---|---|---|---|
| | श्रेणी 1 विकासशील देश | | | श्रेणी 2 विकासशील देश | | | औद्योगिकीकृत देश | |
| | 1ए परंपरागत तकनीक | 1बी प्रथम उद्गम | 1सी आधुनिकीकरण के द्वीप समूह | 2ए रीतिगत तकनीक की निपुणता | 2बी संक्रमण एनआईईसी-हूड | 2सी एनआईसी हूड | हाल में | ओई सीडी |
| अ एवं वि/जीडीपी कृषि | | | | | | | | |
| जनता एनएआरएस | .002 | .004 | .005 | .006 | .007 | .010 | .010 | .015 |
| जनता आईएआरसी | .0005 | .0005 | .0005 | .0005 | .0005 | 0 | 0 | 0 |
| निजी | 0 | 0 | .0002 | .002 | .003 | .005 | .005 | .015 |
| निजी उद्योग सरकारी | 0 | .0001 | .0001 | .0002 | .0005 | .001 | .003 | .003 |
| निजी उद्योग निजी | 0 | 0 | .0002 | .005 | .007 | .010 | .015 | .023 |
| प्रसार/जीडीपी कृषि | | | | | | | | |
| सरकारी (जन) | .005 | .005 | .010 | .010 | .010 | .010 | .010 | .010 |
| निजी | 0 | 0 | 0 | 0 | .001 | .002 | .005 | .010 |
| व्यय/कर्मचारी (1980000 हजार) | | | | | | | | |
| अनुसंधान | 47 | 47 | 47 | 40 | 45 | 50 | 70 | 95 |
| प्रसार | 2 | 2 | 4 | 4 | 10 | 15 | 35 | 35 |

सर्वाधिक उन्नत विकासशील देशों को छोड़कर बाकी सभी देशों में औद्योगिक क्षेत्र के लिए अनुसंधान क्षमता स्पष्टतः कृषि के लिये अनुसंधान क्षमता से पीछे है। केवल 2 श्रेणी के देश में ही महत्त्वपूर्ण और यौगिक अनुसंधान एवं विकास की क्षमता है। इसके विपरीत कृषि प्रसार कार्यक्रम प्रायः सभी देशों में सेवा करते हैं। 1ए एवं 1बी श्रेणी के देशों में ये कार्यक्रम एकमात्र आधुनिकीकरण के महत्त्वपूर्ण विनियोजन है। प्रसार खर्च की गहनता अनुसंधान खर्च गहनता से अधिक है जब तक कि एमआईसी-हूड तक न पहुँचे।

कर्मचारी व्यय के आंकड़े बताते हैं कि एक अनुसंधान वैज्ञानिक की समर्थन लागत प्रायः सभी विकासशील देशों में मोटा-मोटी समान रहते हैं एवं औद्योगिक देशों में व्याप्त स्तर के आधे रहते हैं। फिर भी प्रसार के लिये गरीब देशों में प्रसार के क्षेत्र कर्मचारियों के वास्तविक खर्च बहुत कम होते हैं तथा कई मामलों में इतना कम की क्षमता प्रभावित हो। यह अनुपात बताता है कि क्यों गरीब देशों में प्रसार कर्मचारियों की संख्या बड़ी है तथा बड़ा है कर्मचारी किसान अनुपात। प्रसारकर्मियों को आर्थिक विकास में कम मूल्य का उत्पादक माना जाता है जो अनुसंधान से संबद्ध है और वास्तव में कुछ दूरी तक यह है भी।

## प्रसार प्रभाव के वैचारिक आधार

प्रसार-प्रभाव के लिये वैचारिक प्रकरण संगत है। प्रथम है, जागरुकता-ज्ञान-ग्रहण-उत्पादकता का क्रम (एकेएपी)। दूसरा है 'विकास-अंतर' खासकर प्रसार, शिक्षण एवं अनुसंधान का पारस्परिक संबंध।

### एकेएपी क्रम

प्रसार को अपने अंतिम आर्थिक प्रभाव को प्राप्त करते हुए देखना आसान है जब यह निम्नलिखित क्रम लाने के लिये सूचना, शैक्षणिक या प्रशिक्षण सेवाओं का प्रावधान करे:

ए : किसानों की जागरुकता,

के : जाँच एवं प्रयोगों द्वारा किसान का ज्ञान,

ए : किसानों द्वारा तकनीक या तरीकों का ग्रहण,

पी : किसानों की उत्पादकता में परिवर्तन।

किसानों के व्यवहार परिवर्तन का असर उत्पादित वस्तुओं की मात्रा इस्तेमाल किये गये साधनों की मात्रा एवं इनके मूल्य से जाना जाता है। बदले में, उन्हें आर्थिक अधिशेष माना जा सकता है, जो उत्पादित वस्तुओं का जड़ित मूल्य होता है, एक निश्चित प्रकार के साधनों से जो प्रसार कार्यों द्वारा संभव बनाया गया है। प्रसार-प्रभावों के अध्ययन से किसानों की जागरूकता, ज्ञान (तरीकों की जाँच) ग्रहणीयता एवं उत्पादकता जानी जाती है। सभी अध्ययनों में उसके सभी भागों की जाँच नहीं की गयी है। अधिकांश ने किसानों को उपलब्ध प्रसार सेवाओं एवं जागरुकता, ज्ञान, ग्रहणीयता एवं उत्पादकता के बीच सांख्यिकी संबंधों को दर्शाया है।

जबकि एकेएपी का क्रम एक प्राकृतिक क्रम है यह स्पष्ट है कि प्रसार कर्मचारी एवं किसान दोनों को ज्ञान तथा कार्यकलाप के वास्तविक स्रोतों को क्रम के साथ-साथ चलने की आवश्यकता है। जागरुकता ज्ञान नहीं है। ज्ञान की आवश्यकता है जागरुकता अनुभव एवं निरीक्षण की एक समालोचनात्मक क्षमता जो आंकड़ों एवं प्रमाणों का मूल्यांकन कर सके। ज्ञान से ग्रहणीयता आती है, पर ग्रहणीयता उत्पादकता नहीं है। उत्पादन की निर्भरता मात्र तकनिकी रूप से सक्षम तरीकों को ग्रहण करने पर ही नहीं है वरन् इसके साथ ही सुझाये गए सही तरीकों पर भी है। उत्पादकता की निर्भरता समुदाय के ढाँचागत निर्माण तथा बाजार संस्थानों पर भी है।

प्रसार सेवाएँ क्रम के प्रत्येक मात्रा पर प्रभाव डालती हैं। इन्हें उनके ग्राहक किसानों द्वारा प्राप्त ज्ञान के अभिनंदन के साथ प्रतिस्थापन के रूप में भी देखा जा सकता है। आनुमानिक साक्ष्य संकेत देते हैं संतुलन पर किसानों के ज्ञान के लिये प्रतिस्थापन जो किसानों की शिक्षा में प्रतिबिंबित होते हैं। उदाहरण के लिये प्रसार सेवाएँ प्रयोगात्मक रूप से एकमात्र सूचना के स्रोत नहीं हैं जो (जागरुकता) कुशल किसान ऐसा नहीं कर सकते। इसलिए कम पढ़े-लिखे किसानों पर प्रसार सूचना का अधिक प्रभाव पड़ सकता है। ऐसा प्रतीत होता है कि इसका जागरुकता ज्ञान वहाँ दिखाई देता है जहाँ किसानों की शिक्षा का प्रतिस्थापन प्रसार सेवाएँ करती हैं। बार-बार संगठित संपर्कों द्वारा वे किसानों को शिक्षित करते हैं और यह किसानों को सूचना देने से अधिक है।

सूचना के नयेपन एवं तरीकों की प्रकृति या नये तकनीक के लिए शिक्षण बनाम सूचना का अंतर जानना संगत है। (हाल के चावल की नयी प्रजाति लाना) तथा सहज ही मूल्यांकन करने तथा ग्रहण करने में जब तकनीक नया है (जहाँ अन्य तरीकों के अलावा केवल बीज का इस्तेमाल ही आवश्यक है) तो सूचना जागरुकता को अपेक्षतया आसानी से ज्ञान एवं ग्रहणीयता में बदला जा सकता है। कम कुशल किसान साधारणत: ऐसे तकनीक अपना लेते हैं थोड़ी देर से। जब तकनीक के तरीके अधिक कठिन हों तथा कार्यकलापों में भारी बदलाव की जरूरत होती हो, कभी-कभी पूँजी विनियोजन भी तब शिक्षण की आवश्यकता होती है। संदेश स्पष्टत: बार-बार दोहराये जाते हैं। जिनका पालन क्षेत्रकर्मी करते हैं और प्राय: समुदाय के संगठन भी इन्हें ऐसी अवस्था में एकेएपी के क्रम के साथ चलने की आवश्यकता है।

**उत्पादकता अंतर एवं प्रसार**

जैसा कि ऊपर बताया गया है, एकेएपी क्रम का संबंध नयी तकनीक की सूचनाओं एवं अग्रहीत तकनीक से प्राप्त अस्तित्त्व से होता है। हम इस पारस्परिक संबंधों को अंतरों के संदर्भ में अधिक स्पष्ट रूप से देख सकते हैं। चित्र 1 बताता है कि अंतर का अर्थ क्या है एवं उन्हें तकनिकी ढाँचागत निर्माणों के प्रकारों से जोड़ता है। प्रत्येक प्रकार के लिये निम्नलिखित चार उत्पादन स्तर बताये गये हैं:

ए : वास्तविक उत्पादन

बीपी : उत्पादन का सर्वोत्तम तरीका

बीपीबीआई : सर्वोत्तम तरीका, सर्वोत्तम ढाँचागत निर्माण उत्पादन

बीपीबीआईआरपी : सर्वोत्तम तरीका, सर्वोत्तम ढाँचा, अनुसंधान, क्षमता का उत्पादन।

ये उत्पादन स्तर बदले में तीन अंतरों को बताते हैं।

जी(पी) : सर्वोत्तम तरीके के उत्पादन एवं किसानों के वास्तविक उत्पादन के बीच तरीकों का अंतर।

जी(आई) : सर्वोत्तम संस्थान, सर्वोत्तम तरीकों का उत्पादन (बीपी) तथा उत्पादन का सर्वोत्तम तरीका (बीपीबीआई) के बीच ढाँचागत निर्माण संस्थान का अंतर।

जी(आर) : अनुसंधान क्षमता उत्पादन (बीपीबीआईआरपी) तथा सर्वोत्तम तरीका, सर्वोत्तम संस्थान उत्पादन (बीपीबीआई) के बीच अनुसंधान अंतर।

प्रसार कार्यकलापों के योगदान को वर्गीकृत करना एवं अनुसंधान तथा प्रसार के संबंधों को दिखाने के लिये अंतर एक रास्ता दिखाता है। टेक्नोलोजी प्रकार में शैली को क्रमबद्ध दर्शाया जाता है। प्रसार कार्यक्रमों के तरीकों के अंतर जी(पी) एवं संस्थान अंतर जी(आई) दोनों को कम करना है। एकमात्र प्रसार कार्यक्रम ही नहीं है जो अंतर को कम करते हैं। किसानों को बाजार की रचना का प्रावधान तथा संगठित खेती-समूह के विकास संस्थान अंतर जी(आई) कम करते हैं। सूचना एवं शिक्षण तरीकों के अंतर जी(पी) कम करते हैं। जी(आर) को कम करने के लिये अनुसंधान कार्यक्रम की आवश्यकता होती है यद्यपि प्रसार कार्यक्रम उसकी कमी को सुविधाजनक बना सकते हैं उन्नत तरीकों का आयात कर या अन्य जगहों के विकसित तकनीक का स्थानीय सुधार करने की सुविधा बढ़ाकर। अधिकांश विकासशील देशों में अनुसंधान कार्यक्रम में सुधार तथा आयातित तकनिकों को एवं बीज रूपांतरण को अपनाया जाता है।

दो अंतर नजदीकी रूप से जुड़े हैं जब जी(आर) बंद हो जाता है (जब बीपीबीआई उत्पादन बढ़ता है), जी(पी) खुल जाता है। (यह जी(आई) के साथ भी हो सकता है, पर कम) आगे यह जान लेना चाहिए कि अंतर का आकार अनुसंधान या प्रसार के क्रियाशील प्रभाव का परिचायक है। प्रसार जैसे ही जी(पी) बंद करने में सफल होता है उपयोगिता ह्रास आरंभ हो जाता है। सफल अनुसंधान से जी(पी) बढ़कर नयी क्षमताएँ ले आता है। शिक्षण बनाम सूचना के अपेक्षाकृत शिक्षण भी इन अंतरों से संबंधित है। जब बीपीबीआई उत्पादन स्तर समान रहता है कुछ समय तक तो जी(पी) का अंतर प्राय: शिक्षण द्वारा बंद हो जाता है। जब बीपीबीआई बंद जाता है जैसा 'हरित क्रांति' से होता है। चावल एवं गेहूँ की प्रजातियाँ सूचना तथा जाँच की सलाह की बड़ी भूमिका होती है।

**देशों का समूह**

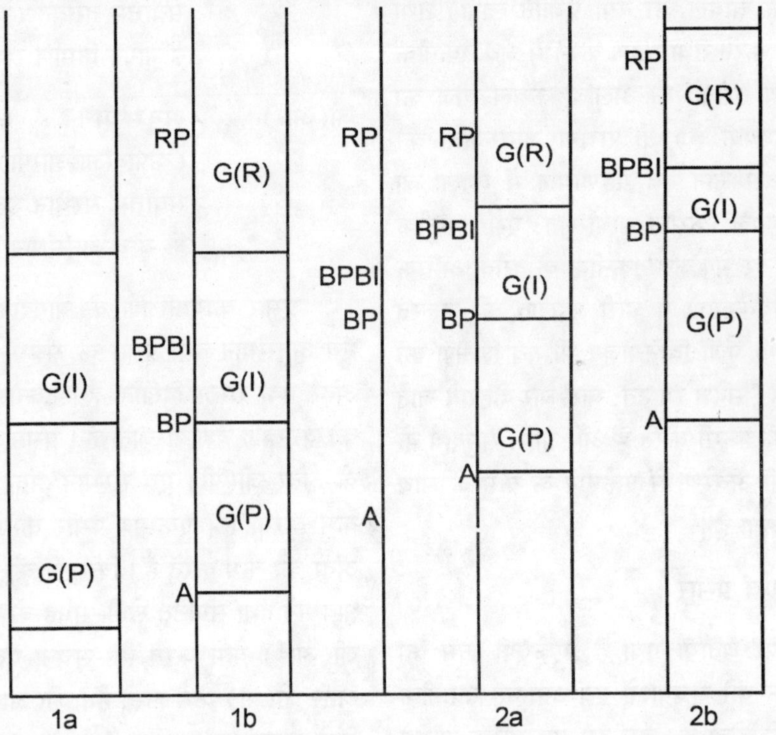


**चित्र 1 : फसल उत्पादन का क्रम पाँच तकनिकी ढाँचागत निर्माण के प्रकार। प्रत्येक प्रकार के क्षेत्र के लिये उत्पादन स्तर इस प्रकार है; A = वास्तविक; BP = सर्वोत्तम तरीका; BPBI = सर्वोत्तम तरीका, सर्वोत्तम ढाँचा निर्माण; BPBIRP = सर्वोत्तम तरीका सर्वोत्तम ढाँचा निर्माण अनुसंधान क्षमता। ये उत्पादन स्तर निम्नलिखित अंतर दिखाते हैं। जीपी तरीका ( ए ) किसानों की उपज : जी(आई ) ढाँचागत निर्माण संस्थान अंतर सर्वोत्तम संस्था के बीच, सर्वोत्तम तरीकों ( बीपीबीआई ) उपज तथा सर्वोत्तम तरीका ( बीपी ) उपज : जी(आर ) = अनुसंधान अंतर अनुसंधान क्षमता उपज के बीच ( बीपीबीआईआरपी ) एवं सर्वोत्तम तरीका, सर्वोत्तम संस्था ( बीपीबीआई ) उपज।**

देश समूहों के बीच अंतरों एवं उत्पादन स्तरों के नमूनों का उद्देश्य शैलीयुक्त नमूना लाना होता है। 1ए प्रकार के देशों के लिये जी(आई) एवं जी(पी) दोनों को दूर दिखाया गया है। ये परंपरागत अर्थव्यवस्थाएँ हैं जहाँ नये तकनीक का उत्पादन कम है जो उनके लिये आवश्यक हैं।

जब अर्थव्यवस्था 1बी श्रेणी में जाती है तो संस्थाओं में सुधार से बीपी(एवं ए) में नयी तकनीक के बिना ही वृद्धि होती है। बीपीबीआई में कोई परिवर्तन नहीं होता। इन दोनों के जी(आई) एवं जी(पी) को कम करने में प्रसार का योगदान होता है तथा यह योगदान गुणवत्ता में उनसे भिन्न होता है जिसकी आवश्यकता अधिक उन्नत देश समूहों में है। इन दोनों में बहुत कम नये तकनीक हैं (नये तरीके कम), किसानों की शिक्षा बहुत कम होती है तथा ढाँचागत निर्माण खराब है। यहाँ प्रसार के शिक्षण एवं संगठनात्मक कार्यकलापों की प्रधानता होती है।

जब अर्थव्यवस्था 1सी श्रेणी में जाती है, कुछ नये तकनीक आते हैं (बीपीबीआई बढ़ जाता है) तथा संस्था का अंतर और भी कम हो जाता है। तरीकों का अंतर जी(पी) दोनों खुल जाते हैं (बीपीबीआई बढ़ने से) एवं बंद हो जाते हैं निरंतर शिक्षण से तथा चूँकि अब नये तरीकों का प्रसार हो सकता है।

अर्थव्यवस्था जब और आगे बढ़ती है तकनिकी ढाँचागत निर्माण स्केल, संस्था का अंतर और कम हो जाता है तथा जी(आई) में कमी लाने के प्रसार की भूमिका कम रह जाती है। फिर भी जी(आर) राष्ट्रीय एवं अंतर्राष्ट्रीय अनुसंधान कार्यक्रमों एवं बीपीबीआई उत्पादन वृद्धि जो प्रसार को और अधिक बढ़ोतरी कर प्रसारित करने की उपलब्धि कराते हैं। निजी क्षेत्र का महत्त्व बढ़ जाता है तथा बाजार उन्नत हो जाते हैं।

## सांख्यिकी तरीकों का विवरण एवं आर्थिक मूल्यांकन के मामले

इस अध्याय में विभिन्न अध्ययनों पर विचार किया गया है वे सरकारी कृषि प्रसार कार्यक्रमों के कार्यकलापों के प्रभाव को मापने का प्रयास किया गया है जो चार क्षेत्रों में हैं : (1) किसानों का तकनिकी का ज्ञान एवं खेती के तरीके, (2) तकनिकी एवं तरीकों का पालन या उपयोग, (3) किसानों की उत्पादकता या क्षमता एवं (4) खेती उत्पाद की आपूर्ति एवं मांग।

प्रसार-प्रभाव के अनुमान में कई समस्याएँ आती हैं जो अन्य सरकारी क्षेत्र के विनियोजन के मूल्यांकन में भी है।

जिस वस्तु का उपयोग होता है वह एक सांख्यिकी विश्लेषण है जो खेती के स्तर पर प्रसार कार्यकलापों की माप के आंकड़े पर भरोसा करता है। विकास स्वरूप, सांख्यिकी विश्लेषण वहाँ भी किया जा सकता है जहाँ निरीक्षण का विषय प्रसार सेवाओं का कुल जोड़ है जो किसी खास क्षेत्र पर विशेष समयावधि से संबंधित हो।

व्यक्तिगत खेती स्तर पर प्रसार-प्रभाव के निर्धारण का अध्ययन जो प्रसार के खेती स्तर माप का इस्तेमाल करता हो उसे दो प्रकार की मूल अनुमान समस्या का सामना करना हो सकता है। प्रथम है प्रसार किसान परस्पर क्रिया में आदान-प्रदान (इंडोनेनीटो)। आरंभिक अध्ययन में प्रसार संपर्क के किसी रूप की तरह प्रसार परिवर्तनीय की पहचान के द्वारा कृषि प्रसार के प्रभाव की माप करने की चेष्टा ने प्राय: प्रसार संपर्क को किसानों के कार्यों एवं विशेषताओं से असंबद्ध करार कर दिया है। फिर भी यह संभव है कि अधिक उत्पादक किसान की विशेषताओं में से एक की इच्छा खेती की अवस्था या नई तकनीक के परिवर्तन के लिये सूचना प्राप्त करना है। ऐसे मामले में प्रसार संपर्क परिवर्तनीय घरेलू हो (इंडोनेनस) तथा प्रसार-प्रभाव का अनुमान किसान के कार्यों के ऊपर की बढ़ते हुए दिखाये जाने की संभावना रहती है क्योंकि कुछ अच्छे कार्यों का श्रेय प्रसार को देने से वास्तव में उस समूह का नाम उजागर होगा जो प्रसार से परस्पर क्रिया करता है। घरेलूपन की समस्या का समान आर्थिक मापदंडों पर दो प्रकार से किया जा सकता है या एक साथ समीकरण सिद्धांत द्वारा पर यह तरीका अब तक किये गये अध्ययनों में कुछ ही में अपनाया गया है।

क्षमता-झुकाव का दूसरा स्रोत है अप्रत्यक्ष या द्वितीय सूचना प्रवाह जहाँ प्रसार संपर्क से ऊपर ज्ञान को अन्य किसानों तक पहुँचा दिया जाता है जो प्रसार कर्मचारियों से प्रत्यक्षत: परस्पर क्रिया करते हैं। फार्मों (खेती) के बीच संचार काफी होते हैं जैसा कि बरखायुजर इवैंशन एंड फेडर (1991) ने दिखाया है जहाँ किसानों के सूचना स्रोत के आंकड़ों पर विचार किया गया है। विचार में कहा गया है कि प्रसार सेवाओं की रिपोर्ट पाने वाले क्षेत्रों के अधिकांश किसानों की सूचना का स्रोत अन्य किसान हैं। टी एवं वी के प्रसार क्षेत्रों के अलावा जो कार्यक्रम की प्रकृति के कारण संपर्क से बंधे हैं, प्रसार कर्मचारियों से प्रत्यक्ष संपर्क प्रयोगात्मक स्तर पर किसानों की सूचना के मुख्य स्रोत नहीं हैं। वास्तव में, सूचनाएँ अन्य किसानों तक पहुँचायी जा सकती हैं उन किसानों द्वारा जिन्हें प्रसार एजेंटों ने सूचना दी हो। ऐसी अवस्था में प्रसार से प्रत्यक्ष परस्पर क्रिया करने वाले किसानों एवं अन्य किसानों की कार्यक्षमता में बहुत कम अंतर हो सकता है तथा व्यक्तिगत प्रसार संपर्क पर किया गया प्रसार-प्रभाव का अनुमान गलत ढंग से प्रसार प्रभाव को शून्य दिखा सकता है। साधारणत: किसानों के बीच संचार की उपस्थिति की प्रवृत्ति प्रसार-प्रभाव को कम कर दिखाने की होती है जब प्रसार के प्रभाव को दिखाने का आधार प्रत्यक्ष संपर्क करने वालों की संख्या का इस्तेमाल हो।

नीचे जिस अध्ययन पर विचार किया गया है वह है किसानों की जागरुकता, ग्रहणीयता तथा उत्पादकता खेती के सर्वेक्षणों तथा दूसरे स्रोतों से प्राप्त आंकड़ों पर जिनका संबंध विभिन्न क्षेत्रों तथा समयावधि में प्रसार सेवाओं के प्रावधान से है। सभी साधनों की प्रति इकाई उत्पादन की तरह उत्पादकता का प्रयोगात्मक माप होता है। (जिसमें

शामिल हैं, श्रम, भूमि तथा खाद) यद्यपि कुछ मामलों में उत्पादन कार्य के कुल जोड़ का सिद्धांत अपनाया गया।

अनुमानित गुणनांक प्रसार के उपांत उत्पादन की माप करते हैं वह उत्पादन का योग जिसे प्रसार सेवाओं की आपूर्ति में किसी एक इकाई को जोड़ने से प्राप्त हो। प्रसार परिवर्तनीयता का प्रयोगात्मक रूप से समय का आयाम भी होता है। प्रसार सेवाओं की अनुपस्थिति में, उन्नत तरीकों की ग्रहणीयता का कुछ न कुछ आना निश्चित है जो शिक्षा एवं ढाँचागत निर्माण पर निर्भर होता है। प्रसार तरीकों को अपनाने तथा इसके दीर्घकालीन स्तर दोनों की गति बढ़ाता है। 1ए तथा 1बी प्रकार की अर्थव्यवस्थाओं में अगर प्रभावी हो तो प्रसार का एक मजबूत स्तर का प्रभाव होता है। अधिक उन्नत अर्थव्यवस्थाओं में प्रसार का असर प्रारंभिक रूप में एक गति वृद्धि का प्रभाव लाता है। अधिकांश अध्ययनों में गति-वृद्धि की अवधि तीन से पाँच वर्ष पाई गई है। अफ्रीका के हाल के अध्ययन (केन्या एवं बरकीना फासो) ने महत्त्वपूर्ण स्तर पर प्रभाव का पता लगाया है जिसका अर्थ है कि इन अर्थव्दवस्थाओं में दीर्घकालीन प्रभाव है।

समय के भार तथा उपांत उत्पादन का ज्ञान एक उपांत उत्पाद 'धारा' की गणना की इजाजत देता है भविष्य के वर्षों में जो समय पर विनियोजन से संबद्ध है। (टी) इस धारा को छूट है कि वह विनियोजन का उत्पादन के उपांत आंतरिक दर का पता लगाये। इस प्राप्ति की दर का अनुमान एक माप है जिसका उपयोग प्रसार अध्ययन की तुलना के लिये अगले भाग में किया गया है। इसे इस कार्य में विनियोग के द्वारा विनियोजन के बदले प्राप्त सूद की दर की परस्पर क्रिया मानी जा सकती है।

## आर्थिक प्रभावों का अनुमान : एक संक्षिप्त विवरण

तालिका 2 में उन आर्थिक प्रभाव के अनुमानों का संक्षिप्त विवरण है जो 57 आर्थिक अध्ययनों से पता लगा है एवं जिसे 7 अफ्रीकी देश (बुस्कीनो फासो, कोटडी आभरी, बोटसदाना, नाईजीरिया, इथियोपिया, केन्या, मलावी), सात एशियाई (बांग्लादेश, इंडोनेशिया, मलयेशिया, नेपाल, फिलीपिंस, दक्षिणी कोरिया, थाईलैंड), तीन लेटिन अमेरिकी देश (ब्राजील, पैतगुए, पेरन) तथा अमरीका और जापान में किया गया। अध्ययनों को कई श्रेणियों में विभक्त किया गया है, सांख्यिकी महत्त्व के स्तर द्वारा अनुमानों का आबंटन एवं जहाँ रिपोर्ट हुआ वह प्रकार के लिये प्राप्ति के दर के स्तर द्वारा किया गया है। यह कि कुछ अध्ययनों ने एकाधिक प्रभावों के अनुमान का रिपोर्ट दिया। कई अध्ययनों ने प्राप्ति की गणना नहीं की तथा प्राप्ति का रिपोर्ट तभी किया जाता है जब अनुमानित गुणनांक का उच्च स्तरीय सांख्यिकी महत्त्व हो।

174 अनुमानित प्रभाव के गुणनांकों में 59 (एक तिहाई) को महत्त्वपूर्ण नहीं बताया गया। इनमें से बहुत कम वास्तव में नकारात्मक थे। अध्ययनों ने इस सिलसिले को किसी क्षेत्र या प्रसार कार्यक्रमों के प्रकार का पूर्ण प्रतिनिधित्व नहीं दिया जा सकता। यह बिल्कुल संभव है कि कई अध्ययनों का रिपोर्ट ही नहीं पेश किया गया है जिन्होंने प्रसार-प्रभाव को नहीं या बहुत कम पाया हो।

## जागरुकता (ज्ञान) अध्ययन

जागरुकता तथा ज्ञान पर प्रसार के प्रभाव के लिए छः(6) अध्ययन किये गये। इनमें से तीन (भारत, केन्या, बुस्कीनो फासो) (तालिका 3 देखें) ने टी एवं वी प्रबंधन के महत्त्व की जाँच की जो अभी तक के तरीकों की जागरुकता पर था। इन अध्ययनों से पता चलता है कि प्रसार द्वारा जागरुकता सृजन के मजबूत साक्ष्य हैं तथा ज्ञान एवं टी एवं वी प्रबंधन प्रसार को ऐसा करने में अधिक प्रभावी बनाता है।

## ग्रहणीयता का अध्ययन

खेती के तरीकों के अपनाये जाने के नौ अध्ययन किये गये। सभी का उद्देश्य अपनाने की गति को तीव्र करने में प्रसार के प्रभाव का निर्धारण करना था। यह साक्ष्य जागरुकता साक्ष्य की अपेक्षा कम समानयुक्त हैं। अधिकांश अध्ययनों ने बताया कि खेत के आकार एवं किसानों की शिक्षा भी अपनाने की क्रिया की दर का निर्धारण करते हैं। अधिकांश अध्ययनों ने ग्रहणीयता पर प्रसार का थोड़े प्रभाव की साक्ष्यता माना है। टी एवं वी अध्ययन ने पाया कि टी एवं वी के प्रसार के प्रभाव को बढ़ा दिया। अध्ययनों में से दो (केन्या एवं बुरकीनो फासो) ने तरीके अपनाने को उत्पादकता से जोड़ा। दोनों ने पाया कि प्रसार ग्रहणीयता की गति बढ़ाता है तथा उत्पादकता परिवर्तन में भी इसका हाथ है।

## उत्पादकता अध्ययन

खेतों की पैदावार का प्रसार प्रभाव के अनुमान की रिपोर्ट पर अध्ययनों ने दिया है जिसमें 25 ने खेत सर्वेक्षण

आंकड़े का इस्तेमाल कियो तथा 17 ने आंकड़ों के कुल जोड़ का जो जिला स्तरीय है। 25 में से 16 खेत सर्वेक्षण अध्ययनों ने खेत विशिष्ट प्रसार परिवर्तनीय का इस्तेमाल किया जिनका साधारणतः प्रसार से संपर्क था। जैसाकि पहले बताया जा चुका है ये परिवर्तनीय घरेलू समस्या के लिए अधिक नष्ट होने लायक हैं। यह जानना रुचिपूर्ण है कि अध्ययन का यह श्रेणी वास्तव में महत्त्वहीन अनुमानों का पुलिन्दा है।

इसके विपरीत उन नौ अध्ययनों में अधिक महत्त्वपूर्ण अनुमानों का अनुपात है जिन्होंने किसी खेत समूह या क्षेत्र में प्रसार कर्मचारियों की उपलब्धता की संख्या जैसे प्रसार आपूर्ति परिवर्तनीयों पर भरोसा किया। टी एवं वी अध्ययन इसी श्रेणी के थे तथा सामान्यतः उन्होंने टी एवं वी प्रबंधन को प्रभाव वृद्धि का पाया। इनमें से दो अध्ययनों में टी एवं वी समूह की सदस्यता या स्वीकार्यता का अनुमान लगाने में दो स्तरीय प्रक्रिया का उपयोग किया और पाया कि साधारणतः प्रसार प्रभाव इसके तरीकों का ग्रहणीयता एवं टी एवं वी समूह भागीदारी के जरिए जाना जाता है।

आंकड़ों के कुल योग पर आधारित 17 अध्ययनों में अधिकांश मामलों में से परिवर्तनीय शामिल हुए जो अनुसंधान, शिक्षा एवं ढाँचागत निर्माणों की माप से संबंधित है प्रसार परिवर्तनीय के अलावा करीब-करीब सभी ने प्रसार का प्रभाव पाया। वे अध्ययन जिन्होंने परस्पर क्रिया की परिवर्तनीय का सहारा लिया किसानों की शिक्षा एवं प्रसार के बीच उन्हें साधारणतः शुद्ध प्रतिस्थापन संबंध मिला।

किसानों की उच्चतर शिक्षा से प्रसार का प्रभाव कम हो गया तथा इसके विपरीत स्थिति में विपरीत ही हुआ। वे अध्ययन जिन्होंने अनुसंधान प्रसार परस्पर क्रिया की जाँच की उन्हें अमरीका के अलावा किसी भी अध्ययन में एक भी महत्त्वपूर्ण परस्पर क्रिया नहीं मिली।

## देशी समूह द्वारा तथा समय द्वारा अनुमान

महत्त्वपूर्ण अनुमानों के आबंटन तथा समय द्वारा प्राप्ति की दर में कोई अंतर नहीं है।

इस प्रपत्र के प्रारंभिक भाग में मैंने बताया कि तकनिकी एवं संस्थागत स्थापना, जिसमें प्रसार कार्यरत है वह इसके डिजाइन एवं प्रभाव पर असर डालता है। देशी समूह द्वारा वर्गीकृत अनुमानों के दो पहलू हैं। प्रथम यह कि वे काफी अंतर दिखाते हैं जिनमें से महत्त्व के काफी क्षेत्रों पर रिपोर्ट दिया जाता है। दूसरे यह कि ये 1 एवं 2 श्रेणी के विकासशील अर्थव्यवस्थाओं में अंतर दिखाते हैं। प्रथम प्रकार की अर्थव्यवस्थाओं में 105 में से 45 (43%) अनुमानों की रिपोर्ट में सांख्यिकी का उच्चस्तरीय महत्त्व पाया गया। 2 प्रकार के देशों के लिए 56 में से 38(68%) अनुमानों में सांख्यिकी महत्त्व का उच्च स्तर देखा गया। इस प्रकार ऐसा लगता है कि एक ओर यह संभव है कि श्रेणी 1ए एवं 1बी अर्थव्यवस्थाओं के लिए प्रभावी प्रसार कार्यक्रमों का डिजाइन तैयार किया गया जहाँ धीमी गति से नई तकनीकि का विकास हो रहा है। टी एवं वी के अध्ययन से इसकी पुष्टि हो जाती है। पर ऐसा भी मान होता है कि प्रगतिशील तकनीकि वातावरण जो प्रकार 2 की अर्थव्यवस्था में है वह प्रसार कार्यक्रमों के विस्तृत प्रभावशीलता की स्थापना करता है।

## सीख या पाठ

इसे छोड़ देने की सीख संभवतः रिपोर्ट किये गये नतीजों के क्षेत्र से संबद्ध है। स्पष्टतः कई प्रकार के कार्यक्रम किसानों की उच्चतर उत्पादकता प्राप्ति की सहायता में बहुत प्रभावशाली सिद्ध हुए हैं। ऐसा भी प्रतीत होता है कि कुछ कार्यक्रमों ने ऐसा नहीं किया है। संभवतः कई कार्यक्रम अर्धकुशल रहे हैं तथा कइयों के पास प्रभावी होने के लिये अनुशासन एवं डिजाइन का अभाव है। कई प्रसार कार्यक्रमों की देखरेख एवं मूल्यांकन इकाई पर अधिक खर्च है। अब तक की जानकारी में किसी ने भी आर्थिक प्रभाव का अनुमान पेश नहीं किया है। वास्तव में विचारान्तर्गत सभी अध्ययनों अर्थशास्त्रियों द्वारा आर्थिक कार्यक्रमों में किये गये। प्रसार के नीति-निर्धारकों के लिये यह स्पष्टतः महत्त्वपूर्ण है कि उनकी देखरेख एवं मूल्यांकन कार्यक्रमों की क्षमता बढ़ाने की आवश्यकता है ताकि अधिक प्रभावशाली मूल्यांकन हो सके। इसके साथ-साथ यह निरंतर महत्त्वपूर्ण है कि स्वतंत्र मूल्यांकन जिस प्रकार किये गये हैं उन्हें भारी रखा जाए।

देशी प्रकार के साक्ष्य से एक दूसरी सीख उपलब्ध होती लगती है। जब अनुसंधानकर्त्ता प्रभावी होते हैं तो प्रसार प्रक्रिया सर्वाधिक प्रभावी रहती है। परंतु अनुसंधान कार्यक्रम सब जगह प्रभावी नहीं होते। प्रकार 1ए एवं 1बी देशों में प्रभावी प्रसार कार्यक्रमों के प्रमाण जो उप-सहारा अफ्रीका में सकेंद्रित है, बताते हैं कि उचित ढंग के डिजाइन एवं

प्रबंधन के प्रसार कार्यक्रम इस वातावरण में भी प्रभावी हो सकते हैं। टी एवं वी प्रबंधित क्षेत्र के दो कार्यक्रमों में जोर डालकर बताया गया है कि ये प्रभावी हैं।

अंतिम पाठ यह है कि दीर्घकाल में प्रसार को सबसे अधिक प्राप्ति प्रकार 2 अर्थव्यवस्थाओं में हैं जहाँ किसानों की पहुँच शिक्षा, नयी तकनीक तथा प्रसार तक है। बदलती अवस्थाओं के साथ प्रसार को बदलना चाहिए। सभी स्तरों पर मूल्यांकन की निरंतरता अपेक्षित है।

## नोट

1. हाल के वर्षों में कई देश एक देश समूह के दूसरे समूह में चले गये हैं। 20 वर्ष पहले सभी 24 प्रकार के देश या तो 2ए या 1सी प्रकार के देशों में थे।
2. अधिकांश देशों में अनुसंधान विनियोजन से बहुत पहले ही कृषि प्रसार कार्यक्रमों का विकास हुआ। (जूड, बोर्डस एंड इंवेंशन, 1986)।
3. यह विचार कि प्रसारकर्मियों की सेवाएँ सौदेबाजी के मूल्य पर है, संभवतः कई प्रसार कार्यक्रमों में अधिक कर्मियों के होने का कारण है।
4. हाल के वर्षों में प्रसार में शिक्षा तत्त्व की पहचान बढ़ी है। खासकर टी एवं वी प्रबंधित पद्धति में।
5. प्रसार के अर्थशास्त्र के विवरण तथा इस अंतर विश्लेषण के पूर्वगामी विचार के लिये इंवेंशन को देखें। (1986)
6. अंतर होने का तत्त्व नयी कार्यशीलता प्राप्ति का स्रोत है। प्रसार से तथा यह बताता है कि दीर्घकाल में प्रसार कार्यक्रमों की मांग क्यों होती है। अगर बीपीबीआई की पैदावार स्थिर है। उन्नत देशों में तो प्रसार की बहुत सीमित भूमिका बची रहती है।
7. गुल्टज (1964) ने अपने प्रभावी पुस्तक ट्रांसफोर्मिंग ट्रेडिशनल एग्रीकल्चर में बताया है कि परंपरागत कृषि अर्थव्यवस्थाओं में जहाँ बीपीबीआई ऊपर स्थिर रहे, वहाँ किसान गरीब, पर सक्षम है। चित्र 1 के अनुसार उनका कथन था कि जी(पी) वास्तव में बहुत अधिक नहीं था तथा प्रसार के सुधार से उपज की क्षमता भी निम्न थी। उन्होंने प्रभावी ढंग से बताया कि बीपीबीआई की उपज वृद्धि की आवश्यकता है कि वह प्रसार को प्रभावी बनाने के लिए क्षमता का सृजन करे।
8. एंडोजेनीटी एक सांख्यिकी शब्द है। एंडोजेनस परिवर्तनीय का चयन या नियंत्रण उस इकाई द्वारा होता है जिसका अध्ययन किया जा रहा है (उदाहरण किसान) बाहरी परिवर्तनीय का चयन इकाई द्वारा नहीं होता। एक्सोजेनस परिवर्तनीय कारण इंडोजेनस परिवर्तनीय होते हैं। इंडोजेनस परिवर्तनीय अन्य परिवर्तनीय के कारण नहीं माने जा सकते।
9. इन अध्ययनों में जिन मूल सांख्यिकी नमूनों का इस्तेमाल हुआ है, वह है $Z=a+b\ EXT + cSCH + d(EXT)(SCH) + eRES + f(EXT)(RES)$

   इस उक्ति में Z वैकल्पिक रूप से जागरूकता, ज्ञान, जाँच कार्य, स्वीकार्यता या खेत की उत्पादकता की माप हो सकता है। प्रसार (EXT), शिक्षा (SCH), अनुसंधान (RES) एवं अन्य परिवर्तनीय स्वतंत्र (एक्सीजेनस) परिवर्तनीय है जो इंडोजेनस परिवर्तनीय Z, को निर्धारित करते हैं। परस्पर क्रिया परिवर्तनीय को प्रायः प्रतिस्थापन अभिनंदन संबंधों की जाँच के लिये शामिल किया जाता है।
10. उत्पादन कार्य के अध्ययन में साधनों को स्वतंत्र परिवर्तनीय की तरह शामिल किया जाता है। $Output = a_1 + a_2 LAND + a_3\ FERT + b'EXT + cSCH$, etc.

    जब एक उत्पादन कार्य निर्धारण का उपयोग होता है तो गणनांक जी का अर्थ है उत्पादन में परिवर्तन की माप तथा साधन रखने में परिवर्तन की माप (भूमि, खाद आदि) जो स्थिर है।
11. प्राप्ति का आंतरिक दर आर दर है जिसके लिये निम्नलिखित समीकरण सही है:-

$$I_t = \Sigma W_{t+k}\ MP^*/(1+r)k$$

**तालिका-2 : संक्षेप चयनित देशों के लिये प्रसार का आर्थिक अध्ययन।**

| | | सांख्यिकी महत्त्व के स्तर पर आबंटन | | | प्राप्ति अनुमान द्वारा आबंटन | | |
|---|---|---|---|---|---|---|---|
| श्रेणी के प्रकार | अध्ययनों की संख्या | महत्त्वपूर्ण नहीं | मध्यवर्गीय महत्त्व | अधिक महत्त्वपूर्ण | निम्न | मध्य | उच्च |
| जागरुकता | 6 | 7 | 2 | 27 | – | – | – |
| ग्रहणीयता | 9 | 16 | 8 | 17 | – | – | – |
| उत्पादकता खेत | | | | | | | |
| निरीक्षण खेत संपर्क | 16 | 21 | 4 | 10 | 2 | 1 | 7 |
| प्रसार आपूर्ति | 9 | 11 | 3 | 21 | 1 | 1 | 12 |
| कुल निरीक्षण | 17 | 4 | 5 | 17 | 2 | 0 | 6 |
| सभी उत्पादकता | 42 | 36 | 13 | 48 | 4 | 2 | 25 |
| अवधि द्वारा | | | | | | | |
| 1980 से पहले | 17 | 12 | 3 | 13 | 2 | 2 | 7 |
| 1980 के बाद | 40 | 47 | 20 | 79 | 2 | 2 | 18 |
| देशी समूह द्वारा | | | | | | | |
| 1ए–1बी | 9 | 16 | 6 | 24 | – | 1 | 9 |
| 1सी | 14 | 26 | 11 | 21 | 1 | 1 | 4 |
| 2ए | 12 | 5 | 3 | 28 | 2 | 2 | 3 |
| 2बी–2सी | 13 | 8 | 2 | 10 | 1 | – | 4 |
| औद्योगीकृत | 9 | 4 | 1 | 9 | – | – | 5 |

**नोट :** सांख्यिकी महत्त्व के लिए, अनुमानित टी का अनुपात महत्त्वपूर्ण नहीं के 1.5 से कम है, 1.5–20 मध्य महत्त्वपूर्ण के लिए, 2 से अधिक महत्त्वपूर्ण के लिए। प्राप्ति की दर के लिए निम्न 5.25%, मध्य 26–50% एवं उच्च 50% या अधिक।

अफ्रीकी देश : बुरकीना फासो, कोटडी, आवरी, कोहसवाना, नाईजीरिया, इथियोपिया, केन्या, मलावी। एशियाई देश : बांग्लादेश, इंडोनशिया, मलयेशिया, नेपाल, फिलीपिन्स, दक्षिण कोरिया, थाईलैंड। लेटिन अमरीकी देश : ब्राजील, पैरागुए, पेरू, संयुक्त राष्ट्र, जापान।

**तालिका-3 : प्रसार के अभिस्तुत तरीकों की जागरूकता के स्रोत।**

| | प्रतिशत का अध्ययन | | |
|---|---|---|---|
| | प्रसार | अनुसंधान | निजी |
| अध्ययन | पदार्थ | केंद्र | क्षेत्र |
| ताईवान (लायन वर्ग एवं चांगए 1970) | | | |
| रांगफंग | 36 | na | na |
| लियुयाओ | 24 | na | na |
| पैरागुए (इवेंशन, 1988) | | | |
| पश्चिमी क्षेत्र 21 | 21 | 1 | 10 |
| भारत (फेडरला इट एल, 1986) | | | |
| टी एवं वी किसान | 71 | 0 | 0 |
| टी एवं वी समूह किसान | 27 | 6 | 4 |
| टी एवं वी रहित किसान | 24 | 3 | 5 |
| बुस्कीना फासो (बिंडसीश इट एल, 1993) | | | |
| टी एवं वी समूह सदस्य | 74 | na | 5 |
| टी एवं वी रहित किसान | 36 | na | 12 |

## संदर्भ


बेनोर, डी. हैरिसन, जे. क्यू., एंड बाक्सर, एम. (1984) *एग्रीकल्चर एक्सटेशन : दी ट्रेनिंग एंड विजिटिंग सिस्टम*, वाशिंगटन डीसी, वर्ल्ड बैंक।

बिंडसीस, वी. एंड इवेंशन, आर.ई. (1993) *एवेल्युएशन ऑफ दी परफोरमेंस ऑफ टी एंड वी एक्सटेंशन इन केन्या*। वर्ल्ड बैंक एग्रीकल्चरल एंड रूरल डेवेलपमेंट सीरीज नं. 7, वाशिंगटन डीसी, वर्ल्ड बैंक।

बिंडलीस, वी. ग्वेरीवाऊ, एम. एंड इवेंशन, आर. (1993) *इवेल्युएशन ऑफ टी एंड वी एक्सटेंशन इन बुरकीनो फासो*। वर्ल्ड बैंक टेक्नीकल पेपर नं. 226, वाशिंगटन डीसी, टेक्नीकल डिपार्टमेंट।

बारवायेडार, डी. इवेंशन, आर.ई. एंड फेडर, जी. (1991) दी इक्नोमिक इंपैक्ट ऑफ एग्रीकल्चरल एक्सटेंशन : ए रिव्यू, *इकोनोमिक डेवेलपमेंट एंड कल्चरल चेंज*, 39, 607-600.

इवेंशन, आर.ई. (1986) दी इकनोमिक्स ऑफ एक्सटेंशन इन जी जॉस (इडी.) *इन्वेस्टींग इन रूरल एक्सटेंशन स्ट्रटेसीस एंड गोल्स* (पेज 65-91) एम्सटेर्डम एल्सेवियर एरलायड साईंसेस पब्लिशर्स।

इवेंशन, आर.ई. (1988). एस्टीमेटिड इकोनोमिक कोंसेक्यूएन्सिस ऑफ पीआईडीएपी I एंड II प्रोग्राम्स फॉर क्रॉप प्रॉडक्शन : अनपब्लिशड पैन्सक्रिप्ट, न्यू हैवन, सीटी येले यूनिवर्सिटी, इकोनोमिक ग्रोथ सेंटर।

इवेंशन, आर.ई. एंड वेस्टफाल, एल.ई. (1994) *टेक्नोलोजिकल चेंग एंड टेक्नोलोजी स्ट्रेटजी*, यूएनयु। आईएनटेईसीएच वर्किंग पेपर नं. 12.

फेडर, जी. एंड स्लेड, आर. (1986) दी इंपैक्ट ऑफ एग्रीकल्चरल एक्सटेंशन : दी ट्रेनिंग एंड विजिट सिस्टम इन इंडिया, *दी वर्ल्ड बैंक रिसर्च आब्जर्वर* 1, 139-161.

फेडर, जी. स्लेड, आर. एंड सुंदरम, ए. (1986) दी ट्रेनिंग एंड विजिट एक्सटेंशन सिस्टम : एन एनासिसिस ऑफ आयरेशनस एंड इफेक्ट्स, *एग्रीकल्चरल एडमिनिस्ट्रेशन*, 21, 48.

जूड, ए. बोइस, जे. एंड इवेंशन, आर. ई. (1986) इन्वेस्टींग इन एग्रीकल्चरल सप्लाई : दी डिटरमीमेंट्स ऑफ एग्रीकल्चरल रिसर्च एंड एक्सटेंशन इन्वेसटमेंट। *इकनोमिक डेवेमेंट एंड कल्चरल चेंज* 35, 77-113.

लायनबर्जर, एच. एंड चांग, एच.सी. (1970) *फार्म इन्फोरमेशन फोर मोडनोइजिंग एग्रीकल्चरल : दी ताईवान सिस्टम* (पेज 282-283) न्यूयार्क, प्रायेजर।

शुल्कट्ज, टी. डब्ल्यू. (1964) *ट्रांसफोरमिंग ट्रेडिशनल एग्रीकल्चर*, न्यू हेवन सीटी; येले यूनिवर्सिटी प्रेस।

स्वानसन, बी.ई. एंड क्लार, जे.बी. (1984) दी हिस्ट्री एंड डेवेलपमेंट ऑफ एग्रीकल्चरल एक्सटेंशन : इन *एग्रीकल्चरल एक्सटेंशन ए रिफरेंस मैनुअल*, वाशिंगटन, डीसी, फाओ।

# भाग-2

# प्रसार कार्यक्रमों एवं प्रक्रियाओं का सुधार

## अध्याय-5

# लक्ष्य समूह की आवश्यकताओं का निर्धारण

एन.एल. मैककैस्लीन एवं जोवान पी. टिबेजिंडा

लक्ष्य समूह की आवश्यकता जिसे प्राय: आवश्यकता निर्धारण कहा जाता है प्रसार कार्यक्रमों के विकास एवं योजना में प्रथम कदम है। कार्यक्रम की योजना एवं विकास निरंतर चलने वाली एक-दूसरे से संबंधित प्रक्रिया है जो ग्राहक की आवश्यकता के अतिरिक्त, कार्यक्रम संपादन में उपयुक्त विषय एवं तरीकों का चयन करती है, कार्यक्रम निक्षेप का प्रबंधन करता है तथा कार्यक्रम की प्रक्रिया एवं नतीजों का मूल्यांकन करता है।

अमरीका में आवश्यकताओं के निर्धारण का प्रथम उदय प्रशासनिक प्रक्रिया कानून, 1946 के बनने के साथ ही हुआ। (समर्स, 1987) 1960 एवं 1970 के दशकों में 54 सबसे बड़े स्वास्थ्य तथा मानव सेवाओं के कानून में से 30 में संघीय, राज्य एवं स्थानीय आवश्यकताओं के निर्धारण का प्रावधान था। (जंगविल 1977) तब से ही, प्रसार जैसे कार्यक्रमों की योजना संचालन एवं मूल्यांकन में नागरिकों को शामिल करने पर जोर डालने में वृद्धि हुई है। अन्तर्राष्ट्रीय स्तर पर नागरिकों की संलग्नता पर जोर में वृद्धि हुई है कि कार्यक्रम योजना तथा विकास में नीचे से ऊपर जमीनी स्तर पर इन्हें शामिल किया जाए। यह पिछले समय से बिल्कुल विपरीत है जब आवश्यकताओं का निर्धारण बाहरी परामर्शियों द्वारा होता था एवं इन आवश्यकताओं के निदान के लिए कार्यक्रमों का विकास होता था।

विस्तृत परिभाषा में आवश्यकताओं का निर्धारण, कार्यक्रम योजना, विकास एवं संचालन के लिए प्राथमिकताओं की स्थापना एवं निर्णय करने की एक क्रमबद्ध प्रक्रिया है। इस अध्याय में आवश्यकताओं के निर्धारण को 'क्या है' तथा 'क्या होना चाहिए' के बीच अगर अंतर होता है तो प्रसार कार्यक्रमों के नतीजों के परिप्रेक्ष्य में आवश्यकताओं की प्राथमिकताओं का निर्धारण करना होता है। (कौफमेन, 1982)। इन प्रसार कार्यक्रमों से प्रभावित होने वाले लोगों से प्राप्त सूचना के आधार पर प्राथमिकताओं की स्थापना एवं निर्णय करने पर जोर डाला जाएगा।

जब आवश्यकताओं का निर्धारण हो रहा हो तब यह अनिवार्य हो जाता है कि आवश्यकता, इच्छा एवं रुचि का अंतर समझा जाए। आवश्यकताओं का अर्थ है वह जो जरूरी या आवश्यक है किसी उद्देश्य को पूरा करने। दूसरी ओर इच्छाएँ को चाहतपूर्ण या लाभदायक माना जा सकता है, पर अनिवार्य नहीं। रुचि का, अर्थ किसी व्यक्ति की किसी चीज के लिए चिंता या उत्सुकता है। लोगों के लिए यह असामान्य नहीं है कि वे इन तीनों से भ्रमित हो जाएँ। इसलिए लक्ष्य-आबादी की आवश्यकताओं के निर्धारण का प्रयास कर रहे प्रसार कर्मचारियों को यह सुनिश्चित करना चाहिए कि वे आवश्यकता का अर्थ समझते हैं।

## आवश्यकता निर्धारण के तरीके

यह प्रभाग विभिन्न आंकड़ों के संग्रह करने का तरीका बताता है जो आवश्यकताओं के निर्धारण के लिए उपलब्ध है। इन तरीकों को चार श्रेणियों में दर्शाया गया है। व्यक्तिगत, समूह, अनुपूरक स्रोत तथा द्रुत ग्रामीण योग्यतावत।

### व्यक्तिगत तरीका

व्यक्तिगत तरीकों में शमिल हैं लोगों से एक बार एक ही समय आंकड़ों का संग्रह करना। आवश्यकता निर्धारण आंकड़ों का संग्रह जिन लोगों से किया जाता है उन्हें आंकड़ों का प्रावधान करते समय एक-दूसरे से परस्पर क्रिया नहीं करते। व्यक्तिगत तरीकों में शामिल हैं आमने-सामने साक्षात्कार, मुख्य सूचनाकर्ता, साक्षात्कार, प्रश्नावली,

अनौपचारिक व्यक्तिगत निरीक्षण तथा औपचारिक व्यक्तिगत निरीक्षण।

**आमने-सामने साक्षात्कार**

यह तरीका कम पढ़े-लिखे श्रोताओं को समझने में उपयुक्त है या फिर दुरुह मामले जिसके बारे में बहुत कम सूचना उपलब्ध हैं। निर्मित या अनिर्मित दोनों प्रकार के प्रश्न उपयुक्त हैं आमने-सामने साक्षात्कार में जो संलग्न मामले एवं साक्षात्कार के लिए उपलब्ध समय पर निर्भर होता है। अगठित प्रश्न वहाँ लाभदायक है जब दुरुह या संवेदनशील मामले सामने हों जिसमें सही आंकड़ा प्राप्त करने के लिए जाँच की आवश्यकता होती है। उदाहरण के लिए छोटे स्तर के निगम इसका प्रत्यक्ष उत्तर नहीं दे सकते कि वे अपने स्रोतों का बजट कैसे बनाते हैं फिर भी अगर उनसे यह पूछा जाए कि किसी खास दिन या सप्ताह में वे क्या करते हैं तो वे अपने आर्थिक कार्यों की झलक दे सकते हैं जिससे उनकी आवश्यकता का पता चल सकता है।

**मुख्य सूचनाकर्त्ता साक्षात्कार**- मुख्य सूचनाकर्त्ता वे लोग होते हैं जो अपने क्षेत्र के विशेषज्ञ माने जाते हैं अपने पेशेवर ज्ञान के कारण या समाज या संगठन में अपने पद के प्रभाव के कारण। उदाहरण है, शिक्षक, धार्मिक नेता, सतही कार्यकर्त्ता तथा परंपरागत एवं राजनैतिक नेता। यह दिखाने के प्रमाण हैं कि इस श्रेणी के कई सूचनाकर्त्ताओं के साक्षात्कार से काफी सही सूचनाएँ प्राप्त होती हैं जो दूर के समुदायों की समस्याएँ या आवश्यकताओं के बारे में है। मुख्य सूचनाकर्त्ता लाभदायक है अगर आवशकताओं का निर्धारण तेजी से होना है, सीमित बजट में।

**प्रश्नावली**

आवश्यकताओं के निर्धारण का यह तरीका अधिक गठित होता है साक्षात्कार के कार्यक्रम से तथा प्रश्नावलियों का इस्तेमाल साधारणत: विकसित देशों में ही किया जाता है, पर विकासशील देशों में वे बहुत कम लाये जाते हैं इस प्रकार क्योंकि दूरभाष की सुविधा बड़ी सीमित है।

साक्षर समुदाय, जिनकी पहुँच बढ़िया डाक तक है (सरकारी या निजी), की आवश्यकताओं का निर्धारण सर्वेक्षण मेल द्वारा किया जा सकता हैं दिलमान (1978) अत्युत्तम सूचना दी है मेल सर्वेक्षण के लिए, जो विकसित एवं विकासशील दोनों प्रकार के देशों में समान रूप से लागू हो सकता है।

परंपरागत डाक-सेवा पर विश्वास करने की बजाय प्रश्नावलियों को साक्षत्कारियों तक हाथ से पहुँचाया जा सकता है और तब वह पूरा हो जाए तो फिर उसे संग्रहित किया जा सकता है। विकास स्वरूप, वार्षिक क्लब या संघ की बैठकों जैसे अवसरों पर लाभ लिया जा सकता है जब क्रियाशील प्रतिवादी एक साथ आ सकते हैं। ऐसी अवस्था में समूह के सदस्यों को प्रश्नावली दे दी जाती है तथा उसे पूरा कर जाने से पहले जमाकर देने कहा जाता है। सर्वोत्तम नतीजों के लिए प्रश्नावलियों में संगत प्रश्न ही होना चाहिए तथा छोटे भी ताकि प्रतिवादी के समय के अंदर उन्हें पूरा किया जा सके। इसके उपयुक्त इस्तेमाल से यह तरीका समय एवं रुपये दोनों की बचत कर सकता है, जो सूचना संग्रह के लिए आवश्यक हैं। फिर भी संग्रहित सूचना में अधिक झुकाव या पक्षपात की संभावना से सतर्क रहना चाहिए। यह इसलिए कि इसकी संभावना बनी रहती है कि प्रश्नावली हल करने के लिए उपस्थित समूह उन श्रोताओं का प्रतिनिधित्व न करे जो चाहिए।

स्टीवेंस (1980) ने संकेत दिया है कि प्रसारकर्मियों को प्राय: अपने पद पर पहुँचा दिया जाता है बिना किसी उपकरण तथा यथेष्ट तैयारी के। मालौफ एवं कंटाडो (1983) ने बताया कि प्रसारकर्मियों की प्रशिक्षण आवश्कताओं के निर्धारण तथा प्राथमिकता स्थापित करने की जरूरत है। जब आवश्यकताओं के निर्धारण की सूचना संग्रह करने प्रश्नावली का उपयोग हो तो यह मान लेना चाहिए कि कृषि पदाधिकारी ने अधिकांश प्रसार एजेंटों को पेश कर कुशलता की पहचान करने का निश्चय कर लिया है अपने क्षेत्र में सुधार की आवश्यकता के लिए। कृषि पदाधिकारियों ने पाया कि हेजेस एंड राल्स (1988) युगांडा के प्रसार-कर्मियों की पेशेवर कुशलता के लिए आवश्यकता की पहचान कर ली थी जैसे कार्यक्रम नियोजना एवं मूल्यांकन, औपचारिक तथा अनौपचारिक शिक्षण के तरीकों का उपयोग तथा प्रबंधन एवं पर्यवेक्षण तकनीक। ऐजेंटों की जरूरत निर्धारण के लिए प्रश्नावलियों को विकसित करने में यह सूची आधार बनेगा।

एक बार जब ज्ञान की प्रारंभिक सूची तैयार हो जाये यह आवश्यक था कि एजेंटों के तात्कालिक प्राप्य क्षमता

स्तर तथा प्रत्येक ज्ञान के महत्त्व पर उनके जोर का निर्धारण करने के लिए एक लाईकर्ट प्रकार का स्केल विकसित किया जाय जिसमें निम्नलिखित पाँच प्रकार की योग्यता शामिल है: बिल्कुल योग्यता नहीं, कम योग्यता, मध्यम योग्यता, सामान्य योग्यता तथा बहुत योग्यता। इसके बाद, एक अन्य लाईकर्ट– प्रकार के स्केल का विकास किया गया, एजेंट के प्रत्येक ज्ञान के महत्त्व के विचार का निर्धारण करने निम्नलिखित पाँच श्रेणियों का इस्तेमाल कर जो हैं, महत्त्वहीन, थोड़ा महत्त्वपूर्ण, सामान्य महत्त्वपूर्ण, महत्त्वपूर्ण तथा बहुत महत्त्वपूर्ण। इन दोनों लाईकर्ट प्रकार की माप तथा ज्ञान की सूची को मिला दिया गया जिसमें वर्तमान माप योग्यता को ज्ञान के बांयी ओर तथा महत्त्व को ज्ञान की दांयी ओर रख गया (चित्र 1)

एक बार जब प्रश्नावली पूरा हो गया तो कृषि पदाधिकारी आंकड़ों का विश्लेषण करने एवं अपने प्रसार एजेंटों की पेशेवर कुशलता के विकास के लिए प्राथमिकताएँ तय करने तैयार हुआ। हर्षकोविज (1973) ने एक प्रयोगात्मक कार्य की पहचान की जो इन प्राथमिकताओं को तय करने में सहायक है। प्राथमिकताएँ तय करने के लिए 2×2 साँचे का सृजन किया गया। (चित्र-2) प्रश्नावली के सभी मुद्दों की क्षमता एवं महत्त्व के अंक के लिए पहले मोटा-मोटी एक औसत अंक की गणना की जाती है। इसके बाद औसत क्षमता के अंक को बाएँ अक्ष पर डाला जाता है तथा उसके बाद एक्स अक्ष पर महत्त्व का अंक रखा जाता है। इसके बाद इन प्रत्येक बिन्दुओं से लंबवत रेखाएँ खींची जाती हैं और साँचा तैयार हो जाता है। साँचा का चार चौथाई भाग बन जाता है, उच्च क्षमता-उच्च महत्त्व, (एच एच) उच्च क्षमता निम्न महत्त्व (एग एल) निम्न क्षमता-उच्च महत्त्व(एल एच) एवं निम्न क्षमता निम्न महत्त्व (एलएल)।

इसके बाद प्रत्येक ज्ञान के लिए क्षमता एवं महत्त्व के अंक को जोड़ कर साँचे में आंका जाता है। वे, जो निम्न क्षमता-उच्च महत्त्व के खाने में आते हैं, उनके विकास की सर्वाधिक आवश्यकता होती है। इस उदाहरण में ज्ञान। (शैक्षणिक-शिक्षण वस्तुओं का उत्पादन) एवं ज्ञान 5 (मूल्यांकन के लिए सूचना निर्धारण की आवश्यकता) वे क्षेत्र हैं जहाँ विकास की सर्वाधिक आवश्यकता है।

**अनौपचारिक व्यक्तिगत अवलोकनः** मूल्यवान आवश्यकता निर्धारण के आंकड़े अनौपचारिक अवलोकन के द्वारा संग्रह किये जाते हैं। क्षेत्रकर्मी काफी कुछ देखते या अनुभव करते हैं क्योंकि वे क्षेत्र में किसानों के साथ घूमते एवं कार्य करते हैं। अगर इन्हें अंकित या याद कर लिया जाए तो इस सूचना का उपयोग जरूरतों के निर्धारण में हो सकता है। आवश्यकता निर्धारण के लिए वे लोग अधिक सही अवलोकित आंकड़ा दे सकते हैं जो आदतन डायरी रखते तथा विचार अंकित करते हैं।

**औपचारिक व्यक्तिगत अवलोकनः** आवश्यकताओं के निर्धारण का यह तकनीक रेटिंग फार्म, चेकलिस्ट या अवलोकन कार्यक्रम का इस्तेमाल कर सूचना संग्रह करना है। औपचारिक अवलोकन अनौपचारिक व्यक्तिगत अवलोकन से भिन्न है क्योंकि इसमें पूर्व निर्धारित मुद्दों का अवलोकन होता है। इस तरीके का उपयोग परिमाणात्मक तथा गुणात्मक दोनों प्रकार के आंकड़ों के संग्रह के लिए किया जा सकता है।

**समूह तकनीक**

इस तकनीक में निर्धारण-कार्य के दौरान अभ्यर्थियों को एक-दूसरे से परस्पर क्रिया की छूट होती है। डेल्फी तकनीक की तरह सूचनाओं का संग्रह लिखित रूप में किया जा सकता है या मौखिक रूप से भी किसी समूह में जैसे उजागर समूह। दोनों ही मामले में, सफलता निर्धारण योग्य नेतृत्व पर निर्भर होती है तथा वैसे भागीदारों का होना जिनके पास ज्ञान के साथ-साथ इच्छाशक्ति भी हो। (कैफरेल्ला, 1982) यह भाग डेल्फी पर विचार करेगा, समूह-साक्षात्कार नाम मात्र के समूह तथा औपचारिक समूह तरीकों पर प्रकाश डालेगा।

**डेल्फी.** इस तकनीक में किसी विषय क्षेत्र के बारे में असाधारण ज्ञान के लोगों को बाँटकर प्रश्नों में शामिल कर जानकारी के लिए लिखित प्रश्नावली का तब तक उपयोग किया जाता है जब तक उस विषय पर सहमति प्राप्त न हो जाए। (मिलर एवं हस्टेड, 1987) प्रक्रिया की शुरुआत निर्धारित होने वाली आवश्यकताओं को बताओ कि किसे शामिल किया जायेगा तथा संग्रहित सूचनाओं का इस्तेमाल कैसे होगा, आदि से किया जाता है। अगर उत्तरों में बहुत अधिक अंतर न रहे तो 10 से 15 लोगों को शामिल किया

**प्रसार-कर्मचारियों का पेशेवर-ज्ञान सर्वेक्षण**

***निर्देशन :*** इस प्रश्नावली में पेशेवर ज्ञान की एक सूची है जिसका उपयोग प्रसार कर्मचारी शैक्षणिक कार्यक्रम में करते हैं। नीचे के प्रत्येक ज्ञान के लिए हम आपके संकेत लेना चाहें .। (1) इसे पूरा करने में आपकी योग्यता एवं (2) ज्ञान का महत्त्व जिसके लिए निम्नलिखित माप का इस्तेमाल किया गया है:

| *ज्ञान हल की योग्यता* | *ज्ञान का महत्त्व* |
|---|---|
| 1. बिल्कुल योग्य नहीं | 1. महत्त्वपूर्ण नहीं |
| 2. बहुत कम योग्यता | 2. कम महत्त्वपूर्ण |
| 3. मध्यम योग्यता | 3. मध्यम महत्त्वपूर्ण |
| 4. सामान्य योग्यता | 4. महत्त्वपूर्ण |
| 5. बहुत योग्यता | 5. बहुत महत्त्वपूर्ण |

प्रत्येक मद पर जहाँ आपकी योग्यता सर्वाधिक हो उसे घेर दें।

उदाहरण:

| *योग्यता* | *पेशेवर ज्ञान* | *महत्त्व* |
|---|---|---|
| 1 2 3 4 5 | 1. शैक्षणिक शिक्षण वस्तुओं का उत्पादन | 1 2 3 4 5 |
| 1 2 3 4 5 | 2. श्रव्य-दृश्य उपकरणों का उपयोग | 1 2 3 4 5 |
| 1 2 3 4 5 | 3. एक तरीके का प्रदर्शन करना | 1 2 3 4 5 |
| 1 2 3 4 5 | 4. समुदाय की आवश्यकता का निर्धारण | 1 2 3 4 5 |
| 1 2 3 4 5 | 5. मूल्यांकन के लिए आवश्यक सूचना का निर्धारण | 1 2 3 4 5 |
| 1 2 3 4 5 | 6. कार्यक्रम बजट का विकास | 1 2 3 4 5 |

**चित्र-1 भागीय प्रश्नावली का नमूना।**

जा सकता है। अगर मतों में बड़ा अंतर होने का अनुमान हो तो अधिक लोगों को शामिल करना चाहिए।

आंकड़ा संग्रह करने के लिए तीन से चार बार प्रश्नावली दी जाती है। प्रथम दौड़ में खुले अंत के प्रश्नों को रखा जाता है जहाँ अभ्यर्थियों को अपने उत्तर लिखने को कहा जाता है।

प्रथम दौड़ की प्रश्नावली वापस होने के बाद, उत्तरों के आधार पर इसे संक्षिप्त कर विकसित किया जाता है दूसरी प्रश्नावली में 1 दूसरी प्रश्नावली में उत्तरार्थियों से कहा जाता है अपने विचारों को क्रमबद्ध सहमति या असहमति जताते हुए, अपनी स्थिति स्पष्ट करें। उत्तरों का विश्लेषण किया जाता है वक्तव्यों को मिलाकर एवं संक्षिप्त कर। दूसरी प्रश्नावली के सार से तीसरी प्रश्नावली तैयार होती है। भागीदारों से कहा जाता है कि वे अपने पहले के उत्तर पर पुनर्विचार करें समूह उत्तर के आधार पर तथा अतिरिक्त मंतव्य प्रकट करें। इसके अलावा उनसे यह भी कहा जाता है कि सूचीबद्ध मसलों पर महत्त्व प्राथमिकता का मत दर्ज करें। तीसरी प्रश्नावली अंतिम होती है। पर अगर असहमति का क्षेत्र व्यापक हो तो अतिरिक्त प्रश्नावली का प्रबंध हो सकता है।

एक बार जब प्रश्नावलियाँ पूरी हो जायें तब अंतिम प्रश्नावली पर एक रिपोर्ट तैयार होता है एवं भागीदारों के पास भेजना जाता है। रिपोर्ट में लक्ष्यों, प्रक्रियाओं तथा निष्कर्षों या कार्यों का सारांश, अध्ययन के फलानुसार तैयार होता है।

डेल्फी के दो लाभ हैं। प्रथम यह कि यह विरोधी विचारों के लोगों में प्रत्यक्ष मुठभेड़ टालता है। भागीदारों पर कोई दबाव नहीं होता कि वे अधिमत के साथ जाए। दूसरे, यह भागीदारों को उस खर्च से बचाता है जो किसी केंद्रीय स्थान तक जाने में होता है जो फोकस समूह साक्षात्कार एवं नाम के समूह तकनीक की एक बड़ी सीमा है।

इस तकनीक की अपनी सीमाएँ हैं। इस तकनीक के इस्तेमाल के लिए कई शर्तें पूरी करनी होती हैं। (मिलर एवं हस्टेद, 1957) प्रथम, यथेष्ट समय दिया जाना चाहिए। ऐसा अनुमान है कि अमरीका में प्रश्नावली विकास से लेकर अंतिम रिपोर्ट तैयार होने तक 45 दिनों का समय लगता है। विकासशील देशों में डाक की अवस्था ठीक नहीं होने के कारण इस प्रक्रिया में और अधिक समय लग सकता है। दूसरे, भागीदारों के पास एक अच्छी लिखित ज्ञान की आवश्यकता होती है क्योंकि तकनीक का इस्तेमाल लिखित संदर्भ में होता है। अंत में, भागीदारों को काफी उत्प्रेरित होना चाहिए क्योंकि प्रश्नावलियों के कई दौड़ में अन्य कोई उन्हें प्रोत्साहित करने नहीं होगा।

युगांडा के मकरीरी विश्वविद्यालय के कृषि प्रसार शिक्षा विभाग ने इस तरीका का उपयोग उन नीति के मदों की पहचान करने तथा प्राथमिकता दर्ज करने के लिए किया जिनका संबंध कृषि, पशुधन विकास एवं मत्स्य पालन मंत्रालय के महिला प्रसारकर्मियों की सेवा शर्तों से था।

महिला प्रसारकर्मियों को शामिल कर वे तीन प्रश्नावलियों के दौर का इस्तेमाल किया गया। घरेलू डाक सेवा के खस्ता हाल के कारण प्रश्नावली व्यक्तिगत रूप से पहुँचाया एवं संग्रहित किया गया।

फोकस-ग्रुप साक्षात्कार, क्रुएगर (1994) एक फोकस ग्रुप को परिभाषित करता है एक तकनीक की तरह जिसमें कुछ विशेषता प्राप्त लोगों का समूह एक उजागर रूप में गुणात्मक प्रकृति के आंकड़ों का प्रावधान करता है। प्रत्येक साक्षात्कार में एक दो घंटे के लिए एक सामान्य विषय पर 8-10 लोग बातचीत करते हैं जिसका संचालन एक मध्यस्थ एवं एक सहायक मध्यस्थ करता है। वार्तालाप को एक टेप में रिकार्ड कर लिया जाता है और फिर बाद में इसे संचारित कर गुणात्मक रूप से कई तरह से रिपोर्ट कर दिया जाता

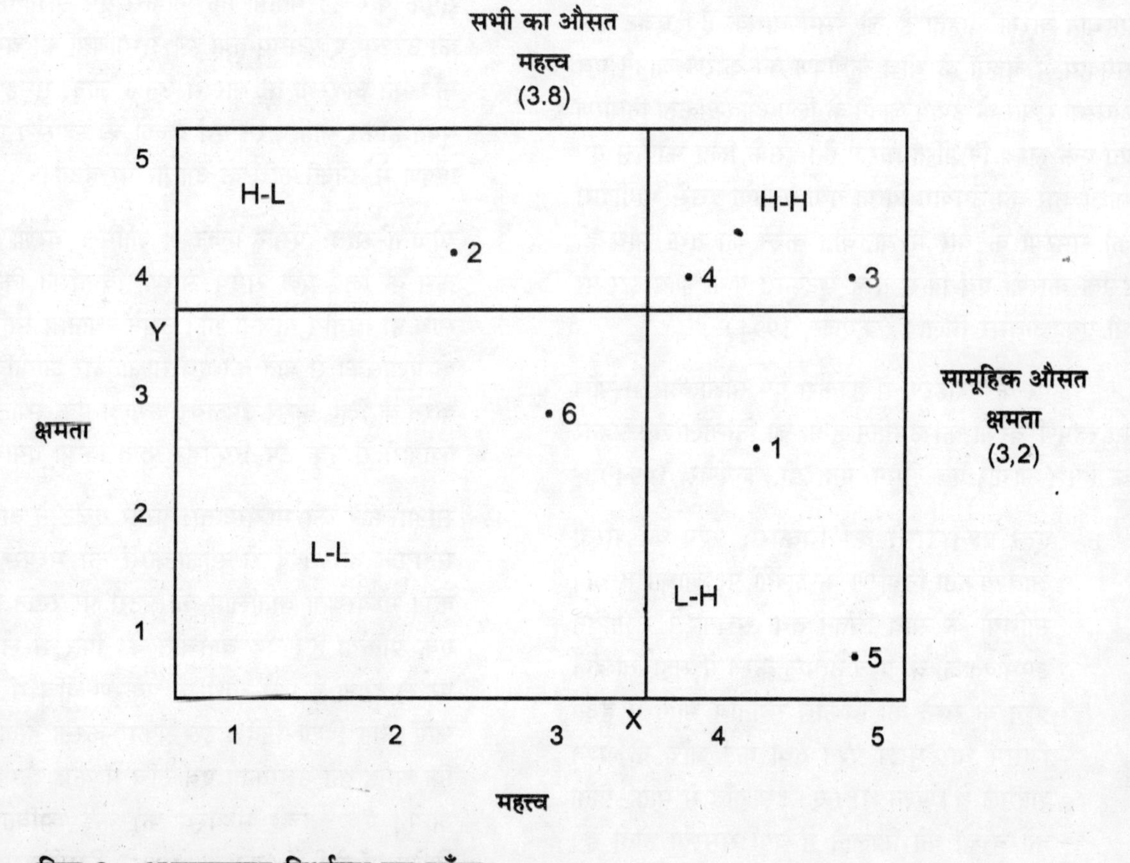


**चित्र 2 : आवश्यकता निर्धारण का साँचा।**

है। प्रयोगात्मक रूप से कई समूह-साक्षात्कार किए जाते हैं। एक साक्षात्कार के भागीदारों के बीच की प्रकृति एवं स्वरूप जानने के लिए साक्षात्कार का तथा आवश्यकता निर्धारण में लगे संपूर्ण समूह का भी रिकार्ड कर वि' लेषण किया जाता है।

आवश्यकता-निर्धारण फोकस ग्रुप तरीके से किस प्रकार किया जाए इसका एक उदाहरण नीचे दिया गया है। मान लिया जाए कि एक गृह-अर्थव्यवस्था प्रसार एजेंट की नजर कुपोषण के विस्तृत चिह्नों पर गयी (जैसे खराब स्वास्थ्य एवं बाधित विकास) 2000 घरों के एक समुदाय के ग्रामीण बच्चों के बीच समुदाय बच्चों के लिए महत्त्वपर्ण भोजन के लिए विविध प्रकार के भोज्य उत्पादित करता है जिनमें शामिल हैं मुर्गीपालन, पशुधन, फलों एवं सब्जियों का उत्पादन। समुदाय की सेवा एक जन-स्वास्थ्य सेवाओं का कार्य ठीकठाक करता है। निवासियों के लिए कई खुदे कुँए हैं पानी के लिए।

प्रसार एजेंट एक समस्या जानने के लिए आवश्यकता निर्धारण करने का निश्चय करता है तथा उन तत्त्वों की पहचान करना चाहता है जो इसमें बाधक हैं। एजेंट उस समुदाय में बच्चों के बीच कुपोषण का कारण जानने एवं अवस्था सुधार के उपाय जानने के लिए आवश्यकता निर्धारण का एक लक्ष्य निर्धारित करता है। इसके लिए फोकस ग्रुप साक्षात्कार का उपयोग किया गया क्योंकि इससे भागीदारों की समस्या के बारे में बातचीत करने का तथा साथ ही इसके कारणों एवं किस तरह छुटकारा पाया जाए इस पर भी एक अवसर मिला। (क्रुएजर, 1994)

ऊपर के उदाहरण में फोकस ग्रुप साक्षात्कार में पाँच महत्त्वपूर्ण चरणों का उपयोग हुआ जो निम्नलिखित प्रकार के हैं। (आर्चार एवं लेमैन, एन. डी., क्रुएजर, 1994)

1. **एक प्रश्न रास्ते का विकास:** प्रश्न का रास्ता आवश्यकता निर्धारण के लक्ष्यों पर आधारित था। साथियों के साथ चिंतन तथा सूचना ने संभावित उपभोक्ताओं के प्रश्न उत्पन्न करने में सहायता दी। प्रश्न के रास्ते का विकास स्थानीय भाषा में हुआ जिसमें चार मुख्य प्रश्न तथा कई जाँच के प्रश्न शामिल थे। प्रश्न थे: (ए) इस गाँव में माता-पिता को बच्चों को खिलाने में क्या समस्या होती है। क्या समस्याएँ सभी परिवारों में समान हैं? (बी) यह निश्चित करने के लिए क्या किया जाय कि बच्चों को उचित पोषण प्राप्त हो? माता-पिता स्वयं क्या कर सकते हैं? क्या सभी माता-पिता इन उपायों को जुटा सकते हैं? (सी) अपने बच्चों को स्वस्थ रखने में इस गाँव के माता-पिता को क्या समस्याएं होती हैं? (डी) अपने बच्चों के स्वास्थ्य सुधार के लिए माता-पिता क्या कर सकते हैं? क्या इसमें सरकार की कोई भूमिका है?

2. **भागीदारों की बहाली:** प्रसार एजेंट ने एक सहायक एजेंट की सहायता ली। साक्षात्कार आयोजित हुआ प्रतिनिधि आंकड़े की प्राप्ति सुनिश्चित करने एवं भागीदारों के यात्रा खर्च को कम से कम करने में सहायता के लिए। प्रत्येक साक्षात्कार के लिए 8 भागीदारों की नियुक्ति हुई, महिलाओं के समूह, स्थानीय राजनीतिज्ञों, स्कूल-शिक्षकों, धार्मिक लोगों, स्वास्थ्य सेवकों तथा माता-पिता का प्रतिनिधित्व करने। प्रसार एजेंट ने संभावित अभ्यर्थियों से स्वयं संपर्क कर यह बताया कि फोकस ग्रुप साक्षात्कार का उद्देश्य एवं समय क्या है। अभ्यर्थियों का चयन गाँव की अवस्था के बारे में उनके ज्ञान, समूह में मुक्त होकर बात करने एवं बच्चों के स्वास्थ्य एवं पोषण में उनकी रुचि के आधार पर हुआ।

3. **योजना-स्रोत:** प्रसार एजेंट ने शामिल चरणों के क्रम के लिए एक समय-सारणी विकसित किया साथ ही वित्तीय योजना भी। उसने स्थानीय स्कूलों के प्रशासकों से बातें की एवं साक्षात्कार आयोजित करने के लिए कमरे उपलब्ध कराए। एक स्थानीय व्यापारी से एक टेप-रिकार्डर प्राप्त किया गया।

4. **साक्षात्कार की मध्यस्थता:** प्रसार एजेंट ने अपने सहायक की मदद से साक्षात्कारों की मध्यस्थता की। मध्यस्थता वार्तालाप को पटरी पर रखने की एक प्रक्रिया है। यह बातचीत को फिर से लक्ष्य पर ले आना है जब व्यर्थ के प्रकरण बीच में आ जाएँ। यह दिशा-निर्देश इस प्रकार करना होता है कि समूह की उत्सुकता एवं रुचि में कोई कमी न आये। एक अच्छे मध्यस्थ की कई व्यक्तिगत विशेषताएँ होती हैं (क्रुएजर, 1994) जिसमें शामिल

रहते हैं समूह-प्रक्रिया से गहरा परिचय जो या तो पहले के कार्यस्थल के अनुभव या समूह-संपर्क में प्रशिक्षण से हो सकता है। (बी) सीखने की अच्छी कुशलता, (सी) वार्तालाप-प्रकरण के बारे में यथेष्ट ज्ञान की पृष्ठभूमि, (डी) सही विकसित लिखित एवं मौखिक कुशलता एवं (ई) मनोरंजक स्वभाव।

5. **आंकड़ा विश्लेषण एवं रिपोर्ट:** आंकड़ों के विश्लेषण एवं रिपोर्ट के बाद में अर्थसूचक सारांश फोरमेट का पालन करना जहाँ आंकड़ों को केवल पेश ही नहीं किया जाता बल्कि इनका विश्लेषण भी किया जाता है। (क्रुएजर 1994) साक्षात्कार समाप्त होने के बाद तत्काल विस्तृत विश्लेषण आरंभ होता है। साक्षात्कार का टेप चालू कर अगले दिन इसका सारांश अंकित कर लिया जाता है। प्रत्येक साक्षात्कार सारांश में मुख्य घटनाएँ, कड़े वक्तव्यों तथा बार-बार दिए उत्तरों को प्रश्न, कोड एवं समूह द्वारा वर्गीकृत कर दिया जाता है। उत्तर में निहित सामान्य विचारों की पहचान करने में कोड तथा समूह सहायक होते हैं। (क्रुएजर, 1994 माईल्स तथा ह्यूबरमैन, 1994)। इसके बाद पहचाने विचारों की साक्षात्कार से तुलना की जाती है एक के बाद एक प्रश्न संपूर्ण समुदाय के लिए सम सामान्य दृष्टि विकसित करने के लिए। अंत में, विशिष्ट समापन वक्तव्य जारी किए जाते हैं जो आवश्यकता निर्धारण के दो उद्देश्यों से संबंधित हों। उस क्षेत्र एवं समुदाय में बच्चों के स्वास्थ्य एवं पोषण में सुधार के लिए उपायों की संस्तुति की गयी जो प्रसार या अन्य संगठन कर सकते हों।

क्रुएजर (1994) ने विस्तृत मार्गदर्शन का उदाहरण बताया है फोकस-ग्रूप साक्षात्कार के लिए जो विकसित देशों में खासकर अमरीका में किया गया। इस ग्रुप साक्षात्कार का विकासशील देशों में उपयोग की बड़ी उपयोगिता है।

**नाममात्र का समूह:** यह तरीका संभव प्रकरणों के सृजन एवं आवश्यकता-निर्धारण की प्राथमिकताएँ तय करने में इस्तेमाल किया जा सकता है यद्यपि आंकड़ों का सृजन समूह स्थापनान्तर्गत होता है। मौखिक संचार कम से कम रहता है। उदाहरण के लिए एक किसान संगठन का चेयरमैन ने अपने प्रसार एजेंटों को नियंत्रित किया कि वे आगामी वर्ष के लिए कार्यकलाप तय करने के लिए चयनित सदस्यों की एक बैठक का आयोजन करें। यह जानकर कि किसान देशी भाषा पढ़ और लिख सकते हैं प्रसार एजेंट ने सुझाव दिया कि नाम मात्रात्मक समूह तरीकों का उपयोग संघ की आवश्यकताओं के निर्धारण के लिए किया जा सकता है। प्रसार एजेंट ने निम्नलिखित छः चरणों का इस्तेमाल नाम के समूह प्रक्रिया के लिए किया :

1. **प्रश्न या समस्या बताना:** यह समूह-सेशन से पहले हुआ जिसमें भागीदारों द्वारा प्रश्न समस्या प्रस्तुत करने को स्पष्टतः पेश किया गया। प्रश्न था आगामी वर्ष संघ को क्या करना चाहिए?

2. **विचारों का सृजन:** भागीदारों को आमने-सामने एक टेबुल पर बिठा दिया गया तथा कुछ मिनट तक चुप रहकर अपने विचारों को एक कागज पर लिख लेने को कहा गया। इस चुप्पी में भागीदारों को निर्बाध विचारों का सृजन करने दिया गया तथा आक्रामक निर्बाध विचारों की प्रधानता नहीं रहने दी गई।

3. **विचारों की उपस्थिति:** अपने विचारों को लिख लेने के बाद प्रत्येक सदस्य ने अपनी सूची से एक विचार प्रस्तुत किया गोलरोबिन की तरह। सभापति ने लिखने वाले का कार्य निभाया तथा भागीदारों के सामने ही एक हल्के चार्ट पर विचार लिख लिया। सभापति ने संक्षिप्त रूप में विचारों को सूचीबद्ध किया बिना कोई शब्द बदले या विचारों पर विचार किए। सूचीबद्धता तब तक जारी रही जब तक सभी भागीदारों ने अपना विचार प्रकट नहीं कर लिया। सुझाव के विचार में शामिल थे, एक खेती मेला का आयोजन, एक कृषि-यात्रा का आयोजन, संघ के लिए एक कार्यालय की प्राप्ति, सदस्यता में वृद्धि तथा पड़ोस के शहर में एक किसान-बाजार का आरंभ।

4. **विचारों का स्पष्टीकरण:** सूचीबद्ध किसी भी विचार में स्पष्टीकरण मांगने के लिए किसानों को प्रोत्साहित किया गया। प्रत्येक मुद्दे पर सहमति या असहमति के तर्क पेश करने की छूट दी गयी। बहस को निरुत्साहित किया गया। इस कदम से यह सुनिश्चित हुआ कि सूचीबद्ध विचारों को स्पष्ट

कर दिया गया उच्च स्थिति या आक्रामक सदस्य की प्रक्रिया में प्रधानता के बिना।

5. **प्राथमिकताओं का क्रम:** इस समय किसानों से कहा गया कि वे सर्वाधिक महत्त्वपूर्ण विचारों में से तीन का चयन करें सूची से तथा उन्हें प्राथमिकता के क्रम में रखें। एक छोटे कार्ड पर प्राथमिकता दर्ज की गयी जिसे संग्रह कर मिला दिया गया जिससे गुमनामी बनी रहे। मतों को मिलाया गया तथा नतीजे का एक पतले चार्ट पर समूह के समाने ही खुलासा किया गया। तीन सर्वोच्च प्राथमिकता के मत थे; पड़ोसी शहर में एक किसान बाजार का आरंभ करना, एक कृषि टूर या यात्रा का आयोजन एवं संघ की सदस्यता बढ़ाना।

6. **वार्तालाप एवं वोट देना:** अंतिम चरण में किसानों ने वोट पर बातचीत किया, अतिरिक्त स्पष्टीकरण दिए तथा अपनी सहमति या असहमति जता दी। इस बातचीत के बाद किसानों ने तय किया कि वे केवल किसान बाजार की शुरुआत करेंगे तथा अपनी सदस्यता बढ़ाएंगे।

डेलबेक (1975) नाममात्र के समूह तकनीक का मूल स्रोत है। अमरीका में मिलर एवं हस्टेड (1987) ने समुदाय की आवश्यकता निर्धारण के लिए नाममात्र के समूह तरीके के इस्तेमाल के कुछ मार्गदर्शक पेश किया। विकासशील देशों में इसका उपयोग नहीं हो सका क्योंकि डेल्फी की तरह इसे भी वहीं इस्तेमाल किया जा सकता है जहाँ के भागीदर ने लिखित कुशलता हासिल कर लिया है।

**औपचारिक समूह तरीका:** इस श्रेणी में समूह बैठकों तथा सामाजिक भीड़ से सूचना प्राप्त करना होता है। बैठकों में भागीदारों के लिए आम बात है कि वे अपने परिवारों समुदाय या संगठनों की समस्याएँ एवं मसलों पर बातचीत करें तब भी जब वे एजेंडा के भाग नहीं थे। इस तरह की बातचीत से संगठन की समस्याओं या शामिल व्यक्तियों की समस्याओं तक पहुँचा जा सकता है तथा यह भी कि इनके निदान के लिए क्या किया जा सकता है। चाय-काफी के समय भी एक संगठन के सदस्यों को मौका देता है अपनी महत्त्वपूर्ण समस्याओं संगठन तथा दूरस्थ समुदाय के बारे में वार्तालाप का। इन क्षणिक समय में सदस्यों के बीच हो रही बातचीत को सुनने एवं समझने से ही संगठन की आवश्यकताओं या समस्याओं की जानकारी हो जाती है।

मनोरंजक, सांस्कृतिक एवं धार्मिक घटनाओं पर सामाजिक जनसमूह भी सूचना प्राप्त करने का अवसर प्रदान करते हैं। मूल्यवान सूचनाओं की प्राप्ति सक्रिय रूप से सुनने से हो सकती है एवं वार्तालाप में सुने गये मसलों पर स्पष्टता के लिए चयनित लोगों की राय जानकार भी।

### अनुपूरक स्रोत

वोस, टोर्डेला एवं ब्राउन (1987) ने अनुपूरक आंकड़ों की परिभाषा इस प्रकार की है, "संग्रहित सूचनाओं का उद्देश्य तत्काल या प्रथम उपयोगिता को छोड़कर है।" (पेज-156) अनुपूरक आंकड़ा स्रोतों में शामिल है जनगणना रिपोर्ट, पूर्व अध्ययन, एवं प्रशासनिक रिकार्ड एवं रिपोर्ट। प्रसारकर्मी शायद ही इन आंकड़ों को करते हों संभवतः इसलिए कि उनका अभ्यर्थन सीधा नहीं होता। (सोफरों को एवं खान, 1988)

**जनगणना रिपोर्ट:** ये आंकड़े जनसंख्या, आवास, कृषि शिक्षा, स्वास्थ्य एवं श्रम जैसे महत्त्वपूर्ण क्षेत्रों के लिए कुल राष्ट्रीय एवं सामुदायिक सांख्यिकी का प्रावधान करते हैं। अगर ये हाल के हों तो इन आकंड़ों का इस्तेमाल समुदाय में चिंता के सामान्य क्षेत्रों की पहचान के लिए किया जा सकता है तथा आवश्यकताओं के निर्धारण में एक अच्छा आरंभ किया जा सकता है। उदाहरण के लिए पशुधन, मुर्गियों तथा मछलियों की कम, उपलब्धता से समुदाय के सदस्यों के भोजन में उच्च प्रोटीन तत्त्व की कमी का भाग हो सकता है। इसका नतीजा खराब स्वास्थ्य में हो सकता है खासकर बच्चों के बीच।

**पूर्व अध्ययन:** इनमें समूहों एवं व्यक्तियों दोनों के द्वारा किये अध्ययन शामिल हैं। यद्यपि वे मसले जिन पर अध्ययन किया गया ठीक आवश्यकता निर्धारित जैसे नहीं हो सकते हैं, पर हमेशा इसकी संभावना बनी रहती है कि अन्य विकास एजेंसी समान प्रकार की समस्याओं के लिये संलग्न हैं या किये गये हैं। आवश्यकता निर्धारण में स्थानीय पुस्तकालयों या अभिलेखागारों में खोज करना प्रथम कदम है। पूर्व अध्ययन की खोज में मात्र स्कूल पर ही सीमित न रहें। पढ़ाई की सामग्री के लिये अपरंपरागत स्रोत को भी न

भूलें जैसे सरकारी विभाग, गैर सरकारी संगठन तथा अन्य स्थानीय विकास एजेंसियाँ। विकासशील देशों में स्थानीय दानकर्ता एजेंसियों के पास मूल्यवान अध्ययनों के स्रोत तथा भूत और वर्तमान योजनाओं के रिपोर्ट होते हैं (जैसे विश्व बैंक, संयुक्त राष्ट्र खाद्य एवं कृषि संगठन संयुक्त राष्ट्र के विकास का कार्यक्रम, अंतर्राष्ट्रीय विकास के लिए अमरीकी एजेंसी तथा ब्रिटिश काउंसिल)। ऐसे रिपोर्ट समस्याओं एवं संभावनाओं के लिए विशेषज्ञ मत का प्रावधान करते हैं जिस प्रकार आवश्यकता निर्धारण आधारित हो सकते हैं।

**प्रशासनिक रिकार्ड एवं रिपोर्ट:** सरकारी एवं गैर सरकारी दोनों संगठन अपने कार्यकलापों का रिकार्ड रखते हैं। अधिकांश संगठन अपने कार्यों को त्रैमासिक या वार्षिक रूप से प्रकाशित करते हैं। अगर प्राप्य हों तो संगत सांगठनिक रिकार्ड एवं रिपोर्ट को आवश्यकता निर्धारण आंकड़े प्राप्त करने के एक स्रोत के रूप में देखा जा सकता है।

**द्रुत ग्रामीण निरूपण:** यह उन आंकड़ा संग्रह के तरीकों के इस्तेमाल बताता है जो स्थानीय समुदाय की समस्याओं के तेजी से विकास की व्यवहारिक सूचनाओं को संग्रह करता है (फ्रियडने बर्गर, 1994) इसमें शामिल हो सकते हैं मुख्य सूचनाकर्त्ता से साक्षात्कार करना, अनुपूरक आकंड़े के स्रोत पर पुनर्विचार, कार्यक्रमों का नक्शा तथा अर्ध-निर्मित साक्षात्कारों का आयोजन समूह एवं व्यक्तियों के साथ। द्रुत ग्रामीण निर्धारत तथा भागीदारी ग्रामीण निर्धारण दोनों (आरआरएएवं पीआरए) के विस्तृत विवरण के लिए अध्याय 6 देखें।

## प्रक्रियाएँ

इस प्रभाग में आवश्यकता निर्भारण के तय करने की सहायता के लिए कुछ मार्गदर्शन बताया गया है। प्रसार कर्मचारियों को सृजनात्मक, सक्षम एवं प्रभावी रूप से अपने प्रयासों को लाने के लिए प्रोत्साहित करना चाहिए। निम्नलिखित मार्गदर्शन पर विचार करें:

1. आवश्यकता निर्धारण करने के लिए उद्देश्य का निर्धारण करें। इन उद्देश्यों में शामिल हैं अनुक्रियात्मक कार्यक्रमों का विकास करना, कार्यक्रमों के प्रति जागरुकता बढ़ाना, मान्य मतों को संतुष्ट करना, उन्नत कार्यक्रम निर्णयों में सहायता देना तथा नागरिक भागीदारी एवं कार्यों को बढ़ाना।

2. आवश्यकता निर्धारण के लिए लक्ष्यों एवं उद्देश्यों को परिभाषित करें। बतायें कि आप क्या पता करना चाहते हैं तथा किससे? लक्ष्यों एवं उद्देश्यों के निर्माण में लक्ष्य ग्राहकों को किस प्रकार शामिल किया गया है (विभिन्न स्रोत स्तरों के किसान लिंग एवं नस्लभेद सहित)।

3. सूचना संग्रह में इस्तेमाल होने वाले विचारों का चयन करें। समर्स (1987) ने चार विचारों का सुझाव दिया है। (ए) जनता को शामिल करने का कारण, (बी) संग्रहित सूचनाओं पर होने वाले निर्णय, (सी) प्रतिनिधि सूचनाओं के सृजन की आवश्यकता एवं (डी) शामिल मूल्य। तय करें कि क्या आवश्यक सूचनाएँ मौजूद हैं, क्या आंकड़े संग्रह के प्रयास की आवश्यकता है या एक सम्मिलित विचारों की आवश्यकता है?

4. प्रक्रियाओं के उपकरणों को बतायें। जब आप आवश्यकता निर्धारण के उपकरणों की रूपरेखा तय करें, तो प्रक्रिया को साधारण रखना सर्वोत्तम है। बड़े एवं दुरुह उपकरण अनुक्रियाओं को निरुत्साहित करते हैं। इसके अतिरिक्त, छोटे या कम उपकरण उत्पादन, आबंटन, संग्रह एवं विश्लेषण करने में कम खर्चीले होते हैं। एक बार जब उपकरण का प्रारूप तैयार हो जाए इसे उद्देश्यों, लक्ष्यों एवं मूल भावनाओं के आधार पर जाँच लेना चाहिए यह निश्चित करने की वही सूचनाएँ शामिल की गयी हैं जो अनविार्य हैं।

5. आवश्यकताओं के निर्धारण के लिए अनुमानित समय रेखा एवं बजट तैयार कर लें। आवश्यकताओं के निर्धारण के लिए उपयोग होने वाले उपकरणों के सर्वाधिक प्रमुख तत्त्व हैं उपलब्ध स्रोतों की राशि। यह खासकर महत्त्वपूर्ण है विकासशील देशों में जहाँ स्रोत अधिक सीमित हैं। यद्यपि यह महत्त्वपूर्ण है फिर भी खराब आवश्यकता निर्धारण के लिए बजट की सीमा का इस्तेमाल नहीं करना चाहिए।

6. उपकरण एवं प्रक्रिया के लिए एक मार्गदर्शन जाँच का सहारा लें। सूचना एकत्र करने में विभिन्न स्रोत स्तरों के किसानों, महिलाओं (लिंगों) एवं नस्लों को विशेष प्रश्रय देना चाहिए। लक्ष्य ग्राहकों के

छोटे समूह में एक मार्गदर्शक जाँच से कई त्रुटियों की पहचान कर उनसे मुक्ति प्राप्त हो सकती है।

7. सूचनाएँ एकत्र करें। एक आवश्यकता का भाव जाग्रत करने एवं आवश्यकता निर्धारण लक्ष्य प्राप्ति के लिए संग्रह-समय को सीमित करें।

8. सूचनाओं एवं आंकड़ों का विश्लेषण करें। अगर अनुक्रियाएँ अधिक हो जाएँ तो इनके विश्लेषण के लिए एक कम्प्यूटर का उपयोग करें। गुणात्मक आंकड़ों के विश्लेषण के लिए सॉफ्टवेयर पैकेज भी उपलब्ध हैं।

9. निष्कर्षों का एक रिपोर्ट तैयार करें। इसे उपभोक्ता के लिए सहज बनाये रखने का प्रयास करें। एक लंबे प्रपत्र बनाने के लिए मन नहीं बनायें। संभवतः यह और अच्छा है कि रिपोर्ट को कई भागों में बांटकर विशिष्ट स्रोताओं के लिए तैयार किया जाए। महत्त्वपूर्ण बिंदुओं के संचार के लिये सफेदस्थल, एवं अंकों का सहारा ले। श्रव्य-दृश्य रिपोर्टों को विकसित करने पर भी विचार करें। वीडियो टेप, पारदर्शक तत्त्वों तथा स्लाईड्स आदि संप्रेषण फल में प्रभावी हो सकते हैं।

10. अपने प्रयासों का मूल्यांकन करें। आवश्यकता निर्धारण पूरा हो जाने के बाद इसकी अच्छाईयों एवं उपयोगिता पर फैसला करें कि किसका कार्य अच्छा है? कौन-सी समस्याएँ आयीं? इसे और किस प्रकार अच्छी तरह किया जा सकता है? एक बार मूल्यांकन पूरा हो जाए, इसे दूसरों के साथ बांटे जिनकी रुचि आवश्यकता निर्धारण में हो। यह दूसरों को अवसर प्रदान करेगा यह सीखने के लिए कि क्या कुछ किया गया है।

11. आवश्यकता निर्धारण की सूचनाओं का इस्तेमाल करें। इसके लिए निम्नलिखित सुझाव दिये जाते हैं : (ए) उपभोक्ताओं के विचार से जो महत्त्वपूर्ण हों, उन मसलों को लेना चाहिए, (बी) सूचनाएँ निश्चित रूप से उपयुक्त क्रियाशील उपभोक्ताओं तक पहुँचना चाहिए, (सी) समूह को अधिकार प्राप्ति का बोध होना चाहिए अपने कार्यक्रमों में सुधार लाने का एवं (डी) सूचनाओं की उपलब्धता समय पर एवं समझने योग्य रूप में होना चाहिए।

## संदर्भ


आर्चर, टी. एवं लेमैन, जे. (एम.डी.) फोक्स ग्रुप इन्टरव्यू, *मूल्यांकन मार्गदर्शन पेज,* कोलम्बस : दी आहियो सहकारी प्रसार सेवा, आहियो राज्य यूनिवर्सिटी।

कैफरेला, आर.एस.(1982) आइडेन्टीफाईंग क्लायंट निड्स। *जॉनल ऑफ एक्सटेंशन.* 20 (जुलाई-अगस्त) 5-11.

डैल्बेक, ए. (1975) *ग्रुप टेकनिक फोर प्रोग्राम प्लानिंग ए गाईड टू नामिनल ग्रुप टेकनिक एंड डेल्फी प्रोसेस,* ग्लेनव्यू, आईएलः स्कॉट फार्समैन।

दिलमैन, डी.ए. (1978) *मेल एंड टेलीफोन सर्वेजः दी टोटल डिजायन मेथड*। न्यूयार्क; जॉन विले एंड संस।

फ्रायडेनबर्जर, के.एस. (1994) *ट्री एंड लैंड टेन्योरः रेपीड एप्रजल टूल्स,* रोम, फाओ।

हेजज, एल.ई. एवं रावल्स, डब्ल्यू. (1988) *दी स्टेटस ऑफ एग्रीकल्चरल एडुकेशन एंड एक्सटेंशन इन युगांडा एंड दी एस्टाबलिसमेंट ऑफ एन एग्रीकल्चरल एडुकेशन एंड एक्टेंशन डिपार्टमेंट एटमेक्रेरे यूनिवर्सिटी, फैक्लटी ऑफ एग्रीकल्चर एंड फोरेस्ट्री*। कंपाला, युगांडाः मरकीरी यूनिवर्सिटी, फैकल्टी ऑफ एग्रीकल्चर एंड फॉररेस्ट्री।

हेर्षकोविज, एम. (1973) ए रिजनल ईटीवी नेटवर्कः कम्युनिटी नीड्स एंड सिस्टम स्ट्रक्चर। *रिपोर्ट फॉर रिजनल एडुकेशन सर्विस एजेंसी ऑफ एप्लाचियन मेरीलैंड,* सिल्वर स्प्रींग, एम डीः आयरेगन्ससरिसर्च इन्श्योरेंस।

कौफमेन, आर.ए. (1982) *आडेन्टीफाईंग एंड सोल्वींग प्रोब्लेमस ए सिस्टम्स एप्रोच* (थर्ड एडी.) सैनडियागो, सीएः यूनिवर्सिटी एसोसियेट्स।

क्रूएजर, आर.ए. (1994) *फोकस ग्रूपसः ए प्रेक्टीकल गाईड फॉर एप्लायड रिसर्च* (2 संस्क.) थाउजेंड ओक्स, सीए. सेज पब्लिकेशंस।

मालौफ, डब्ल्यू. डी. एंड कोंटेडो, टी. ई. (1983) बेसिक एंड इनसर्विस ट्रेनिंग फौर एग्रीकल्चरल एक्सटेंशन। *ट्रेनिंग फॉर एग्रीकल्चरल एंड रुरल डेवेलपमेंट* 31, 39-47.

माईल्स, एम. बी. एंड ह्यूबरमैन, एम. ए.(1994) *क्वालिटेटिव डाटा एनालासिसः एन एक्सपेंडेड सोर्सबुक*। थाउजेंउ ओक्स सीएः सेज पब्लिकेशंस।

मिलर, एस. सी. एंड हस्टेडे, आर. जे. (1987) ग्रुप एप्रोचेज इन वी.ई. जोनसन, एल. आर. मिलर, एल. सी. मिलर एंड जी. एफ. सर्मस (संपा.), *नीड्स एसेसमेंटः थ्योरी एंड मेथड्स* (पे. 91-125) एम्स, आईए : लोवा स्टेट यूनिवर्सिटी प्रेस।

सोफरेको, ए.ए., एंड खान, ए. (1988) इट इज नोट वैट सिंपुल, इंप्रुविंग नीड्स एसेसमेंट, *जरनल ऑफ एक्सटेंशन* 26(विंटर) 14-16.

स्टीवेंस, एच. (1980) प्रोब्लेम्स ऑफ एग्रीकल्चरल एक्सटेंशन इन अफ्रीका। *ट्रेनिंग फॉर एग्रीकल्चर एंड रूरल डेवेलपमेंट,* 21, 23-37.

समर्स, जी. एफ. (1987) डेमोक्रेटीक गर्वनेंस। इन डी. ई. जोनसन एल.आर. मिलर, एल.सी मिलर एंड जी.एफ. समेर्स (संपा.), *नीड्स एसेसमेंट : थ्योरी एंड मैथड्स* (पे. 3.19) एम्स, आईए: आईवा स्टेट यूनिवर्सिटी प्रेस।

वौस. पी. आर. टोरडेला, एस. जे एंड ब्राउन, डी. एल.(1987) रोल ऑफ सेकण्डरी डाटा। इन डी. ई. जोनसन, एल.आर. मिलर, एल.सी. मिलर एंड जी. एफ समर्स (संपा.) *नीड्स एसेसमेंट: थ्योरी एंड मेथड्स* (पे. 156-170) एम्स आईए: आईवा स्टेट यूनिवर्सिटी प्रेस।

जांगविल, बी. (1977, मई) *ए कमपेंडियम ऑफ लाउज एंड रेगुलेशंस टिक्वायरिंग नीड्स एसेसमेंट,* वाशिंगटन, डीसी; ऑफिस ऑफ दी एसिस्टेंट सेक्रेटरी ऑफ प्लानिंग एंड एवेल्युएशन, यू. एस. डिपार्टमेंट ऑफ हेल्थ, एजुकेशन एंड वेलफेयर।

# अध्याय-6
# द्रुत या भागीदारी ग्रामीण स्तरीकरण का उपयोग

जुल्स एन. प्रेटी एवं सिंलीस डी. वोडोहे

## सीखने के परंपरागत तरीके

सभी प्रकार के कृषि संस्थानों ने ग्रामीण लोगों एवं स्रोतों की सूचनाओं को एकत्र करने के लिये प्रश्नावली सर्वेक्षणों तथा द्रुत ग्रामीण दौरे पर भरोसा किया है। बड़ी आबादी से चयनित व्यक्तियों को एक ही प्रकार के प्रश्न दिये जाते हैं तथा यह मान लिया जाता है कि साक्षात्कार प्रक्रिया पर कोई प्रभाव नहीं डालते। कई सूचनाकर्त्ताओं का चयन कर उनसे सभी अंतरों का हिसाब रखने को कहा जाता है तथा इससे निकले आंकड़ों का विश्लेषण किया जाता है। ऐसे सर्वेक्षण प्रायः सभी स्तरों पर किये जाते हैं बड़े पैमाने की जनगणना से लेकर छोटे पैमाने, ग्रामस्तरीय अनुसंधान तक, सरकारी एवं गैर-सरकारी संगठनों द्वारा एवं योजना, अनुसंधान एवं प्रसार के लिये भी।

परंतु प्रश्नावली सर्वेक्षणों में समस्याएँ आती हैं। प्रश्नावली बनाने वाले को प्रश्नों का निर्धारण पहले ही करना होता है। फिर भी वे जो यह प्रश्न तैयार करते हैं, यह नहीं जानते कि स्थानीय लोगों के लिये कौन-से मसले महत्त्वपूर्ण हैं। इसलिये वे प्रश्नों की संख्या बढ़ा देते हैं ताकि संगत मसले शामिल हो जायें। इस कारण कई मामलों में प्रश्न का बहुत लंबा रूप सामने आता है जिसमें सैकड़ों प्रश्न होते हैं, जिन्हें हल करने के लिये कई घंटों की आवश्यकता होती है। साक्षात्कारी प्रक्रियाओं पर शायद ही कभी ध्यान दिया जाता हो। एक गठित सर्वेक्षण में जानने के कई प्रासांगिक आधारों को क्रमबद्ध रूप से हटा दिया या छोड़ दिया जाता है और इसके साथ ही प्रायः कम प्रशिक्षित परीक्षक भी प्रक्रियाओं को प्रभावित करते हैं उत्तरों के साथ छेड़छाड़ कर। इस तरीके के कई आलोचनाओं के बावजूद, घरेलू व्यय सर्वेक्षण या कृषि के नमूने की गणना के सर्वेक्षण जैसे कार्यकारी- सर्वेक्षण काफी सर्वप्रिय रहे हैं। वर्णपट के दूसरे सिरे पर विकास पेशेवरों द्वारा संक्षिप्त क्षेत्र हैं। पर ऐसे "ग्रामीण विकास पर्यटन" झुकाव या पक्षपात से भरे पड़े हैं जो पेशेवरों को मार्ग से भटकाकर यह विश्वास दिलाने लगते हैं कि उन्होंने ग्रामीण जीवन का सही दृश्य देखा है। चैम्बर्स (1983) ने इस पक्षपातों को चार प्रमुख भागों में बाँटा है जो हैं स्थलीय झुकाव, जिसमें अच्छी स्थिति के लोगों तक पहुँचा जाता है जो सड़क किनारे या सेवाओं के निकट रहते हों उन तक नहीं जो दूर रहते हैं और इस प्रकार अधिक गरीबों को छोड़ दिया जाता है। इसके बाद है समय का पक्षपात जिसमें दौरे उस मौसम में होते हैं जब सड़कें खुली हों या फिर दिन के समय जब लोग खेतों में व्यस्त होते हैं। फिर है लोगों का पक्षपात इसमें पेशेवर केवल ग्रामीण नेताओं से बातें करते हैं तथा उन लोगों से जुड़ते हैं जो कुलीनों प्रभावशालियों एवं धनी समूहों का दल होता है। अंत में है योजना पक्षपात, जिसमें बाहरी व्यक्तियों को बारंबार नाम के काम का तकनीक दिखाया जाता है। जिन्हें यह मान होता है कि यही सभी प्रयासों का प्रयोगात्मक रूप है।

इन सभी का अर्थ यह होता है कि संस्थानों को विश्वास होने लगता है कि यह चयनित सूचना ही विस्तृत दृश्य का प्रतिनिधि है। पेशेवरों को अपने कार्य के बारे में झूठे पक्षपातपूर्ण भाव के प्रभाव का ज्ञान होने लगता है और इसलिये वे स्वयं भी परिवर्तन पर पहल करने या प्रोत्साहन देने का कोई कारण नहीं मानते। परंपरागत तरीकों के इस त्रुटि के कारण ही हाल के वर्षों में विकास कर्मियों ने विकास की तलाश शुरू कर दी है ताकि ऐसी कुछ समस्याओं को दूर किया जा सके।

## सीखने की वैकल्पिक पद्धति एवं कार्य

परंपरागत विचारों की इस कमी के कारण भागीदारी के तरीकों एवं विचारों में हाल में द्रुत विस्तार हुआ है। ये आंकड़ा संग्रह तरीकों के विकास से यह प्रारंभ हुआ जिसे द्रुत ग्रामीण स्तरीकरण माना जाने लगा। सन् 1980 के दशक के बाद के भाग में इन बढ़ते अनुभवों को बल मिला दीर्घ काल से स्थापित परंपराओं को लाने से, जिसने भागीदारी, कार्य अनुसंधान तथा वयस्क शिक्षा को आगे ला खड़ा किया ताकि लोग आकर्षित हों। विकास कार्यक्रम के विस्तारित संस्था के लिये ऐसे विचार स्तरीय तरीकों से एक महत्त्वपूर्ण प्रस्थान का प्रतिनिधित्व करते हैं। परिवर्तन के कुछ तत्त्व उल्लेखनीय हैं। कई सरकारी एवं गैर-सरकारी संस्थानों में निष्कर्षित अनुसंधानों को स्थानीय लोगों द्वारा स्वयं की जाँच एवं विश्लेषण पीछे छोड़ दे रहा है। तरीकों का उपयोग स्थानीय व्यक्तियों द्वारा केवल बाहरी लोगों को सूचना देने में नहीं होता वरन् लोगों द्वारा अपनी समस्याओं का विश्लेषण भी किया जाता है। (चैंम्बर्स, 1992बी, 1992सी, प्रेटी एंड चैंबर्स, 1993, प्रेटी, 1995)।

कई लोगों की परस्पर क्रियात्मक संलग्नता, भिन्न संस्थागत प्रसंगों में, ने खोज एवं स्वामित्व को बढ़ावा दिया है जिसमें बहुत अंतर आते हैं जिसे सीखने की पद्धति ने एक साथ रखा है। कई विभिन्न प्रकरण हैं (बॉक्स 1) परंतु उनका निम्नलिखित महत्त्वपूर्ण सामान्य सिद्धांत है (प्रेटी, 1994):

## एक परिभाषित तरीका एवं क्रमबद्ध सीख-प्रक्रिया

जोर सभी भागीदारों द्वारा संचित सीख पर है तथा इन विचारों की प्रवृति, सीख एवं परस्पर क्रिया की होने कारण, इनका इस्तेमाल भागीदारी में होना है।

## बहुसंख्यक परिप्रेक्ष्य

केन्द्रीय लक्ष्य विविधता लाना है औसत मूल्य में दुरूहता की विशिष्टताओं को बताना नहीं। अनुमान यह है कि विभिन्न व्यक्ति एवं समूह अवस्थाओं का विभिन्न मूल्यांकन करते हैं, जो विभिन्न कार्यों तक ले जाते हैं। कार्यों एवं उद्देश्यों के सभी विचार के भारी अर्थ होते हैं, पक्षपात एवं पूर्वाग्रह तथा यह बताता है कि एक वास्तविक सांसारिक कार्य के बहुसंख्यक वर्णन संभव है।

**समूह-सीख प्रक्रियाएँ:** सभी यह मानते हैं कि संसार की दुरूहताओं को समूह की जाँच एवं परस्पर क्रिया से ही जाना जा सकता है। इसमें तीन संभावित जाँचकर्त्ताओं का मिश्रण है जो हैं वे, जो विभिन्न सेवाओं से हैं, विभिन्न क्षेत्रों से हैं तथा बाहरी (पेशेवर) या आंतरिक क्षेत्र के हैं (स्थानीय लोग)।

**प्रसंग वैशेषिक:** विचारों में काफी लचीलापन है जिन्हें नये पात्रों एवं अवस्थाओं के अनुरूप एवं इस तरह बहुसंख्यक अंतर भी अपनाया जा सकता है।

**विशेषज्ञों एवं दावा करने वालों के लिये सुविधा-जनक:** तरीकों का संबंध उपस्थित कार्यकलापों का रूपांतरण होता है परिवर्तन लाने के प्रयासों से जिसे उस अवस्था में लोग सुधार मान लेते हैं। इस अवस्था में विशेषज्ञों की भूमिका सर्वोत्तम है लोगों की सहायता करने में अपने अध्ययन को आगे ले जाकर कुछ प्राप्त करने के लिये। ये सुविधा प्रदान करने वाले विशेषज्ञ स्वयं ही दाव लगाने वाले हो सकते हैं।

**कार्य को स्थायी बनाना:** सीखने की प्रक्रिया परिवर्तन पर वाद-विवाद को जन्म देता है, वाद-विवाद पात्रों के विचारों को बदल देता है तथा उन्हें कार्य के लिये तैयार कर देता है। कार्य सहमति के होते हैं तथा कार्यान्वयनानुकूल परिवर्तन इस प्रकार विभिन्न विपरीत विचारधाराओं के बीच समन्वय ले आते हैं। वाद-विवाद या विश्लेषण दोनों ही परिवर्तन लाते हैं जो सुधार ले आयेंगे तथा लोगों को पारिभाषित परिवर्तनों के कार्यान्वयन के लिये कदम उठाने की प्रेरणा देंगे। इस कार्य में शामिल है स्थानीय संस्थानों का निर्माण करना या सशक्त बनाना, और इस प्रकार लोगों की क्षमता बढ़ाकर स्वयं कार्य पर पहल कराना।

ये वैकल्पिक सीख की पद्धतियाँ एवं कार्य के लिये एक सीखने की प्रक्रिया बताते हैं। एक अधिक प्राप्य कृषि अपने सभी अनिश्चितताओं एवं दुरूहताओं के बावजूद सीखने की प्रक्रिया की निरंतरता में सभी क्षेत्रों को शामिल किये बगैर प्राप्त नहीं किया जा सकता।

## भागीदारी के विभिन्न अर्थ

हाल के वर्षों में परियोजनाओं के विश्लेषणों की बढ़ती संख्या से दिखाया है कि स्थानीय लोगों की भागीदारी सफलता का एक महत्त्वपूर्ण तत्त्व रहा है सिंचाई, पशुधन,

पानी एवं कृषिक्षेत्र सभी में। (यूएस एआडी, 1987, रीज, 1988, फिस्टरबुश्च एंड वान विकलेन, 1989, वगाडियन एंड कोरटेन, 1991, सर्निया 1991, नारायण, 1993, वर्ल्ड बैंक, 1994, प्रेटी, 1995) लोगों की भागीदारी एवं जनप्रिय भागीदारी अब कई विकास एजेंसियों के लिये सामान्य भाषा का एक भाग है (अदनान, नुरुल आलम एंड ब्रस्टीनाऊ 1992, भटनागर एंड विलियम्स, 1992)। इसमें नये खतरे आये हैं। भागीदारी शब्द का इस्तेमाल राज्य का नियंत्रण बढ़ाने को उचित ठहराने के लिये किया गया है, इसका इस्तेमाल आंकड़े एकत्र करने एवं परस्पर क्रियात्मक विश्लेषण के लिये हुआ है। स्थानीय लोगों को भोजन, नगद या वस्तुओं के बदले अपना श्रम बेचने का प्रोत्साहन देने के लिये भागीदारी केंद्रित रहा है। फिर भी वस्तुओं के मूल प्रोत्साहन ने विचारों को दूषित किया है, निर्भरताओं का सृजन किया है तथा यह भ्रांत धारणायें दी हैं कि स्थानीय लोग बाहर से संचालित पहल का समर्थन करते हैं। (रीज, 1988; बंच, 1991, केर, 1994) यह अर्थ है कि 'बहुधा ऐसा होता है कि लोगों को कहा या खींचा जाता है उन कार्यक्रमों की भागीदारी में जिसमें उनकी कोई रुचि नहीं होती, वह भी भागीदारी के नाम पर (रहनीमा, 1992)।

भागीदारी के शब्द से बहुत से अर्थों को सात स्पष्ट प्रकारों में लाया जा सकता है, जहाँ लोगों को शामिल कर लिया जाता है केवल यह कहकर कि क्या होने वाला है, स्वयं की गति के लिये, जहाँ लोग बाहरी संस्थानों से स्वतंत्र होकर पहल करें। इस प्रकार के प्रकारों से स्पष्ट होता है कि उपयुक्त योग्यता के बिना भागीदारी ग्रहण नहीं करना चाहिये। 230 ग्रामीण विकास संस्थानों के हाल के अध्ययन जहाँ 30,000 कर्मचारी नियोजित है अफ्रीका के 41 देशों में, उन्होंने पाया कि लोगों ने विभिन्न प्रकार से भागीदारी की। (गुईज्ट, 1991) भागीदारी का अर्थ संभवत: यह था कि वे बाहरी संस्थाओं को सूचनाएँ दें। अफ्रीका, एशिया एवं लेटिन अमरीका के 48 देशों में 121 ग्रामीण जलापूर्त्ति परियोजनाओं के एक अन्य अध्ययन से पता चला कि भागीदारी एक महत्त्वपूर्ण तत्त्व है जो परियोजना की प्रभावशीलता, जलपद्धति के रख-रखाव तथा आर्थिक लाभ में योगदान करता है। (नारायण 1993) यद्यपि अधिकांश परियोजनाएँ समुदाय भागीदारी से संबद्ध किये गये हैं या इसे एक परियोजना का विशिष्ट अंग बनाया गया है तब भी परस्पर क्रियात्मक भागीदारी में 21% ने ही उच्च अंक प्राप्त किये। फिर भी जब लोगों को डिजायन से लेकर रख-रखाव में परियोजना के सभी चरणों को शामिल किया गया तो सर्वोत्तम नतीजा आया। जब उन्हें केवल सूचना में भाग लेने तथा परामर्श में शामिल किया गया तब नतीजे बहुत खराब थे।

**बाक्स-1 : भागीदारी की सीख एवं कार्यकलाप की वैकल्पिक पद्धति के लिये मसलों एवं नामों का चयन।**

| | |
|---|---|
| AEA | कृषि पर्यावरणीय विश्लेषण |
| BA | लाभान्वित निर्धारण |
| DELTA | शिक्षा विकास नेतृत्व दल |
| DPR | डालयग्लास्टिको रूरल पार्टिसिपेटिवो (ग्रामीण भागीदारी की पहचान) |
| FPR | किसान भागीदारी अनुसंधान |
| GRARP | ग्रुप डे रिसर्च इट डी 'अप्पुई पुअर एल' आयेप्रोमोशन पायसाने। |
| MARP | Method Acceleree de Recherche Participative |
| PALM | भागीदारी विश्लेषण एवं सीख के तरीके |
| PAR | भागीदारी कार्य अनुसंधान |
| PRM | भगीदारी अनुसंधान तरीका |
| PRAP | भागीदारी ग्रामीण स्तरीकरण एवं योजना |
| PTD | भागीदारी तकनीक विकास |
| PUA | भागीदारी शहरी स्तरीकरण |
| PFR | वास्तविकता की योजना |
| PD | प्रक्रिया-प्रपत्रीकरण |
| RA | द्रुत स्तरीकरण |
| RAAKS | कृषिज्ञान पद्धति का द्रुत निर्धारण |
| RAP | द्रुत निर्धारण प्रक्रिया |
| RAT | द्रुत निर्धारण तकनीक |
| RCA | द्रुत पकड़ विश्लेषण |
| REA | द्रुत इथनोग्राफिक निर्धारण |
| RFSA | द्रुत खाद्य सुरक्षा निर्धारण |
| RAMA | द्रुत बहुत परिदृश्यक स्तरीकरण |
| RDA | द्रुत संगठनिक निर्धारण |
| RRA | द्रुत ग्रामीण स्तरीकरण |
| SB | सामूहिक ब्राह्मण (संयुक्त चढ़ान) |
| SSM | सामन्त पद्धति तरीका |
| TFD | विकास की नाट्यशाला |
| TFT | रूपांतरण का प्रशिक्षण |
| VIPP | भागीदारी कार्यक्रम में दृष्टि। |

इसलिये भागीदारी शब्द के इस्तेमाल एवं अर्थ करने नें बड़ी सावधानी की जरूरत है। इसकी योग्यता का संबंध

**बाक्स-2 भागीदारी की प्रकार बद्धता : लोग विकास के कार्यक्रमों एवं परियोजनाओं में कैसे भाग लेते हैं।**

| *प्रकारबद्धता* | *प्रत्येक प्रकार की विशेषताएँ* |
|---|---|
| 1. निष्क्रिय भागीदारी | जो होने वाला है या हो चुका है उसकी जानकारी पर लोग भाग लेते हैं। प्रबंधन या परियोजना प्रबंधन की यह एक तरफा घोषणा है बिना लोगों का उत्तर जानें। जिन सूचनाओं में भागीदारी है, वे बाहरी पेशेवरों के हैं। |
| 2. सूचना देने में | निष्कर्षक अनुसंधान द्वारा दिये प्रश्नों के उत्तर के लिये भागीदारी में लोग भाग लेते हैं प्रश्न सर्वेक्षणों या ऐसे ही तरीकों में। लोग कार्यवाही को प्रभावित करने का अवसर नहीं ले पाते क्योंकि अनुसंधान का निष्कर्षों की सटीकता की न तो जाँच होती है और न ही भाग लिया जाता है। |
| 3. परामर्शी भागीदारी | परामर्श देते हुए लोग भाग लेते हैं तथा बाहरी एजेंट विचारों को सुनते हैं। ये बाहरी तत्त्व समस्याओं एवं निदानों दोनों को तय करते हैं तथा लोगों की भावनानुसार इसमे सुधार कर सकते हैं। ऐसी परामर्शी प्रक्रिया का निर्णय में कोई भाग नहीं रहता है तथा पेशेवरों के लिये आवश्यक नहीं होता कि वे लोगों के विचार बोर्ड में रखें। |
| 4. वस्तु-प्रेरणा की भागीदारी | लोग स्रोतों का प्रावधान कर भाग लेते हैं यथा भोजन, नगदी या अन्य वस्तु-प्रेरकों के बदले श्रम देकर। खेती-अनुसंधान का काफी अंश इसी श्रेणी में आता है क्योंकि किसान खेत देते हैं, पर उन्हें प्रयोगों या सीखने की प्रक्रियाओं में भागीदार नहीं बनाया जाता। इस भागीदारी को देखना आम बात है फिर भी जब प्रोत्साहन का अंत हो जाये तो लोग इसे जारी रखने में रुचि नहीं रखते। |
| 5. कार्यकारी भागीदारी | परियोजनाओं से संबद्ध पूर्व निर्धारित लक्ष्यों को पूरा करने के लिये समूह बनाकर लोग भाग लेते हैं। जो बाहरी सामाजिक संगठनों की पहल से विकास को शामिल करते हैं। ऐसी संलग्नता परियोजना चक्र के आरंभिक चरणों में नहीं दिखाई देता, पर मुख्य निर्णय के बाद आता है। ये आदेश बाहरी पहलकारों एवं सुविधाकर्त्ताओं पर आश्रित होते हैं पर स्वयं-निर्भर हो सकते हैं। |
| 6. परस्पर क्रियात्मक | लोग संयुक्त विश्लेषण में भाग लेते हैं जो कार्य योजना भागीदारी एवं नये स्थानीय संस्थानों को जन्म देते हैं या जो हैं, उन्हें सशक्त करते हैं। इसमें अन्तर्विभागीय तरीकों को शामिल किया जाता है जो विविध परिदृश्य की माँग करते हैं तथा क्रमबद्ध एवं गठित सीख-प्रक्रियाओं का उपयोग करते हैं। ये समूह स्थानीय निर्णयों पर नियंत्रण कर लेते हैं और इसीलिये लोगों को इन ढाँचों या तरीकों में रुचि लेनी पड़ती है। |
| 7. स्वयं-गतिमान होना | पद्धतियाँ बदलने के लिये बाहरी संस्थाओं से स्वतंत्र होकर लोग पहल करते हुए भाग लेते हैं। वे बाहरी संस्थाओं से संपर्क बढ़ाते हैं स्रोतों तथा अपनी जरूरत के तकनिकी सलाह के लिये, पर स्रोतों पर नियंत्रण बरकरार रखते हुए यह तय करते हैं कि इसका उपयोग कैसे हो? ऐसी स्वयं प्रेरित गतिशीलता तथा सामूहिक कार्यों से तत्कालीन संपत्ति एवं शक्ति के असमान आबंटन को बदल भी सकते हैं और नहीं भी। |

*स्रोत :* प्रेटी (1994) एडनान इट एल. (1992) से उद्धृत।

इसके प्रकार से ही होना चाहिये। महत्त्वपूर्ण यह है कि वे जो इस शब्द का इस्तेमाल करते हों यह बतायें कि प्रोत्साहन आधारित भागीदारी एवं अधिक सामान्य निष्क्रिय स्थिति से इन्हें वर्णपट के परस्पर-क्रियात्मक अंत की ओर ले जाना है। इसे करने का एक महत्त्वपूर्ण रास्ता है यह सुनिश्चित करना कि परस्पर क्रियात्मक एवं भागीदारी तरीकों का उपयुक्त इस्तेमाल हो।

## भागीदारी के तरीके

विश्वव्यापी उपभोक्ताओं के सृजनात्मक अक्षमता ने क्षेत्र को काफी विस्तृत कर दिया है जहाँ भागीदारी के तरीकों का इस्तेमाल हो। (देखें आरआर नोट, 1988-1994 : आईडीएस/आईआईईडी, 1994 : प्रेटी इट *एल.* 1995; चैम्बर्स 1992a, 1992b : मसकोंहास इट एल. 1991,

केकेयू, 1987; कोम्बे, 1987) बहुतों को गैरकृषि संदर्भित क्षेत्र से लिया गया है तथा नई आवश्यकताओं में लगा दिया गया है। तरीकों को चार श्रेणियों में रखा जा सकता है, समूह एवं दलीय गतिशीलता के लिये।

नमूनों के लिये, साक्षात्कार एवं वार्तालाप के लिये तथा मानसिक चित्रण एवं अंकन के लिये इन तरीकों का संग्रह एक अलौकिक विचारों में या तरीकों का एकत्रीकरण सीख एवं कार्यों की पद्धति का निर्माण करते हैं। इस भाग में कुछ मुख्य तरीकों का संक्षिप्त विवरण है।

भागीदारी सामूहिक विश्लेषण एवं अच्छी पहचान ले आती है। एक एकांकी अनुसंधानकर्त्ता को भी स्थानीय लोगों की निकटता में कार्य करना होता है। यद्यपि एक आदर्श रूप में जाँचकर्त्ताओं के दल अंतर्विभागीय एवं अन्तर्संभागीय दलों के साथ मिलकर कार्य करते हैं। एक समूह में काम करने से जाँचकर्त्ता विभिन्न परिदृश्यों में एक अवस्था का अवलोकन करते हैं, एक-दूसरे के कार्यों को देखते हैं तथा एक ही समय विविध कार्यों को अंजाम देते हैं। समूह शक्तिशाली होते हैं जब वे अच्छा कार्य करें क्योंकि सदस्यों के कुल व्यक्तित्व से कार्य एवं उत्पादन की भूमिका बड़ी होती है। समूह या समुदाय के कार्य के लिये भागीदारी के विचार अनिवार्य है पर उन्हें सावधानीपूर्वक देखना चाहिये। फिर भी बहुविभागीय दलीय कार्य की दुरूहता को साधारणत: उपयुक्त रूप से नही समझा जाता। समूह निर्माण की इस प्रक्रिया को सुविधाजनक बनाने के लिये विभिन्न कार्यशाला एवं क्षेत्रीय तरीकों का उपयोग होता है। जिसका वर्णन निम्नलिखित प्रकार से है :

1. **दलीय संपर्क:** दल के सभी सदस्यों द्वारा विकसित दलीय संपर्क समूह-गतिशीलता को सुनिश्चित कर सकते हैं तथा इस सहमति पर आ सकते हैं कि शाम को वार्तालाप या सवेरे का विचार-विमर्श आरंभ किया जाये। दल की परस्पर-क्रिया की जानकारी देने के लिये एक व्यक्ति को मानिटर बनाया जा सकता है। मानीटर प्रत्येक व्यक्ति के स्थान को अंकित कर सकता है तथा व्यक्ति के नाम को घेरकर उसकी परस्पर-क्रिया को अंकित कर सकता है जब वह बोले या बोलने वाले से सुनने वाले के बीच एक तीर चिह्न लगा सकता है भाषणों को सेकंडों की अवधि में लाकर। इसके नतीजों का उपभोग मात्र सदस्यों को दिखाना होता है कि वार्तालाप किस तरह आगे बढ़ी। इससे यह स्पष्ट हो जाता है कि किसकी प्रधानता रही और कौन चुपचाप रहा।

2. **रात्रि विश्राम:** गाँव में बाहरी लोगों एवं गाँववासियों के बीच संपर्क की सुविधा दी जा सकती है। कइयों ने इसे भागीदारी विश्लेषण एवं योजना का एक अनिवार्य अंग मान लिया है। यह बाहरी व्यक्तियों की धारणा को परिवर्तित करता है; वे गाँववासियों की तरह ही खाते एवं सोते हैं, उसमें बड़े सवेरे एवं शाम को बातचीत होती है जब लोग कम व्यस्त रहते हैं; तथा यह बाहरी व्यक्ति की गाँव के जीवन के प्रति एक स्पष्ट संकल्प दिखाता है।

3. **कार्य की भागीदारी:** जब ग्रामीणों द्वारा बाहरी व्यक्तियों को कुछ सिखाया जाता है तो भूमिकाएँ बदल जाती हैं। पेशेवरों को इससे ज्ञात हो जाता है कि कितने ज्ञान की आवश्यकता है जैसे हल चलाने, धान के पौधे रोपने, घासें, चारा के पौधे, लकड़ी काटने, कंपोस्ट की खुदाई तथा कपड़े साफ करने आदि ऐसे कार्य धारणाओं में तत्काल परिवर्तन लाते हैं तथा संपर्क साधने में सहायता मिलती है।

4. **द्रुत रिपोर्ट लिखना स्वयं ठीक करने के साथ:** सदस्यों के अपने संगठनों में लौटने से पहले मुख्य निष्कर्षों को अंकित करना इसके लिये अनिवार्य होता है। मुख्य निष्कर्षों द्वारा खींचे गये नक्शों का सारांश अंकित कर लेने से रिर्पोट तैयार करना आसान होता है। सदस्यों को एक निजी डायरी रखने को प्रोत्साहित किया जा सकता है या नोट्स के सिलसिले को उजागर करते हुए जिसमें सुधार करना चाहते हैं आगामी समय।

5. **भागीदारी का प्रदर्शन:** मुख्य निष्कर्षों को गाँववासियों एवं बाहरी लोगों को उपस्थित करना चाहिये। यह फीडबैक एवं परस्पर जाँच के लिये एक महत्त्वपूर्ण अवसर है। पेशेवर इसे उपस्थित कर मंतव्यों एवं आलोचनाओं को आमंत्रित करते हैं। यह भूमिका में मौलिक घुमाव है तथा निष्कर्षों की विश्वसनीयता स्थापित करने के लिये महत्त्वपूर्ण भी।

यह सुनिश्चित करने के जिन विविध परिदृश्यों का प्रतिनिधित्व होता है, उपभोक्ताओं को स्पष्ट होना चाहिये कि कौन भाग ले रहा है। समुदाय बहुत कम एक तरह के होते हैं और इसलिये हमेशा इस बात का खतरा रहता है कि जो भाग ले रहे हैं, उन्हें प्रतिनिधि समझा जाये। वे जो नहीं रहते हैं प्राय: सबसे गरीब एवं गैर-लाभान्वित होते हैं। इन भागीदारी विचारों का नमूनाकरण एक अनिवार्य अंग होता है जिसके लिये कई तरीके उपलब्ध हैं।

6. **ट्रांसेक्ट भ्रमण एवं प्रत्यक्ष अवलोकन:** यह सूचनादाताओं के साथ क्रमबद्ध भ्रमण है रुचियों द्वारा जिसमें अवलोकन, पूछताछ करना, सुनना, देखना तथा समस्याओं को जानना तथा उनके निदान सभी शामिल हैं। एक ट्रांसेक्ट अंकन पर निष्कर्षों का नक्शा तैयार हो सकता है। ऐसे भाषणों से बाहरी लोगों को आश्चर्यजनक जानकारी प्राप्त होती है जैसे घरेलू आरक्षण तरीके, पौधों का विविध उपयोग, तथा फसलों की बड़ी विविधता। कई पेशेवरों के लिये उपदेशात्मक होता है यह समझना कि उन्होंने कितना कुछ नहीं देखा, सोचा या इसके बारे में पूछा।

7. **संपत्ति स्तरीकरण एवं सामाजिक नक्शा:** सुख-सुविधा तथा संबद्ध संपत्ति अनुसार गृहों के वर्गीकरण के लिये संपत्ति के स्तर का उपयोग किया जाता है। सूचनादाता एक कार्ड बनाते हैं प्रत्येक गृह के नाम का और इसकी ढ़ेर लगा देते हैं। एक सिरे पर सबसे अधिक धनवानों को रखा जाता है जबकि दूसरे सिरे पर सबसे अधिक गरीबों को। इस प्रक्रिया को कम से कम तीन सूचनादाताओं के साथ दुहराया जाता है। दूसरा तरीका है सामाजिक नक्शे पर प्रत्यक्षरूप से स्तरीकरण लाना। इसके बाद ग्रामीणों से कहा जाता है कि वे गृहों पर संबद्ध धनवानों की श्रेणी इंगित करें। प्रत्येक गृहवासी के लिये व्यक्तिगत संपदा, जैसे भूमि स्वामित्व, जानवरों तथा उपकरणों को अंकित किया जाता है। संपत्ति का स्तरीकरण लाभदायक होता है जीविका तथा भेद्यता पर बातचीत के लिये, एक आधार पंक्ति का निर्माण कर जिसके विपरीत भविष्य के हस्तक्षेप प्रभाव की जाँच हो सके। सूचनादाताओं के संबंधित संपदा की जाँच के लिये जिनका साक्षात्कार हुआ है या होने वाला है तथा खुशहाली के स्थानीय संकेतकों के निर्माण के लिये एक नमूने के साँचे का प्रावधान होता है।

इन भागीदारी ज्ञान की पद्धतियों का तीसरा तत्त्व है संवेदनशील साक्षात्कार एवं संवाद। वास्तविकता के पुनर्निर्माण के खुलासे के लिये साक्षात्कारियों एवं उत्तरापेक्षियों के बीच परंपरागत डिकोटोमी (Dischotomy) को विकसित होने का मौका नहीं देना चाहिये। इसलिए साक्षात्कार एक तकनीक के सीरीज से घिरा हुआ है जिससे एक संवेदनशील एवं परस्पर लाभदायक संवाद होता है। इसे साक्षात्कार की अपेक्षा एक गठित वार्तालाप माना जाना चाहिये।

8. **अर्द्ध निर्मित साक्षात्कार ( SSI ):** साक्षात्कार करने एवं सुनने जानने का यह एक मार्गदर्शन है जिसमें केवल कुछ ही प्रश्न या प्रकरण पूर्व निर्धारित होते हैं। अन्य प्रश्न साक्षात्कार के दौरान उत्पन्न होते हैं। साक्षात्कार अनौपचारिक एवं वार्तालाप आधारित दीखता है। पर ये वास्तव में सावधानीपूर्वक नियंत्रित एवं निर्मित होते हैं। एक मार्गदर्शन या जाँच-सूची के इस्तेमाल से विविध-विभागीय दल खुले ढंग के प्रश्न लाते हैं तथा प्रकरणों का पता लगाते हैं जो उठें। साक्षात्कार जैसे बढ़ता है प्रश्न करने के नये तरीके अपनाये जाते हैं। सभी भागीदारी तरीके एसएसआई का केंद्रीय भाग है।

9. **साक्षात्कारों के प्रकार, क्रमबद्धता एवं कड़ियाँ:** कई प्रकार के साक्षात्कारों को एक क्रम या कड़ी में पिरोया जाता है। इसमें प्रमुख सूचनादाता शामिल रहते हैं यह पूछकर कि विशेषज्ञ कौन है और तब एक साथ साक्षात्कार के सिलसिले को रखते हैं (जैसे, हलवाहे, पौधे रोपती महिलायें या घास निकालती महिलाएँ, साख्र एवं साधनों के दुकानदार) एवं समूह-साक्षात्कार, जो किसी एक विषय पर विचार के लिये बुलाये समूह हो सकते हैं (विशेषज्ञ समूह) समूह जो लोगों का मिश्रण है जिनके विभिन्न विचार एक मसले पर प्रकाश डालते हैं (गठित समूह), आकस्मिक समूह तथा सामुदायिक समूह।

अंकन एवं दृष्टि निर्माण पर जो चौथा तत्त्व है। औपचारिक सर्वेक्षणों में, साक्षात्कार लेने वालों द्वारा सूचना

ली जाती है जो अपनी भाषा में लोगों के कथन का रूपांतरण करते हैं। इसके विपरीत, स्थानीय लोगों द्वारा अंकन ज्ञान के सृजन एवं विश्लेषण में उन्हें सहायता करते हैं जो संवादों की क्रमबद्धता के सुधार एवं विस्तार पर प्रकाश डाल सकते हैं। डायग्राम बनाने में स्थानीय श्रेणियों, आधारों तथा प्रतीकों का इस्तेमाल होता है। बाहरी लोगों के मूल्यों द्वारा संचालित प्रश्नों का उत्तर देने की बजाय स्थानीय लोग अपनी दुनियाँ के अपनी दृष्टि का सृजनात्मक उपयोग जान सकते हैं। इसलिये चित्रात्मकता संवादों को संतुलित करने में सहायता कर सकता है तथा वार्तालाप की गंभीरता एवं गहनता की वृद्धि कर सकता है।

10. **भागीदारी नक्शा एवं मॉडलिंग:** यह जमीन या कागज पर नक्शा या नमूना बनाना है, जिसमें डंडों, पत्थरों, घासों, लकड़ियों, सिगरेट-पैकेटों, पेड़ की पत्तियों, रंगे बालु एवं मिट्टी के कणों, रंगोली पाउडर है रंगे चाक, कलमों तथा कागज आदि पदार्थों का इस्तेमाल होता है। इस मसले पर बड़ा खेल होता है कि कौन डंडा पकड़े और कौन कलम। वह व्यक्ति जो डंडा पकड़ता है वह बताता है कि उसके लिये क्या सर्वाधिक महत्त्वपूर्ण है। नक्शा जब आकार में आ जाता है तो अधिक लोग शामिल होकर अपना योगदान देना तथा क्रम में परिवर्तन करना चाहते हैं। कई प्रकार के नक्शे बन जाते हैं जैसे पकड़ के स्रोत नक्शे, गाँवों, जंगलों, मैदानों, खेतों, गृह उद्यानों, गाँव के आवासीय क्षेत्रों को सामाजिक नक्शे संपदा-स्तरीकरण तथा घरेलू प्राप्यता सर्वेक्षण के सामाजिक नक्शे, स्वास्थ्य का नक्शा जहाँ परिवार के प्रत्येक सदस्य की स्वास्थ्य-स्थिति को प्रत्येक घर को रंगीन स्टीकरों या अन्य चिह्नकारों द्वारा (इस श्रेणी मे कुपोषण के मामले, कान की खराबी, पीलिया तथा इसी प्रकार के रोग शामिल हैं), प्रासंगिक नक्शे जैसे जल अनुमान के जलीय नक्शे या मिट्टी के विशेषज्ञों द्वारा मिट्टी के नक्शे, प्रभाव जाँच के नक्शे जहाँ गाँववासी कीटों साधनों के इस्तेमाल, घासों का आबंटन, मिट्टी की गुणवत्ता एवं अन्य होते हैं। सर्वाधिक आकर्षक कुछ नक्शों में ऐतिहासिक विचारों को वर्तमान से मिलाया जाना भी शामिल होता है।

11. **मौसमी कैलेंडर एवं कार्यकलापों का परिचय:** पूरे वर्ष का महीना दर महीना मौसमी बाधाओं तथा अवसरों को भी आँका जा सकता है। उत्सवों का इस्तेमाल जाँच के लिये हो सकता है कि जिससे महीने के नाम पर सहमति हो। वर्षा, मिट्टी की नमी, फसल श्रम, खाद्य उपभोग, बीमारी, मूल्य, पशुओं का चारा, ईंधन, आबंटन, कीट, आय, खर्च, ऋण, बच्चों के खेल एवं अन्य के संबद्ध मात्रा एवं पद्धति बताने के लिये लोग, लकड़ी के टुकड़े, धूल पर या चारकोल से हिस्टोग्राम बनाते या पत्थरों, बीजों या पाउडर की ढेरों का इस्तेमाल करते हैं। रैखिक तरीके से मौसमी कैलेंडर बनाये जा सकते हैं प्रायोगिक वर्ष के लिये 12 महीने या 18 महीने तक वर्ष में परिवर्तन दिखाने के लिये, या इन्हें एक चक्र में भी दिखाया जा सकता है। दैनिक कार्यों के तरीकों को भी इसी प्रकार निकाला जा सकता है दिन के प्रत्येक घंटे का कार्यों का प्रायोगिक निर्धारण प्रयासों, समय तथा कार्यस्थल दिखाते हुए किया जा सकता है। इनकी तुलना पुरुषों, महिलाओं, वृद्धों, युवाओं एवं आय पर की जा सकती है।

12. **समय की रेखा तथा स्थानीय इतिहास:** ऐतिहासिक विश्लेषण को मैदानी प्रयोगों के लिये प्रथम कदम माना गया है जिसमें अतीत का लेखा-जोखा या किस प्रकार चीजें बदली हैं खासकर संबंधों एवं प्रवृत्तियों को उजागर करना शामिल रहता है। इनमें शामिल रहते हैं तकनीक का इतिहास, एवं उस पर विचार, फसलों का इतिहास एवं जीवनी, पशुधन पालन का इतिहास, श्रम की उपलब्धता, पेड़ों एवं जंगलों का इतिहास, शिक्षा में परिवर्तन तथा जनसंख्या में परिवर्तन। इतिहास जानने के लिये लोककथा एवं लोकगीत महत्त्वपूर्ण स्रोत होते हैं।

13. **वेन तथा नेटवर्क डायाग्राम:** वेन डायग्राम में शामिल रहता है कागज या दस्ते के चक्र का उपयोग लोगों, समूहों तथा संस्थाओं को दिखाने के लिये। इन्हें इस प्रकार रखा जाता है जिससे व्यक्तियों एवं संस्थाओं के बीच संबंधों या दूरी की वास्तविकता मालूम हो। अतिरिक्त रेखा का अर्थ सूचना का प्रवाह है तथा रेखीय अंकन (डायग्राम) पर दूरी संपर्क का अभाव बताता है।

**बाक्स 3 : विश्वसनीयता तय करने का फ्रेमवर्क।**

1. *विभिन्न पात्रों के बीच दीर्घ या, एवं सघन संलग्नता:* विश्वास एवं संबंध निर्माण के लिये, संदर्भों की खासियत की जानकारी तथा जाँचकर्त्ता को बहुसंख्यक प्रभावों के सम्मुख रखना।

2. *दृढ़ एवं समानांतर अवलोकन:* किसी घटना एवं इसका प्रसंग दोनों को समझना।

3. *विविध स्रोतों, तरीकों एवं अन्वेषकों की त्रिभुजांकन :* का ट्रायंगुलेशन ट्रायंगुली। सूचनाओं की जाँच तथा विभिन्न लोगों की वास्तविकता से मुकाबले के लिये क्षेत्र बढ़ाना जिसमें सूचनाओं के स्रोतों की विविध प्रतियाँ, कई तरीकों से नतीजों की तुलना तथा दलों की उपस्थिति जिसमें कर्मचारियों, पेशेवरों तथा विभागों की पृष्ठभूमि की विविधता रहे, आदि शामिल हैं।

4. *विश्लेषण तथा विभिन्नता की उक्ति:* यह सुनिश्चित करें कि विश्लेषणों में विभिन्न पात्र शामिल हैं तथा यह बताने की उनके परिप्रेक्ष्यों एवं वास्तविकताओं का सटीक प्रतिनिधित्व हुआ है।

5. *सभासदों या सहकर्मियों की जाँच: मूल सूचनाओं से प्रत्यक्षत:* असंबद्ध सभासदों के साथ समय समय पर बैठकों में पुनर्विचार कर विश्लेषण किया जाता है। भागीदारों की जाँच के बिना, जाँचकर्त्ता यह दावा नहीं कर सकते कि ये भागीदारों के विचारों का प्रतिनिधित्व कर रहे हैं।

6. *कार्यकारी परिकल्पनाओं, संदर्भित विवरणों एवं मानसिक चित्रण की रिपोर्ट:* ये दुरूह वास्तविकताओं, कार्यकारी परिकल्पनाओं, मानसिक चित्रणों, लोगों के व्यक्तिगत परिप्रेक्ष्यों के उद्धरणों की पकड़ तथा अनुभवों का मोटा वर्णन है।

7. *समानांतर जाँच एवं दलीय संचार:* अगर एक ही टीम का एक उपसमूह समानांतर रूप से जाँच करे, समान जाँच प्रक्रिया से तथा समान निष्कर्षों को बताये तो हम इन पर विश्वास कर सकते हैं।

8. *प्रतिक्रियात्मक जरनल (पत्र):* ये वे डायरी हैं जिन्हें व्यक्ति दैनिक आधार पर रखता है तथा अपने संबंधों में विविध सूचना अंकित करता है।

9. *जाँच का लेखा-परीक्षण:* जाँच दल को एक रुचिहीन व्यक्ति के लिये यथेष्ट सूचनाओं का प्रावधान करना चाहिये प्रक्रिया के परीक्षण के लिये इस तरह कि साबित हो जाये कि निष्कर्ष का आधार उनकी कल्पनाओं के तत्त्व नहीं है।

10. दावाकर्त्ताओं की जानने एवं कार्य करने की क्षमता पर प्रभाव यह जताने के लिये कि जाँच या अध्ययन का एक प्रभाव है उन भागीदारों सहित जिन्हें अपनी वास्तविकता का उच्च ज्ञान है तथा अन्य लोगों की जागरुकता वृद्धि का भी स्वयं रिपोर्ट पढ़ने वालों की ओर से तत्काल कार्य दिखा सकता है जो प्रत्यक्ष रूप से शामिल रहे हों।

*स्रोत* - प्रेटी (1994)।

14. **साँचे का अंक तथा जोड़े पर स्तरीकरण:** इन तरीकों से स्थानीय लोगों की श्रेणियों, आधारों, चयनों, एवं प्राथमिकताओं को जाना जाता है। जोड़ों का स्तर जानने के लिये रुचि के मदों की तुलना युग्मों से की जाती है तथा सूचनादाताओं से पूछा जाता है कि वे किस जोड़े को पसंद करते हैं और क्यों? साँचे में अंक का आधार इसमें अंकित पंक्तियाँ होती हैं तथा मदों का कालम तथा लोग बाक्स को पंक्तिबद्ध होकर पूरा करते हैं। प्रत्येक आधार के लिये मदों को निर्धारित किया जा सकता है (जैसे 6 पेड़, अच्छे से बुरे संकेतों के साथ, ईंधन, चारा, क्षय नियंत्रण एवं फलापूर्त्ति) या अभ्यर्थी पत्थरों, बीजों या बैरों के अंबार आदि संबद्ध अंक के लिये कर सकते हैं।

अन्य सूचनाओं के गठन या क्रमबद्धता के लिये साँचे लाभदायक होते हैं एवं इनमें शामिल रहते हैं तकनिकी के साँचे, समस्या-अवसरों के साँचे एवं मानवीय भेद तकनीक के साँचे जिससे विपरीतावस्था की तुलना हो सके।

## निष्कर्षों की विश्वसनीयता

भागीदारी-सीख पर आधारित निष्कर्षों को पेश करने वालों से एक प्रश्न इसके साथ ही पूछा जाता है, "इसकी वास्तविक आंकड़ों से किस प्रकार तुलना की जाती है।"

**बाक्स-4 : एक पाठ्यक्रम द्वारा संस्थागत परिवर्तनों में वृद्धि "फोरमेशन प्योर एल एपुई ए एल आटोप्रोमोशन रूरल" (एफएआर) इन बेनिन।**

एक महीने का पाठ्यक्रम, उप-सहारा 8 अफ्रीकी देशों के अभ्यर्थियों के लिये पीआरए के सिद्धांतों एवं विचारों पर आयोजित किया गया। किसानों एवं भागीदारों ने स्थानीय स्रोतों एवं क्षमताओं का विश्लेषण किया, उन्होंने विकास में पात्रों की पहले की भूमिका की खोज किया, तथा उन्होंने एक साथ संयुक्त आविष्कारों पर कार्य किया गाँव में स्वयं-क्षमता वृद्धि के विकास के लिये। सीखने की प्रक्रिया में कार्यशाला तथा क्षेत्र के बीच निरंतर घुमाव शामिल था ताकि प्रतिक्रिया एवं परस्पर क्रिया के लिये अवसरों में वृद्धि हो।

क्षेत्रकार्य के दौरान कई भागीदारी तरीकों का उपयोग किया गया जिसमें शामिल था मानसिक चित्रण, संपदा-स्तर, नक्शे, ट्रांनजेक्ट भ्रमण, मौसमी कैलेंडर एवं अन्य। इनसे अभ्यर्थियों को ग्रामीण से सीखने का मौका मिला। इससे ग्रामीणों तथा प्रशिक्षुओं को एक-दूसरे को बेहतर ढंग से समझने का अवसर मिला और इस प्रकार पारस्परिक विश्वास बढ़ा। सभी आंकड़ों का संग्रह एवं संयुक्त वार्तालाप के बाद यह इसका प्रस्तुतीकरण था जिसने भावनाओं तथा संबंधों को सर्वाधिक प्रभावित किया।

प्रक्रिया में शामिल था समुदाय के विभिन्न समूहों के सामने इसका फिर प्रस्तुतीकरण, निष्कर्षों के क्षेत्र पर विचार तथा भिन्न एवं विपरीत रुचियों का समन्वय। यह अभ्यर्थियों एवं ग्रामीणों दोनों के लिये बहुत महत्त्वपूर्ण था : अभ्यर्थियों के लिये इस प्रकार कि यह प्रथम अवसर था उनके लिये कि उन्होंने अपने निष्कर्षों पर किसानों तथा ग्रामीणों से मंतव्य प्रकट करने को कहा; ग्रामीणों के लिये यह पहला अवसर ही था कि गंभीरता से उनके विचार माँगे गये। यह विभिन्न पात्रों के लिये भी महत्त्वपूर्ण था कि वे एक-दूसरे से जानकारी हासिल करें। इस मामले में, यह गाँव के धनवान एवं अधिक महत्त्वपूर्ण लोगों को जानना था कि कई मसलों पर उनकी सीमित विचार हैं खासकर महिलाओं द्वारा उठायी गयी समस्याओं पर।

एक दूसरे प्रकार का प्रत्यर्पण ग्रामीणों एवं स्थानीय रूप से कार्यरत गैरसरकारी संगठनों एवं स्थानीय प्रशिक्षुओं ने समूह के सामने निष्कर्षों को रखा जिससे किसानों एवं बाहरी पेशेवरों के बीच विस्तृत चर्चा हुई। वे एक योजना पर सहमत हुए गाँव के लिये कार्यों की प्राथमिकताओं सहित।

सर्वाधिक महत्त्वपूर्ण प्रभाव यह हुआ कि बाहरी संस्थाएँ जो क्षेत्र में कार्यरत थी उनके बीच इससे पहले औपचारिक संपर्क नहीं था। यह प्रथम अवसर था कि उन्हें परिप्रेक्ष्यों में भाग मिला। कार्य की संयुक्त योजना बनाने से विभिन्न संस्थाओं के बीच संबंध सुदृढ़ हुए साथ ही किसानों को भी प्रक्रिया केंद्र से जोड़ा गया। फलस्वरूप विभिन्न धारकों के बीच विश्वास एवं समझ में वृद्धि हुई।

(देखें, गिल, 1991) सामान्यरूप से यह माना जाता है कि भागीदारी तरीके में साधनात्मक निरीक्षण शामिल रहते हैं और इसलिये ये कुछ चयनित समुदाय के सदस्यों तक ही सीमित होते हैं। 'अनौपचारिक' तथा 'गुणात्मक' शब्दों का इस्तेमाल गुणवत्ता की कमी, या द्वितीय स्तर कार्य के लिये होता है। इसलिये भागीदारी तरीकों में परिश्रम तथा सटीकता का अनुमान होता है, जो एक दूसरे के विपरीत है।

इसका अर्थ होता है कि परंपरागत अन्वेषकों के विपरीत, भागीदारी तरीकों पर विश्वास करने वाले अन्वेषक को अपने विचारों की उपयोगिता संगठित करने कहा जाता है। परंपरागत अनुसंधानकर्त्ता, श्रोताओं को यह समझाने के लिये चार आधारों का इस्तेमाल करते हैं कि जाँच के निष्कर्षों पर विश्वास किया जा सकता है। (लिंकन एवं गुबा, 1985, गुबा एवं लिंकन, 1989) हम निष्कर्षों की सत्यता पर कैसे विश्वस्त हो सकते हैं? (आंतरिक महत्त्व) क्या हम इन निष्कर्षों को अन्य संदर्भों में या अन्य लोगों के समूह पर लागू कर सकते हैं? (बाहरी उपयोगिता) अगर समान या एक ही प्रकार के संदर्भ में समान साधनों के साथ, जाँच को फिर से किया जाये तो क्या निष्कर्ष वही होंगे जो पहले थे। (विश्वसनीयता)। हम कैसे इस निश्चय पर पहुँच सकते हैं कि निष्कर्षों का आधार साधन तथा जाँच के संदर्भ ही रहे हैं, पक्षपातों, प्रेरकों तथा अन्वेषकों की परिप्रेक्ष्यताएँ नहीं। (लक्ष्यबोध) यद्यपि इन चारों आधारों के अर्थ परंपरागत अनुसंधान दृष्टांतों के मूल धारणाओं पर निर्भर हैं। (प्रेटी, 1994; लिंकन एंड गुबा, 1985; वर्क एंड मिलर, 1986; कुक एंड कैंपवेल, 1979)।

विश्वसनीयता का आधार सर्वप्रथम गुबा द्वारा 1981 में यह जानने किया गया कि क्या जाँच प्रक्रियात्मक रूप से ठोस है। परंतु इन आधारों की नींव परंपरागत या सकारात्मक दृष्टांतों के घरेलू संबंधों में है। (लिंकन, 1990) जो परंपरागत दृष्टांतों से नहीं निकले हों उन जाँच के तत्त्वों में भेद करने के लिये और प्राथमिकता के आधारों का सुझाव आया जिससे शामिल लोगों पर गाँव की प्रक्रिया के प्रभाव को जाना जा सके। (लिंकन, 1990) तथा लोगों में प्रक्रिया से परिवर्तन आया है? अपनी स्वयं निर्मित वास्तविकताओं का ज्ञान क्या उनमें बढ़ा है? अन्य दावेदारों के प्रति क्या उनकी जागरुकता या समझ बढ़ी है? जाँच से कहाँ तक कार्य प्रभावित हुआ है?

अच्छाई के आधार के लिये इन एवं अन्य सुझावों पर विश्वसनीयता की स्थापना के लिये 12 आधारों की पहचान की गई (मार्शल, 1990, स्मिथ, 1990) तथा (प्रेटी, 1994, बाक्स 3) जैसे सांख्यिकी विश्लेषणों से सकारात्मक या परंपरागत विज्ञानों को समझने का इस्तेमाल सूचना की परख के लिये किया जा सकता है। स्रोतों, तरीकों एवं अन्वेषकों के त्रिगुणों तथा निर्मित साधनों की भागीदारों की जाँच बिना किसी सीख पद्धति के उपयोग को विश्वसनीय नहीं माना जा सकता। (आकोसी 1993)।

फिर भी यह जान लें कि विश्वसनीयता के आधार का निश्चित होना कभी भी संभव नहीं होता है। हम यह नहीं कह सकते हैं कि X के Y का अंक विश्वसनीय है, पर हम यह कह सकते हैं कि X विश्वसनीय है क्योंकि प्रक्रिया के संयुक्त जाँच एवं विश्लेषण के दौरान एवं बाद के कुछ निश्चित चीजों के सामने। विश्वसनीयता के आधार का इस्तेमाल यह जानने के लिये हो कि सूचना एकत्र करने की प्रक्रिया में क्या शामिल हुआ है और किन प्रमुख तत्त्वों को छोड़ दिया गया है। यह जानते हुए कि यह प्रत्येक अवलोकनकर्त्ता के लिये संभव होना चाहिये, चाहे वह एक रिपोर्ट पढ़ने वाला हो या नीति निर्धारक, निर्णय करने के लिये इस सूचना का उपयोग हुआ है, वह यह भी तय कर सकता है कि क्या वे निष्कर्षों पर विश्वास करते हैं।

## प्रसार एक नये व्यवसायिक विचारों की ओर

प्रसार का अर्थ है एक ज्ञान केंद्र से जानकारी का प्रसारण उनके लिये जिन्हें इस ज्ञान की आवश्यकता हो। परंतु इस कार्य से प्रसारकों तथा किसानों के बीच क्षमता की वृद्धि नहीं होती है। इन भागीदारी तरीकों तथा विचारों से एक अवसर आता है विभिन्न पात्रों के बीच एक अच्छे संबंध बनाने का तथा एक-दूसरे से ज्ञान बढ़ाने का। जब पीआरए तथा अन्य भागीदारी विचारों का इस्तेमाल होता है तो प्रसारकों तथा अनुसंधानकर्त्ताओं को एक ही दल में एक साथ कार्य करने का अवसर प्राप्त होता है। वे अपने ज्ञान एवं अनुभव का आदान-प्रदान करते हुए किसानों के साथ एक सहमति पर पहुँचते हैं जो सर्वाधिक आवश्यक होता है। फलस्वरूप सभी दल एकसाथ नजदीक आते हैं। किसानों को भरोसा होता है कि पेशेवर, अपने निदानों को थोपे बिना, उनकी सहायता कर सकते हैं। इससे किस प्रकार संबंध सशक्त हो सकते हैं। यह बाक्स 4 में दिखाया गया है।

जहाँ सभी तत्त्व मिल जायँ वहाँ विस्तृत एवं लगातार परिवर्तन की अधिक संभावना होती है, जो है, भागीदारी सीख की नई प्रक्रियाएँ, पेशवर एवं स्थानीय लोगों के लिये नई सीख के वातावरण तथा नई संस्थागत स्थापना जिसमें संस्थाओं के अन्दर एवं उनके बीच संबंधों में सुधार भी रहता है। (रोच, 1992, प्रेटी एंड चैंबर्स, 1993, प्रेटी, 1995)

कृषि संगठनों के लिये सीख-संगठन बनने की भारी चुनौती है। इसे करने के लिये उन्हें प्रयोगों को बढ़ाना, संबंधों एव समूह कार्यों को बढ़ाना होगा जो विभागों की अपेक्षा भूमिकाओं पर आधारित हों तथा जो ज्ञान एवं जागरुकता के सुधार के लिये स्वयं मूल्यांकन प्रक्रिया तथा देखभाल में विकास कर सकें। प्राप्य कृषि का केंद्रिय तत्त्व है कि इसे विश्व के बारे में जानने के नये तरीकों से युक्त होना चाहिये। कृषि विकास संस्थाओं के लिये इसका बड़ा महत्त्व है। हम क्या सीखते हैं, इस पर ध्यान कम तथा कैसे सीखते हैं एवं किसके साथ सीखते हैं, इस पर अधिक जोर होता है। यह विकास पेशेवरों की नई भूमिका बताता है जो एक नई व्यवसायवादिता को नयी मान्यताओं, तरीकों एव व्यवहारों के साथ जन्म देता है।

## संदर्भ


अदनान, एस., बेरेट, ए.ए., नुरूल आलम, एस.एम., तथा ब्रस्टीनाउ, ए. (1992) *पिपुल्स पार्टीसिपेशन : एनजीओस एवं फल्ड एक्शन प्लान*, ढाका, बांग्लादेश; अनुसंधान एवं सलाहकार सेवाएँ।

बैगेडियन, बी.यू. एवं कोर्टन, एफ.एफ. (1991) डेवेलपिंग इरिगेटर्स ओरगेनाईजेशन ; ए लर्निंग प्रोसेस एप्रोच। इन एम.एन. सर्निया (संपा.) *पुटिंग पिपुल्स फर्स्ट* (एफ.एडी.)। आक्सफोर्ड, ऑक्सफोर्ड यूनिवर्सिटी प्रेस।

भटनागर, बी.,एंड विलियम्स, ए. (1992) *पार्टीसिपेटरी डिवलपमेंट एंड दी वर्ल्ड बैंक : प्रोटेंसियल डायरेक्शन फोर चेंज*, वाशिंगटन, डीसी, वर्ल्ड बैंक।

बंच, आर. (1991) पिपुल सेंटर्ड एग्रीकल्चरल इंप्रुवमेंट। इन बी. हैवरकोर्ट, वान डर कैंप एंड ए. वाटर्स-बेयर (एडीएफ) *ज्वायनिंग फार्मर्स एक्सपेरीमेंट्स : एक्सपेरियेंसेस इन पार्टीसिपेटरी डेवेलपमेंट*। लंदन : आई.टी. पब्लिकेशन्स।

सर्निया, एम.एम. (1991) *पुटिंग पिपुल फर्स्ट* (सेकेण्ड एडी.) आक्सफोर्ड, आक्सफोर्ड यूनिवर्सिटी प्रेस।

चैम्बर्स, आर. (1983) *रूरल डेवेलपमेंट : पुटिंग दी लास्ट फर्स्ट*। लंदन लोंग्मेंस।

चैम्बर्स, आर. (1991) *फारमर्स प्रेक्सिस, प्रोफेशनल्स एंड पार्टीसिपेंट्स : चैलेंजेज फॉर स्वायल एंड वाटर मैनेजमेंट*। प्रपत्र, 1991 के किसानों के तरीकों एवं मिट्टी तथा जल संचय कार्यक्रमों पर पेश किया गया आईसीआरआई एसएटी।

चैम्बर्स, आर. (1992ए) दी सेल्फ-डिसिविंग स्टेट : साइकोसिस एंड थिरैपी। *आइटीएस बुलेटिन*, 23(4) 31-42.

चैम्बर्स, आर. (1992बी, सितंबर) *मेथडस फॉर एनालसिस वाई फारमर्स : दी प्रोफेशनल चैलेंज*। प्रपत्र 12वें वार्षिक सिंयोजियम में पेश किया गया पीएसआर। ई के संगठन के लिये, मिसिगन स्टेट यूनिवर्सिटी, पूर्व लानसिंग, एम आई।

चैंबर्स, आर. (1992सी) *रूरल एप्रेसल: रैपीड, रिलकेस्ड एंड पार्टीसिपेटरी*। आईडीएस डिस्कशन पेपर 311 ब्राईटन : आइडीएस।

चैंबर्स, आर.(1993) *चैलेंजींग दी प्रोफेशन : फ्रोंटियर फौर रूरल डेवेलपमेंट*। लंदन, इन्टमीडियेट टेक्नोलोजी पब्लिकेशंस।

कोंनवे, जी.आर. (1987) दी प्रोपर्टीज ऑफ एग्रोइकोसिस्टम्स, *एग्रीकल्चरल सिस्टमस*, 24, 95-11)।

कुक, टी.एंड कैंपवेल, डी. (1979) *क्वासी-एक्सपेरिमेंटेशन डिजायन एंड एनासनिल इसुज फॉर फील्ड सेटींग* शिकागो, रैंड मैकनाली।

फिंस्टरवुश्च, के., एंड वान विकलेन, डब्ल्यू.ए. (1989) बेनीफीसियरी पार्टीसियेशन इन डिबलपमेंट प्रोजेक्ट्स इम्पीरिकल टेस्ट्रस ऑफ पोपुलर थ्योरीज ; *इकोनोमिक डेवेलपमेंट एंड कल्चरल चेंज*, 37(3) 573-593.

फाउलर, एफ.जे., एंड मेंनियोन, टी.डब्ल्यू. (1990) *स्टैंडडाइज्ड सर्वे इन्टरव्युईंग : मिनीमाइगिंग इन्टरव्यूअर-रिलेटेड एरर*। एप्लायड सोशल रिसर्च मेथड्स सीरिज वोल्यूम-18, न्यू बरी पार्क, सी.ए, सेज पब्लिकेंशंस।

गिल, जी., (1991) बट हाउ इज इट कंपेयर विद रीयल डाटा *आर.आर.ए.नोट्स*. 14, 5-13.

गिल, जी. (1993) ओके, वीडाटांग लाउगी बट इटइज ऑल वी हैव गौट. (बिईंग ए क्रीटिक ऑफ कन्वेशनल मेथड्स) सस्टेनेवुल एग्रीकल्चरल प्रोग्राम। *गेट कीपर सीरिज एसए 38*, लंदन आईआईईडी।

गुबा, ई.जी. (1981) कापटोरिया फॉर एसोसिंग दी ट्रस्टवर्दीनेस ऑफ नेचरलिस्टिक इनक्वायरीज, *एडुकेशनल कम्युनिकेशन्स टेक्नोलोजी जरनल*, 29, 75-92.

गुबा, ई.जी. एंड लिंकन, वाई. (1989) *फोर्थ जेनेरेशन इवेल्युएशन*, लंदन, सेज।

गुइट, आई. (1991) *पर्सपेक्टिव्स ऑन पार्टीसिपेशन एन इन्वेंटरी ऑफ इन्सटीट्युशन इन अफ्रीका*, लंदन, आई आई ईडी।

आईडीएम/आई आई ई डी (1994) *पी आर ए एंड पी एम एंड ई, एनोटेड बिबलीयोग्राफी*, ससेक्स, आईडीएस एंड लंदनः आईआई ई डी।

कर्ं, जे. (1994, नवंबर) *हाउ सबसिडीज डिस्टोर्ट इन्सेंटीव्स एंड अंडरमाईन वाटरसेड डिवलपमेंट प्रोजेक्ट्स इन इंडिया*। आईआईईडी सम्मेलन में प्रपत्र पेश हुआ। न्यू होटायजनः दी सोशल, इकोनोमिक एंड इनवायरमेंटल इप्रैक्ट्स ऑफ पार्टीसियेटरी वाटरसेड डेवेलपमेंट। बंगलौर, इंडिया, आईआईईडी, लंदन।

कर्क, वी. एड मिलर, एम.एल. (1986) *रियालिविलीटी एंड वैलीडिटी इन क्वालिटेटिव रिसर्च* क्वालीटेटिव रिसर्च सीरिज 1 बिवरली हिल्स, सीए, सेज पब्लिकेशंस।

के.के.यु. (1987) *रैपीड रूरल एप्रेजल : प्रोसिंडिंग्स ऑफ एन इन्टरनेशनल कफ्रेंस*, थाईलैंड, रूरल सिस्टमस रिसर्च प्रोजेक्ट, कोन कायेन यूनिवर्सिटी।

लिंकन, वाई. एस. (1990) दी मेकिंग ऑफ ए कन्स्ट्रक्टिविस्ट ए रिमेंबरेंस ऑफ ट्रान्सफोरमेशनस पास्ट। इन ई.जी. गुहा, *दी पैलडिग्म डायलग*, न्यूबरी पार्क सीए. सेज।

लिंकन, वाई.एस एंड गुहा, ई. (1985) *नेचुरलीस्टीक इनक्वायरी*, न्यूबर्टा पार्क, सी ए.सेज पब्लिकेसंस।

मार्शल, सी. (1990) गुडनेस क्रायटेरिया : आर दे आब्जेक्टिव और जजमेंट काल्स? इन ई.जी. गुबा (इडी.) दी. *मैराडिगम डायलग*, न्यूबरी पार्क, सी. ए. सेज पब्लिकेशंस।

मैसकारेनहस, जे. शाह.पी. जे.सेफ.एम. जयकरण.आर. देवारम, जे. रामचंद्रन, वी. फर्नांडीज. ए. चैम्बर्स आर. एंड प्रेटी, जे. एन. (1991) पार्टीसियेटरी रूरल ऐप्रेजल, *आर आर ए नोट्स*, 13 आईआईईडी, लंदन।

नारायण, डी. (1993) *फोकस आन पार्टीसियेशन : इविडेंस फोम 121 रूरल वाटर सप्लाई प्रोजेक्ट्स*। यूएनडीपी वर्ल्ड बैंक वाटर सप्लाई एंड सेनीटेशन प्रोग्राम, वाशिंगटन, डीसी, वर्ल्ड बैंक।

ओलुकोशी. जे.ओ. (1993) पार्टीसिपेटरी रिसर्च मेथडोलोजी : ए फयू हिंट्स, *न्यूजलेटर नेशनल फार्मिंग सिस्टम रिसर्च नेटवर्क*, जारिया, नाइजेरिया।

प्रेटी, जे.एम. (1994) आल्टरनेटिव सिस्टम ऑफ इन्क्वायरी फॉर सस्टेनेवुल एग्रीकल्चर। *आईडीएस बुलेटिन 25*(2) 37–48, यूनिवर्सिटी ऑफ ससेक्स, आईडीएस।

प्रेटी, जे.एन. (1995) *रिजेनरेटींग एग्रीकल्चर : पोलिसी एंड प्रेक्टिस फॉर सस्टेनेबिलीटी – एंड सेल्फ रिलायंस*, लंदन, अर्थ स्कैन पब्लिकेशंस एंड वाशिंगटन डीसी, नेशनल एकेडमी प्रेस।

प्रेटी, जे.एन. एंड चैम्बर्स, आर : (1993) *टुवार्ड्स ए लर्निंग पैराडिज्म : न्यू प्रोफेशन में एंड इन्सटीट्युशन्स फॉर सस्टेनेवुल एग्रीकल्चर*। आईडीएम डिस्कशन पेपर डीपी, 334 ब्राईटन : आईडीएम।

प्रेटी, जे. एन. गुईज्ट, आई, स्कून्स, आई एंड थाम्सन, जे. (1995) *ए ट्रेनर्स गाईड टू पार्टी सिक्टेरी लर्निंग एंड एक्शन*, आई आई ई डी, ट्रेनिंग मैटेरियल सीरिज नं.1, लंदन, आई आई ई डी।

प्रेटी, जे.एन. एंड सैंडबुक आर. (1991, अक्तूबर) *आपरेशनलाइजिंग सस्टेनोबुल डिवलपमेंट ऐट दी कम्युनिटी लेवल: प्राईमरी इन वायर मेंटाप केयर*। यह प्रपत्र विकास सहायता तथा वातावरण या डीएमी, कार्यदल को पेश किया गया, ओईसीडी, पेरिस।

रहनीमा, एम. (1992) पार्टीसिपेशन। इन डब्ल्यू. सच्स (ईडी.) *दी डिवलपमेंट डिक्सनरी*, लंदन, जेड बुक्स।

रीज, सी. (1988) दी एग्रोफोरेस्ट्री प्रोजेक्ट इन बरकीना फासो। एन एनलसिस ऑफ पोपुलर पार्टीसिपेंट्स इन स्वायल एंड वाटर कंजर्वेशन। इन सी. कोनराय एंड एम. लिविनोफ (इडीएस) *दी ग्रीनिंग ऑफ एड* (पेज 74–77) लंदन, अर्थस्कैन पब्लिकेशंस।

रोड्स, आर. (1990) *दी कमिंग रिवोलयुशन इन मेथड्स फॉर रूरल डिवलपमेंट रिसर्च, मिनियो, मनीला, फिलिपिंस:* यूजर्स पर्सपेक्टिव नेटवर्क इन्टरनेशनल पोटेटो सेंटर।

रोचे, सी. (1992) *आपरेशनलिटी इन टरबुलेंस : दी नीड फॉर चेंग*, लंदन, एकोर्ड।

*आरआरए एनोट्स* (1988–1995) इश्युज। टू दी प्रेजेंट। लंदन सस्टेनेवुल एग्रीकल्चर प्रोग्राम।

स्मिथ, जे.के. (1990) अल्टरनेटिव रिसर्च पैराडिज्म एंड दी प्रोब्लेम्स ऑफ क्रायटेरिया। इन ई. गुबा (इडी) *दी पैराडिज्म डायलग*, न्यूबरी – पार्क, सी ए. सेज पब्लिकेशंस।

अफौफ, एम. (1992) *लर्निंग फोम गल ओया; पोसिब्लीटिज फोर पार्टिसिपेटरी डेवेलपमेंट एंड पोस्टान्यूटोनियन साईंस*, ईथाका, न्यूयार्क, कोमेक यूनिवर्सिटी प्रेस।

यूएसएआईडी–(1981) *वूमेन इन डिवलपमेंट : एआइडी एक्सपेरियेंस. 1973–1985 :* एड प्रोग्राम, इवेल्युएशन रिपोर्ट नं. 18, वाशिंगटन, डीसी एजेंसी फार इन्टरनेशनल डेवेलपमेंट।

वर्ल्ड बैंक (1994, अप्रील) *दी वर्ल्ड बैंक एंड पार्टीसिपेशन.* रिपोर्ट ऑफ दी लर्निंग ग्रुप आन पार्टिसिपेटरी डेवेलपमेंट, वाशिंगटन, डीसी, वर्ल्ड बैंक।

# अध्याय-7
# प्रसार कार्यक्रमों का विकास एवं कार्यान्वयन

आर्थर क्रिस्टोवाओ, टिमोथी कोहनेन एवं जोसे पोंटेला

## आगे की कठिन चुनौतियाँ

विश्वस्तर पर प्रसार नियोजकों के सामने उनके कार्यक्रम विकास प्रयासों के सृजन एवं किसानों तथा ग्रामीण समुदाय की आवश्यकता के प्रति प्रतिक्रियात्मक रूख अपनाने में एक गंभीर चुनौती है। इन चुनौतियों को परास्त करने का एक रास्ता है विभिन्न कार्यक्रम विकास के विचारों एवं सिद्धांतों की सहायता लेना तथा व्यवहार में उनकी कारगरता का विश्लेषण करना तथा उनसे लाभ एवं हानि जानना।

इस अध्याय में कार्यक्रम विकास प्रक्रिया पर विचार किया गया है जिसमें स्थानीय स्तर के प्रसार कार्य पर जोर डाला गया है। सर्वप्रथम, यह मूल विचारों को समझेगा, कार्यक्रम विकास प्रक्रिया तक पहुँचने के विभिन्न तरीकों पर चर्चा करेगा तथा वर्तमान विचारों पर विचार भी करेगा। इसके दूसरे भाग में, भागीदारी की योजना के मौलिक तत्त्व पर चर्चा करेगा तथा कुछ प्रमुख पहलुओं, प्राथमिकता निर्माण, लक्ष्यों की परिभाषा एवं मूल्यांकन पर जोर डाला जाएगा। अंतिम भाग में नयी भूमिका, ज्ञान एवं कुशलता का सारांश पेश किया जायेगा।

इस बात पर जोर डालना महत्त्वपूर्ण है कि यद्यपि मूल पाठ में हम साधारणतः नियोजन शब्द का इस्तेमाल करते हैं। हमारी चर्चा का विषय विश्वव्यापी कार्यक्रम विकास पर केंद्रित होता है जिसे हम एक प्रगतिशील चक्र मानते हैं जिसमें आवश्यक रूप से योजना, कार्यान्वयन तथा मूल्यांकन के चरणों तथा कार्यों परस्पर क्रियाओं और प्रायः इसके आगे भी कार्यक्रम प्रक्रिया के साथ आगे बढ़ते हैं एवं बदलती अवस्थाओं के अनुसार भौतिक सामाजिक-आर्थिक एवं राजनैतिक संस्थागत वातावरण पर विचार करते हैं।

## प्रसार कार्य

प्रतिक्रियात्मक नियोजन से बढ़ते संबंधों में आज के विश्व में परिवर्तन की गति में तेजी आयी है तथा लोग निरंतर इसमें संलग्न होते हैं या तो निष्क्रिय तत्त्व की तरह या सक्रिय नागरिक की तरह पर बहुधा मात्र योजना ग्रहणकर्त्ता या लक्ष्यों की तरह। विकास योजनाओं का नियंत्रण इस प्रकार होता है कि लोग परिवर्तन के आदी हो जाँए यथा नई कृषि नीति या बाजार की मांग। कभी-कभी ही पर बार-बार नहीं उन्हें सतही समूहों तथा ग्रामीण समुदायों की योजनाओं में बदलाव लाने में सहायता करने को कहा जाता है जो उनकी आवश्यकताओं एवं इच्छाओं के अनुरूप हैं। दोनों ही अवस्थाओं में नियोजन की आवश्यकता होती है एवं प्रसार कार्यक्रमों के विभिन्न प्रकारों की तैयारी भी।

किसी भी प्रकार जब हम कार्यक्रम विकास की बात करते हैं, हम एक प्रकार के नियोजित परिवर्तन की बात करते हैं जो तत्कालीन अवस्था में परिवर्तन का जाना-माना प्रयास है। नियोजित एवं क्रमबद्ध प्रसार कार्यों का उद्देश्य सामाजिक, आर्थिक, सांस्कृतिक या तकनिकी परिवर्तन है। परिवर्तन के सुविधाकर्त्ता, प्रसारकों को वैसी योजनाओं एवं कार्यक्रमों पर विचार करना चाहिये जो खेतिहर परिवारों एवं ग्रामीण समुदायों की आवश्यकताओं एवं रुचियों के अनुरूप है।

कुछ लोग यह कहेंगे कि योजना एक कठिन कार्य है खासकर विकासशील विश्व में जहाँ राजनैतिक एवं आर्थिक अनिश्चिताओं का स्तर अधिक है। यह स्थलीय निर्णय की ओर ले जाता है या लघुकालीन एवं प्रारंभिक नियोजन कार्य की ओर। फिर भी हम जो देकर कहते हैं कि यथेष्ट नियोजन एवं निरंतर मूल्यांकन का अभाव विकास योजनाओं तथा प्रसार कार्यों की असफलता का प्रमुख कारण है। (कोहनेन,

पोर्टेला एवं क्रिस्टोभाव, 1992 पेज 207) इसके साथ ही यह कि नियोजनकर्त्ता अधिकांश अवस्थाओं से संबद्ध विविधताओं को नहीं देखता, विभिन्न ग्राहकों के समूहों को शामिल नहीं किया जाता तथा कुछ की अवहेलना की जाती है (आश्चर्यजनक रूप से प्रमुख) वैकल्पिक निदानों की सावधानीपूर्वक तुलना नहीं कर पाना आदि भी प्रमुख हैं। लक्ष्य बहुत सख्त होते हैं स्पष्टरूप से परिभाषित नहीं होते या कार्य से संबंधित नहीं होते, नतीजों को ठीक से पढ़ा जाता तथा लाभों का आबंटन पर ध्यान नहीं जाता है। इन कई अवस्थाओं में चुनौती स्वाभाविक दीखती है, जो है योजना एवं मूल्यांकन पर अधिक समय देना एवं जल्दबाजी में यंत्रवत कार्य पर रोक लगाना जहाँ बिना समय-ज्ञान के निर्देशन एवं उद्देश्य न रहे।

प्रसार-लेखकों तथा पेशेवरों ने नियोजन का जोरदार समर्थन किया है (फोरेस्ट एवं बेकर, 1944, पेज 87) तथा बताया है कि कार्यक्रम-योजना से बजट की उपयुक्तता को सही बताने में सहायता मिलती है तथा लोगों के बीच समझ आती है। उन्होंने और आगे जोड़ा ''नियोजन प्रक्रिया लोगों को अवसर देती है जो इसमें भाग लें, उन्हें यह सीखने का इस प्रकार समुदाय में नेतृत्व-कौशल का निर्माण कर जिससे स्वयं सहायता स्वाधीनता एवं सकारात्मक अंतिम नतीजा में योगदान मिलने की संभावना रहती है।'' सामान्यतः यथेष्ट नियोजन एवं मूल्यांकन निम्नलिखित कार्य करते हैं:

- आवश्यकताओं एवं रुचियों के एकीकृत विश्लेषण को शामिल करता है जिससे कार्य के नये आयाम खुलते हैं।
- उपयुक्त दिशा में प्रयासों शक्तियों एवं स्रोतों को बढ़ावा देता है तथा पूरकों एवं सिनर्जी को पूरा करने में सहायता देता है।
- कार्यक्रम स्रोतों को सशक्त करता है तथा कोषों को आकर्षित करता है और इस प्रकार कार्यक्रमों के प्रसार को लाता है।
- दल एवं समुदाय की क्षमताओं, प्रेरणाओं, कार्यों एवं स्वायत्तता में सुधार करता है।
- समस्याओं को समझने तथा समाधान के संकल्प दिखाता है।
- योजनाओं की गुणवत्ता तथा कर्मचारियों के कार्य को सशक्त करता है।
- विकास में संलग्न संगठनों के साथ संवाद जारी करने में साधन की तरह सेवा करता है।

इस अर्थ में यह समझा जाना चाहिये कि योजना प्रसार कार्यक्रम, राष्ट्रीय अधिकारियों के बीच अधिक मान्य होता जा रहा है।

## कार्यक्रम विकास अनुमान

विश्व की प्रकृति दुरूह एवं अनिश्चित है। मानवीय जीवन तथा स्थानीय सोसायटी के इतिहास में परिवर्तन एवं हमारा अनिश्चित जीवन महत्त्वपूर्ण तत्त्व है। तब योजना जोखिम भरा कार्य है जो अनिश्चितता एवं असंतुलन ला सकता है। इसके बिना, जीवन और भी अनिश्चित है तथा एक संतुलित एवं प्राप्य विकास और भी कठिन। इसलिए जब हम प्रसार कार्यक्रम विकास की बात करते हैं तो हम मान लेते हैं कि-

- ग्रामीण समुदायों एवं परिवारों के सामाजिक एवं आर्थिक विकास के लिये नियोजित परिवर्तन एक महत्त्वपूर्ण तत्त्व हो सकता है।
- प्रसार सेवा या एजेन्टों को बिना किसी दृष्टि के यंत्रवत कार्य नहीं करना चाहिए।
- प्रसार कार्यक्रम सीखने, शैक्षणिक सुधार एवं विकास में महत्त्वपूर्ण योगदान कर सकते हैं।
- यह संभव है कि कार्यक्रमों का चयन, संगठन एवं प्रबंधन किया जाए जो परिवर्तन एवं विकास में योगदान करें।
- प्रसार शिक्षक, परिवर्तन सुविधाकर्त्ता के रूप में व्यक्तियों परिवारों तथा समुदायों की सहायता कर सकते हैं। उनकी वास्तविकताओं पर प्रतिक्रिया कर तथा उपयुक्त कार्यक्रम बनाकर ग्रामीण जीवन में सुधार ला सकते हैं।

## प्रमुख विचारों की तुलना

एक आदर्श या सर्वव्यापी कार्यक्रम विकास का नमूना अस्तित्व में नहीं है। विभिन्न विकल्प उपलब्ध है तथा

चयन परिवर्तनियों की बड़ी संख्या पर किया जाता है। यह स्पष्ट रूप से जानना आवश्यक है कि कौन योजना बनाता है, (संस्थागत परिदृश्य) किसके लिये, (क्रियाशील-लाभान्वितों) पहल कौन करता है, लक्ष्य क्या है, साधन क्या है, समयावधि क्या है, तथा सामाजिक-राजनैतिक वातावरण कैसा है। योजना के भौतिक-क्षेत्र तथा कोष के स्रोत जैसे अन्य परिवर्तनीय को भी महत्त्वपूर्ण माना जा सकता है। (डसेलडार्य एंड जिगडर वोल्ड, 1991 पेज 4)

हमारे समय में यह आवश्यक है कि विभिन्न कार्यक्रम विकास विचारों को निम्नलिखित विपरीत अर्थों में समझा जाए। ये हैं, केंद्रित-विकेंद्रित, ऊपर से नीचे, नीचे से ऊपर एवं नक्शे प्रक्रिया आदि। दो अंतिम छोर वास्तव में कार्यक्रम विकास तक जाने के अलग-अलग रास्ते हैं जो कुछ विपरीत अनुमानों सिद्धांतों, तरीकों की ओर जाते हैं। डिकोटमी फिर भी किसी समस्या को पेश करने का एक साधारण तरीका है तथा इन दो सिरों के बीच संभावनाओं की निरंतरता रहती है जिस पर ध्यान नहीं देना चाहिए। चर्चा को आगे बढ़ाने के लिये एक क्षण के लिये हम इस निरंतरता पर कायम रहें।

प्रत्येक युग्मों में प्रथम शब्द है केंद्रित, ऊपर से नीचे तथा नक्शा। सामान्य भाषा में एक कार्यक्रम विकसित करने के कठिन परम्परागत तरीके के समान ही है। यह वास्तव में वह प्रभाव है जो कई प्रसार योजनाओं में घटित होते हैं प्रशिक्षण एवं छोटे कार्यक्रम के बाद या अन्य परंपरागत नमूने तथा सूचना प्रसार एवं तकनिकी रूपांतरण पर जोर देता है। उदाहरण के लिये अनुसंधान स्थलों पर तकनिकी का विकास होता है जिन्हें प्रसार सेवाओं में रूपांतरित कर दिया जाता है विषय विशेषज्ञों के जरिए। क्षेत्रीय या जिला स्तर पर प्रसार अधिकारी कार्यक्रमों की योजना बनाते हैं विशेष लक्ष्यों एवं संवादों के प्रसार को बताते हुए। ग्रामीण स्तर पर प्रसारकर्गी कार्यों का कार्यान्वयन करते हैं निश्चित कार्यक्रमानुसार, निकट के पर्यवेक्षण एवं नेतृत्वाधीन। सामान्यत: किसानों की संलग्नता की प्राथमिकता नहीं रहती है।

इस प्रकार के विचार कई प्रमुख मान्यताओं एवं सिद्धांतों पर आधारित होते हैं। कार्यान्वित होने वाली प्रक्रियाओं का विस्तृत एवं संक्षिप्त ज्ञान रहता है ताकि लक्ष्य प्राप्त हो सकें। एक राजनैतिक इच्छा होती है उपलब्ध शक्तियों एवं स्रोतों के इस्तेमाल की तथा इसके लिये एक पूर्वनिर्धारित समय सारणी तथा जाने-माने स्रोत भी होते हैं। (डसेलडोर्य, जिजडरवेल्ड, 1991, पेज 21)

सामान्यत: यह माना जाता है कि केंद्रित, ऊपर से नीचे या नक्शे का सिद्धांत से प्रबंधन, देखभाल तथा मूल्यांकन कार्य में सुविधा होती है क्योंकि कार्यों एवं अनुमानित नतीजों की जानकारी रहती है तथा उत्तरदायित्वों तथा कर्त्तव्यों के सिलसिलों की पहचान रहती है। कुछ मामलों में इसका चयन सर्वोत्तम हो सकता है, उदाहरण के लिए आपातकालीन समय में जब एक सशक्त प्रबंधन शैली की आवश्यकता हो सकती है। समयबद्ध एवं सांगठनिक तरीके से लक्ष्य प्राप्त करने के लिये या उन अवस्थाओं में जहाँ प्रसार कार्य उद्देश्यीय हों, यह है, विशिष्ट तथ्यों तथा ज्ञान पर आधारित, भावनाओं, विश्वासों एवं मूल्यों पर नहीं। इस अंतिम उदाहरण में जैसा कि बोलचाल में जोर दिया गया (1981, पेज 100-101), ''कार्यक्रम-निर्माता उद्देश्यपूर्ण निर्णय करने में सक्षम होंगे तथा ग्राहकों के साधन की आवश्यकता संभवत: कम होगी।''

विभिन्न कारणों से ऊपर से नीचे या ब्लूप्रिंट योजना की भारी आलोचना की गयी है। उनमें से एक महत्त्वपूर्ण आलोचना यह है कि यह बहुत एकरूपीय है जो सामाजिक-सांस्कृतिक वातावरण पर विचार नहीं करता उस विशेष अवस्था पर जिसमें योजना-कार्यान्वयन होता है तथा विभिन्न ग्राहकों के समूह की विशेषताओं पर विचार नहीं करता है, यथा बिना विशेष स्थानीय आवश्यकताओं को जाने, ग्रामीण सिंचाई योजनाओं में सुधार की योजना बनाना साथ ही जल पर अधिकार तथा जल की प्राप्ति एवं आबंटन के नियम जाने (पोर्टेलर, 1990) किसी टेक्नोलोजी पैकेज के विस्तार की खेती पद्धति की जानकारी बिना तथा किसानों की समस्याओं, क्षमताओं, मूल तत्त्वों एवं कौशल की जानकारी के बिना योजना बनाना।

अन्य वर्ग निम्न प्रकार की बातें करते हैं: यह सिद्धांत संस्था केंद्रित होता है तथा कार्यक्रम निर्माता को अंदर से बाहर की ओर से जाया जाता है। कार्यक्रम निर्माता आवश्यकताओं का निर्धारण एवं परिभाषित करते हैं एवं समस्याओं को भी तथा वही लक्ष्यों एवं कार्य स्वरूप को भी तय करते हैं।

कार्यक्रम निर्माता अनिवार्य रूप से संस्थागत नीतियों तथा दर्शनों पर आधारित होते हैं तथा वहाँ की वास्तविकता के बारे में परिप्रेक्ष्यों की विविधताओं पर विचार नहीं करते।

कार्यक्रम चक्र में इस सिद्धांत का क्रम में बहुत साधारण स्थान होता है जो चरणों के तार्किक क्रम की संभावना पर जोर देता है।

यह सख्त है तथा स्थिरता का स्तर प्राप्त करता है जबकि कार्यक्रम बनाये जाते हैं, समस्याएँ नहीं बदलती हैं तथा नयी समस्याएँ उत्पन्न नहीं होती।

ऊपर के प्रत्येक युग्मों के दूसरे शब्दों को देखने पर हम एक भिन्न मुख्य शब्दों के समूह पाते हैं जैसे विकेंद्रित, नीचे से ऊपर तथा प्रक्रिया। सामान्य अर्थों में ये भागीदारी योजना जैसे ही लगते हैं जो हाल में खेती की पद्धति के विकास में एक प्रमुख तत्त्व है (फाओ, 1994), पहले किसान का नमूना (चैम्बर्स, पेसी एंड थ्रूप, 1989), भागीदारी तकनीकि विकास (फारिंगटन एंड मार्टिन, 1993; रिज्नट्जेस, हैवरकोर्ट एंड वाटर्स बेयर, 1992) या स्थानीय प्रक्रिया के सुविधाजनक कार्य आदि हैं।

ऊपर से नीचे के परिप्रेक्ष्यों से इसके मार्गदर्शन सिद्धांत बिल्कुल भिन्न हैं। (बर्गडाल, 1993, डसलेडार्य एवं जिजडरवेल्ड, 1991, कोर्टेन, 1991)

- विकास को एक दीर्घकालीन प्रयास समझा जाता है तथा प्रक्रिया के लिये निरंतर संकल्प तथा सामूहिक उत्तरदायित्व को आवश्यक माना जाता है।
- कार्यक्रम कर्मचारियों को भागीदार तथा सुविधाकर्त्ता की तरह कार्य करना चाहिए विशेषज्ञों की तरह नहीं।
- स्थानीय घटकों की भागीदारी पर जोर दिया जाता है।
- लाभान्वितों की सक्रिय संलग्नता के साथ आवश्यकताओं के निर्धारण तथा योजना की तैयारी में अधिक समय दिया जाना चाहिए। कार्यक्रम चरमबद्ध हो जो मान्य आवश्यकताओं एवं स्थानीय वातावरण से नजदीकी संबंध प्राप्त करें।
- कार्यक्रम का अंतिम लक्ष्य स्थानीय घटकों की शक्ति में वृद्धि करना है ताकि वे अपने विकास की योजना एवं कार्यान्वयन स्वयं करें।

सामान्य रूप से यह विचार खुला तथा प्रक्रिया केंद्रित होता है तथा सीखने के पहलुओं में गलती कर बैठता है तथा आकस्मिक प्रवृत्ति के कार्यक्रमों तथा योजनाओं को जन्म देता है।

ऐसे सिद्धांतों एवं विचारों का इस्तेमाल छोटे स्थानीय विकास योजनाओं में होता है। एकीकृत प्रकृति को जहाँ नागरिकों की भागीदारी को बहुत मूल्यवान तथा इच्छित माना जाता है। उदाहरण के लिए ऐसे कार्यक्रमों को पश्चिम अफ्रीका के साओटोम एवं प्रिंसिप जैसे देशें में वहाँ के कृषि एवं ग्रामीण विकास मंत्रालय द्वारा प्रमुख भूमि-सुधार कार्यक्रम के भाग की तरह विकसित किया जा रहा है। ऐसी परियोजनाओं को अंतर्विभागीय एवं अंतर्संस्थागत दलों के रूप में स्थानीय किसान संस्थाओं तथा युवा समूहों की भागीदारी के साथ जीवित करने का प्रयास किया जा रहा है। परियोजनाओं का द्रुत स्तरीकरण कार्य की भागीदारी से उदित हुआ है। (क्रिस्टोवाओ, बोटलहो एवं वोम जेम्स, 1994)

यह स्पष्ट है कि यह सिद्धांत समस्याओं एवं आलोचनाओं से परे नहीं हैं। कुछ बिल्कुल प्रमाणित हैं, जैसे पूर्व निर्धारित लक्ष्यों के बिना कार्यभार देना जो कर्मचारियों के लिये कठिन हो तथा भागीदारों को भ्रमित करना जो प्राय: हस्तक्षेप प्राप्त करने वाले ही होते हैं, सक्रिय भागीदार नहीं। मोटामोटी सभी दर्शन एवं तरीके परंपरागत विपरीत होते हैं जिनसे वित्तदाताओं एवं कार्यकारी सेवाओं का परिचय भी रहता है, वे संबंधों को जटिल बना देते हैं। इस अवस्था में विकेंद्रीकरण का प्रश्न महत्त्वपूर्ण हो जाता है। फलस्वरूप, पिछले दशक में इस दिशा में किये गये प्रयासों को देखने के बाद भी यह पता लगता है कि अभी भी स्थानीय स्तर पर क्षमताएँ कमजोर ही हैं। ''विकास कार्यक्रम के कार्यान्वयन के लिये स्थानीय प्रशासनिक इकाइयों की क्षमता निर्माण के लिये तरीके ढूँढ़ना तथा इस कार्य के लिये केंद्रीय अधिकारियों का समर्थन प्राप्त करना आने वाले वर्षों में विकासशील देशों की सरकारों के लिये एक गंभीर चुनौती है।'' (रोंडीमेकी, 1987, पेज 54) भागीदारी का मसला भी महत्त्वपूर्ण है। यह कहा जा सकता है कि भागीदारी प्रत्येक अवस्था में वांछनीय नहीं है तथा इससे लाभ एवं हानि दोनों हैं। उदाहरण के लिये इसमें समय की आवश्यकता होती है जो कभी-कभी उपलब्ध नहीं होता जिससे सामाजिक एवं राजनैतिक संघर्ष आ सकते हैं चूँकि यह शक्ति के प्रश्न से जड़ित होता है इसलिये

**बाक्स-1 : कार्यक्रम विकास के दो नमूने।**

**विकास फ्रेमवर्क**

यद्यपि बोयल (1981, पेज 51-57) में चरमबद्ध क्रमों को उपस्थित किया है पर उन्होंने कार्यक्रम प्रक्रिया की प्रगतिशील प्रकृति पर जोर डालते हुए बताया है कि भिन्न चरण एवं कार्यक्रम एक ही साथ आ सकते हैं या एक भिन्न क्रम में भी।

- सिद्धान्तों, नीतियों तथा प्रक्रियाओं का कार्यक्रम बनाने में इसके आधार की पहचान।
- समुदाय तथा ग्राहकों की अवस्था का विश्लेषण।
- वांछित नतीजों की पहचान।
- स्रोतों तथा समर्थन की पहचान।
- आदेशात्मक योजना का प्रारूप।
- कार्यों का कार्यक्रम : घटनाओं एवं कार्यकलापों की तारीखें।
- स्रोतों का उत्तरदायित्व, मूल्यांकन।
- कार्यक्रम के मूल्यांकन संचार।

**सूचनात्मक फ्रेमवर्क**

- उपलब्ध आवश्यक एवं वांछित तत्त्वों का निर्धारण करना।
- सूचनाओं एवं ज्ञान का प्रावधान करना।
- तत्त्वों के आबंटन की सीमा का निर्धारण करना।

जिन्हें इसे खोने का खतरा होता है वे इसका विरोधकर रुकावटें डाल सकते हैं। निस्संदेह प्रत्येक योजनावस्था का सावधानी से विश्लेषण आवश्यक होता है जो नागरिकों की भागीदारी से पूरा किया जा सकता है, जो इसे प्राप्त करने का तरीका है एवं इसका खर्च एवं होने वाले लाभ भी।

अधिकांश अवस्थाओं में विकल्प निरंतरता का एक अंतिम छोर नहीं, बल्कि कहीं बीच में होता है। इसके साथ ही विभिन्न विचारों का मिश्रण भी आवश्यक तथा लाभदायक हो सकते हैं। बोयल (1981, पेज 7) उदाहरण के लिये बोयल ने तीन प्रकार के कार्यक्रम सुझाये, जो हैं : विकासपूर्ण, सूचनापूर्ण तथा संस्थागत। प्रथम स्पष्टतः प्रक्रिया केंद्रित है एवं लक्ष्यों का उदय भागीदारों की आवश्यकताओं तथा समस्याओं से होता है। दूसरा प्रधानतः ऊपर से नीचे का होता है तथा भागीदार सूचनाओं के ग्रहणकर्त्ता होते हैं। तीसरा प्रकार मूल रूप से प्रशिक्षण एवं आदेशों जैसा होता है जिसका विकास शिक्षणकर्त्ता तथा क्षेत्र के ज्ञान से होता है। फिर भी बोयल जोर देकर कहते हैं कि प्रसार कार्य के क्रम में ये एक-दूसरे के ऊपर आ जाते हैं यह कि स्थानीय क्रम से पहल की भागीदारी योजना सूचना प्रसार के केंद्रित प्रयासों तथा प्रशिक्षण कार्यों से लाभान्वित हो सकती है।

## लोगों के साथ प्रसार कार्यक्रमों का सृजन : एक मौलिक तर्क

योजना को अब तक प्रक्रिया एवं सामाजिक कार्य के रूप में माना जाता है। प्रक्रिया की तरह इसे समस्याओं के निदान के लिये प्रगतिशील प्रयासों एवं लक्ष्य प्राप्ति के लिय निर्णयों एवं कार्यों का उदय समझा जाता है। एक सामाजिक तरीके के रूप की तरह यह रुचियों को समझने तथा एक प्रकार के कार्यकारी स्थल का निर्माण करता है जिसमें अनुसंधानकर्त्ता, विषय-वस्तु विशेषज्ञ, ग्रामीण नेता, किसान संगठनों के प्रतिनिधि तथा समूह जैसे घटकों को शामिल किया जाता है। वर्तमान विचार में 'समझौता' का उदय एक प्रमुख शब्द है। (कारवेरो एवं विल्सन, 1994, सेडोस्के, 1991) इसका अर्थ है कि अधिकाधिक कार्यक्रम विकास एक प्रजातांत्रिक क्रिया है, जो निम्नलिखित समस्याओं के इर्द-गिर्द संवाद की सफलता है:

- किसी स्थिति का वर्णन एवं विश्लेषण कैसे किया जा सकता है?

- प्रमुख समस्याएँ, आवश्यकताएँ एवं उम्मीदें क्या हैं? किस प्रकार के स्त्रोतों, सूचनाओं तथा तकनीकों की आवश्यकता है।
- किन योजनाओं तथा कार्यक्रमों का कार्यान्वयन होना चाहिए? कब, कैसे, कहाँ और किसके द्वारा?
- मूल्यांकन को कैसे देखा जाए? इसे कौन और कब करे?
- कार्यक्रमों का प्रबंधन एवं नियंत्रण कैसे तथा किसके द्वारा हो?

प्रसार कार्यों के जनतांत्रिक नियोजनों में इस प्रकार के प्रश्न सामने आते हैं चर्चा के लिये जो आवश्यक रूप से क्रमबद्ध नहीं होते पर एक प्रकार की पुनरावृत्ति के स्थान में जिसमें एक बाद इस आगे-पीछे होता रहता है।

पुरुष एवं महिला किसानों की भागीदारी, ग्रामीण नेताओं तथा नेटवर्क (औपचारिक तथा अनौपचारिक दोनों) समुदाय समूहों तथा अन्य विकास संस्थाएँ महत्त्वपूर्ण मसले बन जाते हैं जिसके लिये सृजनात्मक विचारों एवं प्रयासों की निरंतरता आवश्यक होती हैं। वास्तव में, अनुभव बताता है कि खेती तथा ग्रामीण आबादी का बहुमत जो प्राय: उत्पादक का सबसे बड़ा भाग होता है, उन्हें प्रत्यक्ष रूप से सक्रियता एवं क्रमबद्धता के साथ प्रक्रिया में शामिल नहीं किया जाता है। यद्यपि शब्दों में ये विकास के केंद्र माने जाते हैं। यह जाना जाता है कि प्रसार कार्य महिलाओं की अनदेखी करते हैं तथा इनका समर्पण अल्पमत, उन्नत एवं बड़े किसानों के प्रति रहता है जो अपेक्षया अच्छी स्थिति में होते हैं। ये किसान पद्धति को प्रभावित करने में अधिक सशक्त होते हैं, ग्राम एवं सरकारी संस्थाओं के बीच विशिष्ट संबंधों के तत्त्व के रूप में बार-बार आते हैं संगठनों में सक्रिय रूप से शामिल होते हैं तथा योजना के लाभ का भारी अंश प्राप्त करने में सक्षम होते हैं। दूसरी ओर यह भी माना जाता है कि छोटे एवं मध्यम श्रेणी के किसानों के पास भागीदारी के लिये समय, पैसे तथा प्रेरणा का अभाव रहता है। वे अपने को शक्तिहीन समझते हैं तथा स्थानीय घटनाएँ भी प्राय: प्रोत्साहन नहीं देती तथा इस बात का समर्थन करती हैं कि भागीदारी में राजनैतिक जोखिम होता है।

## लोगों की संलग्नता का विस्तृत विचार

लोगों के साथ कार्यक्रमों का सृजन लोगों की संलग्नता का विस्तृत विचार है। भूत में कई बार की तरह भागीदारी को एक सूचना बैठक में ग्रामीणों की कभी-कभी उपस्थिति, जन सेवाओं का साधारण उपयोग, किसी योजना में स्वयं सेवी योगदान या पूर्व नियोजित ऊपर से नीचे की योजनाओं वृद्धि के लिये एक प्रकार का कार्य के रूप में नहीं समझा जाना चाहिए।

इस प्रकार भागीदारी, क्रिया एवं प्रतिक्रियायें लोगों की संलग्नता, किसी कार्यक्रम में निर्णय के पीछे सशक्तिकरण तथा सक्रिय संलग्नता एवं स्त्रोतों तथा संस्थाओं पर पहुँच एवं नियंत्रण आदि बन जाते हैं।

## लोगों के बारे में एक भिन्न मत

लोगों के एवं उनकी भूमिका के बारे में भी एक नया विचार अनिवार्य है। वास्तव में नियोजकों प्रबंधकों एवं अन्य का ग्रामीण लोगों के बारे में जो विचार रहता है, खासकर छोटे एवं गरीब किसानों के बारे में, वह बहुत प्रभावशाली होता है। फिर भी यह विचार अधिक विस्तृत है कि व्यवहारिक रूप में स्थानीय समाज में विभेदीकरण नहीं होता तथा यह कि किसान निष्क्रिय एवं अनविज्ञ होते हैं तथा उनमें स्थानीय अवस्थाओं को समझने तथा विश्लेषण करने की एक प्रस्तावित निदानों को कार्य रूप में परिणत करने तथा नतीजों का मूल्यांकन करने की क्षमता का अभाव रहता है। इसका प्रत्यक्ष प्रभाव यह होता है कि तकनिकी कामगारों के मन में पैतृकता तथा उत्तमता का भाव आ जाता है और सोचते हैं कि उनका ज्ञान ही सर्वोत्तम है तथा विकास समस्याओं का सही उत्तर उनके पास है।

प्रसार कार्यों की जनतांत्रिक योजना का सारांश निम्नलिखित प्रकार से है:

- भागीदारी की विस्तृत समझ जिसमें शामिल है विभिन्न कार्यक्रम विकास चरणों में विभिन्न समूहों तथा संगठनों की संलग्नता तथा निर्णायक स्तर पर के कार्य।
- ग्रामीण लोगों पर भिन्न विचार तथा उनके ज्ञान एवं अनुभवों के प्रति आदर एवं नम्रता का भाव।
- विभिन्न सामाजिक समूहों में शक्ति के भागों एवं वितरण के तरीके पर नजदीकी नजर, जो स्थानीय एवं क्षेत्रीय नेटवर्क, आबादी के अंश तथा उनके एवं राष्ट्रीय तथा क्षेत्रीय शक्ति के केंद्रों के बीच होता है। (राजनैतिक नेताओं एवं दलों के बीच)

- कार्यालीय ढाँचे में जो निर्णय करने की शक्ति का आबंटन होता है या अन्यों के बीच जो विभिन्न स्तर पर लोगों एवं विकास से संबद्ध रहते हैं, उसकी समझ होना।
- इस तथ्य की मान्यता है कि किसी भी अवस्था में, छोटे ग्रामीण समुदायों में भी, तत्कालीन, आवश्यकताएँ, रुचियाँ एवं आशाओं में एकरूपता नहीं होती।
- भागीदारी से संबद्ध समस्याओं तथा लाभों के बारे में स्पष्ट ज्ञान।

यह मूल तर्क केवल राजनैतिक एवं नैतिक रूप से ही सशक्त नहीं है क्योंकि लोगों का आदर किया जाना चाहिए तथा भागीदारी को अब मानवाधिकार तथा एक मूल आवश्यकता समझा जाता है, वरन यह आर्थिक रूप से उचित है क्योंकि अनुभव बताता है कि योजनाओं की सफलता तथा दीर्घकालीन प्राप्य नतीजों के लिये मानव केंद्रित विचार रहना चाहिए।

## भागीदारी को घटित होने देना

भागीदारी की योजना एक रैखीय या क्रमबद्ध कार्य नहीं है। फिर भी इसमें कई प्रमुख चरण शामिल हैं, जो हैं, अवस्थाओं का वर्णन एवं विश्लेषण, आवश्यकताओं, समस्याओं तथा उम्मीदों की पहचान, अवसरों तथा बाधाओं का निर्धारण, कार्यक्रम तथा योजना विचार बनाना, कार्यान्वयन योजना की स्थापना, कार्यों पर नजर तथा प्रतिक्रियाओं एवं नतीजों का मूल्यांकन। विश्वस्तर पर यह एक प्रगतिशील निरंतर प्रक्रिया है जिसका विकास कार्यों एवं चक्रों की क्रमबद्धता में होता है। प्रत्येक चरण में कई घटक आते हैं तथा नियोजक सुविधाकर्त्ता की तरह कार्य करते हैं जिससे सक्रिय भागीदारी तथा नतीजों की गुणवत्ता सुनिश्चित होती है।

भागीदारी बढ़ाने के लिए किसी कौशल की ग्रहणीयता एक महत्त्वपूर्ण पहलू होता है। इसके लिये अनुभवों के आधार पर पाँच प्रमुख अंतर्संबंधित तत्त्व अनिवार्य हैं। (ब्रायंट एंड हवाईट, 1982; सर्मियन, 1992)

- प्रसार कार्यों को सहज एवं प्रबंधकीय बनायें;
- योजना क्षेत्र में विभिन्न समूहों में भेद करें;
- विभिन्न प्रकार के संगठनों के साथ कार्य करें;
- सभी संभव तरीकों तथा तकनीकों का लाभ उठायें;
- भागीदारी के लिये लोागें की क्षमता में सुधार करें।

**प्रसार कार्यों को सहज एवं प्रबंधकीय बनायें:** यह माना जाता है कि स्थानीय स्तर पर विकसित छोटी योजनाएँ, जिसमें अपेक्षया सहज ज्ञान शामिल होता है तथा भागीदारों को प्रत्यक्ष लाभ देता है एवं स्वयं सहायता के विचारों पर बना होता है, वह लोगों का ध्यान आकर्षित करने तथा सक्रिय संलग्नता में अधिक कारगर होता है। (ब्रायंट एवं हवाई, 1982, पेज 218) जब योजनाएँ बड़ी एवं अधिक दुरूह होती हैं क्षेत्रीय या प्रांतीय स्तर पर तो कार्य अधिक कठिन हो सकता है, पर विकेंद्रीकरण सहित भागीदारी तरीकों को उत्पन्न कर रास्ता निकाला जा सकता है जो स्थानीय प्रसार इकाईयों को अधिक साधन देता है विभिन्न स्तरों पर ग्रामीण संगठनों तथा समूहों के साथ कार्य करने के लिए।

**एक योजना क्षेत्र में विभिन्न समूहों में अंतर करना:** हम कैसे सुनिश्चित हो सकते हैं कि भूमिहीन किसानों या गरीब महिलाओं जैसे खास समूहों की आवश्यकताओं को प्रसार कार्यक्रमों की प्रक्रिया में शामिल किया गया है? इस का उत्तर है योजना क्षेत्र में शामिल समूहों की स्पष्ट पहचान। नतीजों में 'किसानों या ग्रामीण आबादी' को लक्ष्य समूह समझ लिया जाता है, समान समूह की तरह बिना किसी विशेषता के, जो वास्तव में नहीं रहता है। इसलिये भागीदारी प्रक्रिया में विशेष समूहों तथा उपसमूहों के साथ कार्य करने के लिये उनकी पहचान एक महत्त्वपूर्ण तत्त्व होता है।

पहचान कई तरह से की जा सकती है। अलब्रेस्ट, *इट एल.* (1989, पेज 48-49) दो सामान्य विचार प्रस्तुत करता है।

आकार तथा सामाजिक-आर्थिक स्वरूपों के अनुसार खेतों का वर्गीकरण (पूर्ण समय-रोजगार, अतिरिक्त आय, एक दूसरा कार्य) तथा इसका उत्पादन ढ़ाँचा (भूमि उपयोग पद्धति, प्रबंधन पद्धति आदि)। इसके लिये विस्तृत सर्वेक्षणों की सामान्य आवश्यकता होती है जो खर्चीला तथा अधिक समय का होता है।

**स्थानीय सामान्य विभेदों पर निर्मित:** यह किसी ख्रास समाज में उपस्थित समूहों का वर्गीकरण विभेदों के

अनुसार करना अधिक सहज तथा व्यावसायिक तरीका है। इनमें दिखावा कम होता है तथा आबादी के दृष्टिकोण से समस्याओं की अवस्थाओं का अधिक ईमानदार प्रति क्रियात्मक स्वरूप देखा जा सकता है। इस मामले में, प्रमुख सूचनाकर्त्ता साक्षात्कार या समूहचर्चा सामान्य प्रक्रिया है।

पहले के इन तरीकों के पूरक स्वरूप एक तीसरा विचार उपलब्ध सामुदायिक संगठनों की पहचान हो सकती है जिसमें सदस्यता तथा नेतृत्व, उनकी भूमिकाएँ तथा उनकी रुचियों के प्रकार का निर्धारण तथा स्थानीय समाज के किसी खास वर्ग की सेवा में उनका स्थान, आदि बातों पर विचार किया जाता है।

**विभिन्न प्रकार के संगठनों के साथ कार्य करना:** इसकी विस्तृत मान्यता है कि भागीदारी की सुविधा के लिये किसी न किसी एक प्रकार के संगठन अनिवार्य हैं। उदाहरण के लिये ओकली तथा मार्क्सडन (1984 पेज 69) ने ब्राजील, सेनेगोल, बांग्लादेश तथा भारत के विभिन्न मामलों में भागीदारी के विभिन्न तरीकों का सारांश पेश किया तथा उन सभी में समूह का निर्माण एवं भूमिका एक महत्त्वपूर्ण पहलू बनकर उभरे इस परिप्रेक्ष्य में चार विशेष संस्तुतिओं को महत्त्वपूर्ण माना जा सकता है:

- संगठनों के विस्तृत विविधताओं के साथ कार्य करने से और अधिक वर्णक्रम के लोगों तक पहुँचने के अवसर में वृद्धि होती है। संस्थागत नक्शा बनाने की आवश्यकता होती है क्योंकि अधिकांश अवस्थाओं में विभिन्न आकार के संगठनों का अस्तित्व रहता है जैसे सहकारिता वस्तु-समूह, सिंचाई एवं साख समितियाँ, युवा या महिलाओं के क्लब, ग्रामीण समितियाँ, छुट्टी के तथा सांस्कृतिक समूह, विकास संस्थाएँ एवं जो विभिन्न रुचियों एवं लक्ष्यों का प्रतिनिधित्व करने वाले विविध ढ़ाँचों तथा लेबलों के अन्य संगठन आदि जो स्थानीय, क्षेत्रीय या राष्ट्रीय स्तर पर होते हैं।

- अस्तित्व के संगठनों के साथ कार्य करना महत्त्वपूर्ण होता है। खासकर घरेलू संगठन एक महत्त्वपूर्ण स्रोत होते हैं अपनी एकरूपता के कारण परस्पर विश्वास के लिये (ब्रायंट एवं ह्वाईट, 1982 पेज 129)।

- कई अवस्थाओं में नये संगठनों का निर्माण महत्त्वपूर्ण होता है। इसके लिये प्रक्रिया को शैक्षणिक रहना चाहिए। संबंधित लोगों को संगठित होने की तथा उनके कार्य के तरीकों एवं लक्ष्यों के निर्धारण के लिये भी आवश्यकता होती है। प्रतिक्रियात्मक भावों, चर्चाओं एवं निर्णयों की सामान्य भावना होती है। (कोर्टेना, 1980) प्रसारकर्मियों तथा परिवर्तन इकाईयों को प्रोत्साहित तथा सहायता करने परामर्श एवं प्रशिक्षण देने तथा समान अनुभवों तक पहुँच एवं संपर्क बढ़ाने की सुविधा देने, तत्पर रहना चाहिए।

किसी भी अवस्था में, तत्कालीन संगठनों की रुचियों का तथा उनकी शक्ति तथा प्रभाव का विश्लेषण करना महत्त्वपूर्ण होता है। कई अवस्थाओं में उनकी अनुकृति धनी किसानों या उन्नत समूहों के प्रतिनिधियों की होती है। पाये भागीदारी विचार के लिये विश्वस्त समर्थक बिल्कुल नहीं होते हैं, जिसका लक्ष्य विभिन्न समूह एवं अलाभान्वितों तक पहुँचना होता है।

फिर भी इस तत्त्व से संबद्ध पूरे परिदृश्य में इस पर अवश्य जोर डाला जाना चाहिए कि परामर्शी समितियों या विभिन्न आकार की परिषदों के साथ काम करना लाभदायक रहा है। (अलब्रेंट इट. *एल.*, 1990, बोयल, 1981, हेय, केकजर एंड डवीलिंग, 1983) ऐसे संगठनों में 12 से 15 सदस्यों की एक चयनित संस्था होती है जो प्रसार को किसी क्षेत्र के विकास प्रयासों में विभिन्न प्रकार की सदस्यता देती है जो कार्यक्रम विकास में औपचारिक भागीदारी सुनिश्चित करने का एक विशेष साधन होता है।

**सभी संभव तरीकों एवं तकनिकों का लाभ उठाना:** किसी भी अवस्था में चाहे वे अनुकूल हो या प्रतिकूल संस्थागत परिदृश्य में, कुछ करने की गुंजाईश हमेशा रहती है ताकि प्रसार कार्यक्रमों को स्थानीय आवश्यकताओं एवं चिंताओं के अनुरूप बनाया जा सके। नीचे कुछ विकल्प दिये गये हैं:

- समुदाथ सर्वेक्षण करना, विशेष समूह के संपर्क साधन तथा प्रसार बैठकों, प्रशिक्षण पाठ्यक्रमों या अन्य प्रकार के जन-घटनाओं में प्रश्नावलियों का प्रशासन।

- प्रमुख सूचनाकर्त्ताओं तथा अन्य ज्ञानी व्यक्तियों से सूचना संग्रह करना साथ ही औपचारिक तथा अनौपचारिक समूह चर्चाओं तथा ग्रामीण या अन्य स्तर की बैठकों से भी सूचना एकत्र करना।
- जानबूझकर उन समूहों से संपर्क करना जहाँ पहुँचना कठिन होता है तथा उनके साथ भी जिन्हें कम ज्ञान तथा शक्ति है एवं जिन्हें सामान्यत: प्रसार कार्यों में शामिल नहीं किया जाता है।
- परस्पर क्रियात्मक रेडियो तथा दूरदर्शन कार्यक्रमों के जरिये जन सहयोग (साधन) प्राप्त करना।
- शिक्षा तथा स्वास्थ्य जैसे क्षेत्रों की अन्य सेवाओं के साथ संप्रेषण करना तथा सूचनाओं, अनुभवों एवं विचारों का आदान-प्रदान करना।
- आवश्यकताओं, चिंताओं, विचारों, मूल्यों एवं प्रथाओं का एक स्थायी रिकार्ड रखना।

**भागीदारी के लिये लोगों की क्षमता में सुधार करना:** इसमें अन्य तत्त्वों के साथ इसमें शिक्षा एवं प्रशिक्षण दोनों शामिल रहते हैं। प्रसार सेवा स्तर पर एजेंटों एवं अन्य अधिकारियों के पास ग्रामीण लोगों के साथ परस्पर क्रिया के रूप में कार्य करने की कुशलता नहीं होती है। उनका प्रशिक्षण प्राय: संतुलित होता है जहाँ तकनिकी ज्ञान एवं क्षमताओं की प्राप्ति पर ही जोर रहता है। सेवान्तर्गत प्रशिक्षण की आवश्यकता हो सकती है ताकि प्रसारकर्मी यह जाने कि भागीदारी के विभिन्न कार्यक्रमों के चरणों तथा क्षणों में वे किस प्रकार सहायक तथा सुविधाकर्त्ता की तरह कार्य करें।

ग्रामीण लोगों एवं खासकर किसानों के संबंध में यह महत्त्वपूर्ण होता है कि शिक्षा तथा नेतृत्व विकास जैसे क्षेत्रों में कार्य किया जाए। सशक्त स्थानीय संस्थाओं की स्थापना तथा विवेक एवं स्वयं आधारित समस्या-समाधान के प्रयासों के लिये, साक्षरता ज्ञान की प्राप्ति, संप्रेषण क्षमता तथा सांगठनिक एवं नेतृत्व क्षमता बहुत ही आवश्यक होते हैं। जैसा कि अलब्रेटन एट. एल. ने बताया (1989 पेज 182) कि प्रशिक्षण स्थानीय संगठनों की क्षमता वृद्धि कर सकता है, उन्हें अधिक उत्तरदायित्व का एहसास कर सकता है एवं राजनैतिक महत्व प्राप्त करा सकता है यह सुनिश्चित कर कि उनके सदस्यों की रुचियों पर उच्चतर स्तर पर विचार किया जाएगा।

अन्य के साथ यह विचार प्रसार कार्यक्रम के सृजन की कार्य योजना का आधार निर्मित कर सकता है लोगों के साथ जिसमें निम्नलिखित आयाम जुड़े हों:

- भागीदारी योजनाओं की अनुरूपता सृजन के लिये सहयोग तथा संवाद के आतंरिक वातावरण स्थापित करने के लिए प्रसार संगठनों के ढाँचे एवं प्रबंधन को परिवर्तित या अनुकूलित करें।
- विचारों के द्रुत विनिमय तथा संयुक्त निर्णय करने की सुविधा के लिये प्रसार सेवान्तर्गत तथा संबंधित सेवाओं एवं सभी शामिल संस्थाओं के साथ खुला संचार चैनल को बनाये रखें।
- भागीदारी को बढ़ावा देने तथा प्रसारकर्मियों एवं ग्रामीण नागरिकों के प्रशिक्षण के लिये अनिवार्य क्षमताओं ज्ञान, भावना आदि के विकास के लिये योजना बनायें।
- छोटे स्थानीय प्रसार कार्यक्रमों पर प्रयास तथा ध्यान केंद्रित करें।
- कार्यक्रम क्षेत्र में समूहों में अंतर कर लें तथा आवश्यकताओं, चिंताओं, विचारों, क्षमताओं एवं बाधाओं की विविधता को समझ लें।
- विचार कर विभिन्न प्रकार के संगठनों के साथ कार्य करें, औपचारिक-अनौपचारिक दोनों के साथ जिससे कार्यक्रम की गुणवत्ता एवं प्रतिक्रियात्मकता सुनिश्चित की जाए।
- अंतर्जड़ित परामर्श समितियों की स्थापना करें। आवश्यकता स्तर पर तथा कार्यक्रम क्षेत्र में तथा पूरी योजना चक्र में सक्रियता से उनके साथ लगे रहें।
- नागरिकों का सहयोग पाने (साधन) प्राप्त करने के लिये सभी संभव तरीकों का उपयोग करें।

**लक्ष्यों को जानना : प्रमुख दिशाओं पर सम्मति निर्माण के उपकरण**

प्रसार कार्यक्रम के विकास में लक्ष्यों को जानना (परिभाषित करना) एक मुख्य पहलू है तथा लक्ष्यों को योजना का मार्गदर्शन माना जाता है। ये कार्यों के चयन के

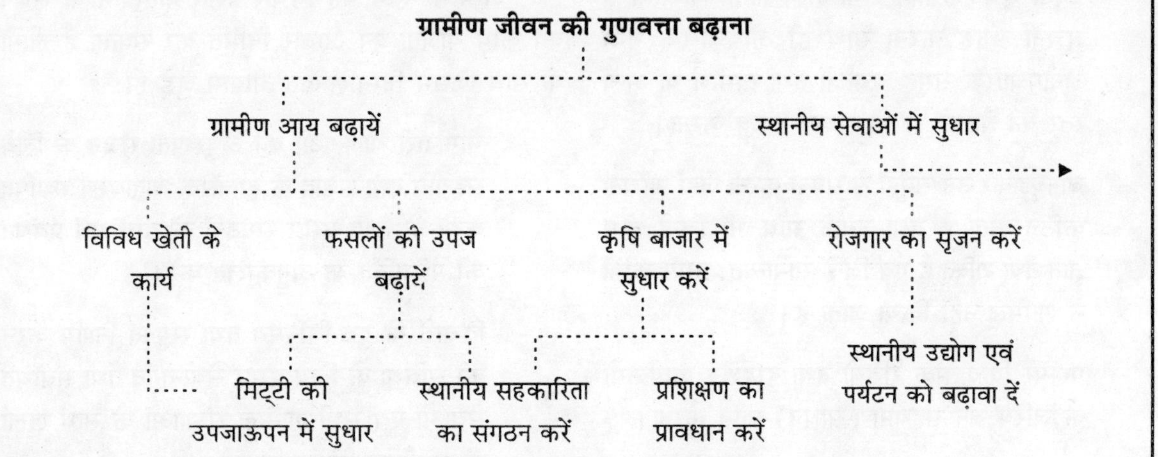


**बाक्स 2 : ग्रामीण विकास प्रोजेक्ट के मुख्य पेड़ के अलग-2 प्रकार के उदाहरण।**
**( इन्सपायर्ड बाई डेल्प, थेसेन, मोतीवाला, शेषाद्री, 1977 )**

आधार के लिये एक दिशा देते हैं तथा मूल्यांकन का एक ढ़ाँचा एवं निर्णयों को स्पष्टता देते हैं। परंपरागत योजना में ऐसा कहा जाता है कि लक्ष्यों को परिभाषित होना चाहिए। स्पष्ट तथा साफ-साफ, क्रमाबद्धतारूप में तथा परिमाणात्मक तथा मापनीय रूपों मे भी।

कार्यक्रम निर्माण में जो खुला एवं प्रगतिशील है तथा वर्तमान के द्रुत परिवर्तन में लक्ष्यों पर चर्चा होनी चाहिए जो लचीले, परिवर्तनीय तथा अनुरूपी रहें। इन्हें सहज ही प्रारंभ किया जाए तथा ये कम महत्त्वाकांक्षी रहें पर भागीदारों की क्षमता में वृद्धि के साथ प्रसार को बढाने का मौका देना चाहिए जैसे-जैसे अनुभव प्राप्त हों तथा विश्वास जमें। इसमें कार्यक्रम मूल्यांकन की निरंतरता प्रभावी हो सकती है।

लक्ष्यों की परिभाषा के सुविधा के लिये कुछ तरीकों का इस्तेमाल हो सकता है। लक्ष्य के पेड़ संभव हैं। साधारण शब्दों में इस पेड़ में गुणात्मक या परिमाणात्मक रूप से कार्यक्रम या योजनाएँ रहती हैं जो एक पेड़ग्राफ में वंशानुगत क्रम से प्रकार की तरह जुड़े रहते हैं। माना जाता है कि निचले स्तर के लक्ष्यों का उच्च्व स्तर पर लक्ष्य प्राप्त करने में योगदान रहता है। जैसा कि बाक्स 2 के उदाहरण में दिखाया गया है। कई स्तर के लक्ष्यों पर विचार किया जा सकता है।

सारांश यह कि लक्ष्य पेड़ अनुमानित योजना के नतीजों को स्पष्ट करने में सहायक है तथा इनके बीच संबंधों को और स्पष्ट करता है। इस प्रकार कार्यक्रम योजना एवं मूल्यांकन में यह लाभदायक तरीका हो सकता है।

## नियोजकों के बृहत्तर भूमिका की उन्मुखता तथा नये ज्ञान

अभी जो विचार प्रस्तुत किया गया है उसमें प्रसार नियोजकों, तथा कार्यक्रम प्रबंधकों, कार्यकलापों तथा मूल्यांकन करने वालों की नयी भूमिका शामिल है। यह भूमिका विभिन्न क्षेत्रों में ज्ञान तथा कुशलता की मांग करता है। अगर परंपरागत कार्यक्रम विकास नमूना तकनिकी तैयारी पर जोर डालता है खासकर सर्वेक्षण का प्रारूप, आंकड़ों का रिपोर्ट तथा विश्लेषण या बजट तैयार करना, उदित नमूनों के लिये समान ज्ञान एवं कुशलता की आवश्यकता होती है तथा राजनैतिक एवं नैतिक क्षेत्रों में खासकर अतिरिक्त तैयारी की आवश्यकता होती है। नैतिकता के मसले पर प्रसारकर्मियों को मूल्यों के साथ का ज्ञान होना चाहिए जिसमें शामिल है अपने मूल्यों के प्रति सजगता तथा नियोजित कार्यक्रम के प्रति दूसरों की रुचियों, मूल्यों तथा संकल्पों के निर्धारण की क्षमता तथा दूर के विकास प्रयास आदि। इस अर्थ में मूल्यों का विचार महत्त्वपूर्ण होता है, यथा, किसकी सेवा हो, किसे शामिल किया जाए तथा किसे छोड़ा जाए, किस प्रकार के परिवर्तनों को प्रेरित किया जाए या किस प्रकार के कार्यक्रम प्रभावों को अलग रखा जाए।

राजनैतिक मंच पर प्रसारकर्मियो में यह कुशलता होना चाहिए कि वे संस्थागत संदर्भ में विश्लेषण कर सकें साथ ही अपेक्षित शक्ति के स्वरूप, या औपचारिक अनौपचारिक दोनों का अपनी वार्तालाप क्षमता में सुधार लाएं जिसमें शामिल है संचार की क्षमता (खासकर सुनने) तथा विभिन्न प्रकार के लोगों एवं संस्थाओं के साथ कार्य करने के लिये परस्पर विश्वास का विकास करें तथा स्थायी रूप से मूल्यांकन की क्षमता का निर्माण करें।

इसके साथ ही एक सृजनात्मक कार्यक्रम विकास कार्य की आवश्यकता होती है योजना, कार्यान्वयन तथा मूल्यांकन चरणों एवं कार्यों का एकीकरण, विभिन्न घटकों के सहयोग भाव की मांग पर स्थायी ध्यान रखना तथा बहुधा परस्पर परिवर्तनीय भूमिका एवं कार्यों के अनुमान पर भी। ऐसा नहीं होने पर इस अध्याय के प्रथम भाग में वर्णित ब्लूप्रिंट या केंद्रित सिद्धांत प्रसार कार्यक्रमों का निर्धारण करेंगे।

आगे एक गंभीर चुनौती है, जो है यह मान लेना कि प्रसार कार्य की आवश्यकता योजना किसके लिये से ''योजना एवं सृजन किसके साथ'' की ओर निश्चितता से बढ़े तथा इस परिवर्तन तक पहुँचने के लिए रास्ता तलाश करे प्रत्येक संदर्भ में।

## संदर्भ


अलब्रेक्ट, एच., बर्गमान, एच.डीएडीरिच,जी., ग्रोबर, ई.हॉफमैन, वी. कीलर, पी., पेयर, जी., एंड सुल्जर, आर. (1989) *एग्रीकल्चरल एक्सटेंशन बेसिक कंसेप्ट्स एंड मेथड्स* (वोल्यूम 1) इश्चबुर्न, बीएमजेड/जीहीजेड/सीटीए।

अलब्रेक्ट, एच., बर्गमेन, एच., डीएडेरिच, जी., ग्रोबर ई., होफमैन, वी., केलर, पी., पेयर, जी., एंड सुल्जर, आर. (1990). *एग्रीकल्चरल एक्सटेंशन रू एजाम्पील्स एंड बैकग्राउंड मैटेरियल* (वोल्यूम 2). एस्चवोर्नः बीएमजेड/जीटीजेड/सीटीए।

बर्गडाल, टी.डी. (1993) *मेथड्स फॉर एक्टिव पार्टीसिपेशन एक्सपरियंसेंस फ्रोम रूरल डेवेलपमेंट फ्रोम ईस्ट एंड सेंट्रल अफ्रीका* नैरोबी, आक्सफोर्ड यूनिवर्सिटी प्रेस।

बोयल, पी.जी. (1981) *प्लानिंग वेटर प्रोग्राम्स*, न्यूयार्क, मेकग्राउ-हील।

ब्रायंट, सी.एंड ह्वाईट, एफ.जी. (1982) *मैनेजिंग डेवेलपमेंट इन दी थर्ड वर्ल्ड*, सी.ओः वेस्टव्यू प्रेस।

सर्मिया, एम. (1992). दी बिल्डिंग ब्लॉक्स ऑफ पार्टीसिपेशन टेस्टिंग ए सोशल मेथडोलोजी। इन बी. भटनागर एंड ए.सी. विलियम्स (इडीएस) *पार्टीसिपेटरी प्लानिंग एंड दी वर्ल्ड बैंक : पोटेंशियल डायरेक्शन फॉर चेंज* (पेज 96-118), वाशिंगटन डीसी, वर्ल्ड बैंक।

सर्वेरो, आर.एम. एंड विल्सन, ए.एल. (1994) *प्लानिंग टेस्पोसिवली फोर एडल्ट एजुकेशन* : सन फ्रांसिसको, जोसी-बाम।

चेम्बर्स, आर.पेशी, ए. एंड थ्रूप, एल.ए. (इडीएस.) (1989) *फार्म फर्स्ट : फार्मर इन्नोवेशन एंड एग्रीकरल्चरल रिसर्च*, लंदन, इन्टमीडियेट टेक्नोलोजी पब्लिकेशन्स।

कोंपटन, जे.एल. (1984) एक्सटेंशन प्रोग्राम डेवेलपमेंट इन बी. ई. स्वानसन (इडी.) *एग्रीकल्चरल एक्सटेंशन : ए रेफरेंस मैनुअल* (पेज 108-119) रोम, फाओ।

क्रिस्टोवाव, ए. (1990) रिसर्च इन एक्सटेंशन : पोपुलर पार्टीसिपेशन ऐज मेजर इशु। इन एम. एंडरसन एंड यू निश्च (इडीएस.) *प्रोसिडिंग्स ऑफ दी नाईथ यूरोपीयन सेमिनार ऑन एक्सटेंशन एजुकेशन* (पेज 204-229) उपसाला, स्वेडीश यूनिवर्सिटी ऑफ एग्रीकल्चरल साईसेंस, डिपार्टमेंट ऑफ एक्सटेंशन साइंस रिपोर्ट-2.

क्रिस्टोवभाव, ए. बोटेलहो, सी., एंड बोम जेसस, ए. (1994) *डायग्नोस्टिको रैपिडा पार्टीसिपेडो*। प्लानससआई.एस. टोम ई. प्रिसिंप सेमफोपा, सेंट्रो डी फोर्मेकाउ प्रोफिशनल एग्रेरिया।

डेल्प.पी., थेसेन, ए. मोटिवाला, जे. एंड शेषाद्रि, एन. (1977) *सिस्टम टूल्स फोर प्रोजेक्ट प्लानिंग*। ब्लूमिंगटन, आई. एन. पैसिटाम।

डसेल्सडोर्प, डी.वान., एंड तिगडरवेल्ड के. (1991) *प्रिपेरेशन एंड इम्प्लीमेंटशेन ऑफ डेवेलपमेंट प्रोजेक्ट्स इन दी थर्ड वर्ल्ड*। वार्गननिंजेन बागेनडिंन्जेनः एग्रीकल्चरल यूनिवर्सिटी।

फैरिंगटन, जे. एंड मार्टिन, ए. (1993) *फार्मर पार्टीसिपेशन इन एग्रीकल्चरल रिसर्च; ए रिव्यु ऑफ कंसेप्ट्स एंड प्रेक्टिसेस* लंदन, ओडीआई।

फोरेस्ट, एल.बी. एंड बेकर, एच.आर. (1994) इन डी.जे. ब्लैकवर्न, (इडी.) *एक्सटेंशन हैन्डवुकः प्रोसेसेस एंड प्रेक्टिसेस* (पेज 86-99) टोरंटों, कनाडा, थाम्सन एडुकेशनल पब्लिशिंग।

हैम्प, पी. केकजर, सी., एंड ज्वीलिंग, ए. (1983) *कोर्स ऑफ स्टडी सिटीजेनस एडवाईजरी कांउसिल्स इन एडुकेशंस*। चेम्पेन आईएल, यूनिवर्सिटी ऑफ इलिनोयस, डिपार्टमेंट ऑफ वोकेशनल एंड टेक्नीकल एजुकेशन।

नोवल, एम.एस. (1977) *दी मोडर्न प्रैक्टिस ऑफ एडम एजुकेशन: एंड्रागोगी बारूम पेडागोगी*, न्यूयार्क, एसोसिऐशन प्रेस।

कोहनेन, टी.एल., पोर्टेल, जे.,एंड किस्टोलाव, ए. (1993) बायलैटरल करीकुलम डिवलपमेंट फोर एग्रीस्टेंस इन फूड सिक्यूरिटी इन लुसोफोर अफ्रीका। इन ए. बोनानो (इडी.) दी *एग्रीकल्चरल एंड फूड सेक्टर इन दी न्यू ग्लोबल इरा* (पेज 195-212) न्यू दिल्ली, कंसेप्ट पब्लिशींग कं.।

कोर्टेन, डी.सी. (1981) रूरल डेवेलपमेंट प्रोग्रामिंग : दी लर्निंग प्रोसेस एप्रोच। *रूरल डेवेलपमेंट पार्टीसिपेशन रिव्यू* 2(2) 1-8.

मालौफ, डब्ल्यू.डी. (1987) इन डब्ल्यू.एम. रिवेरा (इडी.) *प्लानिंग एडल्ट लर्निंग : इसूज प्रैक्टिसेस एंड डायरेक्शन* (106-126) लंदन। क्रूम हेल्म।

ओकली, पी., एंड मार्सडेन, एम. (1984) *एप्रोचेज टू पार्टीसिपेशन इन रूरल डेवेलपमेंट*, जेनेवा, इन्टरनेशनल लेबर आफिस।

पोर्टेला., जे.एफ. (1983) *एवेलियाकाओ दी प्रोजेक्टर डी डिसइन्वोल्बीमेन टू : अलगारा प्राब लेम्स ई कंसिटोस :* विला रीयल यूटीएडी।

पोर्टेला, जे.एफ. (1990) फारमर मैनेज्ड इरीगेशन सिस्टम इन दी ट्रांसओस मोंन्टेस रिजन ऑफ पोतुगाल। इन आर. योडर एंड जे. थर्स्टन (इडीएस.) *डिजाइन इशु इन फार्मर मैनेज्ड इरीगेशन सिस्टम्स : प्रोसीडिंग्स ऑफ एन इन्टरनेशनल वर्कशाप ऑफ दी फार्मर मैनेज्ड इरीगेशन सिस्टम नेटवर्क* (पेज 295-299) कोलंबों, श्रीलंका आईआरएमआई।

रिज्नटेस, सी. हैवरकोर्ट बी. एंड वाटर्स वेयर, ए. (1992) *फार्मिंग फॉर दी फ्युचर : एम इन्ट्रोडक्शन टू लो इनपुट एंड सस्टेनेबल एग्रीकल्चरल*, लंदन, मैकमिलन।

रोलिंग, एन. (1994) एग्रीकल्चरल नोलेज एंड इन्फॉर्मेशन सिस्टम्स। इन डी. ब्लैकबर्न (इडी.) *एक्सटेंशन हैंडबुक : प्रोसेसेस एंड प्रैक्टिसेस* (पेज 56-67) टोरंटो, थामसन एडुकेशनल पब्लिशींग।

रोन्डीनेली, डी.ए. (1987) एडमिनिस्ट्रेटिव डिसेन्ट्रलाइजेशन ऑफ एग्रीकल्चरल एंड रूरल डिवलपमेंट प्रोग्राम्स इन एशिया : ए कमपेरेटिव एनालसिस। इन डब्ल्यू. रिवेरा एंड एस. सर्चम (इडीएस.) *एग्रीकल्चरल एक्सटेंशन वर्ल्डवाईड* (पेज 22-57) लंदन, क्रूमहेल्म।

सेडोस्के, पी.एस. (1991) *टुवार्ड्स फ्यूपरीस्टीक प्रोग्राम प्लानिंग इन एडल्ट एडुकेशनल*। अन पब्लिशिंग डॉक्टोरल डिसरटेशन, यूनिवर्सिटी ऑफ बिस्कोकिल मेडिसन।

वरहोजेन, वी. (1987) *सेल्फ हेल्प प्रोमोशन : ए चैलेंज टू दी एनजीओ कम्युनिटी*। एम्सटाजम : सीविमो। रॉयल ट्रोपिकल इंस्टीट्यूट।

# अध्याय-8

# कार्यक्रम कार्यान्वयन में उपयुक्त तत्त्वों एवं तरीकों का चयन

डंस्टान ए. कैंपबेल एवं सेंट. क्लेयर बार्कर

प्रसार प्रक्रिया के लिये उपयुक्त तत्त्वों के विकास का मसला निर्णायक होता है क्योंकि किसी प्रकार पद्धति का कार्य, बहुत दूर तक संवादों की उपयुक्तता पर निर्भर रहता है। संवाद जितना ही उपयुक्त होगा उतना ही अच्छा प्रसार-ग्राहकों का संबंध होगा तथा प्रसार कार्यक्रम को उतना ही सर्मथन मिलने की संभावना होगी।

## उपयुक्त तत्त्व का विकास

तत्त्व की उपयुक्तता अवस्थाओं पर निर्भर है क्योंकि एक परिवार के लिये जो उपयुक्त है वह दूसरे परिवार के लिये उपयुक्त नहीं भी हो सकता है दोनों परिवारों के समान कृषि पर्यावरणीय क्षेत्र में कार्य करते रहने पर भी या जो एक देश के लिये उपयुक्त है वह दूसरे देश के लिये नहीं भी हो सकता है। राष्ट्रीय स्तर पर भी, यह बताया गया है कि कृषि के विकास को उपयुक्त तकनिकी विकास द्वारा सुविधाजनक बनाया जा सकता है। हयामी एवं रतन (1985) ने बताया कि जापान में, जहाँ भूमि का अभाव है टेक्नोलोजी विकास जैविक विकासोन्मुख किया गया तथा विविधताओं में सुधार किया गया। परंतु अमरीका में जमीन की बहुतायत होने के कारण, तकनिकी का विकास प्रमुख रूप से यांत्रिक अनुसंधानों पर आधारित हुआ जैसे ट्रेक्टर। विकासशील देशों के मामले में, वाणिज्यिक संबंधों के लिये, विकसित देश पहले ही उस तकनीक को अपनाने या विकसित करने की शर्तें रख देते हैं, जो हमेशा किसानों के लिये उपयुक्त नहीं होता है। उदाहरण के लिये केले के उत्पादन के अनुसंधान संगठनों ने पूर्वी कैरिबियाई देश विंडवार्ड द्वीपसमूह में, बाजार के दबाव तथा व्यापार समझौते के कारण बराबर वैसी तकनीक का विकास किया गया जिसके लिये अतिरिक्त श्रम की आवश्यकता होती है, यद्यपि श्रम की लागत तथा इसकी उपलब्धता उस क्षेत्र में केले के उत्पादन में सबसे बड़ी बाधा है। उल्लिखित तर्कों के आधार पर उपयुक्तता की परिभाषा उस क्षेत्रान्तर्गत करना चाहिये जो निम्नलिखित हैं:-

1. तकनीकी रूप से सुगम,
2. आर्थिक दृष्टि से सुगम,
3. सामाजिक रूप से अपनाने योग्य, और
4. पर्यावरण की दृष्टि से सुरक्षित तथा प्राप्य।

## तकनीकी सुगमता

तकनिकी सुगमता की जाँच दो परिप्रेक्ष्यों में किया जाना चाहिये, प्रथम यह कि किसानों के अपने वातावरण में वह वस्तु उत्पादन करने की क्षमता है तथा दूसरा यह कि खेतिहर परिवार क्या प्राप्त कर सकता है, वह नहीं जो अनुसंधान स्थल पर प्राप्त हो सकता है। सर्वप्रथम, कुछ वस्तुएँ छोटे किसानों की उत्पादन पद्धति में सही नहीं होते जबकि कुछ होते हैं यथा मापतटस्थ तकनीक मक्का, चावल एवं केले जैसे फसलों के लिये। दूसरे मामले में तकनिकी क्षमता एवं तकनिकी सुगमता के बीच अंतर किया जाना चाहिये। तकनिकी क्षमता किसी तकनीक का परखा नतीजा होता है एवं नियंत्रित कृषिजनित तत्त्वों पर निर्भर रहता है। तकनिकी सुगमता वह अवस्था है जिसे परिवार के शांतिपूर्ण वातावरण में प्राप्त किया जा सकता है जो केवल तकनिकी तत्त्वों पर ही निर्भर नहीं है, पर सामाजिक-आर्थिक तथा राजनैतिक-अवस्थाओं पर भी जो परिवार पर प्रभाव डालते हैं। छोटे किसान चूँकि कम अनुकूल अवस्था में कार्य करते हैं उनकी अपेक्षा जिसके अन्तर्गत तकनिकी का विकास

होता है, इसलिये वे तकनीक की क्षमता से कम उत्पादन कर पाते हैं। इस अवस्था में किसानों के लिये यह महत्त्वपूर्ण हो जाता है क्या वस्तु का उत्पादन उनकी खेती पद्धति में ठीक बैठता है या नहीं? अगर तकनीक सही बैठता है तो तकनिकी दृष्टि से यह सुगम होता है।

### आर्थिक सुगमता

किसी किसान के लिये एक तकनीक या तकनिकी पैकेज को खेती की पद्धति में नियमित करने की क्षमता का आर्थिक प्रभाव होता है। किसानों की मानवीय एवं वित्तीय स्रोत के आधार पर निश्चित विचार होना चाहिये। तकनीक से लाभ उठाने के लिये साधनों की खरीद के लिये क्या किसान के पास वित्तीय स्रोत है? क्या इस तकनीक के लिये अतिरिक्त श्रम लगाना होगा और अगर हाँ, तो क्या यह उपलब्ध तथा व्यय साध्य है? कुछ हरित क्रांति तकनिकों को इसलिये अपनाया नहीं जा सका क्योंकि कुछ अनुमानित तकनीक उपभोक्ता खाद तथा अन्य साधन नहीं खरीद सके जो पैकेज का हिस्सा था।

आर्थिक सुगमता की जाँच खेती की पद्धति में कार्य स्तर पर भी किया जा सकता है। पूर्वी कैरिबियाई देश विंडवार्ड द्वीपसमूह केले का उत्पादन जारी रख रहे हैं यद्यपि उन्हें इसके विपरीत सलाह दी गयी है। इस सलाह का मूल तर्क यह है कि अन्य चीजों के अलावा छोटे किसान वहाँ की बहुत खड़ी ढ़ाल की भूमि पर केले की खेती करते हैं जहाँ भूमि क्षरण होता है और इसलिये पैदावार बहुत कम होती है जो उनके लिये आर्थिक रूप से अलाभकर होता है। फिर भी, उनका मत है कि केले की खेती से उन्हें वे साधन उपलब्ध हो जाते हैं जिसका इस्तेमाल अन्य फसलों के लिये किया जा सकता है जो लाभ बढ़ाता है और इस प्रकार कुल खेती की पद्धति आर्थिक लाभ देती है। इस प्रकार इन छोटे किसानों के लिये केले की खेती सुविधाकर्त्ता फसल की तरह है मूल रूप से आर्थिक लाभ के लिये नहीं।

### सामाजिक ग्रहणीयता

अनुसंधान तकनिकी रूप से ठोस हो सकते हैं, पर ये उपभोक्ताओं के सामाजिक तरीकों के खिलाफ हो सकते हैं तथा समाज में असंतुलन ला सकते हैं। उदाहरण के लिये जायरे में केसावा उत्पादन के प्रयास में बाधा आई क्योंकि महिलाएँ उपज-वृद्धि को संभालने में असमर्थ थीं। जिस समय नये प्रकार को लाया गया, उस समय लक्ष्य-समुदाय की महिलाएँ पूरी तरह व्यस्त थीं। केसावा की प्रक्रिया उनकी जिम्मेदारी थी, पर उपज में वृद्धि के कारण महिलाओं का कार्यभार उससे अधिक हो गया और इस प्रकार भौतिक रूप से यह असंभव हो गया उसे संभालना। फलस्वरूप खेतिहर परिवार उस खेती की ओर लौट गये जिसमें कम पैदावार के स्थानीय वेरायटी का इस्तेमाल होता था।

सामाजिक असंतुलन के लिये, कुछ मामलों में छोटे किसानों द्वारा तकनीक अपनाये जाने फलस्वरूप समाज में शक्ति-संबंधों का बदलाव आया। कैंपबेल (1982) ने पाया कि फ्रांस के ऊपरी पठार आरडेच किसानों के कुछ व्यक्तियों ने ट्रैक्टर अपनाकर यांत्रिक खेती की तथा उन्होंने तत्कालीन नगरीय-ढाँचे से जुड़े परिवारों को चुनौती दी।

सामाजिक संदर्भ में ऐसा भी होता है जिसे अवस्थात्मक उपयुक्तता मानते हैं उसे जो किसी समय, किसी समूह द्वारा ग्रहण करने या अस्वीकार करने की संभावना होती है। उदाहरण के लिये किसी फसल या पशुधन तत्त्व के लिये उन कार्यक्रमों को लाया जाना बुद्धिमानी नहीं है जो हाल ही बाजार में असफल हो गया हो। खेतिहर परिवार इन असफलताओं को याद रखते हैं तथा ऐसे कार्यक्रमों के प्रति विरोध दर्शाते हैं।

### वातावरणीय सुरक्षा

किसी प्रसार कार्यक्रम को यह जानना चाहिये कि इसका वातावरण पर क्या प्रभाव होगा? कृषि के वाणिज्यीकरण के फलस्वरूप किसान खादों तथा कृषि रसायनों का अधिक उपयोग करते हैं। ये रसायन अधिकांशतः वातावरण पर नकारात्मक प्रभाव डालते हैं क्योंकि वे सतही जल को दूषित कर देते हैं तथा खाद्य की कड़ी को छिन्न-भिन्न। उदाहरण के लिये पक्षी जिनका भोजन कीड़े होते हैं वे रसायन से प्रभावित होकर दूषित होकर मर सकते हैं।

## प्रसार के ग्राहक

कृषि नीति फ्रेमवर्क के अधीन संदर्भ में प्रसार ग्राहकों को परिभाषित करना चाहिये। इस फ्रेमवर्क में चयन की सीमा का प्रावधान होना चाहिये, तथा लक्षित विशिष्ट समूह का चुनाव अधिक विस्तृत उपभोक्ता श्रेणियों के बीच से

कर लेना चाहिये। आज के कृषि विकास के क्षेत्र में यह फ्रेमवर्क को सामान्य छोटे किसानों को नहीं बताना चाहिये, पर विशेषरूप से महिलाओं, युवाओं, भूमिहीन किसानों या अन्य श्रेणियों के समूहों को बताना चाहिये जो विचारणीय अवस्था के अनुकूल हों। स्वानसन, रोलिंग तथा जिगींस (1984) ने चार तत्त्वों को दर्शाया है जो लक्षित समूह के प्रसार ग्राहकों के बीच तकनिकी विकास के लिये फ्रेमवर्क का प्रावधान करता है। ये तत्त्व हैं, कृषि-पर्यावरणीय क्षेत्र, स्रोतों तक पहुँच, लिंग तथा उम्र। नस्लसंबंधी समूह भी जोड़े जा सकते हैं।

**कृषि-पर्यावरणीय क्षेत्र**

प्रसार ग्राहकों के लिये उपयुक्त तकनीक की पहचान का प्रथम कदम है उस क्षेत्र के कृषि पर्यावरणीय क्षेत्रों का नक्शा बनाना। इस कार्य के लिये खेती पद्धति अनुसंधान (FSR) लाभदायक तरीके बताता है (देखें, हिंडरब्रैंड, 1986; शोमेर, फिलिप एवं श्चेमेही (1982) नक्शा बनाने से कृषिजनित परिवर्तनीयों की पहचान होती है यथा मिट्टी के प्रकार, वर्षा, ढ़ाल, तथा ऊँचाई जो स्थान विशेषित तकनिकों के विकास को प्रभावित करेंगे।

**स्रोतों तक पहुँच**

प्रत्येक क्षेत्र में किसानों की विस्तृत विविधता रहती है सामाजिक-आर्थिक कारणों से। ये तत्त्व उत्पादन को सुविधाजनक बनाने वाले तत्त्वों तक पहुँचने के अंतरों को बताते हैं जैसे भूमि, श्रम, पूँजी, बाजार, साधन, अधिकार एवं सूचना। ये तत्त्व किसानों को पूर्वज्ञान देते हैं किसी अनुसंधान के तरीके को अपनाने। स्वानसन इट. एल. (1984) इन सुविधाजनक तथा बाधक तत्त्वों का उपयोगी सारांश प्रस्तुत करते हैं जिससे प्रसार ग्राहकों के लिये उपयुक्त तकनीक के विकास पर विचार किया जा सके।

1. **भूमि** - खेती के आकार : छोटा, मध्यम, बड़ा; अधिकार के प्रकार : स्वामी चालित, पारिवारिक-भूमि, भाड़ा, भाग-किसान।
2. **जल** - सिंचित, असिंचित।
3. **श्रम** - परिवार, भाड़े का (मूल्य एवं उपलब्धता) सामुदायिक या परंपरागत।
4. **साधन** - उन्नत बीजों की उपलब्धता, कृषि रसायन, खाद।
5. **बाजार** - स्थान, भंडारण तथा परिवहन की उपलब्धता।
6. **पूँजी** - ऋण के स्रोत एवं लागत, आवश्यक आसपास के प्रकार, तथा ऋण प्राप्त करने की सहजता।
7. **सूचना** - प्रसार सेवाओं की उपलब्धता (कर्मी तथा किसान का अनुपात) तकनीक की उपयुक्तता।
8. **प्रभाव** - तकनिकी विकास को प्रभावित करने की क्षमता, उपभोक्ता नियंत्रण जैसे, उपयुक्त उपभोक्ता की आवश्यकता जो स्थानांतरित होना है। दावा करने की क्षमता।

**लिंग**

कृषि उत्पादन में महिलाओं की भूमिका अब एक प्रकरणीय मसला' है। कई अध्ययनों ने आर्थिक तथा गैर-आर्थिक दोनों क्षेत्रों में महिलाओं के योगदान को अंकित किया है। फिर भी इस मान्यता से आगे बढ़ने की आवश्यकता है विकास के लिये इसे व्यवहारिक रूप से लागू करने तथा प्रसार कार्यक्रमों में महिलाओं के लिये उपयुक्त तकनीक को शामिल करने। ऐसा करने में इस पर अवश्य विचार करना चाहिये कि स्रोतों तथा प्रभावी तकनीक तक पहुँचने में प्राय: उनका लिंग अवरोध या अंधापन बाधक रहता है। (फेल्ड्सटीन एवं पोट्स, 1989)

खेती की पद्धति में महिलाओं द्वारा किये जाने वाले खास कार्यों तथा खेती के घरेलू वातावरण में उनके कार्य के क्रम को मान्यता मिलना चाहिये। सामान्यत: महिलाएँ खाद्य फसलों के उत्पादन में बड़ी भूमिका निभाती हैं निर्यातोन्मुख फसलों की अपेक्षा तथा फसलों की पद्धति में, वे कुछ कार्य करती है यथा घास निकालना, खाद डालना तथा फसल काटना। उपयुक्त तकनीक विकास में इन तत्त्वों पर अवश्य विचार किया जाना चाहिये, कृषि-वातावरण में इन घटकों के समूह के लिये। इन पर एवं अन्य लिंग संबंधित मसलों पर अधिक विस्तार से अध्याय 9 में विचार किया गया है।

**उम्र**

अधिकांश विकासशील देशों में कृषि एक महत्त्वपूर्ण तत्त्व है, भले ही सर्वाधिक महत्त्वपूर्ण न हो तथा कृषि कार्यों

का एक महत्त्वपूर्ण भाग ग्रामीण क्षेत्रों में घटित होता है जहाँ देश की कुल आबादी का 20 से 80% भाग रहता है। इस स्रोत की विशेषता होती है शिक्षा का कम स्तर, थोड़ा ज्ञान, सीमित रोजगार के अवसर एवं युवाओं के पलायन की इच्छा।

प्रसार को उम्र पर एक आवश्यक विशेषता की तरह विचार करना चाहिये लक्ष्यान्तर्गत के युवाओं के लिये ही नहीं, पर अन्य उम्र श्रेणियों के लिये भी। कृषि का सामाजिक स्थान निम्न होता है निम्न तकनीक के स्तर तथा आय अर्जन की निम्न क्षमता के कारण। प्रसार कार्यक्रमों का उद्देश्य इस्तेमाल किये गये तकनिकों तथा आय अर्जन की क्षमता दोनों को बढ़ाना होता है। अगर ऐसा हो जाता है तो युवाओं को पलायन करने की आवश्यकता नहीं होगी। इसे प्राप्त करने के लिये अन्य तरीके भी अपनाये जाने चाहिये। उदाहरण के लिये बाहरी पलायन रोकने का एक निदान स्वयं रोजगार की कुशलता का प्रावधान हो सकता है शैक्षणिक कार्यक्रमों द्वारा। बदले में यह घर के मुखिया को कृषि में अधिक विनियोजन के लिये प्रोत्साहित कर सकता है जो युवाओं को वहीं रहने की प्रेरणा देंगे।

### नस्लसंबंधी सभूह

बहुनस्लवादी समाज में नस्लवादी समूह का लक्ष्य अलग से बनाना चाहिये क्योंकि उनकी एक भिन्न सामाजिक सांस्कृतिक विशेषता है। भाषा, खाद्य प्राथमिकता तथा धर्म इसकी कुछ विशेषताएँ हैं। वैसे मामले में जहाँ नस्लवादी समूह एक ही प्रसार जिले या क्षेत्र में पड़ते हों तो प्रसार कार्यक्रमों में इन अंतरों की झलक होना चाहिये।

## कार्यक्रमों में आवश्यकताओं को नियमित करना

प्रसार-ग्राहकों के अवसरों एवं समस्याओं की पहचान के लिये, अनुसंधान एवं प्रसार द्वारा कृषि-पर्यावरणीय, जैविक तथा सामाजिक-आर्थिक आंकड़ों के प्रावधान के लिये द्रुत ग्रामीण स्तरीकरण का इस्तेमाल किया जा सकता है। (अध्याय 6 देखें) प्रभावी उपयोग के लिये इन आवश्यकताओं को फिर आवश्यकताओं के प्रकार के आधार पर वर्गीकृत करना चाहिये और वे हैं क्या वे भौतिक आवश्यकताएँ हैं, ज्ञानाधारित आवश्यकताएँ हैं या ढाँचागत निर्माण समर्थन की आवश्कताएँ हैं। (अध्याय 5 देखें) इसके बाद आवश्यकताओं का महत्त्व सुनिश्चित करना चाहिये उनकी प्राथमिकता तय करने प्रसार कार्यक्रमों में उन्हें नियमित करने से पहले (अध्याय 7 देखें)।

ग्रहणीयता सुनिश्चित करने के लिये उपयुक्त तकनिकी का स्नानांतरण ही यथेष्ट नहीं है। लक्षिप्त खेती पद्धति में इन्हें लाने में आय परिवर्तनीय तत्त्व बाधक हो सकते हैं जिनकी पहचान का निर्धारण आवश्यक होता है। उदाहरण के लिये नेमाटिसाईड रसायन के प्रयोग से वस्तु की उपज बढ़ सकती है, हानिकारक नेमाटोड को नष्ट कर और इस प्रकार पोषक तत्त्वों तथा पैदावार में वृद्धि हो सकती है। फिर भी, चूँकि नेमाटोड्स दूरवीक्षित तत्त्व हैं इसलिये मिट्टी में उनकी उपस्थिति का भान स्पष्टतः किसानों को नहीं होता है जिनके पास लघु-तत्त्वों को समझने की शिक्षा नहीं होती है। परिणामस्वरूप, तकनिकी में शिक्षा तत्त्व जोड़ना होगा अगर इसे अपनाने के अवसर को बढ़ाना है।

ऐसे भी मामले हैं, जहाँ उपयुक्त वस्तु तकनीक को अपनाया नहीं जाता है क्योंकि साधन उपलब्ध नहीं होते हैं। यह उपभोक्ता के विस्तृत आवश्यकता क्षेत्र को पूरा करने के महत्त्व को कम कर देता है जो है ज्ञान, कुशलता, भावना, आर्थिक आवश्यकता तथा संस्थागत समर्थन ताकि वस्तु के तकनीक को अपनाया जा सके।

## कार्यक्रम पूर्त्ति एवं कार्यान्वयन

प्रसार कार्यक्रमों को पूरा करने तथा इसके संगठन के लिये विभिन्न विचारों का उपयोग किया जा सकता है जैसा अध्याय 2 में बताया गया है। राष्ट्रीय प्रसार संगठन द्वारा जिस विचार का चयन हो उसकी झलक इनके कार्यों में होना चाहिये जैसा कि नीति-निर्धारकों द्वारा तय हुआ हो, पर इस पर दाता-एजेंसियों का प्रभाव भी हो सकता है। अंतिम विश्लेषण में उपयोग में लिये गये विचार की निर्भरता मूल रूप से नीति-विचारों पर होती है जिसमें शामिल है ग्राहक जिनकी सेवा करनी है, प्रसार का मिशन तथा वित्तीय विचार। इसके अतिरिक्त जिस विचार को माना जा रहा है वह प्रत्यक्ष रूप से क्षेत्रस्तर पर कार्यक्रम कैसे होते हैं, उसे प्रभावित करेगा। इसलिये, यहाँ बताया जाता है कि प्रसार कार्यक्रम के कार्यान्वयन की प्रक्रिया राष्ट्रीय प्रसार संगठन द्वारा जारी किये गये खास प्रसार विचारों से प्रभावित एवं संदर्भित होते हैं।

इन विभिन्न सिद्धांतों में उपयोग में लाये गये तत्त्वों की उपयुक्तता के लिये एलब्रेश्च्ट इट. एल. (1889) ने एक लाभदायक प्रकार तंत्र का प्रावधान किया है। उन्होंने बताया कि सभी प्रसार सिद्धांतों का दो वर्गीकरण किया जा

सकता है या तो उत्पादन तकनीक सिद्धांतों की तरह या फिर समस्या-निदान सिद्धांतों की तरह। उत्पादन तकनीक विचार में उत्पादन लक्ष्य पर अधिक जोर देता है ग्राहकों की अपेक्षा, इसमें इस्तेमाल हुआ तकनीक की अधिक चिंता उत्पादन के मसलों को अधिक समझना होता है ग्राहक संबंधित समस्याओं की अपेक्षा। टिमर (1982) ने बताया कि इस विचार में तकनिकी-आर्थिक सूचनाओं के उत्पादन के लिये तैयार किया जाता है तथा यह बड़े तथा वाणिज्यिक किसानों के अधिक अनुरूप होता है। छोटे किसान अपनी अलाभकर स्थिति के कारण इनसे पूरा लाभ नहीं ले पाते हैं। वस्तुपरक विचार तथा तकनीक केंद्रित विचार उत्पादन तकनिकी विचार के उदाहरण हैं।

समस्या-निदान सिद्धांत में ग्राहक अपनी समस्या बताने के भागीदार होते हैं। यद्यपि इस विचार में तकनिकी-आर्थिक सूचनाएँ ली जाती हैं, पर ग्राहकों के सामाजिक-आर्थिक विचार महत्त्वपूर्ण विचार हो जाते हैं। छोटे किसानों के लिये एक अधिक उपयुक्त तत्त्व के विकास में यह सहायक होता है। प्रशिक्षण एवं दौरा, सामुदायिक विकास, सह प्रसार तथा ग्रामीण हुलास इस श्रेणी में आते हैं। जैसा कि ऊपर बताया जा चुका है, प्रसार ग्राहक कई विपरीत प्रवृत्ति के लोगों का समूह होता है जिनमें स्रोतों, एवं लिंग, उम्र तथा नस्ल संबंधी अंतर रहता है। संचार सिद्धांत बताते हैं कि कृषि अनुसंधान का बहुत धीमा प्रभाव बहुत कम देखा जाता है विषम समूहों के बीच और अगर होता भी है तो बहुत ही कम गति पर। इसलिये इस समझ के अनुसार तकनीक के प्रभावी स्थानांतरण को सुविधाजनक बनाने के लिये उस ग्राहक समूहान्तर्गत समानरूपी समूहों की पहचान करना आवश्यक होता है।

कौशल यह होता है कि प्रसार कार्यक्रमों की लक्ष्य प्राप्ति के लिये समानरूपी ग्राहकों के समूह को विकसित किया जाये। ऐसे समूहों को, विस्तृत समूहों के बीच लक्ष्य बनाना चाहिये जो कृषि-पर्यावरणीय क्षेत्र, स्रोतों तक पहुँच, महिलाएँ, युवा, नस्लवाद, सूचना तक पहुँच तथा उम्र पर आधारित समूह होते हैं। फिर प्रत्येक लक्षित समूह के लिये प्रसार कार्यक्रमों को विकसित करना चाहिये। (स्वानसन *इट. एल.*, 1984) उदाहरण के लिये महिलाओं के लिये विशेष कार्यक्रम तैयार होना चाहिये, जो कृषि क्षेत्र में अपने महत्त्व की पहचान करती हैं, औपचारिक संचार तंत्र पर नजर रखती हैं एवं खेती-गृह कार्यों के क्रम का विश्लेषण भी करती है। नस्लवादी उन्मुख प्रसार कार्यक्रमों में सामाजिक-सांस्कृतिक तत्त्वों को लक्ष्य बनाना चाहिये जो समूह की पहचान बनाते हैं। विचार करने वालों तत्त्वों में भाषा, खाद्य-प्राथमिकताएँ तथा धार्मिक विश्वासों को लिया जाना चाहिये। इसके अतिरिक्त प्रसार अधिकारियों को प्रसार कार्यक्रमों के विकास में सीखने के सिद्धांत तथा विस्तार प्रक्रिया के ज्ञान से मार्गदर्शित होना चाहिये।

## सीख-प्रक्रिया

प्रसारकों को यह याद दिलाना चाहिये कि वे मुख्य रूप से शिक्षक हैं तथा अपने कार्य को अंजाम तक पहुँचाने के लिये उन्हें सीख के मूल सिद्धांतों को जानना चाहिये तथा कुछ शिक्षण-तरीकों के प्रभाव की समझ होना चाहिये।

ज्ञान के इस्तेमाल से सीख बढ़ती है। ज्ञान का इस्तेमाल जितना ही अधिक होगा सीख उतनी ही अधिक होगी। इस सिद्धांत के उपयोग से प्रसारकों को तरीकों के चयन में सहायता देगा जो उनके ग्राहकों के लिये शैक्षणिक अनुभव होगा। इसे एक वातावरण बनाकर तथा अवस्थाओं का निर्माण कर प्राप्त किया जा सकता है ताकि वांछित प्रकार की प्रतिक्रिया को प्रेरित किया जा सके।

सीख के लिये प्रेरणा तथा सीखने वाले की क्षमता एक शर्त होती है और इसलिये सीख के अनुरूप एक वातावरण का निर्माण महत्त्वपूर्ण है, ऐसा जिसमें सीखने वाला अपने अनुभव के नतीजों के लिये अधिक उत्तरदायी रहता है। इसकी प्राप्ति शिक्षण-तरीकों के चयन तथा समर्थक वस्तुओं से हो सकती है। ये तरीके जितने कम सूक्ष्म होंगे, अधिक सीखने वाले आयेंगे तथा शैक्षणिक अनुभव अधिक प्रभावी होगा। उदाहरण के लिये अगर किसान कोई कार्य प्रभावी ढंग से नहीं कर रहे हैं तब तरीकों के प्रदर्शन का आयोजन काफी प्रभावी होगा एक भाषण या समूह-बैठक की अपेक्षा।

## ग्रहणीयता प्रक्रिया

उपयुक्त तत्त्व लाने के लिये चयन-प्रक्रिया पर विचार करना एक अन्य महत्त्वपूर्ण कदम है प्रक्रिया ग्रहणीयता की समझ। लायनबर्गर (1968) ने बताया कि ग्रहणीयता प्रक्रिया के पाँच भिन्न चरण हैं जो हैं जागरूकता, रुचि, मूल्यांकन, जाँच एवं ग्रहणीयता। लायनबर्गर के अनुसार कोई व्यक्ति प्रक्रिया के प्रत्येक चरण से गुजरता है एक

निश्चित समयान्तर्गत। बाद में लायनबर्गर तथा अन्य ने बताया कि पहले प्रस्तावित पाँच चरणों में उतना अंतर नहीं है तथा व्यक्तिगत पहचान की प्रक्रिया में व्यवहार के रूप में उनकी पहचान नहीं कर पाता है जिन्हें समयावधि में मापा जा सकता है। यद्यपि कुछ उदाहरणों में ग्रहणीयता प्रक्रिया में चरणों की पहचान नहीं हो सकती। फिर भी यह तरीकों के चयन में एक उपयोगी मार्गदर्शन देता है कार्यक्रम को पूरा करने के लिये। जैसे जगारूकता चरण पर अनुसंधान का ज्ञान व्यक्ति के लिये निर्णायक होता है। जन-मीडिया तथा थियेटर मंचन तरीकों को पसंद किया जाता है क्योंकि ये एक ही समय बहुत लोगों तक पहुँचते हैं। जन-मीडिया के लिये प्रसारकों को लक्षित श्रोताओं की विशेषताएँ जानना चाहिये। जैसे, एक बहुनस्लवादी समाज में किसी खास नस्ल के लोग किसी विशेष भाषा में कार्यक्रम देखना चाहेंगे। दूसरा तरीका है थियेटर मंचन यद्यपि स्रोताओं की कम संख्या तक ही पहुँचता है पर जागरुकता निर्माण में बहुत प्रभावशाली होता है क्योंकि इसमें से प्रिय भाषा तथा लोगों के भाव की उपस्थिति का इस्तेमाल श्रोताओं के लिये होता है।

ग्रहणीयता प्रक्रिया की रुचि के चरण में ज्ञान का महत्त्व बरकरार है। पर अनुसंधान के प्रति एक सकारात्मक भाव का निर्माण निर्णायक पहलू है। इस कारण वांछित तरीकों में सूचना सशक्तीकरण शामिल होना चाहिये तथा इनका लक्ष्य भावों का निर्माण होना चाहये। इन तरीकों में व्यक्तिगत या सामूहिक रूप से सुनने एवं देखने के ज्ञान का इस्तेमाल करना चाहिये। ज्ञान सशक्तीकरण के लिये समूह बैठकों, समूह-चर्चाओं तथा रेडियो फोरम की संतुष्टि की जाती है जबकि क्षेत्रों पर दिन तथा खेतों के दौरे से व्यक्तियों को वह देखने का मौका मिलेगा जो वे सुनते रहे हैं और इस प्रकार अनुसंधान के प्रति वांछित भाव जगाने का एक अवसर प्राप्त होगा।

ग्रहणीयता प्रक्रिया में मूल्यांकन सर्वाधिक निर्णायक चरण होता है क्योंकि इसके नतीजे तय करते हैं कि व्यक्ति जाँच तथा गृहणीयता की ओर बढ़ते हैं या नहीं। इस चरण में लोगों के तथ्य ज्ञान को मिलाना चाहिये। किसानों को आश्वस्त करने की आवश्यकता है कि उन्होंने जो कुछ सुना तथा देखा, वे वास्तव में अनुकरणीय हैं। नतीजों का दर्शन, किसानों का विनिमय क्षेत्र में दिन की अनुशंसा की जाती है क्योंकि ये गोचर साक्ष्य देखकर व्यक्तियों में रुचि को जागृत करते हैं। तरीकों के इस समूह में किसानों का

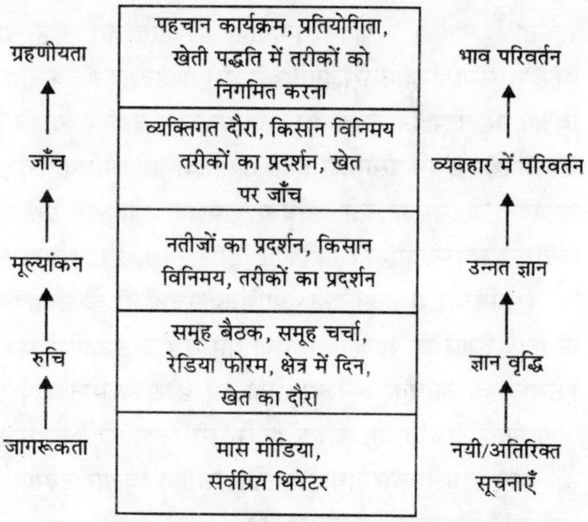


**चित्र 1 : ग्रहणीयता के विभिन्न चरणों में इस्तेमाल के लिये अभिस्तुत प्रसार तरीके।**

विनिमय एक महत्त्वपूर्ण तरीका है। विनिमय के लिये चयनित किसानों को ग्रहणीयता प्रक्रिया में समान संदर्भित समूह में आगन्तुक किसान की तरह आगे बढ़ाना चाहिये। इस प्रकार के अनुभवों से संदेह मिटता है। इस चरण में कुछ ज्ञान का प्रशिक्षण आवश्यक हो सकता है व्यक्ति को जाँच चरण तक जाने की सुविधा के लिये।

जाँच-चरण में लक्ष्य का मुख्य क्षेत्र व्यक्ति का तकनिकी एवं प्रबंधन ज्ञान प्रमुख होना चाहिये। व्यक्तिगत दौरे का इस चरण में सर्वाधिक पसंदीदा तरीका माना जाता है तथा व्यक्तिगत किसानों की आवश्यकता पर अवश्य विचार करना चाहिये। इसका अर्थ है कि प्रसार अधिकारी को समान अवस्था में प्रत्येक किसान या किसानों के समूह के लिये योजना विकसित करना होगा। प्रसारकों को याद रखना चाहिये कि यद्यपि एक ही तरह के किसान समान तकनीक अपनाते हैं, पर प्राप्त अनुभव हमेशा समान नहीं होते। इस चरण पर किसान विनिमय तथा ज्ञान प्रशिक्षण के जरिये किसानों की रुचि को पुनः सशक्त करने का तरीका कारगर हो सकता है व्यक्ति को अपनाने की निरंतरता में सहायता के लिये।

एक बार जब किसान अपनाने की क्रिया जारी करता है तो प्रसार को उनके प्रयासों का समर्थन करना चाहिये। ग्रहणीयता को जारी रखने में किसानों को प्रोत्साहन देने के लिये पहचान कार्यक्रम तथा किसानों की प्रतियोगिता का इस्तेमाल हो सकता है। खराब योजना तथा कार्यान्वयन के

कारण इन तरीकों के लक्ष्य तथा आधार का विकास ध्यानपूर्वक करना चाहिये जिससे कोई नकारात्मक प्रभाव न हो पाये।

ग्रहणीयता के विभिन्न चरणों के लिये अभिस्तुत तरीकों का सारांश चित्र 1 में दिखाया गया है। विभिन्न चरणों में चयनित तरीकों से अधिकतम लाभ प्राप्त करने के लिये प्रसार अधिकारियों को सीख-प्रक्रिया का ध्यान रखना चाहिये। उदाहरण के लिये समूह बैठकों में प्रसार अधिकारी भाषण का तरीका अपना सकते हैं जो एक वीडियो से समर्थित रहे तथा बाद में इस पर समूह चर्चा हो।

अंतिम विश्लेषण में चयनित तरीका लक्ष्यों, स्रोतों, ग्राहकों का संबंध तथा प्रसार अधिकारियों का ज्ञान एक तरफ तथा दूसरी तरफ लक्ष्य समूह का शिक्षा स्तर तथा ज्ञान के आकार पर निर्भर होता है। उदाहरण के लिये अगर प्रसार अधिकारी को समूह बैठकों को आयोजित करने के ज्ञान का अभाव है तब वे इसका इस्तेमाल करने में संकोच करेंगे। या अगर प्रसार अधिकारियों के पास परिवहन गाड़ी नहीं है तो वे खेतों का उतना दौरा नहीं कर पायँगे कितना वांछित या आवश्यक है। अगर प्रसार अधिकारी का क्षेत्र बहुत बड़ा होने पर भी यह अव्यवहारिक होता है कि व्यक्तिगत दौरे पर निर्भर रहा जाय।

प्रसार तरीकों के चयन के मार्गदर्शन के लिये वानडेन बान तथा हॉकिंस ने (1985) कुछ उपयोगी आधार सुझाये हैं जिससे जाना जा सकता है कि तरीकों का चुनाव ठीक हुआ है या नहीं। जो निम्नलिखित हैं:

1. अपनाने के लिये तरीके के चयन से हम क्या परिवर्तन चाहते हैं, ज्ञान, कौशल, भावना या व्यवहार।
2. क्या शैक्षणिक कार्यों को स्पष्टतः निर्धारित किया गया है कि हम जानें कि किसान क्या देखेगा, सुनेगा, चर्चा करेगा या अपनायेगा?
3. क्या विभिन्न तरीकों को ऐसे एकीकृत किया गया है कि वे एक दूसरे को सशक्त करें?
4. क्या नियोजित समय का स्केल इन सभी कार्यों को ले जाना संभव कर सकता है?
5. सीख प्रक्रिया के चयन करने में क्या प्रसारकों ने आवश्यकताओं, ज्ञान तथा लक्ष्य समूह के साधनों पर यथेष्ट ध्यान दिया है।

## संदर्भ


अलब्रेचट, एच., बर्गमैन, एच., डिस्डरीच, जी, ग्रोबर, ई. होफमैन, वी., केलर, पी. पेयर, जी. सुल्जर, आर. (1989) *एग्रीकल्चरल एक्सटेंशन* वोल्यूम 1, बेसिक कंसेप्ट्स एंड मेथड्स. जीटीजेड, इश्चबोर्न।

कैंपबेला, डी. (1982) *एल ओक्सीडेन्टलाइजेशन डेस कंपेन्स फ्रंकेसेस ली केस डू प्लेटो आरडेक्वास* अनपब्लिस्ड डे, डोक्टोरल थेसिस, यूनिवर्सिटी पाल वेली, मोन्टपेलियर, फ्रांस।

फल्डस्टीन, एच.एस. एवं पोट्स, एम.बी. (1989) *वर्किंग टूगेदर जेंडर एगालसिस इन एग्रीकल्चर*, वेस्ट हाटेफोर्ड, सीटी कुमारीयन प्रेस।

हेयमी, वाई., एंड रतन, वी. डब्ल्यू. (1985) *एग्रीकल्चरल डेवेलपमेंट एन इन्टेर्नेशनल पर्सपेक्टिव*, बाल्टीमोर, एमडीः जोन्स होपकिंस यूनिवर्सिटी प्रेस।

हिल्डर ब्रांड, पी.ई. (1986) *पर्सपेक्टिव ऑन फार्मिंग सिस्टम्स रिसर्च एंड एक्सटेंशन*, वोल्डर, सीओ, लाईन रीनर।

लायनबर्गर, एच.एफ. (1968) *एडोप्शन ऑफ न्यू आईडियाज एंड प्रैक्टिसेस*। एम्स, आईए, आइसोवास्टेट यूनिवर्सिटी प्रेस।

मोरिज, जे. डुटील्युल, जे.पी. एंड ब्यूलियर, ए. (1983) *गाईडडीएले एजेंट डु डेवेलपमेंट रूरल, मिल्यु फिगीक, ह्यूमेन एट एग्रीकोल*, प्रेसेस यूनिवर्सिटीएस डी फ्रांस।

रिवेरा, डब्ल्यू.एम. एंड स्न्राम, एस. जी. (1987) *एग्रीकल्चरल एक्सटेंशन वर्ल्डबाईड : इशुज, प्रैक्टिसेस एंड इमर्जिंग प्रायरिटीज*, न्यूयार्क, क्रूम हेल्म।

शोलिंग, एन. (1988) *एक्सटेंशन साईंस : इन्फोरमेशन सिस्टम्स इन एग्रीकल्चरल डेवेलपमेंट*। कैंब्रीज, कैंब्रिज यूनिवर्सिटी प्रेस।

शेनर, डब्ल्यू.डब्ल्यू. फिलीप, पी.ई. एंड श्चमेहल, डब्ल्यू.आर. (इडीएम) (1982) *रीडिंग्स इन फार्मिंग सिस्टमस रिसर्च एंड डेवेलपमेंट*, बोल्डर, सीओ, वेस्टव्यू प्रेस।

सवानसन, बी.ई. रोलिंग, एन. एंड जिगींस, जे. (1984) एक्सटेंशन स्ट्रेटजी फोर टेक्नोलोजी युटीलाइजेशन। इन बी.ई. स्वानसन (इडी) *एग्रीकल्चरल एक्सटेंशन : ए रिफरेंस मैनुअल*, रोम, फाओ।

टीमर, डब्ल्यू. जे. (1982) *दी ह्यूमेन साईड ऑफ एग्रीकल्चर थ्योरी एंड प्रैक्टिस ऑफ एग्रीकल्चरल एक्सटेंशन*. न्यूयार्क, वान्टेज प्रेस।

वाल्डेन बान, ए. डब्ल्यू. एंड हाकिंस, एच. एस. (1985) *एग्रीकल्चरल एक्सटेंशन*, न्यूयार्क, लोंगमैन साईंटिफीक एंड टेक्नीकल।

अध्याय-9

# प्रसार-सेवाओं के लिए महिला किसानों की पहुँच में सुधार

जेनिस, जीगिंस, आर.के. सामंत तथा जेनिस ई. ओलवोये

पिछले कई दशकों में विश्वस्तर पर महिला किसानों तथा खेती में लगी महिलाओं को सक्षम, प्रभावी तथा उपयुक्त तकनीक, प्रशिक्षण तथा सूचनाओं का प्रावधान करने के लिए काफी प्रयास किये गए हैं। इसका सकारात्मक प्रभाव कृषि उत्पादन सांख्यिकी एवं परिवार कल्याण मोर्चे पर दिखाई पड़ रहा है। फिर भी ये सफलताएँ आवश्यकता से बहुत कम है इस समय जब कृषि अनुसंधान तथा प्रसार में सरकारी क्षेत्र विनियोजन पर खासा दबाव है। जब भी ग्रामीण महिलाओं पर अधिक मांग होती है द्रुत सामाजिक रूपांतरण के कारण तथा जब कई क्षेत्रों में वातावरणीय दुष्प्रभाव के साक्ष्य बढ़ रहे हैं।

इस अध्याय में उस आवश्यकता पर संक्षिप्त विचार होगा जिनका संबंध कृषि योजनाओं के प्रारूप तथा कार्यान्वयन, प्रसार कार्यक्रमों तथा कृषि क्षेत्र के नीति-निर्धारण के लिए लिंग विश्लेषण एक आधार की तरह होगा। मध्यभाग इसकी जाँच करता है उन कठिनाइयों की जो महिलाओं को प्रसार सेवाओं के प्रावधान में होती हैं तथा इन्हें दूर करने के लिए क्या किया जा रहा है। अंत में, अनुभवों से सीख पर आधारित कार्यक्रम की रूपरेखा आने वाले दशक के लिए, संक्षिप्त विचार का विषय होगा।

## लिंग विश्लेषण की आवश्यकता

लिंग का अर्थ होता है सामाजिक रूप से निर्धारित पुरुषों एवं महिलाओं के विशेषगुण जिसमें पुरुष एवं महिला की भूमिका शामिल रहती हैं। तुलनात्मक दृष्टि से लिंग का अर्थ होता है पुरुष एवं महिलाओं के बीच शारीरिक तथा जैविक अंतर। लिंग एक अनिवार्य परिवर्तन हो गया है, कृषि में भूमिकाओं, प्रेरणाओं, मूल्यों तथा लाभों के विश्लेषण के लिए। बहुसंख्यक विकास योजनाओं, सरकारी कार्यक्रमों, अनुसंधान अध्ययनों तथा सैद्धान्तिक प्रतीकों ने यह प्रदर्शित किया है कि कार्यक्रम का प्रारंभ पुरुषों तथा महिलाओं की कृषि उत्पादन प्रक्रिया में भागीदारी के विश्लेषण से होना चाहिए दो संबंधित आयामों पर जो कृषि में भूमिका तथा घरेलू कार्यों में उनकी भूमिका है।

## कृषि में लिंग विश्लेषण

यह विश्वस्तर पर अब साबित हो चुका है कि ग्रामीण महिलायें तथा पुरुष कई उत्पादन कार्यों में संलग्न होते हैं जो घरेलू कल्याण, कृषि पैदावार, तथा आर्थिक विकास के लिए अनिवार्य होते हैं। फिर भी महिलाओं के प्रभावी योगदान को निरंतर क्रमबद्ध रूप से किनारे कर कम आंका जा रहा है, परंपरागत कृषि तथा आर्थिक विश्लेषणों तथा नीतियों में जबकि पुरुषों के योगदान केंद्रीय होते हैं बहुधा पूरा ही जिस पर ध्यान हो।

कृषि के सांख्यिकी सर्वेक्षण में महिलाओं का गलत एवं प्रायोगिक रूप से अब भी 'आर्थिक निष्क्रियता' की विशेषताओं से आभूषित किया जाता है, जिसका नतीजा हमें सर्वेक्षण के तरीकों के बारे में वास्तविकता की अपेक्षा अधिक बताता है। (जेनलिड, 1975) कृषि प्रसार सेवाएँ अभी भी महिला किसानों या खेती में लगी महिलाओं तक पहुँचने को महत्त्वपूर्ण नहीं मानते। प्रायोगिक रूप से नीति-निर्धारक तथा प्रबंधकों की अभी भी यह मान्यता है कि पुरुष किसान होते हैं तथा महिलाएँ केवल 'पूरक भूमिका' निभाती है किसानों की पत्नियों की तरह (परिचित आंकड़ानुसार) (सामंत, 1994)।

सन् 1965 में नाईजेरिया में एक किसान की कार्यकारिणी परिभाषा थी। "एक वयस्क पुरुष....जिसे खेती करने का अधिकार है....महिलाओं को किसान नहीं समझा जाता" (एफओसस, 1966 पेज 3) फिर भी नाईजेरिया में ग्रामीण महिलाओं के कई अध्ययनों में (वर्डोक, 1988) अकारे (119) पाया गया कि 92% सर्वेक्षित उत्तरी ग्रामीण महिलाओं ने खेती को अपनी मूल या सहायक जीविका माना। इनमें से 74% का भूमि पर स्वामित्व या अपना अलग भूखंड था। जबकि नाईजेरिया में कार्यालयी परिभाषा में सुधार कर इसे लिंग-तटस्थता दी गयी है पर अभी भी अधिकांश देशों में कार्यालयी कृषि क्षेत्रों तथा क्षेत्र-पेशेवरों के बीच लिंग भेद की मान्यता है। भारत के कुछ चयनित राज्यों में एक समान जाँच से पता लगा कि कृषि-कार्य का 60% भाग महिला किसानों द्वारा किया जाता है जो प्रसार कार्यक्रमों या प्रशिक्षण में परिभाषित नहीं होता (शिवा, 1991)।

## घरेलू स्तर पर लिंग विश्लेषण

ग्रामीण गृहों को प्रायोगिक रूप से प्रसार कार्यक्रमों तथा कृषि नीतियों की संकल्पना में इसे व्यक्तियों की एक इकाई माना गया है जो उद्देश्य के लिए एक ही प्रकार के कार्य एक पुरुष के नेतृत्व में संपन्न करते हैं। वास्तव में, गृह एक अधिक दुरूह एवं प्रगतिशील सामाजिक हस्ती है जो अपना गठन तथा लक्ष्य समय-समय पर बदलता रहता है क्योंकि परिवार के सदस्य तथा विभिन्न उम्र के आश्रयी एवं लिंग विभिन्न कार्यों में संलग्न होते हैं उन जिम्मेदारियों को निभाने जो उन्हें सौंपा जाता है। फिर भी यद्यपि यह इस तथ्य पर ध्यान खींचना उपयोगी है कि लिंग आधारित श्रम विभाजन एक सामाजिक स्थिरता है तथा जिसका कृषि संगठनों के लिए बहुत अधिक महत्त्व होता है। पुरुषों तथा महिलाओं की जिम्मेदारियाँ तथा विशेषाधिकार, किसी खास समय या स्थानानुसार सामाजिक-सांस्कृतिक तथा सामाजिक-आर्थिक आधारों पर भिन्न रहती हैं। अन्य जगहों के आंकड़ों के आधार पर किसी एक घर में लिंग-संबंधों के किसी खास स्वरूप की स्थिति मानना गलत होगा। एक देश में भी सरकारी सामान्यता की सलाह नहीं दी जा सकती। नाईजेरिया के अध्ययन से पता चला है कि कुछ ही किलोमीटर दूरी पर समान नस्लवादी ग्रामीण नाईजेरियाई समुदायों में भी लिंग संबंधों में अन्तर होता है। (ओलवये, 1985)

इस प्रकार यह एक गलत धारणा है कि "ग्रामीण महिलाओं" का एक समानरूपी सामाजिक वर्गीकरण या कृषि में महिलाओं के लिए नीतियों एवं सेवाओं को मान लेना, जो परीक्षित अनुसंधान पर आधारित न हो जहाँ विविधताओं पर विचार किया गया है, गलत होगा। इस अध्याय में हम आगे देखेंगे कि इसका नतीजा है कि प्रसार सेवाओं को परिस्थितियों के अनुरूप अपनाने की आवश्यकता होती है बजाय इसके कि इनका प्रारूप एक सर्वव्यापी नमूने के आधार पर हो। कोई भी ऐसा प्रसार पैकेज नहीं है जो सभी स्थानों की सभी महिलाओं के लिए कार्य करे। (ओलावये 1989; बर्गर, डीलेसी एवं मेलेनकैंप, 1984)

## कृषि में बदलते सामाजिक ढाँचे

जैसे-जैसे ग्रामीण घरों का गठन एवं ढाँचा बदलता है वैसे ही लिंग जिम्मेदारियों में द्रुत परिवर्तन होता है जहाँ आवश्यक रूप से ग्रामीण महिलाएँ घर की खाद्य सुरक्षा तथा बच्चों की देखभाल के लिए अधिक जिम्मेदारियाँ उठा रही हैं। (सिंडर, 1990) इन परिवर्तनों का एक शक्तिशाली संकेतक है महिला-प्रधान ग्रामीण घर जो अधिकांश विकासशील देशों में वृद्धि पा रही है। उप-सहारा अफ्रीका में, महिला-प्रधान परिवारों की संख्या केन्या में 45%, मलावी में 35% जांबिया में 30 से 40% तथा नाईजेरिया में 15% है। (ईसीए, 1973; कीलर, 1986, वर्ल्डबैंक, 1992ए, फाओ, 1993)

आश्चर्यजनक रूप से महिला प्रधान परिवार गृह सर्वाधिक गरीबों के बीच हैं जहाँ सबसे कम खाद्य सुरक्षा होती हैं (हेजर, 1992) पर उन क्षेत्रों में जहाँ महिलाओं की प्रधानता सामान्य हो, जैसाकि कैरिबियाई देशों में है, महिलाओं की मुखियागिरी एक निरीह उद्घोषक हो सकता है कृषि उत्पादन, गृह कल्याण या आय स्तर के लिए। (जिगींस, 1994) अन्य मामलों में, जहाँ महिलाएँ अपने अधिकार से कृषि के स्रोतों तथा सेवाओं तक पहुँची है जैसा कि केन्याई उच्चभूमि में है, महिलाएँ खेती अकेली या कभी-कभी अपने प्रबंधक पतियों की सहायता से करती हैं, उन्होंने अपने आपको आशाओं से अधिक खेती की पैदावार, सक्षमता तथा लाभ बढ़ाने में सक्षम साबित किया है। (जिगींस, 1994, साइटो एवं विडमैन, 1990)

फाओं द्वारा सारांशित आंकड़े (1993 तालिका 3 एवं 4) प्रसार के महिला ग्राहकों के आकार एवं क्षमता के

थोक संकेतकों की तरह सेवा करते हैं (जिसमें शामिल हैं खेती में कार्यकारिणी महिलाएँ तथा महिला चालित खेत) साथ ही इनके बड़े, मध्यम एवं छोटे खेतों के आबंटन भी। बारह देशों से आंकड़ों के अध्ययन के मामले (बुरकीनों फासो, रूबांडा, सेनेगल, बांग्लादेश, चीन, इंडोनेशिया, फिलीपींस, कोलंबिया, मेक्सिको, मिश्र, येमेन) अध्ययन क्षेत्रों में निम्नलिखित बातों का संकेत देते हैं:

- बड़ी खेती का 25% भाग महिलाएँ करती हैं।
- महिलाएँ 19% मध्यम खेतों पर कार्य करती हैं।
- चीन तथा इंडोनेशिया में बड़े एवं मध्यम श्रेणी के खेतों में महिलाओं का अनुपात बहुत अधिक है।
- छोटी श्रेणी के खेतों में महिलाओं का प्रतिशत सर्वाधिक है।
- इंडोनेशिया, फिलीपींस, सेनेगल तथा येमेन को छोड़कर महिला-प्रधान खेती की संख्या 15% है एवं मेक्सिको में 61.46%, मिस्र में 28.10% तथा केन्या में 27.09% है। खेती के सभी अध्ययनों का यह चौथाई से दो तिहाई भाग होता है।

प्रसार कार्यक्रमों तथा संगत अनुसंधान कार्यों में लिंग विश्लेषण में कृषि पेशेवरों तथा नीति-निर्धारकों के मार्गदर्शन के लिए बहुत से उपकरण मौजूद हैं। उपकरणों में शामिल है सहज जाँच सूची से मार्गदर्शन से (फाओ, 1982) नीदरलैंड का विदेश विभाग मंत्रालय; 1988) लेकर विस्तृत तरीकों का हैंडबुक तथा लिंग संवेदी कृषि कार्यक्रमों का विश्लेषण। (फेल्डस्टीन एवं जिगींस, 1994; थोमस स्लेचरर, इसर एंड डेल शीसड्स, 1994, बर्ल्ड बैंक, 1992a) (ओआईएल, 1988; आईएफएडी, 1985) बढ़ते क्रम में दानी समुदाय तथा राष्ट्रीय सरकारें दोनों को ही कृषि क्षेत्र में विनियोजन से पहले लिंग विश्लेषण की आवश्यकता है।

## रुकावटें एवं अवसरें: ग्रामीण महिलाएँ तथा प्रसार कौशल

कृषि में पैदावार, लाभ तथा क्षमता में सुधार के लिए महिलाओं की क्षमता को प्रभावित करने वाली रुकावटें। 1. महिलाओं की वैध तथा सांस्कृतिक स्तर, जो महिलाओं के नियंत्रण के प्रभाव का वह अंश बताता है जो उनका उत्पादन, स्रोतों, साधनों जैसे ऋण तथा इनसे प्रवाहित लाभों पर होता है। 2. संपदा का अधिकार तथा वंशानुगत कानून जो भूमि तथा अन्य प्राकृतिक साधनों के इस्तेमाल तक पहुँच तय करते हैं। (जिगींस, 1989 ए); 3. पर्यावरणीय तत्त्वों के बीच संबंध यथा वर्षा का मौसम एवं ईंधन की लकड़ियों की उपलब्धता, आर्थिक तत्त्व जैसे वस्तु की बाजारी असफलता तथा लिंग निर्धारित उत्तरदायित्वों जैसे परिवार का भोजन जो घर के मूल स्वयं प्रगति लक्ष्य का कार्य तथा बाजारी उत्पादन के विपरीत परिवार की देखभाल करना होता है। (जिगींस, 1989बी; होरेस्टीन, 1989) तथा 4. वह तरीका जिसके अनुसार कृषि सेवाओं का कर्मचारियों की आपूर्ति, प्रबंधन तथा प्रारूप तैयार होता है। (फाओ, 1993, सायटो एवं वीडमैन, 1990 जिटींजर इट. एल., 1990)

## प्रसार में महिलाओं की पहुँच में सुधार

परंपरागत ढंग से कृषि प्रसार कौशल ने नगदी फसलों के उत्पादन की वृद्धि को उजागर किया है पुरुषों को प्रशिक्षण, सूचना तथा साधनों एवं सेवाओं की जानकारी देकर। पुरुषों की ओर झुकाव किसानों के प्रशिक्षण केंद्रों में परिलक्षित होता है जिसकी स्थापना तकनिकी विषयों पर आवासीय प्रशिक्षण का प्रावधान करना है। अधिकांश में पुरुषों एवं महिलाओं के लिए अलग सफाई तथा अलग सोने की जगह का प्रावधान नहीं रहता है तथा छोटे बच्चों पर ध्यान देने की सुविधा नहीं होती है, जो महिलाओं को केंद्रों में जाने से रोकते हैं। दूसरे, यह कि दैनिक कार्यभार के कारण वे आवासीय प्रशिक्षण के लिए घर नहीं छोड़ पाती है छोटे पाठ्यक्रमों की उपस्थिति से भी समस्याओं का अंबार खड़ा हो सकता है घर या बच्चों की जिम्मेदारी प्रतिस्थापित करने में और तीसरा यह कि अभी भी जहाँ कुल कार्यों में महिलाओं का योगदान बहुत अधिक अनुपात में होता है महिलाओं को गृह-अर्थशास्त्र तथा हस्तकला विषयों में ही शिक्षा दी जाती है। तकनिकी कृषि में नहीं। (स्टौड्ट 1973, पोटाटन, जेमिसन तथा ओटाईवल, 1983)

आगे भी भारी बहुमत के देशों में प्रसार सेवाओं के कर्मचारी मुख्यतः पुरुष ही होते हैं। केवल फिलीपींस जैसे देश में ही महिलाओं को काफी संख्या में यथेष्ठ स्रोतों के साथ क्षेत्रों में नियोजित किया गया है जो महिला किसानों के बीच परिवर्तन की प्रभावी भूमिका निभा सकती हैं।

दूसरी ओर मंत्रालयों के लिए यह मान लेना आश्चर्यजनक ही है कि गृह-अर्थ सेवाएँ महिलाओं के लिए कृषि प्रशिक्षण एवं सूचना को प्रतिस्थापित कर सकती हैं। कृषि एवं गृह अर्थशास्त्र दोनों ही महत्त्वपूर्ण है, पर एक-दूसरे के प्रतिस्थापक नहीं हैं जहाँ गृह अर्थशास्त्र की सेवाओं का प्रावधान किया गया है जैसा अलडू (1988) ने बताया है, महिला गृह अर्थशास्त्रियों ने पूरी तरह ग्रामीण महिलाओं के लिए कार्य किया है और इस प्रकार लिंग झुकाव की संस्थागतात्मकता को सशक्त ही किया है। तब भी गृह अर्थशास्त्र सेवाएँ सर्वव्यापी नहीं हो पायी है तथा स्रोतों की भारी कमी होती है यद्यपि कुछ ने इन अवरोधों से संघर्ष किया है खेती में लगी महिलाओं को तकनिकी सूचना तथा प्रशिक्षण देने एवं वह भी स्रोतों तक पहुँच के साथ।

प्रशिक्षण तथा दौरे कार्यक्रम के लाने से संपर्क या ठेके के किसानों के चयन पर जोर डाला गया है उस क्षेत्र के अन्य किसानों तक सूचना देने के एक तरीके की तरह। अभिस्तुत चयन प्रक्रिया जैसे भूमि का स्वामित्व, साक्षरता, या सहयोगिता, सदस्यता तथा प्रसार के पुरुषकर्मियों ने, महिलाओं की संलग्नता को बाहर ही रखा है (देखें आनमिक एवं कोंगमा, 1991 तंजानिया के अध्ययन के एक मामले में) कुछ ही देशों में (चीन, मेक्सिको, एवं ब्राजील सहित संपर्क किसानों या समर्थक किसानों में महिलाओं का योगदान काफी महत्त्वपूर्ण है। (बाक्स-1)

कुछ देशों में व्यक्तिगत संपर्क को समूह संपर्क से पूरा किया गया है, खासकर, पर एकमात्र नहीं जहाँ यह पुरुष परिवर्तन एजेंटों के लिए व्यक्तिगत तौर पर किसी महिला के साथ किसी भी रूप में अपने संबंधियों के अलावा संपर्क करना कठिन होता है। कई सांस्कृतिक संगठनों में समूह प्रसार से महिलाओं की पहुँच बढ़ती है (बर्गर, डीलासी तथा मेलेन कैंप, 1984; आरूवाई, 1981) क्योंकि समूह संदर्भ पुरुष प्रसारकर्मियों पतियों तथा महिलाओं का मान्य सामाजिक संपर्क बढ़ाने के तरीकों के बारे में भय को शांत कर देता है।

यह इस्लामी क्षेत्रों में खासकर सच होता है, जहाँ महिलाएँ आंशिक या पूर्णरूपेण अलग रहती हैं। इसके आगे भी, इस्लामी समाज में संभवत: योग्य वयस्क महिलाओं की संख्या यथेष्ट नहीं रहती जो क्षेत्र स्तर पर परिवर्तन-कर्मियों के पद की जिम्मेदारी ग्रहण कर सके। फिर भी, बांग्लादेश में बड़े पैमाने के अग्रणी प्रयास, गैर-सरकारी ग्रामीण विकास संस्थाएँ जैसे बीआरएसी तथा ग्रामीण बैंकों ने दिशा दिया है कि धर्म एवं प्रथा आवश्यक रूप से महिलाकर्मियों को क्षेत्रों में नियोजित करने में बाधक नहीं होते, या महिलाओं की नेत्रियों के प्रशिक्षण में समूह या ग्राम स्तर पर पुरुषों द्वारा या ग्रामीण महिलाओं के लिए ऋण सेवाओं या सक्षम बचत के विकास के लिए भी वे बाधक नहीं बनते। (जिगींस, 1994) महिलाओं की प्रधानता तथा प्रबंधन के कृषि-उद्देश्यों में जिसमें मुर्गीपालन एवं रेशम उल्लेखनीय हैं जो व्यक्तिगत प्रयासों एवं ईनामों पर आधारित होते हैं पर समूह प्रक्रियाओं द्वारा गतिमान होते हैं। वे एकीकृत उद्यमों के बड़े हिस्से हैं जिन्हें महिलाओं ने अपनी बचत तथा विनियोजन से चलाया है।

कई प्रकार से ग्रुप-विचार को गहराई तथा विस्तार दिया जा रहा है क्योंकि कृषिजनित उद्योग विकास के अवसर केंद्रित प्रक्रियात्मक सुविधाओं तथा महिला समूहों के बीच कार्यकारी संबंधों को विकसित करने के लिए खुल गये हैं। भारत में कृषि-उद्योग तथा महिला समूहों के बीच सूचना तथा प्रशिक्षण संबंधों को बढ़ाने में निजी क्षेत्र के टाटा उद्योग समूहों तथा गैर-सरकारी क्षेत्र मं बीएसआई एफ द्वारा जड़ी-बूटियों, औषधि-पौधों या इत्र के पौधों के उत्पादन एवं प्रक्रिया में योगदान, इसके उदाहरण हैं। दक्षिण भारत में कुछ दुग्ध विकास आंदोलन में केवल महिलाओं के सहकारी समितियों के विकास एक उल्लेखनीय घटना है (चेन इट. *एल.*, 1986, जमाल 1994) पर कई अन्य अध्ययनों में इस विचार की क्षमताओं को आंका गया है (बगेर, डीलेंसी एवं मेलेनकैप, 1984)

महिलाओं की निरक्षरता दूर करने के लिए अन्य संस्थाओं ने अन्वेषणात्मक समूह विचारों को प्रदर्शित किया है, जो लिखित सामग्रियों के जरिए प्रभावी जनसंचार में एक बाधक है तथा उपयुक्त सेवाओं के लिए महिलाओं की मांग पर रोक भी। सेवा को ग्रामीण शाखा, (अहमदाबाद, भारत आधारित स्वयं नियोजित महिलाओं का संघ) उदाहरण के लिए एक साधन की तरह वीडियो के उपयोग में अग्रणी भूमिका निभायी है जिसे बड़ी संख्या में अशिक्षित ग्रामीण महिलाओं के समूह उनकी अपनी खेती, घरेलू वातावरण, आवश्यकताओं की समस्याओं एवं निदानों पर छोटे फिल्म का संपादन या अंकन कर सकते है। इन समर्थकों से युक्त वे जिला एवं प्रांतीय कृषि प्रसार सेवाओं साधनपूर्ति

**बाक्स 1 : केन्या में संपर्क किसान के चयन का आधार बदलना।**

विश्व बैंक द्वारा संपर्क किसानों के चयन के लिए आधार के निर्माण के लिए विशेष रूप से बताया गया है जो निम्नलिखित हैं: 1. स्थानीय खेत के आकार, फसलों की पद्धति, सामाजिक-आर्थिक अवस्था के स्थानीय क्षेत्र का प्रतिनिधत्व करें; 2. अन्य किसानों द्वारा अनुसरणीय समझ की जाँच; 3. सक्रिय तथा व्यवहारिक किसान हों; 4. कम से कम अपनी जमीन के एक भाग पर प्रसार संस्तुतियों को अपनाने को इच्छुक रहें, अन्य किसानों को निरीक्षण करने का अवसर दें तथा इसे अन्य किसानों को बताने की इच्छा रखें। 5. जहाँ तक संभव हो विभिन्न परिवारों के हों एवं 6. भौगोलिक दृष्टि से बिखरे खेतों से हों।

व्यवहार में प्रसार सेवाएँ सामान्य रूप से अन्य आधारों को जोड़ देते हैं यथा न्यूनतम भूमि जोत का आकार, साक्षरता, तथा साधन खरीद की क्षमता। ग्राम-प्रमुख तथा अन्य औपचारिक नेता एवं प्रसार कर्मचारी प्राय: पुरुष ही होते है जो साधारणत: चयन करते हैं और यह महिलाओं के खिलाफ एक और पक्षपात का अवसर लाता है।

चयन आधार तथा चयन प्रक्रिया के तीन समायोजन केन्या में उपयोगी साबित हुए हैं तथा चयनित महिलाओं का प्रतिशत बढ़ा है। ये निम्नलिखित प्रकार के हैं:

- स्थानीय बैठकों तथा मीडिया में महिलाओं के चयन को बढ़ावा देने के लिए प्रधानों, मंत्रियों तथा अन्य नेताओं को प्रोत्साहन देना।
- प्रसार प्रशिक्षण पाठ्यक्रमों में महिला किसानों के चयन के महत्त्व पर जोर देना।
- क्षमता के आधार पर चयन पर जोर डालना वास्तविक रूप से कार्यरत हों उनके बीच ही चुनाव करना।

केन्या के मुरंगा जिले के तीन क्षेत्रों में जाँच लेने से पता चला कि मुकयु में जहाँ चयन के आधार में खेती की सलंग्नता पर तथा क्षेत्र-एजेंटों से आमने-सामने मुलाकात की क्षमता पर जोर डाला गया, वहाँ आधे से अधिक संपर्क किसानों में महिलाएँ हैं। अन्य दो क्षेत्रों में जहाँ चयन का आधार भूमि का स्वामित्व बनाया गया वहाँ एजेंटों के चुनाव का 2/5 भाग का नतीजा था एक चौथाई से आधे की संख्या में महिला किसानों का चयन। दो मामलों में जहाँ क्षेत्र-एजेंट महिलाएँ थी, संपर्क किसानों के 90% में महिलाओं की संख्या दो तिहाई थी। मेरू जिले में जहाँ प्रधानों ने आदतन संपर्क किसान का चयन किया, उसमें महिलाओं की संख्या बहुत ही कम थी।

(*स्रोत:* साइतों एवं विडमैन, 1990)

संस्थाओं तथा ग्रामीण बैंकों का ध्यान आकर्षित करती है और पाती भी है। पड़ोस के गाँवों में अपने अनुभवों को एकत्र कर संचारित करने के लिए उपकरण की तरह वीडियो का इस्तेमाल कर रही हैं।

दूसरे लोग भागीदारी ग्रामीण स्तरीकरण के पूरक तरीकों दशमलीय वीडियो तथा फोटो-प्रक्रिया तकनीक का प्रयोग कर रहे हैं यह पता लगाने कि महिला किसानों के समूह तथा कृषि की वास्तविकता से अलग हुए पुरुष प्रसारकर्मियों के बीच परस्पर क्रियात्मक संवाद की संभावना है। तंजानिया में साइडा (एसआईडीए) की सहायता से, उदाहरणस्वरूप कृषि अनुसंधान एवं तकनिकी विकास तथा वातावरणीय निर्धारण एवं प्रबंधन लागू करने को विकसित किया जा रहा है। अन्य एजेंसी जैसे असीएलआरएम (जलीय स्रोत प्रबंधन के अंतर्राष्ट्रीय केंद्र) कम्प्युटर सॉफ्टवेयर विकसित कर रहे हैं जो किसानों तथा अनुसंधानकर्त्ताओं को जीआएस सूचना एवं किसानोदित प्राकृतिक स्रोतों के नक्शे के साथ की तुलना तथा विषमता देखने की क्षमता देते हैं तथा खेत पर स्रोतों के नक्शे का आधार मानकर उन्नत स्रोत प्रबंधन एवं तकनिकी खोज के लिए अवसर भी देते हैं।

अंत में हमें वाणिज्यिक प्रसार तथा कृषि उद्यमियों की तरह महिलाओं के बीज संबंधों को बताना चाहिए खासकर कृषि क्षेत्र में जो सजावटी पौधों तथा परदेशी पुष्प उत्पादन श्री लंका, थाईलैंड तथा केन्या जैसे देशों में होता है। जहाँ महिलाओं की पहुँच भूमि तक है (घरेलू पारिवारिक या भाड़े का) उनकी स्थिति वही होती जो किसी छोटे उद्यमी की होती है साधन पैकेजों तथा बाजारी सुविधाओं से लाभ उठाने की जो वाणिज्यिक कंपनियों द्वारा उच्च-मूल्य के कृषि-उद्योगों में दिया जाता है। वास्तव में ऐसी कंपनियों का लक्ष्य महिला किसान ही प्राथमिक ग्राहक के रूप में देखे जाते हैं क्योंकि पौधों के प्रबंधन में महिलाओं का

**बाक्स 2 : किसान से किसान के बीच प्रसार : तंजानिया में किसान समूहों के बीच कार्यक्रमों में महिलाओं की भागीदारी।**

सन् 1993 में सोकोइन कृषि विश्वविद्यालय की मेजवानी में एक कार्यशाला के दौरान तंजानिया में किसानों के समूहों के नेटवर्क का निर्माण समूहों के प्रतिनिधियों द्वारा किया गया (एम वी आई डब्लू टी ए) सोको इन कृषि विश्वविद्यालय में खेती पद्धति के अनुसंधानियों जो तकनिकी विकास में किसानों के साथ कार्यरत थे, द्वारा आयोजित शृंखला की एक कड़ी थी यह कार्यशाला।

अनुसंधानियों ने प्राथमिकता की समस्या की पहचान के लिए किसानों के साथ संवाद जारी रखने के महत्त्व को समझा साथ ही संभव निदानों का सुझाव तथा जाँच तथा अनुसंधानियों तथा किसान समूहों द्वारा निर्णीत तकनीक एवं सूचना को प्रसारित करने का महत्त्व भी जाना। अनुभवों के आधार पर उन्होंने निम्नलिखित पाँच सिद्धांतों को ढूँढ़ निकाला:

- किसानों की बहुमुखी समस्याओं की पहचान में बहुविभागीय मान्यता।
- यह समझने पर कि निर्णय लेना प्राय: हमेशा समूह सहमति पर आधारित होते हैं, समूह-सिद्धांत का इस्तेमाल।
- उपयोगिता सुनिश्चत करने के लिए खेतों पर ही तकनिकी खोजों का विकास।
- निर्णायक उत्पादन बाधाओं को दूर करने में सहायता।
- प्रशिक्षण सुविधाओं तथा नेटवर्किंग के जरिये किसानों का सशक्तीकरण।

म्वीवाटा समूह में काफी विविधता है। टांगा क्षेत्र के लुशोटों जिले में कृषि एवं पौधा रोपण कार्यक्रम में क्षेत्र-पदाधिकारियों के साथ लगभग 100 महिलाओं का समूह कार्य कर रहा है। किलिमजारों क्षेत्र मे पुरुष एवं महिलाओं के पाँच से बारह सदस्यों का छोटा समूह आय उत्पन्न करने चावल या वनस्पतियों के उत्पादन में कार्यरत हैं। समूह के प्रत्येक सदस्य की अपनी जमीन है पर उन्हें फसल उत्पादन के लिए समूहों में प्रशिक्षण दिया जाता है। सदस्यों को ऋण लेने में समूह इसका जामिन बनता है।

किसी खास क्षेत्र में समूह अपने स्वतंत्र कार्यों के विकास तथा सामाजिक मजबूती के निर्माण के लिए अपना संचार संबंध बनाता है जैसे अपने कार्यक्रमों तथा नेटवर्क पर गीत लिखकर तथा इसे स्थानीय व्यापारिक रास्तों तक पहुँचाकर या नये सहयोगिता कानून जैसे विषय पर किसान कार्यशाला के आयोजन द्वारा कर सकता है राष्ट्रीय म्वीवाटा नेटवर्क किश्वाहिली में अपना समाचार पत्र प्रकाशित करता है तथा नये सृजित पैन अफ्रीका नेटवर्क तथा फैम-अफ्रीका से जुड़ा है (अफ्रीका में किसानों का कृषि एवं आधुनिकीकरण)।

(*स्रोत:* मेती एंड लसाले, 1994)

ध्यान एवं उनकी सावधानी उच्च स्तरीय होती है।

परंतु प्रशिक्षण के लिए अन्य पूरक कौशल की आवश्यकता होती है जिससे संस्थागत व्यवहारों में परिवर्तन आये। (स्प्रींग, 1985, 1986) ने मलाबी में छोटे पर निर्णायक अनुरूपता का क्षेत्र दिखाया जो महिलाओं की भागीदारी बढ़ा सकते हैं तथा प्रसार की महत्त्वपूर्ण उपयोगिता वहाँ भी जहाँ अधिकांश क्षेत्रकर्मी पुरुष हैं। उदाहरण के लिये, पुरुष प्रसारकर्मियों को प्रोत्साहित किया गया कि वे अपने पुरुष संपर्क किसानों से आग्रह करें कि वे अपनी पत्नियों को दौरों में, प्रदर्शनी में या किसानों की सभा में साथ लाएँ। गाँव के नेताओं लोगों से आग्रह किया गया कि वे उन महिलाओं का पता लगायें जिन्हें प्रसार सेवाओं की आवश्यकता है। क्षेत्रकर्मियों के लिए आवश्यक हुआ कि वे अपने समय का अधिक प्रतिशत महिला समूहों के साथ बिताने में लगाए। महिला किसानों का सेमिनार आयोजित किए गए ताकि महिलाएँ अनुसंधानियों एवं क्षेत्रकर्मियों के साथ निदानों महिला किसानों की उत्पादन पद्धतियों की विशेष तकनिकी समस्याओं पर चर्चा करें। साथ ही महिलाओं के क्षेत्र दिवस का आयोजन कर महिला किसानों की सफलता को वैधता के लिए तथा महिलाओं के बीच किसान से किसान के बीच विनिमय को बढ़ावा देने के लिए समारोह करें।

संस्थागत परिवर्तन में भागीदारी कार्य की सीख भी एक शक्तिशाली विचार है। बीजिंग विश्वविद्यालय में अंतर्राष्ट्रीय कृषि विकास केंद्र तथा अखिल चीन महिला महासंघ (ए सी डब्लू एफ) ने बिजींग काउंटी में महिला किसानों के साथ अपने कार्यों के लिए भागीदारी सीख का सिद्धांत अपनाया। (हुआंग, स्फिसेन, 1995) तत्कालीन विचार "ज्ञान सीखना, योजनाओं का कार्यान्वयन करना तथा

लाभ प्राप्त करना" का उन्होंने पलट कर 'योजनाओं का कार्यान्वयन' आरभ किया, ज्ञान सीखने के स्थान तथा अवसर की तरह एवं यह सुनिश्चित किया कि भागीदारी से लाभ मिलता है जो उनके लिए अर्थपूर्ण है तथा उसी स्थान पर प्राप्य भी है। पाल ने संयुक्त निदान को शुरू किया जो बिजींग काउंटी के अखिल चीन महिला महासंघ के अधिकारियों पुरुष एवं महिला किसानों तथा 'सियाड' द्वारा संचालित हुआ। इस चरण में, लिंगाधारित कार्यों के बारे में एक मामले का विश्लेषण पर एक कार्यशाला में स्थानीय विकास संस्थाओं को आमंत्रित करना तथा काउंटी में महिलाओं की आवश्यकताओं का एक भागीदारी स्तरीकरण शामिल थे। अगला चरण, खोज, संवाद एवं विश्लेषण पर आधारित कार्य योजना की पहचान तथा प्राथमिकीकरण के साथ आरंभ हुआ। योजनाओं से द्रुत सरकारी तथा तकनिकी आधिकारियों की मान्यता तथा कोष एवं तकनीक तत्काल संभव हुए। महिला महासंघ ने पूर्व चरणों के प्रशिक्षण विशिष्टता लाने तथा प्रशिक्षण का प्रावधान करने 'समाजीकृत सेवा नेटवर्क' का निर्माण किया। उदाहरण के लिए दुभांग में, महिला महासंघ ने प्रत्येक 10 महिलाओं पर एक प्रतिनिधि तथा प्रत्येक तीन प्रतिनिधि पर एक नेता का चयन कर लिया। इसके बाद एक वैज्ञानिक तथा तकनिकी दल का गठन हुआ जिसमें 12 समूह नेता तथा महिला महासंघ के संचालक शागिल किए गए। यह उनकी जिग्गेदारी बनी कि वे प्रत्येक भागीदारी गृहों तथा तकनिकी प्रशिक्षण स्रोतों से संबंध स्थापित करें ताकि महिलाओं को अन्य महिलाओं को पढ़ाने का प्रशिक्षण दिया जाए। विजियाजदुवांग के 'ज्ञान-सीख' की समाप्ति पर 400 महिलाओं के 80% ने ज्ञानों के बीच दो व्यवहारिक ज्ञान सीखा जैसे सूअर तथा मुर्गियों के बीच महामारी की रोकथाम, फलों के वृक्षों की छंटाई एवं 10 अन्य तरीके। अगले दो वर्षों तक महिला महासंघ ने काउंटी, शहरों तथा ग्रामीण नेताओं के साथ सहयोग किया 30000 महिलाओं को किसी एक व्यवहारिक ज्ञान के प्रशिक्षण के लिए।

जहाँ अन्य कौशल उपलब्ध नहीं हों कम से कम निकट अवधि में तो प्रसार सेवाओं की पहल लाभदायक हो सकते हैं खासकर जिनका लक्ष्य क्षेत्र की महिलाकर्मियों पर हों। तमिलनाडु में इसे कृषि विभाग ने देनिडा (डी ए अन आई डी ए) के साथ मिलकर 1986 से ही शुरू किया है। (बाक्स 3) योजना का उद्देश्य है छोटे एवं मझोले महिला किसानों को प्रशिक्षण सह प्रसार कार्यक्रम द्वारा उन्हें उन्नत तकनिकी ज्ञान तथा तकनीक देना। सात वर्षावधि में 30 महिला कृषि पदाधिकारियों के एक प्रमुख दल की भर्ती हुई तथा 14000 से अधिक महिलाओं को प्रशिक्षण दिया गया जिससे खाद्य सुरक्षा आय एवं उत्पादन में खासा सुधार हुआ। प्रशिक्षण गाँवाधारित है जिसमें 20-25 महिलाओं के समूह को उस समय प्रशिक्षित किया जाता है जब वे घरेलू कार्य से मुक्त हों, तथा उन व्यवहारिक ज्ञान एवं तकनिकों पर जोर दिया जाता है जिसका चयन तथा प्राथमिकता महिलाएँ स्वयं कृषि पदाधिकारी के साथ मिलकर करती हैं। मूल प्रशिक्षण कार्यक्रम दो वर्ष का होता है। जिसे दो सप्ताह के नेताओं के प्रशिक्षण तथा विशेष मुद्दों पर कम अवधि के प्रशिक्षण से पूरा किया जाता है। इसके अलावा यह महिला-किसानों का सम्मेलनों से महिलाओं को पुरुष अनुसंधानकर्त्ताओं एवं प्रसार अधिकारियों के साथ एवं पड़ोसी ग्राम के समूहों के साथ परस्पर क्रिया का अवसर देता है। तमिलनाडु में महिलाओं को कृषिपदाधिकारी बनाना महत्त्वपूर्ण हुआ है क्योंकि दुग्ध-विकास आंदोलन में महिलाओं को दुग्ध विकास अधिकारी के पद पर नियुक्त करना सफल हो चुका है। महिलाओं से महिलाओं तक प्रसार ने पुरुष कृषि पदाधिकारियों के बीच विश्वास ले आया है कि महिला किसान संपर्क करने योग्य हैं जबकि समूह का तरीका एक उपयुवत सांस्कृतिक साधन का प्रावधान पुरुष प्रसारकर्मियों द्वार संपर्क साधने में सहायक हुआ है।

## माप करना

इस अध्याय में उद्धृत कई उदाहरण अपेक्षया छोटे पैमाने के हैं। चुनौती यह है कि उस पैमाने पर इनका प्रभाव प्राप्त हो जिससे फर्क पड़ता है। तीन हाल के पहलों से वह रास्ता सामने आता है जिसमें इस चुनौती को लिया गया है।

वाशिंगटन, जिला केंद्र के शिक्षा विकास एकेडमी, सरकारी प्रसार सेवाएँ तथा संगत निजी क्षेत्र की संस्थाओं ने एक-साथ मिलकर होंडुरस में प्रसार संचार के सामाजिक बाजारी तकनीक को अपनाया (यूनिफेम तथा आईडब्ल्यूटीओ, 1990)। उन्होंने कृषि में तकनिकी स्थानांतरण के संचार के लिए एक नमूना तैयार किया जो तीन सिद्धांतों पर आधारित है और वे हैं उपभोक्ताओं की श्रेणी तथा आवश्यकता जानने के लिए एक बाजारी अनुसंधान तकनिकी विकास एवं प्रसार

में उपभोक्ताओं की भागीदारी तथा मजबूत सूचना तंत्र। महिला किसानों तथा खेती में लगी महिलाओं को जो विभिन्न सामाजिक आर्थिक तथा विशिष्ट श्रेणी से आती है उन्हें स्पष्ट रूप से उपभोक्ता माना गया। सीटीटीए ने सामाजिक बाजार के चार 'पी' को उजागर किया जो है, मूल्य, पैदावार स्थान तथा उन्नति साथ ही दो संदर्भित तत्त्व नीति एवं राजनीति जिनसे उपभोक्ताओं को विकास, प्रसार तथा प्रसार संचार की सूचना में शामिल करने का प्रभावी तरीका प्राप्त किया जा सके। प्रारंभिक चरण में सीटीटीए ने होंडुरस में प्रसार सेवाओं को 3000 किसानों से 16000 किसानों तक पहुँच को बढ़ाया।

अफ्रीका में एक गोलमेज चर्चा में महिला कृषि पेशेवरों के स्थान पर विचार (डौसे, 1991) में केवल सभी मान्य अंतरों एवं बाधाओं की ही पहचान नहीं की गई वरन् सर्वोच्च नीति-निर्धारण स्तर पर सर्वप्रिय दोनों स्तरों पर तर्क बढ़ाने के तरीकों पर भी विचार हुआ। कृषि शिक्षा तथा प्रशिक्षण प्रावधानों में परिवर्तन पर जोर डालने के तरीकों का कार्यान्वयन प्रारंभ हो रहा है साथ ही महिलाओं की वैध स्थिति में परिवर्तन के सुझाव भी लिए जा रहे हैं। वेमिन में मंत्रिमंडल के ग्रामीण विकास मंत्रालय को आदेश दिया है कि वह ग्रामीण महिलाओं के विकास के लिए एक नीति बनाये, कृषि तथा ग्रामीण विकास में पेशेवर पदों पर भर्ती के लिए महिलाओं की संख्या के लिए एक नियतांश का सृजन करें, तथा नीति कार्यान्वयन पर नजर रखने के लिए कृषि क्षेत्र में एक राष्ट्रीय नेटवर्क का गठन करें। महिला सचिवों तथा शिक्षा मंत्रालय, उपकुलपतियों तथा अन्य अग्रणी शिक्षविदों के पूरक पहल से फावे का गठन हुआ है। (अफ्रीकी महिलाओं का शिक्षा फौरम) । इस संगठन के एजेंडे का प्रमुख भाग है लड़कियों एवं महिलाओं के लिए सभी स्तरों पर विज्ञान में खासकर कृषि विज्ञान शिक्षा को बढ़ाया जाए।

तीसरा उदाहरण भी अफ्रीका से आता है। पिछले तीन दशकों में नाईजेरिया ने विभिन्न कृषि विकास तरीकों का प्रयोग किया है जिसमें ग्रामीण महिलाओं के लिए भिन्न

**बाक्स 3 : एकीकृत कीट प्रबंधन: खेती में लगी महिलाओं के क्षेत्रीय स्कूल कोलुमनिवाक्किम, तमिलनाडु।**

सन् 1994 से ही, तामिलनाडू में महिला किसानों को एकीकृत कीट प्रबंधन के क्षेत्र-प्रशिक्षण में शामिल किया गया है। सन् 1994-95 में चावल क्षेत्र, चेंगलपट्टु एमसीआर जिला के लिए आयोजित 30 किसानों के क्षेत्रीय स्कूलों में से चार महिलाओं के लिए ही थे। एफएफएस 13 सप्ताह तक सप्ताह में एक दिन आधे समय के लिए स्कूल चलाता है जिसमें 30 किसान होते हैं। महिला कृषि अधिकारियों द्वारा उन्हें सिखाया जाता है, चावल की खेती में कीटों तथा इनके संक्षरकों की पहचान करने तथा प्रत्येक की देखरेख करने यह सुनिश्चित करने कि संरक्षकों ने कीटों को नियंत्रित किया है तथा प्रमुख कीड़ों का जीवन-चक्र जानने के लिए निरीक्षण करने एवं उत्पादन-महीनों में जनसंख्या में उतार-चढ़ाव पर नजर रखने। प्रशिक्षण का एक महत्त्वपूर्ण भाग होता है कृषि पर्यावरण पद्धति का साप्ताहिक अंकन एवं विश्लेषण।

अंगीभूत खेती के लिए सिद्धांतों एवं तरीकों, एकीकृत पोषक-प्रबंधन तथा जैविक-खादों के इस्तेमाल को शामिल किया जाता है। सांस्कृतिक, यांत्रिक एवं जैविक कीट नियंत्रणों को व्यवहार में लाया जाता है तथा भागीदारों को जैविक कीटनाशकों तथा रसायन के उपयोग का प्रशिक्षण दिया जाता है अंतिम प्रयास के रूप में अगर संक्षरकों की संख्या, कीटों की संख्या को आर्थिक सीमान्तर्गत रखने के लिए, यथेष्ट नहीं है।

कोलुमानिवक्कम की महिलाओं ने एक-एक मंत्र का निर्माण किया है अपने क्षेत्र में विशेज्ञता प्राप्त कर लेने के संकल्प को बताने जो है "मैं खो नहीं सकती, क्यों? मैं आपकों बताऊँगी क्यों...क्योंकि मेरे पास ज्ञान साहस तथा उत्साह है।" आईपीएम लागू होने से पहले ग्रामीण किसान बराबर कीटनाशकों का इस्तेमाल करते थे जो खेती के कुल खर्च का 20% तक होता था। छिड़काव के बाद महिलाएँ खेतों में काम करती थीं तथा कई प्रकार के लक्षणों का रिपोर्ट देती थी यथा ओकाई, सिरदर्द, आँख की तकलिफ, चर्म-चकते तथा सांस लेने में कठिनाई जो रसायन के कारण होता था। अब उन्होंने घरेलू वनस्पतियों में छिड़काव बन्द कर दिया है तथा अपने गृह बागानों में कीटों तथा संहारकों पर नजर रखना शुरू कर दिया है। गाँव के पुरुष भी सामान रूप से उत्साहित हैं। उन्होंने पड़ोस के गाँव के प्रशिक्षित किसानों से आईपीएम के बारे में सुना तथा उन्होंने अपनी पत्नियों को महिलाओं के किसान क्षेत्र स्कूल जाने का प्रोत्साहन दिया जब उन्हें ऐसा अवसर दिया गया। एकीकृत कीट प्रबंधन तकनीक पैसे बचाता है, परिवार का स्वास्थ्य संरक्षण करता है, तथा फसल प्रबंधन को सुधार कर पैदावार बढ़ाता है।

(*स्रोत:* फार्म वुमेन फिल्डस्कूल, कोलुमानिनवाक्कम, भागीदारों का दौरा, फरवरी, 9, 1995, कृषि निदेशक कार्यालय चेंगल पट्टु एम डी आर जिला, तामिलनाडू)

प्रभाव परिलक्षित हुए हैं। सन् 1970 के दशक मे विश्व बैंक समर्थित कई कृषि विकास योजनाओं की स्थापना नाईजेरिया के कई राज्यों में की गयी। सन् 1980 के मध्य तक आते-आते ऐसी योजनाएँ प्रत्येक राज्य में आ गईं। जहाँ तकनिकी विकास तथा प्रसार उनके कार्यक्रमों के मुख्य उपादान थे। दशक के अंत तक यह स्पष्ट हो गया कि यद्यपि उत्पादन में ग्रामीण महिलाओं की महत्त्वपूर्ण भूमिका है पर उन्हें कृषि विकास कार्यक्रमों से प्राय: बहार ही रखा गया है। संपूर्ण देश में प्रत्येक कृषि में महिला इकाई का गठन किया गया जिसका लक्ष्य था ग्रामीण महिलाओं की तकनिकी एवं सूचना की आवश्यकताओं की पहचान, प्रशिक्षण एवं तकनिकी प्रसार द्वारा उन्हें अधिक उत्पादक बनने में सहायता करना तथा महिला समूहों के साथ कार्यरत योग्य एवं प्रशिक्षत महिलाकर्मियों द्वारा उन आवश्यकताओं की पूर्ति। कृषि योजनाओं के साथ एकीकृत हो चुका है।

कई महिलाओं के ज्ञान के अंतर रहने के बावजूद, कई क्षेत्रों तक महिलाओं की पहुँच पर भी तकनीक के डिजायन एवं चयन में महिलाओं की संलग्नता सीमित रहने पर भी कृषि में महिला के प्रयोग से नाईजेरिया में महिलाओं की आवश्यकताओं को सफलतापूर्वक एकीकृत होने से एक राष्ट्रीय कृषि विकास नीति बन सकी है। नाईजेरिया में इस पद्धति को और आगे सुधार के लिए निम्नलिखित सुझाव दिए गये हैं:

1. नीति निर्धारकों एवं योजना कार्यान्वयन वर्ग के अतिरिक्त लिंग संवेदीकरण कार्यक्रम आयोजित करें।
2. ग्रामीण एवं कृषि कार्यों पर लिंग के छिटपुट आंकडे एकत्र करें।
3. एक अधिक भागीदारी के विचार को प्रोत्साहित करें खासकर अधिक ग्रामीण महिलाओं को शामिल करें।
4. उत्पादक स्रोतों तथा प्रसार सेवाओं का समान वितरण सुनिश्चित करें।
5. अवस्था-विशिष्ट कार्यान्वयन तकनीक की रूपरेखा तैयार करें जिसमें प्रत्येक स्थल का अलौकिक सामाजिक सांस्कृतिक तथा पार्यावरणीय अंतरों पर विचार हो।

## ग्रामीण महिलाओं के लिए अधिक प्रभावी-प्रसार पद्धतियों की संस्तुति

### वर्तमान क्रियाशीलता का निर्माण

यह एक गलत धारणा है कि विकासशील देशों में महिलाओं के पास वह ज्ञान एवं तकनीक नहीं रहता जो विकास प्रक्रिया में सहायक होते हैं। जहाँ कहीं भी समूह है, उपस्थित समूहों के ज्ञान की क्षमता बढ़ाना अधिक सफलता दे सकता है एक नए समूह के निर्माण की अपेक्षा जिसके प्रति सदस्यों का संकल्प कम ही होगा। इसी प्रकार ग्रामीण किसी अनुसंधान को अपनाने में कम बाधक बनेंगे अगर वह नया विचार उस तकनीक या तरीकों पर आधारित हो जिसका इस्तेमाल वे कर रहे हैं। इसे मान लेने की बजाय कि वर्तमान में कुछ भी उपलब्ध नहीं है जो महत्त्वपूर्ण हो, परिवर्तन एजेंटों को स्थानीय स्तर पर उपलब्ध संगठनों तथा ज्ञान पद्धतियों से अपने आपको परिचित कराकर यह तय करना चाहिए कि उसमें कैसे सुधार लाया जा सकता है। उदाहरण के लिए महिलाओं के लिए बिल्कुल नया समूह बनाने के बदले, स्थानीय अनौपचारिक कार्य विनिमय या बचत समूहों को सशक्त किया जाना चाहिए अल्पावधि प्रशिक्षण द्वारा ताकि वे खेती के रजिस्टर तथा रिकार्ड रख सकें, नेतृत्व तथा जनतांत्रिक प्रणाली सीख सकें।

यद्यपि समूह ने एक उच्च सफलता का स्तर प्राप्त किया है पर यह कोई सर्वव्यापी औषधि या कृषि में महिलाओं की सभी आवश्कताएँ पूरी करने के उपयुक्त नहीं है। सर्वाधिकार गरीब महिलाओं के लिए मौसमी अवस्था या सर्वश्रेष्ठ आवश्यकता के समय, समय देकर भागीदारी बनाना खासकर कठिन होता है। उन अवस्थाओं के पता लगाने में भी सावधानी की आवश्यकता है जब समूह द्वारा सामूहिक प्रयास प्रभावी होते हैं तथा जहाँ व्यक्तिगत कार्य को समूह-सदस्यता का रूप देकर इसे अधिक सक्षम एवं प्रभावी बनाया जा सकता है।

### संस्था सशक्तीकरण

संस्था सशक्तीकरण के कई पहलुओं जैसे योजना एकीकरण तथा अधिकारियों के लिंग संवेदीकरण को प्रस्तुत किया गया है। इन प्रयासों को जोरदार ढंग से चलाने तथा प्रसारित करने की आवश्यकता है। संस्थागत विकास के

लिए विश्व बैंक में (1992बी) चार संगठनात्मक सिद्धांतों को सारांश पेश किया है जो विस्तृत मार्गदर्शन प्रस्तुत कर सकते हैं। ये हैं, 1. अवस्था की विशिष्टता 2. योजना का लचीलापन, 3. किसानों की भागीदारी तय, 4. महिलाओं के कार्यक्रम की प्रमुखता पूर्व बताये गए तत्त्वों के साथ इन्हें नियमित करने से महिलाओं से संबंधित संस्थाओं के अधिक अर्थपूर्ण एव स्थायी होने की संभावना रहेगी।

हाल में कई संस्थाओं ने मुख्यधारा में विकास योजनाओं से महिलाओं को एकीकृत करने पर प्रकाश डाला है। दुर्भाग्य-वश एक ही संस्था द्वारा प्रबंधित या ऐजेंसी या एजेंसियों के बीच बहुत कम सहयोग दिखाई पड़ता है यद्यपि ये संस्थाएँ एक ही छत के नीचे एक ही राष्ट्रीय सरकार या विकास नीति के भाग होते हैं। इसके अतिरिक्त अंतर्राष्ट्रीय संस्थाएँ एवं गैर-सरकारी एजेंसियाँ भी, समान स्थल पर समान लक्ष्य प्राप्त करने का प्रयास कर रहे हैं, पर बिना किसी प्रकार के संयोजन या सहयोग के। अगर विकास संस्थाएँ एक-दूसरे के साथ सहयोग करें तो, मानव एवं वस्तुओं के उचित प्रबंधन द्वारा अधिक सक्षमता तथा प्रभाव लाया जा सकता है।

## प्रशिक्षण कार्यक्रम

महिला किसानों के प्रशिक्षण कार्यक्रम के पुनर्डिजायन एवं सुधार के लिए निम्नलिखित सुझाव दिये गये हैं:

1. कार्यक्रमों को महिलाओं की आवश्यकताओं तथा ज्ञान के अनुरूप बनायें।
2. महिलाओं को नयी कुशलता प्राप्त करने के लिए यथेष्ट समय दें तथा महिलाओं के वर्तमान कार्य भार के अनुसार कार्यक्रमों का समायोजन करें।
3. केवल गृह एवं परिवार कल्याण प्रकरणों पर ही नहीं बल्कि कृषि तथा अन्य उत्पादक कार्यों के लिए प्रशिक्षण दें।
4. उन कार्यक्रमों पर जोर डालें जिसकी वास्तविक आय अर्जन क्षमता हो।
5. गरीब एवं अशिक्षित पृष्ठभूमि की महिलाओं की संलग्नता तथा भागीदारी सुनिश्चित करें।
6. वैसे प्रशिक्षकों का उपयोग करें जो केवल तकनिकी रूप से सुयोग्य एवं आद्यतन हों, पर जो ग्रामीण महिलाओं की आवश्यकताओं एवं उम्मीदों पर खरे उतरें।
7. अनुसंधानों के इस्तेमाल में व्यवहारिक क्षेत्र-अनुभवों का समावेश करें।
8. आवासीय प्रशिक्षण की बजाय ग्राम-आधारित प्रशिक्षण पर अधिक स्रोत खर्च करें।

## लाभों को कायम रखना

ग्रामीण महिलाओं के पास शायद ही आने वाले अवसरों पर या उनसे होने वाले लाभ पर स्वयं का नियंत्रण होता

**बाक्स 4 : महिलाओं, कृषि विकास तथा होंडुरस में संचय।**

कई संगठनों ने बढ़ती चिंता दिखायी है प्राकृतिक साधनों के उत्पादन बनाये रखने में क्योंकि अंततोगत्वा कृषि उस पर ही निर्भर है। फिर भी एक बार ऐसी संस्थाओं या ढाँचों का गठन किया जा रहा है जो या तो महिलाओं की प्राकृतिक साधनों के प्रबंधन की भूमिका को नजरंदाज कर देते हैं या महिलाओं के लिए कार्य को, अनावश्यक मानते हैं मुख्यधारा के प्रयासों से बाहर।

होंडुरस के लिनाका क्षेत्र में प्रोदेसाई (एकस्थानीय विश्व पड़ोसी संगठन, कोलुटको एकीकृत कृषि विकास संस्था) एक अपवाद माना जा सकता है। प्रोदेसाई अपने समुदाय में परिवर्तन के लिए पुरुष एवं महिलाओं को सक्रिय एजेंट की तरह प्रशिक्षित तथा नियमित करता है। इसमें स्थानीय संस्था युकेम्ने को पालकर बड़ा किया है (यूनियन कैपोसनिाएन मार्च न्युएवा एस्प्रेरेंजा-किसानों के संगठन का निर्माण, नई आशा) ने प्रोदेसाई का कार्य ग्रहण कर लिया जब यह 1993 में इससे अलग हो गया।

युकाम्ने के संस्थापक सदस्यों में एक है दोना मोंचा जिन्होंने समुदाय के महिला समूह में स्वास्थ्य सेविका की तरह चार समितियों में प्रति सप्ताह दो सुबह तक कार्य किया जिसके लिए उन्हें प्रोदेसाई से छोटी राशि वेतन के रूप में प्राप्त होती थी। उन्होंने जो तकनीक सीखी उसे अपने पिछवाड़े जमीन पर अपने पति तथा पाँच बच्चों के साथ उसे प्रदर्शित किया। उन्होंने पत्थरों की दीवारें तथा छोटे आकारों के चबूतरे का निर्माण किया, भूमि, नमी तथा क्षय को रोकने एवं जीवित नींबू के घास तथा बेलेरियाना को रोप के बाड़ बनाया। उन्होंने कम से कम जोत की तथा, मक्का, टमाटर, हरी मिर्च, स्थानीय फल, तुलसी तथा अन्य जड़ी-बूटियों के उत्पादन के लिए तथा दलहन के पौधों को लगाया ताकि उत्पादकता बनी रहें एवं ईंधन प्राप्त हो।

(*स्रोत:* अरबन एवं रोजास, 1994)

है। कई लाभ जो ग्रामीण महिलाओं के लिए प्राप्त किया गया विकास का कार्यक्रमों द्वारा बाद में वह खो गया जैसा कि निम्नलिखित वक्तव्य में प्रमाणित है: "जब तकनिकी अनुसंधान महिलाओं के कार्य के लिए होते हैं तथा उन्हें अधिक लाभदायक बनाते हैं, पुरुष उसे ग्रहण कर लेते हैं। पश्चिमी अफ्रीका में चावल उत्पादन के लिए जब पंप सिंचाई को लागू किया गया तो बिल्कुल ऐसा ही घटित हुआ। (जिटींजर इट. *एल.*, 1990 पेज 10) स्थायी सुधार के लिए, लाभों का ग्रामीण महिला उन्मुख करना ही जरूरी नहीं है बल्कि तरीकों को अपनी जगह रखना होगा ताकि यह सुनिश्चित हो सके कि इन लाभों को बरकरार रखा जा सकता है उन लाभान्वितों द्वारा।

## गैर-सरकारी संगठनों तथा निजी क्षेत्र की भूमिका

कई प्रकार की पहलों में गैर-सरकारी संगठन अग्रणी रहे हैं, जिन्हें बाद में सरकारी क्षेत्र की प्रसार सेवाओं ने अपनाया। गैर-सरकारी संगठनों की अग्रणी भूमिका जारी है यह सुनिश्चित करने के लिए कि महिला किसानों तथा खेती की महिलाओं को प्रशिक्षण, सूचना तथा उन्नत तकनीक प्राप्त रहे। क्षेत्र एवं पैमाने की दृष्टि से उनकी सेवाओं में वृद्धि हुई है जो या तो सरकारी प्रयासों के पूरक समर्थन का है उस अंतर को पाटने के लिए जब सरकारी खर्चों एवं क्षमताओं में कमी है। हाल में गैर-सरकारी संगठनों के कार्यक्रमों में एक महत्त्वपूर्ण मोड़ पर जोर दिया गया है, जो सदस्यता आधारित समुदाय एवं किसान संगठनों के प्रति उनका समर्थन है। महिलाएँ एवं पुरुष दोनों ही, किसानों के बीच प्रसार विकास के बढ़ते अवसरों से, तथा प्रशिक्षण नेटवर्क एवं कृषि अनुसंधानकर्त्ताओं एवं विकास संस्थाओं के साथ भागीदारी के निर्माण से, लाभान्वित हुए हैं।

## उपसंहार

कृषि में लिंग मसलों के इर्द-गिर्द अलंकरण तथा अनगिनत अनुसंधान योजनाएँ एवं 'महिलाओं के अध्ययन' चाहे जो भी हों विचार के लिए महत्त्वपूर्ण प्रश्न है "क्या इन प्रयासों से महिलाओं को लाभ पहुँचा है?" जैसा कि आवरमेयर ने उपयुक्त समापन पेश किया है अंतिम विश्लेषण में विकासशील देशों में महिलाएँ केवल, सरकारी कार्यों में रुचि दिखाती है कि क्या अधिक एवं अच्छी महिलाओं की योजनाओं को कार्यान्वित किया गया है तथा अपनी समस्याओं के समाधान के लिए अधिक महिलाओं को समर्थन मिला है स्वयं-निर्धारण के पथ पर?

प्रसार सेवाओं तक महिला किसानों की पहुँच से स्वयं ग्रामीण महिलाओं के लिए साकार सुधार आना चाहिए साथ ही कृषि क्षेत्र की उत्पादकता में वृद्धि तथा राष्ट्रीय खाद्य संरक्षण के लिए वस्तुओं की बिक्री में वृद्धि दिखायी पड़ना चाहिए।

## संदर्भ


आर्निक, एन., एंड कींग्मा, के. (1991) *फिमेल फार्मर्स एंड मेल एक्सटेंशन वर्कर्स: वुमेन एवं एग्रीकल्चर इन तंजानिया द्वितीय,* लीडेन: वूमेन एंड आटोनोमी सेंटर, लीडेन यूनिवर्सिटी।

आयडू, ए.ए. (1988) वुमेन एंड फूड सेक्युरिटी: डी आपरयुनिटी फौर अफ्रीक., डेवेलपमेंट 2(3) 56-61

अकोर, आर. (1990) *दी रोल ऑफ वुमेन इन एग्रीकल्चर एंड कंस्ट्रेट्स टूदयेर एफेक्टिक पार्टीसिपेशन इन एग्रीकल्चरल डिवलपमेंट इन नाईजेरिया:* पेपर प्रेजेटेंड एट यूएएमडीपी। आईआलओ। आई ट्रेनिंग वर्कशाप आनेमोनिटरिंग एंड एवेल्युएशनप ऑफ रूरल वुमेन इन प्रोडेक्टिव स्कील्स प्रोजेक्ट।

बर्गरा, एम., टीलैंरी, बी., एंड मेलनेकैंच, ए. (1984) *ब्रिजींग दी जेंडर गैप इन एग्रीकल्चरल एक्सटेशन,* वाशिगंटनस डीसी, आई सी आर डब्लु।

चेन, एम., मित्रा, एम., अत्रेय, जी., ढोलकिया ए. लाड., वी एंड राव ए, (1986) *इंडियन वुमेन: एस्टडी ऑफ देयर रोल इन डेयरी मुवमेंट,* नयी दिल्ली, शक्ति बुक्स।

डोस, सी. आर.(1991) अफ्रीकन प्रोफेशनल वुमेन इन एग्रीकल्चर: एन एनालासिस ऑफ टू राउंडतालिका डिस्कशंस। डेवेलपमेंट स्टीडीज पेपर सीरिज, मेरिल्टन ए. आर., विश्नरोक, इन्टरनेशल इंस्टीट्यूट फॉर एग्रीकल्चरल डेवेलपमेंट।

इकोनोमिक कमिशन फोर अफ्रीका (इसीए) (1973) *वुमेन एंड नेशनल डिवलपमेंट इन अफ्रीकन कंट्रीज।* पोजिशन पेपर प्रियेयर्ड बाई ह्यूमेन रिसोर्सेस डिवलपमेंट डिवीजन, इसीए।

फाओ, (1982) *गाईडलाईंस: वुमेन इन, लैंड एंड वाटर डिवलपमेंट,* रोम: फाओ, लैड एंड वाटर डिवीजन।

फाओ, (1993) *एग्रीकल्चरल एक्सटेंशन एंड फार्म वुमेन इन दी 1980 एस,* रोम, फाओ।

फेडरल ऑफिस ऑफ स्टेटिस्टीक्स(एफओएम) (1966) *रूरल इकोनोमिक सर्वे ऑफ नाईजेरिया: हाउसहोल्ड इन्क्वायरी,*–1963/64, 1964/65, लागोस एफ ओएस

फिल्डसटीन, एच. एस. (1994) ट्रेनिंग इन जेंडर एमालासिस इन एग्रीकल्चरल रिसर्च: दी यूज ऑफ केस स्टडीज(चेप्टर 32) इन सच. एस. फेल्डस्टीन एंड जे. जीगिंस(इडीएस.) *टूल्स फोर दी फिल्ड.* वेस्ट हार्टफोर्ड सीटी, कुमारियन प्रेस।

फिडेस्टीन, एच. एस. एंड जींगिस जे. (इडीएम) (1994) टूल्स फोर दी *फिल्ड्स: मेथडोलोजीज हैंडबुक फोर जेंडर एनालासिस इन एग्रीकल्चर,* वेस्ट होर्टफोर्ड सीटी, कुमारियन प्रेस।

जिटींजर, जे.पी. चारमिक, एस. होरेस्टीन, एन. आर., एंड साईतो, के. (1990) *हाउसहोल्ड फूड सिक्युरिटी एंड रोल ऑफ वुमेन,* वाशिंगठन डी सी विश्व बैंक।

हेजर. एन. (1992) जेंडर, इकोनोमिक ग्राथ एवं पोवर्टी डेवेलपमेंट, 1, 50-53.

होरेस्टीन, एन. आर.(1989) *वुमेन एंड फूड सिक्युरिटी इन केन्या,* वाशिंगठन डी सी. विश्वबैंक।

हुवांग सियुसेन. (1995, जनवरी) *इम्पलीमेंट प्रोजेक्ट्स, लर्नस्कीलस एंड गेट बेनीफिट्स-डिस्कशन एबाउट दी न्यू वे ऑफ रूरल वुमेंस टेक्नीकल ट्रेनिंग।* पेपर प्रेजेंटेड एट इन्टरनेशनल सेमिनार ऑन वुमेन इन एग्रीकल्चर, बीजिंग, सेकैट।

आईसीएआर(1988, नंवबर-दिसंबर) *इन्टरनेशनल कान्फरेंस आन एप्रोप्रीएट एग्रीकल्चरल टेकनोलोजीज फॉर फार्म वुमेन:* प्रोसिडिंग्स एंड रिकोमेंडेशन्स, नई दिल्ली, आईसीएआर।

आईएफएडी(1985) *रूरल वुमने इन एग्रीकल्चरल इन्वेस्टमेंट प्रोजेक्टस 1977-1984: ए रिपोर्ट ऑन फाईडिंग्स बेस्ट ऑन एन एसेसमेंट स्टडी ऑफ आइएफएडी एक्सपेरियेंस रिलेटेड। टू रूरल वुमेन।* नैरोजी: आईएफएडी।

जमाल, एस.(1994) *वुमेन इन डेयरी डिवलमेंट,* नई दिल्ली कंसेप्ट पब्लिशींग कम्पनी।

जेनलिड, आई. (1975) *दी रोल ऑफ बुमेन इन नाईजेरियन एग्रीकल्चर,* रोम, फाओ।

जिगींस, जे(1989) हाउ पुअर वुमेन अर्न इनकम इन सब-सहारा अफ्रीका एंड ह्वाइट वर्कस एगेन्स्ट देम। *वर्ल्ड डेवेलपमेंट* 17(7), 953-963.

जिगींस, जे. (1989) एग्रीकल्चरल टेक्नोलाजी: इम्पैक्ट, इशुज एंड एक्शन(चैप्टर 1 पार्ट वन) इन आर. एस. जलीन, एम. एरोनोफ एंड ए. फरगुजन(इडीएस) *दी वुमैन एंड इन्टरनेशनल डिवलपमेंट एनुअल: वोलुम-1,* बोल्डर, सीओ; वेस्टव्यू प्रेस।

जिगींस, जे.(1994) *चेंजींग दी वाउन्डरीज: वुमेन सेंटर्ड पसेपेक्टिव्स ओन पोपुलेशन एंड टी इनवायरनमेंट,* वाशिंगटन, डीसी, आइलैंड प्रेस।

केलेर, बी. (1986) डेवेलपमेंट फॉर रूरल जांबियन वुमेन। इन 1985: ट्रेनिंग फॉर एगीकल्चर एंड रूरल डेवेलपमेंट, रोम; फाओ।

मेटी, ए. जेड., एंड लसाले, टी. (1994) डायमर्स्ड एंड लिंक्ड: फारमर्स आरजेनाइजेंसंस इन तंजानिया(पे-15.29) इन *लिंकींग फारमर्स आरगाइनेशन्स एंड रिसर्चर्स: फोर केस स्टडीज,* न्यूयार्क पेपर 50, लंदन ओरवरसीज डेवेलपमेंट इंस्टीट्यूट।

नीदरलैंड्स मिनीस्ट्री ऑफ फोरेन एफेयर्स (1988) *वुमेन इन एग्रीकल्चर,* सेक्टर पेपर्स नं.1 दीहेग: डारेक्टोरेट जनरल ऑफ फोरेन एफेयर्स।

ओवेरसमायर, डी. (1990) प्रोमोशन ऑफ वुमेन रिमेंस कन्ट्रोवर्सियरल *डी प्लस सी डेवेलपमेंट एंड कोरपोरेशन* 1, 7-8.

ओलावेले, जे.ई. (1985). रूरल बोमेनस रोल इन एग्रीकल्चरल प्रॉडक्शन रू एन ओक्यूपेशनल सर्वे ऑफ वोमेन फ्रॉम सिक्स सेलेक्टिड रूरल कम्युनीटीज इन ओयो स्टेट, नाईजीरिया, *नाईजीरियन जनरल ऑफ रूरल सोसीओलोजी,* 2(1-2), 34-37.

ओलावेले, जे.ई. (1959ए). डिफिक्लटीज फॉर रूरल वोमेन इन सेक्योरिंग रिर्सोसस फॉर एग्रीकल्चर प्रॉडक्शन : टू केस स्टडीज फ्रॉम ओये स्टेट, नाईजीरिया, *रूरल डेवेलपमेंट इन नाईजीरिया* 3(2) 77-81.

ओलोवोये, जे.ई. (1989बी) वुमेन इन एक्सटेंशन(चैप्टर 14) इन डब्ल्यू. एम. रिबेटा एंड टी. ओ. ओगम फिकीटिमी-(इडीएस.) *एक्सटेंशन फोर डेवेलपमेंट: कंसेप्ट्स एंड इशुज,* इवादनप लिवेटो प्रेस।

ओलोवोये, जे.ई. (1991) हारमोनाइजिंग डेवेलपमेंट एफर्ट्स फॉर रूरल वुमेन इन नाईजेरिया। इन टी. ए. ओलोवु एंड जे. ए. आकिनदुमी(इडीएस.) *डेवेलोपमेंट डायरेक्शन फोर 21स्ट सेंचुरी नाईजेरिया,* इवादान, इवादान सोशियो एकोनोमिक ग्रुप।

ओलोवोये, जे.ई. (1994ए) *वुमेन एंड फोरेस्ट्री इन नाईजेरिया।* टेक्नीकल रिपोर्ट टॅरी ट्रोपिकल फोरेस्ट एक्शन प्रोग्राम इवादान।

ओलोवोये, जे.ई. (1994बी, फरवरी-मार्च) *जेंडर प्रायोरिटीज एंड इस्यूस इन एग्रीकल्चरल एक्सटेंशन डिलिवरी,* पेपर प्रेजेन्टिड एट दी एनोगरल कांफ्रेंस ऑफ दी सोसाइटी फॉर एग्रीकल्चरल एक्सटेंशन ऑफ नाईजेरिया ऐट आरमिटी, इलारीन नाईजेरिया।

ओलाफीन, ओलुटोला ओलाविंका (ऑयल) (1988) *ओक्कुपेशनल हेल्थ हेजार्ड्स इन ट्रेडीशनल मेथड्स ऑफ प्रोसेसिंग गरी एंड पाल ऑयल: ए स्टडी ऑफ रूरल वुमेन इन सेलेक्टेड एरिया ऑफ स्टेट,* अनपब्लिस्ड बेचलर्स प्रोजेक्ट, यूनिवर्सिटी ऑफ इबादान।

पेरिस, टी. एंड. फ्रीओ, ए.एल. (1994) ट्रेनिंग इन इन्टीग्रेटींग ए जेंडर। पेसेपेक्टिव इन टू फार्मिंग सिस्टमस रिसर्च (चैप्टर, 33) इन एच.एस. फेल्डसटीन एंड जे. जिगींस (इडीएस) *टूल्स फॉर दी फिल्ड,* वेस्टहार्टफोर्ड सीटी. कुमारियन प्रेस।

पेरनाटन, एच., जेमिशन, डी. एंड ओरीवल, एफ. (1983) मास मीडिया फोर एग्रीकल्चरल एक्सटेंशन इन मलावी(पे. 147-202) इन बेसिक एजुकेशन एंड एग्रीकल्चरल एक्स्टेंशन. *कोस्ट्स, इफेक्ट्स एंड अलटरनेटिव्स।* स्टाफ वर्किंग पेपर नं. 564, वाशिंगटन, डीसी, बर्ल्ड बैंक।

पोस्ट्रस, एस. (1991) दी रोल ऑफ जेडर इन एग्रीकल्चरल डिवलपमेंट। इशुज इन एग्रीकल्चर न. 3, वाशिंगटन, सीजीआईएआर।

राव, ए., एपेल., मूरे, के. एंड फेल्डस्टीन, एच.एस. (इडीस.) (1994) *रिफ्लेक्शंस एंड लर्निंग्स: जेंडर ट्रेनर्स वर्क-शॉप रिपोर्ट,* एम्सटरडाम रोयल ट्रोपिकल इंस्टीट्यूट; एंड न्यूयार्क: पोपुलेशन कांउसिल।

सायतो, के., एंड वीडरमेन, सी. जे. (1990) *एग्रीकल्चरल एक्सटेंशन फोर वुमेन फारमर्स इन अफ्रीका,* वाशिंगटन, डीसी. वर्ल्ड बैंक।

सामंत, ओर.के. (1994) दे रीप लेस दैन दे सो, *दी हिन्दु* (अप्रील) नं. 7, मद्रास: इंडिया।

शिवा, वी. (1991) *मोस्ट फोरमर्स इन ईंडिया आर वुमेन,* नई दिल्ली, फाओ।

स्नाईडर, ए. (1990) *वुमेन: दी की टू इंडिंग हंगर,* दी हंगर प्रोजेक्ट पेपर्स नं. 8.

स्प्रींग, ए. (1985) दी वुमेन इन डिवलपमेंटल प्रोजेक्ट इन मलावी: मेंकीग जेंडर फ्री डिवलपमेंट वर्क (पे.71-76) इन आर. एस गलीन एंड ए. स्प्रींग (इडीएस.) *वुमेन क्रियेटींग वेल्थ: ट्रांसफॉरमिंग इकोनोमिक डेवेलपमेंट,* वाशिंगटन, डीसी; एसोसियेशन फोर वुमेन इन डेवेलपमेंट।

स्प्रींग, ए. (1986) रीचिंग फिमेल फारमर्स थ्रू मेल एक्सटेंशन वर्कर्स इन मलावी, इन 1985-*ट्रेनिंग फॉर एग्रीकल्चर एंड रूरल डेवेलपमेंट,* रोम, फाओ।

स्टाड्ट, के. (1975) वुमेन फारमर्स एंड इन इक्वीटीज इन एग्रीकल्चरल सर्विसेज, *रूरल अफ्रीकाना,* 29, 81-93.

थोमस., स्टेटर, बी. इसर, ए. एल. एंड शिल्ड्स, एम. (1993) *टूल्स ऑफ जेंडर एनालासि एं गाईड टू फिल्ड थेमंड्स फोर ब्रीजींग जेन्डर इन टू सस्टेनेवुल मैंनेजमेंट,* वासेस्टर. एम. ए. क्लार्क यूनिवर्सिटी।

युनिफेम एंड आईडब्ल्यूटीसी (1990) *रीचिंग रूरल वुमेन विथ इन्फोरमेशन ऑन टेक्नोलोजी,* न्यूयार्क, यूनीफेम।

अरवन, ए.एम. एंड रोजास, एम.एच. (1994) *शिफटींग बाउन्डरीज: जेंडर, माइग्रेशन एंड कम्युनिटी रिसोर्सेस इन दी फूट हिल्स ऑफ चोलुटका, होंडूरस;* इकोजेन केस स्टडीज सीरिज, वरसेस्टर, वरसेस्टर, एम. ए. क्लार्क यूनिवर्सिटी।

वर्डोक (1988) वुमेन इन एग्रीकल्चर। *अफ्रीकन नोट्स 3* (स्पेशल नंबर) इंस्टीट्यूट ऑफ अफ्रीकन स्टडीज, इबादान।

वर्ल्ड बैंक (1992 ए) *डिजायनिंग एंड ए इम्प्रीमेंटींग एग्रीकल्चरल एक्सटेंशन फॉर वुमेन फारमर्स।* टेक्नीकल नोट, वाशिंगटन डी सी, वर्ल्ड बैंक, वुमेन एंड डेवेलपमेंट डिवीजन।

वर्ल्ड बैंक (1992बी) *टुवार्ड्स एं जेंडर स्टेटजी फॉर नाईजेरिया: इन्टीग्रेटींग वुमेंस इन टॅ डिवलपमेंट एजेंडा,* वाशिंगटन डीसी, वर्ल्ड बैंक।

## अध्याय-10

# प्रसार आंदोलन कौशल का कार्यान्वयन

रोनी अधिकार्या

### महत्त्वपूर्ण प्रसार आंदोलन : क्या और क्यों?

फाओ (खाद्य एवं कृषि संगठन) द्वारा प्रवर्तित 'महत्त्वपूर्ण प्रसार आंदोलन' अफ्रीका निकट पूर्व, एशिया तथा लेटिन अमरीका में लागू किया गया है। इस प्रक्रिया में लोगों की भागीदारी के महत्त्व पर (जैसे छोटे किसान जिन्हें लाभान्वित होना है)। योजना कौशल, क्रमबद्ध प्रबंधन, तथा कृषि प्रसार का क्षेत्रीय कार्यान्वयन तथा प्रशिक्षण कार्यक्रम पर जोर डाला गया है। प्रसार कौशल तथा संवादों को खासकर विकसित एवं तैयार किया जाता है उस तरह जो भागीदारी समस्या पहचान प्रक्रिया के नतीजों पर आधारित रहता है तथा यह किसानों की अग्रहणीयता या अनुपयुक्त तरीकों के कारणों से है जो एक अनुशासित कृषि तकनीक या अनुसंधान से संबंधित होता है। एसईसी तकनीक का स्थानांतरण एवं प्रयोज्यता विचार आवश्यकताओं तथा माँगों पर आधारित होता है जो समस्या निदानोन्मुख है।

एसईसी कार्यक्रम एक पद्धति के अनुकूल चलता है जो किसानों के ज्ञान, भावना एवं व्यवहार (केएपी) से आरंभ होता है। जिसके नतीजों का उपयोग योजना के स्रोतों का सारांशित मूल्यांकन उद्देश्यों के लिये बेंचमार्क माना जाता है। इसके अतिरिक्त एक व्यवहारिक तथा भागीदारी विचारों की कार्यशाला का सिलसिला आरंभ किया जाता है प्रसार कर्मचारियों, विषय-वस्तु विशेषज्ञों तथा प्रशिक्षकों एवं किसान नेताओं को एक-साथ प्रशिक्षण देने के लिये जिसमें प्रसार कार्यक्रम योजना, कौशल विकास, संवाद की रूपरेखा तथा स्थान, बहुमीडिया सामग्री विकास, पूर्व जाँच एवं उत्पादन तथा प्रबंधन योजना, कार्यान्वयन देखरेख तथा मूल्यांकन की कुशलता आदि से संबंधित विषय होते हैं। इस विचार का एक सशक्त पहलू होता है किसी कृषि प्रसार सेवा के लिये *एक क्रमबद्ध, योजना के लिये एक बौद्धिक तथा प्रगतिशील भाव, कार्यान्वयन, प्रबंधन, देखरेख, तथा लगातार या रूटिन कार्यक्रमों के मूल्यांकन* के लिये संबंधित प्रसार कर्मचारियों के प्रशिक्षण का विकास करना।

महत्त्वपूर्ण प्रसार आंदोलन के तरीकों के परीक्षित मूल्यांकन अध्ययन (सूचना प्राप्ति, प्रभाव सर्वेक्षणों, फोकस रूप साक्षात्कार, तथा प्रबंधन देखरेख सर्वेक्षणों द्वारा) जिन्हें फाओ प्रायोजित विशिष्ट प्रसार कार्यों के आयोजन में लागू किया गया जैसे बांगलादेश तथा मलयेशिया (चूहों पर नियंत्रण), थाइलैंड (कीट निगरानी पद्धति), मलयेशिया (घास प्रबंधन), जांबिया (मक्का उत्पादन), मलावी, जमायका तथा मोरक्को (जनसंख्या शिक्षण) आदि के किसानों को ज्ञान, भावना, तथा तरीकों में सकारात्मक परिवर्तन का रिपोर्ट बताया है जो अनुशासित तकनीक तथा महत्त्वपूर्ण आर्थिक लाभ से संबंधित है।

यह एसईसी तरीका फाओ द्वारा एशिया, अफ्रीका, निकटपूर्व तथा कैरिबीयाई देशों में सहायता में परिलक्षित हुआ है जिसमें पंक्तियों में चावल (धान) बुआई का तरीका, मक्का उत्पादन, कहवा (कोकोआ) की बुआई, शीघ्र रोग नियंत्रण, कंटूर जोताई, जनसंख्या शिक्षण सूखे में पशु शक्ति से जोत आदि मुद्दों को शामिल किया गया। इसके अलावा विभिन्न एसईसी का अपने देश में ही इस्तेमाल से इसके तरीकों का गुणनांक प्रभाव को देश के बाहर भी अनुभव किया गया। उदाहरण के लिये, घाना, मलावी, इथियोपिया, फ्रांस, मलेशिया, थाईलैंड तथा फिलीपिंस देशों के प्रसार विशेषज्ञों, जिन्हें फाओ द्वारा इन एसईसी तरीकों के लिये प्रशिक्षित किया गया तथा इन कार्यक्रमों को उन्होंने कार्यान्वित किया, वे अब अपने समकक्षियों के लिये परामर्श के स्रोत बने हैं तथा 'श्रीलंका,

फिलीपींस, मलेशिया, थाईलैंड, चीन, लाईबेरिया, जांबिया, मलावी, केन्या, ऊगांडा, मोरक्को, ट्यूनिशिया, रुआंडा, बुरूंडी, गिनी, जमायका तथा होंडूरस आदि देशों में समान तरीकों के इस्तेमाल में सहायता दी है।

## एसईसी की उपयोगिता

स्ट्रेटजीक प्रसार आंदोलन, परंपरागत प्रसार कार्यक्रम याकाम का विकल्प नहीं है। यह किसी कृषि प्रसार सेवा कार्यक्रम का एक अखंड हिस्सा है। चूँकि यह समस्या-निदानोन्मुखता, भागीदारी योजना विचार, गहन प्रसार कर्मचारी प्रशिक्षण, बहुमीडिया सामग्री विकास तथा प्रसार प्रबंधन, देखरेख तथा मूल्यांकन प्रक्रियाओं पर जोर देता है इसलिये ऐसी सेवा की क्षमता एवं प्रभाव को बढ़ाया जा सकता है। इनके कार्यकलापों को प्रसार कर्मचारियों को आगे बढ़ाना चाहिये तथा कृषि मंत्रालय की नीतियों, कौशलों तथा कार्यक्रम प्राथमिकताओं का समर्थन करना चाहिये। निम्नलिखित कारणों से एसईसी कृषि सेवा के लिये लाभदायक एवं महत्त्वपूर्ण है। जो निम्नलिखित हैं:

- यह भागीदारी योजना सिद्धांत का समर्थक है।
- यह आवश्यकता आधारित तथा मांगोन्मुख है।
- यह स्ट्रेटजिक योजना तथा एकीकृत पद्धति सिद्धांत का इस्तेमाल करता है।
- यह मानवीय तथा व्यवहारीय आयामों पर विचार करता है।
- यह समस्या-समाधानोन्मुख है।
- यह मूल्य-प्रभावित बहुमीडिया विचार मानता है।
- यह विशिष्ट प्रसार-समर्थन सामग्री तथा प्रशिक्षण का प्रावधान करता है।
- इसने प्रक्रिया प्रपत्रीकरण तथा मूल्यांकन प्रक्रिया का निर्माण किया है।
- इसके तरीके अन्य प्रसार कार्यक्रमों में लागू करने योग्य हैं।

## भागीदारी योजना सिद्धांत

भागीदारी सिद्धांत का प्रसार तरीका प्रतिक्रियात्मक होता है लाभान्वितों के कृषि विकास समस्याओं तथा सूचनाओं की आवश्यकताओं में क्योंकि इसका प्रसार लक्ष्य, कौशल, तरीके, संवाद तथा बहुमीडिया सामग्री को विशेष रूप से विकसित किया जाता है जो अनुशंकित कृषि तकनीक के ज्ञान, भावनाओं तथा तरीकों के नतीजों पर आधारित होता है। ऐसी भागीदारी विचार, एसईसी कार्यक्रम की योजना के महत्त्व को बढ़ाता है तथा इस प्रकार ग्रहणीयता भी, संकल्पित लाभान्वितों के बीच प्रसार संवादों तथा संतुष्टियों के लिये जिनसे योजना प्रक्रिया के दौरान परामर्श किया जाता है उनकी प्राथमिकताओं तथा आवश्कताओं के संबंध में। यह नहीं मानता है कि लक्षित लाभान्वित किसान अज्ञानी हैं तथा उन्हें हर प्रकार की सूचना की आवश्यकता होती है। इसकी बजाय यह किसानों की स्थानीय घरेलू ज्ञान, मूल्यों तथा खेती के तरीकों में उनके विश्वास प्रक्रिया का समझने तथा निर्धारण करने की कोशिश करता है, जो अच्छे हो सकते हैं, इनमें सुधार करने की जरूरत है या अनुत्साहित करने की आवश्यकता है। संक्षेप में, यह ग्रामीण पुनर्निर्माण के जाने-माने सिद्धांत का पालन करता है जो है "लोगों की जो जानकारी है, वहाँ से प्रारंभ करें" तथा "उनके पास जो कुछ है, उस पर निर्माण करें।"

## आवश्यकता आधारित एवं माँग-प्रभावी उन्मुखता

उपलब्ध प्रसार स्रोतों के सर्वोत्तम उपयोग के लिये एसईसी कार्य संकल्पित लक्ष्य लाभान्वितों के सूचनाओं, शिक्षा तथा प्रशिक्षण आवश्यकताओं को पूरा करने पर ध्यान केंद्रित करता है। लक्षित लाभान्वितों को सूचनाओं का वर्ण-पट एवं अभिस्तुत तकनीक संबंधित ज्ञान देने की बजाय एसईसी कार्यकलापों को ज्ञान तथा भाव के अंतर को पाटने तथा उपयुक्त तरीकों का स्तर प्रदान करने के लिये तैयार किया जाता है जो अनुशंसित तकनीक है और आगे एसईसी कार्य को माँग का सृजन करना होता है (सूचना तथा प्रेरणा द्वारा) तथा/या माँगों को संतुष्ट करना होता है (शिक्षा एवं प्रशिक्षण द्वारा) अनुशंसित तकनीक को अपनाने के लिये आवश्यक संगत जानकारी एवं ज्ञान को संकल्पित लक्ष्य लाभान्वितों के बीच ले जाने के लिये। ऐसे तरीकों को नीचे से ऊपर लागू करने की आवश्यकता होती है तथा भागीदारी योजना प्रक्रियाओं को लक्षित लाभान्वितों की आवश्यकताओं तथा रुचियों को पूरा करने पर प्राथमिकता देनी होती है। संकल्पित लाभान्वितों की विशिष्ट आवश्यकताओं के लिये एसईसी संवादों तथा कार्यों की काट-छाँट न केवल इसकी सफलता का अवसर बढ़ायेगा, पर स्रोतों के उपयोग में इसकी क्षमता में भी वृद्धि करेगा।

## स्ट्रेटजिक योजना एवं एकीकृत प्रक्रिया विचार

एसईसी तरीका, प्रसार कौशल विकास, कार्यक्रम योजना तथा प्रबंधन, प्रशिक्षण, मीडिया सामग्री विकास देखरेख एवं मूल्यांकन के लिये एक एकीकृत एवं निर्मल विचार की वकालत करता है। स्रोताओं की आवश्यकताओं उपयोगिता तथा इसके स्रोतों का सक्षम उपयोग को सुनिश्चित करने के लिये यह पूरी तरह परिमाणात्मक आँकड़ों तथा गुणात्मक सूचनाओं पर भरोसा करता है जो समस्या विश्लेषण, लक्ष्य निर्धारण, कौशल विकास एवं प्रबंधन योजना में सहायता के लिये लक्षित लाभान्वितों या किसानों से प्राप्त किया जाता है। यह एक कुशल योजना विचार को लागू करता है अपने कार्यक्रमों तथा कार्यकलापों के प्रबंधन में जिससे न्यूनतम संभावित समय में, न्यूनतम साधनों के स्रोतों से, अधिकतम उत्पादन या नतीजा प्राप्त किया जा सके। एसईसी कार्यकलापों जेसे सर्वेक्षणों, योजनाओं की स्ट्रेटजी तथा प्रबंधन बहुमीडिया सामग्री की रूपरेखा तथा विकास, प्रशिक्षण, क्षेत्र-कार्यान्वयन, देखरेख तथा मूल्यांकन को एक पद्धति में एकीकृत किया जाता है जो एक बड़े प्रसार कार्यक्रम का अभिन्न अंग होता है जिनका कार्य अनुसंधान, साधन आपूर्त्ति, प्रशिक्षण तथा विक्रय होता है।

## मानवीय तथा व्यवहारीय आयाम

कई प्रसार कार्यों में भारी तकनीक झुकावों को कम करने के लिये, एसईसी तरीका सामाजिक-मनोवैज्ञानिक सामाजिक-सांस्कृतिक, सामाजिक-आर्थिक जैसे पहलुओं के मानवीय पक्ष पर यथेष्ट ध्यान देता है, क्योंकि ये किसानों द्वारा किसी अनुशंसित तकनिकों को जारी रखने या ग्रहण करने में सुविधा या बाधा पहुँचा सकते हैं। किसी तकनीक के प्रति उनके सकारात्मक या नकारात्मक भावनाओं एवं व्यवहारों की यथेष्ट जानकारी के बिना, तकनीक स्थानांतरण प्रक्रिया धीमी एवं प्रभावहीन रहेगी खासकर तब जब किसानों द्वारा उपयुक्त तकनीक लागू करने पर जोर हो। यह साबित करने के बहुत से साक्ष्य हैं कि एक अनुशंसित तकनीक या अनुसंधान की अग्राह्यता बहुधा संबंधित रहता है गैर-तकनिकी कारणों से यथा सामाजिक, मनोवैज्ञानिक, सांस्कृतिक तथा आर्थिक समस्याओं के कारण।

एसईसी तरीका मानवीय तथा वातावरणीय पहलुओं पर उचित ध्यान देता है जो महत्त्वपूर्ण निर्णय लेने की प्रक्रिया को प्रभावित करते हैं तथा जिनका संबंध कृषि तकनीक स्थानांतरण तथा लागू करने की प्रक्रिया को प्रभावित करने वाले मानव संबंधित बाधाओं को कम करने या दूर करने के लिये उपयुक्त तरीके या कौशल को विकसित करने में यह एक व्यवहारीय वैज्ञानिक विश्लेषण का सहारा लेता है जो भागीदारी आवश्यकताओं का निर्धारण तथा लक्षित स्रोताओं (किसानों) की समस्या की पहचान पर आधारित रहता है।

## समस्या निदानोन्मुखता

एसईसी की खास पहचान यह है कि साधारणतः यह अनुशंसित कृषि तकनिकी से संबंधित विशिष्ट पहलुओं को उजागर करता है। इसका प्रमुख लक्ष्य रहता है उन समस्याओं का समाधान ढूँढ़ना या कम करना जो संकल्पित लाभान्वितों अर्थात् किसानों द्वारा उन संस्तुतियों को अपनाये जाने में बाधक होते हैं। अधिक परंपरागत प्रसार कार्यक्रमों के विपरीत यह अनुशंसित तकनीक पर संपूर्ण सूचनाओं को प्रसारित नहीं करता। इसके बदले, यह केवल एक सर्वाधिक संगत आवश्यकता एवं सूचना या तथ्य का चयन कर प्राथमिकता से उसका उपयोग करता है जो प्रसार प्रयासों को सर्वाधिक प्रभावी बना देते हैं ताकि अनुशंसित तकनीक को अपनाये जाने में बाधक समस्याओं को कम या उनका समाधान किया जा सके। यह कौशलपूर्ण, निर्णायक तथा गुणवत्ता से युक्त सूचनाओं के प्रावधान की आवश्यकता पर जोर डालता है जिसमें गैर-तकनिकी सूचनाओं पर जोर डालता है जिसमें गैर-तकनिकी सूचनाओं को भी शामिल करना होता है जो इसका कारण बता सकें कि क्यों कृषि तकनीक की अग्राह्यता का संबंध सामाजिक-मनोवैज्ञानिक, सामाजिक-सांस्कृतिक तथा सामाजिक-आर्थिक पहलू से है? इस प्रकार प्रसार समस्या के निदान के लिये तथा सूचनाओं को स्थान देने तथा उपयोग करने में उपयुक्त मानवीय व्यवहारणीय वैज्ञानिक सिद्धांतों को लागू किया जाता है।

प्रसार समस्याओं, उद्देश्यों, कौशलों तथा सूचना के पृथक्करण या वर्गीकरण की आवश्यकता होती है लक्षित ग्राहकों के ज्ञान, भावनाओं तथा तरीकों के अनुसार अनुशंसित तकनीक के लिये क्योंकि यह केवल संकल्पना के लिये ही महत्त्वपूर्ण नहीं होता है, पर व्यवहारिक एवं उपयोगी भी होता है। कम ज्ञानस्तर से संबंधित-समस्याओं का निदान भावनात्मक समस्या के समाधान से अलग प्रकार का होता

है। इसी प्रकार एक अनुशंसित तकनीक के प्रति नकारात्मक भाव के परिवर्तन का कौशल भिन्न होगा उसकी अपेक्षा जिसका संबंध तकनीक के गलत तरीकों को लागू करने का निदान या लोगों को एक अनुशंसित तकनीक अपनाने के लिये राजी करने जैसी समस्या से। विभिन्नता के सभी स्तर का प्रभाव बहुत हद तक समस्या समाधान कौशल के विकास, संवाद की रूपरेखा बहुमीडिया मिश्रण का चुनाव तथा वस्तुओं के विकास को प्रभावित करेगा जैसा कि चित्र 1 में दिखाया गया है। इसमें शामिल है समूह एवं अंतर्व्यक्तिगत संचार चैनलों का कब और कैसे, उपयोग करें जैसे प्रसारकर्मी लक्षित स्रोताओं के संवाद विकास, मीडिया चयन तथा वस्तुओं के विकास से ही प्रसार कार्यों के लागत प्रभाव में महत्त्वपूर्ण वृद्धि ला सकता है जिसे सभी स्तर पर आधारित सूचना का इस्तेमाल कर व्यवहारीय सुधार सिद्धांत को लागू कर प्राप्त किया जा सकता है।

## मूल्यप्रभावी बहुमीडिया सिद्धांत

राष्ट्रीय प्रसार सेवा में एक सामान्य समस्या या बाधा है क्षेत्र के प्रसार-कर्मचारियों का भौगोलिक दृष्टि से विशाल क्षेत्र के किसानों तक पहुँचना क्योंकि परिवहन के यथेष्ट साधन मौजूद नहीं हैं और भी यह कि प्रसारकर्मियों पर अनावश्यक भारी कार्यभार से सामान्यता वे त्रस्त रहते हैं जिसमें वह सब कुछ शामिल होता है जो ग्रामीण स्तर पर किसान के लिये जरूरी होता है। प्रसारकर्मियों पर इतना अधिक भरोसा न तो कार्यकारी होता है और नही तकनिकी। किसी खास उद्देश्य के कुछ कार्य जैसे जागरुकता सृजन, सूचना निर्गमन तथा प्रेरणात्मक आंदोलन आदि को अधिक सक्षमतापूर्वक तथा प्रभावी ढंग से अन्य साधनों द्वारा यथा चैनलों या गैर-प्रसार समूहों द्वारा प्रसारकर्मियों के पर्यवेक्षण तथा संयोजनाधीन संपादित किया जा सकता है।

प्रसारकर्मियों का कार्यभार उपयुक्त ग्रामीण एवं समुदाय-आधारित स्रोतों को लाकर तथा व्यापक उपयोग के कम खर्चीले मास मीडिया चैनलों द्वारा कम किया जा सकता है (स्थानीय रेडियो स्टेशनों, ग्रामीण प्रेस, लोक/परंपरागत मीडिया, पास्टर, फ्लिप चार्ट, रेशमी पर्दे पर मुद्रित सामग्री, ऑडियो-केसेट, स्लाइड टेप प्रदर्शन, लीफलेट्स कौमिक) स्तरीय तथा प्रसार संवादों के पैकेजों को प्रसारित कर एवं स्थानीय स्वयंसेवकों का इस्तेमाल कर (यथा स्कूल शिक्षक, बच्चे स्थानीय धार्मिक नेता आदि) जो किसानों तक पहुँचने में माध्यम बन सकते हैं। ऐसा कार्य यह नहीं बताता है कि प्रसारकर्मियों को इन समुदाय स्रोतों से पदस्थापित किया जा सकता है या किया जायेगा। बल्कि यह उपलब्ध स्रोतों का सर्वाधिक क्षमतापूर्ण इस्तेमाल का बौद्धिक तरीका होता है किसी खास कार्य पूरा करने यथा प्रसारकर्मियों का शैक्षणिक या उपदेशात्मक उद्देश्यों के लिये उपयोग करना जिसकी आवश्यकता होती है दोनों के बीच परस्पर क्रिया क्षेत्र प्रदर्शन, समूह चर्चा आदि जिसे मास संचार द्वारा प्रभावी ढंग से नहीं निभाया जा सकता।

## विशिष्ट प्रसार समर्थन सामग्रियाँ तथा प्रशिक्षण

विकासशील देशों में अधिकांश प्रसार सेवाएँ अपने प्रसारकर्मियों के क्षेत्र-कार्यों के समर्थन के लिये उपयुक्त प्रसार अनुभवों तथा प्रशिक्षण सामग्रियों के अभाव से ग्रसित होते हैं। कई प्रसारकर्मी अपने अंतर्व्यक्तिगत संचार कुशलता पर विश्वास करते हैं तथा इस प्रकार किसानों की बैठकों के दौरान उनका प्रभावी ढंग से इस्तेमाल नहीं हो पाता।

विशिष्ट रूप से तैयार किये गये संगत प्रशिक्षण सामग्रियों के समर्थन से प्रसारकर्मियों को अपने कार्य में केवल सुविधा ही नहीं होगी वरन् यह उनके कार्यभार को भी कम करेगा। यह प्रसार संवादों या तकनिकी सूचना निर्माण में कुछ दूर तक गुणवत्ता पर नियंत्रण रख सकेगा। अनुभवों से पता चला है कि प्रसार कर्मचारियों की प्रेरणा, उत्साह, विश्वास एवं प्रामणिकता में वृद्धि होती है जब उन्हें उपयुक्त एवं आकर्षक बहुमीडिया समर्थन सामग्रियाँ उपलब्ध करायी जाती हैं जिससे वे अपनी प्रशिक्षण एवं प्रसार को प्रभावी होने में सुधार ला सकते हैं।

एसईसी कार्यकलापों में प्रसारकर्मियों को पूर्व परीक्षित प्रसार तथा प्रशिक्षण समर्थन सामग्रियाँ दी जाती हैं जिनके संवाद प्रसार कार्यक्रमों की समस्या-समाधान की योजनाओं पर आधारित विशेष रूप से तैयार एवं विकसित किये जाते हैं। इसके आगे भी इन प्रसारकर्मियों को विशेष प्रशिक्षण दिया जाता है यह सुनिश्चित करने कि उन्हें प्रसार स्ट्रेटजी, संवादों की सूची तथा प्रबंधन-कार्यान्वयन योजनाओं की समझ है तथा वे यह भी समझते हैं कि वे कब, किस के साथ तथा कैसे विभिन्न बहुमीडिया समर्थन प्रसार एवं प्रशिक्षण सामग्रियों का उपयोग करना चाहिये।

चित्र 1 : सामान्य एवं सहज मार्गदर्शन ज्ञान, भावना, तथा तरीके (केरम्भी) सर्वेक्षण के नतीजों का उपयोग करना प्रसार आंदोलन स्ट्रेटजी की योजना तथा विकास के लिये।

| | स्रोतों का स्तर | | | | | | बहुमीडिया मिश्रण इस्तेमाल के लिये संचार चैनल पर जोर | | | आपूर्ति साधनों तथा सेवा |
|---|---|---|---|---|---|---|---|---|---|---|
| | ज्ञान | भाव | तरीका | प्रमुख विचार | मुख्य उद्देश्य | सूचना स्थान | मास | अंतर्व्यक्तिगत | समूह | उपलब्धता |
| 1 | निम्न | निम्न | निम्न | सूचनात्मक | जागरुकता सृजन एवं ज्ञान वृद्धि | क्या | उच्च | निम्न | निम्न | वांछित |
| 2 | मध्य | निम्न | निम्न | अनौपचारिक | ज्ञान वृद्धि विचार ग्रहण की आवश्यकता तथा लाभ | क्या एवं क्यों | उच्च | निम्न | मध्य | वांछित |
| 3 | मध्य | मध्य | निम्न | प्रेरणा | सुझाये विचार का उपयोगिता लाभ तथा ईनाम अग्राह्यता के प्रभाव की सूचना | क्यों | उच्च | मध्य | मध्य | महत्त्वपूर्ण |
| 4 | मध्य | मध्य | मध्य | प्रेरणात्मक एवं शिक्षा | सुझाये विचार की उपयोगिता लाभ तथा ईनाम अग्राह्यता के प्रभाव की सूचना | क्यों | मध्य | मध्य | उच्च | महत्त्वपूर्ण |
| 5 | उच्च | मध्य | निम्न | प्रेरणात्मक एवं कार्य | विपरीत विचारों का परिवर्तन, नकारात्मक भाव एवं विश्वास की निरपेक्षता, गलत विचार पर प्रहार | क्या एवं क्यों | निम्न | उच्च | मध्य | अनिवार्य |
| 6 | उच्च | मध्य | मध्य | प्रेरणात्मक एवं शिक्षा | अग्राह्यता के कुप्रभाव तथा गलत धारणा का सुधार | क्यों और कैसे | निम्न | उच्च | मध्य | बहुत अनिवार्य |
| 7 | उच्च | उच्च | निम्न | प्रेरणात्मक एवं शिक्षा | अग्राह्यता के कुप्रभाव तथा गलत धारणा का सुधार | क्यों और कैसे | निम्न | उच्च | मध्य | अनिवार्य |
| 8 | उच्च | उच्च | निम्न | शिक्षा एवं कार्य | तर्कयुक्त सूचनापूर्त्ति कार्य के लिये सही तरीके की शिक्षा तथा प्रदर्शन जैसे अनुशंसित तरीकों का | कैसे | निम्न | उच्च | उच्च | बहुत अनिवार्य |
| 9 | उच्च | उच्च | मध्य | शिक्षा एवं कार्य | अनुशंसित तकनीक का शिक्षा प्रदर्शन | कैसे | निम्न | उच्च | उच्च | अनिवार्य |

*स्रोत*–अधिकार्य (1989)

*नोट:* केएपी स्तर का वर्गीकरण (उच्च, मध्य, निम्न) निर्भर होता है अनुसंधान/विचार के प्रकार का विकास, जनसंख्या का आकार लागत/प्रयास आवश्यक आदि पर।

यह मनमाना फैसला होगा कि इन स्तरों के वर्गीकरण के उपयोग का आधार क्या है, पर सामान्यतया निम्न स्तर 0–30% मध्य 31–60% से ऊपर उच्च स्तर है ज्ञान या भाव के लिये तथा तरीके के लिये 0–20% निम्न, 21–40% मध्य तथा 40% उच्च।

## प्रक्रिया प्रपत्रीकरण एवं मूल्यांकन प्रक्रियाओं का निर्माण

ज्ञान, भाव तथा व्यवहार सर्वेक्षण का लाभ भागीदारी समस्याओं की पहचान तथा सूचना आवश्यकता का निर्धारण प्रसार कौशलों की योजना तथा इसके प्रबंधकीय कार्यों के सुधार के लिये प्रारंभिक आँकड़ों एवं साधनों को विशेष रूप से प्राप्त कर लेने तक ही सीमित नहीं है। यह समयानुसार सभी स्तर में परिवर्तन लाने के लिए गुणात्मक मूल्यांकन के उद्देश्य के लिये बेंच मार्क सूचना तथा आंकड़ों का प्रावधान करता है। इसके अलावा एसईसी कार्यकलाप ने प्रारंभिक मूल्यांकन (वस्तुओं का पूर्व परीक्षण एवं प्रबंधन व देखरेख सर्वेक्षण आदि) तथा सारांशित मूल्यांकन (सूचना पुनः प्राप्ति तथा प्रभाव सर्वेक्षण) के रूप में मूल्यांकन प्रक्रिया का निर्माण किया है जिसके लिये लक्ष्य लाभान्वितों से आँकड़े एवं सूचना प्राप्त करना अनिवार्य होता है। एसईसी विभिन्न भागीदारी विचार मूल्यांकन तरीकों का इस्तेमाल करता है जिसमें शामिल हैं, मात्रात्मक सर्वेक्षण, फोकस समूह साक्षात्कार, पूर्व-परीक्षण, स्मृति परीक्षण, संदर्भ-विश्लेषण, क्षेत्र की देखरेख तथा लागत-लाभ विश्लेषण आदि।

एसईसी का एक अन्य महत्त्वपूर्ण पहलू है कि यह केवल परीक्षित मूल्यांकन नतीजा ही नहीं लाता है वरन् यह सामान्यत: एक के बाद एक अपनी कार्य प्रणाली का प्रपत्रीकरण शामिल करता है संक्षिप्त सारांश एवं अधिक विस्तृत मुद्रित, दृश्य-श्रव्य रिपोर्ट एव प्रदर्शन द्वारा। ऐसे प्रपत्रीकरण प्रक्रिया एवं मूल्यांकन नतीजे एसईसी प्रस्तुति एवं आवश्यक नीति, संस्थागत तथा वित्तीय समर्थन प्राप्त करने की सुविधा लाने में निर्णायक साबित हुए हैं।

## अन्य प्रसार कार्यक्रमों की प्रयोज्यता

अधिकांश, अगर सब नहीं महत्त्वपूर्ण सिद्धांतों तथा तकनिकों को योजना, कार्यान्वयन एवं एसईसी कार्यकलापों के प्रबंधन में प्रयोज्य समझा गया है। प्रसार कार्यक्रमों के विकास तथा कार्यान्वयन के लिये एसईसी प्रक्रिया, कार्यकारी चरण तथा कार्यान्वयन कदम (चित्र 2 एवं 3) अनिवार्यत: एक निरंतर प्रसार कार्यक्रमों (सुनियोजित) के समान ही हैं। इस प्रकार एसईसी को कृषि प्रसार कार्यक्रम का लघुरूप समझा जा सकता है। इसे मान लेना सुरक्षित है कि अगर एसईसी कार्यकलाप सफलतापूर्वक किये जा सकते हैं आंदोलन के संदर्भ में, जो अल्पावधि का होता है, तो एसईसी प्रक्रियाओं, तरीकों, तकनिकों आंशिक या पवित्रता के साथ प्रभावी रूप से निगमित किया जा सकता है, अधिक कार्यकाल के समय के निरंतर तथा संस्थागत प्रसार कार्यक्रम में।

विभिन्न एसईसी सिद्धांतों तथा तकनिकों के उपयुक्त प्रशिक्षण एवं एक नियोजित कार्यक्रम संभालने में प्रत्यक्ष संलग्नता द्वारा प्रशिक्षित प्रसार कर्मचारी कृषि प्रसार सेवा की योजना कार्यान्वयन, प्रबंधन, देखरेख तथा निरंतर/रूटीन कार्यक्रम में क्रमबद्ध, बौद्धिक तथा प्रगतिशील विचार को लागू करने में सहायता कर सकता है। कई एसईसी कार्यों के अध्ययन से पता चला है कि प्रशिक्षित प्रसारकर्मियों जिन्होंने एसईसी कार्यकलापों को अंजाम दिया है उन्होंने निरंतर अपने ज्ञान का इस्तेमाल अन्य संस्थागत प्रसार कार्यक्रम विभिन्न कृषि तकनिकों के कार्यान्वयन में किया है। कुछ ने संपूर्ण एसईसी प्रक्रियाओं का संपूर्ण अनुसरण किया है तो कुछ न केवल किसी खास सिद्धांत या तकनीक का उपयोग किया है। इन प्रयासों की प्रशंसा तथा स्वागत किया गया है कृषि मंत्रालय के वरिष्ठ पदाधिकारियों द्वारा जहाँ एसईसी कार्यकलापों को अपनाया गया है क्योंकि वे इसके साकार उत्पादन, नतीजों तथा प्रभावों को देख पाये हैं।

## कार्यशीलता में एसईसी परिभाषित

कृषि प्रसार के संदर्भ में प्रसर के उस तरीके के लिये नारे बुलंद होते हैं जो कम समयावधि में बड़ी संख्या में लक्षित लाभान्वितों तक पहुँचें। राष्ट्रीय कृषि प्रसार सेवा कार्यक्रमों को पूरा तथा सुधार करने के लिये एसईसी तरीका निम्नलिखित बातों पर विशेष जोर देता है:

- आन्दोलन उद्देश्यपूर्ण है, समस्या-निराकरणोन्मुख है तथा विशेष मुद्दों या अनुशंसित तकनिकों को उजागर करता है।
- इसका लक्ष्य स्थिर है तथा कृषि विकास नीतियों तथा प्रसार कार्यक्रम उद्देश्यों से मार्गदर्शित होता है।
- आंदोलन का उद्देश्य विशिष्ट है तथा इसका निर्धारण संकल्पित लाभान्वितों की आवश्यकताओं पर आधारित होता है तथा उनके ज्ञान, भावनाओं तथा तरीकों, अनुशंसित तकनिकों के आधार द्वारा समस्याओं की पहचान भी होती है।
- एक विशिष्ट आंदोलन स्ट्रेटजी का विकास होता है जिसका लक्ष्य अग्राह्यता की समस्या का निदान

चित्र 2 : प्रसार आंदोलन की योजना के लिये संकल्पित फ्रेमवर्क के 10 कार्यशील चरण।

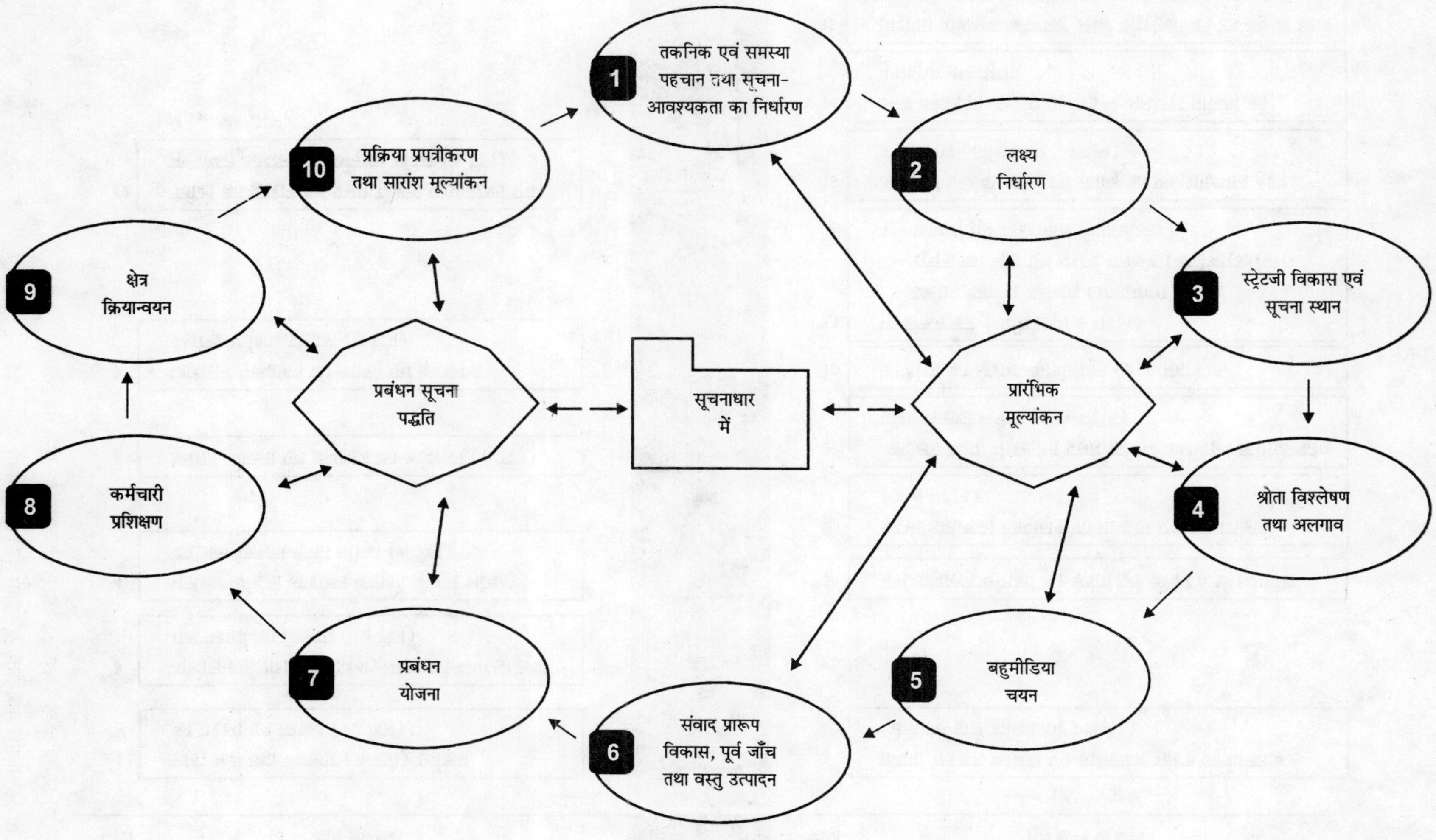

**चित्र 3 : स्ट्रेटजीक प्रसार आंदोलन एवं व्यक्तिगत प्रशिक्षण के कार्यान्वयन चरण।**

| चरण | कार्य शाला | चरण | पूरा करने के कार्य |
|---|---|---|---|
| 1 | ज्ञान, भाव तथा व्यवहार (केएपी) सर्वेक्षण का उद्देश्य एवं तरीका (10 दिन) | 2 | केएपी सर्वेक्षण फोकस ग्रुप साक्षात्कार सहित आयोजित करें (ठेकेदारों द्वारा अधिकतम 3 महीने) |
| 3 | आंदोलन कौशल की योजना, संवाद की रूपरेखा तथा मूल पदार्थों का विकास (14 दिन) | | |
| 4 | मूल बहुमीडिया आंदालन वस्तुओं के पूर्व जाँच/ प्रारंभिक मूल्यांकन का तरीका (6 दिन) | 5 | मूल आंदोलन वस्तुओं की क्षेत्रीय पूर्व जाँच (0.5–1 महीना) |
| | | 6 | बहुमीडिया वस्तु आंदोलन का उत्पादन एवं पुर्नप्रशिक्षण (2–6 महीने) |
| 7 | प्रबंधन, योजना एवं प्रशिक्षण का आंदालन (6 दिन) | 8 | आंदोलन कार्यों में संलग्न प्रसार कर्मियों तथा अन्य कर्मियों का प्रशिक्षण तथा निर्देश (2–3 महीने) |
| 9 | आंदोलन मूल्यांकन का तरीका एवं प्रबंधन देखरेख सर्वेक्षण प्रक्रिया (5 दिन) | 10 | आंदोलन का क्षेत्रीय-कार्यान्वयन (2–6 महीने) |
| | | 11 | मूल्यांकन करें (अधिकतम 4 महीने)<br>– प्रबंधन देखरेख सर्वेक्षण (एमएमएस)<br>– सूचना की चाह एवं प्रभाव सर्वेक्षण (आईआरआईएस)<br>– फोकस ग्रुप साक्षात्कार (एफजीआई) |
| 12 | नतीजों का प्रदर्शन एवं प्रसार योजना कार्यान्वयन एवं मूल्यांकन आंदोलन पर अनुभव बाँटना (5 दिन) | 13 | आंदोलन प्रक्रिया, कार्य एवं नतीजे का प्रकाशन/अन्य दृश्य प्रपत्रीकरण (अधिकतम 3 महीने) |
| | | 14 | अन्य तकनिकों, स्थानों या देशों में आंदोलन प्रक्रिया की पुनराहुति तथा सुधार |
| | | 15 | विशेषज्ञ प्रशिक्षक की तरह अच्छे प्रशिक्षुओं का उपयोग या श्रोता लोगों का, समान कार्यशाला या बाद के कार्य देश के अन्य भागों में या अन्य देशों में |

करना होता है या अनुशंसित तकनीक के छोड़े गये या अनुपयुक्त तरीके।

लक्ष्य ग्राहकों के अलगाव की प्रक्रिया में एक स्ट्रेटजिक योजना सिद्धांत को लागू किया जाता है, साथ ही बहुमीडिया चयन, संवाद/ सूचना का स्थान एवं डिजायन तथा प्रसार/प्रशिक्षण वस्तुओं की पैकेजिंग, विकास तथा उत्पादन में भी जिसका उद्देश्य अधिकतम उत्पादन-प्रभाव प्राप्त करना होता है कम से कम प्रयास, समय तथा स्रोतों से।

- मूल बहुमीडिया कम्पेन वस्तुओं के क्षेत्र में पूर्व जाँच के रूप में प्रारंभिक मूल्यांकन किया जाता है इससे पहले कि उनका बृहत उत्पादन हो।
- एक विस्तृत एवं पूर्ण विवरण सहित आंदोलन प्रबंधन योजना एमईसी प्रक्रिया का एक अभिन्न तथा महत्त्वपूर्ण भाग है। यह केवल कार्यान्वयन प्रक्रिया एवं आवश्यकताओं को ही नहीं बताता है बल्कि इसका इस्तेमाल देखरेख तथा पर्यवेक्षण सहित एक प्रबंधन सूचना पद्धति के विकास के लिये भी हो सकता है।
- एसईसी कार्यकलापों में संलग्न सभी कर्मचारियों के लिये विशेष संक्षिप्तीकरण तथा प्रशिक्षण का आयोजन करना चाहिये यह सुनिश्चित करने के लिये कि वे अपना विशिष्ट कार्य तथा जिम्मेदारी समझते हैं तथा ऐसे कार्यों को प्रभावी ढंग से निभाने के लिये उनके पास आवश्यक ज्ञान तथा समर्थन सागग्रियाँ हैं।
- एसईसी कार्यान्वयन एवं प्रभाव पर प्रक्रिया प्रपत्रीकरण तथा सारांशित मूल्यांकन किया जाता है तथा उन नतीजों का उपयोग दूसरे चल रहे कार्यों के सुधार के लिये (प्रबंधन देखरेख सर्वेक्षण द्वारा) तथा एसईसी नतीजों तथा प्रभावशीलता के निर्धारण के लिये होता है (सूचनाओं को याद कर तथा प्रभाव सर्वेक्षण, फोकससमूह साक्षात्कार द्वारा) तथा इससे भविष्य में इसकी पुनरावृत्ति के लिये ऐसे अनुभवों से सीख के लिये भी।

## एकीकृत प्रक्रिया तथा पद्धति की पहुँच

कुशल प्रसार आंदोलन का संकल्पित फ्रेमवर्क अधिकार्य द्वारा मूल प्रस्तावित एक साधारण नमूने को मानता है, जिसकी लेखक के अन्य कृतियों में विस्तृत चर्चा की गयी है (अधिकार्य, 1994 ; अधिकार्य तथा पोसामेंटियर, 1987) एसईसी कार्यक्रम योजना की रूपरेखा तथा प्रक्रिया को चित्र 1 में दर्शाया गया है, जहाँ सभी 10 कार्यकारी चरणों में भागीदारी सिद्धांत के कार्यकलापों को लक्ष्य लाभान्वितों से प्राप्त आगे एवं पीछे की सूचनाओं को भी शामिल किया गया है। एसईसी तरीका प्रसार कार्यों को क्रमबद्ध सिलसिलेवार प्रक्रियोन्मुख तरीके से करने की सिफारिश करता है, अस्थायी आधार पर नहीं। यह एक नियोजित अंतर्संबंधित कार्यकलापों को आगे बढ़ाने का प्रबंधन कार्यान्वयन योजना के अनुसार एक निश्चित समयान्तर्गत प्रशिक्षित कर्मचारियों द्वारा प्रसार कार्यक्रम है।

## एसईसी के अभिन्न भाग की तरह कर्मचारी-प्रशिक्षण

ऐसी विचार पद्धति को लागू करना यह बताता है कि कर्मचारियों को इस प्रकार प्रशिक्षित करने की आवश्यकता है जिससे वे प्रक्रिया के कुछ तत्त्वों या कार्य के एक भाग की ही नहीं, बल्कि संपूर्ण प्रसार प्रक्रिया की जानकारी रखें। इस प्रकार जैसा कि चित्र 2 में देखा जा सकता है कि एसईसी के कार्यान्वयन के अनुशंसित प्रक्रियाओं में प्रशिक्षण कार्य शामिल हैं (ज्ञानोन्मुख कार्यशालाओं द्वारा) जो कार्यकारी चरणों या कार्यान्वयन कदमों से संबद्ध है, जो संकल्पनात्मक रूपरेखा तथा प्रक्रिया का नजदीकी पालन करते हैं।

इसलिये यह परमावश्यक है कि किसी देश में एसईसी तरीकों को लागू करने या पुनरावृत्ति की प्रक्रिया में प्रसार नियोजकों, प्रबंधकों, प्रशिक्षकों, विषय-वस्तु विशेषज्ञों, संचार समर्थन कर्मचारियों तथा क्षेत्र के प्रसार अधिकारियों के एक राष्ट्रीय समूह का प्रशिक्षण जो संगत एसईसी तरीकों एवं तकनिकों से संबद्ध हो, उन्हें एसईसी कार्यक्रम योजना तथा कार्यान्वयन का अभिन्न भाग होना चाहिये। एसईसी कार्यों के प्रारंभिक कार्यान्वयन के लिये अधिक लागत एवं समझ महत्त्वपूर्ण होते हैं, पर मानव संसाधन विकास में ऐसे विनियोजन संभवतः एक सर्वाधिक मूल्य-प्रभावी साधन है

जो महत्त्वपूर्ण ढंग से राष्ट्रीय कृषि प्रसार पद्धति तथा सेवा के सशक्तिकरण तथा सुधार में एसईसी सिद्धांत के संस्थागतिकरण में महत्त्वपूर्ण योगदान कर सकते हैं।

### केएपी सर्वेक्षण, मूल्यांकन अध्ययन तथा पूरक कार्य

इसके अतिरिक्त कार्यकारी अनुसंधान जैसे आधारभूत ज्ञान, भावना तथा तरीका (केएपी) सर्वेक्षण एवं प्रारंभिक तथा सारांशित मूल्यांकन के अन्य साधनों का निर्माण प्रसार प्रक्रिया, कार्यक्रम एवं तरीकों में करना चाहिये। प्रक्रिया का सर्वाधिक महत्त्वपूर्ण भाग है वास्तविक क्षेत्र-कार्य तथा कार्यान्वयन कार्यकलाप जिसकी आवश्यकता होगी एसईसी प्रशिक्षण एवं कार्यकारी अनुसंधान कार्यों की तैयारी के लिये। चित्र 1 में उपस्थित संकल्पित फ्रेमवर्क के आधार पर हम तीन भिन्न पर अंतर्संबंधित कार्य तत्त्वों तथा कार्यान्वयन कदमों की पहचान कर सकते हैं, जो 10 कार्यकारी चरणों के एक भाग हैं। चित्र 3 में दिखाये गये इन तत्त्वों के विभिन्न प्रकार के कार्य हैं जिन्हें प्रक्रिया क्रम सिलसिले में आयोजित किया जाता है विभिन्न कार्यान्वयन चरणों द्वारा (चित्र-2)।

### योजना एवं कार्यान्वयन के भागीदारी का तरीका

एसईसी तरीका बहुत हद तक उनकी भागीदारी पर निर्भर करता है, जो आंदोलन कार्यों में संलग्न हैं जिसमें आंदोलन कर्मचारी तथा लाभान्वित शामिल हैं तथा जो आंदोलन प्रक्रिया में सुझाव या संगत साधन जुटाते हैं। ऐसा करने से एसईसी कार्य समस्याओं एवं मसलों को समझने के अधिक निकट होंगे तथा किसानों की आवश्यकताओं के व्यवहारिक निदान ढूँढ़ पायँगे। केवल आंदोलन के लाभान्वितों (किसानों) से ही सलाह करना चाहिये, पर क्रियाशील आंदोलन क्रियान्वयकों, जैसे संबंधित क्षेत्रीय कर्मचारियों, प्रशिक्षकों तथा समुदाय नेताओं को भी शामिल कर, आंदोलन योजना कार्यान्वयन तथा प्रबंधन के विभिन्न पहलुओं में कोई न कोई भूमिका देना चाहिये।

एसईसी कार्यकलापों में शामिल लोगों के संबंधित समूहों के नमूने से सुझावों तथा विशिष्ट विचारों को सावधानीपूर्वक क्रमबद्ध तरीके से प्राप्त किया जा सकता है। एक उपयोगी आंदोलन नक्शा खींचा जा सकता है, इसकी दिशा, कौशल, संवाद-सूची के प्रकार प्रशिक्षण आवश्यकता एवं तथा क्षेत्र में कार्यान्वयन की आवश्यकताओं को निर्धारित करने के लिये। एक समस्या-निदान तथा माँग-आधारित कौशलपूर्ण प्रसार आंदोलन को भी आवश्यकता होती है अपने संकल्पित लाभान्वितों (किसानों) तथा संबंधित आंदोलन कर्मचारियों से उपयुक्त 'आगे-बढ़ो' सूचना के लिये। इसलिये यह परमावश्यक है कि एक भागीदारी उन्मुख योजना का तरीका लागू किया जाये ताकि आवश्यकता आधारित प्रसार आंदोलन सुनिश्चित हो जो अपने लक्ष्य ग्राहकों को लाभ पहुँचा दे, वास्तविक कार्यान्वयन द्वारा।

### प्रसार आंदोलन की कौशलपूर्ण योजना के लिये बताये गये संकल्पनात्मक फ्रेमवर्क

योजना की परिभाषा है एक प्रक्रिया की पहचान या समस्या को परिभाषित करना, लक्ष्य निर्धारण करना, लक्ष्य पूरा करने के तरीकों पर विचार तथा लक्ष्य प्राप्ति की ओर उन्नति की माप (मिडबटन एवं हसू लीन, 1975) ऐसी योजना में प्रबंधन के कार्य वर्णित होने चाहिये जो उसे स्ट्रेटजी के कार्यान्वयन के लिये करना है। इस प्रकार इस संदर्भ में आंदोलन योजना में स्ट्रेटजिक योजना (क्या करना है?) एव प्रबंधन योजना (इसे कैसे कार्यान्वित किया जाये) शामिल हैं।

कौशलपूर्ण योजना का अर्थ है अधिकाधिक प्राप्ति के लिये (उत्पादन, नतीजा या प्रभाव) उपलब्ध स्रोतों का सर्वोत्तम उपयोग (समय, कोष एवं कर्मचारी)। एक कौशलपूर्ण प्रसार आंदोलन योजना को विशेष मार्गदर्शन एवं दिशा-निर्देश का प्रावधान करना चाहिये इसके विकास, सूचना, शिक्षा तथा संचार कार्यों को कार्यकारी बनाने के लिये। इसे लगातार खासकर कार्यान्वयन चरण पर पुनर्विचार करना चाहिये। मूल योजना की नीतियों या लक्ष्यों में बदलाव तथा विशिष्ट स्थानीय अवस्थाओं या समस्याओं के कारण योजना में सुधार की आवश्यकता हो सकती है। आंदोलन कार्यों के प्रबंधन या कौशल में सुधार के लिये योजना को लचीला होना चाहिये तथा सूचना आधारित नतीजे द्वारा सुझावों के आवश्यक सुधार करने को तैयार रहना चाहिये। (जैसे, प्रक्रिया एवं प्रारंभिक मूल्यांकन पूर्व जाँच सहित)।

एक स्ट्रेटजिक प्रसार योजना के विकास की प्रक्रिया को दो प्रमुख भागों में बाँटना चाहिये : स्ट्रेटजी विकास योजना तथा प्रबंधन योजना। एक कौशलपूर्ण आंदोलन योजना पर क्रमबद्ध विचार के लिये एक सामान्य संकल्पना फ्रेमवर्क का सुझाव दिया गया है जो 10 चरणों के वृत्ताकार नमूने (चित्र) पर आधारित है। (देखें अधिकार्य, 1974);

अधिकार्य एवं पोसमें टियर, 1987) अधिकार्य द्वारा मूल प्रस्तावित संकल्पना फ्रेमवर्क जो 10 चरणों से लिया गया है, उस स्ट्रेटजिक प्रसार आंदोलन योजना के विकास की प्रक्रिया का सुझाव निम्नलिखित रूप से दिया गया है:

**भाग 1 : आंदोलन के कौशलपूर्ण विकास योजना**

चरण-1 तकनीक एवं समस्या पहचान तथा सूचना आवश्यकताओं का निर्धारण

चरण-2 आंदोलन का लक्ष्य निर्धारण

चरण-3 कौशल का विकास तथा सूचना का स्थान

चरण-4 श्रोताओं का विश्लेषण तथा अलगाव

चरण-5 बहुमीडिया चयन

चरण-6 संवाद डिजायन विकास, पूर्व जाँच तथा वस्तु उत्पादन।

प्रारंभिक मूल्यांकन इन सभी चरणों का भाग होना चाहिये खासकर 4 एवं 6 चरणों में, इस संदर्भ में प्रारंभिक मूल्यांकन का अर्थ होता है वह प्रक्रिया जो उपयुक्तता, अनुकूलता या आंदोलन कौशल का प्रभाव एवं योजना बहुमीडिया संवादों तथा समर्थन सामग्री सहित पूर्ण कार्यान्वयन से पहले, इनकी जाँच करें ताकि आंदोलन के अच्छे कार्य या नतीजे सुनिश्चित हों।

कम्पेन स्ट्रेटजी की योजना जब पूरी हो जाय तो इसे कार्य रूप में परिणत करना चाहिये। उस अवस्था में प्रसार आंदोलन के नियोजक का कार्य बदल जाता है कौशल विकास से प्रबंधन योजना के लिये जिसमें निम्नलिखित शामिल हैं:

**भाग 2 : आंदोलन प्रबंधन योजना**

चरण-7 प्रबंधन योजना

चरण-8 कर्मचारियों का प्रशिक्षण

चरण-9 क्षेत्र में कार्यान्वयन

चरण-10 प्रपत्रीकरण प्रक्रिया तथा सारांशित मूल्यांकन

इन चार चरणों का प्रबंधन सूचना पद्धति से समर्थित होना चाहिये जिससे नियोजकों को कम से कम प्रबंधन उद्देश्य के मूल तत्त्वों के बारे में निरंतर एवं आद्यांत सूचना प्राप्त होता रहे कि कौन करेगा, क्या करेगा तथा कब करेगा? तीन प्रकार के प्रबंधन कार्य होते हैं जिसके लिये ऐसी सूचनाओं की आवश्यकता होती है। प्रभावी निर्णय के लिये कर्मचारी, वित्त तथा सेवाओं से संबद्ध।

### केएपी सर्वेक्षण एसईसी की एक प्रमुख विशेषता

चूँकि एसईसी तरीका आवश्यकता आधारित तथा माँग-संचालित विचार का पालन करता है इसलिये लक्ष्य लाभान्वितों (किसानों) से, उनकी आवश्यकताओं से संबंधित आवश्यकताओं तथा समस्याओं की पहचान के लिये या एक तकनीक की ग्राह्यता के लिये, सलाह करने की आवश्यकता होती है। जबकि समस्या पहचान का तरीका जैसे भागीदारी ग्रामीण स्तरीकरण (पीआरए) तथा अन्य बृहतस्तरीय अध्ययनों से अच्छी संकल्पना की सूचना प्राप्त होती है, फिर भी गुणात्मक सूचना तथा मात्रात्मक आँकड़ों के लिये एक अन्य तरीके को उजागर करना चाहिये। समस्याओं तथा आवश्यकताओं का एक भागीदारी निर्धारण होता है लक्ष्य लाभान्वितों के ज्ञान, भावना तथा तरीकों (केएपी)के आधारभूत सर्वेक्षण के द्वारा जो एक अनुशंसित तकनीक के निर्णायक तत्त्वों की विशिष्टता पर होता है। केएपी सर्वेक्षण एक समस्या निदानोन्मुख लघुस्तर पर कार्यशील रहता है जो लक्षित लाभान्वितों या किसानों के ज्ञान भावना तथा तरीकों के स्तरों के निर्धारण पर प्रकाश डालता है, जो एक अनुशंसित तकनीक के निर्णायक तत्त्व होते हैं। केएपी सर्वेक्षण उत्तरार्थियों से गुणात्मक सूचना प्राप्त करना चाहता है फोकस समूह साक्षात्कार द्वारा, जो किसी अनुशंसित तकनीक के प्रति उनके नकारात्मक रूख तथा अग्राह्यता या अनुपयुक्त व्यवहारों के कारणों एवं तर्कों को जानने के लिये होता है। आंदोलन के लक्ष्यों तथा कौशल विकास के लिये केएपी सर्वेक्षण के नतीजे उपयोगी होते हैं।

केएपी सर्वेक्षण का उपयोग इस विश्लेषण के लिये किया जा सकता है कि तकनिकी पैकेज के किस तत्त्व की जानकारी लक्षित लाभान्वितों को नहीं है, उनके नकारात्मक रूख के क्या कारण हैं, उन्होंने क्यों और कैसे अनुशंसित तकनीक का अनुपयुक्त व्यवहार किया है आदि। केएपी सर्वेक्षण नतीजों का इस्तेमाल स्रोताओं के विश्लेषण तथा अलगाव उद्देश्यों के लिये भी हो सकता है यह तय करने के लिये कि किसी को किस प्रकार की सूचना की आवश्यकता है तथा किस बहुमीडिया सामग्रियों एवं चैनलों से मिश्रण द्वारा। इसके अतिरिक्त सर्वेक्षण का मीडिया

उपभोग-नमूना एवं आदतों, मीडिया की उपलब्धता तथा पहुँच तथा अन्य सामाजिक-मनोवैज्ञानिक तथा मानव-विज्ञान अनुसंधान, पर इसके संगत निष्कर्ष प्रसार कौशल योजना तथा संवाद विकास के लिये उपयोगी साधन है।

## जो सीखें मिली

विभिन्न एसईसी कार्यों से प्राप्त अनुभवों ने कृषि प्रसार पद्धति एवं कार्यक्रमों को प्रभावी बनाने के लिये कुछ महत्त्वपूर्ण सीखें दी हैं जिसका विस्तृत विवरण अधिकार्य एवं पोसमेंटीयर (1987) तथा अधिकार्य (1994) में प्रस्तुत किया गया है। प्रमुख सीखों को नीचे सारांशित किया जाता है।

- कृषि प्रसार योजना प्रक्रिया को बढ़ाता है।
- प्रसार कार्यक्रम नियोजकों तथा प्रशिक्षकों के समर्थकों का निर्माण करता है।
- अनुसंधान के साथ प्रसार संबंध के सुधार में सहायता देता है।
- छोटे एवं कम स्रोतों के किसानों के लिये आवश्यक है।
- प्रशिक्षण के साथ प्रसार संबंधों के सुधार में सहायता करता है।
- प्रसार पद्धति का कार्यभार कम करता है एवं इसका प्रचलन बढ़ाता है।
- समुदाय-आधारित संगठनों के साथ भागीदारी को प्रोत्साहित कर उनकी भागीदारी बढ़ाता है।
- प्रसारकर्मियों की पेशेवारिता को पुनः सशक्त करता है।
- यह दिखाता है कि प्रसार कार्यक्रम का कौशलपूर्ण नियोजन है, जिसका सक्षम प्रबंधन तथा क्रमबद्ध देखरेख एवं मूल्यांकन हो सकता है।
- कृषि प्रसार पद्धतियों एवं कार्यक्रमों के सशक्तिकरण तथा सुधार में योगदान कर सकता है।

## संदर्भ


अधिकार्य, आर. (1994) *स्ट्रेटजिक प्रसार आंदोलन : कृषि प्रसार का एक भागीदारी उन्मुख तरीका*, रोम, फाओ, संयुक्त राष्ट्र।

अधिकार्य आर. (1985) प्लानिंग एंड डेवेलपमेंट ऑफ रैट कन्ट्रोल कम्पेन आब्जेक्टिव्स स्ट्रेटजीज फोर दी स्टेट ऑफ पेनांग, मलयेशिया। ए समरी रिपोर्ट ऑफ एवर्कशों प आन मल्टीमीडिया कंपेन प्लानिंग फोर इन्टीग्रेटेड पेस्ट कंट्रोल ओरगेनाइज्ड बाई फाओ, युनाईटेड नेशंस (प्रोजेक्ट्स जीसीपी/आरएएस/101/नेट एंड जीसीपी/आरएएस/ 092/एयूएल)।

अधिकार्य, आरः (1978) गाईडलाईन प्रोपोजल फॉर ए कम्युनिकेशन सपोर्ट कंपोनेंट इन ट्रांसमाइग्रेशन प्रोजेक्ट्स ए कंसलटेंसी रिपोर्ट प्रिपेयर्ड बाइ फाओ/यूनाइटेड नेशंस (प्रोजेक्ट/6/आईएमएस/01/टी) रोम, फाओ।

अधिकार्य, आर., एंड मिड्लटन, जे. (1979) *कम्युनिकेशन प्लानिंग ऐट इंस्टीट्युशनल लेवल : ऐ सेलेक्टेड एनोटेटेड बिबलीओग्राफी*, होनोलुलु, हवाई इस्ट-वेस्ट कम्युनिकेशन इंस्टीट्यूट, दी इस्ट वेस्ट सेंटर।

अधिकार्य, आर. एंड पोसमेंटीया, एच. (1987) *मोटिवेटींग फारमर्स फोर एक्शन : हाउ स्ट्रेटजीक मल्टीमीडिया कपेन कैन* हेल्प/इश्चर्वार्न, फ्रैंकफर्द जर्मनी, जीटीमेड (डियुश्चे जेसेकचाफ्ट कर टेंचनिये गुसामेनटविट)।

मिड्लटन, जे., एंड सूलीन, वाई. (1975) प्लानिंग कम्युनिकेशन फोर फेमिली प्लानिंग। होनोलुलु, हवाई, इस्ट-वेस्ट कम्युनिकेशन ईस्टीट्यूट दी इस्ट-वेस्ट सेंटर।

# अध्याय 11

# प्रसार कार्यक्रमों का मूल्यांकन

डेविड डेशलर

## मूल्यांकन से प्रारंभ करनाः मूल्यांकन प्रयासों के निष्क्रिय तोड़-फोड़ को दूर रखना

यद्यपि प्रसार शिक्षकों, वित्त पोषकों एवं प्रबंधकों की राय प्रसार का मूल्यांकन करना है, पर ईमानदारी से इसे मान लेना चाहिये कि हम में से अधिकांश इसके प्रति उत्साहित नहीं हैं। हमारे अवरोध के कई कारण हैं। फिर भी अगर हमें मूल्यांकन नेतृत्व का प्रावधान करना है तो हमें संगठनात्मक एवं व्यक्तिगत अवरोधों के प्रकारों के जानना होगा नहीं तो ये हमारे मूल्यांकन प्रयास को तोड़-फोड डालेगा। यह असामान्य नहीं है कि हम मूल्यांकन के अवसर का इस्तेमाल अविष्कार की असुरक्षा को छिपाने के लिये करें या अन्यों की नियतों, प्रेरणाओं, सुयोग्य यथेष्टता के प्रयासों की आलोचना करें। कभी-कभी हम अपने आप में कठिन मूल्यांकन प्रश्न करने में असमर्थता तथा दूसरों के प्रश्न पूछने से विरोध के बीच बंधे रहते हैं।

अवरोध का एक दूसरा रूप है भय, खासकर परिवर्तन का भय जिसे मूल्यांकन ले आयेगा। संगठनों का स्वयं संरक्षित एवं प्रतिरक्षित रहने की प्रधानता होती है। मूल्यांकन तथा संगठनात्मक आरम्भ में एक प्रकार की असंगति दीखती है क्योंकि मूल्यांकन संगठनों को परिवर्तन की चुनौती देता है। कुछ हद तक हम सब परिवर्तन का विरोध करते हैं। यद्यपि मूल्यांकन क्रांतिकारी नहीं है, यह एक हस्तनिर्मित क्रमिक परिवर्तन है, तथा हमें मान लेना चहिये कि मूल्यांकन के भागीदारी का अवरोध एक अंश से आवश्यक परिवर्तन को मानने में अवरोध पैदा करना है।

मूल्यांकन के अवरोध का एक अन्य कारण है बुरे समाचारों की क्रियाशीलता की व्याकुलता से बचे रहने की अनावश्यकता। हमें अपने प्रयासों की गुणवता जानने की अनावश्यकता रहती है पर अपनी सफलता की सच्चाई जानने से भयभीत भी रहते हैं खासकर विश्वास की कमी से। इसीलिये हममें से अधिकांश परीक्षण से बचना चाहते हैं। हमें अपने व्यक्तिगत तथा संगठनात्मक अस्पष्टता का सामना करना होगा जो हमारे जानने की अनावश्यकता तथा जानने के भय के बीच रहता है।

इसके बाद एक वास्तत्रिक अवरोध का कारण इस तथ्य का नतीजा है कि यह असंभव कार्य कर सदैव रहने पर भी एक अतिरिक्त कार्य होता है जिनके कार्य में मूल्यांकन निहित होता है उन्हें केवल याद दिलाना होता है। फिर भी क्रियाशील लाभों की पहचान एवं चर्चा होनी चाहिये अगर उनके बीच संबद्धता एक वास्तविकता है जिन्हें इस पेशेवर उत्तरदायित्व की औपचारिकता का ज्ञान नहीं रहने पर भी इसे करना पड़ता है। लाभ में शामिल होते हैं। सफलता की पहचान, तरीकों में सुधार का अवसर, उत्तरदायित्व का बोध तथा अपने प्रयासों के बारे में नयी सीख।

## सकारात्मक मूल्यांकन अलंकारों का सृजन

मूल्यांकन शब्द डरावना हो सकता है। प्रसार संगठनों द्वारा अगर मूल्यांकन को सकारात्मक ढंग से अपनाना है तो यह आवश्यक है कि इसकी पहल करने वाला प्रस्तावित प्रयास को बताने में सकारात्मक भाषा का उपयोग करे। मूल्यांकन के लिये कभी-कभी नकारात्मक अलंकारों का इस्तेमाल होता है यथा "बंदूक के नीचे" एक खान क्षेत्र, निरीक्षकों की सेना या आक्रमण, फौजी से पहले अंतिम कर्म, किले की रक्षा, आदि पर ये सभी बीते युगों की नकारात्मक अनुभव हैं मूल्यांकन के लिये मूल्यांकन कार्य

के लिये सकारात्मक अलंकरण क्यों नहीं सृजित हो सकते हैं। उदाहरण के लिये मूल्यांकन के वर्णन को हम मेडिकल भाषा मे "संपूर्ण भौतिक कार्यक्रम" जैसे शब्दों का इस्तेमाल कर सकते हैं, जो भौतिक सुदृढ़ता एवं कार्यक्रम के स्वास्थ्य जोखिम की क्रियाशीलता बताता है। श्रीलंका में इसे स्वयं 'सशक्तीकरण' तथा डोमिनियन रिपब्लीक में स्वयंचालित रोगलक्षण का नाम दिया गया है। या हम व्यापारिक अलंकरण का उपयोग कर सकते हैं लाभ एवं देयता का "स्टॉक जायजा' के रूप में। हम खेल अलंकरण का भी इस्तेमाल कर सकते हैं यथा अपनी खेल योजना के सुधार के लिये कल के खेल का "वीडियोटेप देखना" हम अपने को देखने के लिये आइना का उपयोग कर सकते हैं जैसा कि अन्य हमें देखते हैं। मूल्यांकन को हम एक सीख प्रक्रिया या प्रतिबिंब पुनर्नवीकरण, आकार एवं समारोह का विश्राम दिवस कह सकते हैं। भाषा के प्रति सचेत एवं सावधान रहकर जो मूल्यांकन के लिये व्यवहृत होता है, मूल्यांकन अनावश्यक अवरोध को कम कर सकता है उस प्रयास के लिये जो सकारात्मक समर्थन जुटा सकता है।

## मूल्यांकन के प्रति रहस्योद्घाटन

मूल्यांकन के कई रहस्यों ने प्राय: प्रसार प्रबंधकों को इन्हें उपयोगी मूल्यांकन में लगाने से निरुत्साहित किया है।

***रहस्य 1*–** मूल्यांकन तभी करें जब कहा जाये। कई कोषित कार्यक्रमों का मूल्यांकन उत्तरदायित्व के लिये आवश्यक है। फिर भी यह एक रहस्य है कि मूल्यांकन तभी होना चाहिये जब इसके लिये कहा जाये। इसके विपरीत मूल्यांकन के लिये जब स्वयं पहल की जाये तो इसे गंभीरता से लेकर कार्यक्रमों में तत्काल सुधार हो सकता है। स्वयं पहल के मूल्यांकन से कार्यक्रम उत्तरदायी तथा अत्युतम होते हैं।

***रहस्य 2*–** मूल्यांकन आगे जोड़ना है। यह एक रहस्य है कि मूल्यांकन एक जोड़ है कार्यों में या अधिकाधिक उत्तर जाँच के साथ एक पूर्व जाँच है। जब यह कार्यक्रम योजना तथा कार्य के प्रत्येक चरण से एकीकृत हो तो यह सर्वाधिक अर्थपूर्ण रहता है (पेटोन, 1991)।

***रहस्य 3*–** मूल्यांकन विशेषज्ञों का कार्य होता है। यह एक रहस्य है कि मूल्यांकन केवल तकनिकी के विशेषज्ञों द्वारा ही हो। सही है कि दूसरे तरीकों में ऐसा हो, पर क्रमबद्ध मूल्यांकन अनुभवहीन प्रबधकों तथा विशेषज्ञों एवं शिक्षकों के द्वारा किया जा सकता है अपने कार्य की सफलता में सहायता दी जा सकती है। यह अध्याय प्रबंधकों एवं विशेषज्ञों को स्वयं मूल्यांकन करने में सहायता देना चाहता है।

***रहस्य 4*–** बाहरी मूल्यांकन सर्वोत्तम होते हैं। यह भी एक रहस्य है कि मूल्यांकन, बाहरी मूल्यांकनकर्त्ताओं द्वारा हो। यह सच है कि बाहरी मूल्यांकन वहाँ उपयोगी होते हैं जब वे अन्तर्हित लोगों को उस पर ध्यान देने की चुनौती देते हैं जिसकी उन्होंने नजदीकी अल्पदृष्टि के कारण अनदेखी की है। वास्तव में, फिर भी उपयोगी होते हैं चूँकि ये आकड़ों की उत्पत्ति विश्लेषण तथा अर्थ करने में भागीदारी निभाते हैं, इसलिये इनके निष्कर्षों एवं अनुशंसाओं की ग्राह्यता अधिक होती है।

***रहस्य 5*–** एक सर्वोत्तम मूल्यांकन सिद्धांत अब भी यह रहस्य है कि प्रसार मूल्यांकन करने का एक सर्वोत्तम रास्ता है। कुछ विचार अन्य विचारों से बेहतर होते हैं क्योंकि वे एक खास तरह के प्रश्नों या चिंताओं को मानते हैं। फिर भी कई प्रकार के मूल्यांकन विचारों का अपनी शक्ति के साथ सीमाएँ भी हैं। कुछ अवस्थाओं की अवश्यकता मात्रात्मकता या माप है जबकि अन्यों के लिये गुणात्मक, वर्णनात्मक तथा विषयात्मक आंकड़े आवश्यक होते हैं इस अध्याय में आगे वैकल्पिक विचारों पर संक्षिप्त चर्चा की जायेगी।

***रहस्य 6*–** मात्रात्मक आंकड़े सर्वोत्तम हैं। एक मिश्रित विचार गुणात्मक तथा मात्रात्मक तरीकों को मिलाने से अवस्थाओं की बेहतर समझ तथा जानकारी हो सकती है तथा विभिन्न तरीकों से त्रिभुजनात्मक, अभिबिन्दुता तथा परिपुष्टि को प्राप्त किया जा सकता है। गुणात्मक तरीका सर्वोत्तम होता है किसी वस्तु की प्रकृति की समझ के लिये जबकि मात्रात्मक तरीके से इसके स्वर का पता लगा सकता है। अगर हम किसी वस्तु की प्रकृति नहीं जानते हैं तो हमें गुणात्मक तरीका इस्तेमाल करना चाहिये। किसी की माप हो जाने पर भी हमें गुणात्मक तरीके का इस्तेमाल अंतरों एवं एकरूपता जानने के लिये करना पड़ सकता है। मिश्रित तरीके के उपयोग से उपभोक्ताओं की उत्तरापेक्षिता मूल्यांकन सूचना के लिये बढ़ सकती है। (ग्रीन, कैरासेली एवं ग्राहम 1989) हमें यह पूछ लेना चाहिये कि कौन-सा

मिश्रित तरीका किस मूल्यांकन प्रश्न का सर्वोत्तम उत्तर है बजाय इसके कि हम एक तरीका अपना लें और फिर उस तरीके के अनुरूप अपने प्रश्नों को बदल लें।

## मूल्यांकन के प्रमुख तत्त्व

अधिकांश मूल्यांकन में पाँच प्रमुख तत्त्व होते हैं। (1) फोकस प्रश्न, (2) मूल्यांकित होने वाली लक्ष्य घटनायें, (3) आंकड़े एवं साक्ष्य, (4) फैसले के परिप्रेक्षित इस्तेमाल द्वारा विश्लेषण एवं अर्थ करना तथा (5) फैसला, समापन या निष्कर्ष। उद्देश्यों विचारों या नमूनों में अंतर हो सकता है, पर ये तत्त्व किसी न किसी रूप में उपस्थित रहेंगे।

## मूल्यांकन उद्देश्य का चयन : अस्पष्ट उद्देश्य से असंतोषजनक मूल्यांकन सुनिश्चित होता है

किसी खास अवस्था में मूल्यांकन करने के कई उद्देश्य रहते हैं। यह नहीं माना जा सकता कि सभी दावेदार (किसान, प्रसार कर्मचारी, प्रबंधक वित्त पोषक) का समान उद्देश्य रहता है। यद्यपि लोग उद्देश्यों के बारे में पूरी तरह सहमत कभी नहीं हो सकते, पर शुरू में ही एक कार्य होता है मूल्यांकन उद्देश्य की स्पष्टता जो प्रमुख दावेदारों की चर्चा द्वारा होना चाहिये। प्रारंभ में ही विभिन्न उद्देश्यों पर सहमति हो जाने पर आगे चलकर मतभेदों से निराशा नहीं होगी। निम्नलिखित उद्देश्यों पर विचार करें:

### मिथ्या स्वयंसेवी उद्देश्य

चूँकि प्रसार प्रक्रियाओं सहिती संगठनों, का अपना भला करने की प्रवृत्ति होती है, तो यह अतर्कसंगत भी नहीं लगता यह अनुमान करना कि कुछ कर्मचारी खासकर वे जो उद्देश्यों पर हैं, एक मिथ्या मूल्यांकन की इच्छा रखते हैं, जो इसे स्थगित रखने, समय बिताने या भयावह परिवर्तन को दूर रखने के लिये होता है। ऐसे मामलों में मूल्यांकनों को गंभीरता से नहीं लिया जाता है तथा मूल्यांकन एक अर्थहीन राजनैतिक हथकंडा होकर रह जाता है। अन्य मामलों में संगठन के कुछ सदस्य मूल्यांकन को प्रबंधकीय जिम्मेदारी को हटाने या आलोचना के लिये बलि का बकरा बनाने का बहाना ढूँढ़ लेते हैं। मूल्यांकन, जो कार्यक्रम को अच्छा दीखने (चूने लगाने का कार्य) या किसी को या कार्यक्रम के किसी पहलू को बुरा दिखाने के लिये किया जाये, वह मिथ्या एवं अवैध है।

### उत्तरदायित्व उद्देश्य को बढ़ावा

बाहरी दानकर्त्ताओं के लिये यह बिल्कुल सामान्य है कि वे यह उम्मीद करें कि मूल्यांकन से उत्तरदायित्व आयेगा। जो प्रभाव के साक्ष्य या लागत-लाभ के प्रपत्र या क्षमता-प्रभाव की माप द्वारा होगा। कुछ मामलों में, किसी कार्यक्रम को जारी रखने के निर्णय में इस मूल्यांकित साक्ष्यों पर विचार किया जाता है, या एक नीति बदलने, सांगठनिक ढाँचे सिद्धांत या डिजायन तय करने में भी। नकारात्मक निष्कर्ष की क्रियाशीलता एवं कोष रोक देने के भय के कारण 'भूलों को छिपाने' का एक अकार्यकारी तरीका अपनाया जाता है। फिर भी मूल्यांकन से बहुत कम राजनैतिक निर्णयों का कोई आधार प्राप्त होता है। इनका इस्तेमाल प्राय: वित्त पोषकों, प्रबंधकों या नीति निर्धारकों द्वारा अपने निर्णयों को सही साबित करने के लिये होता है, लाभ के साक्ष्य बहुत कमजोर होने पर भी।

### कार्य के उद्देश्य का सुधार

मूल्यांकन के इस तरीके को कभी-कभी प्रारंभिक भी कहा जाता है क्योंकि इसके नतीजों की नियत प्रारंभिक अवस्था में कार्यक्रमों में सुधार लाने की होती है। यह सारांशित मूल्यांकन के विपरीत होता है जब इसका उद्देश्य कार्यों को निश्चित समय में जोड़ने या सारांशित करने की होती है। जब मूल्यांकन को कार्यक्रम में सुधार करना होता है, तो प्राप्त कार्यक्रमों की अच्छाइयों या बुराइयों की जानकारी को आँकड़ों से मिलाया जाता है ताकि परिवर्तनों को तत्काल लागू किया जा सके। कभी-कभी नये विचारों या विकल्पों की खोज की नियत होती है या कार्यक्रमों को बदलती अवस्थाओं या ग्राहक समूहों के साथ समायोजित करने की रहती है। आसन्न असफलताओं के बहुसंख्यक कारणों को जानने के लिये भी मूल्यांकन का उपयोग होता है या प्रबंधन में सुधार या किसी कार्यान्वयन के कार्य में सुधार के लिये भी।

### सामाजिक सीख तथा संचार उद्देश्य

कभी-कभी राजनैतिक संवाद के प्रोत्साहन के नियत से भी या बुद्धिमतापूर्ण ढंग से राजनैतिक विवादों को हल करने पर भी मूल्यांकन किया जाता है। उदाहरण के लिये, किसी देश में प्रसार का मूल्यांकन एक अवसर प्रदान करता है कि छोटे पैमाने के कृषि कार्य में महिलाओं के बढ़ती संख्या के कारण अधिक महिलाकर्मियों की आवश्यकता

| | |
|---|---|
| बाहरी मूल्यांकन<br>बाहर कसौटी | आंतरिक मूल्यांकन<br>आंतरिक कसौटी |
| बाहरी मूल्यांकन<br>आंतरिक कसौटी | आंतरिक मूल्यांकन<br>बाहरी कसौटी |

**चित्र 1 : मूल्यांककों तथा कसौटियों का वैकल्पिक स्थान, प्रसार मूल्यांकन की योजना के लिये।**

पर बहस छिड़ सकता है या प्रसार कार्यों को छोटे किसानों तक ले जाने के लिये जो अब तक नहीं लिये जा सके हैं। बहुधा मूल्यांकन का सर्वाधिक महत्त्वपूर्ण योगदान होता है नई उम्मीदों का सृजन, नये सांगठनिक प्रबंध, नये संबंध तथा नये उद्देश्य तथा लक्ष्य बताना। मूल्यांकन से एक अच्छा विचार दृष्टिगत हो सकता है तथा एक नयी भाषा जो दूसरों तक प्रसार को नये प्रकार से संचारित करना है जो एक प्रयोग में भाग लेने की इच्छा रख सकते हैं।

मूल्यांकन उद्देश्यों में अंतर होता है जो इस बात पर निर्भर होता है कि प्रसार जैसी प्रक्रिया में हम कहाँ खड़े हैं। बाहरी कोषकों की इच्छा उत्तरदायित्व उद्देश्य की रहती है जबकि क्षेत्र-कर्मचारी के लिये कार्यक्रम सुधार का उद्देश्य अधिक अर्थपूर्ण होता है। नीति निर्धारकों तथा कार्यक्रम प्रबंधकों के लिये वह मूल्यांकन अच्छा होता है जो प्रसार के बारे में विचार के नये तरीके लायें या प्रसार के रूपों में भी। किसानों की इच्छा रहती है वैसा मूल्यांकन हो जो प्रसारकर्मियों से प्राप्त होने वाले लाभों में सुधार हो।

## मूल्यांकन की राजनीति की पहचान : दावेदारों को जानें या आप दुखी रहें

मूल्यांकन कभी भी निरपेक्ष नहीं रहते। राजनैतिक प्रभाव हमेशा है क्योंकि इसकी पक्ष में दावेदारों की रुचि रहती है। इस अर्थ में सभी मूल्यांकन राजनैतिक होते हैं। इसलिये प्रारंभ में ही दावेदारों के महत्त्वों, उम्मीदों तथा रुचियों को जानना महत्त्वपूर्ण होता है। इन रुचियों को समझने की असफलता से निष्कर्ष व्यर्थ हो जाते हैं या अनावश्यक विवादों का जन्म होकर निष्कर्ष अस्वीकृत हो जाते हैं। मूल्यांकन की रूपरेखा तथा महत्त्व जानने में रुचि की जानकारी सहायक है।

महत्त्व, उम्मीदें एवं रुचियाँ, दावेदारों की दृष्टि में प्रतिबिंबित होती हैं कि प्रसार में अच्छा क्या दीखता है। कुछ उस प्रसार पद्धति का पक्ष लेते हैं जिससे किसानों के सर्वाधिक गरीबों को बल मिलता है अधिक भूमि तथा बाजारी लाभ का अधिक भाग प्राप्त करने के संघर्ष के लिये बहुराष्ट्रीय कृषि-व्यापार की इच्छा निर्यात के लिये अधिक उत्पादकता प्रसार की सफलता है। इन विभिन्न मूल्यों एवं आधारों के अनुसार प्रसार पद्धति को कैसे 'अच्छा' या 'अत्युत्तम' दीखना चाहिये इसमें अंतर होता है। एक प्रसार पद्धति में वित्तपोषक जो चाहता है, वह विभिन्न किसानों के समूहों की इच्छा से भिन्न हो सकता है। बृहत सामाजिक तथा राजनैतिक संदर्भ में प्रसार शिक्षण के संबंध के प्रति दावेदारों का अनुमान निम्न हो सकता है। कुछ के लिये प्रसार प्रक्रिया का उद्देश्य किसानों तथा सरकार के बीच वर्तमान शक्ति संबंधों को पुनरुत्पादित करना होता है। अन्य के लिये यह एक उपकरण मात्र है उन संबंधों को रूपान्तरित करने का। कुछ और के लिये प्रसार मूल रूप में एक स्थानांतरण पद्धति है अनुसंधानकर्त्ताओं से किसान तक। फिर कुछ के लिये प्रसार किसानों, अनुसंधानियों, साख संस्थानों, बाजार संगठनों, उपभोक्ताओं तथा सरकारी नीति निर्धारकों के बीच एक संचार नेटवर्क होता है। ये उम्मीदों, मूल्यों तथा रुचियों को उन कसौटियों पर प्रतिबिंबित होना पड़ता है जिसे विभिन्न दावेदार केंद्रीय की तरह रखते हैं प्रसार की परीक्षा के लिये चाहे कार्यक्रम प्रपत्र में निर्धारित लक्ष्य कुछ भी रहें।

बाहरी बनाम आंतरिक मूल्यांकन के पीछे साधारणतः राजनैतिक रुचियाँ होती हैं। कुछ बाहरी दावेदार बाहरी मूल्यांककों का पक्ष लेते हैं क्योंकि वे परिवर्तन की दिशा तय करने के लिये मूल्यांकन चाहते हैं तथा उन्हें संदेह रहता है कि आंतरिक मूल्यांकन स्वयं रक्षित हैं तथा आवश्यक सुधार के सम्मुख जाना नहीं चाहेंगे। स्थानीय कार्यक्रम कर्मचारी कभी-कभी बाहरी मूल्यांककों से डरते हैं कि बाहरी मूल्यांकन को क्षेत्र की जानकारी नहीं होती पर वे उन कसौटियों को लादते हैं या बाहरी दृष्टि को मूल्यांकन निष्कर्षों के जरिये ले आना चाहते हैं। वे अतार्किक बाहरी कसौटियों पर मूल्यांकित होना नहीं चाहते। मूल्यांककों तथा कसौटियों से संबंधित चित्र का साँचा बाहरी एवं आंतरिक मूल्यांकन या 'अच्छा या 'अत्युत्तम' के फैसले के लिये बाहरी बनाम आंतरिक कसौटियों के विपरीत विचारों को

स्पष्ट करने का एक तरीका है। आंतरिक एवं बाह्य मूल्यांककों तथा आंतरिक एवं बाह्य कसौटियों के मिश्रण को लागू करना।

राजनीति शक्ति तथा शक्ति संबंधों के बारे में होता है। शिक्षा प्रसार शिक्षा सहित भी शक्ति के बारे में ही होता है क्योंकि ज्ञान में वृद्धि करना एक प्रकार से शक्ति में वृद्धि करना ही है। प्रसार इस अर्थ में राजनैतिक है कि या शिक्षा की वर्तमान पहुँच का पुनरुत्पादन कर सकता है या समाज में सुविधाओं या शक्तियों का पुर्नआबंटन कर सकता है ज्ञान वृद्धि की पहुँच से। संभवतः मूल्यांकन के लिये सर्वाधिक निर्णायक राजनैतिक प्रश्न है "प्रसार कार्यक्रमों से सर्वाधिक लाभ किसे प्राप्त होता है?" प्रश्न राजनैतिक है क्योंकि इसका उत्तर प्रायः वर्ग एवं आर्थिक विशेषाधिकार, नस्लीय या जातीय प्रमुखता तथा लिंग रुचि तथा संबंधों को परिलक्षित करता है जो कर्मचारियों तथा किसानों की आबादी के विभिन्न क्षेत्रों के बीच होता है। प्रसार पद्धति किस प्रकार कुछ को विशेषाधिकार देती है और कुछ को नहीं। देश के राजनैतिक, आर्थिक, सामाजिक एवं सांस्कृतिक ढाँचे के संबंधों में प्रसार कर्मचारी का क्या स्थान है? प्रसार उन संबंधों से कहाँ तक प्रभावित होता है जो सरकार का कृषि के विभिन्न क्षेत्रों से होता है। ये मूल्य, उम्मीदें तथा रुचियाँ मूल्यांकन के उद्देश्य, फोकस तथा डिजायन तथा निष्कर्षों के अर्थ पर चर्चा के लिये पृष्ठभूमि तैयार करते हैं।

## वैकल्पिक विचारों तथा नमूनों का चयन : किस उद्देश्य के लिये कैसा नमूना

कार्यक्रम मूल्यांकन के कौन-कौन से विकल्प हैं? इन विचारों के बीच चयन करना महत्त्वपूर्ण है क्योंकि प्रत्येक के लिये विभिन्न अनुमान होते हैं जैसे कौन-सा आँकड़ा एकत्र करें, इन्हें कैसे एकत्र करें तथा सफलता के बारे में कैसे फैसला करें। अधिकांश प्रसार मूल्यांकन अवस्थाओं के लिये निम्नलिखित सात प्रमुख विचार चयन के लिये यथेष्ट होंगे। जो निम्नलिखित हैं : (1) विशेषज्ञ नमूना, (2) लक्ष्य-मुक्त नमूना, (3) लक्ष्य प्राप्ति का नमूना, (4) प्रबंधन निर्णय नमूना, (5) प्राकृतिक नमूना, (6) प्रयोगात्मक नमूना तथा (7) भागीदारी मूल्यांकन नमूना।

## कार्यक्रम मूल्यांकन के प्रमुख नमूने

***विशेषज्ञ नमूनाः*** यह विचार विशेषज्ञ फैसले पर आधारित है (आइसनर, 1983) साधारणतः विशेषज्ञों के दौरे का पहले ही प्रपत्र तैयार कर लिया जाता है। इसके बाद विशेषज्ञ साक्षात्कार लेते हैं, प्रपत्रों का विश्लेषण करते हैं तथा अपने फैसले के परिप्रेक्ष्य में फैसला करते हैं या उन स्तरों पर जिसे बाहरी संगठन या दावेदार मानते हैं। प्रयोगात्मक तौर पर इस प्रकार के मूल्यांकन में खाद्य एवं कृषि संगठन से विशेषज्ञों के दल को बुलाया जाता है या अन्य देशों से प्रसार पद्धतियों के आधार पर फैसला लेने तथा इसकी शक्ति तथा सीमाओं की तुलना करने।

***लक्ष्य-मुक्त नमूनाः*** यह विचार मान लेता है कि बाहरी मूल्यांककों को इसकी जानकारी नहीं होती है या उन्हें जानने की जरूरत होती है कि कार्यक्रम क्या पूरा करना चाहता है, और मूल्यांककों का कार्य है यह बताना कि किसानों की रुचि से संबंधित वास्तविक घटनाओं को सामने लायें चाहे निर्धारित लक्ष्य या नियत कुछ भी रहें। प्रकाश बिंदु होता है वातावरणीय एवं खेती की अवस्थाओं की पहचान और तब इन आवश्यकताओं की तुलना उससे जो वास्तव में लोग अनुभव कर रहे हों जो प्रसार कार्यक्रम के नतीजे हैं। इनके बीच का अंतर ही कार्यक्रम में परिवर्तन लाने के लिये शुरुआती बिंदु बनता है। इसका उदाहरण है वह मूल्यांकन जो घरेलू खेती समूह की परिस्थितियों को बताता है जो पहाड़ी इलाके की कमजोर मिट्टी को जोते और फिर इसकी तुलना उस पहुँच से एवं उपयुक्त ज्ञान की सूची से करता है जो तत्कालीन प्रसार सेवाओं में होते हैं। यह विचार खुले रूप के साक्षात्कार पर काफी निर्भर रहता है तथा उन लोगों के निरीक्षण पर जिनका कार्यक्रम में कोई अन्तर्निहित स्वार्थ नहीं रहता है (सेरीवेन, 1972)

***लक्ष्य-प्राप्ति का नमूना :*** यह विचार बताता है कि किसी कार्यक्रम की सफलता का निर्धारण कार्यक्रम के नतीजों के द्वारा हो सकता है जो इसके स्वयं के लक्ष्यों एवं उद्देश्यों पर है। इस प्रकार के मूल्यांकन में शुरुआत मापनीय लक्ष्यों की स्पष्टता से की जाती है और इसके बाद आँकड़ा एकत्र कर उस सीमा का निर्धारण किया जाता है जहाँ तक लक्ष्य प्राप्त हो चुके हैं। इन नमूने की विश्वसनीयता के लिये एक अनिवार्य तत्त्व जोड़ना चाहिये और वह है

किसी अवस्था में लक्ष्यों एवं उद्देश्यों तथा किसानों की आवश्यकताओं का मूल्यांकन जैसे यह कि एक प्रसार पद्धति अपने लक्ष्यों को यथेष्ट पूर्त्ति कर ले सकती है कि मक्के का उत्पादन बड़े-बड़े भूपतियों के बीच पर इसके साथ ही इसने उस प्रश्न को अनदेखा कर दिया होगा, कि छोटे भूमिपतियों तथा काश्तकार किसानों के प्रति इसके संकल्प का अभाव है। अगर लक्ष्यों की प्राप्ति का मूल्यांकन अवधारित हे तो योजना लक्ष्य निर्धारण के प्रति संवेदी होती है तथा वे लक्ष्यों को काफी निम्न रखते हैं जिसका नतीजा आसानी से प्राप्त हो जाये और इस प्रकार सफल दीखते हैं जबकि प्रमुख चुनौतियों की अवहेलना करते हैं। इस नमूने का एक 'काला बक्सा' की सीमा बनती है इस प्रकार की यह प्रसार प्रक्रिया की अवहेलना करता है और इस प्रकार नतीजों की जिम्मेदारी लेने में असफल रहता है। (प्रोवस, 1971)

***प्रबंधन निर्णय नमूना :*** इस नमूने का उद्देश्य नीति-निर्धारकों को प्रबंधन उपकरण की तरह संगत सूचनाओं का प्रावधान करना है। इसकी धारणा होती है कि कार्यक्रम पहल के दौरान ही निर्णयों का मूल्यांकन होना चाहिये ताकि कार्यस्तर पर प्रत्येक खास चरण में नतीजों को अधिक उपयुक्त बनाया जाये। प्रक्रिया में दावेदारों की भागीदारी केंद्रीय है क्योंकि मूल्यांकन उनके निर्णयों की सेवा करेगा। कभी-कभी लागत प्रभावशीलता तथा कार्यों की देखरेख को भी शामिल किया जाता है (स्टफलबीम, 1971, त्रिपोदी, फेलीन तथा इप्सटीन 1971; गोल्ड, 1988) इस विचार की एक कमी है कि इसकी प्रवृत्ति अनुसार प्रमुख दावेदारों के निर्णयों को अधिक महत्त्वपूर्ण मान लिया जाता है विभिन्न प्रकार के किसानों की अपेक्षा खासकर कृषि में महिलाओं की जो प्रत्यक्ष रूप से लाभान्वित नहीं होते हैं इस प्रकार के मूल्यांकन से जब तक ध्यान नहीं रखा जाये।

***प्राकृतिक नमूना:*** यह मान लेता है कि कार्यक्रम एक प्राकृतिक प्रयोग है तथा मूल्यांकन का उद्देश्य यह जानना होता है कि कार्यक्रम अपने प्राकृतिक वातावरण में कैसे कार्यरत है। यहाँ एक अनुमान यह होता है कि कार्यक्रम की वास्तविकता पर प्रमुख दावेदारों की बीच बातचीत होती है तथा मूल्यांकन इस महत्त्वपूर्ण वार्तालाप का भी होता है। (क्रोनबेच, 1981, गुबा एंड लिंकन, 1989) बहुसंख्यक परिप्रेक्ष्यों से आँकड़ों को एकत्र किया जाना चाहिये। मूल्यांकन का नतीजा वह संवाद है जो लक्ष्यों पर असहमति, उम्मीदों, समस्याओं, अवसरों, नीतियों, प्रक्रियाओं, तथा तरीकों के परिवर्तन के सुझावों या कार्यकलापों से संबद्ध रहता है। कई सकारात्मक भागीदारी परिवर्तन इस नमूने द्वारा लाये जा सकते हैं अगर मतभेदों के प्रस्तावित ज्ञान को मूल्यांकन के साथ जोड़ दिया जाये। इस नमूने का एक अन्य उद्देश्य होता है कुछ निश्चित व्यवहारों का पता करना या पहचान कर लेना जो कुछ किसानों, संस्था कर्मियों या अन्य विकास घटकों में होता है। (मर्फी एंड मर्चेंट, 1988)

***प्रायोगिक नमूना:*** इसका उद्देश्य है यह निर्धारण करना कि क्या कार्यक्रम में परिवर्तन आना (कार्य संपन्नता जानना) कार्यक्रम के योगदान के कारण है केवल जीवन के अनुभवों से नहीं या किसी अन्य प्रभाव से भी नहीं (गोल्डस्नीन, 1986) यह नमूना प्रश्न पूछता है "क्या स्थायी कृषि के तरीकों को कार्यक्रम की देन समझा जा सकता है?" कार्यक्रम के साधनों तथा तुलनीय समूह के बीच कारण निर्धारण का एक आसान तरीका है एक समूह जिसके पास जिसके पास शिक्षा है तथा एक समूह जिसके पास शिक्षा की सुविधा नहीं है। इसका अर्थ है कि कार्यक्रम की सुगमता कम से कम प्रयोग के दौरान कार्यक्रम के प्रभावों को कम से कम दो से तुलना किया जाये उन शिशुओं से लेकर जो नियंत्रण समूह की तरह कार्य करते हैं। मानव की प्रकृति एवं बाहरी प्रभावों को नियंत्रित करने की कठिनाई के कारण यह बहुत कठिन एवं खर्चीला है इन नमूने को कार्यरूप देने में यह अनुशंसा की जाती है कि इस नमूने का उपयोग तभी किया जाये जब बड़े परिवर्तनों का अनुमान हो या एक बड़ी असफलता आसन्न हो प्रथम प्रयास में जहाँ बड़े कार्यक्रम विनियोजन में आकस्मिक दावा केंद्रिय हो जाता है। (रोसी एंड फ्रीमैन, 1982)

***भागीदारी मूल्यांकन नमूना:*** इस नमूने का उद्देश्य प्रसार शिक्षकों तथा किसानों के लिये ही होता है एक निर्णायक प्रतिबिंब प्रक्रिया की पहल से जो उनके स्वयं के कार्यों पर प्रकाश डालता है। इसे व्याप्त प्रमुख अवस्था की पहचान द्वारा किया जाता है जैसे प्रसार द्वारा कृषि में महिलाओं की अवहेलना, इसे निर्णायक प्रतिक्रिया में लें अंतर्भूत अनुमान करते हुए, मस्तिष्क की आदत तथा कारण एवं प्रभाव अनुमानों पर, और तब नये अनुमानों पर, और तब नये अनुमानों का सृजन कर तरीकों को बदलें तथा नतीजों को

| | |
|---|---|
| स्तर-5 | किसान प्रसार से मुक्त होकर अपने प्रसार संबंधी मूल्यांकन कर नीति निर्धारकों को निष्कर्षों की रिपोर्ट देते हैं। |
| स्तर-4 | किसान प्रसार का मूल्यांकन प्रसार प्रबंधकों के सहयोग से करते हैं तथा प्रसार सेवाओं के प्रावधान के लिये परिवर्तन लाते हैं। |
| स्तर-3 | किसान प्रसार कर्मचारियेां से मूल्यांकन के नतीजे एवं अन्य सूचनाएँ पाते हैं तथा उन्हें अपनी प्रतिक्रिया तथा प्रसार प्रक्रिया तथा स्रोतों में सुधार के लिये अनुशंसा देने को कहा जाता है। |
| स्तर-2 | किसान, प्रसारकर्मियों से सूचना, मूल्यांकन सारांश तथा प्रसार कार्य पर सूचना प्राप्त करते हैं, पर प्रतिक्रिया व्यक्त करने नहीं कहा जाता है। |
| स्तर-1 | किसान अपनी सफलता का सक्षमता तथा आँकड़े पेश करते हैं अपनी प्रतिक्रिया के साथ प्रसार के पास मूल्यांकन प्रयास की योजना में शामिल हुए बगैर। |

**चित्र 2 : प्रसार मूल्यांकन में किसान भागीदारी की सीढ़ी इसे एम्सटीन से लिया गया ( 1969 )।**

सही या गलत करार दें। नमूना यह मानकर चलता है कि यह एक जनतांत्रिक भागीदारी प्रक्रिया है स्वायत्तता के साथ शिक्षकों एवं सुशिक्षुओं के लिये स्थानीय स्तर पर। (बूनर एंड गुजमाप, 1989, ग्रीन, 1988) यह एक प्रकार का भागीदारी कार्य का अनुसंधान है।

## मूल्यांकन में भागीदारी के लाभ एवं हानि

मूल्यांकन में भागीदारी विचार का इस्तेमाल क्यों हो? उन लोगों को शामिल करना जिन्हें कुछ प्राप्त होना है यह सुनिश्चित करना है कि दुर्लभ स्रोतों का सर्वाधिक सक्षम उपयोग हो रहा है तथा जल्दी में ही यह पहचान कर लेना कि स्रोतों का अप्रभावी तथा निरर्थक इस्तेमाल हो रहा है। प्राप्त करने वाले लोग ही अंततोगत्वा इस प्रभाव के निर्णायक हो सकते हैं कि क्या लाभ का उत्पादन हुआ है अथवा नहीं। (उफोफ 1989, 1992) नियोजन, कार्यान्वयन तथा मूल्यांकन में शामिल होने से किसानों को पता चलेगा कि उन्हें जिम्मेदार, सक्षम व्यक्ति समझा जा रहा है और वे केवल निष्क्रिय 'लाभान्वित' या एक 'लक्ष्य-समूह' नहीं हैं। भागीदारी मूल्यांकन स्वयं-शिक्षण प्रक्रिया है। यह किसानों के बीच मानवीय क्षमताओं का विकास करता है। मूल्यांकन से भागीदारी मूल्यांकन पैतृक, दिग्दर्शित, अधैर्य, या कर्मचारियों, तकनीकविदों तथा किसानों के बीच असंवेदनशील भावनाओं को कम कर सकता है, कर्मचारियों की भावना में सुधार लाकर कि उन्हें उन लोगों के साथ काम करना है जिनकी शिक्षा तथा सामाजिक स्तर उनसे कम है। यद्यपि प्रारंभिक समय अधिक लगता है पर एक बार भागीदारों को प्रयासों के स्वामित्व का भाव समझ आ जाय तो फिर कार्यान्वयन में तेजी आ जाती है।

कभी-कभी किसानों में अनुभवों का अभाव भागीदारी मूल्यांकन के लिये रुकावट पैदा करता है पर इसे बाधा नहीं मानना चाहिये अगर प्रक्रिया सुनियोजित हो एवं विनियोजित रहे, जहाँ लोगों को अनुभव प्राप्त हो। (उफोफ, 1992 पेज 5) संगठनात्मक ज्ञान तथा स्रोतों की कमी को दूर किया जा सकता है। शक्ति की अंतरता, सामाजिक उलझनें तथा दरारें तथा व्यक्तिगत झगड़े आदि इसकी त्रुटियाँ हैं। फिर भी इन बाधाओं को बाहरी घटकों द्वारा कम किया जा सकता है जो उप-समूहों को लाकर उनके विचार जान सकते हैं विस्तृत सामुदायिक रुचियों के लिये। पदाधिकारी या गैर-सरकारी संगठन स्वयं भी सर्वाधिक प्रभावी बाधा ले आ सकते हैं जो उनकी पैत्रिकता तथा नियंत्रण के पूर्वभाव के कारण होगा। संगठन अपने वातावरण में वही पुनरावृत्ति पेश करते हैं भावों, मूल्यों एवं सामाजिक संबंधों को जो उनके अन्दर होता है। आंतरिक तौर पर भागीदारी मूल्यांकन को अपनाने से भागीदारी मूल्यांकन का वह नमूना आयेगा जिसमें किसान शामिल होंगे। कर्मचारियों की चिंता भागीदारी मूल्यांकन के सकारात्मक अनुभवों से दूर हो सकती है।

अपनी सीख में तथा प्रसार कार्यक्रमों के मूल्यांकन में किसानों की कितनी भागीदारी हो? कई प्रसार कार्यक्रमों में किसानों ने किसान संघों तथा समितियों द्वारा प्रसार मूल्यांकन में भागीदारी की है। फिर भी, आनेस्टीन (1969) ने जैसा अन्य उद्धृत लेख में बताया है भागीदारी की सीढ़ी के लिये संलग्नता तथा भागीदारी के विभिन्न स्तर हैं। उनके नमूने मे सीढ़ी के निचला डंडा नाममात्र की भागीदारी दिखाता है जबकि ऊपरी डंडा भागीदारी नियंत्रण की छूट देता है। चित्र 2 में किसानों की भागीदारी का स्तर बताने वाली

8 ***राष्ट्रीय प्रभाव :*** राजनैतिक स्थिरता, आर्थिक स्पष्टता, कृषि वातावरणीय प्राप्यता।

7 ***समुदाय परिवर्तन :*** न्याय प्रबंधन में परिवर्तन; स्वास्थ्य, कल्याण तथा जीवन की गुणवत्ता, बाजार स्थल पर स्पष्टता, मानवाधिकार में परिवर्तन, महिलाओं की सामाजिक स्थिति, गरीबों के आर्थिक तथा सामाजिक संकेतकों में परिवर्तन। कृषि के स्थायित्व एवं प्राकृतिक संसाधन प्रबंधक के संकेतकों में बदलाव, संचार पद्धति में परिवर्तन तथा शिक्षा एवं समाचार तक पहुँच, जनमत का परिवर्तन, भूमि तथा अन्य संसाधनों का उचित बँटवारा, अंतर्संगठन संबंधों में सुधार, मतभेदों का निपटारा तथा सांस्कृतिक तरीकों में परिवर्तन।

6 ***संगठन में परिवर्तन :*** समूह कार्य एवं प्रबंधन, आर्थिक कार्य, तकनीकी कार्य तथा प्रबंधन, वित्तीय कार्य, समूह संस्थानीकरण तथा स्वयं विश्वास, किसानों के नये समूह को शामिल करना, संगठन के नये संबंध; कर्मचारियों के कार्य में परिवर्तन नई सेवापूर्त्ति, नये तरीकों का इस्तेमाल, अतिरिक्त सुविधा तथा उपकरण, मूल लाभ में सुधार, नया दर्शन, उद्देश्य एवं लक्ष्य, संगठनात्मक संस्कृति में सुधार।

5 ***व्यक्तिगत परिवर्तन :*** ज्ञान, भावना, कौशल, प्राप्य कृषि व्यवहार में परिवर्तन; आशाओं, स्वयं-प्रतिभा, परिप्रेक्ष्यों, प्रयास एवं मुद्रा का खर्च; तरीकों का सेवाओं का उपयोग; उपयुक्त तकनीक का अनुसंधान; उत्पादन वृद्धि या उपकरणों का इस्तेमाल, जन-नीति की मान्यता या विरोध, संचार की पद्धतियाँ, जीवनीदिशा तथा पारिवारिक संबंध।

4 ***प्रतिक्रियाएँ :*** प्रमाण पत्र, तत्त्वों की उपयोगिता पर प्रतिक्रिया, तकनीक की उपयोगिता, सहायता, शैक्षणिक अनुभव का अनुमानित महत्त्व, प्रसार-संवाहकों की प्रतिष्ठा।

3 ***भागीदारी :*** प्रसार सेवाओं तक किसानों की पहुँच, सामाजिक वर्ग, लिंग, नस्लवादी समूहों द्वारा, आमने-सामने संपर्क की गहनता, मीडिया सहयोजित संपर्क का क्षेत्र, भागीदारी के प्रकार (स्वयंसेविता, नियोजन, भर्ती, सीख, प्रयोग, मूल्यांकन)। संकल्प के संकेतक (उपस्थित, निरंतरता, अविरामता)।

2 ***कार्यकलाप :*** भागीदारी ग्रामीण स्तरीकरण, स्थानीय ज्ञान प्रपत्रीकरण, किसानों का प्रयोग, किसानों से किसानों के बीच ज्ञान बाँटना, खेती का दौरा, किसानों का संगठन, मास्टर किसान नेतृत्व प्रशिक्षण, खेती का प्रदर्शन एवं मेले, आवासीय कार्यशाला, बाजार विश्लेषण, खेती नीति शिक्षण।

1 ***साधन-स्रोत :*** संगठनात्मक प्रायोजन तथा नेटवर्क, कोष, संगठन की रूपरेखा, उपकरण, दर्शन, सेवा, लक्ष्य, उद्देश्य कर्मचारी, स्रोत के लोग, स्वयंसेवी, स्थानी य एवं बाह्य अनुसंधान ज्ञान एवं संगतता; सांस्कृतिक, आर्थिक एवं राजनैतिक संदर्भ।

**चित्र 3 : मूल्यांकन कार्यक्रम पर ध्यान केंद्रीत।**

आर्मस्टीन की सीढ़ी को दिखाया गया है। स्तर 5 के जरिये स्तर 3 को अपनाने से आँकड़ों की प्रामणिकता बढ़ेगी, संबंधों में पैतृकता कम होगी, संगतता आश्वस्त होगी तथा सकारात्मक परिवर्तन के लिये संयुक्त संकल्प संभव होगा।

स्तर 1 एवं 2 को मिथ्या भागीदारी की संज्ञा दी जा सकती है क्योंकि ये प्रसार के लिये पैतृकता का प्रतिनिधित्व करते हैं। स्तर 3 एवं ऊपर के स्तर को सही भागीदारी माना जा सकता है क्योंकि वे भागीदारी या संबंधों के सशक्तीकरण का प्रतिनिधित्व करते हैं। किसानों की प्रकृति अपने कार्यों कर अनौपचारिक मूल्यांकन करने की होती है। मुद्दा है वह अंश जो जहाँ तक प्रसार प्रबंधक अपनी सफलता के साक्ष्य, विश्लेषण एवं आँकड़ों के संग्रह के लिये तथा फैसले के लिये घटनाओं, तकनीकों, साधनों, प्रक्रियाओं एवं सीखने के अनुभवों की सहायता में जानबूझकर उनके नियंत्रण बाँटेंगे।

## मूल्यांकन प्रभाव को उजागर करना : आप सब कुछ का मूल्यांकन नहीं कर सकते, इसलिये हम सीमाओं का निर्धारण करें

कार्यक्रम मूल्यांकन का फोकस क्या होना चाहिये? यह प्रश्न सभी के मूल्यांकन का अतीत खड़ा करता है जो असंभव है। कई संभावित प्रश्नों में से चयन एवं प्राथमिकता तय करनी होती है। चित्र 3 में दिखाये गये स्तरों द्वारा कम से कम अंश में ही संभव विचारों को दर्शाया जा सकता है, (समर से सुधारा हुआ) जो फोकस के 8 क्षेत्रों को दिखाता है कार्यक्रम मूल्यांकन के लिये जो निम्नलिखित हैं: (1) साधन, (2) कार्यकलाप, (3) भागीदारी, (4) प्रतिक्रियाएँ, (5) व्यक्तिगत परिवर्तन, (6) सांगठनिक परिविर्तन, (7) सामुदाय-परिवर्तन तथा (8) राष्ट्रीय परिवर्तन। मूल्यांकक इस क्षेत्रों के सभी मसलों को नहीं लेते हैं। अधिकांश अपने

आपको सीमित रखते हैं मुद्दों के समिश्रण तक जो मूल्यांकन नमूने की सहायता करें या दावेदारों की चिंता से संबद्ध हों।

एक कार्यक्रम प्रयास में प्रमुख दावेदारों के साथ योजना के दौरान ही फोकस कम करने का सिलसिला शुरू हो जाता है (किसानों, प्रसार कर्मचारियों, प्रबंधकों एवं कोषकों) मूल्यांकन प्रयास के प्रारंभ में ही इन दावेदारों से साक्षात्कार कर लिया जाता है, बहुधा कार्यक्रम योजना प्रक्रिया दौरान कार्यक्रम नमूने या विचार की पहचान करने तथा केंद्रीय प्रश्नों का निर्धारण करने। प्राय: दावेदारों में सहमति नहीं होती, इसलिये प्राथमिकताओं, तरीकों, लागतों पर चर्चा कर लेना चाहिये ताकि कार्य 'वास्तविकता-आधारित' तथा 'करणीय' हो। यहाँ मुख्य बात है उन निर्णयों का निर्धारण जो दावेदार मूल्यांकन आधारित निष्कर्षों को बताना चाहते हैं ताकि प्राप्त सूचनाओं का तत्काल इस्तेमाल हो सके। मूल्यांकन का उपयोग आँकड़ों की मात्रा पर आधारित नहीं होता है पर इसकी समयबद्धता एवं निर्णय तथा उद्देश्य की उपयोगिता है।

उल्लिखित सात मूल्यांकन नमूने विभिन्न स्तरों पर प्रकाश डालते हैं जो चित्र 3 में दिखाये गये हैं। जैसे विशेषज्ञ नमूना बहुधा उन आँकड़ों पर प्रकाश डालते हैं, जो साधनों, कार्यकलापों एवं भागीदारी से संबद्ध हैं जबकि लक्ष्यमुक्त नमूना व्यक्तिगत परिवर्तन है संगठन परिवर्तन या समुदाय परिवर्तन पर प्रकाश डालता है साधनों तथा कार्यकलापों को छोड़कर। लक्ष्यात्मक प्राप्ति नमूना साधारणत: दर्शन लक्ष्य, तथा साधनों का उद्देश्य की तुलना व्यक्तिगत या सांगठनिक परिवर्तनों के फलाफलों से करता है। प्राकृतिक नमूना कार्यकलापों, भागीदारी तथा प्रक्रिया की प्रतिक्रिया की समझ पर जोर देता है जो सांस्कृतिक आर्थिक एवं राजनैतिक संदर्भों में होते हैं। प्रायोगिक नमूना व्यक्ति तथा साधन के बीच कारणात्मक संबंधों पर जोर देता है। भागीदारी मूल्यांकन नमूना कार्यों तथा उने संबंधों पर जोर देता है जो किसानों के मूल्यों तथा लाभों से जुड़े होते हैं। यह स्वयं किसानों के मूल्यों तथा लाभों से जुड़े होते हैं। यह स्वयं किसानों की भागीदारी पर जोर देता है फोकस, आँकड़ा संग्रह, अर्थ तथा कार्य का कार्यान्वियन की योजना में जो मूल्यांकन प्रक्रिया से उद्‌भूत होते हैं।

## कार्यक्रम मूल्यांकन के तरीकों का चयन : कार्य के लिये सही उपकरण का चयन

इस कार्य के लिये कौन-सा तरीका सही है? यहाँ मूल नियम है कि तरीकों का चयन, फोकस के चयन के बाद होता है और किसी क्रम में नहीं। प्रत्येक मूल्यांकन प्रश्न की जाँच अवश्य होनी चाहिये उस संबंध में कि इसके उत्तर के लिये महत्त्वपूर्ण साक्ष्य क्या होगा। विविध अवस्थाओं के लिये निम्नलिखित संक्षिप्त आँकड़ा संग्रह तरीकों का वर्णन; यद्यपि विस्तृत नहीं, का उपयोग उपकरण थैले की तरह हो सकता है। सूची में शामिल हैं प्रपत्र विश्लेषण, निरीक्षण, साक्षात्कार, सर्वेक्षण नाभिकेंद्र समूह समिति, क्षेत्र-दौरा, मसला अध्ययन तथा पर्यटन, किसानों द्वारा प्रपत्रों का क्षेत्र-जाँच, एकांत संवेदन एवं हवाई-चित्र।

***प्रपत्र विश्लेषण:*** इसके उदाहरण में शामिल हैं बैठकों की कार्यवाही, पत्राचार, बजट, रिकार्ड, कार्यशाला नोट, भागीदारों के पत्र, समाचार पत्रों का रिपोर्ट आदि। इन्हें आँकड़े की तरह माना जा सकता है, तत्त्वों का विश्लेषण होता है, तथा प्रश्नों के संबंध में सारांशित किया जाता है तथा इसमें शामिल रहते हैं कार्यक्रम के साधनों की सीमा, भागीदारी का स्तर, लक्ष्यों एवं कार्यों की प्रकृति तथा समस्याओं, चिंताओं, उम्मीदों तथा नयी दिशा के प्रकरण। प्रपत्रों के प्रकरण एक विश्वस्त सूचना के स्रोत हो सकते हैं। ये प्रपत्र सामान्यत: भागीदारों की प्रेरणाओं या विषयात्मक अनुभवों का खुलासा नहीं करते। फिर भी प्रपत्र से प्राय: कार्यक्रम प्रक्रिया की कठिनाइयों का खुलासा करते हैं।

***निरीक्षण:*** निरीक्षक या पर्यवेक्षक बाहरी या वह व्यक्ति हो सकता है जो सीख-कार्यों से संबद्ध हो। इन्हें मदों की एक छोटी सूची दी जाती है जिसमें शामिल रहते हैं भागीदारी का विस्तार तथा व्यक्तिगत परस्पर-क्रिया, रुचियों के गैर-मौखिक संकेतक, नेतृत्व की भूमिका कार्यों का स्तर तथा विवाद संकेतक आदि। गुणात्मक तथा मात्रात्मक दोनों प्रकार के आँकड़े संग्रहित होते हैं।

निष्कर्ष की जानकारी किसानों को दी जा सकती है उनकी प्रतिक्रियात्मक प्रक्रिया के लिये कि क्या परिवर्तित करने की आवश्यकता है या उनका इस्तेमाल सफल तरीकों या शिक्षा के नतीजों के साक्ष्य के रूप में किया जा सकता है। (वर्डेन एवं न्यूमापर, 1987) प्रक्रियाओं का निरीक्षण एवं नतीजों को वीडियो या फोटो प्रपत्रों में लिया जा सकता है। प्रायोजकों या सुशिक्षुओं के सामने कार्यक्रम की प्रकृति तथा नतीजों को ग्राम के सहारे प्रस्तुत करने में ये आँकड़े बड़े शक्तिशाली साधन होते हैं। किसानों के स्थानीय ज्ञान के भी वीडियो तैयार किए जा सकते हैं जो ज्ञान के लाभ तथा ज्ञानि को प्रतिबिंबित करते हैं।

***साक्षात्कार*** (प्रमुख सूचनाकर्त्ता, मौखिक इतिहास, कहानी वाचन) : कार्यक्रम मूल्यांकन में संभवत: साक्षात्कार का व्यापक इस्तेमाल होता है शिक्षा का मूल्यांकन सहित। मुद्दों के गंभीर जानकारी के लिये प्रमुख सूचनाकर्त्ताओं तथा किसानों के प्रतिनिधियों का साक्षात्कार बहुत उपयुक्त होते हैं। अगर प्रश्न स्तरीय हों तो मद की शक्ति बताने के लिये उत्तरों को संख्या क्रम में रखा जा सकता है। अगर प्रश्न खुलेपन के साथ है तो गंभीर, अलौकिक उत्तर प्राप्त किये जा सकते हैं जो बदले में कारणों की सूचना दे सकते हैं क्योंकि विविध भागीदारों द्वारा कार्यों को भिन्न रूपों में देखा जाता है। व्यक्तिगत मौखिक इतिहास से तरीकों को प्रक्रिया तथा प्रसार स्रोतों का उपयोग जाना जा सकता है। मानव के सामाजिक जीवन के रूप का सबसे पुराना तरीका है कथा-कहानी। मूल्यांकित नतीजे प्राय: भंडारों में बंद रहते हैं। प्रसार की पूर्ण दर्शन के लिये, साक्षात्कार मौखिक इतिहास तथा कथा-कहानी-किसानों के साथ, जिनकी सेवा नहीं होती है, अनिवार्य होते हैं। समुदाय के निरक्षर सदस्य, साक्षात्कार, मौखिक इतिहास तथा कथा कहानी में खुलकर हिस्सा ले सकते हैं और यह प्रदर्शित करता है कि निरक्षरता भागीदारी मूल्यांकन को दर किनार नहीं करती।

विशिष्ट मूल्यांकन प्रश्नों की चर्चा के लिये समूह साक्षात्कार की रचना की जा सकती है (केंद्र बिंदु समूह) भौगोलिक स्थिति के अनुसार या खेती के प्रकारों द्वारा। कभी-कभी समूह उपस्थित रहते हैं। अन्य समय मूल्यांकन के लिये नये समूह निर्मित हो सकते हैं। इसका उद्देश्य सहमति के आधार पर नतीजों तक पहुँचना ही नहीं होता है। वरन्, गैर-अनुमानित नतीजों का पर्दाफाश करना है। ग्राह्यता, अवसरों एवं समस्याओं की सूचना भविष्य के प्रसार प्रयासों तक पहुँचाना भी होता है। एक समुदाय अपने इतिहास, घटनाओं का काल-निर्णयों संकटों, महत्त्वपूर्ण बिंदुओं, कार्यों एवं आदि का पुनर्निर्माण कर सकता है। झील के पत्थरों, निर्णयों को जताने के लिये चाल्कबोर्ड, छवियों या रेखाचित्रों का सहारा लिया जा सकता है। समूह-साक्षात्कार आयोजित करने की कला सीखी जा सकती है। कई समुदाय सदस्यों की यह क्षमता होती है और प्रमाणित प्रतिक्रिया जाग्रत करने में वे संस्थाकर्मियों से अधिक कारगार हो सकते हैं। उप-समूह प्राय: आवश्यक होते हैं उनकी आवाज सुनने के लिये जिन्हें उन समूहों में नहीं सुना जा सकता है जिसमें बड़े लोगों की प्रधानता रहती है।

***सर्वेक्षण:*** आँकड़ों के संग्रह के लिये सर्वेक्षण एक अधिक स्तरीय तरीका है जो एक निर्मित प्रश्नावली को निगमित करता है। विश्व के अधिकांश भागों में ग्रामीण क्षेत्रों में किसानों का सर्वेक्षण साक्षात्कार के द्वारा होता है, जिसे वे साक्षात्कारकर्त्ता अंजाम देते हैं जो क्रियाशील उत्तरापेक्षियों के क्षेत्र, भाषा तथा संस्कृति की जानकारी रखते हैं। कभी-कभी सर्वेक्षण बैठकों या सभाओं में भी किये जाते हैं। फिर भी ऐसे उत्तरों को 'अवसर-नमूना' मानना चाहिये 'अनियमित नमूने' की बजाय तथा इसीलिये निष्कर्षों को बड़ी जनसंख्या के लिये सामान्य नहीं माना जा सकता। सर्वेक्षणों का इस्तेमाल प्राय: व्यवहारों की सीमा जानने, फसलों के उत्पादन का अनुमान करने। उपयुक्त तकनीक की प्राथमिकता तय करने, भविष्य की संभावनाएँ जानने के लिये होता है। समानरूपी जनसंख्या पर इसका सर्वोत्तम इस्तेमाल हो सकता है बिल्कुल भिन्न जनसंख्या की बजाय क्योंकि स्तरीय प्रश्नावली विविधता के प्रति संवेदनशील नहीं होते। अलौकिक तरीकों का मूल्यांकन तथा विभिन्न प्रकार के किसानों को सर्वोत्तम तरीकों से साक्षात्कार एवं निरीक्षण द्वारा अपनाया जा सकता है।

***क्षेत्र का दौरा एवं पर्यटन :*** प्रामाणिकता तथा अवस्थाओं की वास्तविकता, सीमाएँ तथा प्रसार कार्यक्रमों के प्रभाव जानने के लिये क्षेत्र के दौरे तथा पर्यटन का कोई विकल्प नहीं है। विभिन्न परिप्रेक्ष्यों के लिये, स्थानीय किसानों, प्रसारकर्मियों, प्रंबधकों, कोषकों तथा बाहरी-मूल्यांककों से युक्त मूल्यांकन दल संतुलन तथा परस्पर क्रियात्मक सीख का प्रावधान करता है। यात्रा के दौरान दल के सदस्य निरीक्षण तथा साक्षात्कार द्वारा एवं एक-दुसरे से जानकारी प्राप्त कर सकते हैं अपने निष्कर्षों के बारे में। कार्यभार का आबंटन किया जा सकता है ताकि अवस्थाओं के विशिष्ट पहलुओं के लिये विशेष ज्ञान संग्रह किया जा सके। दल के कुछ सदस्य आर्थिक, सामाजिक तथा सांस्कृतिक पहलुओं को उजागर कर सकते हैं जबकि अन्य तकनिकी पहलुओं पर ध्यान रख सकते हैं। निष्कर्षों के आँकड़ों, विश्लेषण एवं प्रतिक्रिया तथा अंतर्दृष्टि की तुलना दौरे के बाद करने से एक अधिक अर्थपूर्ण, संतुलित मूल्यांकन हो सकता है।

***किसानों के प्रदर्शनों का प्रपत्रीकरण:*** खेतों के दौरे, जो बराबर प्रसार कर्मचारियों द्वारा होते रहते हैं शिक्षण तथा तकनीक स्थानांतरण के लिये, उन्हें उपयुक्त तकनीक के

लिये इस्तेमाल किया जा सकता है। किसानों तथा स्थानीय लोगों को अपने क्षेत्र में जाँच करना सिखाया जा सकता है और इस प्रकार स्थानीय लोगों में गर्व तथा सम्मान का भाव जागृत होने से वे स्थानीय भाषा द्वारा उपयुक्त तकनीक का स्थानांतरण कर सकते हैं। जब किसान जाँच पर अपने ध्यान लगाते हैं, अपने आँकड़ों का संग्रह तथा विश्लेषण करते हैं तथा अपने मूल्यांकित फैसलों तक पहुँचते हैं इसकी अधिक संभावना होती है कि वे उपयुक्त एवं प्रभावी तकनिकों को अपना लें और आगे स्तरीकृत साधन का विकास है जिसे किसान स्थल विशेष प्रयोगात्मक प्रपत्रीकरण में लगाते हैं तथा साधारण गणक द्वारा फसलों की पैदावारों की तुलना की रिपोर्ट देते हैं।

***ग्रामीण नाटक तथा भूमिका मंचन:*** किसानों से किसान संघों की बैठकों या ग्राम सभाओं में यह कहना कि वे नाटक या भूमिका मंचन का सृजन करें जिसमें प्रसारकर्मियों का ग्रामीणों के साथ किसी विशेष प्रक्रिया परस्पर क्रिया का वर्णन हो, तो इससे सामाजिक संबंधों, प्रसार ज्ञान का स्थानीय ज्ञान के लिये संगति तथा ऐतिहासिक घटनाओं जिससे किसानों की समस्याओं का निदान प्रभावित हुआ हो आदि के लिये विविध मूल्यांकित आँकड़ों का खुलासा होगा।

***नक्शे:*** नक्शे की मदद से तह आधार प्राप्त हो सकता है जिससे प्रसार स्रोतों के बारे में निर्णय किया जाये नक्शे में यह दिखाकर कि किसानों से कहाँ-कहाँ संपर्क हुआ है। स्थायी कृषि तरीकों के स्थान को भी नक्शे में दिखाया जा सकता है। इन तथ्यों से क्षेत्र के व्यवहारों, जलाशयों या भौगोलिक क्षेत्र के लिये प्रसार प्रयासों के प्रभाव एवं क्षेत्र का मूल्यांकन हो सकता है। ऐसी पहुँच के नक्शों में जब सामाजिक स्तर भी हों तो सामाजिक वर्ग के लाभ के बारे में फैसला किया जा सकता है। किसानों तथा प्रसार कर्मचारियों के बीच मिल-जुलकर निर्मित संदर्भ नक्शे से किसी विशिष्ट कार्याक्रम प्रयासों की सफलता या असफलता की जानकारी मिल सकती है। चॉल्क बोर्ड या बालू पर खींचे इन नक्शों से निहित अनुमानों तथा उम्मीदों में मतांतरों का खुलासा हो सकता है जिससे नये प्रयोगों का जन्म हो सकता है।

फोटोग्राफी एवं एकांत संवेदनीय छवियों के पहल और बाद की स्थिति दिखाने वाले नक्शों को मूल्यांकित चर्चा का आधार बनाया जा सकता है जो किसानों तथा प्रसारकर्मियों के तरीकों के स्थायित्व से संबंधित होते हैं। खासकर यह निर्जनता, उजाड़, मिट्टी-क्षय, तथा दलदली भूमि का स्तर एवं वन्य जीवन के लिये संगत हैं। इन आँकड़ों से वातावरण के लिये प्रसार कार्यों तक प्रत्यक्षतः पहुँचा जा सकता है जिस पर सर्वाधिक खतरा है साथ ही स्थायी कृषि एवं प्राकृतिक संसाधनों के तरीकों पर किसानों के साथ हुए कार्यों पर प्रसार के सकारात्मक प्रभावों से संबंधित साक्ष्य भी प्राप्त हो सकते हैं।

***मामले का अध्ययन:*** किसानों तथा क्रियाशील प्रसार संपर्कों को समझने के लिये विशिष्ट प्रकार के किसानों या खेती के तरीकों के मामले का अध्ययन करने का तरीका अपनाया जा सकता है। प्रसार तकनीक का उपयोग करने वाले किसानों तथा इसे इस्तेमाल नहीं करने वाले किसानों के बीच तुलना मामले के अध्ययन का एक सामान्य पहलू होता है। इनके प्रकार का सिलसिला भौगोलिक स्थिति पर, मिट्टी के प्रकार पर, एवं संस्कृति, उम्र, लिंग तथा आर्थिक अंतर पर आधारित हो सकता है। बार-बार दुहराये साक्षात्कार से मामलों के अध्ययन का सर्वोत्तम निर्माण होता है और इसमें शामिल रहते हैं स्वयं रिपोर्ट के अलावा उन व्यक्तियों से आँकड़ा संग्रह जो विषय अच्छी तरह जानते हैं। मौखिक इतिहास, रोजनामचे तथा जरनलों भी अध्ययन में योगदान कर सकते हैं अगर किसान इन अध्ययनों में भागीदार हो। मूल्यांककों को स्रोतों के निजत्व तथा गोपनीयता की गारंटी देनी चाहिये। मामले के अध्ययन भागीदारी की बाधाओं का खुलासा करते हैं तथा उन तरीकों का भी जिन बाधाओं पर भागीदारों ने विजय हासिल किया हो तथा प्रसार संपर्क द्वारा तरीकों का भी।

## शिक्षण एवं सीख के मूल्यांकन के लिये तरीकों का चयन : हम कैसे जानते हैं कि सीख हुई है?

### सीखने वालों का परिप्रेक्ष्य

बृहत पैमाने पर कार्यक्रम मूल्यांकन के तरीकों पर हम संक्षिप्त विचार कर चुके हैं। अब हमें बृहत पैमाने पर सीख के मूल्यांकन पर विचार करना चाहिये, दो सर्वाधिक महत्त्वपूर्ण दावेदारों के परिप्रेक्ष्य में, प्रसार, शिक्षक तथा किसान या कार्यक्रम स्वयंसेवकों के विशिष्ट शैक्षणिक घटनाओं में सीखने वाले की तरह। जब सीख का मूल्यांकन

होता है तो कई प्रश्नों का उत्तर देना होता है। वास्तव में इसका केन्द्र होता है सीख प्रक्रिया के प्रति इनका क्या अनुभव होता है तथा वास्तव में वे क्या सीखते हैं (नतीजा) अपने ज्ञान, भावनाओं, कौशलों तथा उम्मीदों के लिये तथा उनके व्यवहार का परिवर्तन मूल्यांकन, प्रसार शिक्षकों को सीखने वालों की तरह, तथा विषयों, प्रक्रियाओं तथा स्रोतों पर भी प्रकाश डालता है जिनका इस्तेमाल होता है। चूँकि सीख हमेशा ही एक सामाजिक घटना है, मूल्यांकन सामाजिक वातावरण, सांगठनिक संदर्भ तथा भाषा, संस्कृति एवं कभी-कभी सीख के प्रति जननीति को भी उजागर कर सकता है। ऐसे अधीनस्थ सांस्कृतिक अनुमान प्रायः सीख में अवरोध की व्याख्या करते हैं साथ ही वह तरीका भी बताते हैं जो सीख उपस्थित नस्लीय, लिंग तथा आर्थिक संबंधों का पुनर्निर्माण करता है या इन संबंधों को चुनौती देता है। सभी मूल्यांकनों में ये सभी प्रश्न शामिल नहीं रहते हैं। शिक्षक प्रायः उन्हीं प्रश्नों को लेते हैं जो उनके परिदृश्य से संबद्ध हों। बहुधा वयस्क सुशिक्षु, उनकी सीख में सामाजिक रूप से निर्मित बाधाओं पर विजय प्राप्त करने के लिये अपने भूत एवं वर्तमान सीख के संदर्भ में आलोचनात्मक प्रतिक्रिया व्यक्त करने को उत्सुक रहते हैं।

जब किसान अपनी सीख के मूल्यांकन पर विचार करते हैं तो वे अपने आप से प्रश्नों के विस्तृत क्षेत्र से प्रश्न कर सकते हैं। उदाहरण के लिये सुशिक्षु की तरह क्या उन्होंने (वे)

- ज्ञान या समस्या-निदान का कौशल प्राप्त किया है जो उनके लिये उपयोगी हैं?
- भविष्य के प्रति अपनी आशाओं तथा उम्मीदों को वृद्धि कर पाये हैं?
- यह सीखा है कि किस प्रकार और अच्छी तरह सीखे या अधिक ज्ञान प्राप्त किया है?
- अपने अनुमानों, दिमागी आदतों, प्राथमिकताओं का परिवर्तन किया है?
- नेतृत्व ग्रहण करने तथा अपने विचारों को प्रस्तुत करने का विश्वास अर्जित किया है?
- प्रयोग के प्रति या प्रत्यक्ष कार्रवाई करने के प्रति अपने संकल्प को बढ़ाया है?

**प्रसार शिक्षकों का परिप्रेक्ष्य**

जब प्रसार शिक्षक सीख के मूल्यांकन पर विचार करते हैं, तो सामान्यतः वे यह जानना चाहते हैं कि सुशिक्षुओं ने सीख प्रक्रिया को कैसे लिया है, खासकर वे शिक्षक की तरह किस प्रकार सीख प्रक्रिया में सहायक हुए हैं। शिक्षक स्वयं पूछते हैं या सुशिक्षुओं से यह संकेत देने को कहते हैं कि क्या किया है,

- उम्मीदों एवं उद्देश्यों पर बातचीत की है?
- विविध उपयोगी तरीकों तथा वस्तुओं की पहचान करायी है?
- विचारों तथा व्यवहारों को साबित करने के लिये उदाहरणों के उपयोग को प्रोत्साहित किया है?
- उपस्थित वस्तुओं को सारांशित किया है?
- सिद्धांत को व्यवहार से संबद्ध किया है?
- सुशिक्षुओं के प्रति मानवीय चिंता दिखायी है?
- चर्चा एवं सुशिक्षुओं की परस्पर क्रिया को बढ़ावा दिया है?
- खामोश सुशिक्षुओं को भाग लेने को प्रोत्साहित किया है?
- बोधनीय शब्दों का इस्तेमाल किया है?
- जातीय, नस्लीय एवं लिंग भेदों के प्रति तथा सीख में इनके अलौकिक योगदान के प्रति आदरभाव दिखाया है?
- सीख की कमियों तथा अक्षमताओं पर ध्यान दिया है?
- सुशिक्षुओं को आलोचनात्मक प्रतिक्रिया में सहायता की है कि वे कैसे सीखते हैं?
- सुशिक्षुओं के स्थानीय ज्ञान पर ध्यान दिया है तथा इसका इस्तेमाल किया है?
- सीख-प्रक्रिया में सुशिक्षुओं को एक-दूसरे से सीखने में सहायता की है?
- सुशिक्षुओं को शिक्षकों के बर्ताव पर प्रतिक्रिया व्यक्त करने के लिये कहने से उनके स्वयं की सीख के महत्त्वपूर्ण प्रतिक्रिया को प्रोत्साहन मिलता है।

इन सभी प्रश्नों को सूचीबद्ध करने का उद्देश्य, सुशिक्षुओं तथा शिक्षकों, दोनों के परिप्रेक्ष्य में यह नहीं है कि एक ही उन सभी प्रश्नों को पूछे, बल्कि उस चर्चा को आगे बढ़ाना है जो विशेष मूल्यांकन प्रयास के लिये अनिवार्य तत्त्व हैं। इसके लिये जिन तरीकों का उपयोग होता है उन्हें संबंधों द्वारा सीख के प्रमाण एकत्र करने में इस्तेमाल हो सकता है।

***स्थानीय एवं बाहरी ज्ञान का प्रपत्रीकरण:*** वयस्क शिक्षा का एक मूल सिद्धांत है कि सीख पूर्वज्ञान से प्रारंभ होना चाहिये हम कैसे यह जान सकते हैं कि क्या सीखा गया अगर शिक्षकों को यह नहीं मालूम कि भागीदार पहले से क्या जानते हैं। सदियों से किसानों ने अपने घरेलू या स्थानीय ज्ञान को आगे बढ़ाया है। प्रसार शिक्षक किसानों को सहायता दे सकते हैं इसके ज्ञान को लिखित, फोटो के रूप में श्रव्य-दृश्य रूपों में व्यक्त करने में। यह अनिवार्य होता है क्योंकि नई सीख के मूल्यांकन की तुलना किसानों के तत्काल ज्ञान से किया जाना चाहिये। किसानों के अपने स्थानीय ज्ञान की सीमाओं की स्वीकृति मिश्रित जाँच का आधार निर्माण कर सकता है तथा बाहरी ज्ञान का उनके स्थानीय ज्ञान के संबंधों का भी।

***स्तर जाँच एवं जाँच सूची:*** शिक्षक इसका इस्तेमाल सुशिक्षुओं के कार्य की जाँच के लिये कर सकते हैं। सुशिक्षु इनका इस्तेमाल शिक्षकों के कार्य की जाँच के लिये कर सकते हैं। इस समूह या क्षेत्र में प्रबंधित किया जा सकता है तथा सहजता से पुनर्रीक्षित हो सकता है। (वॉडेन एंड न्यमेयर, 1987) सुशिक्षु अपने कार्यों, वर्तमान ज्ञान या शैक्षणिक उम्मीदों के लिये कर सकते हैं। स्तरमाप तथा जाँच सूची भावनाओं या कार्यों के नतीजों को मापने में कारगर नहीं होते हैं।

***फीडबैक कमिटी:*** जब प्रसार-कर्मचारियों तथा किसानों के लिये आवासीय प्रशिक्षण शुरू हो, भागीदार एक फीडबैक कमिटी का निर्माण कर सकते हैं जो घटना के दौरान नेतृत्व को मूल्यांकन निरीक्षण से अवगत कराये। फीडबैक कमिटी के पास किसान कोई भी घटना संबंधित शिकायत दर्ज करा सकते हैं तथा इसमें शामिल है विषयों की संगति, सुविधाओं की यथेष्टता या नेतृत्व का प्रभाव से लेकर चर्चाओं या कार्यों में सुशिक्षुओं की संलग्नता तक कुछ भी। मौखिक या लिखित रूप से कमिटी कोई भी मुद्दा प्रशिक्षकों या पूरे समूह के समक्ष पेश कर ध्यान आकर्षित कर सकती है। (एपीपीएस, 1991)

***समूह चर्चा निर्धारण:*** चल रही बैठकों या ग्रुपों में यह तरीका निगमित किया जा सकता है। यह लागत तथा समय के उपयोग में अपेक्षाकृत अधिक सक्षम होता है। चर्चा कई खुले रूप के प्रश्नों पर हो सकती है, उल्लिखित प्रश्नों सहित। समूह अपने प्रश्न स्वयं सृजित कर परिवर्तन के लिये अभिस्तुति दे सकता है।

***कुलीनों की पुनर्विचार पैनल:*** इस पैनल द्वारा किसान एक-दूसरे के कार्यों का मूल्यांकन कर सकते हैं। पैनल से स्तर तथा क्रम-स्केल बनाने को कहा जा सकता है। उनका मूल्यांकन फैसला पुनर्विचारकर्त्ताओं के साथ या इनके बिना भी किया जा सकता है। जब कुलीन पुनर्विचार समिति पैनल का इस्तेमाल होता है तो महत्त्वपूर्ण होता है निर्माणात्मक आलोचना का सकारात्मक वातावरण निर्मित हो।

***घटना-अंत का विश्लेषण:*** यह कई तरीकों से किया जाता है। प्राय: जो इस्तेमाल होता है वह मूल्यांकन जो कार्यशाला सेशन के अंत में प्रबंधित होता है। दूसरा तरीका होता है इन फार्मों को आबंटित कर, संग्रहित करना और फिर फीडबैक समिति द्वारा इसे सारांशित किया जाना। इन निष्कर्षों का तब रिपोर्ट दे कार्यशाला की पूर्व शक्ति पर चर्चा आरंभ कर सकते हैं, या बैठक की घटनाओं पर। यह चर्चा कि क्या परिवर्तन नहीं करना है कर लेने के बाद इस पर चर्चा हो सकती है कि क्या विशिष्ट सुधार किया जाये। (एपीपीएस, 1991)

***प्रमाणपत्र एवं कथाएँ:*** सुशिक्षुओं के परिप्रेक्ष्य से शैक्षणिक अनुभवों तथा कार्यों का विषयात्मक रिकार्ड का प्रावधान प्रमाणपत्र तथा कथाओं से हो सकता है। उनके पास नतीजों के आँकड़े होते हैं तथा गुणात्मक ढंग से शैक्षणिक परिवर्तन की प्रकृति तथा प्रक्रिया का वर्णन कर सकते हैं। इन कथाओं को कार्यक्रम से बाहर लोगों द्वारा समझा जा सकता है तथा क्योंकि नतीजों के प्रकार के प्रमाण भविष्य के कार्यक्रम के लिये विचार दे सकते हैं। इस तरीके की क्षतियों में शामिल हैं सामाजिक झुकाव की वांछनीयता प्रमाण प्रस्तुत करने वाले व्यक्ति को छोड़ सामान्यता की कमी, तथा निर्धारण करने में यह कठिनाई कि नतीजा कार्यक्रम की कमी से है या व्यक्ति पर अन्य प्रभाव के कारण। कथाएँ या तो सुशिक्षुओं द्वारा लिखित हो सकती है या श्रव्य-टेप साक्षात्कार के नतीजे के सृजन से।

***पूर्व जाँच, इतर जाँच तथा प्रश्नोत्तरी:*** जाँचों एवं प्रश्नोत्तरियों के प्रति नकारात्मक भावनाओं के बावजूद ये

सुशिक्षुओं की क्षमताओं की पहचान, पूर्व ज्ञान प्रपत्रीकरण सीख की सफलता उदित करने तथा सुशिक्षुओं की भावनाओं को समझने में उपयोगी हो सकते हैं। सीख के अंत में प्रश्नोत्तरी को दुहराने से परिवर्तन का प्रपत्रित किया ज. सकता है तथा सुशिक्षु स्वयं भी प्रदर्शित कर सकते हैं जो उन्होंने सीखा है। (जैकब एंड चेज, 1992)

## आँकड़ों तथा निष्कर्षों का अर्थ करना : किस चीज से हम निष्कर्षों की तुलना करते हैं।

कुछ मूल्यांकनों में निष्कर्षों में वक्तव्य शामिल होते हैं जो घटना के इतिहास का वर्णन करते हैं। अन्य मामलों में निष्कर्षों में उन तरीकों का वर्णन होता है जिससे वस्तुएँ व्याख्याहीन या नतीजारहित होते हैं। कुछ अन्य मामलों में मूल्यांकन का उद्देश्य प्रश्नों के कारण तथा प्रभाव या तरीकों तथा नतीजों की बीच का संबंध जानना रहता है। ये निष्कर्ष जितने ही उपयोगी क्यो न हों वे स्वयं कार्यक्रम प्रयासों की योग्यता पर फैसला करने में हमारी सहायता नहीं करते। हम कैसे जानते हैं कि कोई कार्यक्रम प्रशंसा का हकदार है। यह केवल तभी हो सकता है जब निष्कर्षों पर फैसला कई अन्य फैसलों के परिप्रेक्ष्य में लिया जाये, जिनमें से पाँच की संक्षिप्त चर्चा निम्नलिखित है:

### स्तर संदर्भित फैसले का परिप्रेक्ष्य

एक खास प्रसार कार्यक्रम की तुलना अत्युत्तम सफलता के उदाहरणों से की जा सकती है जो विशेषज्ञों द्वारा 'कार्य करने की कला' के रूप में स्थापित सहमति के आधारों का उपयोग का हुआ है। उदाहरण के लिये ऐसे विशेषज्ञ अत्युत्तमता की पहचान ऐसे कर सकते हैं: (1) स्थायी कृषि व्यवहारों को बढ़ावा, (2) स्थानीय ज्ञान एवं सांस्कृतिक तरीकों की पहचान, (3) उपयुक्त तकनीक विकास में किसानों की उच्च भागीदारी, (4) सभी क्षेत्रों आर्थिक सामाजिक एवं सांस्कृतिक समूहों से किसानों की उच्च भागीदारी, (5) प्रसार तक महिला किसानों की पहुँच तथा (6) कृषि नीतियों में न्याय को बढ़ावा।

### कोहर्ट संदर्भित फैसलों का परिप्रेक्ष्य

एक प्रसार कार्यक्रम मूल्यांकन के निष्कर्षों की तुलना समान कार्यक्रमों से की जा सकती है। इस फैसले के लिये हम पूछते हैं कि एक खास कार्यक्रम के स्तर से कैसा है? बाहरी मूल्यांकन इसे करने के लिये अधिकांशतः तैयार रहते हैं क्योंकि उन्हें अन्यत्र के प्रसार तरीकों तथा प्रभाव की जानकारी रहती है। इस विचार की सीमा है क्योंकि बहुत कम स्थान ऐसे हैं जो प्रसार स्रोतों, राजनैतिक एवं आर्थिक संदर्भों एवं अन्य कर्मियों में सच के समान नहीं होते जो कार्यक्रम के नतीजों को प्रभावित करें। फिर भी बाहरी कोहर्ट तुलना के इस्तेमाल से फैसला करने की असफलता का नतीजा झूठी सफलता एवं स्वयं संतुष्टि मात्र होगा। ऐसे कार्यक्रमों की तुलना करने पर वह मध्यम, पुराना, निम्न भावनायुक्त तथा बर्बादी का हो सकता है, जबकि इसे अत्युत्तम माना जा रहा हो या स्थानीय किसानों तथा उनके कोषकों द्वारा ग्राह्य हो।

### कठिनाई-संदर्भित फैसले का परिप्रेक्ष्य

यह परिप्रेक्ष्य उस कठिनाई पर विचार करता है कि किसी कार्यक्रम की सफलता के संबंध में फैसला करने क्या प्रयास किया जा रहा है। उदाहरण के लिये एक प्रसार कार्यक्रम जो उच्च भूमि के क्षेत्र में स्थायी कृषि पर विचार करता हो कम कर्मचारियों द्वारा क्रांतिकारी संकटों के बीच तो इन कठिन परिस्थिति में सफलता के लिये अतिरिक्त श्रेय दिया जाना चाहिये उन कार्यक्रमों की अपेक्षा जो फसल की पैदावार बढ़ाने के लिये अच्छी मिट्टी एवं किसानों के सहयोग से कार्य करते हैं तथा जिनकी संख्या काफी रहती है। ओलंपिक प्रतियोगिता में अधिक कठिन छलांग के लिये अधिक अंक दिये जाते हैं जो कठिनाई संदर्भित फैसले का आधार होता है। सफलता का फैसला कठिनाई एवं अवस्थाओं से संबद्ध होना चाहिये।

### उन्नति-संदर्भित फैसले का परिप्रेक्ष्य

निष्कर्षों के अर्थ के परिप्रेक्ष्य में भूत की तुलना वर्तमान से करने के आधार पर ही श्रेय या पहचान दी जाती है। ऐसे निर्णयों के लिये पूर्व एवं इतर वर्णन अनिवार्य होते हैं। वे जो आधारभूत आँकड़ों पर जोर डालते हैं वे सामान्यतया इसका इस्तेमाल उन्नति-संदर्भित फैसले के लिये करना चाहते हैं।

### विकल्प-संदर्भित फैसले का परिप्रेक्ष्य

यह परिप्रेक्ष्य एक प्रसार-कार्यक्रम की वर्तमान अवस्था पर विचार करता है यह तुलना करते हुए कि समान स्रोतों के वैकल्पिक जगहों, भिन्न लोगों एवं तरीकों से इस्तेमाल करने पर क्या पूरा हो सकता था। यह परिप्रेक्ष्य प्रश्न करता

है, "एक अधिक अच्छे या भिन्न नतीजों के लिये इन स्रोतों को कैसे खर्च किया जा सकता था?" उदाहरण के लिये क्या आज प्राप्य कृषि एवं पर्यावरणीय व्यवहार अधिक प्रमाणित होंगे अगर कोषों को प्रत्यक्ष रूप से गाँव के समूहों या किसान संघों को दिया गया होता उनके अपने भागीदार कार्य के अनुसंधान के लिये। क्या वर्तमान खेती के दौरे की प्रक्रिया रेडियो या टेप द्वारा सुदूर की शिक्षा पद्धति से बेहतर है। अगर प्रसार कार्यक्रमों के सभी क्षेत्र महिलाओं के साथ अधिक प्रत्यक्षता से कार्य किये होते उनकी परंपरागत संगठनों द्वारा, तो इसका नतीजा क्या हुआ होता? कभी-कभी इन प्रश्नों के उत्तर, नमूने के प्रयासों या वैकल्पिक विचारों पर आधारित नतीजों को उदित कर, पैदा किये जा सकते हैं जिसे एक प्रसार पद्धति के भाग में सीमित रूप में प्रयोग किया जा चुका है।

इन फैसलों का परिप्रेक्ष्य भागीदार व्यक्ति द्वारा अपनी सीख के मूल्यांकन करने में सहायक होते हैं। सुशिक्षु विशेषज्ञों के स्तर से तुलना कर अपनी सीख पर फैसला ले सकते हैं साथ ही, कुलीन के कार्य, उनकी सीख की कमियों तथा बाहरी कठिनाइयों, उनकी अपनी उन्नति भूत से वर्तमान तथा उन्हें और अधिक महत्त्वपूर्ण सीखा होता या अपने समय में किया होता, इस पर भी।

## कार्य का प्रबंधन : किस चीज के लिये कौन उत्तरदायी होगा?

बहुधा सभी प्रसार मूल्यांकन करने के निर्णय किये जाते हैं बिना खर्च का आंकलन तथा लोगों के कार्य करने की सहमति पर विचार किये। ऐसे प्रयासों को विफल होना ही है। क्या संभव है सीमित स्रोतों में तथा उचित समय के अनुमान पर वार्ता, एक अनिवार्य भागीदारी कार्य है अगर सभी स्तरों पर लोग मूल्यांकन को कबूल करें तथा निष्कर्षों पर कार्य करें। सुशिक्षुओं तथा शिक्षकों को एक साथ महत्त्वपूर्ण प्रतिक्रिया पर तथा साक्ष्यों के अर्थ में शामिल करने से, काफी हद तक इस बात की गारंटी होगी कि मूल्यांकन स्वयं ही एक प्रमुख सीख प्रक्रिया है।

## प्रसार में सुधार के लिये मूल्यांकन निष्कर्षों का उपयोग : किसे क्या कहना चाहिये?

आदर्श रूप में दावेदारों को एकल रिपोर्ट का प्रावधान कई अन्य भागीदार-समूहों की रुचि की अवहेलना करता है। इसका एक निदान है, निष्कर्षों, अर्थों एवं फैसलों पर एक रिपोर्ट करने की शैली के निर्माण से विभिन्न उपभोक्ताओं के विशिष्ट उद्देश्यों को पूरा किया जा सकता है। रिपोर्ट करने के तरीकों में शामिल है औपचारिक लिखित रिपोर्ट, लिखित कार्यपालक सारांश, व्यक्तियों तथा संगठनों को पत्र, प्रदर्शनी एवं छवि-प्रदर्शन, वीडियो विचार, समाचार रिपोर्ट, समाचार सम्मेलन तथा जन-बैठक। इसके बाद दोवदारों को वे सूचनाएँ दी जा सकती हैं जिसके वे अधिकारी हैं उस रूप में जो उनके उद्देश्यों के सर्वाधिक उपयुक्त हो तथा सर्वोत्तम सीख को प्रोत्साहित करे।

मूल्यांकन की प्रक्रिया एक व्यक्ति तथा सामूहिक सीख है (चौधरी एवं टंडन, एनडी) हम अपनी सफलता से सीख सकते हैं, पर खासकर हमारी असफलताओं से। कोर्टन इसे 'प्रिय भूल' बताता है। मूल्यांकन कह अवसर प्रदान करता है।

## संदर्भ


एप्स, जे. डब्ल्यू. (1991) *मास्टरींग दी टिचींग ऑफ एडलट्स*। मालाबार, एकएल : क्रीजर।

आर्नस्टीम, एस. (1969) दी लैडर ऑफ सिटीजन पार्टिसिपेशन. *जरनल ऑफ अमेरिकन इंस्टीट्यूट ऑफ प्लानर्स*, 35, 221।

बूनर, आई., एंड गुजमान, ए. (1989) पार्टिसिपेटरी इवैल्युएशन : ए टूल टू एसेस प्रोजेक्ट्स एंड इम्पॉवर पिपुल। इन आर.एफ. कोनर एंड एम हेंड्रिक्स (इडीएस.) *इन्टरनेशनल इन्नोवेशंस इन इवेल्युएशन मेथडोलोजी* (पे. 9-18) न्यू डायरेक्शनस फोर प्रोग्राम इवेल्युएशन, नं. 42, सन फ्रांसिसको जोसी-बास।

चौधरी, ए., एंड टंडन. आर. (एन. डी.) *पार्टिसिपेटरी इवेल्युएशन इशुज एंड कंसर्न्स*। नई दिल्ली, इंडिया, सोसायटी फॉर पार्टिसिपेटरी रिसर्च इन एशिया।

क्रोंबैच, एल.जे., एंड एसोसियेट्स. (1981) *टूवार्ड रिफोर्म ऑफ प्रोग्राम इवेल्युएशन : एम्स, मेथड्स, एंड इंस्टीट्यूशनल एरेंजमेंट्स*, सन फ्रांसिसको : जोसी-बास।

डेशरल, डी. (1990) कंसेप्ट मैपींग। इन जे. मेजिरो एंड एसोसियेट्स (इडीएस.) *फोस्टरिंग क्रीटिकल रिफ्लेक्शन इन एडल्टहूड : ए गाईड टू ट्रांस्फोरमेटिव लर्निंग*। सनफ्रांसिसको, जोसी-वास।

आइजनर, ई. (1983) एडुकेशनल कोनोशियरलिय एंड क्रिटीसिजम देयर फॉर्म एंड फंक्शन इन एडुकेशनल इवेल्युएशन। इन जी.एफ. मेडौस, एम. स्क्रीवेन एंड डी. स्टफलबीम (इडीएस.) *इवेल्युएशन मोडेल्स*, वोस्टन : क्लुवेर निझौफ।

फाओ, (1990) *पार्टिसिपेशन इन प्रैक्टिस : लेशंस लर्न्ड फ्रोम फाओ पिपुल्स पार्टिसिपेशन प्रोग्राम*, रोम खाद्य एवं कृषि संगठन, पिपुल्स पार्टिसिपेशन प्रोग्राम।

गोल्ड, एन. (1988) दावेदार एंड प्रोग्राम इवेल्युएशन : कैरैक्टराइजेशन एंड रिफ्लेक्शंस। इन ए.एस. ब्राइक (इडी.) *दावेदार आधारित इवैल्युएशन।* न्यू डायरेक्शन फोर प्रोग्राम इवेल्युएशन नं. 17 (पे. 62-63) सन फ्रांसिसको, जोसी-बास।

गोल्डस्टीन, आई.एल. (1986) इवेल्युएशन प्रोसिड्योर्स। इन आई.एल. गोल्डस्अीन, *ट्रेनिंग इन आरगेनाईजेशंस : नीड्स एसेसमेंट डिवलपमेंट एंड इवेल्युएशन* (सैकंड इडी.) मौंटरी, सी.ए ब्रूक्स/कोले।

ग्रीने, जे.सी. (1988) स्टेकहोल्डर पार्टिसिपेशन एंड यूटिलाईजेशन इन प्रोग्राम इवेल्युएशन, *इवैल्युएशन रिव्यू*, 12, 91-116.

ग्रीने, जे.सी. कैरासेली, बी.जे एंड ग्राहम, डब्ल्यू. एफ. (1989) टूवार्ड ए कंसेप्चुअल फ्रेमवर्क फोर मिक्स्ड-मेथड इवैल्युएशन डिजायन्स, *एडुकेशनल एवेलयुएशन एंड पोलिसी एनलासिस*, 11, 255-274.

गुबा, ई.जी. एंड लिंकन, बाई.एस. (1989) *फोर्थ-जेनरेशन एवैल्युएशन.* न्यूबरी पार्क, सी.ए. सेज।

जैयब्स, एल.सी., एंड चेज, सी. आई. (1992) डेवेलपींग एंड *यूजिंग टेस्ट्स एफेक्टिवली : ए गाईड टू फैकल्टी*, सन फ्रांसिसको जोसी-बास।

कोर्टन, डी.सी. (1980) कम्युनिटी आरगेनाईजेशन एंड रूरल डेवेलपमेंट : ए लर्निंग प्रोसेस एप्रोच। *पब्लिक एडमिनिस्ट्रेशन रिव्यु*, 40(5) 480-511.

मर्फी, जे., एंड मर्चेंट, टी. (1988) *मोनिटरींग एंड एवेल्युएशन इन एक्स्टेंशन एजेंसीज।* वाशिंगटन, डी.सी. दी इन्टरनेशनल बैंक फोर रिकंस्ट्रक्शन एंड डेवेलपमेंट/दी वर्ल्ड बैंक।

पैटन, एम.क्यू. (1991) बियोंड एवैल्युएशन मिथ्स, *एडल्ट लर्निंग* (अक्तूबर) 9-10, 28.

प्रोवेस, एम.एस. (1971) *डिस्क्रीपेंसी इवेल्युएशन फॉर इवेल्युएशन प्रोग्राम इंप्रुवमेंट एंड एसेसमेंट*, बकेली, सी. ए. मैकरस्वान।

रूडेल, ई.डी. (1994) *ए सिम्लीफायड मेथोडोलोजी फॉर ट्रेनिंग पीजंट फारमर्स हाऊ टू कंडक्ट साईट-स्पेसिफिक साईंटिफीक फिल्ड ट्रायल्स इन डिप्राइव्ड रूरल एरियाज।* 1994 कंफ्रेंस रेफर्ड पेपर्स। एसोसियेशन फॉर इन्टरनेशनल एग्रीकल्चरल एंड एक्सटेंशन एडुकेशन. टेंथ एनुअल कंफ्रेंस, आरलिंगटना, की.ए.।

रोसी, पी.एच., एंड फ्रीमैन, एच.ई. (1982) *इवेल्युएशन : ए सिस्टेमेटीक एप्रोच*, बीवरली हिल्स, सीए, सेज।

स्क्रीवेन. एम (1972) प्रोस एंड कोंस एवाउट गोलफ्री एवेल्युएशन *इवेल्युएशन कमेंट*, *3*, 1-5.

स्टफलबीम, डी.एल. (171) *एडुकेशनल इवल्युएशन एंड डिसीजन मेकिंग*, इटास्का, आई एल : एफल.ई. पीकोक।

समर्स, जे.सी. (1977) *डायमेंशंस ऑफ प्रोग्राम एफेक्टिवनेस एंड एकान्टेवीलिटी।* मोरगेनटाउन : वेस्ट वर्जीनिया यूनिवर्सिटी ऑफिस ऑफ रिसर्च एंड डेवेलपमेंट।

त्रिपोडी, टी. फेलिन, पी., एंड एफस्टीन, आई. (1971) *सोशल प्रोग्राम इवेल्युएशन : गाइडलाईंस फॉर हेल्थ एडुकेशन एंड वेलफेयर एडमिनिस्ट्रेशन.* इटास्का, आईएल : ई. ई-पिकोक।

उफोफ, एन. (1989) *ए फिल्ड मेथोडोलोजी फॉर पार्टिसिपेटरी सेल्फइवैल्युएशन ऑफ पीपीपी ग्रुप एंड इंटर-ग्रुप एसोसियेशन परफोरमेंस।* इथाका, न्यूयार्क, पिपुल्स पार्टिसिपेशन प्रोग्राम ऑफ यू.एन. वुड एंड एग्रीकल्चरल आरगेनाईजेशन।

उफोफ, एम. (1992) *पार्टिसिपेटरी इवेल्युएशन ऑफ रूरल डेवेलपमेंट*, न्यूयार्क : आईएफएडी मोनिटरिंग एंड इवेल्युएशन डिवीजन फोर दी मोनिटरिंग एंड एवेल्युएशन पैनल।

वर्डन, पी.ई., एंड न्यूमेयर, पी. (1987) *ए सोर्स बुक फोर प्रोग्राम इवेल्युएशन एंड एकान्टेबिलिटी।* फोर्ट कोलिंस, कोलेएडो स्टेट यूनिवर्सिटी, स्टेट, कोपरेटिव एक्सटेंशन।

# भाग-3
# प्रसार प्रबंधन का सुधार

अध्याय-12

# प्रसार-नीति का निर्धारण

टीटो ई. कोंटाडो

कई देशों में कृषि प्रसार सेवा के प्रभावी रखरखाव या स्थापना की समस्या एक वास्तविकता पर आधारित नीति के अभाव के कारण या प्रसार पद्धति के उद्देश्य निर्धारित करने में एक अस्थिर नीति फ्रेमवर्क के कारण प्रसार है नीति के मुद्दों को उजागर करने की सामान्य समस्याएँ हैं प्रसार कार्य या सहमति का अभाव, सेवा के लिये ग्राहकों की पहचान, इन प्रसारों का वित्त पोषण, सांगठनिक ढाँचे में बार-बार परिवर्तन एवं कार्यक्रम प्राथमिकता, प्रसारकर्मियों का द्रुत आवाजाही तथा विभिन्न संगठनों के बीच संयोजन का अभाव तथा विस्तार, जो प्रसार कार्य शुरू करते हैं। इसके अतिरिक्त कृषि क्षेत्र में परिवर्तन के प्रति प्रसार को उत्तरदायी होना चाहिये तथा बाजार-सुधार के प्रति चिंता तशा कम हो रहे सरकारी बजट पर भी ध्यान देना चाहिये। फाओ के कृषि प्रसार पर विश्वव्यापी परामर्श द्वारा प्रसार नीति के महत्त्व को मान्यता दी गयी जब इसने अनुशंसित किया कि सभी राष्ट्रीय सरकारों को अपने कृषि प्रसार नीति का विकास तथा समय-समय पर पुनर्विचार करते रहना चाहिये। इस नीति में शामिल रहना चाहिये कृषि प्रसार का लक्ष्य, उत्तरदायी संस्थाएँ तथा कर्मचारी, वे ग्राहक जिनकी सेवा करनी है, विस्तृत कार्यक्रमित क्षेत्र जिन्हें लेना है तथा अन्य संगत मार्गदर्शन। "परामर्श ने और आगे सुझाया, दानकर्त्ता समुदाय के सहयोग के साथ फाओ को, राष्ट्रीय कृषि विकास में कृषि प्रसार के महत्त्व पर जोर देने के लिये राष्ट्रीय सरकारों के साथ तथा एक स्पष्ट, औपचारिक रूप से क्रियान्वित कृषि प्रसार सेवाओं के लिये भी संवाद जारी रखना चाहिये।" (स्वासन, 1990, पे.11)

एक ठोस, विस्तृत एवं उपयोगी प्रसार नीति का निर्धारण तथा कार्यान्वयन एक कठिन कार्य है। (कोर्टस, 1994) इस विचार का अनुमोदन करता है। जब वह उसने क्वींसलैंड, आस्ट्रेलिया में एक औपचारिक प्रसार नीति लागू होने के मामले का अध्ययन कार्य शुरू किया। इसलिये इस अध्याय का उद्देश्य है एक प्रभावी प्रसार नीति के प्रमुख आयामों को तय करना।

## सार्ड (SARD) में प्रसार की भूमिका तथा इसकी नीतियों का प्रभाव

किसान सही रूप से प्रसार को सहायता के रूप में देखते हैं अपने ज्ञान, क्षमता, उत्पादकता, लाभान्विता, तथा परिवार समुदाय एवं समाज की अच्छाई में योगदान में सुधार के लिये। साथ-साथ कई विकासशील देशों में राजनीतिज्ञ, नियोजक तथा नीति-निर्धारक प्रसार को एक नीति रूप में देखते हैं, जो कृषि पैदावार में वृद्धि करने, राष्ट्रीय खाद्य सुरक्षा प्राप्त करने तथा इसके साथ ही ग्रामीण दरिद्रता को दूर करने के उपकरण हैं। इसके अलावा, कुछ अर्थशास्त्री प्रसार को पूँजी विकास तथा आर्थिक विकास के रूप में देखते हैं और इसलिये प्रसार को दिये गये स्रोतों का आर्थिक विनियोजन समझते हैं जिससे प्रतियोगात्मक आर्थिक प्राप्ति होना चाहिये। इसके उपयोग करने वालों के लिये कृषि प्रसार उपयोगी ज्ञान एवं तकनीक के विस्तार को ग्रामीण लोगों के लिये गति देकर आगे बढ़ाता है। इन कार्यों से प्राप्य उत्पादकता की वृद्धि का अनुमान है, साथ ही खेती के लोगों के कल्याण एवं आय वृद्धि तथा राष्ट्रीय खाद्य सुरक्षा एवं आर्थिक विकास के बढ़ावा का भी। इन लक्ष्यों की प्राप्ति गैर-औपचारिक शिक्षा तथा प्रशिक्षण कार्यक्रमों द्वारा तथा दुतरफे तकनीक स्थानांतरण एवं फीडबैक पद्धति द्वारा हो सकता है जहाँ प्रसार का एक महत्त्वपूर्ण योगदान होता है कृषि एवं ग्रामीण विकास में।

इसके साथ-साथ यह भी जान लेना चाहिये कि कृषि एवं ग्रामीण विकास केवल खाद्य एवं कृषि पैदावार बढ़ाने का विषय नहीं है; नीति निर्धारकों द्वारा अन्य तत्त्वों तथा समर्थन की सेवा संस्थाओं पर भी ध्यान देना चाहिये कृषि एवं ग्रामीण विकास तथा कार्यान्वयन की नीति निर्धारण में। ये मुद्दे हैं, जनसंख्या तथा वातावरणीय चिंता अनुसंधान एवं प्रसार जैसी समर्थन सेवाओं के संगठन एवं कोष निर्धारित करने में जिनका बहुत प्रभाव होता है।

## जनसंख्या पहलू

कई विकासशील देशों में द्रुत जनसंख्या वृद्धि एक महत्त्वपूर्ण चिन्ता का विषय है। इस तत्त्व का प्रत्यक्ष प्रभाव होता है खाद्य एवं अन्य कृषि उत्पादों के लिये जिसका नतीजा है भूमि तथा अन्य प्राकृतिक संसाधनों पर दबाव में वृद्धि। कई देशों में 30 वर्षों के दौरान जनसंख्या दुगुनी हो गई है। बीसवीं शताब्दी के अंतिम दशक में 85 करोड़ से अधिक लोग विश्व आबादी से जुड़ेंगे। इसके और आगे 1990 से 2025 तक विश्व जनसंख्या में 57% की वृद्धि होगी जो 1990 के 5.3 बीलियन से 2025 में बढ़कर 8.3 बीलियन हो जायेगी। (यूएन वर्ल्ड पोपुलेशन प्रोसपेक्ट्स दी 1994 रिबीमन पेज 24, टेबुल ए4) चूँकि इन प्रमुख जनसंख्या का बड़ा भाग विकासशील देशों में, खासकर अफ्रीका तथा एशिया में घटित हो रहा है, इसका अर्थ है कि केवल खाद्य की माँग ही नहीं बढ़ेगी, पर भुरभुरे एवं उपांत भूमि पर अधिक दबाव होगा, भूमि बिखराव में वृद्धि होगी तथा ग्रामीण क्षेत्रों में भूमिहीन लोगों की संख्या भी बढ़ेगी। इन समस्याओं से खेतिहर परिवारों को अधिक शिक्षा तथा तकनिकी समर्थन की आवश्यकता होगी उत्पादन बढ़ाने तथा प्राकृतिक संसाधनों के संचय दोनों के लिये।

## प्राकृतिक संसाधन तथा वातावरणीय तत्त्व

मिट्टी, पानी एवं अन्य प्राकृतिक साधनों में मिलावट, रिक्तीकरण तथा निम्नता से संबद्ध हैं सामान्यत: जनसंख्या दबाव से उत्पन्न खाद्योत्पादन की अधिक मांग से (एलेकोड्रेटोस, 1995, पे. 350) किसी समाज में इसकी भूमि, जल तथा अन्य प्राकृतिक संसाधनों को सुरक्षित रखने, संरक्षित करने, पुनर्स्थापित करने तथा प्रबंधन करने के लिये कई कार्य करने की आवश्यकता होती है और इसलिये प्रसार की एक केंद्रीय भूमिका होती है प्राप्त कृषि तकनीक फैलाने में।

## प्रसार का अर्थशास्त्र

सन् 1980 के दशक से ही प्रसार एवं अनुसंधान का खर्च के मुद्दे के महत्त्व में वृद्धि हुई है तथा इससे प्रसार के लिये वित्त समर्थन का क्रमिक गति से ह्रास हुआ है। यह ह्रास तब हो रहा है जब प्रसार के लिये कोष स्वाभाविक तौर पर अपर्याप्त रहा है। (स्वानसन, 1990) कई अर्थशास्त्रियों तथा विकास नियोजकों की राय है कि प्रसार के लिये सरकारी कोष अधिक होना चाहिये। (विल्सन एंड रिबेरा एंड गुस्टाफसन, 1991, पे.13) तथा इस विषय पर फाओ द्वारा आयोजित अध्ययन में, जिससे 114 सदस्य देश शामिल थे दिखाया गया कि अधिकांश विकासशील देशों में प्रसार के सरकारी समर्थन सामान्यता: कम है जब इसकी तुलना कृषि के कुल घरेलू काम से करने पर हो (लगभग 0.5% कृषि कुल घरेलू उत्पादन से कम) कृषि प्रसार पर विश्वव्यापी परामर्श में अनुशंसा की गई है, "वहाँ जिन देशों में, आर्थिक रूप से सक्रिय आबादी का 60% भाग कृषि उत्पादन में लगा है वहाँ लगभग 1 से 2% कृषि कुल घरेलू उत्पाद को वित्तीय विनियोजन का निम्नतम स्तर माना जाना चाहिये (देश के आकार तथा मूल्य तत्त्व पर निर्भर) जो सरकारी क्षेत्र के कृषि प्रसार पद्धति के तकनीकी स्थानांतरण लक्ष्य तथा मानव संसाधन विकास दोनों के प्राप्त करने के लिये है (स्वानसन, 1990, पे. 26-27)।

प्रसार के जनसमर्थन में इस क्षय की व्याख्या भागों में कई तत्त्वों द्वारा की जा सकती है जिसमें शामिल है कई विकासशील देशों में ढाँचागत समायोजन कार्यक्रम को लागू करना। यह भी कि कई विकास अर्थशास्त्री उस प्रक्रिया को देखते हैं जो औद्योगिक रूप से उन्नत देशों में है, जहाँ अनुसंधान एवं विकास तथा तकनीक स्थानांतरण मुख्यतया निजी क्षेत्राधीन हैं। इन देशों में संचार एवं बाजार के निर्मित ढाँचे काफी उन्नत हैं, इसलिये प्रसार कार्य के निजीकरण की प्रवृत्ति आई है जिसका प्रत्यक्ष प्रभाव है प्रसार के सरकारी वित्त में कटौती (लिगुईस इन रिवेरा गुस्टाफसन, 1991 पेज 31) विकासशील देशों में, जहाँ खेती तथा किसान दोनों की स्थिति विकसित देशों से काफी भिन्न है, वहाँ प्रसार की निजीकरण राष्ट्रीय एवं अंतर्राष्ट्रीय स्तरों पर किया जा रहा है। (यही स्थिति विकसित देशों में भी 50 या 100 साल पहले थी)। इस प्रवृत्ति का उदय प्रसार के बहुवादी विचार की ओर है जैसा कि कई विकासशील

देशों में देखा जाता है। नीति निर्धारकों के लिये इस प्रवृत्ति का प्रभाव होगा सरकारी एवं निजी संस्थाओं दोनों की पहचान तथा स्वीकृति कि वे राष्ट्रीय कृषि प्रसार पद्धति या नेटवर्क का हिस्सा बन सकते हैं। इस विचार के लिये निजी एवं सरकारी क्षेत्र के सहयोग की आवश्यकता होती है जो खराब प्रसार कार्य तथा स्रोतों की सीमा दोनों जुड़वाँ समस्या पर ध्यान देते हैं। (मालौफ इट एल., इन रिबेरा एंड गुस्टाफन, 1991, पे. 590) कुछ नियोजकों तथा नीति निर्धारकों के लिये यह स्पष्ट नहीं है कि प्रसार के लिये सरकारी कोष के स्तर तथा राष्ट्र के सामाजिक तथा आर्थिक प्राप्ति के बीच क्या संबंध होता है और यह प्राप्ति खाद्य सुरक्षा, उपभोक्ताओं के लिये खाद्य की आपूर्त्ति तथा विस्तृत भूख तथा दरिद्रता निवारण हैं।

## जीवनयापन योग्य कृषि तथा ग्रामीण विकास

खाद्य, जनसंख्या एवं वातावरणीय साँठगाँठ ने एक नये विकास स्थल को उदित किया है, जिसकी चर्चा फाओ ने जीवनयापन योग्य कृषि एवं ग्रामीण विकास के नाम से किया है। (एसएआरडी) सार्ड का यह नया विचार फाओं ने इस प्रकार परिभाषित किया है। "प्राकृतिक संसाधनों के आधार का प्रबंधन तथा सरंक्षण तथा तकनीकी एवं संस्थागत परिवर्तनों की वैसी उन्मुखता जिससे वर्तमान एवं भविष्य की पीढ़ियों के लिये मानव की आवश्यकता की प्राप्ति एवं निरंतरता सुनिश्चित हो। ऐसा जीवन धारण योग्य विकास (कृषि, वन तथा मत्स्यपालन क्षेत्र में) भूमि, जल तथा पौधों एवं जंतुओं के प्रजनन स्रोतों का सरंक्षण करता है, वातावरण को गिरने नहीं देता, तकनिकी रूप से उपयुक्त आर्थिक रूप से प्राप्त तथा सामाजिक रूप से ग्राह्य है।" (फाओ, डेनवोटय घोषणा, 1991, पे.2) सार्ड में किसानों की भूमिका को माना जाता है खासकर मिट्टी, जल, तथा जैविक स्रोतों, पर्यावरणीय संतुलन बनाये रखने तथा वातावरण के उपयुक्त तकनीक को लागू करने जैसे एकीकृत कीट प्रबंधन आदि के प्रबंधन तथा सरंक्षण में। पूरे विश्व 'में भूगि, जल तथा अन्य जैविक स्रोतों के प्रबंधकों तथा उपभोक्ताओं के समूह में किसान एकमात्र सबसे बड़े समूह हैं। सन् 1970 में लगभग 790 मीलियन लोग कृषि में आर्थिक रूप से सक्रिय थे तथा यह संख्या बढ़कर 2000 में 1.13 बीलियन तथा 2010 तक 1.19 बीलियन हो जायेगी। (एलेक्जेंड्रेटोस, 1995 पेज 340) इन पुरुषों, महिलाओं तथा युवा किसानों को उपयोगी सूचना, उपयुक्त तकनीक तथा ठोस तकनिकी सलाह की आवश्यकता होगी केवल उनकी कृषि उत्पादकता तथा आय को बढ़ाने ही नहीं बल्कि खेती एवं ग्रामीण जीवन को अधिक खुशहाल एवं जीवन-यापन योग्य बनाने के लिये भी।

## सार्ड में आर्थिक नीति का स्थान

प्रथम महत्त्वपूर्ण सिद्धांत है कि विकासशील देशों में खाद्य सुरक्षा एवं सार्ड के जुड़वाँ लक्ष्य प्राप्त करने के लिये प्रसार सर्वाधिक कौशलपूर्ण नीति का एक उपकरण है। उन देशों में जहाँ प्रभावी कृषि प्रसार विद्यमान है वहाँ कृषक समुदाय के साथ सार्ड को अपनाने के खर्च को वातावरणीय तथा जीवनोपयोगी विचारों को एकीकृत कर खेती के लोगों के लिये जो उपयोगी तथा संगत हो रहे प्रसार कार्यक्रमों में कम किया जा सकता है। (स्टॉकींग, 1994, पे.16)

दूसरे, सार्ड को अपनाने के नये लक्ष्य को विद्यमान या नये प्रसार नीतियों में शामिल कर लेना चाहिये। फाओ द्वारा प्रायोजित कृषि शिक्षा तथा प्रसार कार्यक्रमों में वातावरणीय एवं जीवनाश्रयी विकास विचारों के एकीकरण पर विशेषज्ञ सलाह ने बताया कि "बिना चित्ताकर्षक, प्रभावी एवं स्पष्ट निर्देशों के कि कार्य का तरीका अच्छा हो, जो उच्च स्तरीय नीतियों तथा संस्था के मत में लिया गया हो वातावरणीय मसलों के लिये वर्तमान अस्थायी विचार चलता रहेगा। (स्टॉकींग, 1994, पे.18) संक्षेप में प्रसार नीति निर्णायकों के लिये विभिन्न दावेदारों के साथ मिलकर वैसी प्रसार नीति का निर्माण करना आवश्यक है जो किसानों की आवश्यकताओं एवं वातावरणीय चिंता दोनों पर ध्यान दे जो 21वीं सदी के प्रथम चौथाई में प्रसार प्रबंधकों को मार्गदर्शन देगा।

## प्रसार-नीति का क्षेत्र

कृषि प्रसार नीति साधारणतः राष्ट्रीय विकास नीति का एक भाग है तथा कृषि एवं ग्रामीण विकास नीति के लिये खास है। इसलिये कृषि प्रसार एक नीति का उपकरण है जिसे सरकार कृषि विकास की प्रेरणा के लिये इस्तेमाल कर सकती है। (वान डेन वान इन जोन्स, 1986, पे.91) प्रसार बहुत हद तक कृषि विकास मिश्रण का एक हिस्सा है जिसे रोलींग ने सुझाया है। वह बताता है कि अकेले एक कमजोर उपकरण है पर यह शक्तिशाली हो जाता है मूल्य-प्रेरणा, साधनापूर्त्ति, बीज गुणन आदि से जुड़ने पर। (रोलींग इन जोंस, 1986 पेज.110) कृषि प्रसार पर विश्व परामर्श ने निष्कर्ष दिया कि कृषि प्रसार नीति को राष्ट्रीय

कृषि विकास नीति एवं लक्ष्य के साथ चलना चाहिये। (स्वानसन, 1990, पे.11)

प्रत्येक देश के पास एक व्यापक कृषि प्रसार नीति होना चाहिये जो अनुसंधान, शिक्षा, साधनापूर्त्ति तथा साख एवं बाजार पद्धति के साथ संयोजन लाता है साथ ही कृषि क्षेत्र के प्रगतिशील प्रकृति में लचीलापन प्रदर्शित करता है। नीति में कृषि प्रसार के उद्देश्य तथा लक्ष्य शामिल होना चाहिये, साथ ही जिम्मेदार संस्थाएँ तथा कर्मचारी, ग्राहक जिन तक पहुँचना है, कार्यक्रम के विस्तृत क्षेत्र जिन्हें लेना है तथा अन्य उपयोगी मार्गदर्शन भी। राष्ट्रीय कृषि प्रसार नीति के विकास में प्रमुख किसान समूहों को प्रत्यक्षतः शामिल करना चाहिये तथा अन्य संगत कृषि संगठनों से सलाह करना चाहिये। विश्व परामर्श ने बताया "व्यापक नीति अपनाकर देश यह उम्मीद कर सकते हैं कि प्रसार पद्धति आय एवं कृषि उत्पादकता में वृद्धि में योगदान करेगी तथा अधिकांश ग्रामीण खेतिहर परिवारों के जीवन स्तर में सुधार करेगी ताकि वे उन्नति तथा समता के साधारण लक्ष्य को प्राप्त कर सकें। इसके अतिरिक्त ऐसी नीति को प्राकृतिक संसाधन आधार के सरंक्षण तथा रखरखाव में सहायता करनी चाहिये जो जीवनोपयोगी कृषि विकास तथा खाद्य सरंक्षण को गति देगा। (स्वानसन, 1990, पे.11)

## प्रसार नीति के प्रकार

विकसित तथा विकासशील देशों तथा संक्रमण के देशों में प्रसार नीतियों का वर्गीकरण करने के लिये और अनुसंधान की आवश्यकता है। यहाँ तीन प्रकार की प्रसार नीतियों पर चर्चा की जायेगी।

### अंतरिम प्रसार नीतियाँ

अधिकांश विकासशील देशों में यह सामान्य नीति है। औपचारिक प्रसार नीति की अनुपस्थिति में या उस समय जब औपचारिक रूप से घोषित नीति स्थगित हो, एक अंतरिम या अस्थायी नीति सामने आती है। उदाहरण के लिये, सन् 1980 के दशक के प्रारंभिक वर्षों में मोजांबिक में कृषि प्रसार की कोई राष्ट्रीय नीति नहीं थी। जब कृषि विकास नीति सरकारी खेती पर विश्वास से हटकर छोटे पारिवारिक खेतों की ओर गयी तो एक अंतरिम प्रसार नीति का निर्माण हुआ, किसानों तथा सहयोगी क्षेत्र के उन्नत प्रशिक्षण तथा तकनीक देने के लिये। इस अंतरिम नीति की जाँच एवं विकास के लिये यूएनडीपी/फाओ समर्थित योजना ने सरकार को सहायता दी एक राष्ट्रीय प्रसार नीति एवं कार्यान्वयन के कार्यक्रम को विकसित करने में।

### निर्णय एवं घोषणा

निर्णय एवं घोषणा वह नीति है जो राज्य के प्रमुख या सरकार के कार्यकारी पदाधिकारी द्वारा जारी किया जाता है। साधारणतः इस प्रक्रिया में विभिन्न दावेदारों तथा लाभान्वितों के साथ सलाह या बहस की प्रक्रिया नहीं अपनायी जाती। इस प्रकार की नीति का एक उदाहरण ब्राजील की सरकार का एक निर्णय है जिसके अनुसार राष्ट्रीय कृषि प्रसार प्राधिकार को समाप्त कर दिया गया तथा इसके कुछ कार्यों एवं कर्मचारियों को राष्ट्रीय कृषि अनुसंधान प्राधिकार को सौंपा गया। इसने राज्य-स्तरीय ग्रामीण प्रसार अधिकारियों को अधिकार दिया कि वे अपने अपने कार्यक्रम को जारी रखें। फिलीपींस में राष्ट्रपति घोषणा द्वारा कृषि प्रसार ब्यूरो का नाम बदलकर कृषि प्रसार आयोग तथा कृषि प्रसारकर्मी का पद बदलकर खेती प्रबंधन तकनीशियन कर दिया गया। वैध कृषि प्रसार ब्यूरो के पुनर्स्थापित कर दिया गया तथा एक अन्य घोषणा द्वारा इसे हटाकर इसकी जगह एक राष्ट्रीय कृषि प्रशिक्षण संस्थान का निर्माण हुआ। उस समय कृषि विभाग को क्षेत्रों एवं प्रदेशों में विकेंद्रित कर स्थानीय सरकाराधीन कर दिया गया। इसके विकेंद्रीकरण पहलू को बाद में एक कानून द्वारा पदस्थापित कर दिया गया सन् 1991 में जिसे स्थानीय सरकार नियम कहा जाता है। (सेटानो इन एजीओ, 1944, पे. 319)

### वैधानिक प्रसार नीतियाँ

कई विकासशील देशों में प्रसार नीतियाँ देश के सर्वोच्च कानूनी संस्था (काँग्रेस या संसद) द्वारा बनायी गयी होती हैं। उन देशों में जहाँ प्रसार नीति को वैधता प्राप्त है, इनका स्वरूप अच्छे गठन, वित्तीय स्थिरता की प्रसार पद्धति है जिसने स्थायी प्रभाव एवं संकलित असर दिखाया है। अच्छी तरह कार्यरत वैध प्रसार नीतियों में निम्नलिखित शामिल होते हैं:

1. अमरीका में जिस कानून द्वारा सहयोगी प्रसार सेवा की स्थापना हुई, उसे स्मिथ-लीचर कानून 8 मई 1914 कहा जाता है। विकासशील देशों के नीति निर्धारकों के लिये यह जानना महत्त्वपूर्ण है कि इस नीति ने अमरीकी कृषि को 1920 से अब

तक विकास तथा सक्षमता की प्रेरणा दी है। शेगर्स ने (1995) इस सहयोगी प्रसार पद्धति का सारांश इस प्रकार प्रस्तुत किया है "विश्व में आज अनुसंधानों के प्रसार में अमरीकी कृषि प्रसार नमूना को व्यापक पहचान मिली है। तकनीक स्थानांतरण में संभवत: कोई भी सरकार या निजी संस्था अधिक सफलता का दावा नहीं कर सकती हैं इसकी अपेक्षा।"

2. जापानी कृषि विकास नीति, 1948 ने जापान के सहयोगी कृषि प्रसार सेवा का गठन तथा वित्त का प्रावधान किया (जिनकी इकाई इन एपीओ, 1994 पे.122) इस कानूनान्तर्गत राष्ट्रीय सरकार, प्रसारकर्मियों के दो तिहाई वेतन, सभी प्रसार-कार्यक्रमों के कार्यकारी खर्च का दो तिहाई भाग तथा प्रसारकर्मियों के प्रशिक्षण तथा ग्रामीण युवा कार्य के सभी खर्चों का आधा भाग, वहन करेगी। प्रसार बजट का बचे खर्च का भाग प्रशासनिक सरकार द्वारा उठाया जायेगा। (एग्रीकल्चरल एक्सटेंशन सर्विस इन जापान, 1978, पे. 83)

3. दक्षिण कोरिया में आज कृषि प्रसार नीति 1957 के कृषि प्रसार कानून तथा 1962 के ग्रामीण विकास कानून में निहित है। यह जानना महत्त्वपूर्ण है कि प्रशासनिक पद्धति के हस्तक्षेप के असहयोग के कारण 1962 के ग्रामीण विकास कानून ने अनुसंधान ब्यूरो, प्रसार ब्यूरो, तथा समुदाय विकास ब्यूरो तथा ग्रामीण विकास प्रबंधन को एक साथ जोड़ा तथा अंतिम दो को कृषि मंत्रालय के प्रशासनिक अफसरशाही से मुक्त कराया। (यंगबोकचंग एवं योउलमोकडंग, 1984 पेज 4, 5)

4. थाईलैंड के कृषि प्रसार नीति का कानून 1956 में बना जिससे कृषि प्रसार विभाग सहित नौ विभागों का गठन कृषि एवं सहयोगिता मंत्रालय में किया। यह थाईलैंड में इसके कार्य, क्षेत्र, संगठन, वित्तीय समर्थन का स्वरूप आदि प्रसार के लिये तय करता है।

5. सन् 1981 में कानून द्वारा जिंबाबे के कृषि-तकनिकी एवं प्रसार सेवाओं के विभाग का गठन हुआ। यद्यपि यह अपेक्षाकृत नया है धीरे-धीरे यह अपने प्रसार कर्मचारियों एवं सरकारी कोषों का निर्माण कर रहा है।

सफल प्रसार पद्धति तथा औपचारिक प्रसार नीति के बीच संबंध के प्रदर्शन जैसे विचार ने कृषि प्रसार विश्वव्यापी परामर्श को यह अनुशंसा देने को बाध्य किया कि जहाँ संभव हो, कृषि प्रसार सेवा को औपचारिक तौर पर वैध होना चाहिये, एक स्थायी नीति का आधार, एक स्पष्ट मत तथा कार्यक्रमों के कार्यान्वयन एवं विकास के लिये स्पष्ट दिशा-निर्देश के प्रावधान के लिये। (स्वानसन 1990 पे. 11)

## मसले, जिन्हें प्रसार नीति में होना चाहिये

### प्रसार का उद्देश्य एवं लक्ष्य

यद्यपि प्रसार का एक सामान्य एवं सर्वव्यापी अर्थ है, इसके उद्देश्यों एवं लक्ष्यों को राष्ट्रीय उद्देश्यों तथा उस देश में कृषि एवं ग्रामीण विकास के स्तर के संदर्भ के अनुसार समायोजित किया जाना चाहिये। क्या प्रसार का उद्देश्य तकनीक स्थानांतरण द्वारा कृषि विकास को बढ़ावा देना होना चाहिए? क्या इसे ग्रामीण क्षेत्रों मे मानव संसाधन विकास को उच्चतर प्राथमिकता देना चाहिये या फिर जीवनोपयोगी कृषि एवं ग्रामीण विकास को? संगठन के नाम में ही प्रसार का उद्देश्य झलकना चाहिये तथा प्रस्तावना में प्रसार नीति को शामिल करना चाहिये कानून में जो देश की प्रसार पद्धति का प्रबंधन करता है। इसके बाद लक्ष्यों एवं उद्देश्यों के वक्तव्य में इसका उद्देश्य झलकना चाहिये जो सहमति के आधार पर प्रसार को सौंपे जाँच नीति प्रपत्र के समर्थन में हो। इस प्रपत्र का समय-समय पर पुनर्विचार करना चाहिये नीति निर्धारकों द्वारा जो दावेदारों के समूहों से हों।

प्रसार नीति के कार्यान्वयन में राष्ट्रीय प्रसार पद्धति विभिन्न प्रसार सिद्धांतों में से एक को अपना सकता है। विकासशील देशों में अधिकांश प्रसार पद्धतियाँ तकनीक स्थानांतरण पर, खाद्य उत्पादन की वृद्धि पर जोर डालने वाली राष्ट्रीय कृषि नीतियों पर तथा राष्ट्रीय खाद्य सरंक्षण प्राप्ति पर प्रारंभिक ध्यान केंद्रित करती है। तकनीक स्थानांतरण विचार का एक उदाहरण है प्रशिक्षण एवं दौरा (टी एंड वी) इन प्रसार कार्यों को विश्व बैंक के कार्यक्रमों में स्थान दिया गया है। यद्यपि, अमरीकी प्रसार पद्धति

खासकर तकनीक स्थानांतरण में सफल हुआ है। इसका प्रधान उद्देश्य रहा है ग्रामीण खेतिहर परिवारों को ज्ञान एवं कुशलता वृद्धि जो कृषि तकनीक के बहुत प्रभावी उपभोक्ता हैं। इसलिये किसी देश द्वारा अपनाये गये प्रसार विचार को प्रसार के उद्देश्य में प्रतिबिंबित होना चाहिये तथा यह इसके कार्यों, कार्यक्रमों एवं कर्तव्य को परिभाषित किया जाना चाहिये जो प्रसारकर्मियों को करना है।

## प्रसार की विषय-वस्तु को शामिल करना

विस्तृत विचार से प्रसार के विषय-प्रकरणों को उद्देश्य वक्तव्य में शामिल किया जाता है तथा प्रसार सेवा के नाम में भी। कृषि एवं ग्रामीण प्रसार के बीच अंतर बताने वाला विषय-प्रकरण ही है जो प्रसार सेवाएँ अपने कार्यक्रमों में अन्तर्भूत करेंगी तथा ग्रामीण आबादी में लक्ष्य जिन समूहों तक इन सेवाओं को ले जाना है उसे भी शामिल करेगी। बहुत संकुचित विषय-वस्तु की अंतर्युक्तता जैसे खाद्य, नगदी फसलों तथा जन्तु उत्पादन को बढ़ावा कई विशिष्ट एवं असंयोजित प्रसार पहलों के खर्चीले विस्तार को आमंत्रित करता है। विस्तृत विषय-प्रकरण को अन्तर्युक्त करने से एक अधिक एकीकृत कृषि प्रसार पद्धति प्राप्त होती है जिसमें संपूण खेती पद्धति का विकास, जीवनोपयोगी कृषि तथा ग्रामीण विकास शामिल रहते हैं। अन्य मुद्दा है कि क्या प्रसार पद्धति को सामाजिक-आर्थिक तथा जीवनोपयोगी विकास संवादों को शामिल करना चाहिये?

## भौगोलिक संलग्नता

राजनैतिक तथा लागत दोनों की दृष्टि से भौगोलिक अंतर्युक्तता एक महत्त्वपूर्ण नीति है। अधिकांश राजनैतिक नेता चाहते हैं कि उनके अधिकार क्षेत्र प्रभावी प्रसार पद्धति में शामिल रहें और इसलिये प्रसार कार्यक्रमों के लिये वित्तीय प्रावधान का तरीका निकाला जाये। अगर प्रसार के कोष की प्राप्ति विभिन्न स्तरों की सरकारों द्वारा होता है तो प्रसार के ढाँचे में इन विभिन्न कोषों को परिलक्षित होना चाहिये। प्रसारकर्मियों का झुकाव एवं जिम्मेदारी उस ओर अधिक रहेगा जिसे सरकारी स्तर से वित्त प्राप्त होगा। उदाहरण के लिये अगर स्थानीय सरकारी इकाई कुछ प्रसार वित्त प्रदान करते हैं तो प्रसारकर्मियों की प्रवृत्ति अधिक प्रति क्रियात्मक होगी। किसानों एवं राजनैतिक नेताओं के प्रति जो इस स्थानीय इकाई के अन्तर्गत हों उसकी अपेक्षा पूरा वित्त राष्ट्रीय सरकारों द्वारा दिया जाये। संक्षेप में, वित्त के कई स्रोत होने पर खासकर सरकार के विभिन्न स्तरों से, दावेदारों की संख्या बढ़ेगी तथा प्रसार पद्धति के नतीजों में, जिनके समर्थन का व्यापक आधार हो, स्थानीय स्तर पर यह दावेदारों के लिये अधिक जिम्मेदार रहेगी।

शुद्ध आर्थिक आधार पर, कुछ अर्थशास्त्रियों का मत है कि कृषि प्रसार को उन कृषि क्षेत्रों में केंद्रित होना चाहिये जहाँ मानवीय तथा प्राकृतिक संसाधनों की बहुतायत हो तथा जहाँ ग्रामीण निर्माण कार्य पहले से ही विकसित रहें परंतु बृहत, शिक्षा प्राप्त, वाणिज्यिक किसानों पर प्रसार स्रोतों के केंद्रीकरण से देश में व्यापक आधार का कृषि विकास संभव नहीं होगा क्योंकि ऐसे किसानों का ही सर्वोत्तम भूमि संसाधन पर नियंत्रण रहता है। और आगे, केवल आर्थिक आधार के उपयोग द्वारा प्रसार स्रोतों के आबंटन का नतीजा मिट्टी एवं जल के स्तर को नीचे ले जायेगा क्योंकि स्रोतों की कमी के किसान उपान्त भूमि का शोषण करते रहेंगे बिना उपयुक्त खेती तकनीक के। अंत में, कम स्रोतों के खेतिहर परिवारों में विनियोजन से उनके तकनीकी, प्रबंधन तथा नेतृत्व कौशल में वृद्धि हो सकती है जिससे वे अपने बच्चों को गैर-खेती कार्यों पर भेजने में समर्थ होंगे जहाँ आय अधिक है।

## ग्राहक या लक्ष्य लाभान्वित

विकासशील देशों में प्रसार सेवाओं की एक आम आलोचना यह होती है कि वे छोटे पैमाने के किसानों की बड़ी संख्या की अवहेलना करते हैं तथा अल्पसंख्यक बड़े किसानों का पक्ष लेते हैं या महिला किसानों पर बहुत कम ध्यान देते हैं। यह एक नीति का मसला है क्योंकि यह प्रसार के उद्देश्यों तथा लक्ष्यों अनुसंधान द्वारा तकनीक की प्राथमिकता प्रसार का लागत-प्रभाव तथा विकास के सामाजिक-आर्थिक लक्ष्यों के साथ समानता तथा दरिद्रता उन्मूलन पर अपना प्रभाव डालता है।

कृषि प्रसार कार्यक्रम में महिलाओं एवं युवाओं को शामिल करने का आधार सामान्यतया उनकी संख्या तथा खेती के योगदान पर निर्भर करता है। विश्वस्तर पर कृषि में महिलाओं का 51% सक्रिय योगदान है। अफ्रीका में खाद्य उत्पादन में कुछ क्षेत्रों में महिलाओं की भागीदारी 76% तक है (फाओ, 1990 पेज 5)। सन् 1995 में 15 से 29 वर्ष के ग्रामीण युवाओ की संख्या का अनुमान 1.5 बीलियन था तथा इसमें से 1.3 बीलियन कम उन्नत देशों

में ही थे। यह मान लेने पर कि ग्रामीण युवाओं की संख्या आबादी का 60% है विकासशील देशों में तो क्या जीवनोपयोगी कृषि तथा ग्रामीण विकास में उनकी निर्णायक भूमिका को विशिष्ट पहचान मिलनी चाहिये आने वाले किसानों की पीढ़ी में?

**संगठनात्मक मसले**

प्रसार संगठन में प्रसार पद्धति के विभिन्न पहलुओं को शामिल किया जाता है तथा यह प्रसार सेवाओं के लिये प्रबंधन की रूपरेखा प्रस्तुत करता है। यह एक नीतिगत मसला है क्योंकि प्रसार पद्धति का क्षेत्र, आकार एवं ढाँचा को प्रभावित करता है, साथ ही उन तत्त्वों को भी जो नियंत्रण, मूल्य-प्रभावशीलता तथा प्रसार सेवाओं के प्रभाव से संबंधित हैं। प्रमाण के लिये प्रसार संगठनों के विभिन्न प्रकारों पर चर्चा की जाती है जो निम्नलिखित हैं :

1. **केंद्रित संगठन:** इसके उदाहरण हैं थाईलैंड एवं बांग्लादेश में कृषि प्रसार विभाग, दक्षिण कोरिया का कृषि प्रसार ब्यूरो तथा जिंबावे का एग्रीटेक्स (AGRITEX)। इस प्रकार के संगठन में राष्ट्रीय प्रसार कार्यालय, क्षेत्रीय, जिला, उपजिला तथा ग्रामस्तर पर प्रसार कार्यक्रम के कार्यों तथा साधनों का प्रबंधन एवं नियंत्रण करता है। कार्यक्रम नियोजन में ग्राहकों की भागीदारी तथा फीडबैक साधारणतः सीमित रहता है।

2. **विकेंद्रित संगठन:** इस प्रकार के प्रसार संगठनों के उदाहरण हैं ब्राजील, कनाडा, भारत, नाईजेरिया तथा फिलीपींस की कृषि प्रसार पद्धतियाँ। ऐसी पद्धतियों में एक राष्ट्रीय या संघीय प्रसार कार्यालय अदृश्य रहता है इसलिये कि प्रसार कार्यक्रम, प्रबंधन, तथा कार्यकलापों तथा साधनों का नियंत्रण राज्य या प्रांतीय सरकारों के पास ही होता है।

3. **सहकारी प्रकार के प्रसार संगठन एवं कोष:** इस प्रकार के प्रसार का स्वरूप राष्ट्रीय, राज्य या प्रांतीय एवं स्थानीय सरकारों के बीच भागीदारी का होता है, इसके कोष, कार्यक्रमों, तथा प्रसार के कार्यकलापों तथा साधनों का प्रबंधन करने में भागीदार रहते हैं। अमरीका में प्रसार अमरीकी कृषि विभाग (संघीय प्रसार सेवा) राज्य भूमि-अनुदान विश्व विद्यालयों तथा काउंटी सरकारों के बीच एक संयुक्त उपक्रम होता है। जापान में यह राष्ट्रीय सरकार एवं प्रशासनिक सरकारों के बीच एक संयुक्त उपक्रम होता है। चीन में, कृषि प्रसार राष्ट्रीय, प्रांतीय, प्रशासनीय तथा काउंटी सरकारों के बीच एक सहयोगी उपक्रम रहता है। काउंटी कृषि तकनीकी प्रसार केंद्र में सहयोग का कार्यक्रम, प्रबंधन एवं समर्थन को प्रदर्शित किया जाता है जिसमें 20% कोष केंद्रीय सरकार, 30% प्रान्तीय सरकारों तथा 50% कोष काउंटी सरकारों द्वारा जुटाया जाता है।

4. **राष्ट्रीय प्रसार पद्धति का बहुसंख्यक प्रकार:** कई देशों में इस प्रकार के प्रसार संगठन का उदय हो रहा है पर अब तक इसे राष्ट्रीय प्रसार नीति में नहीं लिया गया है। यह ढाँचा उन देशों में घटित हो रहा है जहाँ प्रसार सेवाएँ विस्तृत हैं और/या जहाँ जन कृषि प्रसार संगठन ग्राहकों को संतुष्ट नहीं कर पा रहे हैं साधनों तथा प्रबंधन की समस्या के कारण। फलस्वरूप, कई सरकारी एवं निजी कोषित संगठन गैर-सरकारी संगठनों सहित कृषि प्रसार कार्यक्रम करते हैं। सरकार कोषित संगठन फसलों, पशुधन तथा कृषि मंत्रालय के बागवानी विभागों तथा राज्य कोषित कृषि कालेजों तथा विश्वविद्यालयों तथा उत्पाद-बोर्ड को शामिल कर सकते हैं। निजी कोषित संगठन में ग्रामीण विकासोन्मुख गैर-सरकारी संगठन, कृषि व्यापार उद्यम (संपर्क प्रसार) तथा विकास संगठनों, सहकारिता एवं वस्तु-संघ आदि शामिल हो सकते हैं। सामान्यतः भौगोलिक, विषय-वस्तु तथा ग्राहक कवरेज तथा इन विभिन्न संगठनों में प्रत्येक के कार्य-स्तर मालूम नहीं होते हैं। यह भी कि इन अलग-अलग प्रयासों का सही संयोजन नहीं हो पाता। प्रसार में सम-सामयिक नीति के लिये यह सलाहनीय है कि एक रोस्टर या नक्शा, सभी सरकारी एवं निजी कोषित प्रसार कार्यक्रमों का बनाया जाये तथा एक राष्ट्रीय नीति का निर्माण किया जाये जो प्रसार कोषों में कार्यक्रमों की गुणनांकता की पहचान करें। यह एक नीति की संभावना पर अध्ययन करेगा जो कृषि प्रसार पद्धति की एकरूपता को बढ़ावा देगा।

**प्रसार-कर्मियों का मसला**

प्रसार पद्धति के लक्ष्य एवं कार्य की प्रवृत्ति से यह उचित ही है कि समाज में प्रतिक्रिया संगठन में तकनिकी

एवं पेशेवर कर्मचारियों की संख्या तथा उनके गुणों पर आधारित हो। प्रसार के एक राष्ट्रीय कार्यक्रम, मानव संसाधन का प्रश्न जिसके उन्मुख नीति निर्धारक एवं प्रसार प्रबंधक होते हैं, वह है : मिशन, कार्य का क्षेत्र तथा उपलब्ध संसाधन, किस प्रकार की योग्यता तथा कितनी संख्या में कर्मचारियों की भर्त्ती की जाये। एक प्रसार पद्धति में इस कर्मचारी साँचे में अन्य प्रश्न शामिल रहते हैं। क्षेत्र प्रसारकर्मियों के साथ विषय-वस्तु विशेषज्ञों का क्या अनुपात होना चाहिये। क्षेत्र के प्रसारकर्मियों की संख्या का अनुपात, किसानों की संख्या खेतिहर परिवारों या अन्य लक्ष्य समूहों से क्या होना चाहिये? प्रसारकर्मचारियों को कैसे काम पर लगाना चाहिये तथा कितनी बार उनका स्थानांतरण होना चाहिये तथा क्या प्रोत्साहन देना चाहिये यह सुनिश्चित करने कि वे किसानों के सभी समूहों के साथ कार्य करें।

## प्रसार का कोष

प्रसार के लिये सर्वाधिक कठिन एवं चुनौतीपूर्ण प्रश्न है वित्त का एक स्थायी स्रोत प्राप्त करना। सरकारी बजट की कमी की व्यापक प्रवृत्ति से जिसमें शामिल है ढाँचागत समायोजन कार्यक्रम, कई नीति निर्धारकों का मत है कि सरकारी प्रसार खर्चीला तथा सरकार के सीमित साधनों की व्यर्थता दोनों है। इसके साथ ही विकासशील एवं विकसित दोनों प्रकार के देशों में प्रसार खर्च के लाभ अधिक हैं। इसलिये नीति निर्धारकों को इस विषय पर सावधानीपूर्वक विचार करना चाहिये कि सरकारी खर्च का कौन-सा स्तर आवश्यक है किसानों का समर्थन करने जो देश में किसानों की आवश्यकता से संबंधित है।

जब प्रसार प्रबंधकों की क्षमता में सुधार तथा सरकारी प्रसार के खर्च में कमी लाना चाहिये, उसी समय नीति निर्धारकों को प्रसार कोष को बढ़ाने का साधन ढूँढ़ना चाहिये यथेष्ट समर्थन स्तर तक। अधिकांश विकासशील देशों में खासकर उन देशों में जहाँ निम्न आय एवं खाद्य की कमी होती है वहाँ प्रसार कोष का सूक्ष्म स्तर बहुत कम रहता है। कृषि प्रसार पर विश्वव्यापी परामर्श ने बताया कि अधिकांश विकासशील देशों में प्रसार के लिये कोष का स्तर अपर्याप्त है सभी समूह के किसानों को शामिल करने के लिये खासकर उन्हें जो साधन से निर्धन हैं एवं तथा जीवन-यापन स्तर पर हैं। कुछ उल्लेखनीय अपवादों को छोड़ कर महिलाओं एवं युवा किसानों की अवहेलना की गई है। (स्वानसन, 1990, पे 25) उन देशों में जहाँ प्रसार के लिये समर्थन कोष की कमी है वहाँ प्रसार कोष को बढ़ाकर उस स्तर तक ले जाना चाहिये जो अनुमानित आर्थिक प्राप्ति की दर को परिलक्षित करे तथा सामाजिक लाभ को भी जब सरकारी कोष का उचित विनियोजन एवं प्रबंधन हो (एलेक्जेंडरारोस, 1995, पे. 344; इवेनाल इन जोंस, 1987 पे.76-86, पदेलीया इन एफईएसी 1974, पे.2)

प्रसार को कोष देने की समस्या निरंतर सर्वाधिक कठिन नीति है प्रसार के लिये। यह मसला और भी दुरूह हो जाता है जब खेतिहर परिवार की वृद्धि से प्रसार सेवाओं की माँग बढ़ जाती है। ऐसे परिवारों के पास कम भूमि एवं जल संसाधन रहते हैं। और भी यह कि प्रसार से जीवनोपयोगी विकास संवादों को एकीकृत करने को कहा जाता है अपने प्रसार कार्यक्रमों में करने का नतीजा है 'कम से कार्य कर अधिक करें।'

## स्थिरता

एक अच्छी प्रसार नीति प्रसार पद्धति की स्थिरता बढ़ाती है फिर भी कृषि क्षेत्र के प्रगतिशील प्रवृत्ति के लिये यथेष्ट लचीलापन प्रतिबिंबित करती है। प्रसार को कठोर नहीं होना चाहिये। बल्कि "इसे खेती के सभी लोगों के समूह के प्रति उत्तरदायी रहना चाहिये तथा यथेष्ट संलग्नता के साथ जिसमें सरकारी, निजी एवं गैर-सरकारी संगठनों को देश के कृषि विकास लक्ष्य में योगदान की छूट होना चाहिये।" (स्वानसन, 1990 पे.11) बार-बार प्रसार में संगठनात्मक परिवर्तन से जैसे एक सरकारी संस्था से दूसरी संस्था में स्थानांतरण का प्रत्यक्ष असर संगठन के प्रभाव पर होता है। यह अस्थिरता खर्चीली होती है इस तरह कि प्रशिक्षित कर्मचारियों का उपयोग ठीक से नहीं हो पाता तथा उत्पादकता सुधार के अवसर गँवाने पड़ते हैं। कुछ देशों में प्रसार नीतियाँ सफल हुई हैं विघटनकारी एवं अस्थिरता के परिवर्तन को टालने में। अस्सी वर्षों से अधिक तक अमरीका ने 1914 के सहयोगिता प्रसार सेवा कानून का पालन किया है कुछ लचीलेपन के साथ जापान ने अपनी प्रसार नीति का 50 वर्षों से तथा थाइलैंड ने सफलतापूर्वक प्रसार नीति का 40 वर्षों तक पालन किया है। इन देशों में कृषि प्रसार की पहचान कृषि उत्पादकता तथा विकास में महत्त्वपूर्ण योगदान किया है।

## प्रसार नीति का निर्धारण

कृषि प्रसार नीति-निर्धारण के लिये कोई स्तरीय फार्मूला नहीं है। फिर भी यह याद रखना चाहिये कि प्रसार के अधिकांश नीतियों एवं कानूनों का निर्धारण कृषि मंत्रालय के नियोजकों तथा नीति-निर्धारकों तथा सरकार की विधायिका शाखा द्वारा किया गया है। सामान्य रूप से कृषि प्रसार पेशेवरों को कृषि विश्वविद्यालय से या विदेश से प्रसार-कानूनों के मसविदे पर सलाह एवं सहायता देने बुलाया जाता है। प्रसार विधि के कानून बनने से पहले काँग्रेस में सुनवाई की जाती है।

अन्य ग्राहकों एवं किसानों की आवश्यकताओं को अधिक उपयोगी बनाने के लिये प्रसार नीतियों को भागीदारी विचार के अनुसार इस पर पुनर्विचार या निर्धारण होना चाहिये। इस प्रक्रिया पर पहले संकल्पित पेशेवरों द्वारा की जानी चाहिये जो सरकारी या निजी क्षेत्र के हों तथा जिसमें स्वयं किसानों की सक्रिय भागीदारी रहे साथ ही निजी क्षेत्रों एवं स्थानीय सरकारी प्रतिनिधियों का भी। एक प्रस्तावित प्रसार नीति का प्रारूप जो इस भागीदारी विचार से निकलता हो, कृषि मंत्रालय द्वारा वैध करना होगा और फिर काँग्रेस या संसद द्वारा इसे कानून में लाना होगा। क्षेत्र स्तर पर दावेदारों द्वारा इसकी ग्राह्यता एवं स्थानीय अवस्थाओं में इसकी उपयोगिता में वृद्धि होने का लाभ होगा। कृषि प्रसार पर विश्वव्यापी सलाह ने कहा, "कभी कभी राष्ट्रीय विकास नीति तथा कृषि में संलग्न ग्रामीण गरीबों की बड़ी संख्या की रुचियों के बीच अन्तर्विरोध होता है। कृषि प्रसार नीति के निर्धारण तथा प्रसार में औपचारिक एवं अनौपचारिक दोनों तरीकों से सभी प्रमुख खेती समूहों को शामिल करना चाहिये। "माँग पर आधारित राष्ट्रीय प्रसार पद्धति में" नीति निर्धारण तथा समयकालीन पुनर्विचार में किसानों को शामिल करना सर्वाधिक प्रभावी साधन है।

## उपसंहार

विकासशील देशों में उपयोगी एवं संगत प्रसार नीति निर्धारण में भविष्य के लिये भूत की सीख मार्गदर्शन दे सकता है। प्रसार नीति में निम्नलिखित प्रकार से शामिल करना चाहिये: (1) प्रसार पद्धति का नाम, (2) मिशन एवं लक्ष्य, (3) लक्षित ग्राहक, (4) भौगोलिक संलग्नता, (5) पालन योग्य मुख्य प्रसार विचार, (6) सामान्य विषय-वस्तु की संलग्नता, (7) संस्थागत तथा संगठनात्मक रूपरेखा, (8) प्रसार का कोष कैसे जुटाया जायेगा एवं (9) प्रसार पद्धति के अन्तर्गत पुनर्विचार तथा उत्तरदायित्व का प्रावधान।

अंतिम रूप से प्रसार नीति का अंतिम जाँच वह प्रभाव है जो यह सभी प्रमुख किसानों के समूहों की उत्पादकता पर डालता है जिसमें उनकी आय तथा जीवन के गुण शामिल हैं। इसके अलावा प्रसार का मूल्यांकन इसके जीवनोपयोगी कृषि विकास में योगदान पर होना चाहिये। प्रसार नीति निर्धारकों, प्रबंधकों, विशेषज्ञों तथा पेशेवर कर्मचारियों के लिये निम्नलिखित जाँच सूची उपयोगी हो सकता है: 1. दीर्घकालीन परिदृश्य में क्या प्रसार नीति विकसित होगा? 2. क्या यह प्रसार कर्मचारियों में खोज एवं सृजन का भाव लाता है तथा क्या यह अधिक सुविधा का प्रावधान करता है बजाय अपने कार्य नियंत्रण के? 3. क्या यह प्रसार पद्धति में दावेदारों की भागीदारी बढ़ाता है तथा उनका विश्वास अर्जित करता है? 4. क्या यह सरकार से स्थायी वित्त प्राप्त करता है दावेदारों तथा लाभान्वितों के समर्थन द्वारा? 5. अपने कार्य को सक्षमता तथा प्रभावी ढंग से संपन्न करने के लिये क्या यह उपयुक्त प्रक्रियाओं तथा तरीकों को अपनाता है? एवं 6. सामयिक पुनर्विचार द्वारा उत्तरदायित्व के लिये क्या यह समुचित प्रावधान करता है?

## संदर्भ

एग्रीकल्चरल प्रसार सेवा (1978) *एग्रीकल्चरल एक्सटेंशन इन जापान।* टोक्यो : जापान एग्रीकल्चरल एक्सटेंशन एंड डेवेलपमेंट एसोसियेशन।

एलेक्जेंड्राटोस, एन. (1995) *वर्ल्ड एग्रीकल्चर : टुआर्ड्स 2010, एन फाओ स्टडी,* वेस्ट ससेक्स, इंगलैंड : फों एंड जॉन विली एंड संस।

एशियन प्रोडक्टीविटी ऑरगेनाइजेशन (एपीओ), (1994) *एग्रीकल्चरल एक्सटेंशन सिस्टम इन एशिया एंड दी पैसिफीक,* टोक्यो, एशियन प्रोडक्टीविटी ऑरगेनाइजेशन।

चंग, योंगबोक एंड डोंग, योउल-मो (1984) *ए स्टडी ऑफ दी एग्रीकल्चरल एक्सटेंशन एक्सपेरियेंसेस इन दी रिपब्लिक ऑफ कोरिया,* रोम, फाओ।

चंग योंगवोक *एट.एल.,* (1985) *एग्रीकल्चरल एक्सटेंशन सर्विसेज इन कोरिया।* सियोडन-डोंग, सुवोना रिपब्लिक ऑफ कोरिया : रूरल डेवेलपमेंट एडमिनिस्ट्रेशन।

कोर्ट्स, जे. (1994) *प्रोसेस, पेपर्स, पोलिसी एंड प्रैक्टिस : ए केस स्टडी ऑफ इन्ट्रोडक्शन ऑफ ए फोरमस एक्सटेंशन पोलिसी इन क्वींसलैंड, आस्ट्रेलिया, 1987-1994*, डेन हाग, कोनिंकहायक, बिबिलियोथीक।

फाओ एंड मिनिस्ट्री ऑफ एग्रीकल्चर, दी नीदरलैंड्स (1991) फाओ/नीदरलैंड्स कांफ्रेंस ऑन एग्रीकल्चर एंड दी इनवारनमेंट : दी डेन बोश्च डिकलेरेशन एंड एजेंडा फॉर एक्टन ऑन सस्टेनेवुल एग्रीकल्चर एंड रूरल डेवेलपमेंट – रिपोर्ट ऑफ दी कांफ्रेंस। रोम, फाओं एंड मिनिस्ट्री ऑफ एग्रीकल्चर, नेचर मैनेजमेंट एंड फिशरीज ऑफ दी नीदरलैंड्स।

फाओ, (1991) *इन्टरनेशनल डारेक्टरी ऑफ एग्रीकल्चरल एक्सटेंशन ओरगाइनेजेशनस*, रोम, फाओ।

फाओ (1990) *वुमेन इन एग्रीकल्चरल डेवेलपमेंट : फाओ'ज प्लान ऑफ एक्शन*, रोम, फाओ।

फेडरल एक्सटेंशन सर्विस (एफईएस) (.....1974) *एक्सटेंशन इन्टरनेशनल एक्सचेंज*, वाशिंगटन डीसी, फेडरल एक्सटेंशन सर्विस, यू.एस. डिपार्टमेंट ऑफ एग्रीकल्चर।

जोंस, जी. (1986) *इन्वेस्टींग इन रूरल एक्सटेंशन : स्ट्रेटजीस एंड गोल्स*. लंदन, एल्सबीयर एप्लायड साईंस पब्लिशर्स।

केल्सी, एल. एंड हर्ने, सी. (1963) *कॉपरेटिव एक्सटेंशन वर्क*, इथाका, न्यूयार्क : कम्सरोक पब्लिशींग एसोसियेट्स ऑफ कोरने यूनिवर्सिटी प्रेस।

रिवेरा, डब्ल्यू., एंड गुस्टाफसन, डी. (1991) *एग्रीकल्चरल एक्सटेंशन : वर्ल्डवाईड इंस्टीट्यूशनल इवोल्युशन एंड फोर्सेस ऑफ चेंज*, एम्सटरडामः एल्सवीयर।

रार्जस, ई.एम. (1995) डिफ्युजन ऑफ इन्नोवेशंस (फोर्थ इडी.) न्यूयार्क, फ्री प्रेस।

स्टॉकींग, एम. (एडी.) (1994) *रिपोर्ट ऑफ दी एक्सपर्ट कन्सलटेशन, ऑफ इन्टीग्रेटींग इनवायरमेंटल एंड सस्टेनेवुल डेवेलपमेंट थीम्स इनटू एग्रीकल्चरल एडुकेशन प्रोग्राम्स*, रोम, फाओ।

स्वानसन, बी. (ईडी.) (1990) *ग्लोबल कंसलटेशन ऑन एग्रीकल्चरल एक्सटेंशन : ए रिपोर्ट*। रोम, फाओ।

स्वानसन, बी. (1984) *एग्रीकल्चरल एक्सटेंशन : ए रिफरेंस मैनुअल*, रोम, फाओ।

अध्याय-13

# प्रसार संगठन तथा प्रबंधन में सुधार

एम.डब्ल्यू. वाल्ड्रोन, जे. वसन्तकुमार एवं एस. अरूलराज

प्रसार कार्यक्रमों में लोगों का प्रभावी प्रबंधन करना एक कौशल है तथा इसके लिये बराबर योजना एवं विकास आवश्यकता हैं। एक प्रसार कार्यक्रम प्रबंधक की परिभाषा इस प्रकार की जा सकती है जिसके पास किसी संगठन या उसके किसी शाखा इकाई का औपचारिक अधिकार होता है। उसकी स्थिति ऐसी रहती है जिसमें विविध अंतर्वैयक्तिक संबंध होते हैं तथा इससे ही सूचनाओं तक पहुँचा जाता है। बदले में सूचना प्रबंधक को सक्षम बनाता है कि वह कौशल निरूपित करे निर्णय करे तथा कार्य को कार्यान्वित करे (मिंट्जबर्ग, 1988)। प्रबंधक की चिंता संगठनात्मक लक्ष्यों तथा उद्देश्यों की अधिकतम प्राप्ति होती है अन्य लोगों के साथ या उनके द्वारा। प्रसार प्रबंधन संगठन की कई विशेषताएँ होती हैं कौशलों, विस्तृत नियंत्रण जनतंत्र तथा स्वायत्तता। उनके प्रबंधन का कोई तरीका ऐसा नहीं है जो सभी प्रकार के संगठनों में निरंतर कार्यकारी हो। फिर भी, पेशेवर संगठनों के सभी प्रबंधकों के सामने समान चुनौती होती है अपने समय, उद्देश्यों तथा साधनों का प्रबंधन जिससे कार्यों को पूरा तथा विचारों को कार्यान्वित किया जाये। (वाल्डरोन, 1994)

प्रसार कार्यक्रमों के प्रबंधकों को इस बात की जानकारी होती है कि आज के कुशल कार्यशीलता तक पहुँचने के लिये नई कुशलताओं का विकास तथा पुनरींक्षण आवश्यक होता है। अगर परिवर्तनों पर ठीक से ध्यान नहीं दिया जाये तो ये पहले से भी अधिक कष्टप्रद हो सकते हैं। उच्च कार्यकर्त्ता प्रतिक्रिया, खोज जाँच तथा कार्य करते हैं। वे जानते हैं कि उनके संगठन में लोगों के मस्तिष्क, हृदय तथा हाथों को जोड़ने की आवश्यकता है। चालाक प्रबंधक जानते हैं कि क्या करने की आवश्यकता है, पर कैसे किया जाये इसमें उलझे रहते हैं। बहुधा वे अपने को प्रबंधक नहीं बल्कि शिक्षक तथा संचारकर्त्ता की तरह देखते हैं। इसका नतीजा होता है प्रबंधन सिद्धांत तथा व्यवहार पर साहित्य की वृद्धि का अपूर्ण उपयोग एवं कार्यान्वयन। उन्हें आवश्य जानना चाहिए कि दूसरों को कैसे प्रेरित किया जाये तथा एक सक्षम दल का निर्माण कैसे किया जाये।

अधिक औपचारिकता की परिभाषा है कि प्रबंधन वह प्रक्रिया है जिससे लोग, तकनीक, कार्य जिम्मेदारी तथा अन्य साधनों को जोड़ा तथा संयोजित किया जाये ताकि संगठन के लक्ष्यों को प्रभावी रूप से प्राप्त किया जाये। प्रक्रिया या कार्य कई संबंधित कार्यों का समूह हैं जो एक बृहत कार्य में योगदान करें। प्रबंधन-कार्य समान दर्शन एवं विचारों पर आधारित है। वे निम्नलिखित प्रकार के इर्द-गिर्द होते हैं :

1. संस्था के लक्ष्यों, नीतियों एवं उद्देश्यों को स्पष्ट एवं विकसित करना।
2. औपचारिक एवं अनौपचारिक संगठनात्मक ढाँचे की स्थापना एक साधन की तरह जो अधिकारों का आबंटन तथा जिम्मेदारियों को बाँटे।
3. प्राथमिकताओं का निर्माण तथा बदलती माँगों के अनुसार उद्देश्यों पर पुनर्विचार तथा इनका पुनर्निरीक्षण करना।
4. कार्यकारी समूह, अन्य समूहों तथा बृहत समुदाय के साथ प्रभाव/संचार को बनाये रखना।
5. कर्मचारियों का चयन, प्रोत्साहन, प्रशिक्षण एवं मूल्यांकन करना।

6. कोष प्राप्त करना, बजट प्रबंधित करना तथा कार्यों का मूल्यांकन करना।
7. कर्मचारियों, बृहत उपक्रमों तथा समुदाय के प्रति उत्तरदायी होना। (वाल्डरोन, 1944बी)

उल्लिखित प्रबंधन कार्यों की सूची को वर्गीकृत किया जा सकता है शब्दों के संक्षिप्त रूप पोस्टकोर्ब द्वारा (POSTCORB)(बोनोमा एंड स्लेविन, 1978, फ्रोम गुलीक एंड गुरविक, 1959)

- **प्लानिंग ( योजना बनाना )** सिद्धान्त, नीति, उद्देश्यों एवं फलित कार्यों जिन्हें पूरा करना है तथा कार्य पूरा करने के तरीकों का निर्माण करना।
- **ऑरगेनाइजिंग ( संगठन करना )** उस ढाँचे तथा पद्धतियों का निर्माण जिसके द्वारा किसी खास मकसद के लिये कार्यकलापों को प्रबंधित, परिभाषित तथा संयोजित किया जाये।
- **स्टाफींग ( कर्मचारी चयन )** कर्मचारी कार्यों को पूरा करना जिसमें शामिल है कर्मचारियों का चयन एवं प्रशिक्षण तथा उचित कार्यावस्था को बनाये रखना।
- **डायरेक्टिंग ( संचालन करना )** निर्णय लेना, आदेशों में उसे निरूपित करना तथा उपक्रम के नेता के रूप में कार्य करना।
- **कोओरडिनेटींग ( संयोजन करना )** कार्य के विभिन्न भागों को एक-दूसरे से जोड़ना।
- **रिपोर्टिंग ( रिपोर्ट देना )** जिसके प्रति उत्तरदायी हों, कर्मचारियों तथा लोगों दोनो के प्रति उन्हें सूचित करते रहना।
- **बजटिंग ( बजट तैयार करना )** वित्तीय योजना बनाना, आय का प्रबंधन नियंत्रण तथा लेखा-जोखा करना तथा लक्ष्यों के अनुरूप खर्चों को बनाये रखना।

## प्लानिंग ( योजना )

किसी भी प्रसार कर्मी के लिये प्रमुख प्रबंधन कार्य होता है नियोजन। यह वह निर्धारण की प्रक्रिया है कि क्या करना है, कब, कैसे और किसके द्वारा तथा किस खर्च में। चाहे, यह दीर्घकालीन कार्यक्रम प्राथमिकता का हो या फिर दो घंटे की बैठक। प्रबंधन का नियोजन पहलू इसकी सफलता तथा उत्पादकता में प्रमुख योगदानकर्त्ता है। साधारण भाषा में, "अगर आप यह नहीं जानते कि आप कहाँ जा रहे हैं तब आप यह नहीं जानते कि आप कब पहुँचेंगे?" योजना संगठन के लक्ष्यों एवं उद्देश्यों तथा प्राप्ति के लिये साधन जुटाने की प्रक्रिया है। यह उपलब्ध विकल्पों में से एक प्रकार के कार्य का चयन है।

योजना प्रक्रिया में संगठन के उद्देश्यों का निर्धारण, वर्तमान वातावरण के बारे में स्थलों का विकास करना, कार्य के तरीकों का चयन, योजनाओं को कार्य रूप में परिणत करने के लिये आवश्यक कार्य पर पहले करना, तथा नतीजों का मूल्यांकन करना आदि शामिल रहते हैं। योजना का प्रकार जिसे प्रबंधक लेते हैं वह निर्भर होता है संगठन में उनके स्तर पर तथा संगठन के आकार-प्रकार पर। साधारणतः चार प्रकार के प्रमुख योजना कार्य होते हैं जो निम्नलिखित हैं: कौशलपूर्ण, विशारदयुक्त, आकस्मिक तथा प्रबंधकीय। विशादरयुक्त योजना में संगठन के लक्ष्यों तथा उन्हें कैसे प्राप्त किया जाये यह तय करना शामिल रहता है। यह सामान्यतः शीर्ष प्रबंधन का कार्य होता है। कौशलपूर्ण नियोजन का संबंध विशारदी योजना का कार्यान्वयन रहता है तथा यह मध्य एवं निम्न प्रबंधन का कार्य होता है आकस्मिक योजना भविष्य में घटित होने वाली समस्याओं या परिवर्तनों के संभावित अनुमान पर आधारित होता है तथा उनसे निबटने के प्रभावी तरीके, जब आयें। (मार्शल, 1992) प्रबंधकीय योजना को साधारणतः एक लघुस्तरीय योजना समझा जाता है। यह प्रायः प्रसार के उद्देश्यों को पूरा करने के लिये साधनों को जोड़ने में सहायता करता है।

आवश्यकताओं की जानकारी से एक योजना के विकास पर पहल हो सकती है। योजना प्रक्रिया से उस दर्शन का सृजन होता है जिसमें संगठन के मूल्य, विश्वासों, तथा भावनाओं की अभिव्यक्ति का वर्णन निहित रहता है। इसका लक्ष्य-वक्तव्य इसके उद्देश्यों या इसके होने के कारणों की घोषणा है। दर्शन एवं निर्जन वक्तव्यों की स्थापना के बाद विभिन्न उद्देश्यों एवं लक्ष्यों को परिभाषित किया जाता है। लक्ष्य साधारणतः सामान्य वक्तव्य होते हैं जो यह बताता है कि भविष्य में क्या पूरा करना है। उद्देश्य एक स्थूल वक्तव्य होता है किसी विशिष्ट कार्य के वणन के लिये।

निर्णय करने के लिये नीतियाँ पूर्व निर्धारित मार्गदर्शन हैं क्योंकि वे वह सीमाएँ बताती हैं जिसके अन्तर्गत कार्य किये जा सकते हैं। प्रबंधकों का नीति निर्धारण से दो प्रकार का संबंध रहता है। प्रथमतः यह कि उच्चतर प्रबंधन द्वारा स्थापित संगठनात्मक नीतियों के कार्यान्वयन में उनकी महत्त्वपूर्ण भूमिका होती है। दूसरा यह कि वे अपने कार्य दल के मार्गदर्शन के लिये अपने विभाग में नीतियों का सृजन करते हैं। प्रक्रिया में एक निर्धारित नीति के लिये या एक खास तरह के कार्य के लिये अपनाये जाने वाले कदमों का सिलसिला वर्णित रहता है। अंतिम तथा निश्चित कार्य के लिये नियमों का इस्तेमाल होता है। सामान्यतः वे लचीले नहीं होते हैं।

योजना भविष्य की रूपरेखा, समस्याओं का अनुमान तथा सफलताओं की परिकल्पना है। संक्षेप में जो जीवित रहना चाहता है उसके लिये योजना अनिवार्य होता है। योजना के निर्णयों को पूरा करने के लिये संगठन करना, नेतृत्व देना, कर्मचारियों की आपूर्ति करना तथा बजट तैयार करना आदि साधन बनते हैं। हर कोई एक नियोजक है–भोजन के लिये, कार्य के समय के लिये, छुट्टियों के लिये एवं परिवारों के लिये। फिर भी औपचारिक योजना प्रबंधकों को गैर-प्रबंधकों से अलग करता है, प्रभावी प्रबंधक को निष्प्रभावी प्रबंधक से औपचारिक नियोजन प्रबंधकों को बाध्य करता है, भविष्य पर सोचने, प्राथमिकताएँ तय करने, सृजनता को प्रोत्साहित करने, स्पष्ट उद्देश्यों का निर्माण करने तथा अनुमानित समस्याओं एवं राजनैतिक वास्तविकताओं के संदर्भ में आने वाले समय के लिये भविष्यवाणी करने के लिये।

## दीर्घकालीन योजना

यह बहुत महत्त्वपूर्ण होता है इसलिये कि यह भविष्य के उन महत्त्वपूर्ण समस्याओं पर प्रकाश डालता है जो संगठन के लिये बहुत महत्त्वपूर्ण होते हैं। इसमें शामिल है सामाजिक प्रवृत्तियों का अध्ययन एवं मसले, किसानों के वर्तमान तथा अनुमानित आवश्यकताओं का सर्वेक्षण तथा दीर्घकालीन अनुसंधान दिशाओं एवं तकनीक में परिवर्तनों की जानकारी। कई प्रसारकर्मी यह सोच सकते हैं कि ऐसे प्रबंधन उनके अधिकार, नियंत्रण या संलग्नता के स्तर से बाहर के विषय हैं। वे यह सोच सकते हैं कि ऐसे कार्य संचालक उपमंत्री या अध्यक्ष का पूर्वाधिकार होता है। फिर भी यह आवश्यक होता है कि इसमें वरिष्ठ स्तर के प्रबंधन को शामिल किया जाये, पर साथ ही दीर्घकालीन योजना के नतीजों से उत्पन्न उद्देश्यों को कार्यान्वित करने वालों को भी शामिल करना उतना ही जरूरी है।

## कौशलपूर्ण योजना

इसकी परिभाषा इस प्रकार की गई है कि यह किसी संगठन के मूल उद्देश्यों तथा उन्हें पूरा करने के लिये साधन जुटाने के कार्यों का निर्धारण करता है। कौशल वह दिशा निर्देश तय करता है जिस ओर संगठन को अपना मिशन पूरा करने लिये जाने की आवश्यकता होती है। दीर्घकालीन नतीजों की प्राप्ति के कौशल को अपनाने के लिये कौशल-युक्त योजना एक रास्ते के नक्शे की तरह है। कभी-कभी वास्तविक नतीजों तथा कौशलयुक्त योजना के बीच भारी अंतर रह जाता है। संगठन के कार्यकलापों को प्रेरित करने के लिये लोगों को कौशल का एक भाग होना चाहिये। पूरे कौशल को इसके सदस्य कैसे समर्थन दें इसे बताने से एक अधिक शक्तिशाली, अधिक सक्षम एवं अधिक योग्यता से पूर्ण संगठन का उदय होगा। (चित्र-1)

दीर्घकालीन योजना से कौशलयुक्त योजना में अंतर होता है। दीर्घकालीन योजना वर्तमान लक्ष्यों एवं तरीकों पर निर्मित होता है तथा भविष्य के लिये सुधारों का प्रस्ताव करता है। कौशलयुक्त योजना वातावरण परिवर्तनों या अनुमानित परिवर्तनों पर विचार करता है जो वर्तमान तरीकों से अधिक प्रगतिशील परिवर्तन का सुझाव देता है। कौशलयुक्त योजना निर्माण के समय संगठन को दल-योजना पर जोर देना चाहिये। योजना से प्रभावित होने वालों को शामिल कर प्रबंधन संगठन को विस्तृत करता है जिसे कौशलयुक्त योजना के प्रति समझ एवं संकल्प है। (फ्लेमिंग, 1989) कौशलयुक्त योजना में निम्नलिखित तत्त्व शामिल होते हैं:

- संगठन का मिशन वक्तव्य - क्या
- कौशलपूर्ण विश्लेषण - क्यों
- कौशलपूर्ण निर्धारण - कहाँ
- दीर्घकालीन उद्देश्यों का कार्यान्वयन-कब और कैसे

प्रसार संगठन को बेहतर स्थान देने के लिये परिवर्तन अनिवार्य होते हैं तथा ग्राहकों की आवश्यकताओं पर प्रकाश डालने ग्रामीण विकास और जीवनोपयोगी कार्यक्रमों को आगे बढ़ाने के लिये भी-। परंपरागत ग्रामीण तथा खेतिहर

आबादी की शक्ति तथा लचक तथा विकेंद्रित समाज की ओर प्रवृत्ति से जहाँ अधिकाधिक शहरी गाँवों की ओर जाते हों यह बताता है कि ग्रामीण समुदाय की सफलता लोगों के बदलने अपनाने तथा अच्छे भविष्य के लिये कार्य करने की क्षमता पर निर्भर है। सन् 1990 के दशक में किसानों की भागीदारी को सुविधापूर्ण बनाना एक प्रमुख प्रसार कार्य रहा है। (चैंबर्स, 1993) पुनर्गठन से ग्रामीण विकास के प्रति एक दीर्घकालीन संकल्प की रूपरेखा बनती है। संगठनों तथा उप-इकाइयों को कार्य दल लाने का प्रोत्साहन दिया जाता है यह सुनिश्चित करने कि प्रत्येक क्षेत्र कर्मचारियों एवं सेवाओं को एक संयुक्त प्रमुख व्यवसाय-इकाई में एकीकृत करता है। संगठन के उद्देश्यों एवं लक्ष्यों के सफल विकास एवं कार्यान्वयन के लिये परामर्श एवं भागीदारी को अनिवार्य समझा जाता है। प्रत्येक कार्यदल से, संगठन के सम्मुख प्रमुख चुनौतियों एवं अवसरों पर चर्चा के लिये एक प्रभावी प्रक्रिया विकसित करने को कहा जाता है, अगर संभव हो तो अगले दशक के लिये। इसके बाद आद्यान्त कौशलयुक्त योजनाओं को विकसित किया जाता है। ये योजनाएँ संगठन के साधनों को उजागर करने की रूपरेखा तैयार करती है एक मंचित विचार के इस्तेमाल द्वारा सर्वाधिक महत्त्वपूर्ण क्षेत्रों में। इसके बाद प्रबंधन के सभी स्तरों पर आद्यान्त योजनाओं का कार्यान्वयन कार्यदल द्वारा होता है। कार्यदल के उद्देश्य में निम्नलिखित कार्य शामिल हैं:

1. परामर्श में सभी स्तर के कर्मचारियों को शामिल करना।
2. संगठन के लिये लक्ष्यों तथा उद्देश्यों को विकसित करना एक प्रक्रिया बनाकर उसे कार्यान्वित करना।
3. संगठनात्मक ढाँचे की स्पष्ट परिभाषा करना तथा कार्यों ग्राहकों तथा सेवापूर्त्ति नमूनों की पहचान करना।
4. वर्तमान स्थिति से अगले तीन से पाँच वर्षों में जो आवश्यक बिंदु तक जाने के लिये आवश्यक उपलब्ध विचारों तथा परिवर्तनों की पहचान करना।

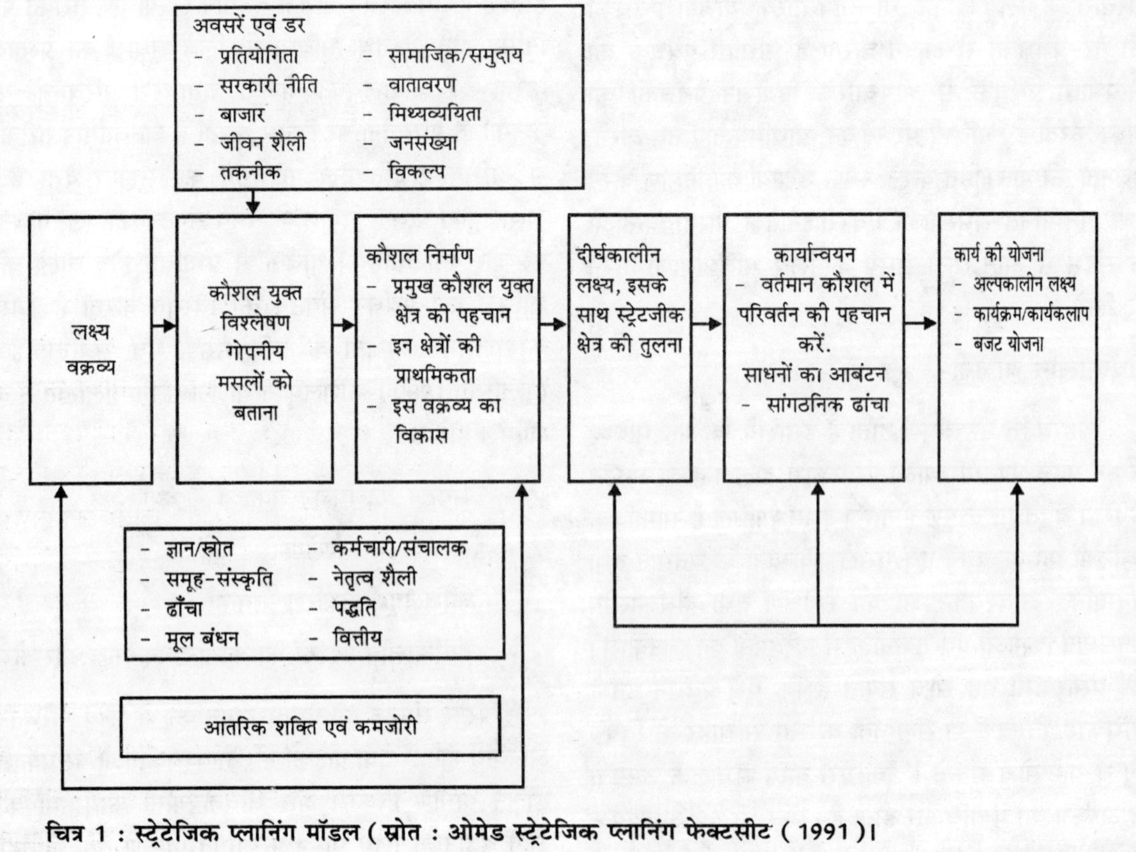


**चित्र 1 : स्ट्रेटेजिक प्लानिंग मॉडल ( स्रोत : ओमेड स्ट्रेटेजिक प्लानिंग फेक्टसीट ( 1991 )।**

5. नीतियों तथा कार्यक्रम विकास के लिये प्राथमिकताओं की अनुशंसा की पहचान करना।
6. खर्च में कमी, सेवा स्तर में सुधार, कर्मियों का प्रबंधन, उत्तरदायित्व, तकनीक तथा व्यवसाय प्रक्रिया सुधार के लक्ष्यों को निगमित करना।
7. आरंभ की तारीख तथा प्रथम रिपोर्ट की तारीख बताना।

## प्रबंधकीय योजना

अगर दीर्घकालीन योजना बृहत से जुड़े तो प्रबंधकीय योजना को अल्प से जोड़ा जा सकता है। प्रबंधन योजना कौशलयुक्त योजना का कार्यान्वयन है। यह साधनों को जोड़ना है जिससे संगठन के प्रमुख मिशनों एवं उद्देश्यों को पूरा किया जाये। प्रबंधकीय योजना विशिष्ट इकाई के कार्यों पर प्रकाश डालता है तथा शामिल करता है कि क्या करने की जरूरत है, किसके द्वारा, कब तथा किस खर्च पर। कौशलयुक्त योजना प्रक्रिया प्रबंधन योजना प्रक्रिया को छतरी प्रदान करता है जो निम्नलिखित बातों को लेता है:

1. व्यक्तिगत लक्ष्य तथा उद्देश्य की स्थापना;
2. नतीजों की भविष्यवाणी तथा समस्याओं की क्रियाशीलता;
3. विकल्पों का विकास, चयन तथा प्राथमिकताओं का निर्माण;
4. संबद्ध बजट का विकास;
5. कर्मचारी साधनों की स्थापना;
6. इकाई से संबंधित विशिष्ट नीतियाँ बनाना;
7. भौतिक साधनों को जुटाना; तथा
8. यह निर्धारण करना कि प्रबंधन इकाई ने अपने लक्ष्यों एवं उद्देश्यों को पूरा करने में कैसे सफलता पायी है?

## निर्णय करना

कौशलयुक्त योजना तथा प्रबंधकीय योजना दोनों से निर्णय करने की प्रक्रिया का निकट संबंध है। विभिन्न अवस्थाओं में, विकल्पों तथा नतीजों के बारे में विभिन्न जानकारी के साथ, बुद्धिमानीपूर्वक निर्णय करने की आवश्यकता है। निर्णय भविष्य से संबंधित है तथा निश्चय के वातावरण में लिये जा सकते हैं जोखिम की स्थिति में या अनिश्चय की स्थिति में भी। निश्चय की अवस्था में प्रबंधकों के पास यथेष्ट सूचना होती है तथा ठीक-ठीक यह जानते हैं कि उनके निर्णय का क्या नतीजा होगा। प्राय: प्रबंधकों को अनिश्चय की अवस्था से पाला पड़ता है। फिर भी वे अपने निर्णयों की संभावनाओं तथा संभव नतीजों को जान सकते हैं यद्यपि वे इसकी गारंटी नहीं दे सकते कि एक खास नतीजा वास्तव में घटित होगा। ऐसे मामलों में निर्णय से संबद्ध एक जोखिम होता है तथा विपरीत नतीजे की संभावना बनी रहती है। अधिकांश प्रबंधकीय निर्णयों में अनिश्चय के भिन्न स्तर शामिल रहते हैं। यह प्रबंधक के कार्य का एक प्रमुख अंग होता है। उन्हें अवश्य निर्णय करना होता है कि किस लक्ष्य या अवसरों का पालन होगा, कौन से साधन उपलब्ध हैं तथा उस कार्य को कौन करेगा? इस संदर्भ में निर्णय करना दिमाग बनाने से कुछ अधिक है। इसमें निम्नलिखित कई चरण शामिल हैं:

| | |
|---|---|
| चरण-1 | समस्या की पहचान तथा परिभाषा करना। |
| चरण-2 | विभिन्न विकल्पों का विकास करना। |
| चरण-3 | विकल्पों का मूल्यांकन करना। |
| चरण-4 | विकल्प का चयन करना। |
| चरण-5 | विकल्प का कार्यान्वयन करना। |
| चरण-6 | निर्णय करने की प्रक्रिया तथा वास्तविक निर्णय दोनों का मूल्यांकन करना। |

प्रबंधकों को निर्णय करने में अपने विचार बदलने होते हैं जो किसी खास अवस्था एवं संलग्न व्यक्ति या लोगों पर निर्भर होता है। उल्लिखित चरण कोई स्थायी प्रक्रिया नहीं है। फिर भी ये प्रक्रिया से कुछ अधिक हैं, एक पद्धति या सिद्धांत। वे यह मानने पर बाध्य करते हैं कि सामान्यत: विकल्प होते हैं तथा जल्दी निर्णय के लिये कोई दबाव नहीं होना चाहिये बिना उसके प्रभाव पर विचार किये। यह सच में सही है खासकर गैर-कार्यजनित निर्णयों के लिये (दुरुह एवं अलौकिक निर्णय) कार्यक्रमित निर्णयों की अपेक्षा (वे जो आम या बार-बार हों)।

निर्णय करने की प्रक्रिया में सर्वाधिक कठिन चरण होता है विभिन्न विकल्पों को विकसित करना। उदाहरण के लिये, अगर कोई एक कार्यशाला बनाना चाहता है तो समय, रूपरेखा एवं स्थान का निर्णय करना बहुत महत्त्वपूर्ण होता है। इस मामले में विकल्पों के चयन में जो सर्वाधिक

प्रभाव डालता है, वह है उसके ग्राहक समूह के बारे में अनुभव एवं जानकारी। बहुधा, निर्णय पेड़ प्रबंधकों की सहायता करते हैं निर्णयों की श्रृंखला में जो अनिश्चित घटनाओं से संबद्ध रहते हैं। निर्णय पेड़ एक साधन होता है उन विभिन्न कार्यों को ग्राफ से सहारे दिखाता है जो एक प्रबंधक करता है तथा यह भी दिखाता है कि वे उन कार्यों का भविष्य की घटनाओं की प्राप्ति से क्या संबंध है। प्रत्येक शाखा एक वैकल्पिक कार्य प्रक्रिया का प्रतिनिधित्व करता है। एक निर्णय पेड़ बनाने के लिये यह आवश्यक है कि (1) निर्णय का बिन्दु बताकर उसके विकल्पों को भी दिखाया जाये, (2) अनिश्चय बिंदु का तथा वैकल्पिक नतीजों के प्रकार एवं क्षेत्र जो प्रत्येक बिंदु पर उपलब्ध हों, उसकी पहचान हो, (3) कार्य के नतीजे या विभिन्न घटनाओं की संभावनाओं का तथा कार्य से संबद्ध खर्च एवं लाभों का अनुमान करना। (4) वैकल्पिक मूल्यों का विश्लेषण कर अगले कार्यक्रम का चयन।

प्रसार में निर्णय लेने की प्रक्रिया प्राय: एक समूह प्रक्रिया होती है। फलस्वरूप प्रबंधकों को निर्णय करने का जनतांत्रिक प्रक्रिया अपनाना चाहिये क्योंकि जिन्हें निर्णय लेने की प्रक्रिया में शामिल किया जायेगा वे प्रक्रिया के नतीजे में रुचि लेंगे। ऐसी अवस्था में, प्रबंधक एक प्रशिक्षक से भी अधिक होता है जो लक्ष्यों, उद्देश्यों तथा प्रक्रियाओं की जानकारी रखता है, पर वह उन घटकों को शामिल करेगा जो वास्तव में लक्ष्य प्राप्ति में सहायक होंगे। एक प्रभावशाली प्रबंधक संगठन या संस्था का नीति निर्धारक होने की बजाय अपने आपको निर्णय करने की प्रक्रिया का नियंत्रक समझता है। जैसा कि ड्रकर (1966) ने ईंगित किया है "प्रबंधन के निर्णय करने में सामान्यत: अधिकांश भूलों के स्रोत हैं सही प्रश्नों की अपेक्षा सही उत्तरों पर जोर डालना। सही उत्तर पा लेना ही यथेष्ट नहीं होता है। अधिक कठिन पर महत्त्वपूर्ण होता है उन कार्यों को प्रभावी बनाना जिस पर निर्णय लिया गया है। अपने लिये प्रबंधन ज्ञान से संबद्ध नहीं होता है, यह कार्य से संबद्ध रहता है।

## संगठन करना

एक बार जब कौशलयुक्त योजना तथा प्रबंधन योजना पूरा हो जाये तब अगला कदम है कार्य को कार्यान्वित करने का गठन करना। संगठन वह प्रक्रिया है जो विशिष्ट लक्ष्यों एवं उद्देश्यों तक पहुँचने के लिये लोगों तथा साधनों के बीच औपचारिक संबंधों की स्थापना करता है। मार्शल (1992) के अनुसार यह पाँच सांगठनिक सिद्धांतों पर आधारित होता है, जो है, आदेश की एकता, नियंत्रण का क्षेत्र, अधिकारों को सौंपना, कार्यों की समानता एवं लचीलापन। संगठन की प्रक्रिया में पाँच चरण होते हैं, जो हैं, पूरे होने वाले कार्यों का निर्धारण, प्रमुख कार्यों को व्यक्तिगत कार्यों में उप विभाजन, व्यक्तियों को विशिष्ट कार्य सौंपना, आवश्यक साधनों का प्रावधान तथा सांगठनिक संबंधों का निरूपण जो आवश्यक हों।

किसी भी संगठन प्रयास में, प्रबंधक को एक उपयुक्त ढाँचा चयन करना चाहिये। प्रारंभिक तौर पर सांगठनिक ढाँचा एक सांगठनिक चार्ट द्वारा दिखाया जाता है। यह तय करता है कि क्या करना है तथा वह कार्य कैसे संपन्न होगा। संगठन चरण दिशा निर्देश देता है नियोजित नतीजों को प्राप्त करने। संगठन करने के कई पहलू होते हैं यथा समय, ढाँचा, आदेशों की कड़ी, केंद्रीकरण का स्तर तथा भूमिका निर्धारण।

## समय का प्रबंधन

प्रबंधकों को यह निर्णय करना होता है कि क्या किया जाये, कब, कहाँ, कैसे तथा किसके साथ या किसके द्वारा समय प्रबंधन है देखरेख प्रक्रिया, विश्लेषण एवं योजना का पुनर्निरीक्षण जब तक वह काम न करे। प्रभावी नियोजन एक कौशल है जिसे प्राप्त करने में समय का उपयोग किस प्रभावी ढंग से कर रहे हैं। प्रत्येक के पास समान समय उपलब्ध होता है सप्ताह में 168 घंटे। इस समय का प्रबंधन कैसे होता है वह प्रत्येक व्यक्ति की स्वेच्छा पर निर्भर रहता है। एक प्रसार एजेंट ने मजाकिया तौर पर ही कहा कि चूँकि वह समय-प्रबंधन पाठयक्रम ग्रहण कर रहा है इसलिये प्रबंधन के लिये उसके पास समय नहीं रहता। प्रभावी समय प्रबंधन में दर्शन तथा सामान्य ज्ञान शामिल रहता है। समय पुन: प्राप्तनीय साधन नहीं है, एक बार यह बीत जाये, तो बराबर के लिये बीत जाता है। प्रभावी ढंग से कार्य करने के लिये प्रबंधक को सक्षम होना चाहिये कि वह प्राथमिकता तथा कम महत्त्वपूर्ण कार्यों को अधिक महत्त्वपूर्ण कार्यों से पदस्थापित करे। अधिकांश लोग वेतन पर वर्ष में 1800 घंटे कार्य करते हैं। समय का प्रभावी एवं सक्षम प्रबंधन हमें सफलता तथा उत्पादक बनने में प्रोत्साहन देता है अच्छे कर्मचारी संबंधों को विकसित करते हुए।

लक्ष्यों को विशिष्ट, मापनीय, प्राप्त करने योग्य वास्तविक एवं समयबद्ध होना चाहिये। (SMART) एक बार लक्ष्य की जानकारी हो जाये तो महत्त्वपूर्ण यह सोचना होता है कि उन्हें कैसे प्राप्त किया जाये। प्रभावी समय प्रबंधक योजना की सुविधा के लिये उस कार्य को सूचीबद्ध करता है जिस पर उसे ध्यान देना है जैसे प्रत्येक कार्य को पूरा करने में समय का अनुमान लगाने, तथा उनकी प्राथमिकता तय करने कि कौन से महत्त्वपूर्ण कार्य को सबसे पहले करना है, तथा उनके क्रम की संख्या तय करना। यह जानना अनिवार्य है कि कौन कार्य महत्त्वपूर्ण है तथा कौन नहीं। किसी कार्य को पूरा करने में कुछ कार्यों का अपेक्षाकृत स्तर कम महत्त्वपूर्ण होता है। पहले ही योजना करने पर, प्रबंधन यह निर्णय कर सकते हैं कि क्या करना चाहिये तथा इस विचार पर समय लगा सकते हैं कि इसे कैसे किया जाये। वे अपनी सूची तथा चरण स्वयं तय कर सकते हैं व्यर्थ समय कम करने या समाप्त करने। दैनिक रखरखाव "करना है" सूची की प्राथमिकता में युक्त है तथा इसका दैनिक, साप्ताहिक, मासिक तथा वार्षिक डायरी रखना बड़ा सहायक होता है। प्रबंधकों को अपने कार्यों का दैनिक विश्लेषण करना चाहिये कि कौन कार्य नतीजोन्मुख है तथा कौन-सा कार्य सामान्य है। वे जान सकते हैं कि बैठकों का कैसे प्रभावशाली प्रबंधन किया जाये क्योंकि प्रबंधन का काफी समय दिशाहीन औपचारिक बैठकों में बीत जाता है।

प्राथमिकताओं के आधार पर समय आबंटन का एक तरीका है पैरोटो का नियम या 80/20 नियमन, जो है, अगर मुद्दों को मूल्य आधारित क्रम में लाया जाये तो 80% मूल्य 20% मुद्दों से निकलेगा। उदाहरण यह है कि 80% शिकायत विभाग के 20% लोगों द्वारा सामने आती है। बेहतर समय प्रबंधन के लिये चार सुझाव हैं, (1) एक ही कागज को टुकड़े का दुबारा इस्तेमाल न करें; (2) निवेदनों के बारे में दोष-बोध को छोड़कर नहीं, कहना सीखें, जो आपके लक्ष्य प्राप्ति में कोई योगदान न करें; (3) जब कोई आगन्तुक आपके कार्यालय में आये तो स्वयं खड़े हो जाँय चर्चा के दौरान यह जताने के लिये कि आगन्तुक के आने से मात्र थोड़ा समय ही लगेगा तथा (4) टेलीफोन के दास न बनें। समय के अच्छे प्रबंधन से, प्रबंधक बेहतर तरीके से समस्याओं का निदान शीघ्र पा सकते हैं, निर्णय करते हैं, निराशा दूर करते हैं। दैनिक कार्य में फँसे रहने से उभरते संकटों को सुलझाते हैं, अपने लक्ष्य एवं प्राथमिकताओं पर कार्य करते हैं तथा उलझन से दूर रहते हैं। समय के सदुपयोग के निम्नलिखित मार्गदर्शन हैं:

1. हमेशा अपना कार्यक्रम लिखित रूप में रखें।
2. उन उद्देश्यों को प्रकाशित करें जिन्हें पूरा करने का प्रयास कर रहे हैं।
3. जानकारी प्राप्त करने लगातार उद्देश्यों, प्राथमिकताओं एवं कार्य के कार्यालय पर पुनर्विचार करें।
4. प्रमुख घटनाओं तथा कार्यों के इर्द-गिर्द कार्यक्रम रखें।
5. सवेरे-दैनिक कार्य निरूपण द्वारा उत्पादन प्रारंभ करें।
6. संबंधित मुद्दों तथा कार्यों का समूह बनायें, जब भी संभव हो।
7. महत्त्वपूर्ण कार्यों के लिये अधिक समय देने में संकोच न करें।
8. प्रत्येक कार्य के लिये यथेष्ट समय देना सुनिश्चित करें, पर अत्यधिक समय न लगायें।
9. गैर-अनुमानित घटनाओं के लिये लचीलापन निर्मित करें।
10. अपने लिये कुछ सोचने का समय निकालें।
11. उदाहरणतया यात्रा के समय को कैसे उपयोगी या अन्य तरह से उत्पादक बनाया जाय, इस पर विचार करें।
12. अपने शारीरिक चक्रानुसार अपने कार्यचक्र बनाने का प्रयास करें।
13. अपने आकस्मिक कार्य संवेगों को नियंत्रित करना सीखें।
14. सवेरे कार्यालय जाने से पहले आने वाले कल का कार्यक्रम तैयार करें।

**ढांचा : केंद्रित बनाम विकेंद्रित, प्रणाली बनाम कर्मचारी**

सही व्यक्ति द्वारा सही कार्य करने का संबंध उत्पादकता के साथ कार्य तथा सहयोग तथा प्रभावशीलता की भावना से होता है। इस तरह ढाँचा की परिभाषा अंतर्संबंधित कार्यों, कार्य-समूहों तथा अधिकार के रूप में हो सकती है। सांगठनिक ढाँचे का कोई स्तर नहीं होता है, पर अधिकांश संगठनो एवं संस्थाओं में 'क्रिसमस पेड़' पद्धति को माना जाता है शिखर पर एक तारा (प्रेसिडेंट, मिनिस्टर) के साथ, प्रबंधन स्तर पर छोटी शाखाएँ तथा उत्पादन स्तर पर बड़ी शाखाओं के साथ। कुछ लोगों की मान्यता है कि निचली शाखाएँ ऊपरी शाखाओं का समर्थन करती है, पर जैसा कि पेड़ में होता है, शाखाओं

को समर्थन जड़ों से मिलता है, जिसे संगठन का लक्ष्य तथा उद्देश्य समझा जा सकता है। पेड़ के प्रत्येक भाग का एक विशेष कार्य होता है। जब सभी भाग एक साथ कार्य करते हैं तो पद्धति बची रहती है उत्पादकता के साथ कार्य करती है, संतुलित रहती है तथा इसे देखकर प्रसन्नता होती है। किसी संगठन के ढाँचे की रूपरेखा तैयार करने में चार प्रारंभिक तत्त्व निम्नलिखित हैं:

1. कार्य विशिष्टता जिसके लिये प्रत्येक विभाग/कार्यालय/इकाई जिम्मेदार है।
2. **विभागीकरण :** सामान्य क्षेत्र में कार्य-समूहों तथा जिम्मेदारियों को सहयोग प्राप्ति के उद्देश्य से विभागों में बाँटना।
3. **नियंत्रण क्षेत्र :** इसे परिभाषित करना कि प्रत्येक इकाई में कितने कार्यों की भूमिका हो तथा किस भूमिका के लिये इकाई प्रबंधक के सहयोग की आवश्यकता है।
4. **अधिकार सौंपना :** पर्यवेक्षक के अनुमोदन के बिना ही निर्णय करने के अधिकार देना।

इन चार तत्त्वों के अनुसार निर्मित्त संगठन के ढाँचों में अंतर होगा। विकेंद्रित अधिकारों एवं बहुत विपरीत प्रकार के विभागों का संगठन में उदय होगा जो केंद्रित अधिकार एवं एक समानरूपी उत्पाद से काफी भिन्न रहेगा।

## आदेशों की शृंखला

एक बार जब संगठन अधिकारों को सौंपना प्रारंभ करता है तो स्वत: एक आदेशों की शृंखला आ जाती है, "औपचारिक चैनल जो अधिकारों का बताता है, उत्तरदायित्व तथा ऊपर से नीचे तक संचार संबंध ही एक संगठन है।" (ईवामसेविच, डोनेली एवं त्रिठसन, 1980) इस प्रकार अधिकार राष्ट्रपति से उपराष्ट्रपति, यहाँ से विभागीय प्रबंधकों, मंत्रियों से उपसंचालकों तथा प्रिंसीपल से वायस- प्रिंसिपल और फिर डीन तक आदि। जटिल संगठनों में एक स्तर से दूसरे के बीच पुल हो सकता है तथा आदेशों की शृंखला को बनाये रखने में प्रक्रिया जटिल होगी। वयस्क तथा प्रसार शिक्षक ढाँचे एवं आदेश शृंखला के भाग रहेंगे अगर व किसी संगठन या संस्था के लिये कार्य करें। इन दो तत्त्वों में को प्रमुख परिवर्तन नहीं किया जा सकता है, पर यह बुद्धिमानी है कि सांगठनिक ढाँचों तथा आदेश शृंखला की पूरी जानकारी रखें अगर क्षमतापूर्वक कार्यों को अंजाम देने की इच्छा हो।

केंद्रित संगठन वे हैं जिसमें प्रमुख अधिकार तथा निर्णय लेने की भूमिका किसी एक व्यक्ति या कुछ व्यक्तियों के बीच केंद्रित होती है। जहाँ अधिकारों का विभाजन कई प्रबंधकों के बीच हो तो समझा जा सकता है कि वह संस्था विकेंद्रित है। चूँकि संगठन के विभिन्न कार्य में विविधता आती है कार्यक्रमों, उत्पादों तथा भौगोलिक स्थिति से, तो एक अधिक विकेंद्रित ढाँचा दिखाई पड़ सकता है जहाँ कार्य के सर्वाधिक निकट लोगों को अधिकार सौंप दिये जाते हैं। केंद्रीयकरण से अर्थ है अधिकारों का जबकि केंद्रियता का अर्थ है संगठन के कथित लक्ष्यों एवं उद्देश्यों से निकटता का। एक बहुत ही केंद्रित संगठन में भी, जहाँ प्रत्येक इकाई कार्यक्रमों, कर्मचारियों एवं बजट के लिये उत्तरदायी होता है, फिर भी यह संगठन के प्रमुख लक्ष्यों तथा उद्देश्यों के सन्निकट होता है।

ढाँचे से संबंधित एक दूसरा पहलू होता है पद्धति तथा कर्मचारियों के कार्यों के विचार में। पद्धति के कार्य हैं सृजन करना, विकास करना तथा एक कार्यक्रम संपादन करना। कर्मचारियों के कार्य वे हैं जो एक परामर्शी तथा सुझाव प्रकृति के होते हैं। संगठन के उद्देश्यों की प्राप्ति में पद्धति के कार्य का प्रत्यक्ष योगदान होता है जबकि कर्मचारियों के कार्य का अप्रत्यक्ष।

## कर्मचारी आपूर्त्ति

एक वयस्क तथा प्रसार उपक्रम के प्रबंधन का एक प्रमुख पहलू होता है सही कार्य के लिये सही कर्मचारी पाना। प्रबंधक की सफलता का संबंध उपयुक्त मानक संसाधन नियोजन से है फिर चाहे वह एक सचिव की नियुक्ति हो या कार्यशाला में एक प्रशिक्षक की। कर्मचारी चयन कार्य में कई तत्त्व शामिल होते हैं:

1. **मानव संसाधन योजना :** उद्देश्य कार्यान्वयन के लिये कितने कर्मचारियों के साधनों, किस पृष्ठभूमि के तथा किस खर्च पर हो यह विचार करना।
2. **भर्त्ती :** शिक्षा, अनुभव, मानव संबंध ज्ञान, संचार ज्ञान तथा प्रेरणा से मिश्रित उपयुक्ततायुक्त कर्मियों की कैसे खोज की जाती है? भर्त्ती प्रक्रिया का एक महत्त्वपूर्ण

अंग है लिखित में कार्य का वर्णन। वर्णन निश्चित रूप से सटीक तथा विशिष्ट हो पर यथेष्ट रूप से सामान्य हो जो क्रियाशील उम्मीदवारों में रुचि जगा सके। कार्य वर्णन में, कार्य की प्रकृति, क्षेत्र, अधिकार तथा जिम्मेदारी ये सभी आते हैं। शैक्षणिक प्राथमिकता की पृष्ठभूमि तथा वेतन-स्तर को भी शामिल करना चाहिये। अधिक बेरोजगारी की अवस्था में रोजगार के किसी एक पद के लिये दर्जनों आवेदकों की भरमार हो सकती है। इससे कर्मचारी चयन का अगला दौर शुरू होता है।

## कर्मचारी चयन

कर्मचारी चयन प्रक्रिया में शामिल होता है आवेदकों के आवेदन पत्रों की जाँच पाठ्यक्रमों की विशेषता तथा साक्षात्कारों द्वारा विशिष्ट कार्य की जिम्मेदारी के लिये सर्वोत्तम उम्मीदवार का चयन। प्रत्येक व्यक्ति के लिये आधारों की सूची तथा अंक-पत्र भी रखा जा सकता है। इसके बाद भी सफल चयन एक अन्तर्चेतना गुण है जिसमें जोखिम का कुछ अंश रहता ही है।

कर्मचारी चयन प्रक्रिया के स्वरूप एवं रूपरेखा के साधन के रूप में निम्नलिखित मार्गदर्शन उपयोगी होते हैं। प्रत्येक कार्य साक्षात्कार की विशेषता निम्नलिखित रहती हैं:

1. साक्षात्कार के उद्देश्य की स्पष्ट परिभाषा;
2. ढाँचे की उपस्थिति या सामान्य योजना;
3. सीखने के अनुभव की तरह परस्पर क्रिया का उपयोग एक सुखद एवं प्रेरणात्मक वातावरण में;
4. साक्षात्कारकर्त्ता तथा साक्षात्कारियों के बीच सौहार्द्र का सृजन एवं रखरखाव;
5. परस्पर विश्वास की स्थापना;
6. साक्षात्कर्त्ताओं द्वारा साक्षात्कारियों के व्यक्तित्व एवं रुचियों का सम्मान;
7. सहज अवस्था में साक्षात्कार करना;
8. अच्छे संचार का निर्माण एवं रखरखाव;
9. प्रपत्र-परिप्रेक्ष्य में जो कहा जाये उसे सुनने की इच्छा; एवं
10. प्रत्येक साक्षात्कार का उचित संचालन।

## कर्मचारी उन्मुखता

यह प्रक्रिया औपचारिक रूप से चयनित व्यक्ति को खास इकाई, उसके सहकर्मियों तथा संगठन से परिचय कराना है। चयनित व्यक्ति को इकाई के लक्ष्यों तथा उद्देश्यों उत्तरदायित्व की प्रकृति अधिकारों के स्तर, दायित्व का बोध, तथा नौकरी से संबद्ध कार्यों को पूरा करने के लिये अपनायी गई प्रक्रियाओं तथा पद्धतियों से अवगत रहना चाहिये। एक प्रेरित व्यक्ति सहजता से कर्मचारी मैनुअल, प्रशासनिक प्रक्रियाओं, हैंडबुकों तथा वक्तव्यों के लक्ष्यों तथा उद्देश्यों की माँग करेगा। ऐसी उन्मुखता के उपकरण उपलब्ध होना चाहिये।

## संचालन

कभी ऐसा समय था जब प्रबंधन का जोर निरंकुश संचालन पर होता था, पर हाल में संचालन का विचार नेतृत्व देने के अनुसार हो गया है ढकेलने की अपेक्षा। इस प्रकार आज संचालन का संबंध नेतृत्व करने तथा नेतृत्व शैली से अधिक रहता है। इस संदर्भ में नेतृत्व का अर्थ है वह प्रक्रिया जहाँ ऐसा कार्य-वातावरण बनाया जाता है जिसमें लोग अपना सर्वोत्तम कार्य कर सकते हैं तथा एक गुणवान वस्तु सेवा की उत्पादकता में मालिकाना रुचि दिखा सकते हैं।

मैकग्रीजर (1960) ने बताया कि प्रबंधक यह अनुमान लगा सकते हैं कि कर्मचारी एक या दूसरे प्रकार से प्रेरित हो सकते हैं। उनके द्विविभाजन का X तथा Y नाम के सिद्धांतों से जाना जा सकता है। X सिद्धांत का संबंध परंपरागत प्रबंधन से होता है जहाँ प्रबंधक मान लेते हैं कि कर्मचारियों को प्रेरित करने के लिये उन्हें, नियंत्रण, बाध्य करने तथा धमकियों का इस्तेमाल करना होगा। X सिद्धांत के विपरीत Y सुझाव देता है कि कर्मचारी चुनौतीपूर्ण कार्य करना चाहते हैं। यह कि उनकी रुचि उत्तरदायित्व ग्रहण करने में होती है तथा नीतियों के निर्धारण तथा लक्ष्य-निर्माण में शामिल होना चाहते हैं। आज X या Y सिद्धांत बहुत क्रांतिकारी प्रतीत नहीं होते हैं क्योंकि समस्या यह है कि प्रबंधन शैली तथा कर्मचारियों की प्रेरणा इन दो सैद्धांतिक पट्टियों में ठीक नहीं बैठते हैं। परिणामस्वरूप अतिरिक्त सिद्धांतों की पट्टियों को विकसित किया जा रहा है (Z सिद्धांत)।

## संयोजन

महत्त्वपूर्ण अवस्था होती है कार्य के विभिन्न भागों को अंतर्भुक्त करना। यह आप के विभिन्न कार्य भूमिकाओं तथा उत्तरदायित्वों तथा आपकी इकाई में कार्यरत अन्य कर्मचारियों तथा उसी संगठन के अन्य इकाइयों तथा आपकी इकाई का विस्तृत समुदाय के साथ संयोजन करना शामिल होता है।

संयोजन दो प्रकार का होता है: (1) शिखर संबंधी रिपोर्टिंग जहाँ आप अपने पर्यवेक्षक तथा कर्मचारी को करते हैं तथा (2) समतल रिपोर्ट देना अपने सहकर्मियों तथा प्रबंधन-दल को। सरकारों, कॉलेजों, विश्वविद्यालयों तथा शिक्षा-समितियों जैसे जटिल संगठनों में सामान्यता वयस्क एवं प्रसार शिक्षक शामिल रहते हैं। संगठनों के आकारों, दायित्वों के लिये बढ़ती माँगों, सरकारी नियमनों तथा नीतियों की बहुतायत, वयस्क शिक्षा के अवसर प्रदान करने वाली संस्थाओं तथा तकनिकों में परिवर्तन के कारण, यह अनिवार्य हो जाता है कि संयोजन की भूमिका को शीर्ष प्राथमिकता दिया जाये।

तब किस प्रकार प्रभावी संयोजन पूरा हो?

- संयोजन की आवश्यकता है पेशेवर सक्षम नेतृत्व, एक जनतांत्रिक शैली जो विश्वास लाये, खुले संचार तथा सहज सूचना प्रवाह।
- संयोजन की आवश्यकता होती है लक्ष्यों एवं उद्देश्यों के संचार की स्थायी परिभाषा जिसे सभी प्रबंधक समझते हों।
- संयोजन को प्रभावी होने के लिये एक खुले द्विविभाजित संचार चैनल होना चाहिये।
- संयोजन में शामिल रहता है भागीदारी का वातावरण तथा सामान्य सहमति की दिशा। चूँकि प्रभावी संयोजन की आवश्यकता है सहयोग तथा संचार, बैठकों का तकनीक अभी भी सर्वाधिक प्रभावी स्वरूप है विभिन्न कार्य की जिम्मेदारियों के बीच अंतर्संबंधों को सुनिश्चित करना।

हाल के वर्षों में, वयस्क एवं प्रसार शिक्षा कार्यकलापों को समुदाय संयोजन की औपचारिक पद्धति को विकसित किया गया है। ऐसे निरंतर शिक्षा परिषद केवल कामगारों के नेटवर्क से कुछ अधिक प्रावधान करते हैं किंतु वास्तव में समुदाय आवश्यकताओं, संस्था की प्राथमिकताएँ तथा यह सहमति कि कौन क्या करेगा आदि की चर्चाओं की ओर ले जाते हैं। ऐसे स्वयंसेवी संगठन प्रतियोगिता को समाप्त नहीं करते तथा सूचनाओं के बहुसंख्यक स्रोतों पर प्रकाश डालते हैं।

## रिपोर्ट करना

यह कार्य, संयोजन कार्य के सन्निकट होता है तथा जिन लोगों के प्रति उत्तरदायित्व हों उन्हें सूचित करना है कि क्या हो रहा है। यह अनिवार्य होता है कि योग्य प्रबंधक सूचना प्रवाहित करते रहें खासकर वैसी स्थिति में जब बहुत सारी सूचनाएँ विभिन्न स्रोतों से आती रहती हैं। रिपोर्ट देने का कार्य, एक वार्षिक रिपोर्ट तैयार करने, आँकड़ों को उद्धृत करने तथा अपने कर्मचारियों को वर्तमान परिस्थितियों की जानकारी देने से, कुछ अधिक होता है। रिपोर्ट देने का कार्य करीब-करीब एक मूल्यांकन कार्य ही होता है क्योंकि आपको जो करना चाहिये था उससे यह तुलना कि आपने कैसे कार्य किया है, यह बताना होता है। यह आपके लक्ष्यों पर पुनर्विचार करता है तथा यह तय करता है कि आप अपने लक्ष्य को किस हद तक प्राप्त कर रहे हैं। इसमें पाठ्यक्रम संख्या या वार्षिक सांख्यिकी से अधिक निहित रहता है पर कार्यक्रम की दिशा। नीति परिवर्तनों, उद्देश्यों के सुधार तथा ढाँचे एवं प्राथमिकताओं में परिवर्तन से संबंधित रहता है। यह लंबवत तथा समतलीय दोनों प्रकार की सूचना-प्रवाह का इस्तेमाल करता है, जैसा पहले कहा जा चुका है।

रिपोर्ट करने के कार्य का एक तत्त्व होता है वार्षिक रिपोर्ट। ऐसे रिपोर्ट से आपको कार्यक्रमों, योजनाओं तथा कार्यकलापों के लिये आँकड़े जुटाने का अवसर प्रदान करता है। ऐसे रिपोर्ट का इस्तेमाल एक सरकारी सूचना प्रपत्र की तरह हो सकता है, जो अन्य सामुदायिक वयस्क शिक्षा संस्थाओं, आपके वरिष्ठ प्रबंधन स्तरों, अपने प्रबंधकों अपने सहयोगियों तथा प्रेस तक आबंटित किया जा सकता है। इसके अलावा, यह एक मूल्यवान प्रपत्र साबित हो सकता है उन अनुरोधों को पूरा करने में जो आपके कार्यक्रम कार्यकलापों के बारे में पूछा जाता है।

## बजट तैयार करना

इस प्रबंधन कार्य में शामिल रहता है वित्तीय योजना, लेखा एवं आय तथा खर्चों का नियंत्रण। बजट तैयार करने के लिये आवश्यक होता है एक विशेष योजना, लक्ष्यों तथा भविष्य के कार्यक्रमों की पूरी जानकारी, आर्थिक अवस्थाओं तथा वास्तविकताओं का छठा ज्ञान तथा अनुमान रहितों का अनुमान लगाने का आभास।

कई मामलों में एक संगठन बजट पद्धति इस्तेमाल करना बताता है। इसे आधारित किया जा सकता है: (1) ऐतिहासिक आँकड़ों (पिछले वर्ष जो था उससे अगले वर्ष का अंतर); (2) आधारित आँकड़ा जहाँ बजट का निर्माण उचित होता है एक पद्धति मुद्दे पर आधारित जो कार्यक्रमों तथा प्राथमिकताओं के अनुसार होता है; (3) एक एमबीओ प्रणाली-लक्ष्यों द्वारा प्रबंधन जहाँ विशिष्ट उद्देश्यों को पोषित किया जाता है, तथा (एक पर्ट पद्धति (PERT) – कार्यक्रम पुनर्विचार तथा मूल्यांकन तरीका-जहाँ प्रत्येक कार्यक्रम पर उसके विशिष्ट लक्ष्य में योगदान के अनुसार जाँच तथा पुनर्विचार किया जाता है। उपयोग की बजट प्रणालियों में से ये कुछ ही हैं। फिर भी किसी भी बजट प्रणाली के प्रमुख तत्त्व निम्नलिखित होते हैं: (1) उद्देश्य के लिये कौन-सी प्रणाली-मुद्दे आवश्यक हैं; (2) नीतियों के अनुरूप, प्रत्येक प्रणाली के लिये वित्तीय राशि तय करना; (3) प्रत्येक मद पर, अधिशेष तथा लाभ का अंश तय करना; (4) शुल्कों, अनुदानों, उपहारों, ठेकों आदि से अनुमानित आय का निर्धारण; (5) विशिष्ट राशियों तथा औचित्यों का बजट मसविदा तैयार करना; (6) एक कार्यकारी बजट निर्माण के लिये चर्चा एवं समायोजन करना।

तब बजट एक मार्गदर्शन हो जाता है फिर भी इसमें हमेशा परिवर्तन होता रहता है। बजट की प्रक्रिया एक समतल कार्य नहीं है जो वर्ष में एक बार ही होता है; यह लगातार पुनर्विचार तथा संभावित पुनर्निरीक्षण की एक निरंतर प्रक्रिया होती है। इसकी हमेशा जाँच होती रहनी चाहिये कि कैसा हो रहा है उसकी तुलना उससे हो कि क्या करने का अनुमान था।

इस प्रकार बजट का प्रबंधन तीन भागों में होता है जो है, (1) **बजट का संकल्प** - प्राथमिकताओं तथा पद्धति के मुद्दों के अनुसार राशि आबंटन; (2) **बजट का दायित्वबोध**- अनुमानित बजट कैसे वास्तविकता से मेल खाता है एवं **(3)** +, 0 - अंकन का इस्तेमाल प्रश्नोत्तर में चार्ट पर कोष्ठकों में अंकन दिखाकर। इस प्रकार हमें प्रबंधन के रूप के प्रमुख भावों का पता चलता है जिसका वर्तमान में उपयोग है। इसकी उपयोगिता क्या है इसके वर्णन में है, पर इसे और उपयोगी बनाया जा सकता है यह बताने में कि क्या हो सकता था। इससे भूमिका-मतभेदों के संभावित क्षेत्रों का भी थोड़ा संकेत प्राप्त हो जाता है- जैसाकि बौद्धिक अनुसंधान नमूने तथा योग्य भागीदारी नमूने में हो सकता है (वाल्डटोन, 1994)।

कई आधुनिक व्यवसाय संगठनों का आधार ढाँचा होता है क्योंकि हम एक ढाँचागत समाज में रहते हैं, यद्यपि अब ढाँचागत स्थायित्व एवं वंशानुगत को गंभीर चुनौती दी जा रही है अधिक शिक्षित, सृजनकारी तथा आंतरिक रूप से प्रेरित कर्मियों द्वारा ढाँचागत विचार ग्राफ द्वारा दिखाता है कि संगठन का एक विशिष्ट भौतिक गठन है जो इसके आंतरिक स्वरूप पर निर्भर होता है। एक योग्य प्रबंधक इस पद्धति में समस्याओं का निदान कर सकता है, उसे मान सकता है कि क्या करना आवश्यक है और तब वह सूची तैयार कर सकता है कि उसे पूरा करने के लिये किस प्रकार के समर्थन की आवश्यकता है। यह विचार परंपरागत, वंशानुक्रमित, कार्य-वैशिष्ट्य, असृजनशील संगठनों की पसंदगी होती है।

एक अधिक अंगीभूत प्रबंधन तरीका प्रतिमानों पर आधारित होता है। प्रतिमान एक समस्या या अवस्था तक पहुँचने का तरीका तथा अनुमानों मूल्यों तथा सोच से संबद्ध भावों की परिस्थिति के बारे में एक रूप है। (ओट्टावे एंड टर्जेशोम, 1986)। यह एक ऐसी प्रणाली या ढाँचे का अनुमान करता है जो प्रगतिशील, परिवर्तनशील तथा वातावरण के प्रति क्रियात्मक होता है (वाल्डटोन, 1994) प्रतिमान परिवर्तन का सर्वाधिक नाटकीय दृष्टांत है प्टोलोमिक सिद्धांत में बदलाव जो बताता है कि पृथ्वी विश्व का केंद्र है। कोपरनिकस सिद्धांत में जो सूर्य को विश्व का केंद्र मानता है। प्रतिमान के परिवर्तन का नतीजा होता है हम जो सोचते हैं, उस विचार को पूरा बदल देना तथा उस अनुमानों को भी जो हम पहले की घटनाओं पर तय करते हैं। कोवी (1992) प्रतिमान परिवर्तन के बारे में कहता है: वस्तुएँ, मनुष्य तथा ढाँचे बदल सकते और बदलते हैं- कुछ भी स्थिर नहीं है। वह दिखाता है कि किस प्रकार प्रत्येक महत्त्वपूर्ण बदलाव पहलेपहल परंपरा, पुरानी परिपाटियों पुरानी सोच के तरीके तथा पुराने प्रतिमानों को बदलता है।

| तरीका | बौद्धिक खोज | पेशेवर | उद्यमित | मिशनरी | अनुसंधान | सक्षम उपभोक्ता |
|---|---|---|---|---|---|---|
| 1. शैक्षणिक स्थिति की सोच | | | | | | |
| 2. मिशन, मत तथा उद्देश्य | | | | | | |
| 3. ईनाम पद्धति | | | | | | |
| 4. निर्णय लेने वाला अधिकारी | | | | | | |
| 5. बाजार उन्मुक्तता | | | | | | |
| 6. दायित्व बोध | | | | | | |

**चित्र 2 : नमूना वर्गीकरण तुलना साँचा। ( *स्रोत:* वाल्डरोन, 1994ए, पेज 93 )**

सेंग (1990) कहता है कि 'मस्तिष्क का बदलाव' आवश्यक होता है क्योंकि 'आज हमारी दुनिया का अस्वास्थ्यकारिता प्रत्यक्ष रूप से आनुपातिक है हमारे निषेध के प्रति जो इसे पूर्णता की तरह देखना होता है। प्रबंधन के क्षेत्र में प्रसार प्रबंधकों को लोगों को असहाय प्रतिक्रिया करने वाला नहीं समझना चाहिये बल्कि उन्हें अपनी वास्तविकता के प्रति सक्रिय भागीदार मानना चाहिये जो वर्तमान पर प्रतिक्रिया व्यक्त करता है तो भविष्य का सृजन भी (पे. 68-69)।

प्रबंधन विचार में नमूनों का इस्तेमाल आम बात है। नमूने उपयोगी होते हैं क्योंकि ढाँचों के विभिन्न पहलू को विभिन्न प्रकारों से विचार किया जा सकता है जो तब नये परिप्रेक्ष्यों तक ले जाता है। नमूने का लक्ष्य होता है, एक जटिल अस्तित्व या वास्तविकता को साधारणतः छोटे पैमाने पर सटीक पर सहज प्रतिनिधित्व पद्धति द्वारा प्राप्त करना। इसमें दोनों शामिल रहते हैं, ढाँचा तथा परिवर्तन। नमूना निर्माण का एक महत्त्वपूर्ण पहलू होता है आँकड़ों का संग्रह कर उन्हें तैयार करना। आँकड़ों से प्राप्त सूचना की नमूने की नींव होती है।

नमूने से समस्या के प्रमुख पहलुओं को उतने सहज रूप से परिलक्षित होना चाहिये जितना संभव है। बहुधा इसमें कुछ छोड़ना पड़ता है क्योंकि सहजता तथा सटीकता एक साथ नहीं चलते। अगर नमूने का कोई प्रतियोगी हो तो उसकी जानकारी बहुत संक्षिप्त में होना चाहिये। एक गलती जो अनुभवहीन नमूना निर्माता करते हैं, वह है कि वे समस्या के परिप्रेक्ष्य को नहीं देख पाते हैं। वे वास्तविकता के अन्य आयामों को नहीं देख पाते जो जिस पर निदानों का प्रभाव पड़ता हो। इस विस्तृत परिप्रेक्ष्य को तुष्ट करने प्रसार प्रबंधकों को एक पद्धतिपूर्ण विचार नमूना निर्माण में लाना चाहिये तथा केवल तत्कालिक समस्याओं पर ही केंद्रित नहीं रहना चाहिये बल्कि उन अन्तर्भूत संबंधों पर भी जो संगठन के अंदर और बाहर रहते हैं तथा इन संबंधों पर कैसा प्रभाव पड़ेगा (स्टीवेंशन : 1889) उसमें नमूना प्रबल होता है। इसकी जाँच करने से कौन-सा नमूना किसी प्रसार प्रबंधक के लिये सटीक बैठता है, चित्र 2 के अनुसार एक साँचे का निर्माण किया जा सकता है। चित्र 3 में प्रस्तुत प्रश्नों के समान प्रश्न के उत्तर से उस विशिष्ट नमूने की समझ को विकसित कर सकता है जिसे प्रसार कार्यक्रमों में लागू किया जा सकता है।

## प्रणाली सिद्धांत

आधुनिक प्रबंधन दो विचारों से प्रभावित है प्रणाली एवं आकस्मिक विचार। प्रणाली सिद्धांत संगठन को पूर्ण पद्धति मानता है जिसमें परस्पर क्रियात्मक वे-पद्धतियाँ शामिल रहती हैं तथा ये सभी संगत बाहरी वातावरण के प्रति जटिल परस्पर क्रिया है। (लरमान एंड टर्नर, 1992) संगठनों को "साधन रूपांतर उत्पाद पद्धति" कहा जाता है जो साधनों के लिये प्रतियोगी बनता है। किसी संगठन का अस्तित्व एवं उन्नति वातावरण के प्रभावी ग्राह्यता पर निर्भर करता है। एक अच्छे कौशल की पहचान है अपने उत्पादों की बिक्री करना (उत्पादों तथा सेवाओं), आवश्यक साधन प्राप्त करना तथा बाहरी धमकियों से मुकाबला करना।

अस्तित्व एवं उन्नति रूपांतरण प्रक्रिया पर भी निर्भर है जिसका इस्तेमाल संगठन कामगारों की प्रेरणा तथा सहयोग से वस्तुओं और सेवाओं का उत्पादन करता है। रूपांतरण प्रक्रिया की क्षमता बढ़ जाती है कार्य का संगठन तथा पूरा करने अधिक विवेकी तरीके अपनाना तथा उपलब्ध तकनिकों, साधनों तथा कर्मचारियों का सर्वोत्तम उपयोग करना। शीर्ष प्रबंधन का कार्य होता है एक उपयुक्त सांगठनिक ढाँचे का निर्माण अधिकारियों के बीच संबंध तय करना तथा संगठन के विशिष्ट उप-संस्थाओं के कार्यों का संयोजन करना। (युकी, 1994) एक प्रणाली अस्तित्व में तभी बनी रह सकती है जब तक यह वह वस्तु पैदा करे, जिसे नये साधनों से बदला जा सकता है तथा प्रणाली के रखरखाव के लिये भी उपयुक्त हो। इसी प्रकार एक प्रसार सेवा से कुछ लाभकारी उत्पादन की अपेक्षा रहती है।

## आकस्मिक सिद्धांत

वे सिद्धांत अवस्थात्मक मध्यस्थ परिवर्तनीय के लिये प्रबंधन की प्रभावशीलता की व्याख्या करते हैं उसे आकस्मिकता सिद्धांत कहते हैं। आकस्मिकता तथा अवस्थात्मक विचार यह मानता है कि न तो जनतंत्रीय और नहीं निरंकुशता की अंतिम अवस्था सभी प्रसार प्रबंधन प्रणाली में प्रभावी होते हैं। भिन्न अवस्था में भिन्न विशेषता की आवश्यकता होती है। तालिका 1 में पाँच आकस्मिक सिद्धांतों के प्रमुख स्वरूप तथा ब्रूम एवं येटोन से सामान्य निर्णय के नमूने का वर्णन है। यह तालिका सूची तथा महत्त्व से संबंधित सिद्धांतों के साथ तुलना सहज बनाता है। प्रत्येक का संक्षिप्त रूप निम्नलिखित दिया गया है:

- रास्ता लक्ष्य सिद्धांत यह जाँच करता है कि व्यवहार के चार पहलू कैसे अधीनस्थों की संतुष्टि तथा प्रेरणा को प्रभावित करते हैं।
- नेतृत्व प्रतिस्थापन सिद्धांत अवस्था के पहलुओं की पहचान करता है तथा नेतृत्व व्यवहार को व्यर्थ बना देता है।
- बहुसंख्यक संबंधों का नमूना नेतृत्व प्रभावशीलता की व्याख्या के लिये 6 आसान परिवर्तनियों के साथ एक समूह कार्य के नमूने का इस्तेमाल करता है।
- फिडलर का नमूना, नेता के गुणों तथा अधीनस्थों के कार्यों के बीच नेतृत्व के तीन अवस्थात्मक परिवर्तनियों पर मध्य प्रभाव डालता है।
- साधन पहचान सिद्धांत उन अवस्थाओं की जाँच करता है जिसके अन्तर्गत वृद्धि, अनुभव तथा तकनीकी विशेषज्ञता जैसे साधनों का समूह कार्य से क्या संबंध है।

## उपसंहार

संगठन लगातार परिवर्तनीय शक्तियों से संघर्ष करते हैं। चूँकि परिवर्तन का अर्थ है कुछ करना जो नया एवं अनजाना है। तो प्राकृतिक प्रतिक्रिया इसमें अवरोध पैदा करने की होती है। प्रसार कार्यक्रम प्रबंधकों को इस अवरोध को जीतना होता है तथा खोजपूर्ण तथा वे सक्षम प्रबंधन तकनीक को अपनाते हैं उच्च उत्पादकता बनाये रखने के लिये। अगर उन्हें परिवर्तन हो रहे विश्व में ठहरना है तो उन्हें अपने व्यक्तिगत दल तथा सांस्कृतिक कुशलता में सुधार लाना होगा। अति प्रबल रूप से वर्तमान प्रबंधन की बुद्धिमानी इस बात में होती है कि संगठन में निर्णय करने के लक्ष्य को संभव स्तर तक निम्न रखा जाये।

मूल विचार यह है कि कार्य के सन्निकट लोग समस्याओं के समाधान सर्वाधिक जानते हैं अपने क्षेत्र में इसलिये उन्हें उस क्षेत्र से संबंधित विषयों के निर्णयों में उन्हें शामिल किया जाये। इसका एक और लाभ यह है कि वे अधिक प्रेरित होते हैं जब उन्हें अपने कार्य पर कुछ नियंत्रण प्राप्त होता है तथा अपने भाग्य पर भी। अभी भी यह चर्चा प्रबल है इस बात पर कि क्या प्रबंधन एक विज्ञान है या कला, यह एक दर्शन है या एक कौशल। प्रबंधन की सभी अवस्थाओं एवं वातावरणों में कोई भी प्राप्य नमूना

**आनुमानित स्थिति**

1. क्या इकाई का प्रधान 'डीन' (dean) हैं?
2. क्या मुख्य प्रबंधक का कार्यकाल है?
3. क्या मालिक एक प्रोफेसर हैं?
4. क्या इकाई का प्रतिनिधित्व सिनेट, संचालन परिषद्, या प्रमुख शैक्षणिक-निर्णय की संस्था में है?
5. क्या कर्मचारियों को अनुसंधान करने तथा पत्रिकाओं में प्रकाशन की छूट है?
6. क्या डीन या निदेशक के पास डाक्टरेट की डिग्री है?

**लक्ष्य, आज्ञापत्र, उद्देश्य**

1. कौन-सा नमूना आपके लक्ष्यों, आज्ञापत्र तथा उद्देश्यों के लिये सर्वोत्तम है?
2. क्या आपकी इकाई को आय-अर्जक समझा जाता है?
3. क्या आपका उद्देश्य अनुसंधानों, खोजों, वस्तु विकास या उत्पाद आपूर्त्ति को प्राथमिकता देता है?

**ईनाम पद्धति**

आपके प्रयासों के लिये ईनाम देने के तरीके:

1. एक श्रमिक संघ या एसोसियेशन द्वारा तय वेतन-वृद्धि।
2. वरिष्ठ प्रबंधक के साथ वेतन संबंधी वार्ता।
3. लक्ष्य प्राप्ति पर आधारित बोनस।
4. सहकर्मियों द्वारा स्तरीकरण।

**निर्णय लेने संबंधी अधिकार**

1. क्या आपकी इकाई को यह अधिकार है कि वह दिये जाने वाले पाठ्यक्रमों तथा कार्यक्रमों को तय करे?
2. क्या आपकी इकाई पाठ्यक्रम की सूची निर्धारण करता है?
3. क्या आपकी इकाई बजट की राशि का आबंटन एवं पुन: आबटंन करता है?
4. क्या आपकी इकाई के पास इकाई नियंत्रित विकास कोष है?
5. निर्णय लेने में आपकी इकाई कितना स्वतंत्र है?

**बाजारी-उन्मुखता**

1. क्या माप की इकाई बाजारोन्मुख है?
2. क्या आप बाजारोन्मुख पाठ्यक्रम कैलेंडर प्रकाशित करते हैं?
3. क्या आप पढ़ाई शुरू करने के लिये कार्ड रखते हैं?
4. क्या आप नियमित रूप से प्रेस विज्ञप्ति एवं मीडिया सूचना को प्रकाशित करते हैं?
5. क्या आप बाजार अनुसंधान तथा आवश्यकता निर्धारण का कार्य करते हैं?

**दायित्वबोध**

1. क्या आप शैक्षिक रूप से अध्यक्ष या उपाध्यक्ष को रिपोर्ट देते हैं?
2. क्या आप सिनेट या संचालन परिषद् के समक्ष प्रस्तावित नीति को प्रस्तुत करते हैं?
3. क्या आप सामुदायिक परामर्शी परिषद् का इस्तेमाल करते हैं?
4. आप वार्षिक रिपोर्ट किसके पास भेजेंगे।

**चित्र 3 : क्राटेरिया फॉर मॉडल क्लासीफिकेशन। (*स्रोत :* वालड्रोन 1994a पेज 93-94)**

उपयोगी नहीं हो सकता है। प्रबंधन को इस प्रकार परिभाषित किया जा सकता है कि यह अवस्था का एक विवेकी निर्धारण तथा लक्ष्यों एवं उद्देश्यों का क्रमबद्ध चयन, इन लक्ष्यों को प्राप्त करने के लिये कौशलयुक्त क्रमबद्ध विकास, आवश्यक संसाधनों को जुटाना, तथा चयनित प्रणाली प्राप्ति के लिये एक विवेकी रूपरेखा, संगठन, दिशा तथा आवश्यक कार्यकलापों का नियंत्रण है। (मैकलीन एवं क्लीनर, 1988) प्रबंधक विशेष रूप से बड़ी संख्या में व्यक्तिगत कार्यों में

**तालिका 1 : 6 आकस्मिक सिद्धांतों की तुलना। ( स्रोत : युकी, पेज 311 )**

| आकस्मिक सिद्धांत | नेता के गुण | नेता का व्यवहार | अवस्थात्मक परिवर्तनीय | हस्तक्षेप करने वाले परिवर्तनीय | वैधीकरण नतीजा |
|---|---|---|---|---|---|
| रास्ता-लक्ष्य सिद्धांत | कोई नहीं | उपकरणीय समर्थनीय भागीदारी प्राप्ति | कई पहलू | उम्मीदें संयोजन भूमिका अस्पष्टता | कई अध्ययन कुछ समर्थन |
| नेतृत्व पदस्थापन सिद्धांत | कोई नहीं | उपकरणीय समर्थनीय | कई पहलू | कोई नहीं | कुछ अध्ययन असमाप्त |
| बहुसंख्यक संबंध नमूना | कोई नहीं | कई पहलू | कई पहलू | प्रयास, सक्षमता संगठन, दल-कार्य स्रोत, बादरी संयोजन | कुछ अध्ययन असमाप्त |
| एलपीसी आकस्मिक नमूना | एलपीसी | कोई नहीं | कार्य-स्वरूप एल-एम प्रतिक्रिया | कोई नहीं | कई अध्ययन कुछ समर्थन |
| स्रोत पहचान सिद्धांत | बुद्धिमता अनुभव | मार्गदर्शिता | दबाव समूह समर्थन | कोई नहीं | कुछ अध्ययन कुछ समर्थन |
| प्रतिमान निर्णय सिद्धांत | कोई नहीं | निर्णय प्रक्रिया | कई पहलू | निर्णय-गुणवत्ता एवं ग्राह्यता | कई अध्ययन सामान्य समर्थन |

उलझे रहते हैं तथा कार्यकलापों की औसत संख्या निचले प्रबंधन स्तर पर बढ़ता हुआ प्रतीत होता है। फिर भी ऐसे कार्य अल्पावधि के होते हैं। (मिजबर्ग, 1973)।

जिम्मेदारियों को निभाने के लिये प्रबंधकों को हाल के तथा संगत सूचनाओं को प्राप्त करना होता है जो पुस्तकों, पत्रिकाओं तथा संगठन के अंदर एवं बाहर लोगों के मस्तिष्क में विस्तृत रूप से बिखरे रहते हैं। उन्हें उन सूचनाओं पर निर्णय लेना होता है जो प्रबलरूप के साथ अधूरा होता है। इसके अतिरिक्त प्रबंधकों को सहयोग की आवश्यकता होती है अपने अधीनस्थों से, मुख्य लोगों से, वरिष्ठों से, तथा उन लोगों से जिन पर उनका कोई नियंत्रण नहीं होता। प्रबंधकों को प्रभावित करने वाले तत्त्व हैं, प्रबंधन का स्तर, संगठन इकाई का आकार, इकाई का कार्य, बाहरी अंतर्निभरता, संकट की अवस्थाएँ तथा संगठन जीवन चक्र का चरण।

इन सभी माँगें तथा रुकावटों के बावजूद प्रबंधकों के पास विकल्प होते हैं। उनके पास यह चयन करने की सुविधा होती है कि कार्य के किस पहलू पर जोर डाला जाये तथा उस पर कितना समय दिया जाये। सामान्यतया प्रबंधक चार प्रकार के कार्यों में संलग्न होते हैं: (1) संबंधों का निर्माण एवं इन्हें बनाये रखना, (2) सूचना पाना तथा देना, (3) लोगों पर प्रभाव डालना तथा (4) निर्णय करना।

## संदर्भ


बोनोमा, टी., एंड स्लेविन, डी.पी. (1978), *एक्जीक्युटिव सर्वाइवल मैनुअल*, बोस्टन : सीबीआई पब्लिशींग कंपनी।

बुफोर्ड, जे. ए., जूनियर, एंड बेडियन, ए.जी. (1988) *मैनेजमेंट इन एक्सटेंशन* अलम्बामा : अबर्न यूनिवर्सिटी प्रेस, पे. 263.

चैंबर्स, आर. (1993), *चैलेंजिंग दी प्रोफेशन - फ्रोंटियरर्स फोर रूरल डिवलपमेंट*, लंदन: इन्टरमीडियेट टेक्नोलोजी पब्लिकेशंस पे.67.

चेरिगंटन, डी.जे. (1989) *ओरगेनाइजेनल बिहेवियर : दी मैनेजमेंट ऑफ इनडिविड्युअल एंड ओरगेनाइजेशनल परफोरमेंस,* बोस्टन : एलीन एंड बेकन।

क्लार. जे.बी. एंड बेंट्ज, आर.पी. (1984) आरेगेनाइजेशनल डिजायन एंड एक्सटेंशन एडमिनिस्ट्रेशन। इन बी.ई. स्वानशन (इडी.) *एग्रीकल्चरल एक्सटेंशन : ए रिफरेंस मैनुअल*। रोम, फाओ।

क्लार्क, आर.सी. (1973) *बेसिक कंसेप्ट्स एंड थ्योरीज ऑफ एडमिनिस्ट्रेशन एंड सुपरवीजन* (रिवाइज्ड इडीशन) मेडीसन डिपार्टमेंट ऑफ एग्रीकल्चरल एंड एक्सटेंशन एडूकेशन, यूनिवर्सिटी ऑफ विसकोनसिन ऐट मेडिसन।

कोवी, एस.आर. (1992) *दी 7 हैबिट्स ऑफ हायली इफेक्टीव पिपुल,* टोरंटो लाईमन एंड सुस्टर, पे.29.

ड्रकर, पी.एफ. (1966) *दी इफेक्टीव एक्जक्यूटिव*। न्यूयार्क, हार्पर एंड रो।

ड्रकर, पी.एफ. (1977) *पिपुल एंड परफोरमेंस,* न्यूयार्क हार्परर्स कालेज प्रेस।

इलकिंस, ए. (1980) *मैनेजमेंट स्ट्रक्चर्स, फंकशन एंड प्रैक्टिसेस,* मैसासुसेट्ल : एडीशन-वेसली, पे.539.

इवांस, जे.पी., एंड दाहल, डी.टी. (1984) ओरगेनाईजिंग फॉर एक्सटेंशन कम्युनिकेशंस। इन बी.ई. स्वानशन (इडी.) *एग्रीकल्चरल एक्सटेंशन : ए रिफरेंस मैनुअल,* रोम, फाओ।

फ्लेमिंग, पी. (1989) *स्ट्रैटेजिक प्लानिंग : फैक्ट शीट,* ओंटेरियो मिनिस्टरी ऑफ एग्रीकल्चर एंड फूड, रूरल ओरगेनाइजेशन एंड सर्विसेज ब्रांच।

गुलिक एल, एंड उरविक, एल. (1959) *पेपर्स ऑन दी साईंस ऑफ एडमिनिस्ट्रेशन इन एक्सटेंशन*। मेडिसन : नेशनल एग्रीकल्चरल एक्सटेंशन सेंटर फोर एडवान्स्ड स्टडी, यूनिवर्सिटी और विसकोनसीन ऐट मैडिसन।

इवाननेविच, जे.एम., डोनेली, जे.एच, जुनि. एंड गिब्सन, जे.एल. (1980) *मैनेजिंग फॉर परफोरमेंस,* जार्जटाउन, ओंटेरियो, इरविन डारेसी।

कूंट्रज, एच., एंड ओ' डोनेल, सी (1978) *एसेन्सियटील्स ऑफ मैनेजमेंट,* नई दिल्ली, टाटा मैकग्रा-हील, पे. 104-105.

मार्शल, पी. (1992) इन्ट्रोडक्शन टू दी मैनेजमेंट प्रोसेस। इन *मैनेजिंग पिपुल ऐट वर्क*। ग्वेल्फ, यूनिवर्सिटी ऑफ ग्वेल्फ प्रेस।

मैसी, जे. एल. (1979) *एसेंशियल्स ऑफ मैनेजमेंट,* नई दिल्ली, प्रेंटिश-हॉल।

मैक-ग्रीगोर, डी.(1960) *दी ह्यूमेन साइड ऑफ इन्टरप्राइज,* न्यूयार्क, मैकग्रा-हील।

मिंट्रजबर्ग, एच. (1973) *दी नेचर ऑफ मैनेजेरियल वर्क,* न्यूयार्क, हार्पर एंड रो।

मिंट्रजबर्ग, एच. (1988) *मिंट्जबर्ग ऑन मैनेजमेंट*. न्यूयार्क, फ्री प्रेस।

मोरिस, जे. (1991) *एक्सटेंशन आलटरनेटिव्स इन ट्रोपिकल अफ्रीका,* लंदन, ओवरसीज डेवेलपमेंट इस्टीट्यूट, पे.184.

मैकनील, ए., एंड क्लेमर, जे. (1988) *दी वी.आई.पी. स्ट्रेटजी लीडरशीप स्कील्स फोर एक्सेप्शनल परफोरमैंस*/टोरंटो की पोर्टर बुक्स।

ओट्टावे, आर.एन. एंड टर्जेशन, एल. (1986) प्रोपोज्ड चेंज इवैल्युएशन स्केलिंग मेथड। *जर्नल ऑफ मैनेजेरियल साइकोलोजी,* (2) ii.

सेंज, पी.एम. (1960) *दी फिफ्थ डिसीप्लीन : दी आर्ट एंड प्रैक्टिस ऑफ दी लर्निंग ओरगेनाईजेशन*. न्यूयार्क डब्लडे।

स्टीवेंशन, डबल्यू.जे. (1989) *इन्ट्रोडक्शन टू मैनेजमेंट साईंस,* वोस्टन, इरविन्।

स्वानसन, बी.ई. (इडी.) (1984) *एग्रीकल्चरल एक्सटेंशन : ए रेफरेंस मैनुअल,* रोम, फाओ।

वान डेन बान, ए.डबल्यू., एंड होकींस एच.एम. (1988) *एग्रीकल्चरल एक्सटेंशन,* न्यूयार्क, लोंगमेन साईंटिफिक एंड टेक्नीकल पे. 268-271.

व्रूम.वी.एच., एंड येटोन, पी. डब्ल्यू. (1973) *लीडरशीप इन डिसिजन मेकिंग,* पिट्सबर्ग यूनिवर्सिटी ऑफ पीट्सबर्ग प्रेस।

वाल्डरोन एम. डबल्यू. (1994ए) मॉडल फोर दी फ्यूचर। इन एम. बूक एंड एम. वाल्डरान (इडीएस.) यूनिवर्सिटी कटीन्युईंग एडुकेशन इन *कनाडा: करेंट चैलेंजेज एंड फ्यूचर अपोरचुनिटीज*। टोरंटो, थामसन एडुकेशनल पब्लीशिंग।

वाल्डरोन, एम. डब्ल्यू. (1994 बी) मैनेजमेंट एंड सुपरवीजन। इन दी. ब्लैकबर्न (इडी.), *एक्सटेंशन हैंडबुक प्रोसेसेस एंड प्रैक्टिसेस*। टोरंटो : थामसन एडुकेशनल पब्लीशिंग।

वाल्डरोन, एम. डब्ल्यू. (1984) मैनेजमेंट ऑफ एडल्ट एंड एक्सटेंशन एडुकेशन। इन दी ब्लैकबर्न (इडी.) *एक्सटेंशन हैंडबुक* / ग्वेल्फ : यूनिवर्सिटी ऑफ गुएल्फ प्रेस : पे. 127-140.

युक्ल, जी. (1994) इफेक्टीव लीडरशीप इन ओपन सिस्टम्स। *लीडरशीप इन ओरगेनाईजेशन* (थर्ड इडी.) एजलवुड क्लीफस, एनजे: प्रेंटिस-हाल।

## अध्याय-14

# प्रसार के अंतर्गत मानव संसाधनों का प्रबंधन

के. विजयराघवन एवं वाई.पी. सिंह

हाल के वर्षों में संगठन क्षेत्र में सर्वाधिक महत्त्वपूर्ण मसलों में एक है मानव संसाधन का बढ़ता महत्त्व। मानव व्यक्तित्त्व के प्रेरणात्मक पहलुओं पर अधिकाधिक ध्यान दिया जा रहा है खासकर स्वयं-भावना समूह सन्नधता तथा स्वयं की वास्तविकता की आवश्यकता पर। मानवता तथा मानवीकरण की विश्व व्याप्ति ने वास्तव में संगठनों में मानव संसाधन प्रंबधन के सिद्धांत को लागू करने के क्षेत्र को विस्तृत बना दिया है। मानव संसाधन प्रबंधन की मुख्य चिंता है लोगों का विकास, उनकी क्षमताएँ तथा प्रक्रिया का विकास। (पारीख एंड राव, 1992)

विकासशील देशों में प्रसार संगठनों के सामने प्रमुख समस्या है पेशेवर अक्षमता तथा कर्मचारियों के बीच प्रेरणा शक्ति का अभाव और भी यह कि इन देशों के कई कृषि प्रसार विभागों में अच्छी तरह परिभाषित मानव संसाधन प्रबंधक नहीं है। प्रसारकर्मियों की कुल प्रभावशीलता को बढ़ाने के लिए मानव संसाधन की उचित योजना तथा प्रबंधन अनिवार्य हैं। इस विचार को मानते हुए इस अध्याय में मानव संसाधन प्रबंधन के विभिन्न आयामों पर चर्चा की गयी है, जैसा प्रसार संगठनों में यह है, जैसे, प्रसार के लिए मानव संसाधन, रोजगार विश्लेषण, प्रसारकर्मियों की भर्ती तथा प्रशिक्षण, कार्य स्तरीकरण, पर्यवेक्षण, ईनामों तथा प्रेरकों का प्रबंधन, कार्य-जीवन की गुणवत्ता में सुधार तथा प्रसार के लिए सांगठनिक विकास।

## प्रसार के लिए मानव संसाधन योजना

मानव संसाधन योजना प्रसार संगठनों के भविष्य की आवश्यकताओं की भविष्यवाणी करता है। तकनिकी, किसानों की आवश्यकताएँ, बाजार की अवस्था तथा प्रतियोगात्मक वातावरण में द्रुत परिवर्तन ने प्रसार के लिए एक महत्त्वपूर्ण चुनौती खड़ी कर दी है मानव संसाधन की योजना को महत्त्वपूर्ण बनाकर। मानव संसाधन योजना में शामिल हैं कर्मचारियों की भविष्य की आवश्यकता, उनकी आवश्यक कुशलता, कर्मचारियों की भर्त्ती, तथा कर्मचारियों का विकास (मिलर बरेक, अलब्रेच्ट, 1980) इस प्रकार की योजना के लिए मानव संसाधन अनुमान तथा मानव संसाधन जाँच दो सर्वाधिक महत्त्वपूर्ण अंग हैं। मानव संसाध न भविष्यवाणी है संगठन के भविष्य में विभिन्न श्रेणी के कर्मचारियों की संख्या, प्रकार तथा गुणवत्ता का अनुमान लगाना। भविष्य की आवश्यकताओं का आधार वर्तमान एवं भविष्य की नीतियों तथा विकास दर का विश्लेषण है। भविष्यवाणी के तरीके हैं औपचारिक विशेषज्ञ सर्वेक्षण, डेल्फी तकनीक, सांख्यिकी विश्लेषण, बजट से नियोजना विश्लेषण तथा कम्प्यूटर नमूना, मानव संसाधन परीक्षण से ज्ञान, क्षमताओं तथा संगठन के सभी कर्मचारियों के कार्य का पता चलता है। (वर्थर एंड डेविस, 1982)

## रोजगार विश्लेषण

परंपरागत ढंग से रोजगार का विश्लेषण उस उद्देश्य से किया जाता है जिसका संबंध कर्मचारियों की भर्त्ती, वेतन, प्रशासन एवं पर्यवेक्षण से होता है पर कार्य की जटिलताओं में वृद्धि होने से रोजगार का विश्लेषण एक महत्त्वपूर्ण उपकरण बन गया है संगठन में लोगों के विकास के लिए। रोजगार का विश्लेषण आवश्यकता की आवश्यतकता होती है एक क्रमबद्ध संग्रह, मूल्यांकन, तथा कार्य के बारे में सूचनाओं का संगठन। सूचना संग्रह के साधन होते हैं साक्षात्कार, डाक द्वारा प्रश्नावलियाँ, निरीक्षण,

रिकार्ड का अध्ययन तथा इसी प्रकार का और तरीका। कार्य के वर्णन तथा वैशिष्ट्य के लिए संग्रहित सूचना आधार बनाता है। रोजगार विवरण या परिचय में शामिल होता है एक लिखित प्रपत्र जो रोजगार में जो कार्य करना है उसका विस्तृत विवरण, जिम्मेदारियाँ तथा कार्यकारी अवस्थाएँ बताता है एवं यह बताता है कि कर्मचारी से क्या उम्मीद की जाती है। रोजगार की विशेषता उन मानवीय विशेषताओं का परिचय है जो कार्य के लिए आवश्यक होता है, जैसे, शिक्षा, प्रशिक्षण, कुशलता, अनुभव तथा शारीरिक एवं मानसिक क्षमता। (वर्थर एंड डेविस 1982)

विकासशील देशों में प्रसार संगठनों ने स्पष्ट रूप से यह नहीं बताया है कि प्रसार-कर्मचारियों का कार्य-विशेषता क्या हो। प्रसार के प्रशिक्षण तथा दौरा पद्धति ने चार्ट कार्य-योजना तथा विभिन्न श्रेणियों के प्रसारकर्मियों के लिए समयबद्ध कार्य की तैयारी में काफी सुधार किया है। फिर भी प्रसार संगठनों में कार्य विवरण की कार्य-भार, प्रसार का मौसमी रूप, फसल पद्धति का क्षेत्र तथा बृहत क्षेत्र में प्रसार सेवा का आबंटन आदि तत्त्वों ने वास्तविक उपयोगिता को जटिल बना दिया है। (हेवार्ड, 1990) प्रसार संस्थाओं की भूमिका पर अध्ययन से पता चलता है कि उनके सुझाव कार्य-संबंधित समस्याएँ हैं जैसे अस्पष्ट भूमिका तथा कार्य अधिकार का अभाव, विशेषज्ञता, तथा दायित्व बोध आदि (विजय राघवन एंड सिंह 1989) यह बताता है कि कार्य विश्लेषण आवश्यक है प्रसारकर्मियों के कार्य एवं प्रभावशीलता में सुधार के लिये। प्रसार-कर्मचारियों के विकास में कार्य विश्लेषण अधिक प्रभावी ढंग से योगदान कर सकते हैं निम्नलिखित प्रक्रियाओं को अपनाकर जिसमें शामिल है प्रमुख कार्यक्षेत्र की पहचान तथा संकटपूर्ण अवस्थाएँ।

## प्रसार-कर्मचारियों के विभिन्न श्रेणी के प्रमुख कार्यक्षेत्र

रोजगार के वर्णन में कई चीजों की सूचना दी जाती है, पर उन प्रमुख क्षेत्रों पर नहीं जो ध्यान देने के लिए आवश्यक होते हैं। आगे यह बताता है कि वर्तमान कर्मचारी से क्या उम्मीदें की जाती हैं। दूसरी तरफ प्रमुख कार्य के क्षेत्र विशिष्ट होते हैं जो वर्तमान तथा भविष्य के संगत महत्त्वपूर्ण कार्यों को बताते हैं जो लक्ष्य प्राप्ति के लिए आवश्यक हैं। (पारीख एवं राव, 1992) प्रमुख कार्य क्षेत्र की जानकारी से भूमिका की स्पष्टता एवं कार्यों की सुपुर्दगी से भी सहायता मिलती है। बदले में यह कार्य की जाँच तथा प्रशिक्षण में सहायक है। साधारणत: किसी कार्य के लिए चार-पाँच प्रमुख क्षेत्रों की पहचान की जाती है। विकासशील देशों में प्रमुख प्रसार-कर्मचारियों में शामिल रहते हैं ग्राम-प्रसारकर्मी, विषय वस्तु विशेषज्ञ, पर्यवेक्षण कर्मचारी या प्रसार अधिकारी। प्रमुख प्रसार-कर्मचारियों के प्रमुख कार्य क्षेत्र निम्नलिखित प्रकार के हैं:

***ग्राम-प्रसारकर्मी:*** (1) इस श्रेणी के लोग ग्राहकों से संपर्क तथा उनकी समस्याएँ समझने के लिए नियमित रूप से गाँवों एवं खेतों का दौरा करते हैं। (2) शैक्षणिक कार्यकलापों द्वारा बैठकों, आन्दोलनों, प्रदर्शनों क्षेत्र के दिनों, प्रशिक्षण सेशन, तथा प्रदर्शनी के रूप में करते हैं। (3) ग्राम प्रसारकर्मियों को प्रशिक्षित तथा पूर्व जानकारी देते हैं अंतिम खेती तकनीक के बारे में तथा क्षेत्र की समस्या हल करने में उनकी सहायता करते हैं।

***पर्यवेक्षण कर्मचारी या प्रसार अधिकारी:*** इन पदों पर आसीन लोग (1) प्रसार कार्यक्रमों एवं कार्यकलापों को सुनियोजित संगठित, संयोजित तथा कार्यान्वित करते हैं। (2) क्षेत्र कर्मचारियों के कार्य की देखरेख तथा पर्यवेक्षण करते हैं, मार्गदर्शन, प्रेरणा तथा कार्यों का मूल्यांकन का प्रावधान कर एवं (3) आंतरिक विभागों बाहरी विभागों के साथ कार्यक्रम संयोजन करते हैं।

## प्रसार-कर्मचारियों के महत्त्वपूर्ण गुण

प्रमुख कार्यक्षेत्र विभिन्न श्रेणी के प्रसार-कर्मचारियों के योगदानों तथा महत्त्वपूर्ण भूमिकाओं को अलग कर लिया जाता है तो फिर उनका विश्लेषण उन गुणों को इंगित करने किया जा सकता है जिससे प्रभावी एवं अप्रभावी भूमिकाकर्त्ताओं की पहचान की जा सके। इन महत्त्वपूर्ण गुणों में शामिल रहते हैं शैक्षणिक योग्यता, कुशलता, अनुभव, शारीरिक विशेषता, मानसिक क्षमता, महत्त्व तथा भवना जो प्रसार के लिए आवश्यक होते हैं। क्षेत्रस्तर तथा पर्यवेक्षण के प्रसार-कर्मचारियों के लिए आवश्यक विशेषताएँ होती हैं कृषि में औपचारिक प्रशिक्षण व्यवहारिक ज्ञान, खेती का अनुभव, तथा आधुनिक खेती के तरीके। समूह विकास की क्षमता, मानव-संबंध तथा संचार भी महत्त्वपूर्ण होते हैं। मूल ज्ञान प्रबंधन के पास होता है तथा नेतृत्व की आवश्यकता प्रसारकर्मियों की होती है। सभी प्रसार-कर्मचारियों के लिए, ग्रामीण लोगों में विश्वास, कृषि विकास के प्रति संकल्प

तथा संपूर्ण समुदाय की चिंता जैसे मानवीय मूल्य एवं भाव भी महत्त्वपूर्ण होते हैं। (गुप्ता, 1963, मतीन, 1976)

कई खोजकर्त्ताओं ने उत्पादक प्रसार-कर्मचारियों के चयन के लिए व्यक्तिगत तथा पेशेवर विशेषताओं के महत्त्व को दर्शाया है। (गुप्ता, 1963, पेरूमल, 1975) यह निर्धारण अनिवार्य है क्योंकि बांग्लादेश, ब्रोत्सवाना, केन्या, मलयेशिया, सूडान तथा जांबिया जैसे, देशों में सर्वाधिक गंभीर समस्या रही है प्रसारकर्मियों का असंतोषपूर्ण शैक्षणिक स्तर। (ब्लैकेनबर्ग, 1984) कृषि-प्रसार के विश्वस्तरीय विश्लेषण से खुलासा होता है कि क्षेत्र प्रसारकर्मियों की औपचारिक शिक्षा का तथा प्रशिक्षण का विकासशील देशों में निम्न स्तर है। (स्वानसन, फरनर एवं बहल 1990)

## प्रसार कर्मचारियों की भर्त्ती तथा प्रशिक्षण

सही प्रसार-कर्मचारी के चयन के लिए भर्त्ती जरूरी होता है। चूँकि प्रसार लोगों को शिक्षित करने की इच्छा एवं संकल्प भी चाहिए इसलिए उपयुक्त चयन के लिए एक उपयुक्त चयन प्रणाली आवश्यक है। प्रसार की सफलता काफी हद तक शिक्षित तथा प्रेरित कर्मचारियों पर निर्भर है। विकासशील देशों में प्रसार संगठन की भर्त्ती के दो महत्त्वपूर्ण स्रोत होते हैं जो हैं बाहर से तथा अंदर से। सरकारी पदस्थापन संस्थाओं की सेवा द्वारा गाँव प्रसारकर्मी तथा कृषि प्रसार अधिकारियों जैसे प्रवेशस्तर के पदों पर बाहरी भर्त्ती की जाती है। भर्त्ती के अन्य साधन हैं विज्ञापन, निजी पदस्थापन संस्थाएँ पेशेवर-खोज उपक्रम तथा शैक्षणिक संस्थान। कुछ देशों में प्रसार संस्थाओं की सहायता के लिए किसान भर्त्ती किये जाते हैं (आडमस, 1982) इसरायल में खेती के व्यवहारिक अनुभव रखने वाले स्वयंसेवकों को विशेषकर जोड़ों, अप्रवासियों की सहायता के लिए प्रसारकर्मी की तरह भर्त्ती किया जाता है। ये कर्मी उत्साही होते हैं, किसानों के साथ रहते हैं, व्यक्तिगत उदाहरण स्थापित करते हैं तथा वांछित परिवर्तनों के लिए प्रभावी उपकरण साबित हुए हैं। (ब्लूम, 1987)

विकासशील देशों के अधिकांश प्रसार विभागों में मध्य तथा उच्च स्तरीय पदों के लिए तरक्की देकर तथा भर्त्ती द्वारा विभाग के अंदर से ही पूरा कर सकते हैं। उदाहरण के लिए भारत में उपसंचालक, संयुक्त संचालक तथा अतिरिक्त संचालक के पदों को नीचे से तरक्की देकर पूरा किया जाता है। (विजयराघवन, 1994) इस नीति का लाभ यह होता है कि इससे स्वामीभक्ति बढ़ती है तथा उपस्थित प्रसार-कर्मचारियों को उच्च पदों पर जाने का अवर प्राप्त होता है। फिर भी इससे एक सबसे बड़ा नुकसान यह होता है कि बाहरी योग्य प्रसार-कर्मचारियों का प्रवेश बाधित रहता है तथा इससे सुस्ती भी आती है क्योंकि तरक्की में वरिष्ठता को आधार माना जाता है।

## प्रसारकर्मियों के चयन के लिये तकनीक एवं तरीके

प्रसार-कर्मचारियों का चयन प्रारंभ होता है सभी क्रियाशील आवेदकों को विज्ञापन द्वारा इसकी जानकारी देकर प्रसारकर्मियों के प्रशिक्षण केंद्र की सहायता के लिये, कृषि कालेजों, ग्रामीण संस्थानों तथा स्थानीय सरकारी संस्थानों में रहने वाले उम्मीदवारों को सूचित करने। इसके बाद आवेदन-पत्रों की छँटाई का अल्पसूची बनाकर तथा विभिन्न जाँचों द्वारा उम्मीदवारों की क्रियाशीलता का मूल्यांकन किया जाता है।

एक प्रायोगिक चयन प्रक्रिया में निम्नलिखित चरण होते हैं: कार्य के लिए आवेदन पत्र की पूर्णता, प्रारंभिक छंटाई, जाँच, गंभीर साक्षात्कार चयन, शारीरिक जाँच तथा कार्य प्रदान। (फ्रेंच, 1982) साधारणत: विकासशील देशों में एक सहज ज्ञान जाँच तथा एक संक्षिप्त साक्षात्कार करते हैं प्रसारकर्मियों के चयन के लिए। उल्लिखित तरीके के उपयोग से यह असंभव होता है कि एक प्रभावी उम्मीदवार को अप्रभावी उम्मीदवार से अलग किया जाए, क्योंकि प्रसारकर्मियों के चयन के लिए गहन जाँच द्वारा उदित तथा अनुदित क्षमताओं की पहचान करना आवश्यक होता है।

उदित क्षमता की जाँच के लिए ज्ञान की जाँच कुशलता की जाँच तथा योग्यता की जाँच की जाती है। अनुदित जाँच व्यवहार के आयामों की माप है जो क्षेत्र-स्तर के प्रसार-कर्मचारियों के लिए महत्त्वपूर्ण होते हैं। जिसमें शामिल होते हैं ग्रामीण लोगों के प्रति संकल्प की चिंता, सहानुभूति, समस्या समाधान उन्मुखता, किसानों को शिक्षित करने की उच्च प्रेरणा, तथा अपर्यवेक्षित कठिन गाँव की अवस्थाओं में कार्य करने की क्षमता, धैर्य एवं स्थायित्व तथा दल-भावना। इलाहाबाद कृषि संस्थान ने ग्रामस्तरीय प्रसारकर्मियों के लिए चयन का एक अच्छा उदाहरण व्यवहार की विशेषता पर आधारित उपाय सुझाया है। (बाथगेट, 1956) ग्रामीण मार्गदर्शक के 27 विज्ञापित पदों के उत्तर में 700 से 800 उम्मीदवारों ने आवेदन दिया। अंतिम चयन

प्रक्रिया की जाँच में पाँच दिन लगे। जिसमें वास्तविक ग्रामीण अवस्थाओं में ज्ञान तथा भावना की जाँच की गयी। जाँच में मानवीय कार्य भी शामिल किया गया यथा एक मवेशीस्थल की सफाई तथा एक कंपोष्ट गड्ढे की खुदाई। आकस्मिक अवस्थाओं के प्रति उम्मीदवारों की प्रतिक्रया की जाँच की गयी उन्हें निर्जन गाँवों में छोड़कर।

मूल रूप से द्वितीय विश्व युद्ध के दौरान इस्तेमाल हुए निर्धारण केंद्र विचार का उपयोग प्रसार-कर्मचारियों के चयन के लिए किया जा सकता है। इस सिद्धांत में नये कर्मचारियों की जाँच के लिए संगठन अपने आंतरिक स्रोतों का विकास करता है। भर्त्ती होने वाले उम्मीदवारों को कई अनुकरण व्यवहारों का निर्धारण करता है। जो तकनीक इस्तेमाल में लाया जाता है वह मनोवैज्ञानिक जाँच, भूमिका मंचन, टोकड़ी के अंदर व्यायाम, समूह चर्चा, नियोजित जाँच ज्ञान जाँच तथा साक्षात्कार।

## प्रशिक्षण तथा विकास

प्रसार-कर्मचारियों का प्रशिक्षण प्रत्यक्ष रूप से प्रसार संगठनों के अंदर मानव संसाधन को विकसित करता है। "प्रशिक्षण कार्यक्रम का उद्देश्य वर्तमान कार्य का सुधार तथा रखरखाव होता है जबकि विकास भविष्य के कार्यों के लिए ज्ञान को विकसित करता है।"(स्टोनर एंड फ्रीमैन, 1992, पे. 388) प्रशिक्षण की शुरुआत प्रशिक्षण की जाँच तथा सांगठनिक विश्लेषण द्वारा होता है। एक बार जब कर्मचारियों के प्रशिक्षण की आवश्यकता की पहचान हो जाए तब प्रशिक्षण कार्यक्रम को संगठित करना दूसरा कदम है। प्रसार संगठनों में अनुभव आधारित सीखने की अवस्थाओं के सृजन के लिए खेलकूद, भूमिका मंचन, अनुरूपी व्यायाम तथा मामलों के अध्ययन जैसे तरीकों का इस्तेमाल हो सकता है। (लिंटन एंड पारीख, 1990)। क्षेत्र के वास्तविक अनुभव पर आधारित प्रशिक्षण पर जोर देना चाहिए। बागवानी के उन्नत तकनीक तथा एकीकृत कीट प्रबंधन जैसे खेती के नए तकनीक के उदय ने वास्तविक क्षेत्र अनुभव की मांग बढ़ा दी है। प्रसार एजेंटों को केवल तकनिकी प्रशिक्षण की आवश्यकता नहीं है बल्कि मानव संबंधों के समस्या-निदान, अलाभान्वित समूह के प्रति संवेदना तथा प्रबंधन के मूल विचारों की भी ही आवश्यकता है। (टोबोर्ड, 1990)

## प्रबंधन विकास कार्यक्रम

प्रबंधन विकास कार्यक्रम का उद्देश्य वरिष्ठस्तर के प्रसार-कर्मचारियों के प्रबंधकीय ज्ञान को विकसित करना है तथा उन्हें भविष्य की भूमिका के लिए तैयार करना है। संगठन में प्रबंधन विकास कार्यक्रमों की बड़ी आवश्यकता होती है क्योंकि उन्हें बदलती कृषि परिदृश्यों से उत्पन्न कठिनाइयों का सामना करना होता है। इससे भी आगे प्रसार प्रबंधकों को आधुनिक प्रबंधन विकास कार्यक्रम को उच्चस्तरीय प्रसार प्रबंधकों की जरूरतों के अनुरूप होना होगा जो आवश्यकता प्रशिक्षण के लिए पढ़ाई, कार्य-घुमाव, प्रशिक्षण कार्यक्रम, क्लासरूम प्रशिक्षण तथा शैक्षणिक संस्थानों द्वारा प्रयोजित कार्यक्रमों जैसे वरिष्ठ प्रसार प्रबंधकों के प्रशिक्षण के लिए प्रबंधकीय ज्ञान एवं मानव संबंधों के लिए 'मैनेज' नाम की एक संस्था की स्थापना की गयी है।

## कार्यस्तर की जाँच

पूर्ववर्ती प्रभागों में हमने चर्चा की है कि प्रसारकर्मियों की भर्त्ती तथा प्रशिक्षण कैसे होता है तथा वे कैसे कार्यसमूह के भाग बनते हैं। फिर भी प्रभावी मानव संसाधन की अंतिम माप एक प्रसार संगठन में प्रसारकर्मियों के कार्य से ही होता है। प्रभावी मानव संसाधन प्रबंधन के लिए कार्यस्तर की जाँच महत्त्वपूर्ण है। कार्यस्तर की जाँच एक प्रक्रिया है कर्मचारी के कार्य का मूल्यांकन करने जिससे कर्मचारी की क्षमताओं को बढ़ाने का मार्गदर्शन प्राप्त हो। सरकारी विभागों के कई प्रसार संस्थाओं में कार्यस्तर की जाँच किये गए कार्य के गुप्त फैसले के सिवा और कुछ नहीं होता तथा एक चरित्र का रिपोर्ट जिसका इस्तेमाल अनुशासनात्मक कार्यवाही या प्रोन्नति के लिए किया जाता है। कर्मचारियों को उनके कार्य के बारे में कोई भी सूचना नहीं दी जाती है। प्रसार संगठनों के लिए एक पारदर्शी स्तर जाँच प्रणाली की आवशकयता है जहाँ खुली चर्चा के लिए सूचनाएँ एवं अवसर दिए जाएँ कर्मचारियों को अपने कार्य पर क्योंकि उनकी बढ़ने तथा विकसित होने की असीम क्षमता होती है। इस प्रणाली से एक स्वस्थ कार्यावस्था एवं कर्मचारी प्रेरणा का उद्भव होगा।

कर्मचारियों के विकास को सुविधाजनक बनाने के लिऐ कार्यस्तर की जाँच के निम्नलिखित प्रमुख उद्देश्य होते हैं, जो हैं: (1) सूचना एवं मार्गदर्शन का प्रावधान करना,

(2) कार्य का लक्ष्य प्राप्त करना, (3) प्रशिक्षण की आवश्यकता की पहचान करना तथा (4) प्रबंधन के प्रशासन ईनाम एवं प्रोन्नति के कार्यों के लिए साधन जुटाना। प्रभावी कार्यस्तर जाँच में शामिल चरण हैं: (1) प्रमुख कार्यक्षेत्र की पहचान कर वार्षिक उद्देश्यों का निर्धारण प्रत्येक के लिए, (2) प्रभावी कार्य के लिए महत्त्वपूर्ण गुणों की पहचान, (3) कार्य पर समय-समय पर पुनर्विचार, (4) कर्मचारियों के साथ कार्य पर चर्चा तथा (5) प्रशिक्षण एवं विकास की आवश्यकताओं की पहचान। (पारीख एवं राव, 1992)

**कार्यशीलता का स्तर जाँच:** कार्यशीलता की स्तर जाँच भविष्योन्मुख स्तर जाँच है जिसके द्वारा एक कर्मचारी की क्षमता की जाँच की जाती है कि वह उच्चतर पदों के योग्य तथा उच्चतर जिम्मेदारियों के अनुमान के मूल्यांकन के योग्य है। क्षमता की स्तर जाँच से प्रसार-कर्मचारियों को सहायता मिल सकती है अपनी शक्ति तथा कमजोरी जानने में तथा उन्हें अपने ज्ञान को आगे बढ़ाने के लिए प्रेरणा दे सकती है। इस प्रकार क्षमता की स्तर के जाँच से कर्मचारियों के पूर्ण जीवन विकास की योजना में सहायता मिल सकती है। स्तर जाँच के लिए कुछ तकनीक का जो उपयोग होता है वह है स्वयं स्तर जाँच, रईसीस्तरीकरण, उद्देश्यों द्वारा प्रबंधन विचार, मनोवैज्ञानिक जाँच तथा अनुकरणीय कार्य-व्यायाम, मामला विश्लेषण तथा नेतृत्व प्रक्रिया।

## कार्य पर पुनर्विचार एवं सलाह

कार्यस्तर जाँच का एक महत्त्वपूर्ण उद्देश्य होता है कार्य में अधिक प्रभावी होने के लिए कर्मचारियों को सलाह तथा मार्गदर्शन देना। इस प्रकार कार्य-सलाह पद्धति आवश्यक है प्रसार संगठन के लिए। प्रबंधक द्वारा कार्य की सलाह अधीनस्थों को दी जाती है जो कार्य के विश्लेषण, प्रशिक्षण आवश्यकता की पहचान तथा समस्याओं का निदान ढूँढ़ने में सहायता करता है जिससे कार्य की प्रभावशीलता में बाधा न हो। सलाह एक संचार की कला है जिसमें दो लोग शामिल हैं प्रबंधक तथा कर्मचारी। सलाह प्रशिक्षण से भिन्न है क्योंकि इसमें शामिल है जोड़ों का संबंध तथा अधिक पारस्परिक संबंध एवं विश्वास। कार्य के प्रति सलाह निर्भर है कर्मचारियों की रुचि, एक खुला वातावरण तथा परस्पर संबंध तथा सलाह की प्रक्रिया। प्रसार प्रबंधक प्रत्यक्ष, अप्रत्यक्ष एवं सहयोग की सलाह का इस्तेमाल कर सकते हैं। (वर्थर एंड डेविस, 1982)

## पर्यवेक्षण

पर्यवेक्षण के दो प्रमुख कार्य हैं कार्योन्मुख तथा कर्मचारियों की चिंता। इसलिए कार्यकलापों की दिशा एवं संगठन कर्मचारियों की प्रेरणा तथा कार्य समूह का प्रबंधन, प्रसार पर्यवेक्षक के महत्त्वपूर्ण कार्य हैं।

## दिशा एवं संगठन

प्रसार पर्यवेक्षक को कार्य एवं कार्य के उच्च स्तर को बनाये रखने के लिए योजना बनानी पड़ती है। कार्य विश्लेषण की संपूर्ण प्रक्रिया, प्रमुख कार्य-क्षेत्रों की पहचान तथा कार्यस्तर की जाँच से प्रसार कार्यों के संगठन एवं नियोजन में सहायता मिलती है। प्रसार के प्रशिक्षण तथा दौरा पद्धति ने लक्ष्य पारिभाषित करने योजना बनाने तथा क्षेत्र स्तर पर कार्य निरूपण करने के तरीके तथा देखरेख तथा मूल्यांकन का प्रावधान को लागू किया है। कार्यक्रमों की योजना एवं प्रबंधन में प्रसार संगठनों द्वारा किए गए कुछ प्रबंधक तकनीक है कार्यक्रम मूल्यांकन तथा पुनर्विचार तकनीक, (पर्ट/ संकटपूर्ण पथ तरीका (पी ई आर टी एंड (पीएम) (विस्ट एंड लेवी, 1982) लक्ष्य द्वारा प्रबंधन, (एमबीओ) (मैकोंकी, 1983) कार्यक्रम एवं कार्य की बजट पद्धति (पीपीबीएस) तथा समय प्रबंधन तकनीक। इन तरीकों का इस्तेमाल प्रसार संगठनों द्वारा एशियाई एवं अफ्रीकी देशों में किया गया है विभिन्न सफलताओं के साथ। व्यक्तिगत कम्प्यूटर प्रसार-प्रबंधकों को काफी अवसर देता है कुछ प्रबंधकीय ज्ञान के विकास में।

केन्या, मलावी तथा फिलीपींस के कुछ प्रभावी पर्यवेक्षित तरीकों का खुलासा हुआ है एक अध्ययन में जो कृषि प्रसार के क्षेत्र के कार्यों में सुधार लाने के लिये पर्यवेक्षित व्यवहारों से संबद्ध है, (होमैड्ल, 1982): (1) एक भागीदारी, वास्तविकता तथा नतीजोन्मुख लक्ष्य की स्थापना तथा दैनिक कार्य-योजना का उपयोग, (2) एक आवश्यकता- आधारित मूल्यांकन प्रणाली, (3) निर्णय करने तथा स्थानीय बाधाओं के अधीन प्राप्य सेवाओं में किसानों की संलग्नता एवं (4) प्रभावी संचार तथा सहज रूपरेखा तथा रिपोर्ट प्रक्रिया का इस्तेमाल।

एशिया एवं अफ्रीका में कृषि प्रसार अध्ययन दिखाता है कि प्रसार पर्यवेक्षकों को विचारवान होने के साथ कार्योन्मुख होना चाहिए, अधीनस्थों को निर्णय लेने में शामिल करना चाहिए तथा अधिक अंतर्वैयक्तिक क्षमता के साथ कर्मचारियों

से पेश आना चाहिए। (लियोनार्ड, 1977: विजयराघवन एवं सिंह 1991) दक्षिण-पूर्वी एशिया क्षेत्र-एजेंटों के 86% ने पर्यवेक्षकों के लिए मित्रता को सर्वाधिक प्रभावी तरीका बताया प्रसारकर्मियों के विश्वस्त कार्यों को सुनिश्चित करने के लिए। (गुडेल, 1983) इस प्रकार अगर प्रसार प्रबंधकों को प्रभावी होना हो तो उन्हें समर्थनात्मक मूल्यांकन देना होगा कर्मचारियों की प्रेरणा बढ़ाकर तथा कार्य-दल के कार्य में सुधार लाकर।

## प्रसार-कर्मचारियों को प्रेरित करना

जैसाकि पहले बताया जा चुका है, कई देशों में प्रसार-कर्मचारियों की नैतिकता तथा कार्य के प्रति प्रेरणा बहुत कम है। इसके बहुत से कारण निम्नलिखित हैं: प्रसार-प्रशासन का अफसरशाही चरित्र, ईनामों तथा उत्प्रेरकों का अभाव, कम सुविधाएँ, प्रोन्नति के कम अवसर तथा प्रसार के प्रति निम्न भावना, कम प्रेरणा तथा नैतिकता के प्रमुख कारण हैं। प्रसार पर्यवेक्षकों की प्रेरित करने की क्षमता ताकि क्षेत्र एजेंट सामान्य से अधिक कार्य करें तथा पर्यवेक्षकों को प्रसार कार्य में उत्तमता प्राप्ति में शामिल करना चाहिए। यह प्रसार प्रबंधकों को बताता है कि वे विभिन्न प्रेरक सिद्धांतों की जानकारी को अग्रिम पंक्ति के प्रसारकर्मियों पर लागू करें। इसलिए उत्प्रेरकों के प्रमुख सिद्धांतों का ज्ञान अनिवार्य है, जो निम्नलिखित हैं : मैसलोका आवश्यकताओं का वंशानुगत सिद्धांत, हर्जबर्ग का द्वितात्त्विक सिद्धांत, मैक्लीलैंड का आवश्यकता सिद्धांत, एक्स तथा वाई सिद्धांत तथा अनुमानिकता का सिद्धांत। (स्टोनर एवं फ्रीमैन, 1992) क्षेत्रकर्मियों के बीच, प्रेरणा विकास के लिए विशेष प्रशिक्षण का आयोजन पर्यवेक्षकों द्वारा किया जाना चाहिए।

## कार्य-दल प्रबंधन

प्रत्येक संगठन में औपचारिक तथा अनौपचारिक समूह होते हैं। औपचारिक समूहों की स्थापना प्रबंधक द्वारा होता है जबकि अनौपचारिक समूहों स्वतस्फूर्त तथा सदस्यों की रुचियों को तुष्ट करने के लिऐ विकसित होते हैं। चूँकि कार्य-समूहों की कार्यावस्था पर काफी प्रभाव रहता है इसलिए पर्यवेक्षक को समूह के आवश्यकताओं के प्रति संवेदनशील रहना चाहिए तथा समूह की लक्ष्य प्राप्त के लिए कुशलता का विकास एवं मार्गदर्शन देना चाहिए जिससे संगठन तथा सदस्यों दोनों को लाभ होगा। समस्याओं के निदान में प्रभावी प्रसार पर्यवेक्षण कार्य-समूह का इस्तेमाल कर सकता है क्योंकि वे कई सृजनात्मक निदान प्रस्तुत कर सकते हैं। प्रसार कार्यों में पर्यवेक्षित प्रभाव के सुधार के लिए एक तरीका है एक नेतृत्व शैली का विकास जो संगठन के उच्चतर स्तर पर प्रसारकर्मियों की रुचि का प्रतिनिधित्व करता है। यह कार्य-समूह का विश्वास एवं नैतिकता को बढ़ायेगा। प्रसार-कर्मचारियों के लिए अनिवार्य है समूह की सक्रियता एवं कार्य-समूह के कार्यों को बढ़ाने पर उनके ऊपर की जानकारी। उदाहरण के लिए 'हाउथ्रोन प्रभाव' में समूह के प्रति विशेष रुख के कारण कार्य में वृद्धि के तरीकों को प्रसार संगठनों में प्रभावी ढ़ंग से इस्तेमाल किया जा सकता है। (होनेडल, 1982) अध्ययनों से पता चलता है कि अच्छी तरह विकसित समूह सक्रियता का नतीजा प्रसार कार्यों की वृद्धि में हुआ है। (लियोनार्ड, 1977)

## ईनामों तथा उत्प्रेरकों का प्रबंधन

मानव संसाधन प्रबंधन का एक महत्त्वपूर्ण पहलू प्रसार संगठन में जिस पर विशेष ध्यान देने की आवश्यकता होती है, वह है एक ईनाम प्रणाली का विकास जो प्रसार-कर्मचारियों को आकर्षित करेगा, बनाए रखेगा तथा प्रेरित करेगा साथ ही प्रशिक्षण तथा प्रोन्नति के अवसर भी देगा। एशियाई एवं अफ्रीकी देशों में प्रसार संगठनों में ईनाम प्रणाली की कमी है। (विजय राघवन, 1994; स्वानसन, फार्मरन एवं बहल, 1990) प्रसारकर्मियों का केवल वेतन ही कम नहीं है पर यह वेतन भी बार-बार याद दिलाने के बाद तथा मुख्यालय जाने के बाद ही हो पाता है। (विगींस, 1986) अधिकांश प्रसार सेवाएँ सरकारी सस्थाओं द्वारा संचालित होती हैं तथा लोक प्रशासन के नियमों एवं नियमनों द्वारा संचालित हैं। इन नियमों से उत्तम कार्य के लिए ईनाम तथा योग्यता पर आधारित वेतन प्रणाली का प्रावधान नहीं होता है। प्रोन्नति का आधार वरिष्ठता एवं सेवाकाल होता है। इस प्रकार प्रसार सेवाओं का अफसरशाही ढाँचा एक अच्छे ईनाम प्रणाली के विकास में सबसे बड़ी बाधा है। कई सरकारी विभागों के बीच कृषि विभाग तथा प्रसार सेवाओं के प्रति एक निम्न भाव एवं निम्न वेतन का ढाँचा होता है। (विजयराघवन एवं सिंह, 1992) ईनाम तथा प्रेरणा प्रणाली में सुधार कई प्रकार से हो सकते हैं। जो निम्नलिखित हैं:

***उत्कृष्ट कार्य के लिए ईनामः*** प्रसार संगठनों को एक ईनाम प्रणाली का विकास करना होगा जो उत्कृष्ट

कार्य को प्रोत्साहन देता है ताकि कार्य, प्रेरणा एवं संतुष्टि को बढ़ावा देने के लिए वेतन तथा मजदूरी प्रबंधन एक प्रभावी उपकरण बने। एक स्पष्ट कार्य विवरण, कार्य के स्तरों तथा कार्य की जाँच प्रसार कार्य के मूल्यांकन एवं उत्कृष्ट सेवा के लिए लोगों को ईनाम देने के कार्य में सहायता करेगा। लोकप्रशासन रूपरेखा के अन्तर्गत तरीकों एवं साधनों को, कार्य पर आधारित वेतन के लिए लाना होगा। उदाहरण के लिए, प्रसारकर्मियों को उनके कार्यों के आधार पर उच्चतर शिक्षा के लिए भेजा जा सकता है। गैर-मैट्रिक, जैसे क्षेत्रकर्मी के अच्छे कार्यों की सराहना या सम्मानजनक उपाधि देकर कार्य में सुधार की स्थापना करने के लिए प्रोत्साहित किया जा सकता है ताकि उत्कृष्ट कार्यों की पहचान तथा उच्च स्तर का विकास एवं संचार हो सके। एक पेशेवर मासिक पत्रिका या समाचार पत्र से प्रसारकर्मियों को सहायता मिल सकती है खोजपूर्ण विचारों तथा उत्कृष्ट कार्यों को पुनर्गठित करने में।

***क्षेत्रस्तर पर कार्यावस्था में सुधार:*** आंतरिक रूप में भी ईनाम प्रणाली को समान होना चाहिए। क्षेत्रीय स्तर के प्रसार-कर्मचारियों के अपेक्षित महत्त्व की पहचान वेतन एवं अन्य सुविधाओं से पूरा किया जाना चाहिए। निम्नस्तर के प्रसारकर्मियों को बहुधा असंतोषजनक एवं निर्जन अवस्थाओं में कार्य करना होता है। (वावसटर, 1990) क्षेत्र प्रसारकर्मियों की जीवन अवस्था में सुधार करना चाहिए आवास, परिवहन एवं मेडिकल तथा बच्चों के लिए शैक्षणिक भत्तों का यथेष्ट प्रावधान कर।

**प्रसार-कर्मचारियों के लिए जीविका के लिए योजना एवं विकास:** जीविका का अर्थ होता है वे सारे कार्य जो लोग कार्यकाल के दौरान करते हैं। जीविका नियोजन वह प्रक्रिया होती है जिसके द्वारा कर्मचारी अपनी जीविका का लक्ष्य तथा पथ नियोजित करते हैं। जीविका विकास उन सभी के लिए होता है जो कि तकनीक एवं प्रबंध से संबंध होते हैं एवं अपनी जीविका योजना को प्राप्त करने के लिए ज्ञान प्राप्त करता है। कार्य एवं कुशलता के विकास के प्रेरक तत्त्व होते हैं जो प्रोन्नति के लिए भविष्य में अवसरों का दृश्य प्रस्तुत करते हैं। कई संगठनों में प्रसारकर्मियों के लिए दुर्भाग्यवश कोई जीविका का ढाँचा उपलब्ध नहीं होता है। भारत जैसे विकासशील देशों में ऐसे बहुत से मामले हैं जहाँ कोई ग्राम प्रसारकर्मी के पद पर योगदान करता है तथा 30-35 वर्षों तक कार्य करने के बाद उसी पद पर अवकाश ग्रहण करता है। ईनाम एवं प्रेरणा प्रभावों के विकास के रूप में प्रसार संगठनों को उपयुक्त जीविका पथ तथा प्रसार-कर्मचारियों के विभिन्न श्रेणियों को बढ़ाने के लिए एक क्रमबद्ध आधार का निर्माण करना होगा।

जीविका विकास के एक अंश के रूप में प्रसार-कर्मचारियों को अवसर प्राप्त होना चाहिए ताकि वे उच्चतर पदों पर जाने के लिए अपने तकनिकी तथा प्रबंधकीय ज्ञान को बढ़ा सकें। स्वास्थ्य या अभियांत्रिकी की तरह प्रसार-कर्मचारियों को भी वेतन ढाँचा तथा प्रोन्नति के अवसर प्राप्त होना चाहिए। केन्या में प्रसारकर्मियों के वेतन तथा जीविका अवसर अन्य सरकारी कर्मचारियों की तरह ही प्राप्त होते हैं (ओनयांगो, 1987) कृषि प्रसार की स्थिति को कृषि अनुसंधान के समान स्तर पर लाने की संस्तुति की जा चुकी है, एक समान वेतन ढाँचा, पेशेवर विकास, एवं प्रेरणाओं तथा ईनामों द्वारा। (फाओ, 1985)

## कार्यकाल की गुणवत्ता में सुधार

मानव संसाधन विकास के पूर्ववर्ती विचार ने प्रशिक्षण तथा उचित पर्यवेक्षण द्वारा व्यक्ति के विकास पर जोर दिया। परन्तु, संगठनों एवं समाज की बढ़ती जटिलताओं के कारण शीघ्र ही यह समझ में आया कि संगठनों के विकास में व्यक्तियों के प्रशिक्षण की एक सीमित भूमिका है। कार्यकाल की गुणवत्ता में सुधार की आवश्यकता है जो कार्य को अधिक संतोषप्रद एवं उत्पादक बनाकर किया जा सकता है। कार्य की प्रकृति या कर्मचारियों की संलग्नता तथा भूमिका कार्य के निर्णय में कार्यकाल के गुणवत्ता में सुधार के लिए महत्त्वपूर्ण होते हैं। ऐसा करने के लिए जिस तरीके का इस्तेमाल होता है, वह है कार्य की समृद्धि कार्य की रूपरेखा तथा भूमिका हस्तक्षेप। (पारीख, 1993) इन तरीकों की समझ तथा उन्हें प्रसार संगठनों में लागू करना अनिवार्य है प्रसार प्रबंधकों के लिए जिससे प्रसारकर्मियों के कार्य में सुधार हो अध्ययनों से पता चलता है कि प्रसार संगठनों में कार्य का वातावरण निम्न है तथा इसमें सुधार की आवश्यकता है। (झामतानी एवं सिंह 1989, 1992)

## कार्यसमृद्धि तथा कार्य की रूपरेखा

कार्य समृद्धि का अर्थ होता है, कार्य का विस्तृत विश्लेषण उन तत्त्वों को जानने जो इसे संतोषप्रद अनुभव बनाता

है। कार्य समृद्धि कर्मचारी के विकास तथा संगठनात्मक तरीकों के परिवर्तन के लिए कार्य को ही माध्यम बनाता है। कार्य को संतोषप्रद बनाने के लिए कुछ तत्त्व हैं, कार्य में सफलता का ज्ञान, कार्य की पहचान, स्वयं कार्य की प्रकृति तथा नई चीजों को सीखने का अवसर तथा विकास। कार्य समृद्धि का सिद्धांत हर्जबर्ग (1966) के अनुसार नियंत्रणों को हटाना, पर दायित्व बोध को बरकरार रखना, नये कार्यों को लाना, कार्य की पूर्ण इकाई देना, कार्य में स्वाधीनता देना, तथा कर्मचारियों को अपने कार्य में दक्ष बनने में सहायता देना आदि है। इन सिद्धांतों का उपयोग प्रसार प्रबंधकों द्वारा किया जा सकता है प्रसार-कर्मचारियों के बीच कार्य संतुष्टि तथा कार्य की गुणवत्ता बढ़ाने के लिए।

कार्यसमृद्धि कार्यक्रमों ने कार्य संतुष्टि तथा कार्य की गुणवत्ता के सुधार में सफलता अर्जित की है। फिर भी यह अनुभव किया गया कि कार्य समृद्धि कार्य का एक सीमित दृष्टिकोण है तथा मानवीय पक्षों पर अधिक जोर डालने की आवश्यकता महसूस की गई। इसने कार्य के डिजायन को जन्म दिया जो कार्य को इस रूप में लाने पर विचार करता है तकनिकी, संगठनात्मक, सामाजिक, तथा मानवीय आवश्यकताओं की पूर्त्ति कामगार के कार्य से हो। (डेविस एवं टेलर, 1979) कार्य के मानवीकरण पर आधारित, कार्य डिजायन का उद्देश्य कार्यकाल की गुणवत्ता को बढ़ाने के लिए कर्मचारियों के साथ मानवता का बर्ताव करना तथा कार्य के निर्णय में उनके विकास तथा संलग्नता पर जोर डालना है। यह कार्य के आंतरिक एवं बाह्य तत्त्वों, प्रबंधन में कर्मचारी की भागीदारी, स्वायत्तता, ग्राह्यता तथा विविध ता पर जोर डालता है। कार्य-रूपरेखा के विचार का इस्तेमाल प्रसार प्रबंधक, प्रसार-कर्मचारियों की भागीदारी बढ़ाने के लिए किया जा सकता है प्रसार कार्यक्रम के नियोजन तथा प्रबंधन में जिससे उनके कार्यकाल की गुणवत्ता में सुधार होगा।

## भूमिका हस्तक्षेप

भूमिकाओं का अध्ययन, संगठन का अपेक्षाकृत एक अवहेलित पहलू है जो हैं वे पद जो कर्मचारी संगठन में पाता है और यह महत्त्वपूर्ण व्यक्तियों की उम्मीदों तथा व्यक्तियों के पद प्राप्त द्वारा परिभाषित होता है जो संगठन से जुड़े होते हैं। यह संबंध संगठन के प्रभाव को बढ़ाता है व्यक्ति के साथ सांगउन को एकीकृत कर यह एकाकार मानसिक स्वास्थ्य तथा व्यक्तिगत प्रभाव में वृद्धि करता है। (पारीख, 1993) संगठन में भूमिका आधारित हस्तक्षेप भूमिका की पारस्परिकता को बढ़ाता है। भूमिका आधारित हस्तक्षेप सीखने की अवस्थाओं के द्वारा होता है जैसे प्रक्रिया प्रयोगशाला, समूहचर्चा, तथा प्रश्नावलियों तथा कार्यक्रमों का उपयोग। प्रसार संगठनों में भूमिका आधारित हस्तक्षेप से संकल्प, प्रेरणा, सृजन तथा दल भावना में वृद्धि होती है।

## संगठनात्मक विकास

एक सक्षम प्रसार संगठन के लिए आवश्यक होता है वातावरण से संबंधित परिवर्तनों के प्रति अपनी प्रतिक्रियात्मक क्षमताओं को बढ़ाना। संगठनों को अंदर एवं बाहरी परिवर्तनों के साथ चलना होता है जैसे खेती तकनीक में परिवर्तन, संचार के तरीकों, किसानों की आवश्यकताओं, ग्रामीण अवस्थाओं, खेत उत्पाद के आयात एवं निर्यात तथा बाजारी-अर्थव्यवस्था आदि। संगठनात्मक विकास आयोजित परिवर्तन की छूट देते हैं संगठन के कार्यों, तरीकों, ढाँचों तथा लोगों के लिए। भावनाओं, मूल्यों तथा संगठन के तरीकों को बदल दिया जाता है ताकि वे बदलती अवस्थाओं के साथ चल सकें। नयी समस्याओं से निबटने के लिए कर्मचारियों का भी ज्ञानवर्द्धन होता है।

दल गठन तथा विवादों के निपटारे के लिए संगठन का विकास एक नियोजित प्रयास होता है तथा जिसे व्यवहार विज्ञान के एक बाहरी विशेषज्ञ की सहायता से पूरा किया जाता है। (चट्टोपाध्याय एवं पारीख, 1982) प्रक्रिया में शामिल होते हैं समस्याएँ, आंकड़ा-संग्रह, संगठन के आंकड़ों का प्रावधान, विशिष्ट हस्तक्षेप लाना, मूल्यांकन तथा उसके अनुसार कार्य। अंतवैंयक्तिक संबंधों के विकास के लिए, संवेदनीय प्रशिक्षण, लेन-देन संबंधी विश्लेषण, कार्य दल निर्माण के तरीकों जैसे तकनिकों का इस्तेमाल किया जाता है। नियोजित परिवर्तनों तथा कर्मचारियों के बीच अंतवैंयक्तिक संबंधों को लाने के लिए प्रसार संगठनों द्वारा संगठनात्मक विकास के प्रभावी विचार का इस्तेमाल किया जा सकता है।

## उपसंहार

प्रसार संगठनों की सफलता के प्रमुख तत्त्व हैं उनके मानव संसाधन में सुधार। इस अध्याय में मानव संसाधन प्रबंधन के विभिन्न आयामों की चर्चा की गयी है जो प्रसार

प्रबंधकों को अपने मानव संसाधन के सुधार में सहायता देगा। मानव संसाधन प्रणाली के उचित नियोजन तथा कार्यान्वयन क। नतीजा प्रसार-कर्मचारियों के संपूर्ण विकास में होगा। विकासशील देशों के प्रसार वातावरण में घटित द्रुत परिवर्तनों को अपनाने में भी यह प्रसार संगठनों को क्षमता प्रदान करेगा।

## संदर्भ


एडम्स, एम.ई. (1982) *एग्रीकल्चरल एक्सटेंशन इन डेवेलपींग कंट्रीज,* वर्न्ट मिल, हार्लो, इसेक्सः लोंगमैन।

बाथगेटे, एफ. (इडी.) (1956) *एक्सपेरिमेंट एक्सटेंशन: गाँव साथी,* लंदन ऑक्सफोर्ड यूनिवर्सिटी प्रेस।

बाक्सटर, एम.(1990) एग्रीकल्चरल एक्सटेंशन इन्वेस्टमेंट। इन डी.सी. मिश्रा (इडी.) *ट्रेनिंग एंड विजिट सिस्टस इन इंडिया इन एक्शन।* नई दिल्ली, कृषि मंत्रालय, भारत सरकार।

भसीन, के. (1976) *पार्टीसिपेटरी ट्रेनिंग फौर डिवलपमेंट,* एफ एफ एच सी/ए डी बैंकाक, फाओ।

ब्लैन्कनबर्ग, पी. वी. (1984) *एग्रीकल्चरल एक्सटेंशन सिस्टम इन सम अफ्रीकन एंड एशियन कंट्रीज।* फाओ इकनोमिक एंड सोशल डेवेलपमेंट पेपर्स, 46, रोम फाओ।

ब्लूम, ए. (1987) दी इजरायली एक्सपेरियेंस इन एंड इट्स एल्लीकेशन टू डेवेलपींग कंट्रीज। इन डब्ल्यू. एम. रिवेश एंड एस. जी. श्च्राम (इडी.) *एग्रीकल्चरल एक्टेंशन वर्ल्डवाइड- इशु, प्रैक्टिसेस एंड इमर्जिंग प्रायरिटीज।* लंदन, क्रूम हेल्म।

चट्टोपाध्याय, एस., एंड पारीख, यू. (1982) *मैनेजिंग ओरगेजाइनेशनल चेंज,* नई दिल्ली, ऑक्सफोर्ड एंड आई. बी. एच. पब्लिशिंग कंपनी।

डेविस, एल. ई., एंड टेलर, सी. (इडीएस.) (1979) *डिजायन ऑफ जॉब्स,* शान्टा मौनिका, सी एः गुड इयर।

फाओ, (1985) *रिपोर्ट ऑफ दी एक्स्पेट कन्सलटेशन ऑन लिंकेजेज आफ एग्रीकल्चरल एडुकेशन।* बैकांक, रापा फाओ।

फ्रेंच, डब्ल्यू.एल. (1982) दी *पर्सनल मैनेजमेंट प्रोसेस* (5थ इडी.) बोस्टन, हाउटन मिफीन।

गुडेल, जी. ई. (1983) इम्प्रीकिंग ऐडमिनिस्ट्रेडर्स' फीडबैक कन्सर्निंग एक्सटेंशन, ट्रेनिंग एंड रिसर्च रिलिवेंस एट लोकल लेवलः न्यू एप्रोचेन एंड फाईडिगंस फ्रोम साउथ-ईस्ट एशिया। *एग्रीकल्चरल एं मिनिस्ट्रेशन,* 13, 39, 55.

गुप्ता, टी. एस. (1963) *चैरेक्टरिस्टीक्स ऑफ एफेक्टीव विलेज लेवल वर्कर्स।* अनपब्लिस्ड मास्टर्स थेसिस, नई दिल्ली, डिवीजन ऑफ एग्रीकल्चरल एक्सटेंशन, इंडियन एग्रीकल्चरल रिसर्च इंस्टीट्यूट।

हेवार्ड, जे. ए. (1990) एग्रीकल्चरल एक्सटेंशनः दी वर्ल्ड बैंकस एक्सपेरियंस एंड एप्रोचेज। इन बी. ई; स्वानसन(इडी.) *रिपोर्ट ऑफ दी ग्लोबल कंसलटेशन ऑफ एग्रीकल्चरल एक्सटेंशन,* पे-115-134 रोमः फाओ।

हर्जबर्ग, एफ. (1966) *वर्क एंड नेचर ऑफ वर्क क्लीवलैंड:* वर्ल्ड पब्लिशिंग।

होन्ड्ले, जी. (1982) सुपरवाइजिंग एग्रीकल्चरल एक्सटेंशन 'प्रैक्टिसेस एंड प्रोसिड्सोर्स फोर इम्प्रूविंग फिल्ड पर फोरमेंस, *एग्रीकल्चरल एडमिनिस्ट्रेशन 9,* 29-45.

झमतानी, ए., एंड सिंह, वाई. पी. (1989) परसेरचुअल वेरियेशंस ऑफ इनडिविडुअल्स ऑन आर्गेनाजेशनल एनवायरमेंट डायमेंशनस ऑफ ए डेवेलपमेंट डिपार्टमेंट। *इंडियन जरनल ऑफ एक्सटेंशन एडुकेशन,* 25, 53, 58।

झमतानी, ए., एंड सिंह, वाई. पी. (1992) इंटरयुनिट वेरियेंसस इन *ओरगेनाइंजेशनल इनवायलमेंट ऑफ ए डेवेलपमेंट* डिपार्टमेंट, मेनपॉवर जरनल, 28, 17-30.

लियोयार्ड, डी. के.(1977) *रीचिंग दी पीजेंट फारमर: ओरगेनाइजेश्नल थ्योरी एंड प्रैक्टिस इन केन्या।* शिकागो, यूनिवर्सिटी ऑफ शिकागो प्रेस।

लिंटन. आर., एंड पारीख, यू.(1990) *ट्रेनिंग फोर डिवलपमेंट* (2 इडी.) न्यू दिल्ली : सेज।

मेककोंकी, डी. डी.(1983) *हाउ टू मैनेज बाई रिजल्ट* (4र्थ एडी.), न्यूयार्क, अमेरिकन मैनेजमेंट एसोसियेशन।

मिलर, ई. एल. वरैक, ई. एच. एंड अलब्रेस्ट, एम. एच.(1980) *मैनेजमैंट ऑफ ह्यूमेन रिर्सोसेज।* एंगलवुड क्लीफ्स, एनजे प्रेंटिस हॉल।

ओनयांगो, सी. ए. (1987) मेकिंग एक्सटेंशन एफेक्टीव इन केन्या, दी डिस्ट्रीक्ट फोक्स फोर रूरल डेवेलपमेंट। इन डब्ल्यू.एम. रिवेरा एंड एस. जी. श्च्रान( इडीएस.) *एग्रीकल्चरल एक्सटेंशन वर्ल्ड वाईड* पे. 149-162, लंदन क्रूम हेल्म।

पारीख, यू. एंड राव, टी. वी.(1992) *डिजायनिंग एंड मैनेजिंग ह्यूमेन रिसोर्स सिस्टम्स,* नई दिल्ली। आक्सफोर्ड एंड आई बी एच पब्लिशिंग कंपनी।

पारीख, यू. (1993) *मेकिंग ओरगाइजेशनल रोल्स इफेक्टीव,* नई दिल्ली, टाटा मैक-ग्रा हील।

पेरूमल, जी. (1975) *ए स्टडी ऑफ जॉब परफोरमेंस, साइक्लोजिकल कैरेस्टरीटिक्स, कम्युनिकेशन विहेवियर एंड ट्रेनिंग आसपेक्ट्स ऑफ दी एग्रीकल्चरल* रिसर्च इंस्टीट्यूट।

स्टोनर, जे.ए.एफ., एंड फ्रीमैन आर. ई.(1992) *मैनेजमेंट* (5थ इडी.) नई दिल्ली, प्रेंटिस हॉल ऑफ इंडिया।

स्वानसन, बी. ई, फार्मर, बी. जे. एंड बहल, आर. (1990) दी करेंट स्टेटस ऑफ एग्रीकल्चरल एक्सटेंशन, वर्ल्डवाइड। इन बी.ई. स्वानसन (इडी.) *रिर्पोट ऑफ दी ग्लोबल कंसलटेशन ऑन एग्रीकल्चरल एक्टैंशन,* रोम, फाओ।

विजयराघवन, के. (1994) *एग्रीकल्चरल एडमिनिस्ट्रेशन इन दि इंडिया।* नई दिल्ली: कंसेप्ट पब्लिशींग कंपनी।

विजयराघवन, के., एंड सिंह, वाई. पी.(1989) जॉब डिजायन एंड यूनिट स्ट्रकचरल केरेक्टरिस्टीक्स ऑफ डिपार्टमेंट ऑफ एग्रीकल्चर। *इंडियन जोनल ऑफ एक्सटेंशन एडुकेशन 25,* 1.12.

विजराघवन, के., एंड सिंह, वाई.पी. (1991) सुपरवाईजरी विहेवियर इन एग्रीकल्चरल डिपार्टमेंट्स। *इंडियन जरनल ऑफ एक्टेंशन एडुकेशन 27,* 16-22.

विजयराघवन के., एंड सिंह, वाई. पी. (1992) पे एडेमिनिसट्रेशन इन एग्रीकल्चरल डिपार्टमेंट्स। *इंडियन जरनल ऑफ एक्सटेंशन एडुकेशन, 28,* 60-64.

वर्थर, डब्ल्यू. बी. जूनि., एंड डेविस., के.(1982) *पर्सनल मैनेजमेंट एंड हॅयूमेन रिसोर्स।* टोक्यों, मैकग्रा-हील, इन्टरनेशनल बुक कंपनी।

विस्ट, जे. डी. एंड लेवी, एफ. के.(1982) *ए मैनेजमेंट गाईड टू पर्ट/सीपी एम,* नयी दिल्ली: प्रेटिंस-हॉल ऑफ इंडिया।

विजिन्स, एस.(1986) एग्रीकल्चरल पोलिसी एंड एग्रीकल्चरल एक्सटेंशन: दी अफ्रीकन एक्सपीरियंश। इन जी.ई. जोन्स (इडी.), इन्वेस्टिंग इन रूरल एक्टेंशन: *स्ट्रेटजीस एंड गोल्स* (पे. 99-100), लंदन एलेसवियर एप्लायड सर्विस पब्लिशर्स।

## अध्याय-15

# प्रशिक्षण तथा व्यवसायिक विकास

अब्दुल हलीम एवं मोहम्मद मोजाहर अली

प्रशिक्षण विशिष्ट ज्ञान प्राप्त करने की एक प्रक्रिया है जिससे कार्य को और अच्छी तरह किया जा सके। (जूसियस, 1963) किसी कार्य को करने के लिये योग्य तथा निपुर्ण होने में यह सहायक होता है। (दहामा, 1979) साधारणत: एक संगठन कर्मचारी की सीख को प्रशिक्षण द्वारा सुविधाजनक बनाता है ताकि उनका परिष्कृत व्यवहार संगठन के लक्ष्यों एवं उद्देश्यों की प्राप्ति में योगदान करे। वान दर्शल (1962) ने प्रशिक्षण को शिक्षण, सूचना या लोगों को शिक्षित करने की एक प्रक्रिया बताया है जिससे (1) वे अपने कार्य करने के लिये अधिकाधिक योग्य हो जाँय, एवं (2) वे योग्य हो जाँय उन पदों पर कार्य करने जिसमें कठिनाई एवं जिम्मेदारी अधिक है।

फ्लीपो (1961) ने शिक्षा एवं प्रशिक्षण के बीच अंतर बताया, इन दोनों का स्थान कर्मचारी विकास निरंतरता के दो सिरों पर, जो सामान्य शिक्षा से लेकर विशिष्ट प्रशिक्षण तक है। जबकि प्रशिक्षण का संबंध उन कार्यकलापों से होता है जिनका उद्देश्य मानव के कार्यों में सुधार लाना होता है, जिसे कर्मचारी कर रहा होता है या जिसे करने उसे कहा जाता है, वहीं शिक्षा का संबंध साधारण ज्ञान की वृद्धि तथा कुल वातावरण की समझ में रहता है। शिक्षा मानव मस्तिष्क का विकास है तथा यह निरीक्षण विश्लेषण, एकीकरण, समझ निर्णय करने तथा नई परिस्थितियों से समायोजन की शक्ति को बढ़ाता है।

## सीख के सिद्धांत एवं प्रशिक्षण

सीख के सिद्धांत की मूल सामग्रियाँ होती हैं जो सभी शैक्षणिक तथा प्रशिक्षण कार्यकलापों में शामिल होते हैं। सीख सिद्धांतों की जितनी अधिक जानकारी होगी, उसके निर्णय करने की क्षमता उतनी ही बढ़ेगी लक्ष्यों की प्राप्ति में लागू करने के लिये। व्यवहारवादी, ज्ञानवादी तथा मानवतावादियों ने अपने विचारों में शिक्षण-सीख की प्रक्रिया से विभिन्न पहलुओं पर जोर डाला है। जबकि व्यवहारवादी बाहरी अवस्थाओं, (वातावरण) पर जोर डालते हैं जो निरीक्षण तथा व्यवहार के मापनीय परिवर्तनों में परिलक्षित हो, ज्ञानवादियों की चिंता यह होती है कि मस्तिष्क कैसे कार्य करता है (मानसिक प्रक्रिया जैसे नियमों, वर्गीकरण तथा सूचनाओं को स्मृति में रखना) दूसरी ओर मानवतावादी प्रभावी पहलुओं पर जोर देते हैं (जैसे, भावनाओं तथा संवेगों) उन व्यवहारों के लिये जो सीख को प्रभावित करते हैं। (एफआरआरआई, 1960) प्रसार पद्धतियों में प्रभावी प्रशिक्षण में सीख के सभी सिद्धांतों को शामिल किया जाना चाहिये ताकि प्रशिक्षुओं के कार्य, विश्वास एवं ज्ञान तत्त्वों को एक ही समय परिवर्तित किया जाये। प्रसार प्रशिक्षण में बच्चों के सीख सिद्धांत पेडागोर्गी की अपेक्षा वयस्कों के सीख सिद्धांतों, एंड्रागोर्गी का इस्तेमाल होता है।

## प्रशिक्षण विचार

प्रशिक्षण के तीन सिद्धांत हैं : (1) परंपरागत सिद्धांत, (2) प्रयोगात्मक सिद्धांत तथा (3) कार्य आधारित सिद्धांत। (रामा, इटलिंग एंड वोवेन, 1993) परंपरागत सिद्धांत में प्रशिक्षण कर्मचारी उद्देश्यों, विषयों, शिक्षण-तकनीक कार्य, पाठ की योजना, प्रेरणा, जाँच एवं मूल्यांकन करता है। इस विचार में प्रशिक्षण कर्मचारी का हस्तक्षेप उजागर होता है। प्रयोगात्मक सिद्धांत में प्रशिक्षक अनुभव को निगमित करता है जहाँ सीखने वाला सक्रिय होता है तथा प्रशिक्षण प्रक्रिया को प्रभावित करता है। परंपरागत नमूने में शामिल शैक्षणिक विचार के विपरीत प्रयोगात्मक प्रशिक्षण वास्तविक

या प्रेरित अवस्था पर जोर डालता है जिसमें उसे काम करना होता है। इस नमूने में उद्देश्यों तथा प्रशिक्षण के अन्य तत्त्वों का फैसला प्रशिक्षक तथा प्रशिक्षु दोनों मिलकर करते हैं। प्रशिक्षक मूल रूप से सुविधाकर्त्ता, संशोधक या साधन-स्रोत होता है। प्रशिक्षण के कार्याधारित सिद्धांत में लक्ष्य का निर्धारण निपुर्णता के स्तर द्वारा होता है न कि प्रशिक्षुओं को स्तर प्रदान कर। एक कार्य के लिये निरीक्षण योग्य कुशलता की प्राप्ति पर जोर दिया जाता है। यह कार्याधारित शिक्षक शिक्षण जिसे इलम ने विकसित किया (1971), प्राय: कार्य या ज्ञान केंद्रित होता है तथा प्रसार जैसे अनौपचारिक शिक्षा के लिये भी उपयुक्त होता है।

## विश्वस्तर पर प्रसार कर्मचारियों के लिये प्रशिक्षण आवश्यक

विश्वस्तर पर 600000 प्रसारकर्मी हैं जिनमें शामिल हैं प्रशासनिक कर्मचारी, विषयवस्तु विशेषज्ञ, क्षेत्रकर्मी, तथा कुछ बहुद्देश्यीय पहचान रहित लोग जिसमें से 70% लोगों को एशियाई एवं अफ्रीकी देशों ने समाहित कर लिया है। (बहल, स्वानसन एंड फार्नर, 1992) इन तीनों के अनुसार इन कर्मचारियों का पद के आधार पर आबंटन इस प्रकार है, 7% प्रशासन, 14% एसएमएस तथा 79% क्षेत्र-कर्मचारी पर क्षेत्रीय अंतर होते हैं। लगभग 13% महिला कर्मचारी हैं जिनकी संख्या में क्षेत्रीय अंतर रहता है। (बहल, इट. एल., 1992) एशिया, अफ्रीका, निकट पूर्व तथा लेटिन अमेरिकन देशों में क्षेत्रकर्मियों से एसएमएस कर्मियों का अनुपात कम है तथा अंतर 1:11 से 1:14 तक का है। यूरोप एवं उत्तरी अमरीका में यह अनुपात 1:1.5 से 1:1.6 का है। विश्वस्तर पर यह अनुपात 1:11.5 है। (स्वानशन इट. एल., 1990)

प्रसार कर्मचारियों के बीच ज्ञान, कुशलता तथा क्षमता की कमी खासकर एशिया, अफ्रीका तथा लेटिन अमेरिका के देशों में काफी है। विश्वस्तर पर प्रसार कर्मचारियों का 39% का शिक्षण स्तर सेकेण्डरी स्तर का तथा 33% इंटरमीडियेट स्तर का है। (बहल इट. एल., 1992) इससे भी अधिक प्रत्येक क्षेत्र में अग्रिम पंक्ति के प्रसारकर्मियों, एसएमएस कर्मियों तथा प्रशासकों के बीच मूल शैक्षणिक योग्यता में भारी अंतर है। प्रशिक्षण प्राप्ति में भी भारी अंतर है। अफ्रीका में अधिकांश अग्रिम पंक्ति के प्रसारकर्मियों के पास अभी भी सेकंडरी स्तर का डिप्लोमा ही है। (बहल इट. एल., 1992) प्रसार कर्मचारियों की निम्न शिक्षा पृष्ठभूमि के लिये निगमित प्रशिक्षण आवश्यक है।

## प्रशिक्षण के प्रकार

विस्तृत रूप से प्रशिक्षण को दो श्रेणियों में रखा जा सकता है जो है पूर्व सेवा प्रशिक्षण तथा सेवाधीन प्रशिक्षण। सेवा पूर्व प्रशिक्षण की प्रकृति अधिक शैक्षणिक होती है तथा इसे औपचारिक संस्थानों द्वारा निश्चित पाठ्यक्रमानुसार एक निश्चित अवधि के लिये एक डिग्री या डिप्लोमा दिया जाता है। सेवाधीन प्रशिक्षण संगठन द्वारा समय-समय पर कुशलता तथा जानकारी बढ़ाने के लिये कर्मचारियों को प्रशिक्षण दिया जाता है।

## सेवापूर्व प्रशिक्षण

सेवापूर्व प्रशिक्षण एक प्रक्रिया है जिसके द्वारा व्यक्ति को एक खास तरह के पेशे के लिये तैयार किया जाता है जैसे कृषि, औषधिविज्ञान तथा अभियांत्रिकी। इसके लिये उन्हें किसी औपचारिक संस्थान में निश्चित पाठ्यक्रम में सफल होना आवश्यक होता है एक औपचारिक डिग्री या डिप्लोमा के लिये। वे किसी व्यवसायिक कार्य पाने के हकदार नहीं होते जब तक वे प्रमाण पत्र, डिप्लोमा या डिग्री किसी उपयुक्त संस्था से प्राप्त नहीं करते। सेवापूर्ण प्रशिक्षण विषयों में प्राय: तकनिकी विषय पर जोर होता है यथा फसलें, पशुपालन, तथा मत्स्यपालन तथा बच्चों के ज्ञान ताकि छात्र कृषि के कार्य करने को तैयार रहें।

कृषि कर्मचारियों के लिये साधारणत: दो प्रकार की सेवापूर्व प्रशिक्षण उपलब्ध होते हैं। ये हैं (1) डिग्री स्तर (कृषि या संबंधित विषयों में कम से कम स्नातक स्तर की डिग्री) जो प्राय: किसी कृषि कालेज या विश्वविद्यालय द्वारा चार वर्षों की पढ़ाई के लिये दिया जाता है। (2) डिप्लोमा स्तर, जो प्राय कृषि विद्यालय द्वारा दो से तीन वर्षों के लिये दिया जाता है। प्रवेश करने के लिये डिग्री स्तर के लिये 12 वर्ष तक स्कूल पढ़ाई तथा डिप्लोमा स्तर के लिये 10 वर्ष तक स्कूल पढ़ाई मान्य होता है।

## सेवाधीन प्रशिक्षण तथा कर्मचारियों का विकास

सेवाधीन प्रशिक्षण कर्मचारी-विकास की एक प्रक्रिया है जिसका उद्देश्य किसी कम्रचारी के कार्य में सुधार लाना है जिसे जिम्मेदारियों के साथ कोई पद दिया गया है। यह व्यक्ति के व्यवसायिक विकास को बढ़ाता है। "यह एक कार्यक्रम है जिसका उद्देश्य कार्यरत प्रसारकर्मियों की क्षमताओं को सशक्त करना होता है।" (मेलोन, 1984,

पेज 209) सेवाधीन प्रशिक्षण एक समस्या-केंद्रित, प्रशिक्षु-उन्मुख तथा समयबद्ध कार्यक्रमों की शृंखला है जो एक उद्देश्य विकास का ज्ञान का अवसर देता है, ग्राहकों की सोच को विस्तृत करता है तथा ज्ञान प्राप्ति की क्षमता तथा तकनिकी निपुणता में वृद्धि करता है।

विस्तृत रूप से सेवाधीन प्रशिक्षण को निम्नलिखित पाँच श्रेणियों में रखा जा सकता है: (1) उन्मुखता प्रशिक्षण, (2) आधार प्रशिक्षण, (3) कार्य-पर प्रशिक्षण, (4) रखरखाव प्रशिक्षण तथा (5) जीविका विकास प्रशिक्षण। प्रसार कर्मचारियों के सेवाकाल में उचित विकास के लिये ये सभी प्रकार के प्रशिक्षण की आवश्यकता होती है।

***उन्मुखता प्रशिक्षण:*** यह प्रशिक्षण प्रसार कर्मचारियों को नियोजन के तत्काल बाद दिया जाता है अपने पदों से परिचित कराने के लिये। यह नये कर्मचारी के कार्य के प्रथम दिन से ही प्रारंभ हो जाता है। (रोजर्स एड ओम्स्टेड, 1957) इस प्रकार के प्रशिक्षण का उद्देश्य नये कर्मचारी को संगठन तथा इसके कर्मचारियों से परिचित कराने के लिये होता है। सभी नये कर्मचारियों की उन्मुखता प्रशिक्षण से उनमें व्यक्तिगत संकल्प की भावना लोगों के प्रति तथा संगठन के प्रति विकसित होता है। इस प्रकार का प्रशिक्षण नये कर्मचारियों के सेवापूर्व प्रशिक्षण का पूरक होता है। (हलीम एंड अली 1988) नये कर्मचारी की विशेषताओं के संबंध में वान दर्शक (1962) का मत है कि जब लोग किसी संगठन में कार्य करना आरंभ करते हैं प्रथम बार तो वे यह जानने को उत्सुक रहते हैं कि उनका क्या स्थान है, उन्हें क्या करने की जरूरत है तथा उन्हें किसके साथ काम करना है। वे किसी अनुभवी कर्मचारी की अपेक्षा अधिक जिज्ञासु तथा खुले-दिमाग के रहते हैं। वास्तव में कर्मचारी के ध्यान प्राप्ति तथा अच्छी आदतों को ढ़ालने का सर्वोपयुक्त समय वही होता है जब कि कार्य पर नये होते हैं।

***आधार प्रशिक्षण:*** यह एक सेवाधीन प्रशिक्षण होता है और नये नियोजित कर्मियों के लिये उपयुक्त भी होता है। तकनीकी क्षमता तथा संगठन के बारे में सामान्य निर्देशों के अलावा प्रत्येक कर्मचारी सदस्य के लिये विभिन्न सरकारी नियमों तथा नियमनों, वित्तीय लेन-देनों, प्रशासनिक योग्यता, संचार ज्ञान, नेतृत्व क्षमता संस्थाओं के बीच संयोजन या सहयोग तथा उनके संबंध का रिपोर्ट तैयार करना आदि के बारे में थोड़ा व्यवसायिक ज्ञान रखने की आवश्यकता होती है। आधार प्रशिक्षण कर्मचारियों को उनकी सेवा जीविका की नींद को सशक्त करने के लिये दी जाती है। यह प्रशिक्षण सेवा काल के प्रारंभिक चरण में दिया जाता है।

***रखरखाव प्रशिक्षण:*** यह नये कर्मचारी के विशिष्ट विषय-वस्तु के ज्ञान को बनाये रखने तथा आद्यान्त करने दिया जाता है। ताजा-प्रशिक्षण विशेषज्ञों, प्रशासकों, विषय-वस्तु अधिकारियों, प्रसार पर्यवेक्षकों तथा अग्रिम पंक्ति के कामगारों अपना ज्ञान बनाये रखने तथा जो ज्ञान है उसे बढ़ाने के लिये दिया जाता है। रखरखाव प्रशिक्षण पुराने तरीकों के अलावा नई सूचनाओं एवं नये तरीकों का प्रावधान करता है। इस प्रकार के प्रशिक्षण की आवश्यकता होती है कर्मचारी को अपने संभव उत्पादन के शीर्ष पर रखने तथा लीक पर जाने से बचाने, दोनों के लिये।

***कार्य पर प्रशिक्षण:*** यह एक अस्थायी या नियमित कार्यक्रमित प्रशिक्षण होता है जैसे एक पखवारे का प्रशिक्षण जो प्रसार का प्रशिक्षण तथा दौर, पद्धति के अधीन होता है, जो अधीनस्थ क्षेत्र कर्मचारियों को वरिष्ठ अधिकारियों तथा विषय विशेषज्ञों द्वारा दिया जाता है। यह प्रशिक्षण सामान्य: समस्याओं या तकनिकोंमुख होता है तथा इसमें औपचारिक उपस्थिति, औपचारिक चर्चा तथा क्षेत्र में नये ज्ञान या जानकारी की जाँच की जा सकती है। कर्मचारियों को कार्य पर प्रशिक्षण देने में हर प्रसार विभाग के वरिष्ठ अधिकारियों, प्रशासकों तथा विषय-वस्तु विशेषज्ञों की अपनी-अपनी भूमिका होती है जबकि वे दैनिक कार्य कर रहे होते हैं।

***जीविका या विकास प्रशिक्षण:*** इस प्रकार के सेवाधीन प्रशिक्षण का उद्देश्य कर्मचारियों की जानकारी, ज्ञान तथा क्षमताओं को बढ़ाना होता है जिससे वे उच्चतर पदों की बड़ी जिम्मेदारियों को संभालने के लिये तैयार किया जाता है। इस प्रशिक्षण को विभागीय स्तर पर आयोजित किया जाता है सभी स्तरों पर सफल प्रसारकर्मियों के लिये उनके अपनी शिक्षा की निरंतरता तथा व्यवसायिक विकास के लिये। मेलोन (1984) का मत है कि प्रसार सेवाएँ जो सभी कर्मचारियों को अवसर प्रदान करती है जीविका प्रशिक्षण की तैयारी की योजना बनाने उन्हें अधिक कार्यकाल के संतुष्ट कर्मचारी का लाभ मिलेगा जो प्रसार सेवा के प्रभाव एवं क्षमता दोनों को बढ़ाता है। मेलोन ने बताया "जीविका विकास सूचनाएँ एवं साधनों को प्राप्त करने का कार्य होता है जो किसी को

जीवनपर्यंत सीख के कार्यक्रम की योजना बनाने में सक्षम बनाता है जो उसके कार्यकाल से संबधित है।" पे. 216 यद्यपि अपनी जीविका विकास शिक्षण के लिये स्वयं जिम्मेदार होते हैं प्रसार संगठन कभी-कभी कुछ आधार तय करते हैं तथा कर्मचारियों के लिये अवसर प्रदान करते हैं विकल्प का प्रावधान कर।

## प्रशिक्षण के चरण

प्रशिक्षण एक चक्राकार प्रक्रिया है जो आवश्यकताओं की पहचान से शुरू होता है कुछ कदम के बाद प्रशिक्षण कार्यकलापों के मूल्यांकन से समाप्त होता है। प्रशिक्षण के किसी भी चरण में परिवर्तन या कमी से पूरी प्रणाली प्रभावित होती है और इसलिये एक प्रशिक्षक के लिये प्रशिक्षण प्रक्रिया के सभी चरणों एवं कदमों की जानकारी रखना महत्त्वपूर्ण है। विस्तृत विचार में प्रशिक्षण प्रक्रिया के तीन चरण होते हैं, योजना, कार्यान्वयन तथा मूल्यांकन।

### योजना चरण

योजना चरण में बहुत से कार्यकलाप शामिल होते हैं, जिनमें से दो प्रशिक्षण आवश्यकता की पहचान तथा पाठ्यक्रम का विकास बहुत महत्त्वपूर्ण होते हैं।

***प्रशिक्षण आवश्यकता की पहचान:*** प्रशिक्षण की आवश्यकता वह अवस्था होती है जहाँ 'क्या है' तथा 'क्या होना चाहिये' के बीच का अंतर मालूम हो एवं जो कर्मचारियों के ज्ञान कौशल, भावना तथा बर्ताव का संबंध किसी खास में किसी एक समय रहता है। यह अंतर ही समस्या है जो सामान्यतया तब घटित होता है जब 'वांछित कार्य' तथा 'वास्तविक कार्य' के बीच अंतर रहता है। आवश्यकता पहचान की प्रक्रिया प्रशिक्षकों की सहायता करता है यह निश्चित करने में कि उनका प्रशिक्षण कार्यक्रम प्रशिक्षण समस्या के अनुरूप ही है। उदाहरण के लिये, कृषि प्रसार पदाधिकारी ग्राम प्रसारकर्मियों को प्रशिक्षण देते रहते हैं, पर उनके कार्य में कोई सुधार नहीं होता है। इसके निम्नलिखित कारण हो सकते हैं:

1. कृषि प्रसार अधिकारी को विषय-वस्तु के ज्ञान का अभाव होता है;
2. वे प्रशिक्षण ठीक से संचालन नहीं करते हैं;
3. प्रशिक्षण केंद्र में प्रशिक्षण सुविधाओं का अभाव होता है; तथा
4. ग्राम प्रसारकर्मियों का संगठन ठीक से नहीं होता है जब तक उनकी माँगें सरकार द्वारा पूरी नहीं की जाती।

प्रथम दो समस्याएँ ज्ञान एवं कौशल से संबंधित होती हैं तथा प्रशिक्षण कार्यक्रम द्वारा प्रभावी रूप से हल की जा सकती हैं, पर तीसरी एवं चौथी समस्याएँ के निदान के लिये सरकार का ध्यान आवश्यक होता है।

विभिन्न विश्लेषणात्मक प्रक्रियाओं द्वारा प्रशिक्षण आवश्यकता की पहचान की जा सकती है। प्रमुख प्रक्रियाएँ निम्नलिखित हैं जिनका उपयोग प्रशिक्षण आवश्यकता निर्धारण के लिये किया जाता है।

***संगठनात्मक विश्लेषण:*** यह विश्लेष निर्धारित करता है कि संगठन में प्रशिक्षण का जोर कहाँ हो तथा यह संगठन के लक्ष्यों पर ही आधारित होता है। किसी संगठन के विश्लेषण में क्या किया जाये इसके संबंध में मैकघी तथा थायेर (1961) ने निम्नलिखित चार चरणों का सुझाव दिया है:

1. किसी संगठन के लक्ष्यों तथा उद्देश्यों को बताना,
2. मानव संसाधन का विश्लेषण,
3. क्षमता स्वरूप का विश्लेषण, तथा
4. संगठनात्मक वातावरण का विश्लेषण।

इसके बाद इन विश्लेषणों के नतीजे की संगठन के उद्देश्यों से तुलना की जाती है। इस तुलना से वह विशेष क्षेत्र का पता चलता है जिसमें प्रशिक्षण की आवश्यकता होती है।

***व्यक्तिगत विश्लेषण:*** इसका उद्देश्य व्यक्तियों या कर्मचारी समूहों के विशेष प्रशिक्षण आवश्यकता की पहचान की जाती है ताकि प्रशिक्षण को आवश्यकतानुसार किया जा सके। यह विश्लेषण व्यक्तियों तथा उनकी विशेष आवश्यकताओं से संबंधित ज्ञान, जानकारी तथा भावनाओं पर केंद्रित रहता है कि उन्हें सौंपे गये कार्य को करने के लिये अपने को विकसित करना चाहिये। व्यक्तिगत विश्लेषण के संभव तरीकों एवं तकनिकों में शामिल होते हैं कार्यों का स्तरीकरण, साक्षात्कार, प्रश्नावलियाँ, जाँच, बर्ताव का विश्लेषण, अनौपचारिक वार्ता, जाँच सूची, सलाह, संकटपूर्ण घटनाएँ, रिकार्ड करना, सर्वेक्षण तथा निरीक्षण।

***समूह विश्लेषण:*** इसमें कुछ तकनीक शामिल रहते हैं, जिसमें सूचना प्राप्त कर्मचारी समूह संगठन के विभिन्न पहलुओं, कर्मचारियों तथा पूर्व निर्धारित लक्ष्यों को प्राप्त करने में प्रमुख त्रुटियों की पहचान करने आदि पर चर्चाएँ होती हैं उनमें से प्रत्येक के लिये इस विचार से कमियों को दूर करने के अन्य परिवर्तनों से प्रशिक्षण आवश्यकताओं का निर्धारण हो सके। इसके लिये जो प्रमुख तरीकों का इस्तेमाल होता है, वे हैं, मस्तिष्क मंथन, भुनभुनाहट, ताश के पत्ते, सलाहकार समितियाँ, सम्मेलन, समस्या-क्लीनिक, भूमिका मंचन, छद्मवेश, कार्यदल एवं कार्यशाला आदि।

संगठन में बहुत-सी समस्याएँ रहती हैं, पर कुछ समस्याओं को प्रशिक्षण से दूर नहीं किया जा सकता। प्रारंभिक आवश्यकता विश्लेषण के बाद, जिससे संभावित कारणों तथा निदानों का पता चलता है, तो नतीजों के संगठन के संबंधित कर्मचारी से जाँच कर लेना चाहिये यह तय करने कि उस समस्या के समाधान के लिये प्रशिक्षण उपयुक्त है।

***पाठ्यक्रम विकास:*** प्रशिक्षण की आवश्यकता की पहचान के बाद प्रशिक्षण कार्यक्रम में यह सर्वाधिक महत्त्वपूर्ण भाग है। पाठ्यक्रम यह तय करता है कि क्या पढ़ाया जायेगा तथा इसे कैसे पढ़ाया जायेगा। यह प्रशिक्षण की नींव तथा रूपरेखा प्रदान करता है। पाठ्यक्रम विकास का प्रथम चरण यह तय करता है कि क्या पढ़ाया जायेगा, तथा यही प्रशिक्षण सूची है।

एक बार जब प्रशिक्षण आवश्यकता की पहचान हो जाये, तथा प्रशिक्षण कार्यक्रम तय हो जाँय निदान की तरह तो आवश्यकता विश्लेषण करना चाहिये ज्ञान, कौशल तथा भावना आवश्यकता के कार्य की कमी का निर्धारण करने। आवश्यकता विश्लेषण प्रक्रिया में शामिल होता है प्रशिक्षण समस्या को इसके मूल भागों में बाँटना विभिन्न परवर्ती चरणों में ताकि प्रत्येक चरण के महत्त्वपूर्ण अंगों की पहचान तथा जानकारी हो। अन्तोगत्वा यह प्रशिक्षण विषयों की पहचान तथा जानकारी देता है। प्रशिक्षण आवश्यकता विश्लेषण को तीन अलग, विश्लेषणात्मक चरणों में बाँटा जा सकता है, जो है नौकरी विश्लेषण, कार्य विश्लेषण तथा जानकारी तथा कौशल के अंतर का विश्लेषण।

***(अ) नौकरी विश्लेषण:*** नौकरी विश्लेषण तरीका होता है कार्यों के प्रमुख क्षेत्रों का निर्धारण जहाँ प्रशिक्षण की आवश्यकता हो सकती है। (जे.ए. वर्कशीट देखें) इसमें नौकरी को कई अंगों में बाँटना शामिल होता है। यह विश्लेषण से प्रशिक्षक को पता चलता है कि संगठन में कर्मचारी क्या करता है। नौकरी के विश्लेषण में शामिल होता है किसी खास नौकरी के कार्य की पहचान (वेंटलिंग, 1992) कार्य की पहचान में जिस तकनीक का इस्तेमाल होता है उसमें शामिल होते हैं प्रश्नावलियाँ, साक्षात्कार, भागीदारों का निरीक्षण, कार्य का नमूना, कार्य का लेखा परीक्षण तथा लघु-समूह चर्चा। नौकरी विश्लेषण को पूरा करने के मार्गदर्शन के लिये निम्नलिखित चरण होते हैं:

1. नौकरी की पहचान कर लें जो विश्लेषण का विषय होने वाला है। इसमें शामिल होता है नौकरी विश्लेषण के केंद्रबिंदु को परिभाषित करना। इसमें किसी कर्मचारी समूह का पूरा कार्य शामिल हो सकता है या केवल एक विशेष भाग।
2. कार्यों की एक सूची तैयार कर लें जो विभिन्न विचारों तथा तरीकों से किया जा सकता है। नौकरी के कार्यों की पहचान के लिये चार तरीके हैं: (i) विशेषज्ञ संकटपूर्ण कार्यों की सूची तथा पहचान तय करता है; (ii) कर्मचारियों के साथ निरीक्षण एवं साक्षात्कार आयोजित किये जाते हैं; (iii) समूह प्रतिनिधियों के साथ बैठकें होनी चाहिये तथा (iv) कर्मचारियों एवं उनके पर्यवेक्षकों द्वारा एक कार्यों की एक प्रयोगात्मक सूची पर पुनर्विचार करना चाहिये।
3. कार्यों की जाँच करें। कार्यों की मसविदा सूची की जाँच विशेषज्ञों, कामगारों, पर्यवेक्षकों द्वारा होना चाहिये जो विश्लेषण से संबद्ध हों। यह विशेषज्ञों के पुनर्विचार लघुसमूह चर्चाओं तथा साक्षात्कारों द्वारा हो सकता है। जब कार्यों की जाँच हो जाये तब नौकरी के कार्यों की एक अंतिम सूची बनाना चाहिये।
4. आवृत्ति का निर्धारण करें। कामगार एवं पर्यवेक्षक एक ऐसी सूची तैयार कर सकते हैं यह ईंगित करते हुए कि नौकरी में प्रत्येक कार्य कितनी बार किया जाता है। विभिन्न माप के स्तर यथा 'शायद ही' 'समय समय पर', 'साप्ताहिक से मासिक', 'दैनिक से साप्ताहिक' एवं 'दैनिक' का इस्तेमाल किये

गये कार्य की गहनता की मात्रा के लिये किया जा सकता है।

5. महत्त्व का निर्धारण करें। नौकरी के सभी कार्य समान रूप से महत्त्वपूर्ण नहीं होते हैं। कभी-कभी होने वाले कार्य भी बहुत महत्त्वपूर्ण हो सकते हैं। इसलिये आवृत्ति स्तरीकरण के साथ-साथ अपेक्षित महत्त्व का स्तर तय करना भी महत्त्वपूर्ण होता है। नौकरी के कार्यों के अपेक्षित महत्त्व के लिये 'कई महत्त्वपूर्ण', 'सामान्य महत्त्वपूर्ण' तथा 'बहुत महत्त्वपूर्ण' जैसे शब्दों का इस्तेमाल किया जा सकता है।

6. सीखने की कठिनाइयों का अनुमान लगायें। नौकरी के कार्यों के विश्लेषण में एक दूसरा आयाम जुड़ता है सीखने की कठिनाई के अनुमान से। यह प्रशिक्षक का कर्मचारियों की कठिनाइयों के बारे में विचार होता है, जो प्रशिक्षक के स्वयं के विचार से भिन्न हो सकता है। एक 'सहज', 'सामान्य कठिन', 'बहुत कठिन' तथा 'अत्यधिक कठिन' शब्दों जैसे माप का उपयोग किया जा सकता है नौकरी के कार्यों के स्वरूप में कठिनाइयों का निर्धारण करने के लिये।

7. कुछ अंकों की गणना करें। यह सहजता से किया जा सकता है आवृत्ति, महत्त्व तथा सीखने की कठिनाई के अंकों को जोड़कर जो प्रत्येक काम में रहता है। कुल अंक के कालम से पता चल जाता है कि किस प्राथमिकता से प्रशिक्षण हो।

8. निष्कर्षों पर पुनर्विचार करें। नौकरी कार्य के विश्लेषण के नतीजों पर प्रशिक्षण पद्धित में महत्त्वपूर्ण लोगों के साथ चर्चा करना चाहिये सरकारी नेताओं, कार्यक्रम संचालकों तथा प्रशिक्षण में रुचि रखने वाले अन्य लोगों सहित।

***( ब ) कार्य विश्लेषण :*** नौकरी विश्लेषण का नतीजा नौकरी के कार्यों की एक बड़ी सूची है जो महत्त्व, सीखने की कठिनाई तथा कार्य करने की आवृत्ति पर आधारित होता है। प्रत्येक कार्य की जटिल प्रक्रियाएँ होती हैं और इसलिये यह जानने के लिये और आगे विश्लेषण आवश्यक है कि एक प्रशिक्षण कार्यक्रम की रूपरेखा में कार्य का कौन-सा विशिष्ट अंग महत्त्वपूर्ण है। (देखें, कार्य विश्लेषण प्रपत्र) इसे करने के लिये एक तरीके को अपनाना आवश्यक होता है जिसे कार्य विश्लेषण कहा जाता है तथा नौकरी विश्लेषण के समान ही होता है।

कार्य विश्लेषण प्रणाली में शामिल रहता है एक सादा कार्य विश्लेषण पन्ना, जिसके ऊपर लिखा होता है कार्य का नाम और फिर इसकी प्रतियाँ तैयार कर ली जाती हैं।

**चित्र 1 : नौकरी विश्लेषण कार्य पन्ना**

नौकरी : कृषि प्रसार अधिकारी

| कार्य: | आवृत्ति[a] | महत्त्वपूर्ण[b] | सीख[c] कठिनाई | कुल अंक | प्रकाश |
|---|---|---|---|---|---|
| 1. पर्यवेक्षण | 4 | 3 | 1 | 8 | ... |
| 2. प्रशिक्षण आयोजन | 4 | 3 | 3 | 10 | हाँ |
| 3. योजना कार्यक्रम | 2 | 3 | 2 | 7 | ... |
| 4. अनुसंधान जाँच | 2 | 2 | 1 | 5 | ... |
| ...................... | ... | ... | ... | ... | ... |
| ...................... | ... | ... | ... | ... | ... |
| ...................... | ... | ... | ... | ... | ... |

| [a] | [b] | [c] |
|---|---|---|
| 1. प्राय: नहीं | 1. सीमांत महत्त्व | 1. सहज |
| 2. कभी-कभी | 2. सामान्य महत्त्व | 2. सामान्य कठिन |
| 3. साप्ताहिक से मासिक | 3. अत्याधिक महत्त्व | 3. बहुत कठिन |
| 4. दैनिक से साप्ताहिक | 4. अत्याधिक कठिन | |
| 5. दैनिक | | |

इनमें से प्रत्येक फार्म का इस्तेमाल प्रत्येक सर्वाधिक महत्त्वपूर्ण नौकरी कार्यों को अलग तथा विश्लेषण करने के लिये होता है। इसलिये प्रत्येक कार्य विश्लेषण पन्ने पर प्रशिक्षण के लिये एक महत्त्वपूर्ण कार्य की पहचान कर लिख लिया जाता है और फिर प्रत्येक कार्य के अंगों को क्रमशः उनके कार्य विश्लेषण पन्ने पर सूचीबद्ध कर लिया जाता है। इसके बाद वे चरण आते हैं जिनका इस्तेमाल आवृत्ति, महत्त्व तथा सीख की कठिनाई जानने के लिये कार्य के प्रत्येक चरण में होता है। इसके बाद प्रत्येक अंग का अंक 'कुल अंक' कालम में रखा जाता है तथा इसके नतीजे पर संगठन में संबंधित कर्मचारियों से चर्चा की जाती है। नौकरी विश्लेषण एवं कार्य विश्लेषण प्रक्रियाएँ एक-दूसरे के समान होती हैं इसलिये दोनों के कार्य-पन्ने का नमूना भी समान होता है।

विश्लेषण के इन दो चरणों का महत्त्वपूर्ण अंतर होता है कि नौकरी विश्लेषण से हमें प्रशिक्षण में शामिल करने के लिये प्रमुख मुद्दों की पहचान करने में सहायता मिलती है जबकि कार्य विश्लेषण से यह पता चलता है कि एक खास मुद्दा क्या है।" (वेंटलींग, 1992) पाठ्यक्रम विकास प्रक्रिया के लिये दोनों ही बहुत महत्त्वपूर्ण है। क्या पढ़ाने की आवश्यकता है तथा प्रक्रिया में कौन-से चरण शामिल हैं उन्हें विश्लेषण से पूरा किया जाता है तथा यह पाठ्यक्रम विकास में प्रमुख चरण होता है।

***(स) ज्ञान एवं जानकारी के अंतर का विश्लेषण:*** जानकारी या ज्ञान अंतर विश्लेषण खास कर्मचारी के प्रशिक्षण की आवश्यकता का निर्धारण करना है जो प्रशिक्षण के लिए पहचान किये गये महत्त्वपूर्ण कार्य-चरणों या कार्य के अंगों से संबद्ध है। (ज्ञान अंतर विश्लेषण कार्य पन्ना देखें) ज्ञान अंतर विश्लेषण से पता चलता है कि इन कार्य-चरणों में एक खास कर्मचारी का कितना ज्ञान है, कर्मचारी वांछित कार्यों से कितने अंतर पर है तथा क्या उन्हें प्रशिक्षण की आवश्यकता है अथवा नहीं। कर्मचारियों की निपुर्णता एवं जानकारी जो पहले से ही उनके पास है, उसी कार्य के लिये प्रशिक्षण का आयोजन करना मात्र संसाधनों की व्यर्थता

**चित्र 2 : नौकरी विश्लेषण कार्य पन्ना**

नौकरी : कृषि प्रसार अधिकारी

कार्य : प्रशिक्षण का आयोजन

| अंश/चरण | की गई आवृत्ति[a] | महत्त्वपूर्ण कठिनाई[b] | सीख[c] कठिनाई | कुल अंक | प्रकाश |
|---|---|---|---|---|---|
| संबंध स्थापना | 5 | 3 | 1 | 9 | – |
| मसला लागू करना | – | – | – | – | – |
| विषय उपस्थित करना | 5 | 3 | 1 | 9 | – |
| क्रम बनाये रखना | – | – | – | – | – |
| आँख से संपर्क बनाना | – | – | – | – | – |
| श्रव्य/दृश्य उपकरण का उपयोग समय पर | 5 | 3 | 4 | 12 | हाँ |
| ...................... | ... | ... | ... | ... | ... |
| ...................... | ... | ... | ... | ... | ... |
| पढ़ाई का सारांश | 5 | 3 | 3 | 11 | हाँ |

| | | |
|---|---|---|
| 1. शायद ही | 1. सीमांत महत्त्व | 1. सहज |
| 2. सामान्य महत्त्व | 2. सामान्य महत्त्व | 2. सामान्य कठिन |
| 3. साप्ताहिक से मासिक | 3. अत्यधिक महत्त्व | 3. बहुत कठिन |
| 4. दैनिक से साप्ताहिक | 4. अत्यधिक कठिन | |
| 5. दैनिक | | |

**चित्र 3 : ज्ञान अंतर विश्लेषण कार्य पन्ना**

नौकरी - कृषि प्रसार अधिकारी

कार्य - ग्राम प्रसारकर्मियों के प्रशिक्षण में लेक्चर देना

| चरण-अंग | निपुर्णता का स्तर | क्या निपुर्णता एक समस्या है? | क्या समस्या का समाधान प्रशिक्षण है? |
|---|---|---|---|
| संबंध स्थापना | 1 2 3 (4) 5 | ( ) | ( ) |
| मुद्दा लागू करना | 1 2 (3) 4 5 | (हाँ) | (हाँ) |
| विषय पेश करना | 1 2 3 (4) 5 | ( ) | ( ) |
| क्रम बनाये रखना | 1 2 (3) 4 5 | (हाँ) | ( ) |
| आँख का संपर्क | 1 (2) 3 4 5 | ( ) | (हाँ) |
| समय पर श्रव्य/दृश्य | 1 (2) 3 4 5 | (हाँ) | ( ) |
| उपकरण का उपयोग | 1 2 (3) 4 5 | ( ) | (नहीं) |
| पर्चे की आपूर्त्ति | 1 2 3 4 5 | ( ) | ( ) |
| लेक्चर का सारांश | (1) 2 3 4 5 | (हाँ) | (हाँ) |

1. बिल्कुल नहीं कर सकता।
2. कार्य के आधे से कम कर सकना।
3. आधे से अधिक पर पूरे से कम कर सकना।
4. पूरा कर सकना पर समय पालन नहीं करना।
5. समय के अंतर्गत कर सकना।

तथा प्रशिक्षकों एवं प्रशिक्षुओं की निराशा है। प्रशिक्षण के लिये निर्धारित कार्यों की प्राथमिकता सूची जो नौकरी के कुल अंकों पर आधारित है। उसका विश्लेषण कर लिया जाता है। तब, प्रत्येक कार्य विश्लेषण पन्ने पर चरणों या अंगों की पहचान कर उसे ज्ञान अंतर विश्लेषण कार्य पन्ने पर उतार लिया जाता है। इसके बाद प्रत्येक प्रशिक्षुओं के वर्तमान निपुर्णता का स्तर प्रत्येक चरण अंग के लिये तय किया जाता है 1 से 5 के क्रम में जो कार्य-पत्र में उदाहरण स्वरूप दिखाया गया हो। कम निपुर्णता वाले अंगों की पहचान करने की आवश्यकता होती है क्योंकि जो है और जो होना चाहिये उसमें अंतर रहता है। इसके बाद, इस पर पुनर्विचार होता है कि क्या अंतर को प्रशिक्षण द्वारा कम किया या हटाया जा सकता है तथा क्या प्रशिक्षण सर्वाधिक उपयुक्त कदम है। कुछ ऐसे चरण-अंग हो सकते हैं जहाँ प्रशिक्षण के अन्य उपाय अधिक उपयुक्त हो सकते हैं। इस समय, पाठ्यक्रम को अंतिम रूप देने से पहले, प्रमुख पदाधिकारियों यथा विषय-वस्तु विशेषज्ञ पर्यवेक्षक तथा प्रसार-प्रशिक्षण विशेषज्ञ निष्कर्षों पर चर्चा करते हैं। यह पाठ्यक्रम विकास में पक्षपात या विभिन्न परिप्रेक्ष्यों तथा अनदेखे भूलों को दूर करने में सहायता करते हैं। एक प्रशिक्षक को प्रशिक्षण आवश्यकता के विश्लेषण से कई चीजें प्राप्त होती हैं। विश्लेषणों से प्रशिक्षण सूचियों का निर्धारण होता है तथा उनमें प्रशिक्षुओं की कमी का पता चलता है तथा कार्यों की क्रमबद्धता प्रशिक्षण कार्यकलापों का क्रम बताती है।

### प्रशिक्षण तरीका का चयन

जब प्रशिक्षण तरीकों का सावधानीपूर्वक चयन हो तो किसी प्रशिक्षण कार्यक्रम की सफलता की संभावना अधिक होती है। प्रशिक्षण का तरीका एक कौशल है जिसका इस्तेमाल प्रशिक्षक विषयों को बताने के लिये करता है ताकि प्रशिक्षु उद्देश्यों को प्राप्त कर सकें। (वेंटलिंग, 1992) एक बार प्रशिक्षण विषयों की पहचान हो जाने पर प्रशिक्षण कार्यक्रम में एक उपयुक्त प्रशिक्षण का चयन सर्वाधिक महत्त्वपूर्ण कदम है। प्रशिक्षण के कई तरीके होते हैं, पर ये सभी अवस्थाओं में, सभी विषयों के लिये समान रूप से उपयुक्त नहीं होते हैं। प्रशिक्षण उद्देश्य की प्राप्ति के लिये एक प्रशिक्षक को विषय के लिये सर्वाधिक

उपयुक्त तरीके का चयन करना चाहिये ताकि सीख प्रक्रिया में प्रशिक्षु को शामिल किया जाये। प्रशिक्षण तरीके के चयन के लिये चार प्रमुख तत्त्व होते हैं। वे हैं, सीख का उद्देश्य, विषय प्रशिक्षु तथा व्यवहारिक आवश्यकताएँ। (वेंटलिंग, 1992) बास एवं वौघन (1966) के अनुसार प्रशिक्षण के तरीके का चयन उनके अंकों के आधार पर होना चाहिये जो निम्नलिखित प्रकार का है:

1. प्रशिक्षुओं के सक्रिय भागीदारी को लायें।
2. प्रशिक्षुओं के सीखे गये अनुभवों का स्थानांतरण प्रशिक्षण से कार्यावस्था पर करायें।
3. प्रशिक्षुओं को जानकारी के नतीजे से अवगत करायें जिसके सुधार के लिये उन्होंने प्रयास किया है।
4. प्रशिक्षुओं को उपयुक्त बर्ताव के लिये कुछ साधन और दें।
5. जब आवश्यक हो तो प्रशिक्षुओं को तरीकों को दुहराने का अवसर प्रदान करें।
6. अपने कार्यों में सुधार लाने के लिये प्रशिक्षुओं को प्रेरित करें।
7. परिवर्तन की इच्छा बढ़ाने के लिये प्रशिक्षुओं की सहायता करें।

इस आधार पर यह कहा जा सकता है कि प्रशिक्षण का कोई एक तरीका प्रशिक्षण कार्यक्रम उद्देश्यों को पूरा नहीं कर सकता है।

प्रशिक्षक के पास विविध प्रकार के प्रशिक्षण तरीके उपलब्ध होते हैं। व्यवहार के सर्वाधिक सामान्य तरीके निम्नलिखित प्रकार से हैं:

1. *प्रशिक्षक का उपस्थापन* – प्रशिक्षक मौखिक रूप से प्रशिक्षुओं के लिये नई सूचनाएँ अपने लेक्चरों द्वारा देता है। प्रशिक्षक के उपस्थापन में क्लास में लेक्चर, सेमिनार, कार्यशाला तथा इसी प्रकार के अन्य तरीके शामिल हो सकते हैं।
2. *समूह चर्चा* – किसी विषय पर चर्चा के लिये प्रशिक्षक आगे आता है।
3. *प्रदर्शन* – किसी कार्य को पूरा करने के लिये सही रास्ता दिखाता है या ठीक से पूरे हुए कार्य का उदाहरण दे सकता है।
4. *पढ़ाई का कार्य सौंपना* – प्रशिक्षक, प्रशिक्षुओं को पढ़ाई का कार्य सौंपता है तथा नयी सूचनाएँ देता है।
5. *विचार मंथन* – प्रशिक्षक कागज पर लिखकर या वास्तविक अवस्थाओं में, जो प्रशिक्षण कार्य के विषय से संबद्ध हो, वैसी समस्याएँ समाधान के लिये दे देता है।
6. *मामले का अध्ययन* – प्रशिक्षक, किसी अवस्था के बारे में प्रशिक्षुओं को सूचना देता है तथा उन्हें निर्णय पर पहुँचने का निर्देश देता है या अवस्था से संबंधित किसी समस्या का निदान ढूँढ़ने को कहता है।
7. *भूमिका मंचन* – प्रशिक्षु एक वास्तविक-जीवन की अवस्थाओं पर मंचन पेश करते हैं, प्रशिक्षण वातावरण के अनुकूल।
8. *क्षेत्र का दौरा एवं अध्ययन पर्यटन* – प्रशिक्षुओं का निरीक्षण तथा परस्पर क्रिया के लिये अवसर दिया जाता है समस्याओं के निदान के साथ या सीख के कौशल का।

## कार्यान्वयन चरण

एक बार जब किसी प्रशिक्षण कार्यक्रम का योजना चरण पूरा हो जाये तब पाठ्यक्रम के कार्यान्वयन का समय आता है। कार्यान्वयन वह बिंदु है जहाँ एक प्रशिक्षक एक प्रशिक्षण योजना को सक्रिय करता है या यह एक प्रशिक्षण कार्यक्रम की प्रक्रिया को कार्यरूप में परिणत करना होता है।

किसी प्रशिक्षण कार्यक्रम के कार्यान्वयन में प्रचार एक प्रथम कदम है। अधिकांश अच्छे प्रशिक्षण केंद्रों में प्रशिक्षण छोटी पुस्तकों जिसमें पाठ्यक्रम का वर्णन हो, प्रशिक्षण अवसरों का एक वार्षिक कैलेन्डर तथा संबंधित संगठनों, संस्थाओं या विभागों का प्रशिक्षण योजना से पहले सूचित कर दिया जाता है। एक बार जब प्रशिक्षण केंद्र तथा संबंधित संगठन प्रशिक्षण कार्यान्वयन को सहमत हो जाते हैं तो अगला कदम होता है उपलब्ध साधनों का निरूपण जैसे यथेष्ट कोष पाठ्यक्रम तथा भोजन, आवास, परिवहन एवं मनोरंजन आदि के लिये। इन सभी साधनों की अच्छी व्यवस्था होनी चाहिये जिससे कार्यक्रम का संयोजन उचित रूप से हो सके।

## मूल्यांकन चरण

मूल्यांकन अपने परिप्रेक्ष्य में कार्यकलापों की संगतता, प्रभाव तथा असर निर्धारित करने की एक पद्धति है। एक प्रसार कार्यक्रम के विश्लेषण में यह समझने की आवश्यकता है कि अधिकांश प्रसार कार्यकलापों का अस्तित्व नियोजनों, कार्यक्रमों तथा योजनाओं के बृहत संदर्भ में ही रहता है। इस प्रकार (राब इट. *एल.,* 1987 पे.5) के अनुसार प्रशिक्षण मूल्यांकन "एक किसी प्रशिक्षण कार्य के लिये तथा बारे में सूचनाओं का संग्रह है, जिसका इस्तेमाल तब निर्णय करने के मार्गदर्शन के लिये हो सकता है तथा विभिन्न प्रशिक्षण तत्त्वों की संगतता तथा प्रभाव जानने के लिये किया जा सकता है।"

प्रशिक्षण कार्यक्रमों के मूल्यांकन के लिये पाक्रीक ट्रक (1976) ने चार आधार सुझाये: (1) प्रतिक्रिया, (2) सीख, (3) बर्ताव तथा (4) नतीजा। प्रत्येक आधार का उपयोग एक प्रशिक्षण कार्यक्रम के विभिन्न तत्त्वों की माप के लिये किया जाता है। प्रतिक्रिया से पता चलता है कि प्रशिक्षु ने प्रशिक्षण कार्यक्रम के विषयों, तरीकों, अवधि, प्रशिक्षकों, सुविधाओं तथा प्रबंधनों को किसी प्रकार पसंद किया है। सीख प्रशिक्षुओं द्वारा प्रशिक्षण के समय उनके द्वारा आत्मसात किये ज्ञान तथा जानकारियों की माप करता है। व्यवहार से यह पता लगता है कि किसी प्रशिक्षु ने कहाँ तक अपनी जानकारी का उपयोग वास्तविक क्षेत्र अवस्थाओं में किया है। नतीजे का संबंध प्रशिक्षण के प्रत्यक्ष असर को व्यक्तियों पर उनके कार्य वातावरण पर, या पूरे संगठन पर दिखाना है।

## मूल्यांकन के प्रकार

समय के आधार पर मूल्यांकन को दो श्रेणियों में विभक्त किया जा सकता है। पहला है प्रारंभिक मूल्यांकन और दूसरा है सारांशित मूल्यांकन। प्रारंभिक मूल्यांकन जब प्रशिक्षण चल रहा है उसी समय संगत तथा उपयोगी आँकड़ों का संग्रह किया जाता है। यह सूचनाकर्मियों तथा अवांछित नतीजों की पहचान कर सकता है तथा प्रशिक्षण कार्यक्रमों की योजना एवं ढाँचे को पुनर्जीवित कर सकता है जो अवस्थाओं में उपयुक्त होता है। सारांशित मूल्यांकन कार्यक्रम के अंत में किया जाता है तथा इसके प्रभाव की पूरी जाँच करता है जो उद्देश्यों तथा लक्ष्यों से संबद्ध होते हैं। परन्तु (राब इट. *एल.,* 1987) ने मूल्यांकन को चार वर्गों में विभक्त किया है जो हैं, (1) योजना के लिये मूल्यांकन (2) प्रक्रिया मूल्यांकन, (3) सामयिक मूल्यांकन तथा (4) प्रभाव मूल्यांकन।

योजना के लिये मूल्यांकन सूचनाओं का प्रावधान करता है जिसके साथ योजना का निर्णय किया जाता है। प्रशिक्षण के विषय तथा प्रक्रियाओं (तरीके एवं वस्तुएँ) को साधारणत: इसी समय नियोजित किया जाता है ताकि प्रशिक्षण के उपकरणों तथा कौशलों के विकास का चयन किया जाये या मार्गदर्शन दिया जाये। प्रक्रिया मूल्यांकन को कार्यान्वयन के दौरान प्रक्रियात्मक रूपरेखा में कमी को पहचानने या पूर्वाभास देने का साधन समझा जाता है। (राब इट. *एल.,* 1987) इस प्रक्रिया के द्वारा एक प्रशिक्षण कार्य के प्रमुख तत्त्वों की क्रमबद्ध देखरेख होती है, समस्याओं को समझा जाता है तथा भूलों को गंभीर होने से पहले सुधार का प्रयास किया जाता है। पूरे कार्यक्रम की अवधि में प्रक्रिया मूल्यांकन समय-समय पर किया जाता है। समयावधि मूल्यांकन किसी कार्यक्रम की समाप्ति पर उसका प्रभाव जानने के लिए किया जाता है। इस प्रक्रिया का उद्देश्य उस सीमा को तय करना होता है जहाँ तक वांछित लाभों तथा लक्ष्यों को लाया जा सकता है, साथ ही असफलता के कारण भी, अगर हों। प्रभाव मूल्यांकन प्रशिक्षण प्रयास के कारण कार्य पर हुए परिवर्तनों की जाँच करता है। यह प्रशिक्षण के नतीजों के बारे में प्रशिक्षुओं तथा प्रशिक्षकों से सूचना प्राप्त कर देता है। यह इसकी माप करता है कि किस प्रकार प्रशिक्षण उपयुक्त होता है। भागीदारों के व्यवहारों को बदलने में उनके वास्तविक जीवन में।

## संदर्भ

बहल, आर., स्वानसन., बी.ई., तथा फार्मर, बी.जे. (1992) ह्यूमेन रिसोर्सेस इन एग्रीकल्चर एक्सटेंशन: ए वर्ल्डवाइड एनालसिस। *इंडियन जरनल ऑफ एक्सटेशन एडुकेशन, 28*(3-4) 1-9.

बास, बी.एम., एवं वौधन, जे.ए. (1960) *ट्रेनिंग इन इन्डस्ट्री : दी मैनेजमेंट ऑफ लर्निंग*। बेलमोंट सीए: वाड्सवर्थ पब्लिशींग।

दाहमा, ओ.पी. (1979) *एक्सटेंशन एंड रूरल वेलफेयर*, नई दिल्ली, राम प्रसाद एंड संस।

इलाम, एस. (1971) *परफोरमेंस बेस्ड टीचर एडुकेशन : वाट इज दी स्टेट ऑफ दी आर्ट*, वाशिंगटन, डीसी, एएसीटीई।

फ्लिपो, ई.बी. (1961) *प्रिंसिपुल्स ऑफ पर्सनल मैनेजमेंट*, न्यूयार्क, मैक ग्रा हील।

हालीम., ए. एड अली, एम.एस. (1988) *ऐडमिनिस्ट्रेशन एंड मैनेजमेंट ऑफ ट्रेनिंग प्रोग्राम्स। बांग्लादेश जरनल ऑफ ट्रेनिंग एंड डेवेलपमेंट*, 1(2), 1-19.

आईआरआरआई (1990) *ट्रेनिंग एंड टेक्नोलोजी ट्रांस्फर कोर्स परफोरमेंस अब्जेक्टीव मैनुअल।* मनीला अंतर्राष्ट्रीय चावल अनुसंधान संस्थान।

जुसियस, एम.जे. (1963) *पर्सनल मैनेजमेंट* (5थ.इडी.) होमवुड, आई एल: रिचार्ड डी. इरविन।

कीर्कपाट्रिक, डी. (1976) इवेल्युशन इन ट्रेनिंग। इन आर.एल. क्रेग (इडी.) *ट्रेनिंग एंड डेवेलपमेंट हैंडबुक*, न्यूयार्क, मैकग्रा हील।

लिंटन, आ.पी. एंड पारीख, यू. (1990) *ट्रेनिंग फोर डेवेलपमेंट*, वेस्ट हार्टफोर्ड सीटी: कुमारियन प्रेस।

मैलोन, वी.एम. (1984) इनसर्विस ट्रेनिंग एंड स्टाफ डेवेलपमेंट। इन बी.ई. स्वानसन (इडी.) *एग्रीकल्चरल एक्सटेंशन : ए रेफरेंस मैनुअल*, रोम, फाओ।

मैकघी, डब्ल्यू., एंड थायेर, पी.डब्ल्यू. (1961) *ट्रेनिंग इन बिजनेस एंड इन्डस्ट्री*, न्यूयार्क: जोन विली एंड संस।

राब, आर.टी., स्वानसन, बी.ई. वेन्टिंग, टी. एल. एंड क्लार्क सी.डी. (इडीसन) (1987) *ए ट्रेनर्स गाईड टू एवेल्युएशन*, रोम, फाओ।

रामा, बी.आर., इटलिंग, ए. डब्ल्यू. एंड बोवेन, बी.ई. (1993) ट्रेनिंग ऑफ फारमर्स एंड एक्सटेशन पर्सनल। इन आर. के. सामंत (इडी.) *एक्सटेंशन स्ट्रेटजी फोर एग्रीकल्चरल* डेवेलपमेंट इन 21स्ट सेंचुरी। नई दिल्ली, मित्तल पब्लिकशंस।

रोगर्स, एफ.ई., एंड ओम्सटेड, ए.जी. (1957) *सुपरविजन इन दी कोपरेटिव एक्सटेंशन सर्विस।* मेडिसन, डब्ल्यू. आई.: नेशनल एग्रीकल्चरल एक्सटेंशन सेटर फोर एडवान्स्ड स्टडी।

स्वानसन, बी.ई., फार्नर, बी.जे. एंड बहल, आर. (1990) दी करेंट स्टेट्स ऑफ एग्रीकल्चरल एक्सटेंशन वर्ल्डवाइड। इन बी.ई. स्वानसन (इडी.) *रिपोर्ट ऑफ दी ग्लोबल कंसल्टेशन ऑन एग्रीकल्चरल एक्सटेंशन*, रोम, फाओ।

वान दर्शल, डब्ल्यू.आर. (1962) *दी सकसेसफुल सुपरवाईजर।* न्यूयार्क, हार्पर एंड रो।

वेंटलिंग, टी.एल. (1992) *प्लानिंग फॉर इफेक्टीव ट्रेनिंग : ए गाईड टू करीकुलम डिवलपमेंट*, रोम, फाओ।

# अध्याय-16

# वित्तीय संसाधनों की प्राप्ति एवं प्रबंधन

राबर्ट पी. बेंट्ज

जैसे लोगों तक प्रसार सेवाओं को ले जाने के लिये बहुत से संगठनात्मक नमूने हैं। उसी प्रकार इन सेवाओं को वित्त प्रदान करने के कई तरीके हैं तथा साधनों पर नजर रखने के लिये भी। ठोस वित्तीय प्रबंधन सफलता का मूल होता है। दूसरी ओर खराब वित्तीय प्रबंधन साथ रहकर असफलता में योगदान करता है।

यह अध्याय अपना ध्यान मुद्रा से संबद्ध सिद्धांतों पर देता है। ऐसी आशा की जाती है कि पाठक इन विचारों को अवस्था की उपयुक्ततानुसार लागू करेंगे जो उन्हें अपने संगठन में झेलना पड़ता है तथा अपने देश के नियमों तथा रीतियों के अनुसार हैं। चूँकि लोग अधिकतर उन विचारों को लागू करने को तैयार होते हैं जिनका व्यवहारिक संबंध रहता है, इसलिये चर्चाओं का क्षेत्र व्यवहारिक समस्याओं के इर्द-गिर्द ही होगा। इस अध्याय में उन प्रमुख तरीकों पर भी विचार होगा जो उन समस्याओं के निदान में सर्वाधिक सफल हुए हैं।

बड़ी सहजता से एक प्रसार संगठन की प्रमुख वित्तीय चिंताओं का वर्णन किया जा सकता है निम्नलिखित प्रकार से है:

- प्रकार संगठनों के उद्देश्यों की प्रकृति तथा आकार की अपेक्षा वित्तीय स्रोत बहुत ही कम होते हैं।
- प्रबंधकों तथा अन्य कर्मचारी सदस्यों को जानकारी नहीं होती तथा इसका स्पष्ट पता नहीं कर सकते कि किसी खास समस्या या कार्यक्रम के कार्यों के लिये उपयोग के लिये कितने साधन उपलब्ध हैं।
- उन्हें यह नहीं मालूम रहता है कि विभिन्न कार्यकलापों को अंजाम देने का क्या खर्च है या कार्यक्रम संपादन के लिये कौन-सा तरीका कम खर्चीला होता है।
- मुद्रा का पूरा भाग वेतनादि पर ही खर्च हो सकता है और फिर कार्यक्रम खर्च के लिये कुछ बचता ही नहीं है।
- वित्तीय प्रावधान करने वाले लोगो को पता नहीं होता कि किस प्रकार रूप को सर्वोत्तम तरीके से खर्च करना चाहिये।
- बहुत कम जानकारी रहती है कि कार्य क्षमतापूर्वक हो रहा है या संगठन के कार्यक्रमों का क्या प्रभाव होता है।
- वित्तीय स्रोतों की बर्बादी होती है।
- संसाधनों का अनुपयुक्त उपयोग या गबन हो जाता है।

प्रसार संगठन में रुपये से संबद्ध अधिकांश गलत कार्यों को उल्लिखित समस्याओं में समेटा गया है। प्रबंधकों का यह कथन हो सकता है कि उनकी समस्याओं का समाधान हो सकता है अगर कुछ अधिक रुपये प्राप्त हो जायें। कम साधन की अपेक्षा कुछ अधिक रुपये होना निश्चित ही अच्छा है। परंतु अगर रुपये का सदुपयोग नहीं हो तो अधिक रुपये से हमेशा अच्छे नतीजों पर प्रभाव नहीं होता।

कार्यक्रम संपादन की गुणात्मकता तथा संगठन के स्रोत प्रबंधन पद्धति के बीच बहुत कम संबंध हो सकता है। किसी विशेषज्ञ का संदेश किसानों द्वारा प्राप्त करना यह नहीं बताता कि इस प्रक्रिया में कितने रुपये खर्च हुए हैं। फिर भी, प्रभावी संगठनों के लिये यह जानना स्वाभाविक होता है कि उनके रुपये कैसे खर्च हो रहे हैं। बड़ी सहजता

से यह कहा जा सकता है कि एक ठोस वित्तीय प्रबंधन कार्यक्रम की गुणात्मकता की दिशा में पहला कदम होता है।

## वित्तीय संसाधनों की प्राप्ति

जहाँ रुपये का सवाल हो तो प्रबंधकों की प्राय: सर्वव्यापी प्रतिक्रिया होती है कि उनके पास रुपये यथेष्ट नहीं होते। उन्हें और अधिक की जरूरत है और चाहिये।

> **विचार संख्या 1** - अपने संगठनों के लिये संसाधनों की प्राप्ति तथा रख-रखाव करने के लिये नेता जिम्मेदार होते हैं। यह प्रवृत्ति अधिक सफल होती है जब अनुरोधों का संबंध उच्च राष्ट्रीय प्राथमिकता से हो तथा जब इसकी व्याख्या करनी पड़ती हो कि अतिरिक्त संसाधनों का उपयोग किस प्रकार होगा।

प्रसार संगठनों को विभिन्न स्रोतों से वित्तीय समर्थन प्राप्त होता है। सरकार कोषित संगठनों को निम्नलिखित प्रकार से समर्थन प्राप्त होता है:

- जन उपयुक्तता
- अन्य संस्थाओं, दानकर्त्ताओं या दोनों के संपर्क से।
- ऋण
- उपहार
- बिक्री से आय
- उपभोक्ता शुल्क

निजी प्रसार संगठनों का वित्त निम्नलिखित प्रकार से आता है:

- धर्मस्थ आय
- निजी विनियोजन
- आय-उत्पादन कार्य
- वही स्रोत जो सरकारी प्रसार संगठनों के लिये है।

नियमनों तथा रीतियों पर आधारित प्रसार संगठन उल्लिखित किसी भी मिश्रण से समर्थन पा सकते हैं। हाल में कुछ कार्यों के निजीकरण में कुछ देशों ने रुचि दिखायी है और वह है कुछ जिम्मेदारियों को स्थानापन्न करना (उनसे संबद्ध खर्चे भी) निजी कोष के उपक्रमों को (गैरसरकारी) या प्रत्यक्ष रूप से उपभोक्ताओं को।

चाहे प्रसार प्रयास सरकारी हो या निजी यह असाधारण नहीं होता कि एक स्रोत से अधिक से वित्तीय समर्थन प्राप्त हो। स्पष्टतया, कोष के जितने अधिक स्रोत, उतना ही दुरूह प्रशासन होता है क्योंकि कोष के अधिकांश संसाधनों का नतीजों के बारे में अपनी उम्मीदें रिपोर्ट की आवश्यकताएँ एवं समय-सारणी होती है।

प्रशासनिक दुरूहताओं के बावजूद-प्रबंधकों ने पाया है कि एक से अधिक वित्तीय कोष का समर्थन लाभदायक है। कई स्रोत हों तो एकल वित्तीय भागीदार या स्रोत द्वारा बाधा खड़ी करने का कोई असर नहीं होता। विशिष्ट वित्तीय संसाधनों से संगठनों को उदित होने, उच्च प्राथमिकता संबंधों तथा नये विचारों की जाँच करने में सहायता प्राप्त होती है। इसका एक व्यावहारिक लक्ष्य हो सकता है मुख्य वित्तीय भागीदारी से संसाधन-संकल्प प्राप्त करना (जो सर्वाधिक भरोसे का स्रोत होता है कोष की निरंतरता के लिये) जो संगठन के मूल ढाँचे को बनाये रखेगा। (जैसे चयनित कर्मचारियों के वेतन एवं अन्य खर्चे) मूल आवश्यकता से बाहर के खर्च के लिये अधिक नरम स्रोतों से प्राप्त हो सकता है या कोष संसाधन के मिश्रण से, जिसे बताया जा चुका है। अस्थायी संसाधनों से प्रयोग या विशेष योजनाओं को पूरा किया जा सकता है।

सभी जगह मूल का एकल आदर्श अनुपात कुछ समर्थन के लिये लागू नहीं किया जा सकता है। यह एक प्रकार से इसलिये भी होता है कि संगठन ही परिभाषित करेगा कि मूल का भाग क्या है तथा भिन्न प्रकार से क्या छोड़ा गया है विशिष्ट एवं अस्थायी समर्थन के लिये/सामान्य नियमानुसार प्रबंधकों की इच्छा की पसंद भी 80-20 आबंटन की हो सकती है (मूल से मुलायम स्रोत के लिये)।

## वित्तीय संसाधनों पर नजर रखना

चयन करना प्रबंधन का कार्य होता है। योजना बनाना, संगठन करना, कर्मचारी, नेतृत्व देना तथा नियंत्रण करना। इन कार्यों में से प्रत्येक पर काफी हद तक, अर्थ की उपलब्धता का प्रभाव होता है। अपनी वित्तीय सीमाओं को जाने बिना और प्रबंधकों तथा कार्यक्रम कर्मचारियों के लिये मुश्किल है अपनी जिम्मेदारियों को प्रभावी ढंग से अंजाम देना।

**विचार संख्या 2-** दिये गये वित्तीय संसाधनों के लिये प्रसार संगठनों के नेताओं का दायित्व होता है। उनका यह दायित्व बनता है कि एक कार्यशील पद्धति की स्थापना करें जो कर्मचारियों को क्षमता प्रदान करेगा यह जानने के लिये कि अपने कार्यों को पूरा करने के लिये उनके पास कितने संसाधन हैं।

प्रबंधकों को अगर प्रबंधन निर्णयों की सूचना बताना है तो उनके पास कुछ न कुछ साधन होना चाहिये यह जानने का कि उनके वित्तीय संसाधनों के साथ क्या हो रहा है। यह विचार है कि प्रसार संगठनों के नेताओं को वित्तीय भागीदारों के प्रति दायित्व बोध होना चाहिये एक धारणा है कि प्रबंधकों को इसकी जानकारी होना चाहिये कि रुपये किस प्रकार खर्च किये जाते हैं। संगठनों से यह उम्मीद की जाती है कि कितने रुपये हैं, कितना खर्च हुआ, किसके लिये खर्च हुआ तथा कितना बचा हुआ है? इस जिम्मेदारी का निर्वाह करने के लिये एक वित्तीय लेखा पद्धति की स्थापना की जाती है। प्रारंभ में एक मानवीय पद्धति से अधिकांश आवश्यकताओं की पूर्त्ति हो जाती है, जो बाद में स्वयं चालित हो सकती है। चाहे रिपोर्ट कैसे तैयार होते हैं, या रिकार्ड का रखरखाव जैसे भी होता हो, उन्हें बिल्कुल सही तथा समय पर होना चाहिये जिससे कर्मचारी सही सूचना पर अपना निर्णय कर सकें। इस लेखा आवश्यकता की पूर्त्ति के लिये कई ग्राह्य कम्प्यूटर सोफ्टवेयर कार्यक्रम उपलब्ध होते हैं। यह प्राय: अनावश्यक होता है किसी संगठन के लिये एक अलौकिक पद्धति के निर्माण तथा कार्यान्वयन में समय तथा संसाधनों को लगाना।

## संगठनात्मक लागतों को पूर्वानुमान करना

किसी भी कार्य के लिये संकल्पित साधन हमेशा निश्चित होते हैं। सभी क्रियाशील उपयोग के लिये किसी प्रसार संगठन के रुपये की आवश्यकता तथा खर्चों से प्राप्त होने वाले लाभ में प्रतिस्पर्धा होती है श्रोतों के लिये।

**विचार संख्या 3 -** नियोजन तथा प्रबंधन प्रक्रियाओं का अनिवार्य भाग होता है किसी खास उद्देश्य के लिये साधनों के उपयोग के लिये बजट तैयार करना तथा एक विशिष्ट लेखावधि के लिये। यह प्रक्रिया, लागत लेखा के साथ यह संभव होता है कि अनुमानित लागत एवं प्राप्ति के आधार पर निर्णय लिये जायें।

सरकारों से आशा की जाती है कि वे अनिवार्य सेवाओं का प्रावधान करें तथा संसाधनों का इस्तेमाल नागरिकों की अच्छाइयों के लिये करें। अन्य वित्तीय स्रोत अपने लक्ष्यानुसार लाभों को अधिकतम करना चाहते हैं। चाहे वित्तीय स्रोत जितने भी साधनयुक्त हों उनके देने की सीमा रहती है। बजट से संगठनों द्वारा तरीके का इस्तेमाल करने से उन्हें सहायता मिलती है यह जानने में कि कितने संसाधनों की आवश्यकता होती है तथा उनका उपयोग कैसे होगा। वर्ष के दौरान खर्च की दर का प्रबंधन करने के लिये भी बजट का इस्तेमाल होता है।

बजट को प्रायोगिक तौर पर कई उप-श्रेणियों में बाँटा जाता है जो स्थानीय अवस्थाओं के लिये माने रखते हैं तथा जो क्रियाशील कोषकों तथा प्रबंधकों को सहायता करता है यह जानने में कि रुपये कैसे खर्च किये जा रहे हैं। बजट सूचना को जब वास्तविक खर्चों से मिलाया जाता है तो प्रबंधकों तथा कार्यक्रम कर्मचारियों को स्रोत के आबंटित स्तर के अंदर रहने में सहायता मिलती है कार्यक्रम लक्ष्य तक पहुँचने के लिये।

बजट श्रेणियों के उपविभाजन का एक तरीका है नियोजित कार्यकलाप जैसे :

| | |
|---|---|
| खेती या प्रयोग | XXX |
| क्षेत्र-प्रदर्शन | XXX |
| कार्यशाला | XXX |
| मास मीडिया | XXX |
| मूल्यांकन | XXX |
| कुल | XXX |

नियोजित खर्चे को अलग करने का दूसरा तरीका है कुछ स्तरीय लेखा पद्धति के नामकरणानुसार।

| | |
|---|---|
| वेतन एवं मजदूरी | XXX |
| आपूर्ति | XXX |
| वस्तुएँ | XXX |
| परिवहन | XXX |
| मुद्रण सेवा | XXX |
| संचार कुल | XXX |

इन दो विचारों को जोड़ा जा सकता है।

**खेती पर प्रयोग**

| | |
|---|---|
| वेतन एवं मजदूरी | xxx |
| आपूर्ति | xxx |
| वस्तुएँ | xxx |
| आदि | xxx |
| कुल | xxx |

पिछला विचार विभिन्न कार्यकलापों के बारे में सूचना प्राप्त करना संभव बनाता है तथा विभिन्न खर्चों के मिश्रण पर विचार करने का अवसर देता है जिससे समान नतीजे प्राप्त हों। वास्तव में सारे उल्लिखित विचारों को समय के आधार पर उपविभाजित किया जा सकता है (महीनों में)।

बजटीय चक्र संभवत: फोटो की सहायता से सर्वोत्तम ढंग से उपस्थित किया जा सकता है। प्रक्रिया में एक वर्ष या उससे भो अधिक लग सकता है जो स्थानीय व्यवहार तथा नियमन पर निर्भर होगा, पर इसमें निम्नलिखित सभी तत्त्व शामिल रहना चाहिये।

## संसाधनों का इस्तेमाल कैसे हो, इसका संतुलन बनाये रखना

सामान्य कार्य पूरा करने के लिये भी कुछ प्रसार संगठनों के पास यथेष्ट साधन नहीं होते हैं। यह पूर्व निर्णय का नतीजा हो सकता है जिसका असर था कि कर्मचारियों की संख्या तथा उनके वेतन पर खर्च किया जाये बजाय कार्यक्रम चलाने के खर्च निर्धारित करने। यह भी हो सकता है कि वेतन का समर्थन केंद्रीय प्राधिकार से प्राप्त होता हो तथा यह संगठन के बजट का भाग भी न हो। ऐसी अवस्था में जब बजट को कम किया जाता है तो उसका सीधा अर्थ यह होता है कि प्रसार कर्मचारियों के पास काम आगे बढ़ाने के लिये और कम साधन बचता है। या ऐसा भी हो सकता है कि कोष में वृद्धि की गई हो, पर वह वृद्धि मुद्रास्फीति के साथ न चल पाई हो। इसका नतीजा होता है कि संगठन के कार्य के लिये बहुत कम साधन बचता है। कुछ संगठनों में, यात्रा, प्रकाशन या कोई अन्य कार्य के खर्च के लिये कोई साधन नहीं बचता है।

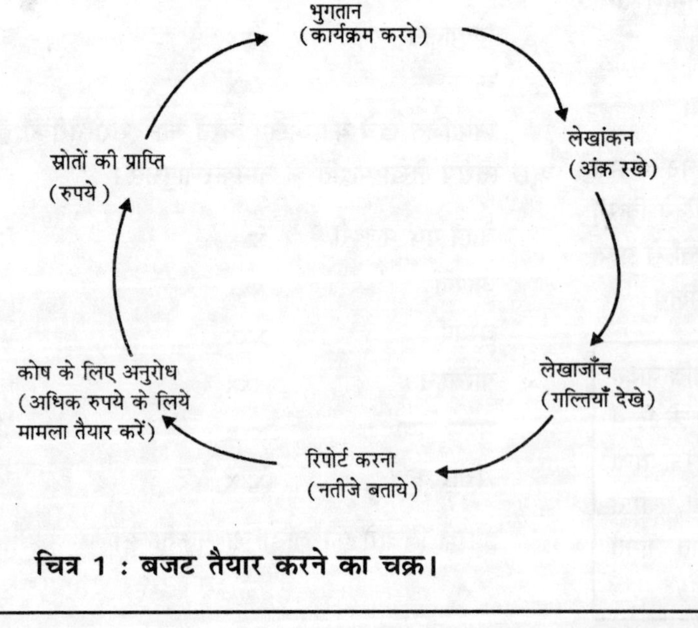


**चित्र 1 : बजट तैयार करने का चक्र।**

**विचार सं. 4** - प्रबंधकों को संसाधनों को इस प्रकार बाँटना है जिससे संगठनात्मक उद्देश्य पूरा हो सके। सामान्यत: यह बताता है कि वेतन तथा कार्यकारी खर्चों के बीच उपयुक्त संतुलन बना रहे।

अधिक कर्मचारियों को रखना व्यर्थ है अगर साधन सीमित हों क्योंकि तब कर्मचारियों के पास कार्य को अंजाम देने के लिये साधन नहीं होगा। प्रबंधन इस समस्या का समाधान कर सकते हैं कर्मचारियों के पदों को कम कर तथा कार्य के लिये राशि को बढ़ाकर और इस प्रकार वेतन एवं कार्यकारी खर्च के अनुपात में परिवर्तन लाकर। फिर भी इस प्रकार के कदम से कार्यक्रम संपादन के तरीकों में परिवर्तन लाना जरूरी होगा। उदाहरण के लिये कर्मचारियों की संख्या काफी कम हो सकती है जिससे किसानों के पास व्यक्तिगत रूप से पहुँचना संभव नहीं होगा। अगर इस अवस्था में किसानों तक जाना आवश्यक हो तो उन्हें समूह में एक साथ लाना पड़ेगा/या इसका फल यह होगा कि काफी कम किसानों तक पहुँचा जा सकेगा। कुछ देशों में, राष्ट्रीय कानून इस बात की इजाजत नहीं देता है कि कर्मचारियों का विनिमय साधनों से हो या इसके विपरीत हो या वित्तरहित कार्यक्रम की जिम्मेदारियों से भी मुक्ति मिले। वैसी अवस्था में खासकर प्रबंधक वैकल्पिक संसाधनों की सहायता ले

सकते हैं। फिर भी अगर संसाधनों के पुनर्आबंटन से समाधान सहज हो तो बहुधा यही सीधा विचार होता है। अन्य अतिरिक्त स्रोत प्राप्त करने के लिए ग्राहक-शुल्क या प्रकाशन के मूल्य प्राप्त करने का सहारा लिया जा सकता है। जब वेतनों तथा खर्चों के बीच पुनर्आबंटन संभव न हो। बाद के विचार की समस्या है कि लक्षित ग्राहकों की क्षमता ग्राहक-शुल्क देने की नहीं हो सकती है या प्रकाशन सामग्री के खरीद की। फलस्वरूप, ऐसे विचारों का कार्यक्रम पर नकारात्मक प्रभाव हो सकता है।

वेतन तथा खर्च के बीच सर्वोत्तम अनुपात बनाये रखने का संभव कोई तरीका नहीं है। कर्मचारियों के वेतन पर खर्च होने वाली राशि का कुल साधन का प्रतिशत भिन्न हो सकता है कर्मचारियों के मिश्रण के कारण। (जैसे ग्राम-कर्मियों, व्यवसायिकों तथा विषय विशेषज्ञों की संख्या के बीच) लक्ष्य तक पहुँचने के लिये आवश्यक क्रियाशील संसाधनों की राशि प्रभावित होता है, भूगोल, देश के आकार, तथा कार्यक्रम संपादन के तरीके से। फिर भी एक सामान्य मार्गदर्शन के लिये अगर वेतन पर खर्च की आवश्यकता कुल प्राप्त संसाधन का 75 से 80% हो तो यह संकेत है कि कार्यकारी वित्त सफलता कम करना प्रारंभ कर रहा है।

## निर्णय लेने की प्रक्रिया का विकेंद्रीकरण

किसी प्रसार संगठन का उद्देश्य होता है व्यवहारिक समस्या-समाधान के शैक्षणिक कार्यक्रमों को तथा विभिन्न अन्य, कार्यक्रमों को पूरा करना। फिर भी प्रसार संगठन के ढाँचे को 'आदेश' या ऊपर से नीचे निर्णय करने के नमूने पर तैयार करने की प्रवृत्ति रहती है। परंतु, बारंबार इस विचार की कमी महसूस की गयी है। वास्तव में जब कार्यक्रम पूरा करना हो तो विपरीत अवस्थाओं में सर्वोत्तम नतीजा आना दिखता है। अगर लक्षित लोगों के प्रति क्रियात्मक रहे तो निर्णय करने का विकेंद्रित स्वरूप अनिवार्य हो जाता है। संक्षेप में, केंद्रीय कर्मचारियों को कार्यक्रम क्षेत्र के लिये वित्तीय संकल्प निर्धारण तक निर्णय को सीमित करें तथा कार्यक्रम के समर्थन में रुपये कैसे खर्च होते हैं इससे संबद्ध निर्णय उनके लिये छोड़ दें जो स्थल के निकट हैं।

**विचार संख्या 5 -** यह तय करना कि रुपये कैसे खर्च किये जायँ उन पर छोड़ देना चाहिये जो प्रत्यक्ष रूप से कार्य कर रहे होते हैं जो लक्षित ग्राहकों की सेवा करता है।

कार्यक्रम पूरा करने वाले से बेहतर कौन जानेगा कि जरूरत क्या है? और यह कि इनसे बेहतर कौन जानेगा कि अतिरिक्त स्रोतों का इस्तेमाल कैसे हो अधिक लाभ प्राप्त करने के लिये? (अगर उपलब्ध हों तो) अनुसंधान के अनुसार इन प्रश्नों का उत्तर यह है कि कार्यक्रम नेताओं, विशेषज्ञों, तथा ग्राहकों के प्रत्येक संपर्क के अन्य लोग केंद्रीय कर्मचारियों की अपेक्षा बेहतर स्थिति में होते हैं सूचित कार्यक्रमों पर निर्णय लेने तथा बुद्धिमतापूर्ण रुपये खर्च करने के लिये।

अगर इस प्रकार विकेंद्रित निर्णय लेने को अंजाम देना है तो संगठन के संसाधनों को कार्यक्रम इकाइयों में उपविभाजित करना होगा। कार्यक्रम नेताओं तथा अन्य को यह अधिकार एवं जिम्मेदारी देने की आवश्यकता होगी कि वे निर्णय करें कि रुपये कैसे खर्च करना है। अगर वर्तमान नियम में यह संभव न हो तो ऐसे निर्णय कर्मचारियों द्वारा लिये जाँच जो संभवतः कार्यक्रम स्तर के करीब हों।

केंद्र द्वारा प्रबंधित वित्तीय कोष से संबंधित निर्णय लिया जाना चाहिये ताकि सर्वोच्च प्राथमिकता की आवश्यकता को पूरा किया जाये। और वास्तव में यह बुद्धिमता का कार्य है कि केंद्रीय स्तर पर एक आरक्षित कोष बना रहे जिससे आकस्मिक तथा उदित घटनाओं से निबटा जा सके।

## क्षमता सुधार के लिये सूचना का उपयोग

साहित्य में इस पर काफी चर्चाएँ की गई हैं कि क्या प्रसार संगठन एक उपयुक्त सवारी है उपयोग के लिये, जिससे कृषि विकास, द्रुत शहरीकरण पर रोक तथा प्रसार अनुष्ठान में किस प्रकार के कार्यों को शामिल किया जाये, यह तय किया जा सके। कई अनुसंधान कार्य हुए हैं प्रसार शिक्षा से नतीजों के निर्धारण के लिये। कई अनुसंधान संस्थाएँ इन समस्याओं पर जुटी हैं। परंतु प्रबंधन इन सारे कार्यों को अनुसंधान के भरोसे नहीं छोड़ सकते। दावेदारों द्वारा उम्मीद की जाती है कि वे उन संसाधनों को उचित प्रबंधन करें जो उन्हें दिया गया है।

संगठन प्रायोगिक तौर पर सूचना के कुछ तरीके पैदा करते हैं आवश्यक आँकड़ों को संग्रह करने कर्मचारियों या अन्य लोगों से, जब वे क्षमता की माप करना चाहते हैं। कई संगठन आवश्यक सूचना प्राप्त करने के लिये कर्मचारियों तथा स्रोतों का इस्तेमाल करते हैं। बहुधा आँकड़ों

का संग्रह एवं विश्लेषण एक कार्यक्रम देखरेख इकाई का पूर्णकालिक दायित्व होता है या एक प्रबंधन सूचना इकाई का।

**विचार संख्या-6-** क्षमता एक संबद्ध उपाय है। क्षमता भौतिक आँकड़ों में निहित हो सकते हैं समय पर अपेक्षित या श्रेणियों के बीच। (जैसे-प्रति संपादक पन्नों की संख्या, इस समय की तुलना पूर्व समयाव किसे) क्षमता को मौद्रिक प्रणाली से भी मापा जा सकता है। (प्रति-100 ग्राहकों तक एक खास संवाद पहुँचाने की तुलना अन्य पहुँचाने की अन्य पद्धति या अन्य समयावधि से की जा सकती है।)

देखरेख इकाई संगठन के वित्तीय सूचना पद्धति से उपयुक्त आँकड़े प्राप्त करने की आवश्यकता होगी विभिन्न उपक्रमों की लागत निर्धारित करने तथा साधन-उत्पादन अनुपात की गणना करने। इन लागत अनुमानों या अनुपातों को जब समय से या विभिन्न विचारों से तुलना करने पर कर्मचारी को सहायता मिलती है यह जानने में कि कौन-सा तरीका या विचार अधिक सक्षम है।

कार्यक्रम कार्यकलापों के बारे में प्राय: असीमित मात्रा के आँकड़ों के संग्रह करना संभव है। प्रबंधन की जिम्मेदारी होती है कि एक बृहत क्रियाशील क्षेत्र से उसे चयनित करना जो संग्रह के लिये काफी महत्त्वपूर्ण हों। (तथा कितनी बार) तथा इसे कैसे सर्वोत्तम तरीके से संग्रह एवं विश्लेषण किया जाये। संगठनों को अधिक उन आँकड़ों का संग्रह छोड़ देना चाहिये जिसका वे प्रभावी ढंग से इस्तेमाल नहीं कर पाते क्योंकि इससे अनावश्यक रूप से कर्मचारियों के समय तथा साधनों की व्यर्थता है।

## प्रभाव वृद्धि के लिये सूचना का इस्तेमाल

यद्यपि यह संगठनों के लिये महत्त्वपूर्ण है कि वे क्षमता पूर्वक अपने लक्ष्य तक पहुँचे पर उन्हें प्रभावी बनने की चिंता भी होती है। अगर कोई संगठन अपना लक्ष्य साध ले तो उसे प्रभावी माना जाता है। आदर्श रूप में एक संगठन को प्रभावी तथा कम खर्चीला दोनों होना चाहिये।

यह तय करने की क्या संगठन प्रभावी है, यह आवश्यक है कि कार्यक्रम के प्रभाव को देखें।

**विचार सं. 7-** प्रभावशीलता कार्यक्रम के असर की माप है जब प्राप्य लक्ष्य से तुलना किया जाये। प्रभावशीलता लाने के लिये संगठनों को कार्यक्रम प्रभाव आँकड़ों का संग्रह करना चाहिये। एक संगठन जो प्रभावी तथा लागत-सक्षमता दोनों रखता हो वह अपना लक्ष्य प्राप्त कर रहा होता है तथा इससे प्राप्त लाभ खर्च से कहीं अधिक होते हैं।

कार्यक्रम प्रभाव परिमाप के लिये संगठन या तो बाह्य विशेषज्ञों का उपयोग करते हैं (पक्षपात की वास्तविकता दूर करने) या अपने संगठन में वह क्षमता सृजित करते हैं जो कार्यक्रम प्रभावों को मापे। चाहे बाह्य या आंतरिक किसी भी साधन का इस्तेमाल हो, प्रयास पेशेवर हों तथा पक्षपातहीन भी।

कार्यक्रम प्रभाव इकाई या बाह्य सेवा के लिये कार्यक्रम असर की माप उस संदर्भ में करना आवश्यक होगा कि कम बजट पर सीमित लक्ष्य प्राप्ति के लिये प्रभावी ढंग से कार्य किये गये अगर निर्धारित लक्ष्य प्राप्त हो गया।

कार्यक्रम प्रभाव अध्ययन की कोई भी संख्या पर कार्य किया जा सकता है। परंतु उसमें कर्मचारियों का समय तथा रुपये खर्च होते हैं। प्रबंधन की जिम्मेदारी है यह तय करना कि कौन-सा नतीजा काफी महत्त्वपूर्ण है किसी खास समय में परिमाप के लिये, यह सुनिश्चित करना कि उन नतीजों को मापने का प्रयास उचित ढंग से किया गया तथा विश्लेषित हुआ और तभी इस सूचना का इस्तेमाल निर्णय लेने में हो। ऐसे प्रथम उपयोग की दिशा वह परिवर्तन हो जो भविष्य के प्रयासों को अधिक सफल करेगा।

जो प्रबंध करते हैं या प्रावधान करते हैं प्रसार संगठनों के स्रोतों का वे दो प्रकार के परिमापों में रुचि रखते हैं-वे जो यह बताते हैं कि संगठन उत्पादक तथा सक्षम है तथा वे जो यह निर्धारण करने में सहायक होते हैं कि संगठन प्रभावी है। पहला साधनों तथा उत्पादनों की माप करना चाहता है तथा दूसरा कार्यक्रम प्रभाव जानना चाहता है।

## संसाधनों की व्यर्थता

बर्बादी सभी प्रकार के संगठनों में होती है चाहे वह सरकारी हो या निजी, लाभकारी हो या अलाभकारी। एक

सामान्य विचार है कि संसाधनों की बर्बादी सरकारी संगठनों में अधिक होती है अन्य प्रकार की संस्थाओं की अपेक्षा। यह विचार बताता है कि निजी संगठन लाभ से प्रेरित होते हैं और इसलिये वे बहुत बर्बादी नहीं होने देते अलाभकर को छोड़कर। वैकल्पिक रूप में सरकारी संस्थानों का दायित्व का बोध अधिक रखना पड़ता है। फलस्वरूप, लाभकारी या अलाभकारी का प्रश्न प्रमुख निर्धारक तत्त्व नहीं होते। परंतु सरकारी हो या निजी, लाभकारी हो या अलाभकारी, बर्बादी से लागत में वृद्धि होती है तथा लाभ कम हो जाता है।

**विचार सं. 8-** अगर निर्णय गलत हों या समय पर न लिये जायँ तो संसाधनों की बर्बादी हो सकती है। अगर इनका उपयोग सर्वोत्तम लाभ के लिये नहीं होता तो यह बर्बादी है। अगर आवश्यकता से अधिक खरीद हो या खरीद-मूल्य प्रतियोगी न हो।

उपयुक्त नीति निर्धारण से संगठन बर्बादी रोक सकते हैं। इन नीतियों को तब नीति के लक्ष्यों को प्राप्त करने के लिये प्रक्रियाओं में ढ़ालने की आवश्यकता होती है। अंत में, प्रबंधकों को प्रक्रियाओं को लगातार तथा उचित ढंग से प्रशासित करने की आवश्यकता होती है तथा प्रक्रिया से प्रभावित कर्मचारियों को प्रयास के साथ सहयोग करने की आवश्यकता होती है।

संगठनों को सामान्यनुक्रियाओं से ऊपर उठकर 'बर्बादी नहीं, इच्छा नहीं' के विचार से सहमत होने की आवश्यकता होती है। नीतियों तथा कार्यकारी प्रक्रियाओं को संगठन के सम्मुखीन वास्तविक जगत की अवस्थाओं के साथ चलने की आवश्यकता होती है। उदाहरण के लिये, संगठनों को वे नीतियों तथा प्रक्रियाओं को बनाने की आवश्यकता होती है जो तय करते हों कि कैसे खरीद हो (कब तथा किसके द्वारा) तथा कैसे बिक्री हो अगर कुछ करना हो तो (यह भी कि रुपये का क्या हुआ। रुपये खर्च करने में कर्मचारी सदस्यों को अपने अधिकारों तथा जिम्मेदारियों का ज्ञान होना चाहिये। उन कर्मचारियों को जिन्हें संगठन का रुपया खर्च करने का कोई अधिकार नहीं हो, उन्हें यह ज्ञात होना चाहिये कि निर्णय के लिये किसके पास जायँ। जिस सीमा तक संशय होगा, वह बर्बादी लायेगा।

## संसाधनों का दुरुपयोग

संगठनात्मक संसाधनों का उपयोग कभी-कभी कर्मचारियों के व्यक्तिगत लाभ के लिये हो जाता है। संसाधनों की चोरी करना सहज है। संसाधनों का दुरुपयोग संगठन की प्रतिष्ठा पर नकारात्मक प्रभाव लाता है तथा लक्ष्य प्राप्ति कठिन हो जाता है। दाम बढ़ जाते हैं तथा इस प्रकार लक्ष्य तक पहुँचने की इसकी क्षमता तथा अतिरिक्त साधन जुटाना बाधित होता है। इन दुर्घटनाओं से बचने के लिये संगठनों को नीतियों तथा प्रक्रियाओं का निर्माण करना चाहिये जो ऐसे व्यवहारों को निरुत्साहित करें। उपयुक्त पर्यवेक्षण होना चाहिये तथा समय-समय पर वित्तीय रिकार्डों एवं प्रक्रियाओं की जाँच होना चाहिये।

**विचार सं. 9-** संगठनात्मक संसाधनों का उपयोग संगठन की लक्ष्य प्राप्ति के लिये होना चाहिये। कर्मचारी सदस्यों को यह अधिकार नहीं दिया जाना चाहिये कि वे अपने व्यक्तिगत लाभ के लिये अपने पद का इस्तेमाल करें।

संगठन के संसाधनों के दुरुपयोग की समस्या एक विस्तृत समस्या है। यह विकसित तथा विकासशील दोनों प्रकार के देशों में होता है। यह आपूर्ति का भंडार या रुपये लेने में होता है। इसमें खास कर्मचारियों के भुगतान शामिल हो सकते हैं जो सेवा करने के बदले इसकी माँग करते हैं या विशिष्ठ पक्षपात बर्बादी रोकने, उत्पादकता का नुकसान, नकारात्मक प्रभाव कर्मचारियों की नैतिकता पर तथा ग्राहकों के विश्वास का अभाव दूर करने के लिये संगठनों को दुरुपयोग से क्षति रोकने के लिये कदम उठाने की जरूरत है। उन्हें प्रक्रियाओं का इस्तेमाल उचित रूप से करना चाहिये और तब नियमों एवं कानूनों के अनुसार कार्य करना चाहिये।

## सारांश

ऊपर के चर्चित सिद्धांतों की एक साधारण सूची तैयार करने से विचारों को सारांशित करने में आसानी होगी जो इस अध्याय में है। सिद्धांत निम्नलिखित प्रकार के हैं:

1. संगठन के वर्तमान वित्तीय समर्थन को बनाये रखने तथा कोषकों एवं दावेदारों से नये संसाधन प्राप्त करने की जिम्मेदारी साधारणतः नेताओं पर रहती है। यह

आवश्यक है कि नये संसाधन की चाह को समर्थित व्याख्या प्राप्त रहे कि संसाधनों का उपयोग कैसे होगा। कम महत्त्वपूर्ण विषयों से संबंधित अनुरोधों की अपेक्षा उच्च राष्ट्रीय प्राथमिकताओं के अनुरूप प्रार्थनाओं के लिये वित्त मिलने की संभावना रहती है।

2. अपने संगठनों को प्राप्त वित्तीय संसाधनों के प्रति प्रसार संगठनों के नेता का दायित्व बोध होता है। यह उनकी जिम्मेदारी होती है कि वे कार्यकारी पद्धति का निर्माण करें जो कर्मचारियों का उन संसाधनों पर नजर रखने के काबिल बनायेगा।

3. किसी खास उद्देश्य के लिये संसाधनों के इस्तेमाल तथा विशिष्ट लेखावधि का बजट निर्माण नियोजन तथा नियंत्रण प्रणाली का अनिवार्य अंग है।

4. कर्मचारियों के वेतनादि तथा विभिन्न प्रत्यक्ष एवं अप्रत्यक्ष कार्य संपादन के लिये अगर संसाधन बहुत सीमित हों तो संसाधनों का पुनर्आबंटन करना चाहिये। कर्मचारियों को बड़ी संख्या में रखना व्यर्थ है अगर उनके कार्य के लिए साधन न हों। पुनर्आबंटन का आधार कार्यक्रमों के संपादन के तरीकों में परिवर्तन कर (समूह-बैठक बनाम व्यक्तिगत संपर्क) या केवल सर्वोच्च प्राथमिकता से संबंधित कार्यक्रमों पर किया जा सकता है (संगठन का लक्ष्य संकुचित करना)।

5. वे कर्मचारी जो प्रत्यक्ष रूप से कार्यक्रम संपादन से संबंधित हों उन्हें ज्ञात रहता है कि रुपये का सर्वोत्तम उपयोग कैसे किया जाये। यह बताता है कि निर्णय लेने को विकेंद्रित किया जाये। साधनों को उप-आबंटित कर संगठन के विभिन्न इकाईयों के बीच।

6. इसकी बहुत कम जानकारी होती है कि संगठन ने क्या पूरा कर लिया है अथवा यह कि कार्य को सक्षमता से किया गया है। कार्यक्रम देखरेख प्रयास के साथ-साथ लेखा पद्धति की सूचना से क्षमता की जानकारी मिल सकती है। कार्यक्रम-प्रभाव अध्ययनों से नतीजों के बारे में प्रश्नों का उत्तर प्राप्त होगा।

7. कार्य पूरा करने के कुछ तरीके अन्य तरीकों से अधिक प्रभावी होते हैं। उदाहरण के लिये ग्राहक तेजी से सीख सकते हैं तथा प्रस्तावित तकनीक को स्वेच्छया अपना सकते हैं जब किसी खास शिक्षण तरीके को अपनाया जाये जो अन्य तरीकों के विपरीत हों। अप्रभावी या कम प्रभावी तरीकों के इस्तेमाल को जारी रखने से समाज को कोई लाभ नहीं मिलता। अनुसंधान प्रयास जारी रहना चाहिये यह जानने के लिये कि किस अवस्था में किस तकनीक का इस्तेमाल किया जाये। प्रभावशीलता का परिमाप उस पर जाता है जो अन्तोगत्वा किसी खास कार्यक्रम प्रयास का घटित नतीजा है।

8. अगर निर्णय समय पर नहीं लिये जाँय या गलत निर्णय लिये जाँय तो संसाधनों की बर्बादी हो सकती है। प्रायः बर्बादी तब होती है जब अनुपयुक्त तरीकों का उपयोग हो। संगठन बर्बादी को रोक सकते हैं अगर वे उन तरीकों को लायें जो बर्बादी रोकते हैं। कर्मचारियों के प्रशिक्षण से बर्बदी रोकी जा सकती है। उचित प्रशासनिक प्रक्रियाओं तथा तरीकों से बर्बादी रोकने में सहायता मिलती है।

9. कभी-कभी संगठन के संसाधनों का इस्तेमाल कर्मचारी सदस्य अपने लाभ के लिये करते हैं। संसाधनों की चोरी सहज है। संसाधनों के दुरुपयोग से संगठन की लक्ष्य प्राप्ति के प्रयास पर नकारात्मक प्रभाव पड़ता है। संगठन की प्रतिष्ठा पर बुरी तरह आँच आती है और इसके अतिरिक्त संसाधन प्राप्ति के प्रयासों पर भी। इन दुर्घटनाओं से सरंक्षण के लिये संगठन को वित्तीय लेखाओं एवं प्रक्रियाओं की उपयुक्त जाँच कराना चाहिये तथा उत्पन्न समस्याओं को ठीक करने का कदम उठाना चाहिये।

**संदर्भ**

ब्रूनियो, हिलारियन (1994) *मैनेजिंग फिनान्सिल रिसोर्सेज-प्रिंस्पुल्स एंड रिकोमेंडेशंस ऑफ एग्रीकल्चरल रिसर्च मैनेजर्स।* दी हेग : इन्टरनेशनल सर्विस फोर नेशनल एग्रीकल्चरल रिसर्च (आइएसएनएआर)।

बुफोर्ड, जे., जुनि., एंड बेडियन, ए.जी. (1988) *मैनेजमेंट इन एक्सटेंशन* (सैकेंड एडी.) अल्बामा: अल्बामा कोओपरेटिव एक्सटेंशन सर्विस, आर्बन यूनिवर्सिटी।

सीजीआईएआर, सेक्रेटेरियेट (1988) *फिनांसियल गाईड लाईन्स सीरीज नं.1-फिनांसियल मैनेजमेंट,* वाशिंगटन डीसी।

सीजीआईआर, (1993) *फिनांसियल गाईडलाईंस सीरीज नं. 2- एकाउंटिंग पोलिसिंग एंड रिपोर्टिंग प्रैक्टिसेस मैनुअल,* वाशिंगटन डीसी।

डेनहार्ड्ट, के.जी. (1989) *दी इथिक्स ऑफ पब्लिक सर्विस : रिजोल्वींग मोरल डायलेमास इन ओरगेनाइजेशंस,* ग्रीनवुड प्रेस।

ड्रकर, पी.एफ. (1992) *मैनेजिंग दी नन-प्रोफिट ओरगेनाईजेशन प्रैक्टिसेस एंड प्रिंसिपुल्स,* न्यूयार्क, हार्पर।

ओसबोर्न, डी. एंड गायबलर टी. (1993) *रिइन्वेंटींग गवर्नमेंट-हाउ दी इन्टर प्रिनियरल स्प्रीट इज ट्रान्सफोर्मिंग दी पब्लिक सेक्टर।* रीडिंग, मासः एडीशन-वेसली, पीसी, ईंश।

यूनाईटेड नेशंस, (1991) *गवर्नमेंट फिनांसियल मैनेजमेंट इन लिस्ट डेवेलप्ड कंट्रीज,* न्यूयार्क: यूनाइटेड नेशंस डिपार्टमेंट ऑफ टेक्नीकरण कोओपरेशन फॉर डेवेलपमेंट।

वर्ल्ड बैंक, (1994) *एग्रीकल्चरल एक्सटेंशन : लेशंस फ्रोम कंप्लीटेड प्रोजेक्ट्स। आपरेशन इवेल्युएशन डिपार्टमेंट रिपोट नं : 13000,* वाशिंगटन, डीसी, वर्ल्ड बैंक।

वर्ल्ड बैंक (1994) (अनपब्लिस्ड) *फिस्कल सिस्टम फॉर एग्रीकल्चरल एक्सटेंशन।*

अध्याय-17

# प्रसार कार्यक्रमों तथा संसाधनों की देखरेख

डी.सी. मिश्र

कृषि प्रसार पर भूमंडलीय सलाह ने पाया कि यद्यपि देखरेख तथा मूल्यांकन महत्त्वपूर्ण होते हैं फिर भी अधिकांश संगठनों में इस कार्य की अवहेलना बार-बार की जाती है। (फाओ, 1990 पे. 27) राष्ट्रीय प्रसार पद्धति के विश्वव्यापी सर्वेक्षण में पाया गया कि राष्ट्रीय प्रसार पद्धति के आधी संख्या में ही किसी प्रकार की देखरेख तथा मूल्यांकन की पद्धति है। (M एवं E) सलाह ने बताया कि कई देशों में देखरेख तथा मूल्यांकन बहुत कमजोर होते हैं तथा अस्थायी अध्ययनों तक सीमित रहते हैं। जब योजना का कोष समाप्त हो जाता है तो इन्हें छोड़ दिया जाता है। कई संगठनों में देखरेख तथा मूल्यांकन का नकारात्मक स्वरूप होता है क्योंकि ये इकाईयाँ समस्याओं, कमजोरियों को बताने तथा असफलताओं पर ध्यान केंद्रित कर सकती हैं। इसकी जगह देखरेख तथा मूल्यांकन का इस्तेमाल प्रसार के कार्यों में सुधार तथा क्षमता में वृद्धि के लिये सकारात्मक भाव का होना चाहिये। इसलिये अगर इस क्षमता का उपयोग प्रसार कार्यक्रम के सशक्तिकरण तथा प्रभाव में लाभ के लिये करना है तो देखरेख एवं मूल्यांकन के बारे में भावों को परिवर्तित करना होगा। (पेज 27-28)

सलाह ने संस्तुति की कि राष्ट्रीय प्रसार पद्धतियों को जोरदार तरीके से प्रोत्साहित करना चाहिये देखरेख प्रक्रियाओं तथा मूल्यांकन अध्ययन दोनों का इस्तेमाल करने प्रसार कार्यक्रम में सुधार लाने तथा 'नीति निर्धारकों एवं लक्षित ग्राहकों तक प्रसार कार्यक्रम के नतीजे पहुँचाने। (पेज 29)

प्रसार पद्धतियों के लिये देखरेख, प्रबंधन की सूचना आवश्यकताओं एवं प्रबंधन सूचना पद्धति पर सावधानीपूर्वक विचार करने की आवश्यकता है। 'मोनिटर' शब्द का उद्‌भव लेटिन भाषा से हुआ है जिसका अर्थ होता है गर्म करना तथा 'इवैल्युएट' शब्द 'वेल्यु' शब्द से आया है। (होर्टन, पीटरसन एंड बैलीटाइर्न, 1993, पे.5)

प्रबंधन सूचना पद्धति में देखरेख एक अभिन्न अंग होता है (अध्याय 17 देखें) प्रसार कार्यक्रमों पर नजर रखने तथा इसके कार्य के मार्गदर्शन के लिये प्रबंधकों को सूचना की आवश्यकता होती है।

प्रबंधन सूचना आवश्यकताओं में छः प्रकार की सूचनाएँ होती हैं: (1) निदान संबंधी सूचना (जो अवस्था है, वह क्यों है), (2) कार्यान्वयन सूचना (भौतिक एवं वित्तीय या साधन सूचना), (3) उपयोगिता सूचना, (4) प्रभाव सूचना (मफ, 1993, पे.5-6), (5) अवस्था की सूचना, एवं (6) पुनर्विचार की सूचना।

सूचना स्रोतों में कई प्रकार के स्रोत होते हैं जो प्रबंधन को सूचना देते हैं अनौपचारिक (एक आकस्मिक मुठभेड़) से लेकर औपचारिक स्रोत तक। (एक नमूना सर्वेक्षण) प्रसार कार्यक्रमों के बारे में सूचना प्राप्त करने के लिये प्रबंधन को सावधान रहना चाहिये स्रोत चाहे जो भी हों। यह समझना उपयोगी है कि देखरेख मात्र प्रबंधन का एक सूचना स्रोत होता है।

प्रबंधन सूचना प्रणाली एक योजना होती है जिसके द्वारा ठीक समय पर, ठीक मात्रा में, सही सूचनाएँ प्राप्त की जाती हैं और इसे सही व्यक्ति या व्यक्तियों को उपलब्ध कराया जाता है। (ब्लूम, 1980, पे. 28) प्रबंधन की सूचना आवश्यकता के लिए आधुनिक संगठनों में सूचना प्रणाली का सृजन किया जाता है। देखरेख पद्धति प्रबंधन सूचना

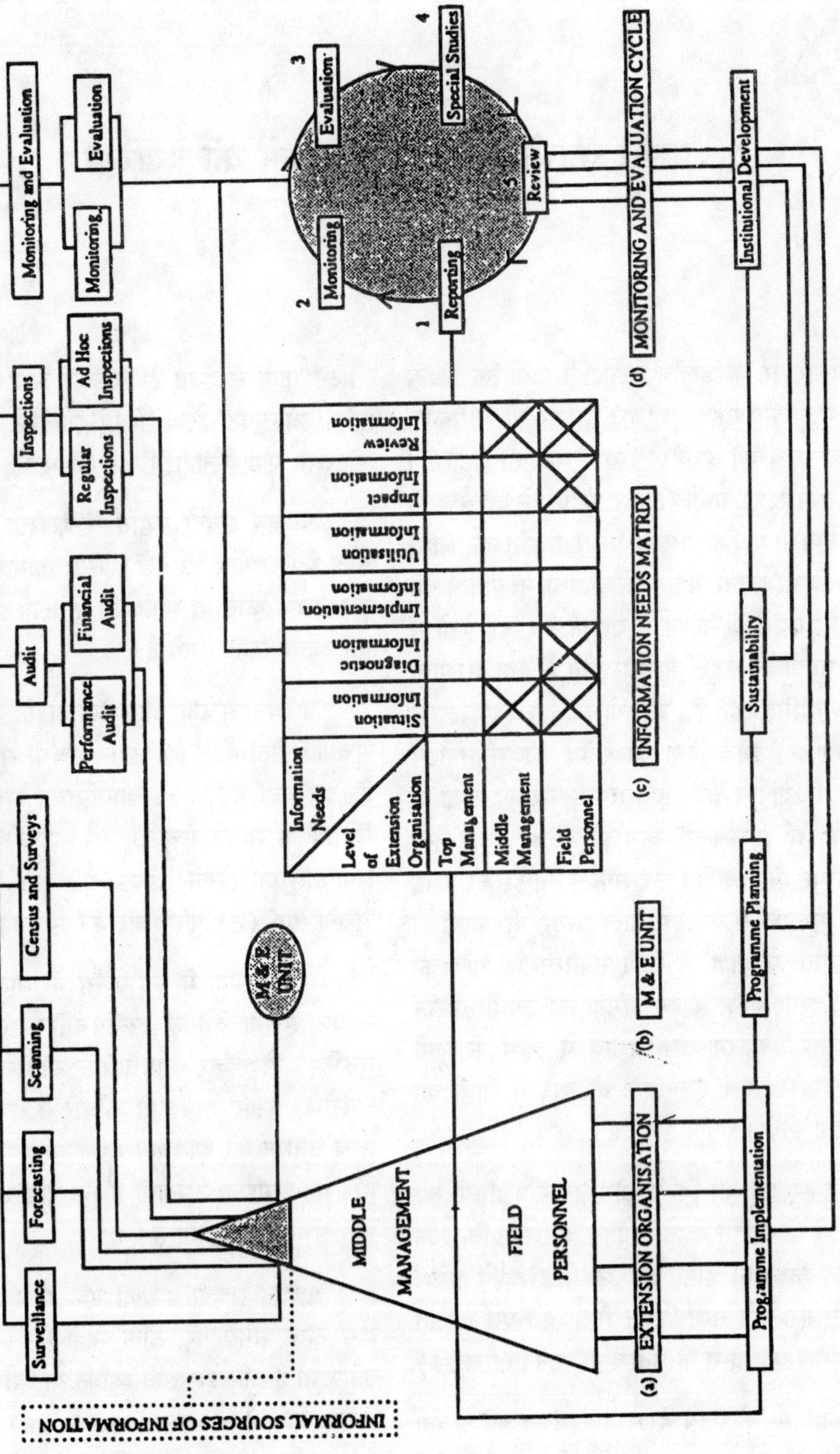


चित्र 1 : स्कीमेटिक अरेन्जमेंट ऑफ मोनिटरिंग एंड एवेल्युशन फॉर एग्रीकल्चरल एक्टेंशन प्रोग्रामस।

प्रणाली की एक उप-पद्धति है जिसके कई अलग-अलग अंग होते हैं।

## देखरेख का भावनात्मक ढाँचा

इसके चार प्रमुख भाग होते हैं (चित्र-1) जो हैं, (1) प्रसार संगठन, (2) देखरेख तथा मूल्यांकन (एम एवं ई) इकाई, (3) सूचना आवश्यकताओं का सांचा तथा (4) देखरेख एवं मूल्यांकन चक्र। शीर्ष प्रबंधन देखरेख तथा मूल्यांकन इकाई तथा अन्य औपचारिक तथा अनौपचारिक स्रोतों से सूचनाएँ प्राप्त करता हैं। यह कार्यक्रम योजना बनाता है तथा प्रसार कार्यक्रमों की स्थिरता सुनिश्चित करता है। अंततोगत्वा यह संस्थागत विकास की ओर ले जाता है जिसकी परिभाषा इस प्रकार है, "संस्थाओं की क्षमता में सुधार की प्रक्रिया जिससे उपलब्ध मानवीय तथा वित्तीय संसाधनों का प्रभावी इस्तेमाल हो। (इजरायल, 1987, पे. 3)

## प्रसार देखरेख के सिद्धांत

प्रसार देखरेख के बहुत से सिद्धांत उपलब्ध हैं। इनका उदय 1980 के दशक में हुआ जब प्रसार कार्यों में सुधार की आवश्यकता दीख पड़ी। मूल रूप से समान इन सिद्धांतों में महत्त्वपूर्ण अंतर इनके जोर पर है। अच्छी देखरेख की अनिवार्य आवश्यकता के लिये ये सभी सहजता एवं समयबद्धता की वकालत करते हैं। इनमें से आधे दर्जन विचारों का संक्षिप्त वर्णन नीचे प्रस्तुत है।

### परंपरागत सिद्धांत (प्रशासनिक)

दैनिक प्रशासनिक रिपोर्ट पर आधारित यह सिद्धांत कार्यक्रम के भौतिक एवं वित्तीय सफलताओं से संबंधित होता है। इसकी प्रारंभिक कमजोरी में शामिल है कार्यक्रम कर्मचारी-द्वारा बहुसंख्यक रिपोर्ट तथा लाभान्वित संपर्क की अनुपस्थिति या अवहेलना इसे अन्य विचारों से प्रतिस्थापित किया जा रहा है।

### सकेंद्रन-क्षेत्र का सिद्धांत

सन् 1977 से सर्निया एवं टेपींग विचार तीन क्षेत्रों पर संकेंद्रित है : (1) दौरा, प्रसार प्रयास का अंतिम नतीजा, (2) संस्तुतियाँ, जो दौरे से संबंधित साधन का विवरण होता है, साध्य उत्पादन के लिये एवं (3) पैदावार विकास प्रयासों का स्वाभाविक परिणाम। (सर्निया एंड टेपींग, 1977 पेज 19-20)

### तरीकात्मक सिद्धांत

सन् 1981 का स्लेड एंड फेडर सिद्धांत संकेंद्रण सिद्धांत पर निर्मित है तथा प्रत्येक प्रारंभिक फसल-मौसम के लिये एक देखरेख सर्वेक्षण है। एक देखरेख-सह मूल्यांकन सर्वेक्षण प्रत्येक फसल कटाई के समय, विशिष्ट संकेतकों एवं रिपोर्ट करने का सुझाव देता है। इस सिद्धांत की विशेषता होती है एक कार्यकारी मैनुअल। (सलेड एंड फेडर, 1985)।

### विस्तृत देखरेख सिद्धांत

सन् 1987 में कैसली एवं कुमार ने सुझाव दिया कि देखरेख का कार्य मात्र भौतिक एवं वित्तीय सूचनाओं के लिये नहीं होता है, बल्कि लाभान्वितों से संपर्क तथा योजनाओं का सुधारात्मक अध्ययन भी होता है। (पेज.5) इस सिद्धांतान्तर्गत देखरेख पर अधिक जोर रहता है एवं मूल्यांकन पर कम। योजना के सुधारात्मक अध्ययन इस सिद्धांत की नयी विशेषता है।

### ग्राह्यता-दर का सिद्धांत

सन् 1988 में मरफी एवं मर्चेंट ने एक विचार का सुझाव दिया जो ग्राह्यता दर पर प्रमुख संकेतक की तरह केंद्रित रहता है। यह सिद्धांत कृषि के नतीजों के प्रयासों से हटकर योजना सेवाओं पर प्रतिक्रिया तथा इसके प्रावधानों के प्रत्यक्ष देखरेख पर ध्यान देता है। (पेज 11) इस सिद्धांतान्तर्गत, प्रसार सेवा को एक माध्यम तथा अनुशंसाओं को एक संदेश माना जाता है।

### बिक्री सिद्धांत

ली ने बाजार अलगाव पर आधारित एक सिद्धांत का सुझाव दिया है जो बिक्री की एक स्तरीय तकनीक है। इस सिद्धांतान्तर्गत नई तकनीक की आवश्यकता तथा संभावित मांग की जाँच पहले की जाती है और तब बाजार अलगाव के लक्ष्य की भविष्यवाणी की जाती है। उदाहरण के लिये लक्षित किसानों का 10% नये तकनीक अपनाने की संभावना रहती है, जब गेहूँ की कीमत डालर प्रति टन हो जाये तो और 15% किसानों द्वारा इसे अपनाने की संभावना होती है, 40% लक्षित किसानों के नये तकनीक अपनाने की संभावना बढ़ जाती है जब वे जाने कि उनके आकाओं ने इसे अपना लिया है तथा अगले पाँच वर्षों में 35% लक्षित किसान इसे बिल्कुल ही नहीं अपनायँगे। (पेज 26) (विवेचना की गई)

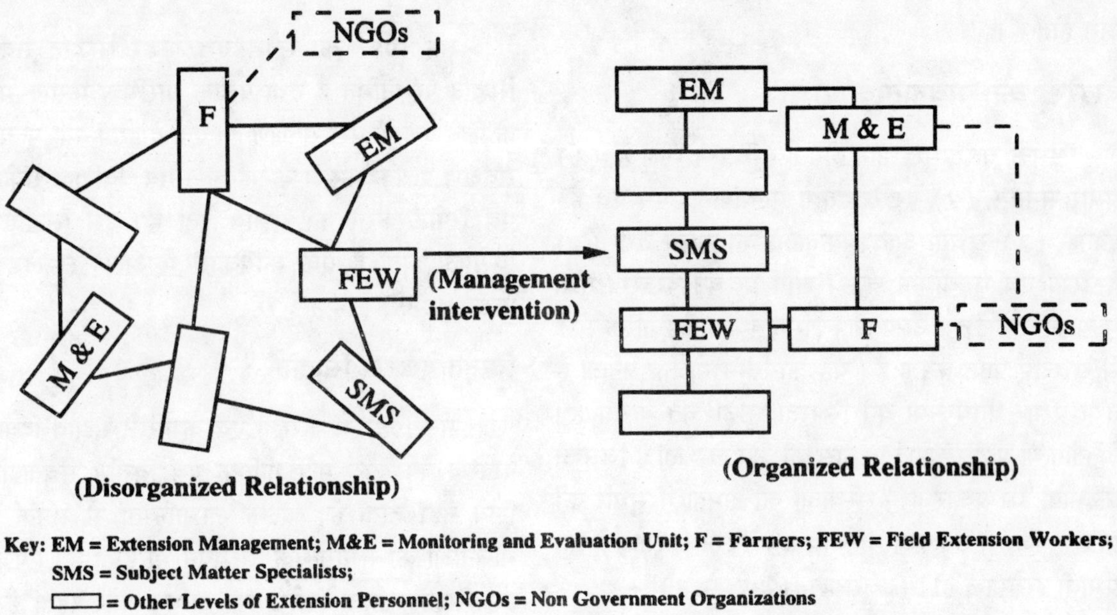


**चित्र 2 : ओरगेनाइज्ड रिलेशनशिप इन मोनिटरिंग एंड एवेल्यूशन डयू टू मेनेजमेंट इन्टरवेन्शन।**

सभी सिद्धांतों के बीच ली का सिद्धांत प्रशंसा योग्य है क्योंकि यह नया तकनीक आवश्यकता की सावधानी-पूर्वक जाँच पर आधारित होता है, एक ऐसा कार्य जो शायद ही प्रसार संगठन करते हों।

## देखरेख की परिभाषा का कार्यकारीकरण

देखरेख एक विशिष्ट, प्रगतिशील, समसामयिक तथा संस्थागत प्रबंधन स्रोत होता है। प्राथमिक रूप से यह कम्प्यूटर आधारित है। देखरेख से प्रसार कार्यक्रम का कार्यान्वयन सुनिश्चित होता है अपनी रूपरेखानुसार तथा यह विभिन्न दावेदारों की रुचियों का भी ख्याल रखता है।

देखरेख की परिभाषा को पालन करने के कुछ सिद्धांतों का निर्माण कर, एक आँकड़ा संग्रह प्रणाली की स्थापना कर, देखरेख इकाईयों, प्रबंधन, प्रसार कर्मचारियों तथा प्रसार ग्राहकों के बीच संबंध स्थापित कर कार्यकारी बनाया जा सकता है। (गैर-सरकारी संगठन) (चित्र-2)

## देखरेख के सिद्धांत

देखरेख के भूत के अनुभवों के प्रकाश में तथा इसकी भूमिका की रूपरेखा से यह संभव है कि देखरेख की निम्नलिखित दस सिद्धांतों का वर्णन किया जाये:

1. **देखरेख सहज होना चाहिये** - देखरेख की पद्धति दुरूह या जटिल हो तो वह असफल रहती है। देखरेख का मूल कार्य होता है क्षेत्र-स्तरीय जटिलताओं को सहज बनाना, कम महत्त्वपूर्ण से अधिक महत्त्वपूर्ण पर ध्यान ले जाना।
2. **देखरेख समयबद्ध होता है**- समयबद्धता देखरेख की अनिवार्यता होती है। प्रबंधन को देखरेख प्रणाली से सूचना चाहिये ताकि समय पर कदम उठाये जाँय। समयबद्धता का स्वयं देखरेख की साख से निकट का संबंध होता है।
3. **देखरेख संगत होना चाहिये** - इसके स्वयं का संबंध उस प्राचलता से होना चाहिये जो कार्यक्रम उद्देश्य के लिये संगत हों। यह भी सुनिश्चित होता है कि देखरेख से सूचना पैदा नहीं होती जिसका उपयोग नहीं हो या प्रबंधन के लिये उपयोगी नहीं हो।
4. **देखरेख से आने वाली सूचनाएँ विश्वसनीय रहे**- प्रबंधन देखरेख के निष्कर्षों पर भरोसा करता है तभी जब सूचनाओं की विश्वसनीयता सटीक होने की रहे।
5. **देखरेख प्रयास भागीदारी का होना चाहिये**- प्रयासों में प्रसार से संबंधित सब की भागीदारी

सुनिश्चित होना चाहिये चाहे वे क्षेत्र-स्तरीय कर्मचारी हों, विषय वस्तु विशेषज्ञ हों या प्रसार ग्राहक हों (किसान)।

6. **देखरेख लचीला होना चाहिये-** इसकी प्रकृति पुनरुक्ति बोधक होती है। समय बीतने पर यह नित्यचर्यात्मक हो जाता है। इन दोनों विशेषताओं को सख्ती तक नहीं पहुँचना चाहिये।

7. **देखरेख कार्योन्मुख होना चाहिये-** देखरेख प्रायः कार्य की ओर ले जाता है। फलस्वरूप प्रगतिशील विचारों का पालन करना चाहिये जिसमें प्रसार के ग्राहकों की आवश्यकताएँ सर्वोपरि रहना चाहिये। जिन सूचनाओं का कोई लक्षित उपयोग नहीं हो, उन्हें छोड़ देना चाहिये।

8. **देखरेख लागत-प्रभावी होना चाहिये-** देखरेख के कार्य में रुपये तथा समय खर्च होते हैं। इसलिये यह आवश्यक है कि यह लागत-प्रभावी हो। जहाँ सहजता, समयबद्धता, संगतता तथा सटीकता के सिद्धांत लागत-प्रभावशीलता लाते हैं, वहीं कम्प्यूटर का उपयोग देखरेख को और लागत-प्रभावी बन सकता है आँकड़ों के संग्रह में घंटों की कमी ला कर।

9. देखरेख प्रयास शीर्ष प्रबंधनोन्मुख होना चाहिये। देखरेख इकाई को शीर्ष प्रबंधन की जरूरतों का ख्याल रखना चाहिये जब वे देखरेख प्रणाली की रूपरेखा बनाते हों। फिर भी साथ-साथ यह वास्तविकता भी विचार में होना चाहिये कि प्रणाली के लिये जो सूचना मुहैया कराते हैं उन्हें भी लाभ हो अन्यथा दी गयी सूचनाओं की गुणवत्ता में गिरावट होगी।

10. देखरेख इकाई विशेषज्ञ उपक्रम का प्रतिनिधित्व करें। देखरेख का संबंध केवल आँकड़ों के संग्रह तथा विश्लेषण से ही नहीं होता, पर लक्षणात्मक समस्याओं के साथ वैकल्पिक व्यवहारिक निदानों के सुझावों से भी रहता है।

## देखरेख तथा इसके प्रमुख दावेदार

इस प्रयास में कई दावेदार रहते हैं। वित्तसंबंधी संस्था सामान्यतः वित्त या योजना मंत्रालय होता है जो यह जानना चाहता है कि रुपये उचित ढंग से खर्च हुए हैं। कृषि मंत्रालय जानना चाहता है कि वह यह बताने में सक्षम हो कि यह सक्षम एवं प्रभावी है। लक्षित लाभान्वितों (छोटे एवं मझौले किसान) संगठन से सहायता चाहते हैं, तथा अपने जीवन की गुणात्मकता का सुधार चाहते हैं और गैर-सरकारी संगठनों को देखरेख प्रयास की सूचनाओं की आवश्यकता होती है तथा वे सूचना में योगदान करना भी चाहते हैं। इस प्रकार देखरेख के चार प्रमुख दावेदार होते हैं और वे हैं, वित्तीय संस्थाएँ, कार्यान्वयन संस्थाएँ, लाभान्वित लोग तथा गैर-सरकारी संगठन जिनकी रुचियों पर विचार किया जाना चाहिये जब भी देखरेख पद्धति बनायी जाये।

## देखरेख की आवृति

देखरेख का कार्य निरंतर चलते रहने वाला कार्य होता है। फसल के मौसम में फसल उत्पादन से संबंधित आँकड़ों का संग्रह दो बार करना चाहिये; बुआई के समय प्रारंभिक सूचना प्राप्त करने तथा कटाई के समय। आँकड़ा संग्रह की पुनरावृति अवधि एक महीना से अधिक नहीं होना चाहिये।

## देखरेख इकाई

इस इकाई के कर्मचारियों को तकनिकी तथा विशिष्ट ज्ञान रखना चाहिये। कर्मचारियों में प्रायः प्रसार विशेषज्ञ, अर्थशास्त्री, सामाजिक कार्यकर्ता या मानव वैज्ञानिक, सांख्यिकीकर्त्ता कम्प्यूटर कार्यक्रम तथा समर्थनकर्मी होने चाहिये। इस इकाई का प्रधान इनमें से किसी भी क्षेत्र का हो सकता है। आवश्यकता से अधिक कर्मचारी नहीं होना चाहिये इकाई के कार्य को पूरा करने। देखरेख इकाई के नेता को संगठन के किसी एक शीर्ष प्रबंधक को रिपोर्ट देना चाहिये।

## देखरेख संकेतक

संकेतक जैसा कि नाम ही बताता है, एक परिवर्तनीय है जो किसी एक अवस्था में परिवर्तनों की परिमाप करता है एवं (एस सी, 1984 पेज 37) किसी कार्य की देखरेख तथा मूल्यांकन करने के उपकरण हैं। वास्तव में संकेतक प्रमुख साधन होते हैं जिसके द्वारा देखरेख इकाई नजर रखी जाती है प्रसार की क्षमता, इसके प्रभाव तथा कुशलता पर। इसलिये, कोई भी देखरेख प्रणाली इन चार पहलुओं में उपयुक्त संकेतकों को निगमित करेगा।

संकेतक विकास के दो सिद्धांत हैं, प्रेरक तथा वियोजक। प्रेरक सिद्धांत में एक सामाजिक, आर्थिक एवं जनसंख्या संबंधी आँकड़ों का सृजन किया जाता है तथा उपलब्ध आँकड़ों पर आधारित संकेतकों के प्रशस्त क्षेत्र को विकसित किया जाता है। संयुक्त राष्ट्र सामाजिक संकेतक के मामले में इस सिद्धांत का पालन हुआ है। (फाओ, 1988, पे. 5) वियोजक सिद्धांत में पहले रुचियों के क्षेत्र की पहचान कर ली जाती है और तब संकेतकों की आवश्यकता को पूरा कर लिया जाता है। कृषि सुधार तथा सामाजिक विकास के विश्व सम्मेलन में इस सिद्धांत का पालन हुआ है। (फाओ, 1988, पेज. 5)

प्रसार देखरेख में प्रेरक तथा वियोजक दोनों प्रकार के सिद्धांतों का पालन किया जाता है इस प्रकार कि उपलब्ध सांख्यिकी पर आधारित संकेतकों का विकास किया जाये तथा कुछ का विकास विशेष आँकड़ों के आधार पर होता है। (जैसे कार्य संकेतक)

संकेतकों के कई प्रकार होते हैं जैसे विकास संकेतक, सामाजिक-आर्थिक संकेतक, कृषि विकास संकेतक एवं प्रसार संकेतक। इनका विस्तार सामान्य से विशिष्ट तक होता है।

संकेतकों को प्रत्यक्ष एवं अप्रत्यक्ष या प्रतिनिधि संकेतक में श्रेणीबद्ध किया जा सकता है। (क्लेटन, 1983, एसीसी, 1984)। साथ ही एकल और एकात्मक या मिश्रित संकेतकों, गुणात्मक एवं मात्रात्मक संकेतकों प्रारंभिक, मुख्य तथा पूरक संकेतकों, साधन एवं उत्पादक संकेतकों तथा देखरेख तथा मूल्यांकन संकेतकों में श्रेणीबद्ध किया जा सकता है। (फाओ, 1988)।

संकेतकों के चयन का आधार निर्भर रहता है इसके उद्देश्य, स्रोतों तथा समय की उपलब्धता पर। सामान्यत निम्नलिखित मापदंडों का सुझाव दिया जाता है:

- **सहजता-** संकेतकों को इतना सहज होना चाहिये कि गैर-विशेषज्ञ भी इसे समझ सकें। (फाओ, 1988, पे.8)
- **स्पष्टता-** इसकी परिभाषा स्पष्ट रहे। इसे स्पष्ट रूप से परिभाषित किया जाना चाहिये (कैसली एंड प्यूरी, 1982 पे.31 कैसली एंड कुमार, 1987, पे. 9)
- **तैयार संकल्प-** बिना किसी कठिनाई के आँकड़े प्राप्त हो सकते हैं (विश्वस्वास्थ्य संगठन, 1989, पे. 38) इसे समयबद्ध एवं संभव भी कहा जाता है। (फाओ, 1988, पेज 8, घा, होपकींस एंड मैक ग्राहन, 1988, पे.11)
- **बिल्कुल सही परिमाप-** संकेतकों का परिमाप बिल्कुल सही होना चाहिये जो प्रायः खेतिहर समुदाय के साथ बहुत मुश्किल होता है। (कैसली एंड प्यूरी, 1982, पे.32)
- **न्यायसंगत-** संकेतकों को उसी का परिमाप करना चाहिये जिसका परिमाप उसे करना होता है (एसी सी 1984 पेज 18, फाओ, 1988, पे.7 घा, हॉपकिंस इट. *एल.* भी देखें 1988, पे.13)
- **संगतता-** इसे नीति निर्धारकों के विशिष्ट आवश्यकताओं के अनुरूप होना चाहिये (पेट्री, 1983, पे.38) तथा योजना के उद्देश्यों के अनुरूप भी होना चाहिये। (एसी सी, 1984, पे.38)
- **विशिष्टता-** इसे संबंधित अवस्थाओ में ही परिवर्तनों को दिखाना चाहिये तथा विशिष्ट अवस्थाओं का परिमाप करना चाहिये जिसे परिवर्तित करने की योजना हो। (कैसली एवं कुमार, 1987, पे.59)
- **अनूकूलता ( स्थिरता )**– संकेतकों के आँकड़े समान अवस्था में संग्रहित होने पर स्थिर रहना चाहिये। (कैसली एवं कुमार, 1987, पे.69) संकेतकों को उद्देश्यात्मक तथा जाँच करने योग्य होना चाहिये। (फाओ, 1988, पे.8)
- **संवेदनशीलता-** निरीक्षित हो रही अवस्थाओं में परिवर्तन के प्रति संवेदनशील होना चाहिये। (एसीसी, 1984, पे.38) उन्हें अवस्था में परिवर्तन के लिये संवेदनशील रहना चाहिये।
- **प्राथमिकताकरण-** संकेतकों को प्राथमिकताबद्ध रहना चाहिये तथा निम्नतम संभावित सूची तैयार करना चाहिये। (घा, हॉपकिंस इट. *एल.* 1988, पे.11)

## योग्यता, प्रभावशीलता, क्षमता तथा प्रभाव

देखरेख एवं मूल्यांकन के लिये ये चार मूल विचार हैं। इनका संबंध क्रमशः कार्यकारी विनियोजन (प्रति खेतिहर परिवार विनियोजन कृषि प्रसार में) कार्यकारी-क्षमता (दौरे बैठकें, प्रदर्शन तथा परीक्षण प्रति प्रसारकर्मी) तकनिकी क्षमता (ग्राहकों, एकड़ों, उत्पादन मूल्य जड़ितों की संख्या) तथा

प्रसारजनित परिवर्तन (जैसे, उत्पादन, उत्पादकता, आय तथा आय आबंटन) से रहता है। (रथेनबर्ग, 1985, पे.120)

प्रभाव मूल्यांकन के साम्राज्य में योग्यता, प्रभावशीलता तथा क्षमता देखरेख की सीमा में आते हैं।

**योग्यता-** प्रसार की वह प्रभुता है जो भौतिक, वित्तीय एव मानव संसाधन पर रहता है अपने ग्राहकों की सेवा के लिये (किसानों की)। यह प्रसार के बाहरी पहुँच, गहनता, तकनिकी योग्यता तथा भौतिक एवं वित्तीय स्रोतों में परिलक्षित होता है। प्रसार कार्य प्रत्यक्षतः इसकी योग्यता पर निर्भर होता है।

**प्रभावशीलता-** उत्पादकता प्रबंधन के एक हैंडबुक में इसकी परिभाषा इस प्रकार है "वह अंश जहाँ तक लक्ष्य प्राप्त होता है" (प्रोकोपेंको, 1987, पेज.9) कृषि प्रसार के कई लक्ष्य होते हैं जैसे सामाजिक लक्ष्य, (जैसे किसान कल्याण) तथा आर्थिक लक्ष्य (जैसे आय वृद्धि) इनके बीच कार्यकारी लक्ष्य (भौतिक एवं वित्तीय लक्ष्य) विशेष महत्त्व के होते हैं, क्योंकि इनकी प्राप्ति अन्य लक्ष्यों तक पहुँचने की संभावना बताती है।

**क्षमता-** प्रसार में सामान्यतः इसका परिमाप उस दर से होता है जो किसान अनुशंसित तकनिकों को अपनाते हैं। ग्राह्य दर की भिन्नता की दुरुहता की समझ होती है। (कैसली एंड लूरी, 1982, पे.37)

**प्रभाव-** प्रसार में प्रभाव को एक सहज संकेतक से मापा जा सकता है जैसे प्रति एकड़ फ़सल का उत्पादन या सहज उत्पादकता साँचे का सृजन कर। प्रसार कार्यक्रम की सफलता की अंतिम जाँच ऐसे संकेतकों से हो जाती है।

## प्रसार देखरेख संकेतक

इन्हें दो समूहों में श्रेणीबद्ध किया जा सकता है: (1) प्रसार योग्यता संकेतक तथा (2) प्रसार कार्य संकेतक। दोनों का उत्पादन देखरेख इकाई द्वारा होता है।

### प्रसार योग्यता संकेतक

प्रसार योग्यता संकेतक का लगातार देखरेख होना चाहिये केवल प्रसार योग्यता का स्तर जानने के लिये ही नहीं, पर समय पर इसमें परिवर्तनों के निर्धारण के लिये भी। इन संकेतकों की वार्षिक गणना होनी चाहिये। इसमें केवल डेस्क कार्य शामिल होते हैं क्योंकि वे अंदर के आँकड़ों पर निर्भर होते हैं।

### प्रसार कार्य संकेतक

यह प्रसार के तकनिकी एवं कार्यकारी क्षमताओं को परिलक्षित करता है। इन्हें दो समूहों में श्रेणीबद्ध किया जा सकता है।

*प्रसार प्रभावशीलता संकेतक*– इन्हें फिर दो उपश्रेणियों में विभक्त किया जा सकता है: (1) एकल संकेतक तथा (2) एकात्मक या मिश्रित संकेतक। परिभाषानुसार, एकल-संकेतक प्रसार कार्यक्रम का एक पहलू बताता है जबकि मिश्रित संकेतक से प्रसार के कई पहलुओं की जानकारी होती है। प्रबंधन के लिये प्रसार की प्रभावशीलता की जानकारी के लिये एक मिश्रित संकेतक उपयोगी हो सकता है क्योंकि प्रबंधन की रुचि हमेशा प्रसार प्रभावशीलता के संपूर्ण जानकारी में होती है। ये संकेतक प्रसार के सहयोगिता क्षमता को दर्शाते हैं। (बॉक्स-1)

*प्रसार क्षमता संकेतक*– ये अनुशंसित तरीकों की ग्राह्यता दर पर आधारित संकेतक होते हैं तथा प्रसार की तकनिकी क्षमता को दर्शाते हैं। (बॉक्स-2)

संपर्क किसानों के लिये प्रसार कार्य संकेतकों की गणना अलग से की जानी चाहिये, जैसा यहाँ सुझाया गया है तथा ऐसा ही अन्य किसानों तथा सभी किसानों के लिये भी करना चाहिये।

## प्रसार मूल्यांकन संकेतक

इन संकेतकों के समूहों में केंद्रीय स्थान पैदावार तथा उत्पादकता का रहता है इनकी गणना फसल-कटाई के

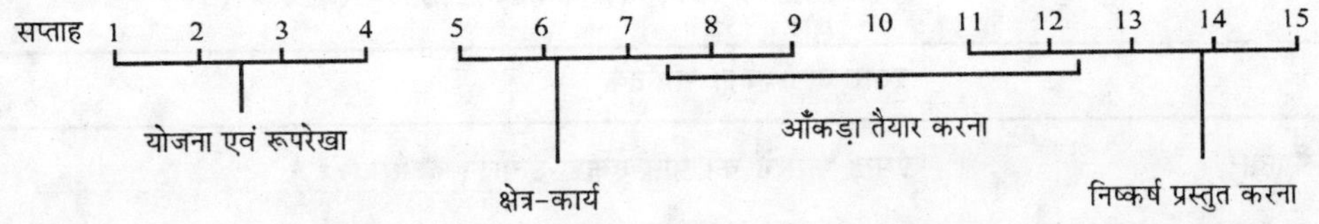


**चित्र 3 : अध्ययन के लिये एक प्रयोगात्मक कार्यक्रम सारांश। स्रोत : निकोलस (1991, पृ. 22)**

**बॉक्स 1 : प्रसार कार्य संकेतक**

| | |
|---|---|
| | **(I) प्रसार प्रभावशीलता संकेतक** |
| | **(a) एकल संकेतक** |
| 1. चेतना | ग्राम प्रसारकर्मी की जानकारी रखने वाली किसानों की संख्या (प्रतिशत) |
| 2. दौरा | किसानों तक ग्राम प्रसारकर्मी के दौरों की संख्या (ए)पाक्षिक, (बी) मासिक एवं (सी) कोई नहीं (औसत) |
| 3. क्षेत्र-बैठक | किसानों के साथ ग्राम-प्रसार कर्मचारी की बैठक क्षेत्र में (प्रतिशत) |
| 4. नियमितता | निश्चित दिन पर किसानों के साथ ग्राम प्रसारकर्मी की बैठक (प्रतिशत) |
| 5. क्षेत्र-दिन | ग्राम प्रसारकर्मी द्वारा आयोजित क्षेत्र-दिनों की संख्या (ए) पूर्व महीने में, (बी) त्रैमासिक, तथा (सी) वार्षिक (औसत) |
| 6. प्रदर्शन | संख्या (a) तरीकों का प्रदर्शन (b) नतीजों का प्रदर्शन तथा (c) तरीका सह नतीजा प्रदर्शन जो ग्राम प्रसारकर्मी द्वारा आयोजित हुआ (i) पूर्व महीना, (ii) त्रैमासिक तथा (iii) वार्षिक क्षेत्र में। |
| 7. पर्यवेक्षण | कृषि प्रसार अधिकारी का ग्राम प्रसारकर्मी तक पर्यवेक्षण दौरे की संख्या प्रति मास (औसत) |
| 8. अनुसंधान प्रसार संबंध | प्रति मास आयोजित अनुसंधान-प्रसार संबंधित कार्यशाला की संख्या (औसत) |
| 9. किसानों का प्रशिक्षण | किसानों के प्रशिक्षण केंद्र में प्रशिक्षित किसानों की संख्या (संस्थागत प्रशिक्षण पाठ्यक्रम) प्रति वर्ष (औसत) |
| | **(b) एकात्मक या मिश्रित संकेतक** |
| 10. प्रसार प्रभावशीलता | चयनित प्रसार प्रभावशीलता संकेतकों का गणितिक औसत जैसे जागरुकता संकेतक (ग्राम-प्रसारकर्मी की जानकारी) दौरा संकेतक (पाक्षिक दौरा) क्षेत्र संकेत (खेत पर बैठक स्थल) एवं नियमित संकेतक (एक ही दिन दौरा) (मिश्र, 1994) |
| | **(II) प्रसार-क्षमता संकेतक** |
| 11. कार्य सूचकांक | लक्षित संख्या तक के किसानों तक पहुँचने की वास्तविक संख्या जहाँ तक पहुँचना है। (कैसली एंड लूरी 1982, पे.37) (प्रतिशत) |
| 12. प्रदेश सूचकांक | अनुशंसित तरीकों को अपनाने वाले किसानों की संख्या के वास्तविक पहुँच की संख्या (वही, पे. 37) (प्रतिशत) |
| 13. प्राप्ति सूचकांक | किसानों के लक्षित संख्या की वह संख्या जो अनुशंसित तरीकों को ग्रहण करते हैं (वही पे. 37) (प्रतिशत) जानें कि (13) = (12) × (11) |
| | प्रसार उत्पादकता संकेतक |
| 1. पैदावार | प्रमुख फसलों का प्रति एकड़ उत्पादन (औसत) |
| 2. उत्पादकता सूचकांक | आधार वर्ष की तुलना पर आधार वर्ष के उत्पादन में वृद्धि। (औसत) |

**बॉक्स 2 : प्रसार योग्यता संकेतक**

| | | |
|---|---|---|
| 1. | अंतर्मुक्त | प्रति प्रसारकर्मी खेती का क्षेत्र |
| 2. | गहनता | प्रति प्रसारकर्मी खेतिहर परिवार की संख्या |
| 3. | योग्यता | कुल प्रसारकर्मियों में स्नातक प्रसारकर्मियों की संख्या (औसत) |
| 4. | विषय-वस्तु | प्रति 100 प्रसारकर्मियों पर विषय-विशेषज्ञों की संख्या विशेषज्ञ |
| 5. | अनुसंधान प्रसार | प्रति 100 प्रसारकर्मियों पर कृषि वैज्ञानिकों की संख्या अनुपात |
| 6. | देखरेख | प्रति 1000 प्रसारकर्मियों पर देखरेख इकाई कर्मचारियों की संख्या |
| 7. | लिंग अनुपात | कुल प्रसार कर्मचारियों में महिला प्रसार कर्मचारियों की संख्या (प्रतिशत) |
| 8. | निष्पक्षता | संपर्क किसानों की कुल संख्या में छोटे एवं मझोले किसानों की संख्या (प्रतिशत) |
| 9. | जनसंपर्क | प्रति वर्ष मास प्रति प्रसारकर्मी आयोजित बैठकों की संख्या (औसत)। |
| 10. | कम्प्यूटरीकरण | प्रति हजार प्रसारकर्मियों पर प्रसार संगठन में व्यक्तिगत कम्प्यूटर की संख्या। |
| 11. | मुद्रण मीडिया | पर्चियों, इश्तहारों का आबंटन प्रति प्रसारकर्मी प्रति मास, वर्ष में एक बार (औसत) |
| 12. | श्रव्य-दृश्य | एक वर्ष में प्रति मास प्रति प्रसारकर्मी सिनेमा/टेलीविजन शो मीडिया आयोजनों की संख्या। |
| 13. | प्रशिक्षण | एक वर्ष में विशिष्ट प्रशिक्षण प्राप्त, प्रशिक्षित प्रसार कर्मचारियों की कुल संख्या में प्रसारकर्मियों की संख्या (प्रतिशत) |
| 14. | वित्त | प्रति वर्ष कुल कृषि बजट खर्च का कृषि प्रसार पर खर्च (प्रतिशत) |
| 15. | विनियोजन | प्रति वर्ष कृषि के कुल घरेलू उत्पाद का कृषि प्रसार पर खर्च का औसत। |
| 16. | परिवहन | (i) साईकिलों, (ii) मोटर साईकिलों, तथा (iii) चार पहियों वाली गाड़ियों की संख्या प्रति हजार प्रसारकर्मी। |

नोट: 1. प्रसार कर्मचारी का अर्थ है प्रसार में नियोजित कुल कर्मचारी जिसमें शामिल हैं विषय-विशेषज्ञ जबकि प्रसारकर्मी का अर्थ है ग्राम प्रसारकर्मी।

2. सभी संकेतकों के लिये आँकड़ों का स्रोत जिला कृषि पदाधिकारी का कार्यालय तथा प्रांतीय कृषि निदेशालय होगा।

3. राष्ट्रीय स्तर पर, कृषि मंत्रालय के केंद्रीय देखरेख इकाई द्वारा संकेतकों का जोड़ आवश्यक है।

अनुभवों पर किया जाता है जो प्रांतीय आय विभाग या अर्थशास्त्र तथा सांख्यिकी विभाग द्वारा किया जाता है।

## कार्य-योजना तथा घटनाओं की कड़ी

देखरेख के लिये आँकड़ों का संग्रह तथा मूल्यांकन आवश्यक होते हैं। इसके लिये एक मासिक, त्रैमासिक एवं वार्षिक समयावधि पर एक कार्य योजना अनिवार्य है। आँकड़ा संग्रह के लिये उपयुक्त तरीकों का चयन आवश्यक होता है तथा आधारित होता है देखरेख इकाई के समय तथा भौतिक एवं वित्तीय संसाधनों पर जैसे कम्प्यूटरीकरण तथा प्रशिक्षित तकनिकी कर्मचारी जो आँकड़ा ग्रह एवं विश्लेषण कर सकें।

देखरेख प्रक्रियाओं को एक भिन्न तथा क्रमबद्ध घटनाओं को समझा जा सकता है जिसमें शामिल रहते हैं: (1) अध्ययन की योजना एवं रूपरेखा, (2) डेस्क अनुसंधान, (3) तरीकों का चयन, (4) आँकड़ा संग्रह तथा विश्लेषण, (5) रिपोर्ट तैयार करना, (6) रिपोर्ट प्रस्तुत करना तथा (7) बाद के कार्य। निर्धारित समयान्तर्गत एक विस्तृत अध्ययन कार्यक्रम तैयार किया जाना चाहिये। (चित्र 3)

अब तरीकों की श्रृंखलाएँ उपलब्ध हैं, आकस्मिक से अनौपचारिक परस्पर क्रियाओं से उच्च निर्मित नमूना सर्वेक्षण, द्रुत जाँच के उदित हो रही प्रणालियों सहित। इन प्रणालियों को दो भागों में विभक्त किया जा सकता है जो है, अनौपचारिक तथा औपचारिक।

### अनौपचारिक तरीके

इन तरीकों में शामिल हैं भागीदारों का विचार, मामलों का अध्ययन, प्रमुख सूचनादाता, व्यक्तिगत साक्षात्कार या चर्चा, समूह साक्षात्कार या चर्चा, मौखिक प्रमाण तथा जीवनवृत्त, लंबवत् अध्ययन, अन्तर्विभागीय अध्ययन, अन्तर्विभागीय शब्दावलियाँ, पुनर्जागरण सर्वेक्षण, निरोगात्मक अध्ययन, द्रुत ग्रामीण जाँच तथा भागीदार ग्रामीण जाँच (कैलसी एंड लुरी, 1987; निकोलन, 1991 प्राट एंड लोपजोस, 1992; हिल्डर ब्रैंड, 1981, फाओ, 1992, बीके, 1987, आर, 1993)

### औपचारिक तरीके

इस तरीके में शामिल है जनसंख्या तथा कृषि जनगणना का इस्तेमाल, नमूना सर्वेक्षण यथा अचानक नमूनालेना सहज क्रमबद्ध, सपाट, समूह सहित तथा बहुचारात्मक गैर अचंभित नमूना लेना जिसमें शामिल हैं, उद्देश्यात्मक कोटा, तथा घटनावश। (सानेर, फिलिप एवं श्चमेही, 1982) तथा विशेष अध्ययन।

इनके बीच नमूना सर्वेक्षण का एक अलग स्थान है। नमूना जो जनसख्या का प्रतिनिध्यात्मक भाग है जो हमें जनसंख्या का स्वरूप के बारे में उचित निष्कर्ष निकालने में सक्षम बनाता है। इस प्रकार नमूना सर्वेक्षण देखरेख तरीकों को समर्पित करने का एक स्वरूप होगा। अन्य तरीके यथा उदित द्रुत ग्रामीण जाँच का इस्तेमाल अनुसंधानात्मक, लक्षणात्मक, पूरक तथा प्रशंसामूलक उद्देश्यों के लिये निर्णय लेने में लाभदायक हो सकते हैं।

## उपसंहार

नियमित तथा प्रक्रियाबद्ध देखरेख से प्रबंधन को समय पर सूचना मिल जाती है ताकि वह सुधारात्मक कदम, कृषि प्रसार में विनियोजन का औचित्य, सौंपे गये कार्यों को पूरा करने के लिये प्रसारकर्मियों को प्रोत्साहन, प्रसार में किसानों को भागीदारी का एहसास आदि अपना सके जब प्रश्नावलियों के उत्तरों के लिये तथा भविष्य के लिये प्रसार नीतियों एवं कार्यक्रमों को दिशा देने का आग्रह किया जाये। पिछले दो दशकों के दौरान प्रसार देखरेख से संकेत मिलता है कि यह एक सामान्य यंत्रीकृत व्यवहार बनकर रह गया है जो कार्यक्रम लक्ष्य प्राप्ति तक सिमट कर रह गया है एवं जो प्रसार ग्राहकों की आवश्यकताओं को पूरा करने के बृहत्तर लक्ष्यों को प्राप्त करने की अवहेलना करता है।

देखरेख प्रयासों को विस्तृत विचारमूलक होना चाहिये ताकि वे केवल खेती के पैदावार या उत्पादकता ही नहीं, बल्कि प्राकृतिक संसाधन संरक्षण, लाभान्वितों की भागीदारी तथा संस्था निर्माण को भी निगमित करें। इसके लिये देखरेख इकाई को अपनी तकनिकी योग्यता बढ़ानी होगी। यहाँ आवश्यकता है, कर्मचारियों के लिये क्रमबद्ध तथा नियमित प्रशिक्षण। नये वैद्युतिक तकनीक लाना खासकर कम्प्यूटर का उपयोग तथा तरीकों का उपयुक्त इस्तेमाल जैसे द्रुत ग्रामीण जाँच जिसका जल्दी नतीजा प्राप्त होता है। तब देखरेख में विनियोजन अधिक लाभ देगा प्रसार कार्य में सुधार द्वारा।

## संदर्भ


एसीसी (संयोजन की प्रशासनिक समिति) संयुक्त राष्ट्र (1984) *गाइडिंग प्रिंसिपुल्स फॉर दी डिजायन एंड ऑफ मोनिटरिंग एंड इवेल्युएशन इन रूरल डेवेलपमेंट प्रोजेक्ट्स एंड प्रोग्राम्स*। रोमः इंटरनेशनल फंड फोर एग्रीकल्चरल डेवेलपमेंट (आईएफएडी)।

बीबे, जे. (1987) रैपीड एप्रैजल : दी इवोल्युशन ऑफ दी कंसेप्ट एंड दी डिफनीशन ऑफ इशुज (पे.47–68) इन *प्रोसिसिंग्स ऑफ दी 1985 इंटरनेशनल कांफ्रेंस ऑन रेपीडरूरल एप्रैजल*। खोन कायन, थाईलैंड, खोन कायन यूनिवर्सिटी।

ब्लूम, सी. (1980) दी मैनेजेरियल रोल (पे. 21–46) इन एल. जे. गोडमैन एंड आर. एन. लव (इडीएस.) *प्रोजेक्ट प्लानिंग एंड मैनेजमेंट : ऐन इन्टीग्रेटेड एप्रोच*। न्यूयोर्क, परगामोन प्रेस।

कैसली, डी.जे. एंड कुमार, के. (1987) *प्रोजेक्ट मोनिटरिंग एंड एवेल्युएशन इन एग्रीकल्चर*। बाल्टीमोर एंड लंदन : जोंस हॉपकींस यूनिवर्सिटी प्रेस (पब्लिस्ड फोर दी वर्ल्ड बैंक)।

कैसली, डी.जे., एंड लूरी, डी.ए. (1982) *मोनिटरिंग एंड इवेल्युएशन ऑफ एग्रीकल्चरल एंड रूरल डेवेलपमेंट प्रोजेक्ट्स*, बाल्टीमोर एंड लंदन, जोंस, होपकींस यूनिवर्सिटी प्रेस (पब्लिस्ड फोर वर्ल्ड बैंक)।

कैसली, डी.जे. एंड लूरी डी.ए. (1987) *मोनिटरिंग एंड इवेल्युएशन ऑफ एग्रीकल्चरल एंड रूरल डेवेलपमेंट प्रोजेक्ट्स*। बाल्टीमोर एंड लंदनः जोंस होपकींस यूनिवर्सिटी प्रेस (पब्लिस्ड फोर वर्ल्ड बैंक)।

सर्निया, एस. एम. एंड टेपींग, बी. जे. (1977) *ए सिस्टम ऑफ मोनिटरिंग एंड इवैल्युएटिंग एग्रीकल्चरल एक्सटेंशन प्रोजेक्ट्स*। वर्ल्ड बैंक वर्किंग पेपर नं. 272, वाशिंगटन डीसी, वर्ल्ड बैंक।

क्लेटन., ई. (1983) रोल, चैरेक्टरीस्टीक्स एंड ओपरेशनल फीचर ऑफ एग्रीकल्चरल मोनिटरिंग सिस्टमस (पेज 1–9) इन ई. किलेटोन एंड एफ. पेट्री (इडीस.) *मोनिटरिंग सिस्टम्स फॉर एग्रीकल्चरल एंड रूरल डेवेलपमेंट प्रोजेक्ट्स* (वोल–1) रोम, फाओ।

फाओ (1988) *सोसीओ इकनोमिक इंडिकेटर्स फोर मोनिटरिंग एंड इवेल्युएटींग एग्रेलियन रिफोर्म एंड रूरल डेवेलपमेंट।* डब्ल्यूसीएआरआरडीः टेन इयर्स ऑफ फोलोअप (1979–1989) रोमः लेखक।

फाओ (1990) *रिपोर्ट ऑफ दी ग्लोबल कंसलटेशन ऑन एग्रीकल्चर एक्सटेंशन*, रोमः लेखक।

फाओ, (1992) *सोसियोलोजिकल एग्रीकल्चरल इनवेस्टमेंट प्रोजेक्ट डिजायन*। फाओ, इन्वेस्टमेंट सेंटर टेक्नीकल पेपर 9, रोमः लेखक।

घा, डी. होपकींस, एम., एंड मैकग्राहणन, डी. (1988) *सम रिपलेकसंस ऑन हयूमेन एंड सोशल इंडिकेटर्स फॉर डेवेलपमेंट*। डिस्कशन पेपर नं.6 जेनेवा : यूनाइटेड नेशंस रिसर्च ईंस्टीट्यूट फोर सोशल डिपार्टमेंट (यूएनआरआईएसडी) हिल्डरब्रैंड, पी.ई. (1981) कमबाइनिंग डिसीप्लीन्स इन रैपीड एप्रैजल : दी सोनदेव एप्रोच। *एग्रीकल्चरल एडमिनिस्ट्रेशन, 8*, 423–432।

होर्टन, डी. पैटरसन, डब्ल्यू., एंड बैलिन्टाईन, पी. (1993) एम. एंड ई. प्रिंसिपुल्स एंड कंसेप्ट्स, (पे.5–19) इन डी. होर्टन इट. एल. (इडीस.) *मोनिटरिंग एंड इवेल्युएटींग एग्रीकल्चरल रिसर्च : ए सोर्सबुक*। ओक्सन, यू.के. कैब इंटरनेशनल।

इसरायल, ए. (1987) इंस्टीट्यूशनल डेवेलपमेंट : इन्सेंटिव टू परफोरमेंस। बाल्टीमोर एंड लंदन : जोंस होपकींस यूनिवर्सिटी प्रेस (पब्लिस्ड फॉर दी वर्ल्ड बैंक)।

कुमार, के. (इडी.) (1993) एन ओवरव्यू ऑफ रैपीड एप्रैजल मेथड्स (पे. 1–22) इन के कुमार (इडी.) *रैपीड एप्रैजल मेथड्स*। वाशिंगटन, डिसीः वर्ल्डबैंक।

ली, जे. डब्ल्यू. (1990) *मोर दैन एकाउन्टैविलिटी : इवेल्युएटींग एग्रीकल्चरल एक्सटेंशन प्रोग्राम्स*। टीआरडीसी पब्लिकेशंस नं. 172, अमीडेल, आस्ट्रेलियाः यूनिवर्सिटी, ऑफ न्यू इंगलैंड, रूरल डेवेलपमेंट सेंटर।

मिश्रा, डी.सी. (1994) *एग्रीकल्चरल एक्सटेंशन इफेक्टीवनेस इन इंडिया (मीमिओ)* यूनिवर्सिटी ऑफ आक्सफोर्ड क्वीन एलिजाबेथ हाऊस, इन्टरनेशनल डिवलपमेंट सेंटर।

मर्फी, जे. (1993) गुड इनफ, सून इनफ, *दी रूरल एक्सटेंशन बुलेटिन 1*, 27–33.

मर्फी, जे., एंड मर्चेंट, टी.जे. (1988) *मोनिटरिंग एंड इवेल्युएशन इन एक्सटेंशन एजेंसीज*। वर्ल्ड बैंक टेक्नीकल पेपर नं. 79, वाशिंगटन, डीसी, वर्ल्ड बैंक।

निकोल्स, पी. (1991) *सोशल सर्वे मेथडस। ए फील्ड गाइड फॉर डिवलपमेंट वर्कर्स*। डेवेलपमेंट गाईड नं. 6, ऑक्सफोर्ड : ऑक्सफाम।

पेट्री, एफ. (1983) डिजाइनिंग ए मोनिटरिंग एंड इवेल्युएशन सिस्टम (पे. 20–49) इन ई. क्लेटन एंड एफ. पेट्री (इडीएस.) *मोनिटरिंग सिस्टेम्स फॉर एग्रीकल्चरल एंड रूरल डेवेलपमेंट प्रोजेक्ट्स* (वोल्युम–1) रोम, फाओ।

प्राट, बी., एंड लाफजोस., पी. (1992) *चुजिंग रिसर्च मेथड्, डाटा कलेक्शन फॉर डिवलपमेंट वर्कर्स*। ऑक्सफोर्ड, ओक्सफाय।

प्रोकोप्रेंको, जे. (1987) *प्रोडक्टीविटी मैनेजमेंट, ए प्रैक्टीकल हैंडबुक*। जेनेवा, इंटरनेशनल लेवर ऑफिस (आईएलओ)।

रथेनवर्ग, आई. (1985) *इन्नोवेशन पालिसी फोर स्मॉल फारमर्स इन दी ट्रोपिक्स। दी इकनोमिक्स ऑफ टेक्नीकल इन्नोवेशंस फोर एग्रीकल्चरल डिवलपमेंट*। आक्सफोर्ड, ओक्सफोर्ड यूनिवर्सिटी प्रेस।

सानेर, डब्ल्यू. डब्ल्यू. फिलिप, पी.एफ. एंड सर्चम्स, डब्ल्यू. आर. (1982) *फार्मिंग सिस्टम्स रिसर्च एंड डेवेलपमेंट : गाइडलाईंस फॉर डेवेलपिंग कंट्रीज*। बोल्डर, सीओ, वेस्टव्यू प्रेस।

स्लेड, आर.एच., एंड फेडर, जी. (1985) *ट्रेनिंग एंड विजिट एक्सटेंशन : ए मैनुअल ऑफ इन्सट्रक्शन (मीमिओ)* वाशिंगटन, डीसी, वर्ल्डबैंक।

डब्ल्यूएचओ वर्ल्ड हेल्थ ओरगेनाईजेशन (1989) *इवैल्युएशन ऑफ प्रोग्राम्स टू इन्श्योर फूड सेफटी* । जेनेवा, लेखक।

अध्याय-18

# प्रबंधन सूचना प्रणाली की स्थापना

ए. रमेश बाबू, वाई.पी. सिंह एवं आर.के. सचदेवा

संगठन के कार्य एवं प्रबंधन में सूचना एक महत्त्वपूर्ण स्रोत है। योजना, संगठन, नेतृत्व एवं नियंत्रण जैसे प्रबंधन कार्यों के प्रभावी होने के लिये समय पर सूचना की उपलब्धता बहुत महत्त्वपूर्ण है। संगठन में सूचना प्रणाली का स्थान वैसा ही होता है जैसा कि शरीर नाड़ी तंत्र का होता है। यह एक कड़ी है जो संगठन के विभिन्न विभागों को एक साथ जोड़ती है तथा प्रतियोगात्मक वातावरण में अच्छे कार्य तथा अस्तित्व के लिये प्रावधान करता है। वास्तव में, आज के संगठन सूचनाओं पर चलते हैं।

सूचना प्रणाली से सामान्य अर्थ होता है कम्प्यूटर आधारित पद्धति जिसका उद्देश्य, संगठन के कार्यों, प्रबंधन तथा निर्णय करने में समर्थन प्रदान करना होता है। इस प्रकार संगठन के नीति-निर्धारकों की सूचना प्रणाली से समर्थन प्राप्त होता है। इस प्रणाली में लेन-देन प्रक्रिया पद्धति, प्रबंधन सूचना प्रणाली, निर्णय समर्थन पद्धति तथा कौशलपूर्ण सूचना पद्धति शामिल रहते हैं।

सूचना में आँकड़े रहते हैं, जिन्हें प्रक्रिया में लाया जाता है तथा जो उपभोक्ताओं के लिये अर्थपूर्ण होते हैं। प्रणाली में कुछ तत्त्व समाहित होते हैं जो समान उद्देश्य प्राप्ति के लिये एक-साथ मिलकर कार्य करते हैं। संगठन के संसाधनों, कार्यक्रमों, तथा प्राप्ति के लिये इस प्रकार प्रबंधन सूचना प्रणाली में आँकड़ों का संग्रह इसे आगे बढ़ाने की प्रक्रियाएँ तथा भंडारण का कार्य किया जाता है। प्रणाली इन आँकड़ों को बदलकर प्रबंधन के लिये सूचना बना देती है जो संगठन में नीति-निर्धारकों द्वारा इस्तेमाल होता है। इसलिये, एक प्रबंधन सूचना प्रणाली वह सूचना लाती है जिससे संगठन के प्रबंधन कार्यों को समर्थन मिलता है। (डेविस एवं ओल्सन, 1985, लुकास, 1990, मैकल्योर्ड, 1995)

## मूल विचार

### आँकड़ा बनाम सूचना

आँकड़ों का संबंध कच्चे अमूल्यांकित तथ्यों, अंकों, नमूनों, लक्ष्यों, घटनाओं आदि से रहता है। आँकड़ा सुस्त पड़े तथ्यों का संग्रह है जैसे टेलीफोन पुस्तिका या जनगणना रिकार्ड की तरह।

सूचना वह आँकड़ा है जो एक अर्थपूर्ण एवं उपयोगी संदर्भ में रखा जाकर उसे उन तक पहुँचाया जाता है जो निर्णय करने के लिये इसका उपयोग करते हैं। सूचना में बुद्धि या जानकारी का संचार एवं प्राप्ति समाहित है। यह जाँच एवं सूचना आश्चर्य एवं प्रेरणा लाता है, अनिश्चितता कम करता है, इसके अतिरिक्त विकल्प सुझाता है तथा असंगति या खराबी को दूर करने में सहायता देता है तथा व्यक्तियों को प्रभावित कर उन्हें कार्य के लिये प्रेरित करता है। आँकड़े के तत्त्व विशिष्ट संदर्भ में सूचना के अंग हो सकते हैं, जैसे जब आप अपने मित्र से संपर्क करना चाहते हैं तो उसका टेलीफोन नं. सूचना का एक अंश हो सकता है अन्यथा यह टेलीफोन डायरेक्टरी के आँकड़े का एक तत्त्व है।

प्रक्रियात्मक कार्यों को कम्प्यूटर ने बहुत सहज बना दिया है। आँकड़ों की बड़ी संख्या को भी कम्प्यूटर द्वारा तेजी से सूचना में परिवर्तित किया जा सकता है। मूल आँकड़ों को सिस्टम में डाला जाता है तथा सिस्टम के नतीजों में रूपान्तरित हो जाता है, जो है निर्णय करने में प्रबंधकों को समर्थन की सूचना।

## सूचनाओं की विशेषताएँ

अच्छी सूचना की विशेषताएँ होती हैं संगतता, समय-बद्धता, सटीकता, लागत-प्रभावशीलता, विश्वसनीयता, उपयोगिता, संपूर्णता एवं जोड़ने का स्तर। सूचना संगत है अगर निर्णय लेने में सुधार होता है। यह तब भी संगत हो सकता है जब यह पूर्व निर्णय को उचित ठहराता है। अगर यह आपकी समस्या से संबंधित है तो यह संगत है। अगर आप जनवरी में पेरिस जाने वाले हों तो मौसम अवस्था की जानकारी एक संगत सूचना है अन्यथा यह सूचना संगत नहीं है। समयबद्धता का संबंध उपभोक्ताओं को तत्काल सूचना देने से होता है। आँकड़ें या सूचनाएँ समय का वह अंतर है जो क्षेत्र में घटी घटनाओं तथा उपभोक्ताओं तक इसे पहुँचाने के बीच होता है। (निर्णायक तत्त्व) जब इस समय की अवधि बहुत कम हो, हम सूचना प्रणाली को वास्तविक समय पद्धति कह सकते हैं।

सटीकता का परिमाप वास्तविक घटनाओं का आँकड़ों से तुलना करने से होता है। होने वाले निर्णय के प्रकार के साथ सटीक आँकड़ों के महत्त्व में अंतर होता है। वेतन-प्रपत्र की सूचना बिल्कुल सही होना चाहिये। मात्र लगभग रहना यथेष्ठ नहीं है। फिर भी, एक खास कार्य में कर्मचारियों का कितना समय लगा इसका साधारण अनुमान काफी है, जिनकी जरूरत है।

## सूचना का मूल्य

निर्णय करने में सूचना का बड़ा प्रभाव होता है और इसलिये इसका महत्त्व उससे नजदीकी से जुड़ा रहता है जो इसके उपयोग का फल होता है। सूचना का एक सूक्ष्म सर्वव्यापी महत्त्व नहीं होता है। इसका महत्त्व संबंधित होता है, कौन इसका इस्तेमाल होता है, कब इसका इस्तेमाल होता है, तथा किस परिस्थिति में इसका इस्तेमाल होता है। इस अर्थ में सूचना अन्य वस्तुओं के समान होता है। आर्कटिक ग्लेशियर में भूरास्ता भूले पथिक की अपेक्षा सहारा मरुभूमि में पथिक के लिये पानी के एक ग्लास का महत्त्व भिन्न होता है।

किसी वस्तु के उत्पादन करने या वस्तु को खरीदने में जो लागत या मूल्य लगता है उसमें अर्थशास्त्री उसके महत्त्व की पहचान करते हैं। स्पष्ट रूप से किसी उत्पाद का महत्त्व इसकी लागत या मूल्य से अधिक रहने पर ही उसे लागत-प्रभावी समझा जायेगा।

सूचना के सामान्य महत्त्व का विचार अर्थशास्त्रियों तथा सांख्यिकियों द्वारा विकसित किया गया है तथा इसका उद्भव निर्णय सिद्धांत से हुआ है। इसकी मूल धारणा होती है कि हम जो निर्णय करते हैं उससे संबंधित घटित होने वाली घटनाओं के बारे में हमें कुछ प्रारंभिक ज्ञान रहता है। अतिरिक्त सूचना से संभावित घटनाओं के प्रति हमारे विचारों में सुधार हो सकता है फलस्वरूप हम निर्णय को बदल सकते हैं और हमें निर्णय बदलने का लाभ प्राप्त हो सकता है। इसलिये अतिरिक्त सूचना का महत्त्व भविष्य की घटनाओं की अनिश्चितता में कमी से है जो अनुमानित लाभ की प्राप्ति हो, वह अंतर भी है।

सूचना निर्णयों का समर्थन करता है, निर्णय से कार्य आगे बढ़ता है तथा कार्य से सफलता मिलती है या संगठन का कार्य आगे बढ़ता है। अगर हम कार्यों के अंतर का परिमाप कर लें तो हम सूचना का प्रभाव जान लेते हैं अगर परिमाप सावधानी से किया गया हो, परिवर्तनियों के बीच संबंधों को सही परिमापित किया गया हो एवं असंगत तत्त्वों के संभावित प्रभाव छंट गये हों। सूचनात्मक तत्त्व के कारण कार्य के परिमापित भिन्नता को सूचना का वास्तविक मुख्य या खुलासा मूल्य कहा जाता है।

अधिकांश सूचना प्रणालियों के लिये खासकर वे जो मध्य एवं शीर्ष प्रबंधन का समर्थन करते से फलित निर्णय प्रायः उन घटनाओं से संबद्ध होते हैं जिन्हें सख्ती से परिभाषित नहीं किया गया है तथा वे संभावनाएँ शामिल रहती हैं जिनकी मात्रा का पता नहीं रहता। निर्णय लेने की प्रक्रिया प्रायः अनिश्चित रहती है एवं इसके नतीजे बहु-आयामी एवं अतुलनीय होते हैं। ऐसी अवस्था में हम बहुलाक्षणिक विश्लेषण करने का प्रयास कर सकते हैं या एक पूर्ण विषयात्मक मूल्य प्राप्त कर सकते हैं। विषयात्मक मूल्य सूचना के बारे में लोगों के विस्तृत विचार को परिलक्षित कर सकता है तथा विशिष्ट सूचना के लिये जो राशि वे देने को इच्छुक होते हैं। (अहितुव, न्यूमान एवं रीले, 1994)

## निर्णय करने के सहायक के रूप में सूचना

साईमन के अनुसार निर्णय लेने की प्रक्रिया के चार चरण हैं : बुद्धि, रूपरेखा, चयन एवं पुनर्विचार। बुद्धि चरण में शामिल होता है संग्रह, वर्गीकरण, तैयारी करना तथा संगठन एवं इसके वातवरण से संबंधित आँकड़ों का उपस्थापन। यह निर्णय करने की अवस्थाओं की पहचान के लिये आवश्यक

होता है। निर्णय चरण के दौरान निर्णय करने वाला विकल्पों को दिखाता है, जहाँ प्रत्येक में होने वाले कुछ कार्य शामिल रहते हैं। वुद्धि चरण में संग्रहित आँकड़ों का इस्तेमाल इस चरण में सांख्यिकी तथा अन्य नमूनों के प्रत्येक विकल्प के संभावित नतीजों की भविष्यवाणी की जाती है। प्रत्येक विकल्प की जाँच तकनिकी, व्यवहारिक तथा आर्थिक औचित्य पर की जाती है। चयन चरण में निर्णायकों को विकल्पों में से एक का चयन करना पड़ता है जो संगठन के लक्ष्य में सर्वोत्तम योगदान करता है। भूत के चयनों पर कार्यान्वयन एवं देखरेख के समय पुनर्विचार किया जाता है जिससे प्रबंधक भूलों से सीख लें। सूचना निर्णय प्रक्रिया के सभी चार चरणों में महत्त्वपूर्ण भूमिका निभाता है। चित्र 1 प्रत्येक चरण की सूचना आवश्यकता को ईंगित करता है, निर्माण कार्यों के साथ प्रत्येक चरण में तथा चरणों के बीच सूचनाएँ जड़ित रहती हैं।

## प्रबंधन सूचना तंत्र का वर्गीकरण

कई प्रकार की प्रबंधन सूचना प्रणालियाँ होती हैं। मेसन तथा स्वानसन (1981) ने प्रबंधन सूचना पद्धति का चार प्रकार से वर्गीकरण पेश किया है: (1) आँकड़ा भंडार सूचना प्रणाली, (2) पूर्वाभासित सूचना प्रणाली, (3) निर्णय प्रक्रिया सूचना प्रणाली तथा (4) निर्णय करने की सूचना प्रणाली। इस वर्गीकरण का आधार सूचना प्रणाली के समर्थता का स्तर है जो वह निर्णय करने में दे। सचदेवा (1990) इस चार प्रणालियों का विस्तृत वर्णन निम्नलिखित रूप से प्रस्तुत करता है:

*डाटा बैंक सूचना प्रणाली*– इस सूचना प्रणाली की जिम्मेदारी होती है, निरीक्षण करना, वर्गीकरण करना, तथा आँकड़े के किसी भी मद का भंडारण करना जो निर्णायकों के लिये क्रियाशील महत्त्व के होते हैं। जैसे, इस प्रकार के आँकड़ों को ऐसे सूचनाधारों में रखा जा सकता है किसी ग्राम, क्षेत्र या प्रभाग के लिये निम्नलिखित प्रकार से है:

- उपक्रमों की संख्या,
- जोत भूमि की इकाई की संख्या (हेक्टेयर, फेदान्स, एकड़),
- खेती का औसत आकार,
- वार्षिक रूप में खेती के साधनों की चयनित राशि,
- चयनित फसल के लिये भूमि की एक इकाई पर प्रतिवर्ष उत्पादन।

सूचनाधार में आँकड़े रखने का एक दूसरा उदाहरण निम्नलिखित प्रकार का है (संगठन के आंतरिक आँकड़ों सहित)

- किसी क्षेत्र या भूभाग, ग्राम में खास नियोजित प्रसार कर्मचारियों की श्रेणीबद्ध संख्या,
- किसी खास ग्राम, भूभाग या क्षेत्र के चयनित उपक्रम में कर्मचारियों द्वारा लगाये कार्य घंटों की संख्या,
- ग्राम, प्रभाग या क्षेत्रवार कुल प्रसार-वेतन खर्च तथा अन्य खर्च,
- ग्राम, प्रभाग या क्षेत्र द्वारा चयनित एवं आयोजित खेती के तकनिकों के प्रर्दशनों की संख्या,
- प्रभाग या क्षेत्र द्वारा चयनित कृषि तकनीक के लिये खेत-पर प्रयोग के आयोजन की संख्या,
- प्रभाग या क्षेत्र एवं समयावधि द्वारा चयनित खेती के तरीकों से संबंधित रेडियो, टेलिविजन तथा मुद्रण मीडिया में आयी खबरों की संख्या।

उनमें से प्रत्येक सूचनाधार को सारांशित किया जा सकता है तथा सूचना के सूचीबद्ध उपस्थापन में बदला जा सकता है जो प्रबंधक की रुचि का हो। जब दो इससे अधिक समयावधि की तुलना की जाये तो इससे प्रवृत्ति का पता चलता है।

*पूर्वाभासित सूचना प्रणाली*– यह शुद्ध आँकड़ा संग्रह करने तथा समय की प्रवृत्ति जानने से आगे निकल जाती है। इस प्रणाली से निष्कर्ष तथा पूर्वानुमान निकाले जा सकते हैं जो निर्णय करने के लिये संगत हों। अगर उल्लिखित उदाहरणों के आँकड़ों का उपयोग इस प्रकार किया जाये तो वह सूचना प्राप्त करना संभव होता है जो पूर्वानुमान तथा निष्कर्ष करने में उपयोगी हो। उदाहरण के लिये किसी गाँव प्रभाग या क्षेत्र के लिये निम्नलिखित सूचनाओं के आधार पर एक सूची का सृजन हो सकता है :

- खेतों की संख्या तथा प्रसार कर्मचारियों के विभिन्न श्रेणियों के सदस्यों की संख्या के बीच अनुपात।
- कृषिभूमि की संख्या तथा प्रसार कर्मचारियों के विभिन्न श्रेणियों के सदस्यों की संख्या के बीच अनुपात।
- प्रसार के वित्तीय कार्यरत संसाधनों की राशि जो प्रतिवर्ष चयनित किसानों की समस्याओं के लिये आबंटित किया गया।

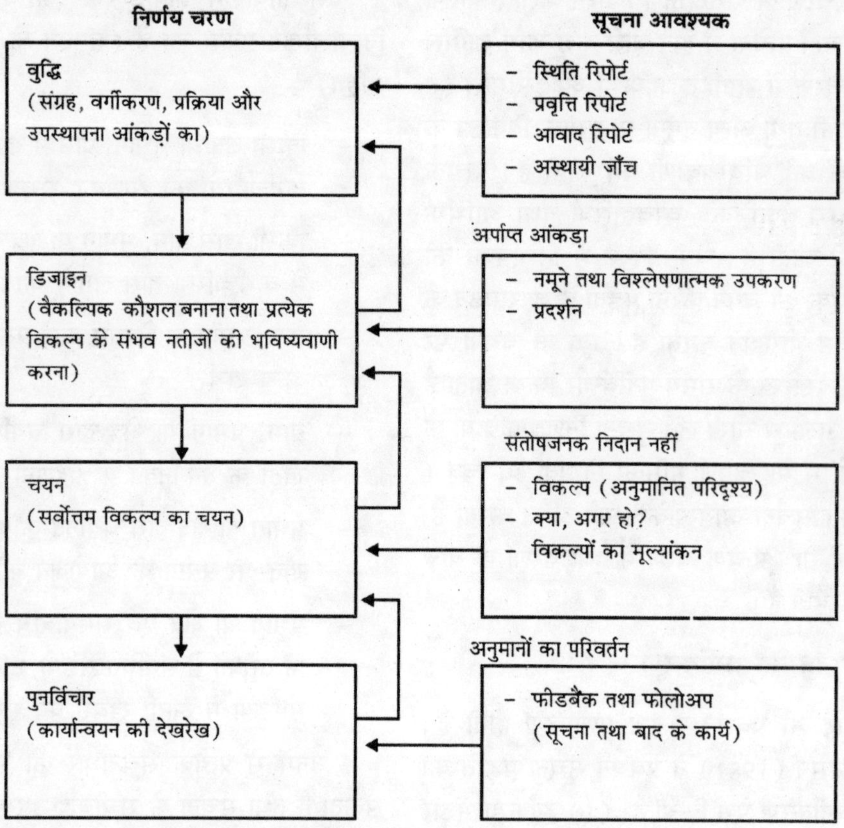


**चित्र 1 : निर्णय प्रक्रिया में सूचना की भूमिका।**

- किसानों की विभिन्न समस्याओं के समाधान के लिये चयनित प्रसार संस्थाओं को प्रतिवर्ष वेतन तथा अन्य दो कार्यों के लिये प्रसार के वित्तीय संसाधनों की राशि।

इस प्रकार के विश्लेषण से प्राप्त सूचना सामान्यत: दो प्रकार के सूची-प्रारूपों में सारांशित की जाती है और उसी प्रकार सूचनाओं को समय से तुलना की जाती है। इसके बाद प्रबंधक इन सूचनाओं का इस्तेमाल पूर्वानुमान करने पर कर सकते हैं, जैसे, खास उपक्रम की लागत की भविष्यवाणी बजट निर्माण के लिये या नतीजों के पूर्वानुमान का आधार बनाकर अगर कोई परिवर्तन किया गया हो यथा प्रदर्शन की संख्या में परिवर्तन कर्मचारियों में परिवर्तन के साथ।

**निर्णय करने की सूचना प्रणाली** - निर्णय लेने की प्रक्रिया में यह प्रणाली एक कदम आगे है तथा यह संगठन के महत्त्व की पद्धति को निगमित करती है या विकल्पों के बीच इसके चयन का आधार पेश करती है। किसी प्रसार संगठन का महत्त्व कई प्रकार का तथा भिन्न होता है। इसमें शामिल रहता है किसानों की समस्या का निदान पाने की चिंता, किसानों की आय वृद्धि तथा स्थिरता का प्रावधान, तथा खेती के जीवन में गुणात्मक सुधार लाना। परंतु उसमें कर्मचारी सदस्यों की स्थिति अच्छा करने की भी नियत रहती है (प्रशिक्षण, यथेष्ट वेतनादि) तथा ग्रामीण आर्थिक विकास लाने की प्रक्रिया में सहायता प्रदान करना भी शामिल रहता है।

इन विभिन्न विशेषताओं पर सूचना होने से प्रबंधकों को अधिक बौद्धिक निर्णय करने में सहायता प्राप्त होती है। एक निर्णय क्ररने की सूचना पद्धति से प्रसार संगठनों के सूचना प्राप्त करने के इस्तेमाल के निम्नलिखित तरीके होते हैं:

- विशिष्ट खेती पैदावार में परिवर्तन (पैदावार, तरीके) चयनित प्रसार कार्यों द्वारा।

**तालिका 1 : भारतीय कृषि प्रसार पद्धति में सूचना समूह**

| स्तर | समूह | आवश्यक सूचना का प्रकार |
|---|---|---|
| केंद्रीय | प्रसार कमिश्नर, संयुक्त कमिश्नर, निदेशक, उप-निदेशक आदि, प्रसैार निदेशालय : कृषि मंत्रालय। | (1) मानव संसाधन, योजना तथा बजट पर विभिन्न प्रसार सेवाओं के लिये सूचना।<br>(2) राज्यवार पूर्ण हुए कार्यों का विश्लेषण एवं देखरेख। |
| राज्य | कृषि निदेशक, अतिरिक्त निदेशक, संयुक्त निदेशक आदि राज्य के कृषि मंत्रालय का | (1) प्रसार कार्यक्रमों, कार्यों तथा खर्चों आदि की जिलावार सूचना।<br>(2) पशुपालन एवं बागवानी जैसे संबद्ध विभागों का संयोजन एवं अनुसंधान प्रसार संबंध। |
| जिला | जिला कृषि पदाधिकारी | (1) अनुमंडल तथा ब्लॉक स्तर पर प्रसार स्रोतों तथा रुकावटों की सूचना।<br>(2) अनुमंडल एवं ब्लॉक स्तर पर कर्मचारियों का प्रशिक्षण। |
| अनुमंडल | अनुमंडलीय कृषि पदाधिकारी | (1) क्षेत्रीय प्रदर्शन कार्यक्रमों, कार्य नियोजन तथा कार्यान्वियन विषय विशेषज्ञों द्वारा ब्लाक स्तर पर।<br>(2) तकनिकी कार्यक्रम तथा बाधा ब्लॉक स्तर पर। |
| ब्लॉक (काउंटी) | कृषि प्रसार पदाधिकारी | (1) प्रसार कार्यों में सफलता के आधार पर ग्राम प्रसारकर्मी का कार्य।<br>(2) क्षेत्र स्तरीय समस्या से संबद्ध लाभान्वितों का निर्धारण विभिन्न प्रसार कार्यालयों के प्रति क्रियास्वरूप। |

- चयनित हस्तक्षेप का पालन होने से कर्मचारियों की उत्पादकता में परिवर्तन।
- वैकल्पिक प्रसार आपूर्त्ति तरीकों के संबंधित लागत तथा संबंधित प्रभाव की तुलना।
- किसानों के आर्थिक लाभ का विश्लेषण जो अनुशंसित तरीकों को अपनाते हैं, उनकी अपेक्षा जो इसे नहीं अपनाते हैं।

*निर्णय लेने की सूचना प्रणाली*- सामान्यतः एक प्रसार संगठन में यह प्रणाली नहीं देखी जाती। यह निर्णय की वह पद्धति है जहाँ सूचना प्रणाली तथा निर्णायक एक एवं समान होता है। इस प्रणाली में निगमित अनुमानों के प्रति प्रबंधन इतना आश्वस्त होता है कि यह मूलरूप से अपने अधिकारों को प्रणाली के कार्य पहल पर छोड़ देता है। हवाई जहाज में स्वयं चालित पायलट पद्धतियाँ रहती हैं जो निर्णय करने की प्रणाली का एक उदाहरण है। एक बार, कार्यक्रमित हो जाने पर प्रणाली हवाई जहाज को अपने रास्ते पर उचित गति तथा ऊँचाई पर बनाये रखती है। (जैसा पायलट तय करता है) ऐसा एक दूसरा उदाहरण आधुनिक कारखाने के उत्पादन में दीखता है। मोटरगाड़ियों के उत्पादन में, इसके उपकरणों की लगातार भंडार बनाये रखा जाता है कम्प्यूटर द्वारा जैसे गाड़ियाँ उपकरण जोड़ने के लिये नीचे आती है। कम्प्यूटर द्वारा अपने आप ही उन पुर्जों के लिये आदेश दे दिये जाते हैं जिनकी आवश्यकता होती है। यह प्रबंधन की जानकारी के बिना हो जाता है।

उपयुक्त प्रबंधन सूचना प्रणाली की श्रेणी का चयन उस समर्थित निर्णय की प्रकृति पर निर्भर रहता है। जबकि अगठित निर्णयों में प्रबंधन सूचना प्रणाली की श्रेणी का इस्तेमाल हो सकता है (I) किसी उद्योग में उत्पादन कार्यक्रम जैसा उच्च गठन, प्रबंधन सूचना प्रणाली का उपयोग किया जा सकता है। आगे बनर्जी तथा सचदेवा (II) ने (1995) कहा कि "जैसे ही निर्णय समस्या के

गहरे ढाँचे को समझा जाता है, हम प्रबंधन सूचना प्रणाली के उच्चतर स्तर पर जा सकते हैं जैसे प्रबंधन सूचना प्रणाली श्रेणी से प्रणाली 2,3,4 चार तक"।

## कृषि प्रसार कार्यक्रमों के प्रबंधन में प्रबंधन सूचन. प्रणाली की भूमिका

राष्ट्रीय कृषि प्रसार पद्धति, खासकर विकासशील देशों में, बहुत बड़े होते हैं। जैसे, भारत में राष्ट्रीय कृषि प्रसार पद्धति में लगभग 125000 लोग नियोजित हैं। प्रभावी निर्णय करने के लिये विभिन्न स्तर पर प्रबंधकों को संगत सूचना की आवश्यकता होती है। ऐसी सूचनाओं की अनुपस्थिति में वे अपने बीते समय के अनुभवों तथा अंतर्ज्ञान के आधार पर ही कार्य करते हैं। क्रियाशीलता, भंडारित तथा उचित ढंग से उपस्थापित आँकड़ों से प्रबंधकों को स्थिति के विश्लेषण तथा प्रभावी निर्णयों में सहायक होते हैं।

जैसा कि ऊपर बताया गया है, प्रबंधन प्रक्रिया के प्रत्येक चरण में प्रबंधकों को प्रभावी निर्णय करने के लिये सूचनाओं की आवश्यकता होती है। इसे हम प्रबंधन सूचना कहेंगे। चावल या गेहूँ की खेती के लिये तरीकों के पैकेज जैसे तकनिकी सूचना या कार्यकारी सूचना का शुद्धरूप इसमें नहीं होता है। प्रबंधन सूचना वह सूचना है जिसकी आवश्यकता प्रबंधकों को अपने निर्णय करने के लिये होती है जैसे वर्गीकृत प्रसारकर्मियों का नियोजन, उनके प्रशिक्षण की आवश्यकता जीविका विकास योजना, कार्य का वर्णन, बजट, भविष्यवाणी, प्रारंभिक सर्वेक्षण, लोगों की सामाजिक आर्थिक अवस्थाओं पर रिपोर्ट तथा उपलब्ध सुविधायें। (रमेश बाबू एवं सिंह, 1987)

प्रबंधन सूचना पद्धति का प्रमुख कार्य निर्णय करने वालों को संगठन के विभिन्न स्तरों पर प्रबंधन सूचना मुहैया कराना है। खासतौर से एक कृषि प्रसार संगठन में प्रबंधन सूचना पद्धति की आवश्यकता होती है:

1. संसाधनों का सर्वाधिक प्रभावी आबंटन की योजना बनाना जैसे टी. एवं वी. प्रसार पद्धति में प्रसारकर्मियों का आबंटन, संचार तथा प्रशिक्षण उपकरण तथा सुविधाओं की आवश्यकता, कार्यकारी संसाधनों की आवश्यक राशि की गतिशीलता आदि।
2. वैकल्पिक कार्यों का चयन, क्या उपलब्ध स्रोतों से टी. एवं वी. पद्धति के प्रभाव पर एक अध्ययन का आयोजन किया जाये अथवा जाँच के लिये किसी विशेषज्ञ को भर्ती किया जाये।
3. उदाहरण के लिये कार्यों के दैनिक नियंत्रण के लिये वास्तविक प्राप्त नतीजों तथा टी. एवं वी. पद्धति में नियोजित के बीच तुलना करना।

## कृषि प्रसार संगठन के प्रबंधन सूचना प्रणाली की रूपरेखा

एक राष्ट्रीय कृषि प्रसार प्रणाली के लिये प्रबंधन सूचना पद्धति को निर्मित करने के लिये निम्नलिखित चरणों का सुझाव दिया जाता है:

### प्रथम चरण- योजना, देखरेख एवं विश्लेषण के लिये सूचना आवश्यकता का निर्धारण

उस प्रकार के निर्णयों में जाँच की आवश्यकता है, जिसे प्रसार प्रबंधकों को लेना पड़ता है। जैसे, ग्राम प्रसार-कर्मी, अपने वरिष्ठ अधिकारियों से अपनी समस्याओं का समाधान चाहता है। बदले में पर्यवेक्षकों के लिये इस समस्याओं का निदान देने की आवश्यकता है तथा भविष्य के लिये इसे प्रपत्रित करना कि समस्या का निदान कैसे हुआ।

समस्याओं के निदान के लिये राज्य-स्तरीय प्रबंधकों को भी सूचनाओं की आवश्यकता होती है। उनकी चिंता जिलेवार प्रसार कार्यक्रमों को कार्यान्वित करने की होती है। उन्हें कर्मचारियों, परिवहन, अनुसंधान-प्रसार संबंधों, कर्मचारी प्रशिक्षण कार्यकलापों तथा तकनिकी समस्याओं के निदान में सफलता के लिये सूचनाओं की जरूरत होती है। किसानों की समस्याओं पर किसानों तथा क्षेत्रकर्मियों से सूचना प्राप्त करने की आवश्यकता होती है एवं जिसके लिये अनुशंसित तरीके सहायक होते हैं। राज्यस्तरीय प्रबंधकों को विभिन्न प्रयासों के लिये उपयोग किये गये मीडिया की संख्या, प्रकार तथा मिश्रण के समर्थन का भी थोड़ा ज्ञान होने की आवश्यकता है। (जैसे, रेडियो, टेलिविजन, मुद्रण) उन्हें यह भी जानना चाहिये कि साखापूर्त्ति या खेती के साधन से संबंधित किसी खास प्रयास की सफलता किसी बाहरी तत्त्व से सीमित है तथा प्रसार कार्यक्रमों के प्रति किसानों की प्रतिक्रिया का निर्धारण करने की जानकारी की भी आवश्यकता है। (रहेजा एवं जयकृष्ण, 1991, पे. 84)

### दूसरा चरण- सूचना समूहों, सूचना आवृत्ति एवं नियत का स्तर तय करना

एक कृषि प्रसार संगठन में सूचना समूहों की संख्या को तय किया जाना चाहिये क्योंकि प्रत्येक समूह क्रियाशीलता के लिये विभिन्न प्रकार की सूचना की आवश्यकता है। जैसे, भारत में पुनर्गठित राष्ट्रीय कृषि प्रसार पद्धति को समूहबद्ध किया जा सकता है जो तालिका 1 में दिखाया गया है।

आँकड़ों की प्रक्रिया में शामिल है इसके प्रत्येक मद की पहचान का क्रमबद्ध रूप से इसे एक योजना में लाना जो आँकड़े के मदों को कुछ सामान्य स्वरूपों पर श्रेणीबद्ध करता है। आँकड़ों को एक अर्थपूर्ण पद्धति में नहीं रखने पर इससे कोई उपयोगी उद्देश्य की पूर्त्ति नहीं होती उनके लिये जो निर्णय करने के लिये इसका इस्तेमाल करना चाहते हैं। आँकड़ों की प्रभावी प्रक्रिया में कम्प्यूटर कार्यक्रम को उजागर किया जाये। उस प्रकार से, संग्रहित सूचनाओं को पैदा होने वाले फसलों के लिये कृषि-जलवायु की अवस्थाओं, मिट्टी के प्रकारों, सिंचाई की सुविधाओं, किसानों के स्रोतों तथा विभिन्न खेती के साधनों की उपलब्धता आदि लिया जा सकता है।

प्रपत्रीकरण (भंडारण एवं पुनर्प्राप्ति) में शामिल होता है सूचना का भंडारणीय मद, क्रमबद्ध तरीके से। सूचना भंडारण का अर्थ होता है इसे मीटिया भंडारण में अंकित कर लेना जहाँ से इसे आवश्यकतानुसार उपलब्ध किया जा सकता है। भंडारण मीडिया वे वस्तुएँ होती हैं: जैसे साधारण कार्यालय कागज, चुंबकीय टेप, चुंबकीय डिस्क, लघु फिल्म, फिल्म-पट्टी तथा कुछ अन्य साधन। एक बार इन मीडिया भंडारण में सूचना अंकित हो जाये, तो माँगानुसार पद्धति से निर्णय करने, समस्या का निदान लाने या विश्लेषण करने एवं गणना करने के लिये वे सूचनाएँ प्राप्त हो सकती हैं। सूचनाओं की पुनर्प्राप्ति का अर्थ होता है भंडारण मीडिया में विभिन्न प्रकार के आँकड़ों को अंकित करने की क्षमता तथा वांछित तथा अर्थपूर्ण स्वरूप में सूचनाओं को सजाना। उचित ढंग से तैयार किये गये भंडारण तथा पुनर्प्राप्ति पद्धति संबंधित परिवर्तनीयों से मेल खाता है क्षमतापूर्वक तथा सटीकता से। कुछ मामलों में यह प्रबंधन के लिये वैकल्पिक कार्यकलापों का सुझाव भी देता है।

सूचना उपस्थापन एक फोरमेट तथा फार्म में होना चाहिये जो प्रबंधकों की आवश्यकतानुरूप हो। सामान्यत: सूचनाओं का उपस्थापन रिपोर्टों में सांख्यिकी सारांश में, विश्लेषण में इत्यादि में किया जाता है, विषयों, अंकों, चार्टों, सूचियों एवं ग्राफों में। सूचनाओं का उपस्थापन संक्षिप्त, स्पष्ट तथा आकर्षक होना चाहिये।

### तीसरा चरण- पद्धति का लचीलापन तथा ग्राह्यता सुनिश्चित करना

लचीलेपन का अर्थ होता है किसी पद्धति से सूचनाओं की पुनर्प्राप्ति की क्षमता जिस किसी भी रूप में यह निर्णायकों के लिये आवश्यक होता हो। इसलिये आँकड़ों का विस्तृत संग्रह होना चाहिये ताकि इसे प्रबंधकों की आवश्यकतानुसार पुनः संवारा या सारांशित किया जा सके। परंतु पद्धति का स्वरूप बहुत जटिल नहीं होना चाहिये क्योंकि इसे सबसे पहले प्रबंधन के सर्वाधिक निम्नलिखित स्तर की आवश्यकताओं को तुष्ट करना होता है (जैसे, अनुमंडल या उप-जिला) जो मूल आँकड़े के महत्त्वपूर्ण तत्त्वों के संग्रह में उपयोगी होता है। इसके अतिरिक्त पद्धति को जिलों, क्षेत्रों, राज्यों या प्रांतों तथा राष्ट्रीय स्तरों तक की आवश्यकताओं को पूरा करना चाहिये। इसलिये, काफी ध्यानपूर्वक यह तय करना चाहिये कि विभिन्न स्तर के प्रबंधन के लिये किस प्रकार की सूचना की आवश्यकता है। साथ ही यह सुनिश्चित किया जाना चाहिये कि संग्रहित सूचनाएँ सटीकता, समयबद्धता तथा अंतर्मुक्तता प्रत्येक स्तर पर मान्य स्तरानुकूल हों।

## स्वयंचालन की आवश्यकता

जैसा कि मानवीय पद्धति में होता है, उसी प्रकार स्वयंचालित प्रबंधन सूचना प्रणाली में भी होता है। यह साधन, साधन प्रक्रियाओं को ग्रहण कर, प्रक्रियात्मक साधनों को प्रतिफल में बाहर करता है। कुछ साधन-तंत्र प्रत्यक्ष-मानव-मशीन संचार की अनुमति देते हैं जबकि अन्य के लिये आँकड़ों का साधन माध्यम पर अंकन की आवश्यकता होती है चुंबकीय वस्तुओं की तरह (विशेषकर प्लास्टिक आवरण के लचीले डिस्क तथा चुंबकीय टेप) किसी कार्यस्थल के की-बोर्ड का कम्प्यूटर से प्रत्यक्ष जोड़ उदाहरण है प्रत्यक्ष साधन तंत्र का। स्वयंचालन के इस्तेमाल से अत्यधिक मात्रा में सूचनाओं का भंडारण संभव होता है,

मानवीय रिकार्ड में बहुत-सी गलतियों को दूर रखने, तथा वह गणना तथा तुलना करने जो व्यवहारिक तौर पर मानव पद्धति में असंभव होता है।

## सूचनाधार का संगठन

लेन-देन प्रक्रिया की पद्धति द्वारा क्षेत्र स्तर पर सामान्यत: आँकड़ों का उदय होता है, पर एक बार आँकड़ों का अंकन हो जाये तो संगठनात्मक श्रृंखला के किसी भी स्तर पर इसका उपयोग किया जा सकता है। अगर सूचना की आवश्यकता सही रूप से पारिभाषित हो, उपयुक्त कार्यक्रमों का कार्यान्वयन हुआ है तथा आँकड़ों में हिस्सा के लिये एक साधन तैयार कर लिया गया है। इसका अर्थ होगा कि विभिन्न प्रकार के कार्यक्रमों द्वारा इसे इस्तेमाल में लिया जाना और इस प्रकार हम सूचनाधार में अंतर कर सकते हैं (आँकड़ों को) तथा इसके लागू होने को भी (कार्यक्रमों को) एक निर्णय समर्थन प्रणाली में जो इस प्रकार के कार्यक्रम नमूने का आधार होते हैं। (कीन एवं मोर्टन, 1978) सूचनाधार शब्द किसी संगठन इकाई की सेवा करने वाले किसी भी प्रकार के आँकड़ों का संग्रह है। किसी विषय के लिये एक सूचनाधार उस विषय पर आँकड़ों को एकत्र करना होता है जो तीन आधार पर खड़े उतरते हों, जो हैं, संपूर्णता, गैर-अतिशयता, तथा उपयुक्त स्वरूप। संपूर्णता का अर्थ है कि विषय से संबंधित सभी आँकड़े सूचनाधार में उपस्थित हैं। गैर-अतिशयता का अर्थ होता है कि प्रत्येक आँकड़ा सूचनाधार में मात्र एक बार आता है। उपयुक्त स्वरूप का अर्थ है कि आँकड़ों को इस प्रकार रखा गया है जिससे प्रक्रिया तथा भंडारण में खर्च निम्नतम रहे। (एवार्ड एवं गोटरर, 1992)

एक बृहत निगमित सूचनाधार के विचार को आसानी से कई प्रकार से लागू किया जा सकता है या सोफ्टवेयर पैकेजेज द्वारा नमूने के आधार को समझ लिया गया है। जिसका निर्माण ऐसे कार्यों के लिये हुआ है। इन पैकेजों को सूचनाधार प्रबंधन प्रणाली कहा जाता है, जो बाजार में विभिन्न व्यापारिक नामों के अंतर्गत उपलब्ध होते हैं यथा ओरेक्ल, सईवेस, इन्ग्रेस, फाक्सवेस तथा डीवेस आदि।

## कार्यक्रम तथा परस्पर क्रियात्मक प्रक्रिया करना

प्रबंधन सूचना प्रणाली के इस्तेमाल तथा विकास की सुविधा के लिये दो प्रमुख तत्त्व हैं सूचनाधार प्रबंधन पद्धति तथा दूर संचार व्यवस्था। पहला आँकड़ों का एकीकरण संभव बनाता है जबकि पिछला सूचना को ग्राहकों के निकटतर पहुँचाता है जो दूर संचार व्यवस्था कार्यक्रम में ग्रंथि होते हैं। दूर संचार विचार का अर्थ होता है कि कम्प्यूटर स्थल तथा उपभोक्ता स्थलों के बीच कुछ भौगोलिक दूरी है तथा यह कि आँकड़ों को वैद्युतिक माध्यम द्वारा इनके बीच प्रेषित किया जाता है। इन दो स्तरों के बीच नियोजित उपकरणों को कार्यरूप में परिणत किया जाता है एक ही महादेश के दो कार्यालयों में या भूमंडल के दो प्रतिकूल स्थलों पर के दो स्थलों पर। (मार्टिन, 1990)

## वैकल्पिक प्रणाली तथा मूल्यांकन : केंद्रीकरण बनाम विकेंद्रीकरण

एक संपूर्ण केंद्रीकृत सूचना प्रणाली एक कम्प्यूटर स्थल पर सभी प्रक्रियाओं को संभालता है एक ही केंद्रीय सूचनाधार रखता है, लागू करने का केंद्रीकृत विकास करता है, केंद्रीय तकनिकी सेवाएँ प्रदान करता है, केंद्रीय स्तर पर विकास प्राथमिकताएँ स्थापित करता है तथा कम्प्यूटर संसाधन का केंद्रीय आबंटन करता है। इस प्रणाली के सुदूर ग्राहकों के लिये साधनों एवं नतीजों का परिवहन भौतिक या वैद्युतिक आँकड़ों को प्रेषित किया जाता है।

एक संपूर्ण विकेंद्रीत पद्धति में, पद्धति विकास को कोई केंद्रीय नियंत्रण की पद्धति नहीं रहती है, स्वयंचालित गणनात्मक इकाई के बीच कोई संचार संबंध नहीं रहता है तथा एक अकेला एक प्रोसेसर तथा सूचनाधार विभिन्न स्थलों पर रहता है। प्रत्येक इकाई अपनी सूचना-प्रक्रिया कार्यकलापों का वित्त प्रबंधन स्वयं करती है तथा विकास कार्यों के लिये पूरी जिम्मेदारी ग्रहण करती है।

केन्द्रीकृत सूचना प्रणाली का लाभ यह होता है कि वे आँकड़ों के संग्रह में स्तरीकरण का ख्याल रखती हैं तथा सूचना देने में भी। परिमाप की कुछ मितव्ययीता भी होती है। एक केंद्रित प्रणाली में बहुसंख्यक हार्डवेयर, सॉफ्टवेयर, जगह, कर्मचारियों तथा सूचनाधारों की आवश्यकताएँ कम कर देती हैं। एक केंद्रीय सुविधा में अधिक योग्य कर्मचारियों को भर्ती करना संभव होता है।

निरीक्षणों से पता चलता है कि विकेंद्रीत वातावरण में उपभोक्ता के लिये प्रेरणा तथा संतुष्टि में वृद्धि होती है। इसकी प्राप्ति इसलिये होती है कि उपभोक्ता अधिक

संलग्नता तथा जिम्मेदारी महसूस करने लगते हैं, उनकी विशिष्ट आवश्यकताओं को अच्छी तरह पूरा किया जाता है तथा सामान्यत: वे अधिक प्रतिक्रिया-समय पाते हैं दैनिक कार्यों के लिये तथा परिवर्तनों के अनुरोधों के लिये।

ऐसा होता है कि एक राष्ट्रीय कृषि प्रसार पद्धति के लिये न तो संपूर्ण केंद्रीकृत और न हो पूरा विकेंद्रीत पद्धति वांछित होता है। जबकि यह उपयोगी हो सकता है हार्डवेयर एवं सॉफ्टवेयर स्रोतों का विभिन्न स्थलों पर, इसके विकास को लागू करने तथा तकनिकी सेवाओं के प्रावधान को केंद्रीकृत किया जा सकता है।

## उपभोक्ता साध्य की गणना करना

व्यक्तिगत कम्प्यूटर तथा कम्प्यूटर आधारित कार्य स्थानों के विस्तृत उपयोग ने साध्य उपभोक्ता गणना का युग लाया है। साध्य-उपभोक्ता गणना किसी भी सूचना-प्रक्रिया कार्यकलापों के लिये एक साधारण शब्द होता है जो प्रत्यक्ष साध्य-उपभोक्ता द्वारा किया जाता है जो वास्तव में लघु कम्प्यूटर का इस्तेमाल करते हैं आँकड़ों के कार्यक्रमों तक पहुँचने के लिये। साध्य उपभोक्ता के रूप में प्रबंधक को, आँकड़ों तक पहुँच, नमूनों के विकास तथा प्रत्यक्ष रूप से सूचना प्रक्रिया करने के लिये शक्तिशाली सॉफ्टवेयर दिया जा सकता है (डीबीएमएस जैसा) इसने गणना को प्रत्यक्ष रूप से साध्य उपभोक्ता (अंतिम) के नियंत्रण में कर दिया है जो सूचना पद्धति विशेषज्ञों पर उनकी निर्भरता कम कर देती है तथा पूर्व निर्धारित प्रक्रियाओं की सख्ती भी कम करती है। वे अब सूचना के लिये अस्थायी प्रश्न कर सकते हैं तथा इसे विभिन्न प्रकार से मूल्यांकित कर सकते हैं। वे कार्यक्रमों को लिख सकते हैं या प्राय: तैयार कार्यक्रमों का इस्तेमाल कर सकते हैं जो कम्प्यूटर में भंडारित है, एक स्थानीय व्यक्तिगत कम्प्यूटर की गणना शक्ति का उपयोग कर या मुख्य स्वरूप का जिससे यह जुड़ा हो।

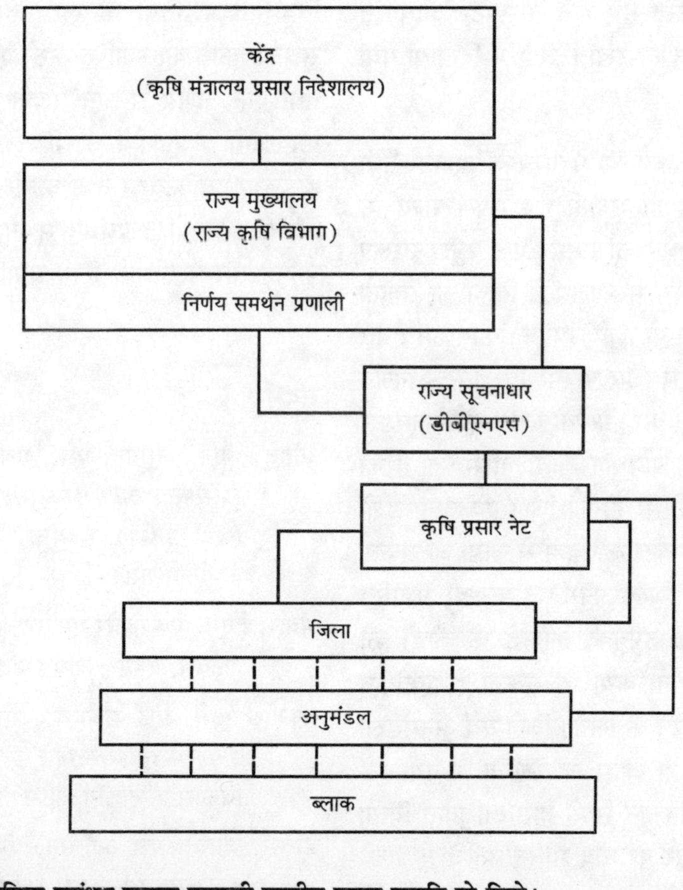


**चित्र 2 : एक प्रायोगिक प्रबंधन सूचना प्रणाली राष्ट्रीय प्रसार पद्धति के लिये।**

## प्रमाणात्मक कम्प्यूटर आधारित प्रबंधन सूचना प्रणाली

एक राष्ट्रीय कृषि प्रसार प्रणाली राष्ट्रीय सरकार द्वारा प्रबंधित एक राष्ट्रव्यापी पद्धति होती है। भारत में राष्ट्रीय तथा राज्य स्तर के शक्ति विभाजन पर आधारित कृषि राज्य सूची में आता है। इसके बावजूद, राष्ट्रीय सरकार वित्तीय संसाधनों को पूरा करती है राज्यों के लिये तथा राष्ट्रीय स्तर पर संयोजन का प्रावधान करती है। राज्य की प्रशासनिक तंत्र का जिलों में जिलों को अनुमंडलों में तथा अनुमंडलों को ब्लॉकों में विभक्त किया गया है। कृषि प्रसार कार्यक्रम के प्रशासन का मूल इकाई ब्लाक होता है जिसमें ग्राम के समूह शामिल होते हैं। ब्लाक स्तर पर संग्रहित आँकड़ों के उच्चतर प्रशासनिक स्तरों पर एकीकृत करने की आवश्यकता होती है जिससे जिला एवं राज्य स्तर पर इसका एकीकृत रूप योजना देखरेख तथा निर्णय करने में समर्थन के लिये किया जाये।

प्रसार पद्धति की आवश्यकताओं तथा राज्य के बजट की सीमा पर विचार करते हुए एक कम्प्यूटर आधारित प्रबंधन सूचना प्रणाली की रूपरेखा चित्र 2 में दिखाया गया है।

फिर भी वास्तविक रूपरेखा में राज्य के आकार तथा अन्य कारणों से भिन्नता हो सकती है। संपूर्ण राज्य के लिये एक एकीकृत सूचनाधार का समर्थन एक प्रमुख स्वरूप या लघु कम्प्यूटर द्वारा राज्य मुख्यालय में किया जा सकता है। आँकड़ों के विश्लेषण के लिये उपयुक्त कार्यक्रम तैयार किये जा सकते हैं राज्य स्तर पर परस्पर क्रियात्मक निर्णय समर्थन पद्धति का प्रावधान कर। प्रत्येक जिला एवं अनुमंडल में एक लघु कम्प्यूटर का प्रावधान किया जा सकता है जो आँकड़ों के आकार पर निर्भर होगा। जिले एवं अनुमंडलों के कम्प्यूटर को राज्य कम्प्यूटर कार्यक्रम से जोड़ा जा सकता है। स्थानीय आँकड़ों को जिला/अनुमंडल स्तर पर भंडारित किया जा सकता है तथा उपयुक्त आँकड़े के जोड़ों को राज्य मुख्यालय तक प्रेषित किया जा सकता है एकीकृत सूचनाधार को आद्यांत करने के लिये। जिले एवं अनुमंडलों को एकीकृत सूचनाधार से जोड़ा जा सकता है एवं इन्हें अपनी (Password) पहचान शब्दों द्वारा अधिकृत किया जा सकता है। ब्लाक स्तर पर मात्र साधन नतीजे के लिये अनुमंडलीय कम्प्यूटर से जोड़ा जा सकता है जिससे अनुमंडल को आँकड़े दिये जा सकें तथा आवश्यकतानुसार लाईन पर पूछताछ की जा सके।

## उपसंहार

इस अध्याय में हमने प्रबंधन सूचना प्रणाली के मूल विचारों को परिभाषित तथा वर्णित किया है। अच्छी सूचना की विशेषताओं जैसे, संगतता, समयबद्धता, सटीकता, लागत-प्रभावशीलता, विश्वसनीयता, उपयोगिता, विस्तृतता तथा जोड़ों के स्तर का वर्णन किया गया है। निर्णय करने की प्रक्रिया तथा सूचना के महत्त्व के लिये सूचना पद्धति की भूमिका की व्याख्या की जा चुकी है। प्रबंधन सूचना प्रणाली के चार प्रकारों यथा डाटाबैक सूचना पद्धति, पूर्वाभासित सूचना पद्धति, निर्णय करने की सूचना पद्धति तथा निर्णय लेने की सूचना पद्धति का उपस्थापन हुआ है। कृषि प्रसार कार्यक्रमों के प्रबंधन में प्रबंधन सूचना प्रणाली की भूमिका तथा कृषि प्रसार कार्यक्रम में प्रबंधन सूचना प्रणाली की वैचारिक रूपरेखा का वर्णन किया जा चुका है। मूल कम्प्यूटर विचारों को बताया गया है। केंद्रित बनाम विकेंद्रित पद्धतियों के लाभ-हानि बताये जा चुके हैं। सूचनाधिकारों को स्थापित करने एवं उनका एकीकरण करने तथा एक निर्णय समर्थन पद्धति का उदय करने के लिये कार्यक्रमों के निर्णयों का विश्लेषण बताया जा चुका है। हार्डवेयर, सॉफ्टवेयर तथा कार्यक्रमित आवश्यकताओं को कम्प्यूटर आधारित प्रबंधन सूचना प्रणाली के लिये राष्ट्रीय कृषि प्रसार पद्धति के लिये प्रमाणित किया जा चुका है।

## संदर्भ

अहितुव, एन., न्यूमान, एस., एवं रीले, एच.एन. (1994) *प्रिंसिपुल्स ऑफ इन्फोरमेशन सिस्टमस फोर मैनेजमेंट* (4र्थ इडी.) डुब्यूक, आईए : वम.सी. ब्राउन कम्युनिकेशंस।

अवाद, ई.एम., एवं गोटेरेर एम.एच. (1992) *डाटावेस मैनेजमेंट*, दानवर्स, एमए : बोयड् एंड फ्रेजर।

बनर्जी, यू.के. एंड सचदेव, आर.के. (1995) *मैनेजमेंट इन्फोरमेशन सिस्टम : ए न्यू फ्रेम वर्क*, न्यू देहली, विकास पब्लिशींग हाउस।

डेविस, जी.बी. एंड ओल्सन, एम.एच. (1985) *मैनेजमेंट इन्फोरमेशन सिस्टम्स : कंसेप्चुअल फाउंडेशंस स्ट्रक्चर एंड डेवेलपमेंट*, न्यूयार्क : मैकग्रा-हील।

इम्बोडेन, एन. (1980) *मैनेजिंग इन्फोरमेशन फॉर रूरल डेवेलपमेंट प्रोजेक्ट्स*। पेरिस : ओरगोनाइजेशन फोर इकनोमिक कोपरेशन एंड डेवेलपमेंट।

कीन, पी.जी., डब्ल्यू., एंड मोर्टन, एम.एस.एस. (1978) *डिसिजन सपोर्ट सिस्टम्स*। रीडिंग, एमए : एडिसन वेसेली।

ल्यूकास, एच.सी.,जुनि., (1990) *इनफोरमेशन सिस्टम्स कंसेप्ट्स फोर मैनेजमेंट*। न्यूयार्क : मैकग्रा-हील।

मार्टिन, जे., (1990) *टेलीकम्युनिकेशंस एंड कम्प्यूटर* (3र्ड इडी.) इन्गलवुड क्लीफ्फस, एनजे : प्रेंटिस-हॉल।

मेसन : आर. डी. एंड स्वानसन, बी.ई. (1981) *मेजरमेंट्स फॉर मैनेजमेंट डिसीजिन*। रीडिंग एमए : एडिसन-वेसली।

मैक्लायड, आर., जूनि., (1995) *मैनेजमेंट इन्फोरमेशन सिस्टम्स : ए स्टडी ऑफ कम्प्यूटर बेस्ड सिस्टम्स* (6थ इडी.) न्यू देहली, प्रेंटिस हॉल ऑफ इंडिया।

रहेजा, आर.के., एंड जयकृष्णा (1991) *मैनुअल फॉर मॉनिटरिंग एंड इवेल्युएशन ऑफ टी एंड वी एग्रीकल्चरल एक्सटेंशन सिस्टम,* न्यू देहली : सेंटर फॉर एग्रीकलचरल एंड सरल डेवेपलमेंट स्टडीज।

रमेश बाबू, ए., एंड सिंह, वाई.पी. (1987) मैनेजमेंट इन्फोरमेशन सिस्टम इन एन एग्रीकल्चरल एक्सटेंशन ओरगेनाइजेशन। इन *प्रोसिडिंग्स ऑफ दी नेशनल सेमिनार ऑन मैनेजमेंट ऑफ इन्फोरमेशन सिस्टम इन मैनेजमेंट ऑफ एग्रीकल्चरल एक्सटेंशन* (पे. 1-15) हैदराबाद एनआईआरडी।

रमेश बाबू, ए., एंड सिंह, वाई.पी. (1990) एग्रीकल्चरल एडमिनिस्ट्रेशन ऐट-ब्लॉक लेवल : ए केस स्टडी। *इंडियन जरनल ऑफ एक्सटेंशन एडूकेशन 26* (1- 2) 88-90.

राव, सी.एस.एस. (1985) एग्रीकल्चरल एक्सटेंशन मैनेजमेंट सिस्टम इन इंडिया : पास्ट, प्रेजेंट एंड मोडापटिंग इन फ्यूचर। *इंडियन जरनल ऑफ एक्सटेंशन एडूकेशन 21* (1 एंड 2) 32-35.

रसेल, एच.एम. (1979) ए रिव्यू ऑफ मैनेजमेंट इन्फोरमेशन फोर एग्रीकल्चर। इन एच.एम. रसेल (एडी.), *इनफोरमेशन फॉर एग्रीकल्चर : प्रोसिडिंग्स ऑफ दी नेशनल वर्कशॉप ऑन एग्रीकल्चर इन्फोरमेशन* (पे. 41-51) मेलबोर्न डिपार्टमेंट ऑफ एग्रीकल्चर, विक्टोरिया।

सचदेवा, आर.के. (1990) *मैनेजमेंट हैंडबुक ऑफ कम्प्यूटर यूसेज* । आक्सफोर्ड, एनसीसी ब्लैकवेल।

सैंडर्स, डी. एच. (1988) *कम्प्यूटर्स टूडे*, (3र्ड इडी.) न्यूयार्क: मैकग्रा-हील।

साईमन, एच.ए. (1977) दी न्यू साईंस ऑफ मैनेजमेंट डिसीजन, न्यू जर्सी, प्रेंटिस हॉल।

सिंह, वाई.पी. एंड रमेश बाबू, ए. (1985) बेसिक मैनेजमेंट इश्युज इन एक्सटेंशन। *इंडियन जरनल ऑफ एक्सटेंशन एडूकेशन 25* (1 - 2) 20-31.

वेंटलींग, टी. एल. एंड वेंटलींग आर. एम. (1993) *इन्ट्रोडक्शन टू माको कम्प्यूटर टेक्नोलोजीस*। रोम, फाओ।

## अध्याय-19

# अनुसंधान-प्रसार-किसान संबंधों का सशक्तिकरण

बर्टन ई. स्वानसन

कई विकासशील देशों में कृषि मंत्रालय के सामने से सर्वाधिक कठिन संस्थागत समस्या है राष्ट्रीय कृषि अनुसंधान एवं प्रसार संगठनों तथा विभिन्न श्रेणियों के किसानों एवं कृषि संगठनों के बीच निकट कार्यकारी संबंधों का अभाव। अनुसंधान तथा प्रसार संगठन सामान्यत: अल्प सरकारी संसाधनों के लिये स्पर्धा करते हैं और बहुधा इन संस्थाओं के नेता एक-दूसरे के विपरीत रहते हैं तथा एक विस्तृत पद्धति का अंश अपने को नहीं मानते, जो है कृषि तकनिकी पद्धति। इसके बदले वे अपनी अपनी संस्थाओं के लिये स्रोतों के प्रवाह की वृद्धि करने में लगे रहते हैं तथा दैनिक समस्याओं के समाधान में उलझे रहते हैं बजाय इसके कि उनके संगठन सभी वर्गों के किसानों के लिये उन्नत कृषि तकनीक के बृहत्तर लक्ष्य प्राप्ति में योगदान करें। इसके अतिरिक्त कई अनुसंधान एवं प्रसार संगठनों के नेता एवं कर्मचारी किसानों तथा किसान संगठनों की महत्त्वपूर्ण भूमिका की अनदेखी करते हैं जो वे निभा सकते हैं तकनिकी के प्रसार तथा प्रभावी सूचनाओं द्वारा प्राथमिकता तय करने तथा कार्यक्रम की संगतता के सुधार में।

इस अध्याय का उद्देश्य है, अनुसंधान, प्रसार किसानों के संबंधों की समस्याओं पर विचार करना तथा इसके बाद विभिन्न तरीकों को बताना जिनके द्वारा इन समस्याओं का निदान हो। इस अध्याय में तीन मूल विचार निहित हैं। प्रथम यह कि कृषि तकनीक वस्तुओं, प्रक्रियाओं तथा ज्ञान का एक जटिल सम्मिश्रण है। दूसरा, यह है कि कृषि तकनीक की जटिलता के कारण विभिन्न संस्थागत प्रयासों विभिन्न प्रकार के तकनीकों को किसानों तक स्थानांतरित करने की आवश्यकता होती है। तीसरे, यह कि विकासशील देशों के प्रत्येक कृषि पर्यावरणीय क्षेत्र में अधिकांश छोटे किसान अपेक्षाकृत अधिक जटिल खेती के तरीके अपनाते हैं एवं फलस्वरूप, विभिन्न कृषि पर्यावरण क्षेत्र के किसानों की पहुँच विविध स्थानीय मान्यता के तकनिकों तक होने की आवश्यकता है अगर उन्हें अपनी उत्पादकता बढ़ानी हो।

### कृषि तकनीक : कुछ मूल विचार

अधिकांश सैद्धांतिक स्तर पर तकनीक, व्यवहारिक स्तर पर ज्ञान या जानकारी को लागू करना होता है। सामान्यतया, तकनीक का इस्तेमाल मानव स्थिति में सुधार करने, प्राकृतिक वातावरण या अन्य सामाजिक-आर्थिक कार्यकलापों को आगे बढ़ाने। तकनीक को दो प्रमुख श्रेणियों में विभक्त किया जा सकता है: (1) वस्तु-तकनीक, जहाँ ज्ञान एक तकनिकी उत्पाद में दिखाई देता है जैसे, औजार, उपकरण, कृषि रसायन, उन्नत पौधों की विविधता या हायब्रिड, उन्नत पशुधन (जहाँ संतति प्रभावित जनकों के वीर्य बनावटी उत्पत्ति के लिये प्रयुक्त होता है) तथा टीका एवं (2) ज्ञान-आधारित तकनीक जैसे तकनिकी ज्ञान, प्रबंधन कौशल एवं अन्य प्रक्रियाएँ जिसे सफलतापूर्वक फसल उत्पन्न करने की आवश्यकता या पशुधन-उत्पादों को पैदा करने की जरूरत किसानों के लिये है।

किसानों तक वस्तु तकनीक के स्थानांतरण में साधारणत: उत्पादन, आबंटन, बीजों की बिक्री, उपकरण, कृषि रसायन तथा अन्य उत्पादन साधन शामिल होते हैं। इसलिये, वस्तु तकनीक की स्थानांतरण प्रक्रिया सामान्यत: प्रशिक्षण प्रबंधन कौशल तथा तकनिकी ज्ञान देने की अपेक्षा अधिक सहज होता है कम शिक्षा प्राप्त किसानों की बड़ी संख्या के लिये जो विभिन्न कृषि पर्यावरण क्षेत्र में कार्यरत

रहते हैं (प्रसार कार्य)। इन विभिन्न प्रकार के तकनिकों के लिये भिन्न आपूर्त्ति प्रणाली की आवश्यकता होती है। अधिकांश मामलों में वस्तु तकनीक के आबंटन के लिये निजी क्षेत्र सर्वाधिक उपयुक्त होते हैं। दूसरी ओर अधिकांश ज्ञान आधारित तकनिकों, जैसे उन्नत फसल या पशुधन प्रबंधन तरीके, एकीकृत कीट प्रबंधन (आईपीएम) तथा मिट्टी एवं जल प्रबंधन तरीके, साधारणत: पेशेवर प्रशिक्षण कार्यक्रम द्वारा ग्रामीण युवा लोगों को या फिर वयस्क किसानों के लिये सरकार कोषित प्रसार पद्धति द्वारा दिये जाते हैं।

साथ ही साथ अधिकांश वस्तु तकनीक के लिये तकनिकी जानकारी की आवश्यकता होती है ताकि इन उत्पादों या उपकरणों का प्रभावी उपयोग हो। उदाहरण के लिये कीट प्रबंधन का कृषि रसायन के उचित उपयोग के लिये किसानों को इसे डालने के उचित मात्रा का ज्ञान होना चाहिये, डालने के समय तथा अवस्था का, सुरक्षा प्रक्रिया का भी ज्ञान होना चाहिये। इसके अतिरिक्त अगर किसान छिड़काव मशीन का उपयोग करता है (अन्य प्रकार का वस्तु तकनीक) कृषि रसायन डालने के लिये तब उन्हें यह ज्ञान होना चाहिये कि इसे कैसे चलाया, समायोजित, मिलाया जाये तथा इसे कैसे साफ किया जाये सर्वोत्तम नतीजा प्राप्त करने के लिये। इसलिये, वस्तु एवं ज्ञान आधारित तकनिकों का निकट संबंध होता है। विकासशील देशों में निजी क्षेत्र की कंपनियों की तकनिकी क्षमता बहुत कम होती है किसानों को बस्तु-संबंधित ज्ञान का प्रशिक्षण देने की इसलिये अधिकांश ज्ञानाधारित तकनिकों का उद्देश्य या मजदूरी, राष्ट्रीय या प्रांतीय प्रसार पद्धतियों की रहती है।

## संबंधों की समस्या को जानने विश्लेषण पद्धति का उपयोग

संबंधों की समस्या की पहचान करने में विश्लेषण प्रणाली एक प्रभावी प्रक्रिया है क्योंकि यह समस्या-निदान तरीका होता है। द्वितीय विश्वयुद्ध के दौरान कई क्षेत्रों में विश्लेषण पद्धतियों को कार्य अनुसंधान के बाहरी विकास में लागू किया गया खासकर एक प्रबंधन तरीके की तरह जटिल तकनिकी प्रक्रियाओं, की रूपरेखा विश्लेषण तथा कार्यान्वयन के लिये। संक्षेप में पद्धतियों का विश्लेषण किसी समस्या की क्रमबद्ध जाँच करता है तथा विश्लेषण के प्रत्येक कदम को स्पष्ट रखता है। जैसे, कृषि अनुसंधान में प्रत्येक

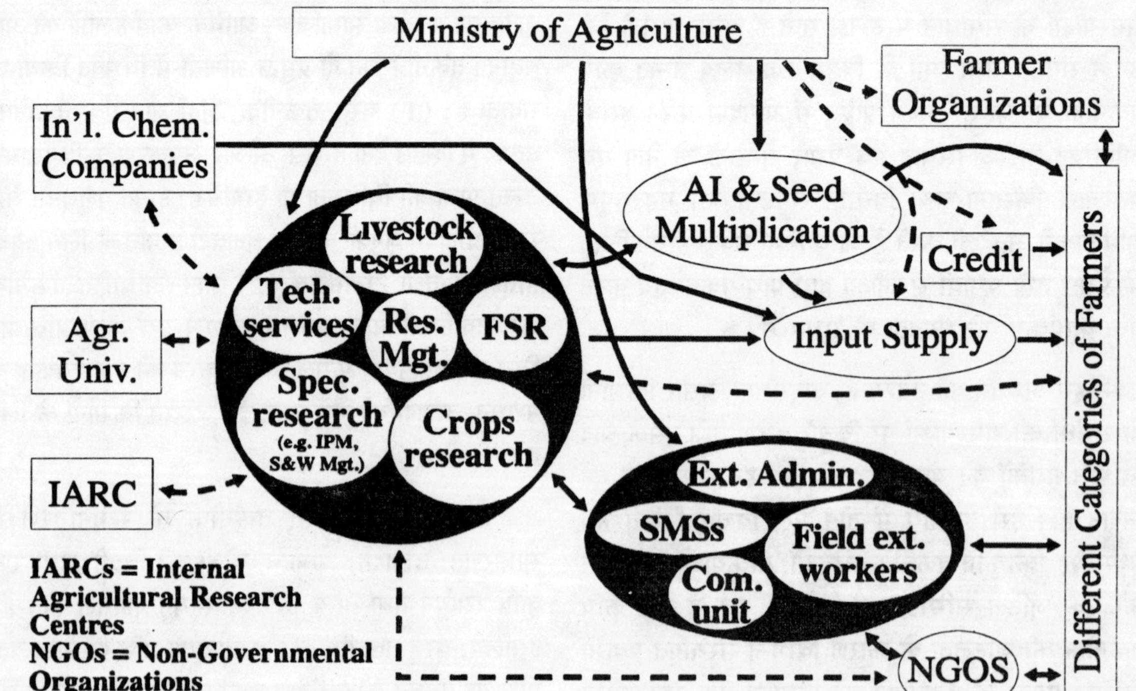


चित्र 1 : इंस्टीट्यूशन कम्पोनेन्टस ऑफ एन एग्रीकल्चरल टेक्नोलोजी सिस्टम्स।

विषय या वस्तु अनुसंधानी (एक पौधा उपजाने वाला या कृषि विशेषज्ञ) के पास अपेक्षाकृत एक सामान्य अनुसंधान तरीका होता है जिसका सामान्य इस्तेमाल विशिष्ट तकनीक को विकसित करने की प्रक्रिया में किसी खास वस्तु के लिये उपयोग किया जाता है (पौधों की संख्या, उत्पादकता तथा अन्य तकनिकी अनुशंसाओं को तय करने एक नये अन्य प्रगति के लिये, जिसे तत्काल एक खास कृषि पर्यावरण क्षेत्र के लिये जारी किया गया है। समस्या है कि इन व्यक्तिगत अनुसंधान प्रयासों को कैसे एकीकृत किया जाये तथा उन्हें अधिक विस्तृत पद्धति के लक्ष्यों से संबद्ध किया जाये जैसे पूरे देश में विभिन्न किसानों के समूहों की उत्पादकता में वृद्धि करना। इन लक्ष्यों को प्राप्त करने के लिये एटीएस के लिये आवश्यक है अनुशंसाओं के पैकेज का विकास तथा स्थानांतरण करना सभी आर्थिक रूप से महत्त्वपूर्ण वस्तुओं के लिये जिसे प्रत्येक कृषि पर्यावरण क्षेत्र में विभिन्न खेती के तरीकों द्वारा उत्पादित किया जाता है। पद्धतियों के विचार के उपयोग से प्रत्येक पद्धति तत्त्वों की जाँच करना तथा विभिन्न स्तरों के संबंधों की जाँच एटीएस में करना संभव है। इस प्रक्रिया में विशिष्ट पद्धति की रुकावट तथा कमजोरियों की सह पहचान की जा सकती है और तब सर्वाधिक हस्तक्षेप कौशल तय किया जा सकता है।

पद्धतियों के विश्लेषण का अर्थ समझने के लिये कुछ मूल विचारों को समझना सहायक हो सकता है। प्रथम, यह है कि पद्धति एक संगठित कार्यों का समूह तथा संबंध है जिसे विशिष्ट लक्ष्यों या उद्देश्य समूहों को प्राप्त करने के लिये प्रबंधित किया जा सकता है। इस प्रकार विश्लेषण पद्धतियों से एक एटीएस या अनुसंधान-प्रसार पद्धति को पारदर्शक बनाने के लिये प्रमुख कार्यों तथा संबंधों के लिये सहायक होता है। यह प्रक्रिया इन विभिन्न कार्यों एवं संबंधों के निर्धारण तथा प्रबंधन के नियंत्रण में लाने की अनुमति देती है खासकर उन के एटीएस उद्देश्यों के संदर्भ में उनके संपूर्ण योगदान के लिये। संक्षेप में, कृषि में तकनिकी विकास तथा स्थानांतरण का कार्य शामिल रहता है एक बहुत ही जटिल, अन्तर्विभागीय प्रक्रियाएँ तथा अंतर्संस्थागत संबंध। केवल पद्धतियों के विश्लेषण से ही प्रबंधक क्रमबद्ध तरीके से विभिन्न कार्यों एवं संबंधों का विश्लेषण प्रबंध तथा देखरेख कर सकते हैं उनके अपने हिस्से के एटीएस में।

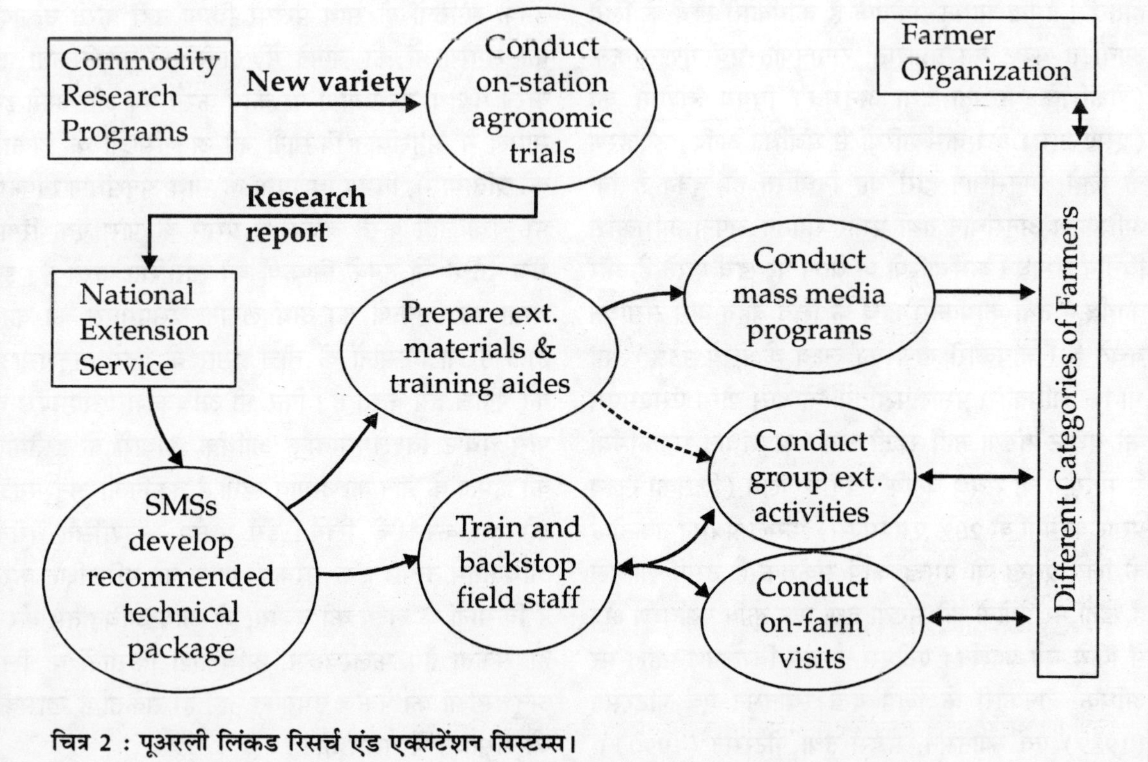


**चित्र 2 : पूअरली लिंकड रिसर्च एंड एक्सटेंशन सिस्टम्स।**

दूसरे, यह कि संस्थागत तत्त्व क्या है जो महत्त्वपूर्ण एटीएस का निर्माण करते हैं। चित्र 1 में प्रमुख संस्थागत तत्त्वों को दिखाया गया है जो अधिकांश राष्ट्रीय एटीएस में पाये जाते हैं जिसमें शामिल रहता है उन संबंधों का प्रतिनिधित्व जिनका इस्तेमाल बृहत तकनिकी पद्धति के एकीकरण में सहायता के लिये हो सकता है। इस डायाग्राम में अनुसंधान तथा प्रसार को क्रमश: उनकी उप-इकाईयों में विभक्त किया गया है तथा ये कृषि मंत्रालय के समर्थन तथा नीति दिशान्तर्गत कार्यरत रहते हैं। इसके अतिरिक्त प्रजनन तकनीक के उत्पादन तथा आबंटन, कृषि रसायन एवं अन्य प्रकार के वस्तु तकनीक को कृषि मंत्रालय द्वारा नियमित किया जाता है। यह कि किसानों तथा उनकी संस्थाओं द्वारा अनुसंधान तथा प्रसार तथा साधन आपूर्तिकर्त्ताओं को सूचनाएँ भी दी जाती हैं, जैसा चित्र 1 में दिखाया गया है।

तृतीय यह कि पद्धतियों के विश्लेषण का एक आयाम होता है साधनों, कार्यकलापों तथा उत्पादनों का परिमाप संपूर्ण एटीएस अन्तर्गत प्रत्येक उप पद्धति तत्त्व के परिमाप के लिये प्रमुख संकेतकों का उपयोग होता है। जैसे विभिन्न भागों या कार्यक्रमों को आबंटित मानव एवं वित्तीय संसाधनों का परिमाप हो सकता है जो अनुसंधान एवं प्रसार पद्धति में होते हैं। प्रमुख साधन संकेतक हैं कार्यकारी खर्च के लिये आबंटित बजट का प्रतिशत, समानुपात एवं गुणात्मकता (शैक्षणिक योग्यता तथा अनुभव) विषय विशेषों का (एसएमएस) क्षेत्र कर्मचारियों से संबंधित आदि। उदाहरण के लिये, अनुसंधान द्वारा यह निर्धारित हो चुका है कि अधिकांश अनुसंधान तथा प्रसार संगठन अपना अधिकांश वित्तीय संसाधन कर्मचारियों के वेतन पर खर्च करते हैं और कार्यक्रम तथा कार्यकारी खर्च के लिये बहुत कम संसाधन बचते हैं (कार्यकारी खर्च का लक्ष्य के लिये 35%) यह भी कि अधिकांश प्रसार पद्धतियों के पास योग्य एसएमएस की यथेष्ट संख्या नहीं रहती अपने अनुसंधान सहकर्मियों से सहयोग या संबंध बनाये रखने के लिये (जिसका लक्ष्य प्रसार कर्मियों के 20% एसएमएस) फसल प्रबंधन तकनीक के लिये प्रमुख जो प्रमुख कार्य संकेतक हैं उसमें शामिल हैं खेतों पर प्रयोगों की संख्या तथा एक कृषि पर्यावरण क्षेत्र में किये गये प्रदर्शन। एटीएस के इस विश्लेषण पहलू पर अधिक जानकारी के लिये देखें स्वानसन एवं पीटरसन (1989) एवं स्वानसन, सैंड्स तथा पीटरसन (1990)।

चौथा, यह कि एक राष्ट्रीय एटीएस अंतर्गत विभिन्न प्रकार के तकनिकों के प्रमुख कार्यों तथा जोड़ों के संबंधों को प्रमाणित करने के लिये फ्लो डायग्राम (रेखाचित्रों) का इस्तेमाल पद्धतियों के विश्लेषण में होता है। इसलिये अनुसंधान तथा प्रसार प्रबंधकों के परामर्श द्वारा प्रमुख संकेतकों के बारे में तथा खास श्रेणी के तकनीक के फ्लोडायग्राम के विकास के लिये, तकनीक के प्रवाह में अंतरों या कमजोर संबंधों की सहज पहचान कर इसे पारदर्शक बनाया जा सकता है। एक बार जब समस्याओं की पहचान हो जाये इसी प्रक्रिया का इस्तेमाल वैकल्पिक तरीकों की अनुकृति के लिये किया जा सकता है जिसका उपयोग इन अंतरों को पाटने तथा कमजोर संबंधों को सशक्त करने के लिए किया जा सकता है। चित्र 2 एवं 3 में फसल प्रबंधन तकनीक के प्रसार तथा विकास के लिये अनुसंधान-प्रसार पद्धति के खराब एवं अच्छे दोनों प्रकारों को प्रमाणित किया गया है।

चित्र 2 में अनुसंधान तथा प्रसार के खराब संबंधों को बताया गया है जहाँ वस्तु अनुसंधान दल अनुसंधान के विषय विशेषज्ञों के साथ प्रत्यक्ष सहयोग, योजना, कार्यान्वयन तथा कृषि कार्य से संबंधित प्रयोगों के आँकड़ों का अर्थ लगाने में, नहीं करते। यह भी कि ये अनुसंधानी किसानों या उनके संगठनों के साथ परस्पर क्रिया नहीं करते उत्पादन की समस्याओं को जानने में, अनुसंधान प्राथमिकता तय करने में तथा इन प्रयोगों पर कार्य करने में। और आगे इस मामले में अनुसंधान किसानों की अनुशंसाओं के विकास की प्रक्रिया में, विषय विशेषज्ञों के साथ अनुसंधान निष्कर्षों पर चर्चा नहीं करते बल्कि वे प्रसार के पास एक रिपोर्ट भेज देते हैं जो उनके निष्कर्षों को सारांशित करते हैं। इस जगह इन निष्कर्षों का अर्थ लगाना एसएमएस का कार्य होता है जो किसानों के बीच प्रसार के लिये अनुशंसाओं का पैकेज तय करते हैं। फिर भी अधिकांश एसएमएस के पास यथेष्ट विश्लेषणात्मक आर्थिक आधारों के इस्तेमाल की क्षमता के ज्ञान का अभाव रहता है तकनिकी अनुशंसाओं को तय करने के लिये। इस प्रकार अनुशंसित तरीके अधिकतम उत्पादन के सरकारी लक्ष्य को परिलक्षित करते हैं किसानों के लक्ष्य की बजाय, जो आय अधिकतम करना हो सकता है। फलस्वरूप, अधिकांश किसानों के लिए अनुशंसाओं का पैकेज उपयुक्त नहीं हो सकता है खासकर जो संसाधन में गरीब हों।

चित्र 3 में एक विशिष्ट वस्तु के लिये, फसल प्रबंधन तकनीक के विकास के लिये पूर्ण एकीकृत अनुसंधान तथा प्रसार पद्धति को दिखाया गया है। प्रक्रिया का आरंभ किसानों के संसाधनों, सीमाओं एवं प्राथमिकताओं के संयुक्त निर्धारण से होता है। इस आवश्यकता निर्धारण प्रक्रिया को एक द्रुत एवं भागीदारी ग्रामीण जाँच द्वारा आगे बढ़ाया जा सकता है (अध्याय 5 एवं 6 देखें) तब तकनिकी अनुशंसाओं के विकास प्रक्रिया में प्रत्येक कदम पर अनुसंधानियों, एसएमएस एवं किसानों के बीच निकट का कार्यकारी संबंध रहता है जब तक अनुसंधान निष्कर्षों का अंतिम रूप से किसानों के खेतों पर जाँच तथा प्रदर्शन न हो जाये। तकनिकी अनुशंसाएँ जो इस भागीदारी प्रक्रिया से उदित होती है उनमें अनुसंधान-कर्त्ताओं, प्रसार कर्मचारियों तथा किसानों का पूरा विश्वास होता है तथा इसकी ग्राह्यता की संभावना अधिक होती है एक बार जब क्षेत्र कर्मचारियों द्वारा इस तकनीक का विस्तृत प्रसार आरंभ होता है।

नक्शे के लिये फ्लोडायग्राम तथा एक कृषि तकनीक प्रणाली में प्रमुख कार्यों के विश्लेषण का यह लाभ होता है कि पद्धति के प्रत्येक भाग या स्तर को इसके संबद्ध उप-पद्धतियों, भागों, कार्यों तथा संबंधित संबंधों को विभक्त किया जा सकता है। इसलिये अनुसंधान या प्रसार प्रबंधक प्रत्येक कार्य या संबंध के लिये दूर दृष्टि एवं संयोजन का प्रावधान कर सकता है- प्रत्येक पद्धति स्तर के लिये सभी प्रकार व्यक्तिगत अनुसंधानकर्त्ता एवं एसएमएस तक जो अपने कार्यक्रम पर विकास, जाँच तथा खास खेती की पद्धति या वस्तु के लिये अनुशंसा पैकेज के प्रसार पर कार्य करते हों। इस तकनिकी पद्धति के विभिन्न पहलुओं के कार्यकारी प्रदर्शन की विषमता प्रसार संगठनों तथा अनुसंधान के अंगों की जाँच द्वारा प्रेषित सूचनाओं के साथ होती है। प्रारंभिक तौर पर ये सांगठनिक चार्ट संगठन के नियंत्रण ढाँचे तथा आदेश पर प्रकाश डालते हैं तकनिकी या कार्यकारी संबंधों की बजाय जो आवश्यक होते हैं किसानों तक तकनीक प्रवाह सुनिश्चित करने साथ ही इस संपूर्ण प्रक्रिया में किसानों द्वारा सूचना देने।

प्रबंधन में एक कहावत है कि ढाँचा कार्यानुसार होता है। दूसरे शब्दों में प्रत्येक पद्धति स्तर पर जिन कार्यों में प्रक्रियाओं को पूरा किये जाने की आवश्यकता है। वह संगठन के ढाँचे में परिलक्षित होना चाहिये क्योंकि संगठन

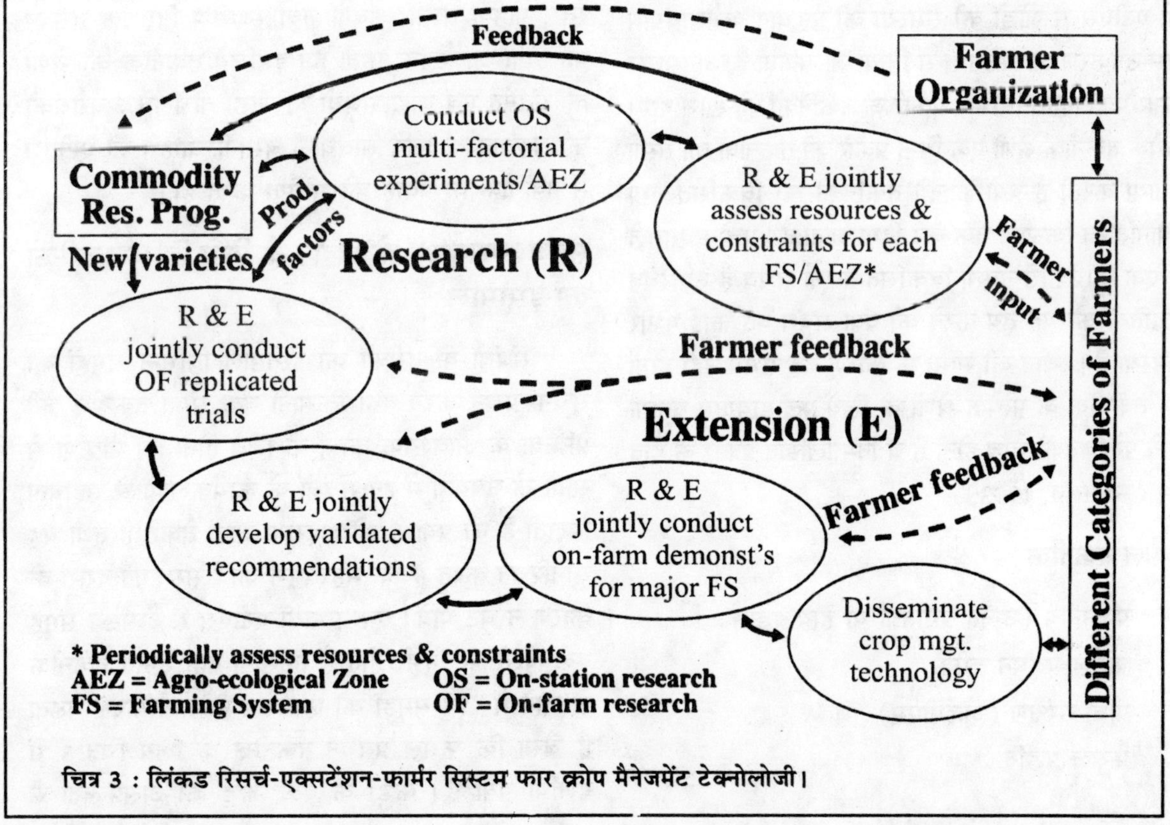


चित्र 3 : लिंकड रिसर्च-एक्सटेंशन-फार्मर सिस्टम फार क्रोप मैनेजमेंट टेक्नोलोजी।

अपने अपने उद्देश्यों एवं लक्ष्यों को पूरा करना चाहते हैं। बृहत (तकनिकी) पद्धति सहित। व्यवहार में अधिकांश प्रबंधक पहले ढाँचे के बारे में सोचते हैं बजाय इसके कि ढाँचे का गठन या उसमें सुधार करें (सांगठनिक संसाधन) पूरा होने वाले कार्यों के इर्दगिर्द। यह भवन निर्माण प्रक्रिया से भिन्न नहीं है, जहाँ प्रक्रिया का आरंभ गृहस्वामी की प्राथमिकताओं से होता है, जिसमें शामिल रहता है कि किस प्रकार विभिन्न कार्यों की व्यवस्था होगी, प्रत्येक कार्य के लिये संसाधनों का आबंटन तथा भवन के विभिन्न कार्य-केंद्रों के बीच जो प्रमुख संबंध रहना चाहिये। अगर एक वास्तुविद कार्य पर पहले विचार नहीं करता है तब उसके प्रयासों का अंत ऐसे भवन से होगा जो गृहस्वामी की आवश्यकताओं की पूर्त्ति नहीं करेगा।

## तकनीक की श्रेणियाँ

तकनिकी विकास तथा प्रक्रिया स्थानांतरण में अनुसंधान, प्रसार, साधन, आपूर्तिकर्त्ता तथा पद्धति के अन्य घटकों की विभिन्न भूमिकाओं की समझ के लिये यह अनिवार्य है कि तकनीक के विभिन्न श्रेणियों के बीच भेद किया जाये। यद्यपि कुछ सामान्य तत्त्व होते हैं, पर प्रत्येक तकनीक श्रेणी का अपना खास कार्यकारी संबंध राष्ट्रीय एटीएस में रहता है। किसी भी एटीएस में जोड़ों की समस्या की पहचान फ्लोडायग्राम जैसे उपकरण के इस्तेमाल से किया जा सकता है, अनुसंधान प्रसार पद्धति द्वारा विभिन्न प्रकार के तकनिकों को खोज कर। प्रत्येक तकनीक श्रेणी एक भिन्न प्रकार की तकनीक का रास्ता बनाया करती है क्योंकि नये तकनिकों को विकसित तथा स्थानांतरित किसानों तक कर दिया जाता है। प्रत्येक मामले में एक कार्यकारी नक्शा विकसित करना संभव है उपस्थित पद्धतियों का यह तय करने की क्या संबंध की कोई गंभीर समस्या है। स्थान की सीमा के कारण यह संभव नहीं होगा कि तकनीक के प्रत्येक श्रेणी के लिये फ्लोडायग्राम बनाया जाये पर जिनकी जाँच होनी है वे निम्नलिखित प्रकार के होते हैं। (स्वानसन, 1993)

### फसल तकनीक

प्रजननीय (उन्नत प्रगतियाँ या हायब्रिड)

फसल प्रबंधन तरीके

पौधा सरंक्षण (आईपीएम)

फसल पद्धति

### पशुधन तकनीक

प्रजननीय (उन्नत वीर्य)

पशुधन प्रबंधन तरीके

पशु स्वास्थ्य तरीका

मवेशियों के भोजन का प्रबंधन

### अन्य प्रकार के तकनीक

खेती के पद्धति

जल एवं मिट्टी प्रबंधन तरीके

खेतों का यन्त्रीकरण

कृषि जंगलात

कटाई उत्तर तकनीक

खेती प्रबंधन।

यह जानना महत्त्वपूर्ण है कि विभिन्न प्रकार के फसलों या पशुधन तकनिकों के पास हार्डवेयर तथा सॉफ्टवेयर दोनों प्रकार के उपकरण हैं। उदाहरण के लिये वस्तु तकनीक के एक नयी फसल प्रजाति का पूरी तरह उपयोग नहीं किया जा सकता है अगर कीट प्रबंधन सहित फसल प्रबंधन तरीके या कृषि के अन्य तत्त्व उपस्थित न हों। इसी प्रकार पशुधन की उन्नत प्रजाति के लिये सामान्यतः उच्चतर प्रबंधन स्तर, पोषक तत्त्वों, भवनों तथा स्वास्थ्य निरोधक तरीकों का होना आवश्यक रहता है। इसलिये तकनीक की श्रेणी के अंतर्गत एवं बाह्य संबंधों या जोड़ों के लिये अवरोधकों की पहचान के लिये सावधानी बरतनी चाहिये जो एटीएस में तकनीक के प्रवाह को सीमित करते हों।

## संबंध समस्याओं के निदान के लिये विभिन्न तरीकों का इस्तेमाल

संबंधों के तरीकों का इस्तेमाल विभिन्न समूहों को सूचना प्रदान करने तथा किसानों तक संगत तकनीक की प्रक्रिया के आवश्यक कार्यों के लिये होता है। प्रक्रिया से स्रोतों के उपयोग में इन संबंधों के कार्यकलापों से सहायता मिलती है जो प्रयासों को दोहराया जाना रोकते हैं तथा यह सुनिश्चित करते हैं कि महत्त्वपूर्ण कार्य संस्थागत दरारों के कारण न घूट पायें। एक प्रभावी एटीएस में असंख्य समूह एक-दूसरे पर निर्भर होते हैं किसानों तक उन्नत तकनीक ले जाने में। इन समूहों को एक रूप से कार्य करना पड़ता है जैसा कि फसल प्रबंधन तकनीक के लिये चित्र 3 में दर्शाया गया है। कड़ी के एक जोड़ की असफलता से

एटीएस का संपूर्ण कार्य कम हो जाता है। (मेरिल-सैंड्स, 1992)

दो प्रकार के मूल जोड़ों के तरीके हैं। संगठनात्मक तथा प्रबंधनात्मक। संगठनात्मक तरीका में शामिल रहता है अनुसंधान तथा/या प्रसार संगठनों तथा अन्य संगठनों का विकसित ढाँचा जो एटीएस में शामिल होते हैं। यह विकास एक अधिक विस्तृत पद्धति स्तर पर अनुसंधान एवं प्रसार का औपचारिक एकीकरण हो सकता है, अनुसंधान या प्रसार में खास इकाई का एकीकरण या इसमें नये पद, इकाई या स्थायी समिति का सृजन हो सकता है साधारणत: जब पुनर्गठन हो, उन समूहों का विलयन सुनिश्चित कर लें जो किसी कार्य को पूरा करने के लिये या तो एक-दूसरे पर निर्भर हैं या एक-दूसरे के बीच संचार की आवश्यकता होती है। कार्यों के दोहरेपन से बचने के लिये वैसे लोगों को एक-साथ कर दें जिनके कार्य एक-दूसरे पर जाते हों। (मेरिल-सैंड्स 1992) दूसरी ओर कुछ मामलों में एक संयोजन पद का सृजन उपयुक्त हो सकता है जैसे अनुसंधान-प्रसार संपर्क अधिकारी या किसी खास पद या इकाई से संयोजन कार्य को स्पष्टतया जोड़ देना। (एसएमएस)

वैकल्पिक रूप में स्थायी समिति का निर्माण किया जा सकता है जिसमें दो या अधिक इकाइयों को प्रतिनिधित्व दिया जा सकता। जिन्हें सहयोग करने की आवश्यकता हो तथा उन्हें संयोजन तथा तकनीक प्रवाह की जिम्मेदारी सौंपी जा सकती है जहाँ एटीएस द्वारा सूचना प्राप्त हो। स्थायी समिति के निर्माण में सभी भागीदारी संगठनों के बीच सहमति होना चाहिये या इकाइयों के बीच (1) ऐसी समिति अनिवार्य हैं तथा इनकी नियमित बैठकें होनी चाहिये, (2) निर्णयों एवं अनुशंसाओं के कार्यान्वयन के लिये सदस्य यथेष्ट वरिष्ठ होते हैं, तथा (3) समिति का कार्य कार्यक्रम संयोजन तक सीमित रहे, तय समिति का कार्य दर्शनीय है एवं वरिष्ठ प्रबंधन से समर्थित है। (मेरील-सैंड्स, 1992)

अन्य प्रकार के संबंधों के तरीके में प्रबंधकीय हस्तक्षेप शामिल होते हैं। जैसे, अनुसंधान एवं प्रसार संयुक्त नियोजन तथा पुनर्विचार कार्य के लिये सहमत हो सकते हैं विभिन्न कृषि पर्यावरण क्षेत्र में आरआरए या पीआरए का आयोजन कर विभिन्न समूहों के किसानों की तकनिकी आवश्यकता तथा खेती पद्धति का निर्धारण करने के लिये। इस प्रकार के कार्यों का नतीजा संयुक्त प्राथमिकता-स्थापना तथा योजना में संयुक्त कार्यक्रम के कार्यकलापों में होने की संभावना

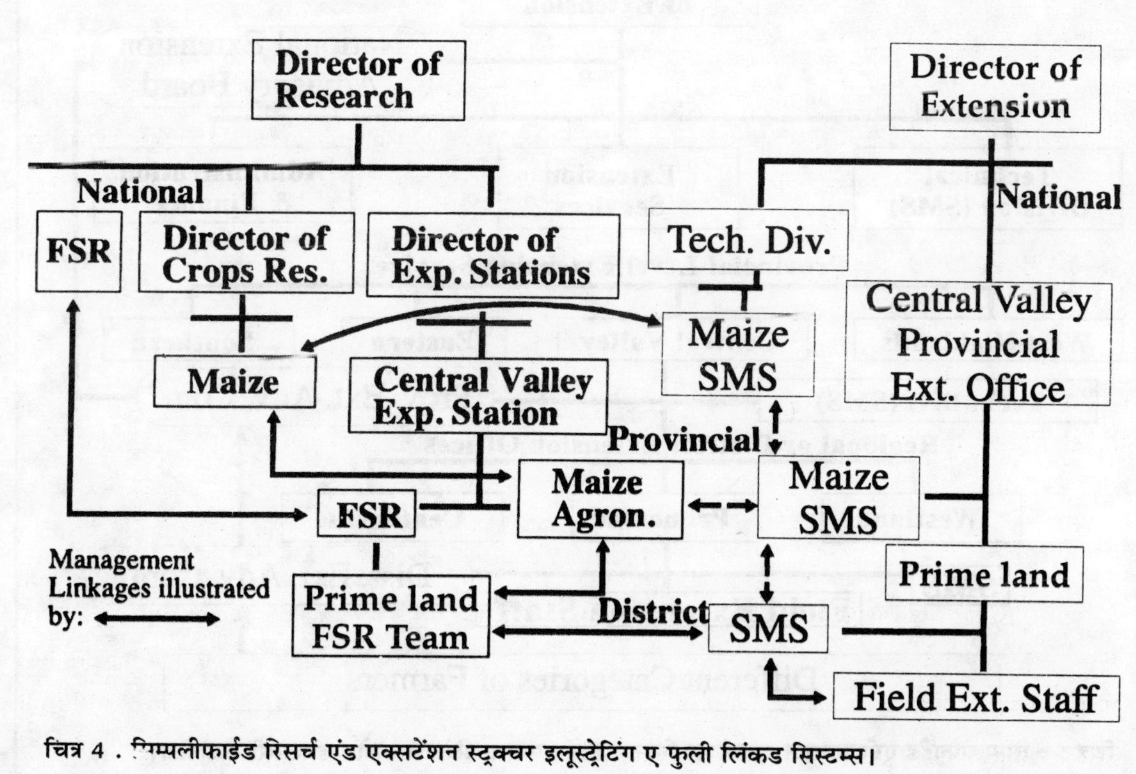


चित्र 4. सिम्पलीफाईड रिसर्च एंड एक्सटेंशन स्ट्रक्चर इलूस्ट्रेटिंग ए फुली लिंकड सिस्टम्स।

रहेगी। (खेती पर प्रयोग तथा प्रदर्शन) एक दूसरी श्रेणी का प्रबंधकीय संबंध तब आता है जब अनुसंधानी तथा एसएमएस वास्तव में भागीदारी कार्यक्रम करते हैं एक साथ जैसे खेती पर प्रयोग तथा प्रदर्शन साथ ही तकनिकी अनुशंसाओं पर संयुक्त निर्णय भी करते हैं। इन विभिन्न कार्यक्रम के कार्यकलापों में अनुसंधानकर्त्ता तथा उन के प्रसार सहयोगी विभिन्न कार्यों की जिम्मेदारियों में भागीदार रहते हैं तथा नियमित रूप से एक–दूसरे से परामर्श करते हैं अनौपचारिक तौर पर। संक्षेप में भागीदारी कार्यक्रम के कार्यकलापों में अनुसंधान तथा प्रसार कर्मचारियों के बीच एक व्यवसायिक संबंध विकसित होता है जो अनिवार्य नहीं तो महत्त्वपूर्ण अवश्य होता है तकनीक के प्रवाह तथा एटीएस में सूचना प्रवाह की सुविधा के लिये।

अन्य प्रकार के संबंधित प्रबंधकीय तरीकों में शामिल रहता है, संसाधन आबंटन प्रक्रिया जैसे किसी विशिष्ट संबंध कार्य के लिये समय तथा वित्तीय संसाधनों का आबंटन। उदाहरण के लिये एक अनुरूपित अनुसंधान या खेती व्यवस्था अनुसंधान दल को जिसे या क्षेत्र के प्रसार कार्यालय में ठहराया जा सकता है ताकि एसएमएस के साथ उनका और निकट का कार्यकारी संबंध हो। वैकल्पिक तौर पर एसएमएस को किसी क्षेत्रीय प्रयोग स्थल का कार्यभार दिया जा सकता है किसी एक या अधिक वस्तु अनुसंधान दल के साथ प्रत्यक्ष रूप से कार्य करने। अंत में, एटीएस में सूचना तथा तकनीक प्रवाह में सुधार के लिये विविध प्रशिक्षण तथा संचार संसाधनों का इस्तेमाल हो सकता है। जैसे प्रसार एसएमएस एवं वस्तु अनुसंधान दल संयुक्त किसान प्रशिक्षण कार्यों के लिये भागीदार बन सकते हैं। कुछ देशों में अनुसंधान एंव प्रसार कर्मचारियों के बीच तकनिकी संचार में सुधार लाने के लिये वैद्युतिक ईमेल को लागू किया जा रहा है।

संगठनात्मक तथा प्रबंधकीय संबंधों दोनों को प्रमाणित करने के लिये दो सहज संगठन ढाँचे चित्र 4 एवं 5 में उपस्थापित किये गये हैं। चित्र 4 में विभिन्न प्रबंधकीय संबंधों की विविधता को दर्शाया गया है अनुसंधान तथा प्रसार संगठन दोनों के अंतर्गत तथा दोनों के बीच। चित्र में संबंध के तरीके की वास्तविकता को नहीं बताया गया है,

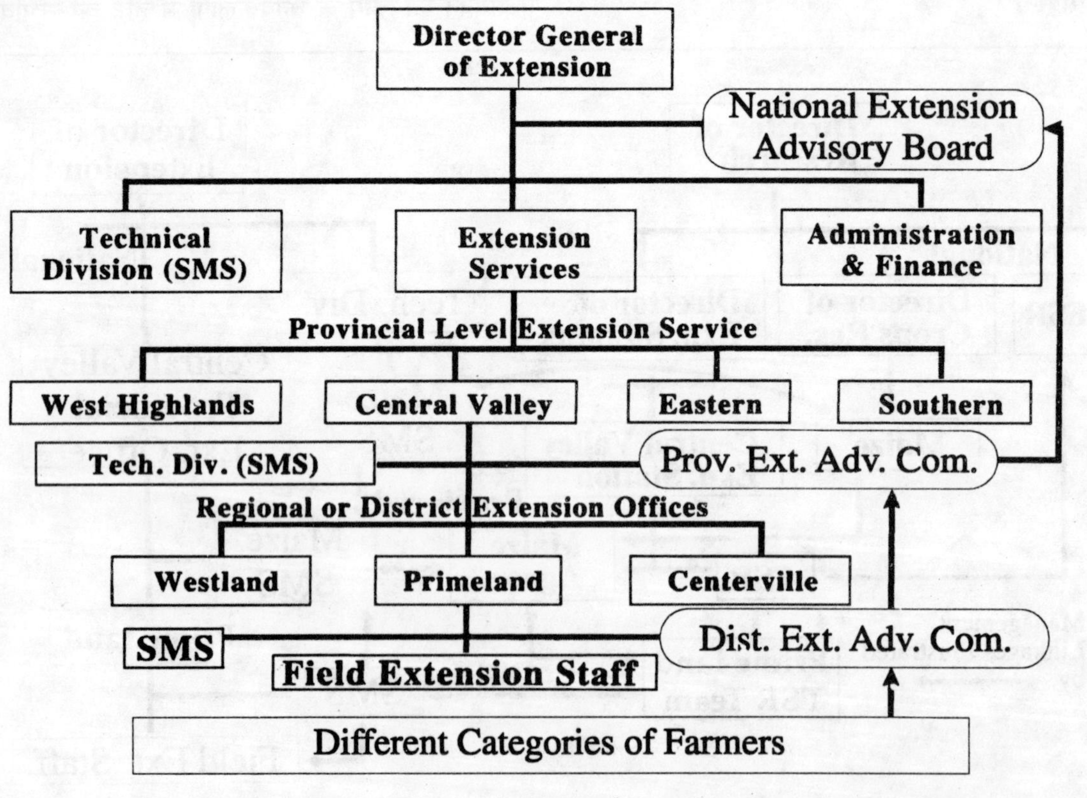


**चित्र 5 : सिम्पलीफाईड एग्रीकल्चरल एक्सटेंशन सिस्टम शोइंग फारमर लिंकेजेज थ्रो एडवाइसरी कमीटीज।**

पर समान स्थानीय अनुसंधान तथा प्रसार के बीच सामान्यतः योजना, पुनर्विचार तथा भागीदारी कार्य शामिल रहते हैं। प्रत्येक संगठन के साथ लंबवत संबंधों में संसाधनों का आबंटन, प्रशिक्षण तथा संचार संबंध कार्यकलाप शामिल रहते हैं। उदाहरण के लिये एसएमएस तथा एफएसआर। वस्तु अनुसंधान कर्मचारियों को सौंपा जा सकता है संयुक्त कार्य के लिये तथा यात्रा एवं कार्यकारी खर्चों का प्रावधान किया जा सकता है। सफलतापूर्वक इन कार्यों को करने के लिये अनुसंधान तथा प्रसार प्रबंधकों दोनों के लिये संकल्प का प्रदर्शन होगा। इसके अलावा, ये स्थायी समिति हो सकती है, राष्ट्रीय स्तर पर एक संगठनात्मक तरीकों के उदाहरण की तरह प्रत्येक प्रमुख फसल तथा देश के पशुधन प्रगतियों के लिये।

## किसानों तथा उनके संगठनों के साथ संबंध

चित्र 5 में एक प्रसार पद्धति में किसानों तथा उनके संगठनों के साथ सूचना संबंध एवं नियोजन में सुधार के लिये संगठनात्मक तरीकों को बताया गया है। (दोनों के लिये सामान्य खेती संगठन तथा वस्तु समूहों) इस उदाहरण में औपचारिक रूप से किसानों को स्थायी प्रसार सलाहकार समिति में प्रतिनिधित्व दिया गया है जिला, प्रांत तथा राष्ट्रीय स्तरो पर। सामान्यतः इन सलाहकार समितियों के सदस्यों का चुनाव किसानों के संगठनों द्वारा किया जायेगा नीचे से ऊपर। जैसे एक जिले में विभिन्न किसान समूहों या संघों को एक या अधिक को प्रसर सलाहकार समिति में जगह दी जायेगी इसलिये वे उस समिति के लिये अपना एक प्रतिनिधि चुनेंगे। दो या तीन वर्षों के लिये (समिति के नियमानुसार) जिला सलाहकार समिति, बदले में एक चेयरमैन या सदस्य प्रांतीय प्रसार सलाहकार समिति के लिये चुनेगी (अन्य जिले के सभापतियों या प्रतिनिधियों के साथ) तथा इसी प्रकार राष्ट्रीय स्तर पर। अगर सलाहकार समिति के सदस्य का चयन अनुसंधान या प्रसार संचालक द्वारा किया जाता है तो इन सलाहकार समितियों का महत्त्व कम हो जायेगा क्योंकि इस समिति के सदस्यों को किसानों की रुचियों तथा चिंताओं का प्रतिनिधित्व करना चाहिये।

अनुसंधान के मामले में प्रत्येक प्रांतीय और/या राष्ट्रीय वस्तु अनुसंधान कार्यक्रम में एक सलाहकार समिति होना चाहिये जिसमें किसानों द्वारा चुने गये प्रतिनिधि होने चाहिये जो प्रत्येक वस्तु अनुसंधान संचालक को कार्यक्रम की समस्याओं तथा प्राथमिकताओं पर विशेष दिशा निर्देश देगा जो प्रत्येक वस्तु के लिये विशिष्ट हो। इसके अतिरिक्त प्रांतीय या क्षेत्रीय अनुसंधान स्थल पर एक सलाहकार समिति होना चाहिये जो भौगोलिक रुचियों, समस्याओं तथा किसानों की चिंताओं को उस प्रांत या क्षेत्र के लिये परिलक्षित करता हो। अंत में, प्रांतीय/राष्ट्रीय स्तर पर फसल, पशुधन या/तथा सामान्य अनुसंधान सलाहकार पैनल गठित रहना चाहिये जो दावेदारों के साधनों को अनुसंधान नीतियों प्राथमिकताओं एवं अन्य चिंताओं के लिये अवसर प्राप्त हो जो अनुसंधान पद्धति के अनुरूप हो। इस उच्चतर पद्धति के स्तर पर कृषि व्यवसाय के प्रतिनिधि (साधन आपूर्त्तिकर्त्ता तथा प्रक्रियातंत्र) किसानों के साथ मिलकर इन अनुसंधान तथा प्रसार सलाहकार समितियों का प्रतिनिधित्व प्राप्त कर सकते हैं।

इसके अतिरिक्त, ये औपचारिक संबंध के तरीकों में, अनुसंधान तथा प्रसार कर्मचारियों को नियमित तौर पर अपने अपने क्षेत्र में विभिन्न विज्ञान समूहों के साथ अनौपचारिक संपर्क रखना होगा। जैसाकि चित्र 3 में दिखाया गया है ये संबंध घटित होंगे किसानों की भागीदारी द्वारा आरआरए तथा पीआरए कार्यकलापों में (सामयिक आवश्यकता निर्धारण) ये तब भी घटित होंगे जब संयुक्त खेती के प्रयासों तथा प्रदर्शनों में तथा बैठक एवं क्षेत्र के दिनों के दौरान जहाँ किसानों को विभिन्न समस्याओं तथा चिंताओं पर विचार करने का मौका मिलेगा। औपचारिक तथा अनौपचारिक दोनों सूचना पद्धतियों का महत्त्व काफी हद तक इस बात पर निर्भर होगा कि क्या अनुसंधान एवं प्रसार कर्मचारी, वरिष्ठ प्रबंधक सहित उस बात पर ध्यान देते हैं जो किसान या उनके प्रतिनिधि कह रहे हों। प्रायः अनुसंधान, एवं प्रसार ऊपर से नीचे का हो गया है, तथा अफसरशाही संगठन किसानों की आवश्यकताओं के प्रति प्रतिक्रिया व्यक्त नहीं करते। फिर भी, मांग पर आधारित अनुसंधान तथा प्रसार संगठनों, संचालन को, विशेषज्ञों तथा अन्य अनुसंधान एवं प्रसार कर्मचारी को किसानों की बातें सुननी पड़ेंगी जो औपचारिक तथा अनौपचारिक संबंधों के तरीकों से संचालित हों।

## संदर्भ


मैरिल-सैंड्स, डी. (1992) *मैनेजिंग लिंक्स विथ टेक्नोलोजी यूजर्स। ए ट्रेनिंग मोड्युल*। दीहॉग : इन्टरनेशनल र्सविस फॉर नेशनल एग्रीकल्चरल रिसर्च।

मेरिल-सैंड्स, डी. एंड काययोविट्ज, डी, (1989) *दी टेक्नोलोजी ट्रायंगल*। दी हेग इन्टरनेशनल सर्विस फॉर एग्रीकल्चरल रिसर्च।

स्वानसन., बी.ई. (1993) *आडेन्टीफाईंग लिंकेज प्राब्लेम्स यूजिंग सिस्टम्स एनलासिस : ए ट्रेनिंग मोड्युल*। अरवाना आई एल : इन्टरनेशनल प्रोग्राम फॉर एग्रीकल्चरल नोलेज सिस्टम्स।

स्वानसन, बी.ई. एंड पीटरसन, डब्ल्यू. ई. (1989) *ए फील्ड मैनुअल फॉर एनालाईजिंग एग्रीकल्चरल टेक्नोलोजी डेवेलपमेंट एंड ट्रांसफर सिस्टम्स*। अरवाना, आइ. एल. : इन्टरनेशनल प्रोग्राम फॉर एग्रीकल्चरल नोलेज सिस्टम्स।

स्वानसन, बी.ई., सैंड्स, सी.एम. एवं पीटरसन, डब्ल्यू.ई. (1990) एनालाईजिंग एग्रीकल्चरल टेक्नोलोजी सिस्टम्सः सम मेथडोलोजिकल टूल्स, इन आर. जी. इचेबेरिया (इडी.) *मेथड्स फोर डायग्नोजिंग रिसर्च सिस्टम कोंस्ट्रेंट्स एंड एसेसींग दी इंपैक्ट ऑफ एग्रीकल्चरल रिसर्च* (वो. 1) दी हेग : इन्टरनेशनल सर्विस फॉर नेशनल एग्रीकल्चरल रिसर्च।

# भाग-4
# वर्तमान प्रवृत्ति तथा विकास

## अध्याय-20
# जीवनधार्य कृषि विकास में प्रसार की भूमिका

नील्स रोलिंग एवं जुलेस एन. प्रेटी

### जीवनधार्य कृषि के लिए उदित चुनौतियाँ

पिछले पचास वर्षों में, कृषि विकास नीतियाँ बहुत सफल हुई हैं खाद्योत्पादन की वृद्धि में। इसने कीटनाशकों के अजैविक खाद पशुओं के चारे तथा ट्रेक्टर एवं अन्य मशीनों के भूमंडलीय उपभोग को बढ़ाया है।

इन बाहरी साधनों ने प्राकृतिक प्रक्रियाओं तथा संसाधनों को प्रतिस्थपित किया है एवं उनकी शक्ति कम कर दी है। कीटनाशकों ने कीटों, घासों तथा रोगों को नियंत्रित करने के जैविक, सांस्कृतिक एवं यांत्रिक तरीकों को स्थानापन्न किया है: अजैविक खाद ने पशुधन के खाद, कंपोस्ट एवं नाईट्रोजन युक्त फसलों को प्रतिस्थापित किया है। प्रबंधन निर्णय के लिए सूचनाएँ साधन आपूर्तिकर्त्ताओं, अनुसंधानकर्त्ताओं तथा प्रसारकर्मियों द्वारा दी जाती है स्थानीय स्रोतों से नहीं एवं स्थानीय रूप से उत्पन्न शक्ति-स्रोतों को जीवाश्म ईंधन से प्रतिस्थापित किया है। जीवनधार्य कृषि के लिए मूल चुनौती है कि इन आंतरिक संसाधनों के इस्तेमाल को कम किया जा सकता है, आंतरिक संसाधनों का प्रभावी ढंग से पुनरुत्पादन कर या दोनों के मिश्रण से।

यह प्रमाणित हो चुका है कि पुनरुत्पादकता तथा संसाधन संचयी तकनिकों तथा तरीकों से किसानों, समुदायों एवं राष्ट्रों के आर्थिक तथा पर्यावरणीय दोनों प्रकार के लाभों को लाया जा सकता है। सर्वोत्तम प्रमाण अफ्रीका, एशिया तथा लेटिन अमेरिका, जैसे देशों से मिलता है जहाँ खाद्योत्पादन बढ़ाने की चिंता अधिक है उन क्षेत्रों में जहाँ खेती का उपयोग नहीं किया गया है बाह्य तकनिकों के आधुनिक पैकेज द्वारा। इन जटिल तथा निर्जन स्थलों में, कुछ किसानों ने पुनरुत्पादक तकनिकों को अपनाकर काफी हद तक कृषि पैदावार को सुधारा है बहुधा बाह्य साधनों के बिना या इनके बहुत कम उपयोग से। (बंच, 1991: जीटीजेड, 1992 यु एन डी पी, 1992, लोवो एवं कोयचेनडोरफर-लुसियस, 1992, कृष्णा, 1993, शाह, 1994, एस डब्ल्यूयूसीबी, 1994, प्रेटी, 1995)

परंतु जीवनधार्य कृषि की सफलता स्थल मात्र यही नहीं हैं। अधिक साधनयुक्त एवं सिंचित क्षेत्रों में किसानों ने पुनरुत्पादकता तकनीक को अपनाकर पैदावार बनाये रखा है साधनों के कम इस्मेमाल पर। (कैंप, ग्रीगरी, एवं चौहान, 1993, यू एन डी पी, 1992, कोमोट, 1991 बान्टर वार्फ एंड डी जागेर, 1992, बैगेडियन एंड कोटेन, 1991)

यूरोप तथा अमरीका के औद्योगीकृत देशों के अधिक साधनयुक्त भूमि पर किसानों ने अपने लाभ को बनाए रखा है यद्यपि साधनों के उपयोग में नाटकीय कमी होने पर भी। (वेएिकेन, 1992; वेएिकेन, विजनाईस स्टोल एवं विसेर, 1994; वान वीयरेन, रोलिंग, वान बोन मरफी, 1995, प्रेटी एंड होव्स, 1993, जार्डन, हचियोम एंड ग्लोन 1989, हैनसन, जोनसन, पीटर्स एंड जॉके, 990; डोब्स, बेकर एंड अेलर, 1991, फामेथ, 1993)

इन सभी सफलताओं में तीन तत्त्व समान हैं। उन्होंने संसाधन संरक्षण तकनिकों का इस्तेमाल किया है जैसे एकीकृत कीट प्रबंधन, मिट्टी एवं जल संरक्षण, पोषक का पुनरुपयोग, बहुसंख्यक फसलें, जल संचय तथा कचरों का उपयोग। इन सभी में स्थानीय स्तर के समूहों तथा एवं समुदायों द्वारा पहल किया गया है जहाँ पर्यावरणीय पद्धति से खेती के प्रबंधन में किसानों ने महारत हासिल किया है तथा सामूहिक रूप से उन जल स्रोतों एवं अन्य संसाधन

इकाईयों का प्रबंधन कर जो उनकी खेती का एक हिस्सा है। यहाँ समर्थक एवं सक्षम बाहरी सरकारी तथा गैर-सरकारी संस्थाएँ भी रही हैं। जिन्होंने अपने कार्यों को पुनर्रोपित कर स्थानीय आवश्यकताओं तथा क्षमताओं पर प्रकाश डाला है।

अधिकांश सफलता यद्यपि अब भी स्थानीय ही हैं। वे मात्र सफलता के उदाहरण ही हैं। क्योंकि इसके अन्य तत्त्व, एक सापेक्ष पर्यावरण नीति नहीं है। अधिकांश नीतियाँ अभी भी सक्रियता से उस खेती को प्रोत्साहित करती हैं। बाह्य साधनों एवं तकनिकों पर निर्भर हों ये नीतियाँ ही एक अधिक जीवनधार्य कृषि के मुख्य अवरोधकों में से एक हैं। (प्रेटी:1994 ए) चित्र 1 अध्याय इसके वर्णन को तथा प्राकृतिक संसाधनों, स्थानीय दावेदारों, समर्थक संस्थाओं तथा नीति संदर्भों के आंतरिक रूपों पर प्रकाश डालता है।

## कार्य की जीवनधार्यता तथा स्तर

जीवनधार्य कृषि की आवश्यक अवस्था होती है बड़ी संख्या में खेतिहर घरों को प्रेरित करना जिससे वे संयोजित संसाधन प्रबंधन का इस्तेमाल करें। यह कीटों एवं हमलावरों का प्रबंधन, पोषकों का प्रबंधन एक्वीफर तथा सतही जलधाराओं के प्रदूषण का नियंत्रण, संयोजित पशुधन प्रबंधन, मिट्टी तथा जल स्रोतों का संरक्षण तथा बीज भंडारण प्रबंधन है। समस्या यह है कि अधिकांश जगहों में ऐसे संसाधनों के प्रबंधन के लिए सामूहिक निर्णय लेने का मंच स्थापित नहीं किया जा सका है। (रोलिंग, 1994ए, 1994बी) इसलिए जीवनधार्य कृषि की सफलता व्यक्तिगत किसानों की प्रेरणाओं, कौशलों तथा जानकारियों पर ही निर्भर नहीं रहता है, बल्कि समूहों या समुदायों पर भी। यह कार्य को अधिक चुनौतीपूर्ण बनाता है। इस संदेश का साधारण प्रसार कि जीवनधार्य कृषि लाभ के परंपरागत कृषि तथा संपूर्ण समाज के लिए अतिरिक्त लाभ पैदा करना ही यथेष्ठ नहीं होगा।

जीवनधार्यता सामान्यतः एक पर्यावरणीय पद्धति की विशेषता होती है। परंतु इसे अन्य परिप्रेक्ष्यों में भी देखा जा जा सकता है, जो प्रसार के लिए अधिक संभव हैं। प्राकृतिक संसाधनों के मानवीय उपयोग से वातावरणीय मसले उत्पन्न होते हैं। इसलिए जीवनधार्यता को मानवीय तर्कों, कार्य-कलापों तथा सहमतियों के आधार पर परिभाषित किया जा सकता है। जीवनधार्यता की परिभाषा समस्या का एक भाग हो जाता है क्योंकि लोगों को इसकी परिभाषा तथा उनके द्वारा दी जाने वाली प्राथमिकताओं पर सहमति की आवश्यकता होती है। (प्रेटी, 1994 बी)

इस विचार में जीवनधार्यता एक वैज्ञानिक 'सख्त' संपदा नहीं होती है जिसे किसी उद्देश्यात्मक मापदंड से मापा जा सकता है या तरीकों के समूह से जो समय एवं स्थान पर निश्चित हों। इसकी बजाय जीवनधार्यता एक गुणवत्ता है तब उदित होता है जब लोग अकेले या सामूहिक रूप से अपनी बुद्धि के इस्तेमाल द्वारा उन प्राकृतिक संसाधनों की दीर्घकालीन उत्पादकता बनाए रखते हैं जिन पर वे निर्भर करते हैं। (श्रीकंदाजा, वावडेन एवं पाखम, 1989)। दूसरे शब्दों में जीवनधार्यता, मानवीय अनुभवों, उद्देश्यों, जानकारियों, निर्णयों, तकनिकों तथा संगठनों की भागीदारी से उदित होता है। कृषि जीवनधार्यता की किसी भी चर्चा में यह स्पष्ट रहना महत्त्वपूर्ण होता है कि क्या हो रहा है, कितने समय के लिए, किसके लाभ के लिए, कितनी कीमत पर, किसी क्षेत्र में तथा इसकी माप के आधार। इन प्रश्नों का उत्तर देना कठिन होता है क्योंकि इसका अर्थ होता है इसकी जाँच तथा महत्त्वों एवं विश्वासों का विचार छोड़ना। कैंपवेल (1994) ने इसे इस प्रकार रखा है "जीवनधार्यता की परिभाषा का प्रयास यह भूल जाता है कि सौंदर्य की तरह जीवनधार्यता भी देखने वाले की आँख में होती है....यह अनिवार्य है कि अपेक्षित जीवनधार्यता के निर्धारण का सामाजिक गठन होता है और यही कारण है कि इसकी कई परिभाषाएँ हैं।"

इसलिए यह महत्त्वपूर्ण हैं कि एक से अधिक पद्धति स्तर पर प्रकाश डाला जाए (फ्रेसको, स्ट्रूस्मीडेट, बौमा, एंड वान क्यूलेन, 1994) खेती के स्तर पर यह खेतिहर परिवार होता है। ऊपरी खेती स्तर पर यह सामूहिक दावेदार होते हैं, जो संपूर्ण संसाधन इकाई के जीवनधार्य उपभोग के लिए संगठित हो भी सकता है या नहीं भी। सिंचाई योजना में, यह एक समान्य कार्य होता है कि सिंचकों के संघ सामूहिक रूप से योजना स्तर पर जल के इस्तेमाल का प्रबंध करें। परंतु जब यह जलाशयों तथा अन्य पराजेय संसाधन इकाईयाँ हों तो निर्णय करने के उपयुक्त मंच की पहचान करना प्रायः असभंव सा होता है। (रोलिंग, 1994ए, 1994बी)

एक प्रमुख उदाहरण है सिंचित चावल के लिए एकीकृत-कीट प्रबंधन का इंडोनेशियाई कार्यक्रम। (फाओ, 1994, वान डी फ्लायर्ट, 1993, रोलिंग एवं वान डी

फ्लायर्ट, 1994, केंमोर, 1991) खेत स्तर पर, इस कार्यालय में शामिल है क्षेत्र स्कूल में पढ़ाने वाले व्यक्तिगत किसान, पर्यावरण पद्धति जैसे चावल के भूमिखंड का प्रबंधन, सावधानीपूर्वक कीटों तथा प्राकृतिक हमलावरों के बीच संतुलन बनाए रखना और कीटनाशकों का उपयोग तब करना जब अनुभव हो कि स्थिति नियंत्रण के बाहर जा सकती हैं। परंतु एकीकृत कीट प्रबंधन में कई खेतों के लिए संसाधनों का सामूहिक प्रबंधन आवश्यक है। नेमाटोड्स को प्रभावी ढंग से नियंत्रित किया जा सकता है नम चावल की खेती को रोककर तथा उसके बदले सोयाबीन जैसे सूखी भूमि के फसल बोकर। इसकी सिंचाई के लिए ब्लॉक स्तर पर निर्णय करने की आवश्यकता है। चूहों की जनसंख्या की सक्रियता के एकीकृत प्रबंधन के लिए ग्रामस्तर पर सामूहिक कार्य की आवश्यकता होती है। (वान. डी फ्लायर्ट, वान इलसेन एवं नांग्सर सोयेनाटो, 1993)

## संसाधन-संरक्षण तकनीक का विकास तथा स्थानांतरण

यद्यपि अनुसंधान स्थलों पर विस्तृत रूप से कई संसाधन संरक्षण तकनिकों एवं व्यवहारों ने उत्पादकता तथा जीवनधार्यता दोनों को विस्तृत रूप से साबित कर दिया है फिर भी इसका इस्तेमाल करने वाले किसानों की संख्या कम ही है। ऐसा इसलिए है कि इन तकनिकों में प्रबंधन कौशल जानकारी एवं बाहरी साधनों के लिए श्रम का प्रतिस्थापन शामिल है। फिर भी, कृषि अनुसंधान एवं प्रसार के लिए आधुनिक विचार तकनीक के विस्तृत पैकेज पर जोर डालना रहता है। कुछ ही किसान सक्षम हैं संपूर्ण उत्पादन के आधुनिक पैकेजों या संरक्षण तकनिकों को बनाने के लिए बिना उपयुक्त समायोजन की। समस्या इस कारण भी है कि अधिकांश कृषि अनुसंधान अभी भी अनुसंधान स्थल पर ही होते हैं, जहाँ वैज्ञानिकों को उन अवस्थाओं का अनुभव होता है जो किसानों की अवस्थाओं से बिलकुल भिन्न होते हैं।

यह कई जीवनधार्यता समृद्ध खोजों के लिए सच है। संसाधन-संरक्षण तकनिकों के उत्पादक तथा जीवनधार्य होने पर भी, अगर उन्हें किसानों पर लादा जाएगा तो उनकी विस्तृत ग्राह्यता संभव नहीं होगी। गलियारे की फसल एक कृषि-जंगलात पद्धति है जिसमें नाईट्रोजन-युक्त पेड़ों या झाड़ियों की पंक्तियाँ अन्न की पंक्तियों से अलग होती हैं, उस पर अनुसंधान की दीर्घकालीन दृष्टि होती है। (कॉज, विल्सन एवं लावसन, 1984; उत्ताह-क्राह एंड फ्रांसिस, 1987, यंग 1989, लाल, 1989) कई उत्पादक एवं जीवनधार्य पद्धति को विकसित किया गया है, जिसे कम या बिल्कुल ही बाह्य साधनों की आवश्यकता होती है। ये भूमिक्षरण रोकते हैं, खाद्य तथा लकड़ी पैदा करते हैं तथा दीर्घकाल तक फसलें उगाई जा सकती हैं। परंतु समस्या यह है कि बहुत कम किसानों ने, अगर हों भी, तो इस गलियारे की खेती पद्धति को अपनाया है, मूलरूप में। कई वर्षों तक अनुसंधान के कई मीलियन डालर खर्चों के बावजूद जो पद्धति उदित हुई है, वह मात्र अनुसंधान स्थलों के उपयुक्त ही हैं।

फिर भी जहाँ कहीं भी ऐसी पद्धतियाँ सफल हुई हैं किसानों ने गलियारे खेती के एक या दो तत्त्वों को ही अपनी खेती के लिए अपनाया है। जैसे केन्या में किसानों ने खेतों की सीमाओं पर फलदार पेड़ों को लगाया है तथा रूआंडा में प्रसारकर्मियों द्वारा लगाए गए गलियारे के पौधे शीघ्र ही क्षेत्रों में बांट दिए जाते हैं। (करखौफ 1990) परंतु व्याप्त विचार की प्रवृत्ति है कि किसानों को यह तकनिक अपनाना चाहिए। हैती क कृषि जंगलात के बाहरी योजना में, यह कहा गया है:

> किसानों द्वारा बाड़ों की पंक्तियों का प्रबंधन प्रसार कार्यक्रम को पुष्ट नहीं करते...कुछ किसान इन्हें बहत पहले कर लेते हैं जबकि कुछ बाद में। कुछ बाड़ों की छंटाई दो वर्ष तक भी नहीं होती है जब उनकी ऊँचाई 4-5 मीटर तक पहुँच जाती है। अन्य बाड़ों को जल्दी छांट दिया जाता है मुख्यत: इसलिए कि पशु अन्दर जाते है या ऊपर से छंटाई कर पशुओ को ले जाते हैं। अंत में किसानों के लिए यह आम बात है कि बाड़ों की पंक्तियाँ के पेड़ पोल के आकार के हो जायें। इन पेड़ों की छंटाई नहीं की जाती है वरन् इनकी खेती की जाती है जब भवन-निर्माण के लिए या इन्य कार्यों के लिए खंभों की आवश्यकता हो।(बैनिस्टर एवं नायर, 1990)

किसान अपनी आवश्यकतानुसार इन्हें अपना लेते हैं।

कभी-कभी, फिर भी पर्यावरणीय लाभान्वित तकनीक को विकसित किया जाता है, जिसे किसानों की अवस्थाओं की जानकारी की आवश्यकता नहीं होती है। कैसाबा

मीलिबग (*फेनाकोकस मनिहोती*) के नियंत्रण का एकीकृत कीट प्रबंधन कार्यक्रम पश्चिम तथा केंद्रीय अफ्रीका में ऐसा एक उदाहरण है। सी एम बी का प्रथम अंकन 1973 में अफ्रीका में हुआ तथा प्रभावशील प्राकृतिक दुश्मन वर्रे इपीडीनोकासिसलोपेजी, 1981 में पाया गया। इसके जारी होने पर यह 25 देशों में स्थापित किया गया जहाँ सीएमबी पर अच्छा नियंत्रण हुआ। वैज्ञानिकों के लिए यह एक पूर्ण तकनीक है क्योंकि यह हवा द्वारा जारी होता है जिसकी जानकारी किसानों को नहीं होती है। टोगों में इसके विपरीत अन्य एकीकृत कीट प्रबंधन महत्त्वपूर्ण होता है जब जीवनधार्यता का मसला सामने हो। (बाक्स-1)

## किसानों के प्रयोग को नियमित करना

कृषि विज्ञान तथा प्रसार की समस्या यह होती है कि इसे 'घरेलू' तथा ग्रामीण लोगों की जानकारी की प्रवृत्ति का ज्ञान बहुत कम होता है। बहुतों के लिए ग्रामीण किसानों की जो जानकारी होती है, वह पुरातनपंथी तथा अवैज्ञानिक है या विकास द्वारा लिया गया है और इसलिए औपचारिक अनुसंधान एवं प्रसार का रूपांतरण होना चाहिए जैसा कि वे जानते हैं, उसे विकसित करने के लिए। एक वैकल्पिक विचार है कि स्थानीय ज्ञान का महत्त्व है तथा जिन संसाधनों का इस्तेमाल कम हुआ है, जिसका विकास कार्यों में अध्ययन, संग्रह तथा निगमन किया जा सकता है। इन दोनों में से कोई भी विचार यद्यपि पूर्णरूपेण संतोषजनक नहीं है इसलिए कि इसमें युक्त जानकारी का विचार स्थिर है (चैबंर्स पेसी एंड थ्रूप, 1989; रोलिंग एंड इंगेल, 1989, वारेन, 1991, लॉग एंड लॉग 1992; स्कूस एड थामसन, 1994) यह समझना ज्यादा महत्त्वपूर्ण है कि सक्रिय सीख में स्थानीय लोग हमेशा शामिल रहते हैं तकनीक के पुनर्खोज में, अपनी खेती पद्धति को अपनाने में तथा प्रयोगों की प्रक्रिया की समझ तथा समर्थन अधिक जीवनधार्य कृषि की सुविधा के लिए मजबूत स्थानीय विशेषताओं की प्रकृति सहित महत्त्वपूर्ण प्रकाश डालता है।

इसका विकल्प यह है कि किसानों की अवस्थाओं के अनुरूप तकनिकों को अपनाने के लिए उसमें उनकी संगलग्नता को बनाया एवं प्रोत्साहित किया जाए। यह सामान्य अनुसंधान एवं तकनिकी उदय को बिल्कुल पलट देना है क्योंकि इसमें पेशेवरों तथा किसानों के बीच परस्पर क्रियात्मक भागीदारी की आवश्यकता होती है। भागीदारी तकनीक विकास एक प्रक्रिया है जिसमें किसानों के ज्ञान एवं अनुसंधान क्षमताओं को वैज्ञानिक संस्थानों के साथ जोड़ दिया जाता है जबकि इसके साथ ही स्थानीय क्षमताओं को प्रयोगों तथा खोजों के लिए सशक्त किया जाता है। (जिगींस एंड वी जियु, 1992, रेइज्न्ट्जेस, हैवरकोर्अ एंड वाटर्स-वेयर, 1992; हैवकौर्ट, वान डर कैंप एंड वाटर-बेयर, 1991) किसानों को घरेलू तकनिकों के उत्पादन एवं मूल्यांकन के लिए उत्साहित करना चाहिए उनके अपने ज्ञान पर आधारित तथा महत्त्व की पद्धतियों पर बाह्य तकनिकों को अपनाना चाहिए।

**बाक्स 1 : दो एकीकृत कीट प्रबंधन कार्यक्रमों में किसानों की संलग्नता की तुलना।**

ए : कैसावा मलिबग नियंत्रण इपीडीनोकार्सिस लोबेगी।

कार्यक्रम में शामिल आईआईटीए एवं एमएआरएसएस के बीच निकट की भागीदारी होती है जिसमें स्थानीय तकनीशियनों को इसके जारी होने में भाग लेने संलग्न किया जाता है। अब बेमिन में बड़े पैमाने पर बर्रेई, लोपेगी का पालन होता है, वहाँ से उन्हें वायु जारी करने के लिए हवाई मार्ग से भेजा जाता है। आईआईटीए के अनुसार सफलता का एक मुख्य तत्त्व है कि इसमें किसानों तथा प्रसारकर्मियों को शामिल नहीं किया गया है। इसलिए किसानों को इसके बारे में कोई जानकारी नहीं रहती है। घाना तथा कोट डी आवरी में किसानों के सर्वेक्षण से पता चलता है कि उन्हें सीएमबी की पहचान है तथा यह कि वह कितना खतरनाक कीट होता है। सभी जगह जहाँ इ लोपेजी को 6 महीने पहले लागू किया गया है वहाँ सीएमबी में महत्त्वपूर्ण कमी देखी गई है। परंतु चूँकि कोई कार्यक्रम के बारे में नहीं जानता था उन्होंने इस कमी को हाल के भारी वर्षा तथा अन्य जलवायु तत्त्वों पर डाला।

बी: मेंगो मीलिबग नियंत्रण तोंगो का-

सीएमबी कार्यालय परासीटायड जाइरानुस्वाड्स टेब्यी को लागू करने की सफलता प्राप्ति के विपरीत है जो 1987 में से टोंगो मे मैंगो मीलिबग के नियंत्रण के लिए किया गया (रास्ट्रोकोरस इन वैडेंस)। यह परजीवीनाशक भारत में पाया गया तथा जाँच, पालन एवं जारी होने के बाद तेजी से संपूर्ण टोंगों में फैल गया। सन् 1989 तक कोई भी आम का पेड़ ऐसा नहीं बचा जहाँ मेंगो मीलिबग की मौजूदगी हों बिना परजीवी नाशक के। परंतु जन रुचि बिना इसकी सफलता बाधित होगी क्योंकि रसायन नियंत्रण का कोई भी तरीका पारजीवियों को मार देगा। इसे काफी प्रचारित किया गया रेडियो, टी. वी. तथा परामर्शी परचों द्वारा। अब जैविक नियंत्रण पद्धति द्वारा आर्थिक क्षति को काफी हद तक कम किया गया है।

*स्रोत:* कीस एवं मीटमैन (1991)

परंतु, वास्तव में अनुसंधानकर्त्ता तथा किसान भिन्न, तरीके से भागीदार होते हैं जो प्रत्येक घटक का अनुसंधान प्रक्रिया पर नियंत्रण के अंश पर आधारित है। 'भागीदारी' अनुसधांन का सर्वाधिक सामान्य रूप होता है अनुसंधान-कर्त्ताओं द्वारा निरूपित प्रयोगों को किसान कार्यान्वित कर सकें। परंतु किसानों की और बड़ी भूमिका और भी कम होती है। फुजीसाका ने (1991) फिलीपींस में नयी फसल पद्धति में अनुसंधानकर्त्ता निरूपित प्रयोगों का वर्णन किया है। यद्यपि प्रयोगों के कार्यान्वयन में किसानों ने भाग लिया, फिर भी इसमें भारी अनिश्चितता थी कि अनुसंधानकर्त्ता वास्तव में क्या प्राप्त करने की कोशिश कर रहे हैं। किसानों ने प्रयोगों को समझने में भूल की तथा नयी तकनीक को अस्वीकार कर दिया। फुजीसाका के अनुसार इसका कारण यह था कि किसानों तथा अनुसंधान कर्त्ताओं के बीच दो समूहों के बीच निरंतर सावधानीपूर्वक एक-दूसरे को सुनने के सहयोग होना चाहिए। क्लवेरिया के किसान अनुसंधान-कर्त्ताओं को उत्सुकता से सुनते थे। खेती पर सभी अनुसंधान-कर्त्ताओं के लिए चक्र को पूरा करने की चुनौती होती है।

यद्यपि इसका अर्थ होता है कि तकनीक विकास में किसानों को अवश्य शामिल किया जाए, पर इसका स्थान नहीं है। अनुसंधान को कई मोर्चों पर योगदान करना होता है यथा अवरोधक कल्टीवार के विकास में कीटों के जीवन-चक्र की जानकारी, जैविक नियंत्रण, तरीके, मिट्टी के क्षय के नियंत्रण के लिए उपयुक्त फसल तथा नाईट्रोजन स्थिरता प्रक्रिया आदि। ऐसे अनुसंधान जटिल प्रक्रियाओं की जानकारी भी देते हैं जैसे मिट्टी में पोषक तत्त्वों को ले जाना तथा पौधों तक उनकी पहुँच परंतु इनके योगदानों को किसानों के लिए चयन का प्रावधान समझा जाना चाहिए क्योंकि वे खेत संबंधी-निर्णय करते हैं तथा संपूर्ण खेती को अधिक जीवनधार्यता की ओर ले जाते हैं।

## पढ़ाने से सीखने तक तथा संपूर्ण नयी व्यवसायिकता

जीवनधार्य कृषि का मुख्य सिद्धांत होता है संसार के बारे में सीखने के नये रास्ते लाना। परन्तु सीख को शिक्षा समझने का भ्रम नहीं होना चाहिए। शिक्षण का अर्थ होता है ज्ञान का स्थानानंतरण उससे जो जानता है, उस तक जो नहीं जानता है। शिक्षा शैक्षणिक पाठ्यक्रम का सामान्य रूप होता है तथा कई संगठनात्मक ढाँचे का केंद्र भी। (आइसन, 1992; आरगायरिस, पुतनाम एवं स्मिथ 1985, रसेल एंड आयसन, 1991, बाउडेन, 1992, 1994 प्रेटी एंड चैंबर्स, 1993) विश्वविद्यालयों तथा अन्य व्यवसायिक संस्थानों ने शिक्षण-प्रतिमानों को पुनर्स्थापित किया है यह भाव प्रदर्शित कर कि वे ज्ञान के संरक्षक हैं तथा इसे प्राप्तिकर्ता के बीच बांटा जा सकता है। (प्रायः लेक्चर या भाषण द्वारा) जहाँ इन संस्थानों द्वारा स्वयं विकास शामिल करने पर प्रकाश नहीं डालते तथा सीखने की क्षमता की वृद्धि नहीं करते, वे छात्रों को एक जटिल कृषि पर्यावरण के जीवनधार्य प्रबंधन के अनिवार्य ज्ञान सीखने की अनुमति नहीं देते। वैसी अवस्था में शिक्षण जीवनधार्य कृषि को डराता है।(आयसन, 1990)

किसानों के लिए समस्या यह होती है कि वे सामान्य, कैलेंडर आधारित कार्यकलापों पर भरोसा नहीं कर सकते अगर उन्हें जीवनधार्य खेती में संलग्न होना है। उनका हस्तक्षेप निरीक्षण तथा अनुमानों पर आधारित होना चाहिए। उन्हें वैसे उपकरणों तथा संकेतकों की आवश्यकता होती है जो खेतों पर एवं खेतों के बीच अधिक पर्यावरणीय संबंध दृष्टिगत करते हों। जीवनधार्य खेती के लिए तकनिकों को परिमाप एवं निरीक्षण उपकरण पर अवश्य जोर देना चाहिए या उन सेवाओं पर जो किसानों को व्यक्तिगत तौर पर आपनी अवस्थाओं के निर्धारण में सहायता करें जैसे मिट्टी विश्लेषण, खाद विश्लेशण तथा कीटों की पहचान।(रोलिंग, 1993) इसे उच्चतर पद्धति स्तर पर प्रकाश डालना होता है। कीटों के नियंत्रण के लिए हमलावरों तथा परजीवियों को प्रायः एक बड़े जैवोद्यान की आवश्यकता होती है छोटे खेतों की बजाय। मिट्टी के नियंत्रण, जल संचय, जैव-विविधता, जैव संख्या तक पहुँच, कचरे का पुनरुत्पादन ग्रामों एवं शहरों के बीच एवं जंतुओं तथा फसलोत्पादन के बीच सभी को सहयोग तथा संयोजन की आवश्यकता होती है।

आवश्यक होता है सामाजिक सक्रांति या सीख का पथ जिसे किसानों तथा समुदायों को जीवनधार्य कृषि को समर्थन देना चाहिए। यह स्पष्ट नहीं होता तथा प्रायः प्रसारकों द्वारा पहचाना नहीं जाता है। जीवनधार्य कृषि के बारे में जानना मौलिक उद्देश्यों, कौशलों, सिद्धांतों, जोखिम विचारों, ज्ञान, श्रमसंगठनों तथा खेती को व्यवसायिकता में रूपांतरण शामिल होता है। इस सीख पथ के चार तत्त्व निम्नलिखित प्रकार से हैं :

1. *सूचना पद्धति*- जीवनधार्य कृषि को बदलती अवस्थाओं के सापेक्ष होना चाहिए, इसलिए किसानों को निरीक्षण, निरीक्षण-उपकरण, रिकार्ड रखने तथा प्रक्रियाओं की देखरेख में विनियोजन करना चाहिए।
2. *वैचारिक फ्रेमवर्क*- जीवनधार्य कृषि ज्ञान गहनता है और इसलिए किसानों को कीटों की जीवन चक्र, रोग संरचनाओं एवं उनकी पहचान, जैविक नियंत्रण, पर्यावरणीय सिद्धांतों, मिट्टी जीवन प्रक्रियाओं पोषक-चक्रों के बारे में अवश्य जानना चाहिए।
3. ज्ञान-जीवनधार्य खेती के लिए संपूर्ण नये ज्ञान की आवश्यकता होती है, जिसमें शामिल है, निरीक्षण एवं देखरेख, कंपोस्ट बनाना, यांत्रिक घास नियंत्रण, कीटनाशकों को लागू करने का स्थान तथा जोखिम निर्धारण।
4. *उच्चतर पद्धति*- स्तर प्रबंधन-सामान्यत: खेती को जीवनधार्य प्रबंधन ही यथेष्ट नहीं हैं तथा यह जरूरी है की खेती के उच्चतर पद्धति स्तर पर सोचें तथा उस स्तर पर प्राकृतिक संसाधनों का सामूहिक प्रबंधन।

इसलिये शैक्षणिक पद्धति में जीवनधार्य कृषि की मौलिक आवश्यकता है कि विश्वविद्यालय समुदायों में भागीदारी सीखने वालों को लायें। ऐसे परिवर्तन अत्यल्प हैं जिसका अपवाद है हाउसकेसवरी कालेज, जो अब पश्चिमी सिडनी विश्वविद्यालय आस्ट्रेलिया का एक हिस्सा है। (बाउडेन, 1992, 1994) फिर भी, लेटिन अमरीका के गैर-सरकारी सम्मेलन जो कृषि-पर्यावरण तथा निम्न साधन कृषि से संबंधित है इसने 11 कृषि कालेजों के साथ एक समझौता किया है जीवनधार्यता तथा दरिद्रता से संबंधित पाठ्यक्रमों तथा अनुसंधान मसलों को संयुक्त रूप से पुनरुद्धार का, जो अर्जेटायाना, वोलिविया चीली, मेक्सिको, पेरू तथा युराग्वे में हैं। (अलटियेरी एंड यूरपेविक, 1992, युरयेविक, 1994) समझौते में भागीदारी विकास के अधिक क्रमबद्धता तथा एकीकृत पाठ्यक्रमों, पेशेवर प्रशिक्षण सामग्रियों का विकास को शामिल किया गया है।

कृषि विकास संस्थानों के लिए शिक्षण से सीख शैली की ओर जाने का गंभीर प्रभाव होता है। 'हम क्या सीखते हैं इस पर ध्यान कम तथा हम कैसे सीखते हैं या किसके साथ सीखते हैं, इस पर ध्यान अधिक रहता है। (बाक्स 2 में वर्णित किसानों के क्षेत्रीय स्कूल के सिद्धांत देखें, जिसका इस्तेमाल फाओ आईपीएम कार्यक्रम में दक्षिणपूर्व एशिया में हुआ) यह विकास पेशेवरों के लिए नयी भूमिका दर्शाता है जो एक पूर्ण नई पेशेवारिता की ओर ले जाता है जिसमें नये विचार, महत्त्व, तरीके तथा व्यहवहार होते हैं। यह विचित्र है कि सामान्य व्यवसायी एकल-विषयी होते हैं जो अधिकांशत: या केवल उन संस्थाओं के लिए कार्य करते हैं जो लोगों की पहुँच से बाहर हैं, संदर्भों की विविधता से असंवेदनशील रहते हैं तथा अपने आपसे संबंधित होते हैं तकनीक के निर्माण तथा स्थानांतरण के लिए। लोगों की अवस्थाओं तथा प्राथमिकताओं के बारे में विश्वास प्राय: भिन्न होता है लोगों के अपने विचार सें नये व्यवसायी इसके विपरीत या तो बहु-विभागीय होते हैं या अन्य विभागों के नजदीकी संपर्क में कार्य करते हैं ग्रामीण तथा शहरी लोगों के निकट संवाद की जटिलताओं से भयभीत नहीं होते तथा लगातार परस्पर क्रिया एवं विकास के संदर्भ के प्रति जागरुक भी रहते हैं।

**बाक्स 2 : किसानों के क्षेत्रीय स्कूल के प्रमुख सिद्धांत।**

1. जो संगत एवं अर्थपूर्ण है, वह सीखने वाले द्वारा तय किया जाता है तथा उसी द्वारा किया जाना चाहिए। सीख उस अवस्था में फैलती है जहाँ शिक्षा को सुविधाजनक प्रक्रिया समझा जाता है जो लोगों को अपने लिए घटनाओं का व्यक्तिगत अर्थ पता लगाने तथा निकालने में सहायता करता है।
2. सीख अनुभव का फल है। लोग जिम्मेदार हो जाते हैं जब वे जिम्मेदारियाँ निभते हैं तथा सफलता का अनुभव करें।
3. सहयोग का विचार सक्षम बनाता है। चूँकि भागीदारी समूह के विचारों में विनियोजन करते हैं, उन्हें अपनी योग्यता के ज्ञान का विकास होता है।
4. सीख एक विकासवादी प्रक्रिया है तथा मुक्त एवं खुले संचार मुकाबले ग्राह्यता, सम्मान तथा भूल करने के अधिकार द्वारा जाना जाता है।
5. प्रत्येक व्ययिक्त की वास्तविकता का ज्ञान विशिष्ट है। जैसे लोग अधिक जागरूक होते हैं कि उन्होंने कैसे समस्याओं को समाधान करना सीखा है, वे अपनी सीख तथा कार्य की अपनी शैली को परिष्कार एवं सुधार कर सकते हैं।

*स्रोत:* किंगस्ले एवं मुसात्ते, 1994; वान डी फ्लायर्ट, 1993; केंमोर, 1991; स्टॉक, 1994

## निर्देशात्मक से भागीदारी प्रसार तक

प्रसार को काफी समय से कृषि विकास के प्रसार नमूने में रखा गया है जहाँ तकनिकों को अनुसंधान वैज्ञानिकों से प्रसारकर्मियों और फिर किसानों तक पहुँचाया जाता है। (रोजर्स, 1962, 1983) इस विचार को प्रशिक्षण एवं दौरा पद्धति से प्रमाणित किया जाता है। सर्वप्रथम इसे टर्की में कार्यान्वित किया गया सन् 1967 में और बाद में विस्तृत पैमाने पर सरकारों द्वारा अपनाया गया। (बेनोर, 1987 रॉबर्ट्स, 1989) उदित हो रहे प्रसार कर्मचारियों के लिए यह एक प्रबंधन पद्धति की तरह आया जिसने डेस्काधीन, अल्पप्रेरित क्षेत्रकर्मियों को प्रभावी प्रसारकर्मियों में बदल दिया। प्रसारकर्मी तकनिकी ज्ञान की वृद्धि के लिए चयनित संपर्क किसानों की छोटी संख्या के साथ निरंतर संचार द्वारा लगातार प्रशिक्षण पाते रहते हैं।

परंतु संपर्क किसानों का चयन साक्षरता, धन परिवर्तन की इच्छा तक उन्नतिशीलता के आधार पर होता है इसलिए यह उन्हें बचे समुदाय से अलग कर देता है। संपर्क किसानों को तकनिकी संदेशों का दूसरा स्थानांतरण कम सफल हुआ है। अनुमान से, तथा इसकी ग्राह्यता दर काफी कम रही है गैर संपर्कित किसानों के बीच। निस्संदेह आज टी एवं वी को विस्तृत रूप से अप्रभावी माना जाता है। (एक्सीन, 1988, होवेल, 1988, मोरिस, 1990, एंथोल्ट 1992, 1994, हुसैन, वायरली एवं हीसी, 1994)

टी एवं वी संबद्ध समस्याओं से महत्त्वपूर्ण सीख मिल चुकी है तथा प्रसार के सम्मुख समस्याओं की क्रमबद्धता पर ध्यान देना आवश्यक है (जिज्य, 1993, एंथोल्ट, 1994) परंपरागत संचार प्रणाली पर प्रसार को निर्माण की आवश्यकता है तथा यह किसानों को स्वयं प्रसार प्रक्रिया में संलग्न करता है। किसानों के निकट क्षेत्र में कार्य करने वाले कर्मचारियों को ईनाम देने के लिए उत्प्रेरक पद्धति का विकास करना होगा। क्षेत्रीय अधिकारियों तथा प्रसार प्रणाली के बीच स्पष्ट संबंध होना चाहिए जो प्रसार तथा क्षेत्रीयकर्मियों के कार्यों के महत्त्व के बारे में ग्राहकों के विचारों पर आधारित होगा। (एंथोल्ट, 1992) भागीदारी को, स्पष्ट रूप से परस्पर क्रियात्मक तथा सशक्तिकरण का होना चाहिए अगर इसे प्रसार का भाग होना है। भागीदारी का कोई भी बहाना का फल कम परिवर्तन ही होगा। समिति में स्थान देना अपर्याप्त होगा।

हाल में, प्रसार में समूहों के विचारों तथा किसानों की भागीदारी के तत्त्वों को लागू करने पर खोज की गयी है। नेपाल तथा केन्या दोनों जगह व्यक्तिगत तथा समूह विचारों के बीच प्रभाव के अंतर को अंकित किया गया है। पश्चिमी नेपाल (1993) ने नयी तकनीक की ग्राह्यता दर की तुलना की है जब प्रसार व्यक्तियों या समूहों के साथ कार्यरत हुआ। संचार के कारण ग्राह्यता अधिक हुई। इस प्रयोग के बाद व्यक्तिगत विचार पर फिर कार्य किया गया तो बाद के वर्षों में ग्राह्यता दर में कमी आयी।

केन्या में, मिट्टी तथा जल संरक्षण के लिए कृषि मंत्रालय के समुदायोन्मुख विचार अपनाने को बढ़ावा मिला है यह दृढ़तापूर्वक पहले टी एवं वी के व्यक्तिगत विचार को स्थानापन्न कर रहा है। जहाँ प्रसार कर्मचारी संयक्त कार्य योजना के विकास में समुदाय के साथ निकट परस्पर क्रिया करते हैं, स्थानीय लोग स्थानीय पकड़ की समितियों में सदस्यों का चुनाव करते हैं तो कृषि प्रभाव बढ़ता है तथा बनाए रखा जाता है। सशक्त स्थानीय समूह, विस्तृत समुदाय की रुचियों को क्रियाशील बनाता है तथा बाहरी संस्थाओं से प्रत्यक्ष संपर्क की अवधि के बाहर भी कार्य को बनाए रखता है। पकड़ के आकर्षक विचार तथा व्यक्तिगत टी एवं वी विचार के प्रभावों के बीच तुलना के हाल के अध्ययन ने दिखाया है कि जहाँ समुदाय-विचारों का कार्यान्वयन हुआ है, वहाँ संकेतकों के विस्तृत क्षेत्र में किसानों के रहन-सहन में अधिक सुधार हुआ है (एसडब्ल्यूसीबी, 1994, प्रेटी, कॉमसन एंड कीपारा, 1994, एमएएलडीएम, 1988-1994 एकवोम, 1992)

आईपीएम में भी इसी प्रकार की सफलता मिली है, जिसमें विश्लेषणात्मक कौशल की तथा कुछ मूलभूत प्रशिक्षण की फसलों की देखरेख तथा पर्यावरणीय सिद्धांतों में आवश्यकता होती है। होन्डुरस में जहाँ किसानों को विशेषज्ञ का प्रशिक्षण प्राप्त हुआ है एवं चावल-आईपीएम कार्यक्रम में दक्षिणी-पूर्वी एशिया में, तो प्रभाव काफी देखे गए (बेंटली, रोड्रिग्ज, एंड गोंजालेज, 1993) एवं (केंमोर, 1991) साधारण किसानों को सिद्धांतों तथा विचारों की द्रुत प्राप्ति तथा अपनाने में सक्षम पाया गया। बहुत कम कार्यक्रमों द्वारा अब नए तकनीक की शिक्षा दी जाती है। इसकी बजाय उनकी चिंता किसानों की अपनी क्षमता विकसित करने की है अपने लिए तथा उनके अपने निदान के विकास के लिए। इनसे कीटनाशकों के इस्तेमाल में

काफी कमी हुई है। (तालिका-1) पर जहाँ प्रसार परंपरागत ऊपर से नीचे विचारों का इस्तेमाल बराबर करता है तो बहुत कम किसान इसे अपनाते हैं, सिद्धांतों की सीख छोड़कर। जैसा कि मेटसेन ने बताया है (1952) "बहुत कम आईपीएम कार्यक्रमों में किसानों के ज्ञान, भावों तथा तरीकों पर स्थायी प्रभाव डाला है।"

प्रसार के तीन प्रमुख पाठ हैं। प्रथम यह कि नयी चीजों को दृष्टिगत बनाना महत्त्वपूर्ण होता है। प्रसार की एक महत्त्वपूर्ण भूमिका होती है पर्यावरण की अवस्था तथा वह सीमा जहाँ वर्तमान खेती के तरीके अस्थानीय हैं, उसे दृष्टिगत करना। इसके अलावा, प्रसार जीवनधार्य-तरीकों की उपयोगिता को दर्शा सकता है। इससे भी अधिक महत्त्वपूर्ण होता है कि किसानों को निरीक्षण का उपकरण देना तथा उन्हें अपने खेत स्थिति की देखरेख करने का प्रशिक्षण देना।

दूसरा पाठ किसानों की जानकारी का उपयोग करना है। जीवनधार्य-कृषि के स्थान-विशेष की प्रकृति का अर्थ होता है कि प्रसार को किसानों की जानकारी का इस्तेमाल करना चाहिए तथा किसानों के साथ कार्य करना चाहिए। प्रायः घरेलू तरीकों को फलित कृषि से पुनरुत्पादित करना चाहिए, जिसे रसायनिक खेती के प्रभावान्तर्गत छोड़ दिया गया था। घरेलू तकनिकी विकास तरीकों एवं किसानों के प्रयोग महत्त्वपूर्ण 'प्रवेश बिंदु' हो सकता है जीवनधार्य खेती के तरीकों को लागू करने के लिए। (ब्राउर्स एंड रोलींग, प्रेस में)

तीसरा पाठ है सीख को सुविधाजनक बनाने पर जोर देना। तकनीक स्थानांतरण के बदले, प्रसारकर्मियों को खेती की सहायता करनी चाहिए "सीख-पथ पर जाए।" बताकर। (बाक्स-3) प्रसारकर्मियों को सीखने की प्रक्रिया को समझना चाहिए, जहाँ आवश्यक हो विशेषज्ञ सलाह देना चाहिए, सीख-समूहों का सृजन तथा आयोजन करना चाहिए तथा किसानों को अपने खेतों पर आयी प्रमुख बाधाओं को दूर करने में सहायता देना चाहिए।

## समर्थक नीति-प्रक्रियाओं की चुनौतियाँ

नीति निर्धारण सामान्यतः किसी केंद्रीय प्राधिकार का विशेषाधिकार माना जाता है जो एक नीति का निर्धारण करता है और फिर इसे निर्जीव, आरोपित तथा कार्यान्वित किया जाता है चाहे जानकारी तथा संबंध भले ही विवादित हों। परंतु नीति व्यवहार में प्रायः विभिन्न रुचियों के समूहों के कार्यों का शुद्ध नतीजा होता है जो पूरक अर्थात् विपरीत दिशाओं के होते हैं। खासकर यह सच होता है पर्यावरणीय समस्याओं के साथ क्योंकि उनमें अनिश्चितता, जटिलता, तथा उच्च दावेदारी जटिलताएँ एवं उच्च दाब निहित रहते हैं (फंटोविश्ज, रेवेट्सज, 1993) इसलिए बढ़ती प्रवृत्ति होती है नीति को बातचीत की सहमति मानना जो नागरिकों के बीच-परस्पर क्रिया से आती है तथा जिसमें केंद्रीय प्राधिकार की सुविधाकर्त्ता की भूमिका होती है। (वान डर पोयल एवं वान वर्कम, 1994) नीति तभी प्रभावी होती है जब यह विस्तृत सहमति पर आधारित रहे। इस परिप्रेक्ष्य में, यह देखना आसान होता है कि कई पर्यावरणीय नीतियाँ जो जबर्दस्ती नियंत्रण तथा स्थानांतरण पर भरोसा रखती हैं, वे असफल हुई हैं। (प्रेटी, एवं शाह, 1994, पिंबर्ट एंड प्रेटी, 1994)

जीवनधार्य कृषि की सफलता के लिए, नीति निर्धारण एक नये तरीके से होना चाहिए। नीति प्रक्रियाएँ सक्षमता तथा भागीदारी की होनी चाहिए। स्थायी विकास की अवस्थाओं का सृजन करने जो स्थानीय उपलब्ध संसाधनों तथा स्थानीय कौशलों एवं जानकारी पर अधिक निर्भर हो। प्रभावी नीति प्रक्रियाओं को घटकों एवं संस्थाओं को एक साथ लाना पड़ेगा सृजनात्मक परस्पर क्रिया एवं बहुसंख्यक वास्तविकताओं तथा अनुमानहीनता पर ध्यान देने के लिए। आवश्यकता है वैसे विचारों के विकास की जो भागीदारी, बातचीत नीति निर्धारण में मध्यस्थता लाए ताकि व्यवहारों में सामान्य स्वामित्व का सृजन हो सके। यह जीवनधार्य

**बाक्स 3 : नीदरलैंड में सीखपथ पर प्रथम चरण।**

डच फलोद्यान में लाल मकड़े के घुन के नियंत्रण के लिए प्रिडेटर घुन को लागू किया गया, जो रसायनिक नियंत्रण का अवरोधक बन गया। इस जैविक-नियंत्रण का इस्तेमाल का अर्थ था कि किसानों को यह सीखना पड़ा कि वे अपने उद्यानों का प्रबंधन कैसे करें। एक जैव-बागों की तरह प्रिडेटर, घुन के लिए। शीघ्र ही वे दूरवीक्षित शीशे को साथ रखने लगे अपने छोटे सहायकों की प्रगति देखने। इसने उनकी निरीक्षणता को बढ़ाया तथा वे लगातार निरीक्षण में विनियोजन के आदी हो गए। इसके ओर आगे प्रिडेटर घुन के स्वास्थ्य ने अन्य कीटों के खिलाफ विस्तृत-आयामी कीटनाशकों के इस्तेमाल को दूर किया। फलस्वरूप किसानों को उन कीटों के लिए वैकल्पिक नियंत्रण को सीखना पड़ा।

**तालिका 1 : कीटनाशकों के इस्तेमाल तथा फसलों की पैदावार के लिए किसानों की नयी भागीदारी सीख के लिए संलग्न आईपीएम कार्यक्रम का प्रभाव।**

| देश या फसल | कीटनाशकों के अपयोग में औसत परिवर्तन (परंपरागत व्यवहार का %) | पैदावार में परिवर्तन (परंपरागत तरीकों का %) |
|---|---|---|
| टोगो, कपास[1] | 50% | 90–108% |
| बरकीनो फासो, चावल[1] | 50% | 103% |
| थाईलैंड, चावल[2] | 50% | आंकड़ा नहीं है |
| फिलीपींस, चावल[2] | 62% | 110% |
| इन्डोनेशिया, चावल[2] | 34–42% | 105% |
| निकारागुआ, मक्का[3] | 25% | 93%[a] |
| अमरीका, नौ वस्तुए[4] | आवेदन अधिक आयतन कम | 110–130% |
| बांग्ला देश, चावल[5] | 0–25% | 113–124% |
| भारत, मूंगफली[6] | 0% | 100% |
| चीन, चावल[2] | 46–80% | 110% |
| वियतनाम, चावल[2] | 57% | 107% |
| भारत, चावल[2] | 33% | 108% |
| श्री लंका, चावल[2] | 26% | 135% |

[a] यद्यपि पैदावार कम है, पर शुद्ध प्राप्ति बहुत अधिक हैं।

*स्रोत :* (1) कीस एंड मीटमैन, 1991; (2) केंमोर, 1991, (3) विनार्टो, 1993, बान डर पलायर्ट, 1993, (4) एनआरसी, 1989, (5) कैंप *इट. एल.* 1993, केंमोर, 1991, (6) आईसीआरआईएसटी, 1993.

कृषि के लिए केंद्रीय चुनौती है। उच्चतर स्तर पद्धति का प्रबंधन चाहे वह सामान्य चारागाह भूमि हो, किनारे की मध्यस्तापालन स्रोत हो, सामुदायिक वन हो, राष्ट्रीय पार्क से हो, जलाशय हो, इसके लिए सामाजिक संगठन आवश्यक हैं जिसमें प्रमुख दावेदार शामिल हों। जीवनधार्य कृषि को बढ़ाने के सभी सफल कदम में समूहों या समुदायों द्वारा समन्वित कार्य समान है स्थानी स्तर पर (प्रेटी, 1995) समस्या यह है कि संसाधनों के इस्तेमाल का समझौता मंच साधारणतः नहीं होता है और इसलिए इसे सृजित एवं सुविधा देने की आवश्यकता है। (ब्रिकमैंन, 1994, रोलिंग, 1994ए 1994बी)

सामूहिक संसाधन प्रबंधन क्षमता को प्राप्त करने में दावेदारों की सहायता के लिए विभिन्न तरीकों का उदय हो रहा है। जाना माना है भागीदारी द्रुत जाँच (पीआरए) तथा संबंधित तरीके (अध्याय 6 देखें) इसके अतिरिक्त, मुलायम पद्धति तरीका (एसएसएम) को नियमित वातावरण के लिए विकसित हुआ, इसमें संसाधन उपयोग वार्ता के लिए काफी संभावनाएँ हैं। (चेकलैंड, 1981 चेकलैंड एंड स्कोल्स, 1990) उन दावेदारों के लिए जो एक समस्या में भाग लेने में विश्वास करते हैं, एस एस एम कई चरणों में ले जाते हैं जो उन्हें अच्छे दृश्य के सृजन की अनुमति देता है, उनके बहुसंख्यक परिप्रेक्ष्यो पर निर्भर रहता है, समस्या के प्रमुख कारणों के लिए जगह बनाते हैं और इस प्रकार सामूहिक कार्य निर्णय होता है। "कृषि ज्ञान पद्धति के द्रुत निर्धारण" (आर ए ए के एस) (इंजेल, 1999) एक संबंधित तरीका है अनुसंधानों को सुविधाजनक बनाने के लिए जो ज्ञान नेटवर्क की एक उदित संपदा है जिसमें किसान, प्रसार-कर्मी, अनुसंधानकर्त्ता, गैर-सरकारीकर्मी तथा नीति निर्धारक सभी शामिल रहते हैं। यह पद्धति ने दावेदारों के लिए विभिन्न खिड़कियाँ खोल दी हैं (जैस लक्ष्य, कार्य अंतर,

**बाक्स 4 : आस्ट्रेलिया के भूमि केंद्रीत कार्यक्रम में किसानों द्वारा नक्शे का संसाधन।**

आस्ट्रेलिया में भूमि पर ध्यान सीख का एक उदाहरण पेश करता है उच्चतर पद्धति स्तर पर प्राकृतिक संसाधनों पर ख्याल रखने के लिए। संसाधन नक्शे पर विचार करें। उपाकर्षक स्थल के किसानों के समूह सुविधाकर्त्ता द्वारा आयोजित किया जाता है (साधारणतः भूमि की देखरेख के उप समूह) मिट्टी तथा क्षय के प्रति उनकी संवेदनशीलता पर चर्चा के लिए। प्रथम, एक मिट्टी की प्रकार बद्धता किसानों द्वारा स्थापित किया जाता है, क्षेत्रीय दौरों से, मिट्टी के गड्ढे खोदकर तथा इसी प्रकार के अन्य कार्यों द्वारा एक उपयुक्त वर्गीकरण के बाद (जो कार्यालयी वैज्ञानिक से काफी भिन्न हो सकता है) पर सहमति हुई, किसान संपूर्ण उपाकर्षक पकड़ का फोटो मोजायक प्राप्त करते हैं जिसमें उनकी संपदा खिंची होती है। उन्हें एक पारदर्शी पटल भी दिया जाता है जिस पर वे मिट्टी तथा अपनी संपदा की प्रमुख विशेषताओं को अंकित कर सकते हैं।

किसानों के इस नक्शे को दशमलवित कर जीआईएस सॉफ्टवेयर में डाल दिया जाता है जो संपदा संसाधन नक्शे को एक एकीकृत उप-कैचमेंट नक्शे में एक साथ जोड़ देता है। नतीजों पर चर्चा के बाद, किसान संसाधन नक्शे पर सहमत होते हैं उप-कैचमेंट के लिए तथा उन्हें अपनी संपदा तथा उप-कैचमेंट के बीच परस्पर क्रिया का स्थिर ज्ञान हो जाता है। उन्हें यह भी समझ में आ जाता है कि उपयोगी मिट्टी का क्षय रोकने के उपाय तथा सोलिनेशन के लिए बाड़ों, सड़कों, सब्जियों का क्षेत्र एवं अन्य विशेषता का होना आवश्यक होता है।

एकीकरण, स्पष्टता, समन्वय, कार्य) उनके अपने सामूहिक व्यवहारों पर जहाँ उन्हें अपने-अपने योगदानों के क्रियाशील प्रयासों को समझने का अवसर मिलता है अनुसंधानात्मक कार्यों के लिए।

ऐसे विचारों के कार्य करने के लिए एक मौलिक आवश्यकता है कि एक खास प्राकृतिक संसाधन में दावेदार यह समझ जाते हैं कि उनकी समस्याएँ समान हैं। (बाक्स 4) यहाँ प्रसार की एक महत्त्वपूर्ण भूमिका होती है दावेदारों तथा संसाधन इकाई की अंतर्निर्भरता दृष्टिगत हो जाए, जो उनके असंयोजित कार्य के कारण नष्ट हो गया है जिस पर वे निर्भर होते हैं तथा उनके व्यक्तिगत कार्यकलापों के सामूहिक प्रभाव का असर होता है। यह नीति संदर्भों के अंतर्गत है और इस प्रकार जीवनधार्य कृषि के लिए प्रेरक होता है जिसके लिए तकनीक विकास एवं प्रसार खासकर प्रभावी हो सकते हैं।

## संदर्भ


अल्टीयेरी, एम ए., एवं युरजेविक, ए. (1992) चेंजींग दी एजेंडा ऑफ दी यूनिवर्सिटीज। *आईएलईआईए, न्यूजलेटर, 2*, 39.

एंथोल्ट, सी. सच. 1992) *रिलिवैंसी, रेस्योसिवनेस एंड कोस्ट-इफेक्टीवनेसः इशुज फॉर एग्रीकल्चरल एक्सटेंशन इन दी 21स्ट सेंचुरी*। वाशिंगटन डीसी : एशिया रिजन, टेक्नीकल डिपार्टमेंट, वर्ल्ड बैंक।

एंथोल्ट, सी.एच. (1994) *गेटींग रेडी फॉर दी 21स्ट सेचुरीः टेक्नीकल चेंज ऐड ईस्टीट्यूशनल मोर्डनाजेशन इन एग्रीकल्चर*। वर्ल्ड बैंक टेक्नीकल पेपर 217, एशिया टेक्नीकल डिपार्टमेंट सीरीज, वाशिंगटन डी सी, वर्ल्ड बैंक।

आरगाईरिस, सी., पुतनाम आर., स्मिथ, डी.एम. (1985) *ऐक्शन साईंस*. सन फ्रांसिसको एंड लंदनः जोसी-बास।

आता-कराह, ए. एन., एंड फ्रांसिस, पी. ए. (1987) दी रोल ऑफ ऑन फार्म ट्रायल्स इन दी इवेल्युएशन ऑफ कंपोजिट टेक्नोलाजलीस दी केस ऑफ एलेय, फार्मिंग इन साउर्थन नाईजेरिया, *एग्रीकल्चरल सिस्टम्स, 23*, 133-152.

एक्सीन, जी.एच. (1988) टी एवं वी (ट्राजिंक एंड वान) प्रसार, *इन्टरपाक्स इन्टरचेंज, इन्टरनेशनल एग्रीकल्चर, 5*(3) अरबाना कालेज ऑफ एग्रीकल्चर, यूनिवर्सिटी ऑफ इलिनोइस ऐट अरबाना-चैपेन।

बगेडियन, बी. यू., एंड कोर्टन एफ. एफ. (1991) डेवेलपिंग, इंटीगेटर्स आरगेनाईजेशनः ए लर्निंग प्रोसेस एप्रोच। इन एम. एम. सर्निया. (इडी.), *पुटिंग पिपुल फर्स्ट* (2एडी. इडी.) ऑक्सफोर्ड यूनिवर्सिटी प्रेस।

बैनिस्टर, एम. ई. एवं नायर, पी. के.आर. (1990) एलेय क्रॉपिंग ऐजए सस्टेनबल एग्रीकल्चरल टेक्नालोजी फॉर दी हील्साईड्स ऑफ हायटीः एक्सपेरियेंस ऑफ एन एग्रोफोरेस्ट्री आउटरीच प्रोजेक्ट। *अमरीकन अलटरनेटिव एग्रीकल्चर, 5*(2) 51-59.

बाउडेन, आर. (1992, अक्तूबर) क्रियेटींग लर्निंग स्टिम्सः ए मेटाफोर फॉर इंस्टीट्यूशनल रिफार्म फॉर डेवेलपमेंट। पेपर प्रेजेटेंड ऐट दी ज्वाइंट कोंफ्रेंस ऑफ आईआईईडी/आईडी एस यूनिवर्सिटी ऑफ ससेक्स, आई आई ई डी, लंदन।

बाउडेन, आर. (1994) *ए लर्निंग एप्रोच टू सस्टेनबल एग्रीकल्चर एंड रूरल डेवेलपमेंट : रिफ्लेक्शंस फ्रोम हाउकेसबरी (मिनिओ)* आस्ट्रेलिया, हाकेसबरी कालेज।

बेनर, डी. (1987) ट्रेनिंग एंड विजिट एक्सटेंशन: बैक टू बेरिक्स इन रिवेरा एंड श्न्नाम, *एग्रीकल्चरल एक्सटेंशन वर्ल्डवाइड* (पे-137-149) न्यूयार्क, क्रूम हेल्म।

बेंटली, जे. डब्ल्यू., रोड्रिग्ज, जी. एंड गोंजालेज, ए. (1993) साईंस एंड दी पिपुल: होंडुरस कैंपेसीनोस एंड नेचुरल पेस्ट केट्रोल इन्वेन्शन्स। इन दी क्लस (इडी.) *गोरोस वाई सोंब्रेरोस कैमिनोस हेसिया ला कोबोरेशियन एन्ट्रे टेक्लीकोस वाई कंपोसिनोस*। ईएल जमारको होंडुरस डिपार्टमेंट ऑफ क्रोप प्रोटेक्शन।

ब्रिकमैन, आर. (1994) रिसेंट डेवेलपमेंट इन लैंड यूज प्लानिंग। कीनोट एड्रेस ऐट वी 75-ईयर एनीवर्सिरी कांफरेंस ऑफ दी वाजेनीजने एग्रीकल्चरल यूनिवर्सिटी। एल.ओ. फ्रेस्को इट. एल. (इडीस.), *फ्यूचर ऑफ दी लैंड : मोबीलाजिंग एंड इन्टेग्रेटिंग नॉलेज फॉर लैंड यूज आपसंस*। चिचेस्टर: जोन विली एंड संस।

ब्राऊनर्स, जे. एंड रोलिंग, एन. (इनप्रेस) लिविंग लोकल नोलेज फॉर सस्टेनेवुल डेवेलपमेंट। एक्सेप्टेड फॉर पब्लिकेशन इन डी. एम. वारेन, एस. फुजीसाका एंड जी. प्रेन (इडीएस.) *बायोलोजिकल एंड कल्चरल डायवर्सिटी: दी रोल ऑफ इन्डीजेनस एक्सपेरिमेंटेशन इन डेवेलपमेंट*। लंदन: इन्टरमीडियेट टेक्नोलोजी पब्लिकेशंस।

बंच, आर. (1991) *लो इन्पुट सोयाइल रिस्टोरेशन इन होंडूरस: दी केंटारानस फार्मरटूफार्मर एक्सटेंशन प्रोग्राम*। सस्टेनेबल एग्रीकल्चरल प्रोग्राम गेटकीपर सीरिज एस ए 23, लंदन: आई आई ई डी।

कैंपबेल, ए. (1994) *लैंडकेयर: कम्युनिटीज रोपींग दी लैंड एंड दी फ्यूचर*। सिडनी: एलेन एंड अनविन।

चैंबर्स, आर: पासी, ए., एंड थ्रूप एल-ए. (इडीएस.)(1989) फार्मर *फर्स्ट: फार्मर इन्वेशन एंड एग्रीकल्चरल रिसर्च*। लंदन इन्टरमीडिएट टेक्नोलोजी पब्लिकेशंस।

चैकलैंड, पी. बी. (1981) *सिस्टम थिंकींग सिस्टम प्रैक्टिस*, चिर्चस्टर:जोन विली।

चैकलैंड पी. एंड स्कोल्स, जे. (1990) *सॉफ्ट सिस्टम मेथोडोलोजी इन एक्शन*। चिर्चस्टर : जॉन विली एंड संस।

डोब्स, टी. एल., बेकर, डी. एल., एंड टेलर (1991) सस्टेनेबल एग्रीकल्चरल पोलिसी एनालासिस: साउथ डकोटा ऑन फार्म केस स्टडीज। *जरनल ऑफ फार्मिंग सिस्टम्स रिसर्च एक्सटेंशन 2*(2) 109-124।

एकबोम. ए. (1992) *इकनोमिक इंपैक्ट एसेसमेंट ऑफ इम्प्रीमेंटेशन स्ट्रेटजीस फॉर सोयाइल कंजेर्वेशन। ए कंपरोटिप एनलासिस ऑफ दी आन-फार्म एंड कैचमेंट एप्रोच इन ट्रांसन्जोया, केन्या*, स्वीडन। युनिट फॉर इन्वायरमेंटल एकनोमिक्स, डिपार्टमेंट ऑफ इकनोमिक्स, गोथेनबर्ग यूनिवर्सिटी।

एल टीटी., ए. एंड लैंड्स, एच. (1990) इन्टीग्रेटेड फार्मिंग सिस्टम ऑफ लौटेनबाच: ए प्रैक्टीकल कंट्रीब्यूसन टुवार्ड सस्टेनेबल एग्रीकल्चर। इन सी. ए. एडवार्ड्स, आर. ला, पी. मैडेन, आ.र एच. मीलर एंड जी. हाउस (इडीएस.) *सस्टेनेबल एग्रीकल्चरल सिस्म्स*। एंकनी, सोयाल एंड वाटर कंजर्वेशन सोसायटी।

इंजेल पी. (1995) *फैसिलीटटींग इनोवेशन: ऐन एक्शन ओरियेंटेड एप्रोच एंड पार्टिसिचेटरी मेथेडोलोजी टू इंप्रुव इन्नोवेटिव सोशल प्रैक्टीस इन एग्रीकल्चर*। पब्लिस्ड डाक्टोरल डिसर्टेसन, एग्रीकल्चरल यूनिवर्सिटी, बगेनींजेन।

फायेथ, पी. (इडी.) (1993) *एग्रीकल्चरल पोलिसी एंड सस्टेनेवीलिटी केस स्टडीज फ्राम इंडिया, चीली, दी फिलीपींस एंड दी युनाइटेउ स्टेट्स*, वाशिंगटन, डीसी, डब्ल्यू आर आई।

फ्रोस्को, एल.ओ. स्ट्रूशनिजडेर, एल., बौमा, जे., एंड वान क्यूलेन, एच. (इडीस.) (1994) *दी फ्यूचर ऑफ दी लैंड*, चिर्चस्टर, जॉन विली एंड संस।

फुजीसाका, एस. (1991) थर्टिन रीजंस वाई फारमर्स डुनॉट इम्नोवेशंस इन्टेंर्डड टू इंप्रुव दी सस्टेनेबीलिटी ऑफ एग्रीकल्चर। *इन इवेल्युएशन फॉर सस्टेनेबल लैंड मैनेजमेंट इन दी डेवेलपिंग वर्ल्ड। वाल्यूम-2* टेक्नीकल पेपर्स इब्स्राम प्रोसिंडींगस, 12(2) 509-522, थाईलैंड इबस्राम।

फंटोविक्ज, एस.ओ., एंड रवैट्ज, जे.आर. (1993), साईंस फॉर दी पोस्ट नार्मल एज। *फ्यूचरर्स, 25* (सिंतबर) 739-755.

जीटीजेड (1992) *दी स्पार्क हैज जम्पड दी गैप*। इश्चब्रोर्न, ड्यूटटसे गैसेलक्सचाफ्ट फूर टेकनिके जुसामेनोरबिट, जीटीजेड।

हैनसन, जे.सी. जांसन, डी.एम. पीटर्स, एस.ई. जांके, आर.आर. (1990 दी प्रोफेटिबीलीटी ऑफ सस्टेनबल एग्रीकल्चर ऑन ए रिप्रेजेन्टेटिव ग्रेन फार्म इन दी मिड् एटलांटिक रीजन, 1981-1989। *नार्थ इस्टर्न जरनल ऑफ एग्रीकल्चर एंडरिसोर्स इकनोमिक्स*, 19(2) 90-98.

हैवरकोटे, बी., वान डर कैंप एंड वाटर्स-बेयर, ए. (इडीस.) (1991) *ज्वायनिंग फार्मर्स एक्सपेरिमेंट्स: एक्सपेरियेंसेस इन पार्टिसियेटरी डेवेलपमेंट*। लंदन : आई. टी पब्किशंस।

हौवेल, जे. (इडी.) (1998) *ट्रेनिंग एंड विजिट एक्सटेंशन इन प्रैक्टिस*। लंदन, ओवरसीज डेवेलपमेंट इंस्टीट्यूट।

हूस्का, ए. जे. (1993) केयर पालिसी प्रोमोट्स आईपीएम *इन्टरनेशनल एग-सीव 5*(6) 4-5.

हुसैन, एस. एस. बायरली, डी., एमंड हीसी, पी. डब्ल्यू. (1994). इंपैक्ट्स ऑफ दी ट्रेनिंग विजिट एक्सटेंशन सिस्टम ऑन फारमर्स नोलेज एंड एडोप्शन ऑफ टेक्नोलोजी। इविडेंस फ्रोम पाकिस्तान। *एग्रीकल्चरल इकनोमिक्स, 10*, 39-47.

इक्रीसैट, (1993) विल दी पोडबोटर विकम दी फारमर्स पोल वियरर? *सैट न्यूज* पेज 7-10.

इसन, आर. (1990) *टीचिंग थ्रेटेन्स सस्टेनेबल एग्रीकल्चरल* ग्रेटकीपर सीरीज एसए-21, लंदन, आइ आई ई डी।

जिर्गीस, जे., डे एंड जीयूव एच.(1992) पार्टिसिपेटरी टेक्नोलोजी इन प्रैक्टिस प्रोसेस एंड मेथड्स। इन सी. रिज्नटीन्जंस, वी हैवरकोर्ठ, एंड ऐ वाटर्स-बेयर (एडीस.) *फोर्मिंग फॉर दी फ्यूचर*, नीदरलैंड्स मैकमिलन एंड आईएलईआईए।

जोर्डन, वी. डब्ल्यू. एल., हचियन, जे. ए., एंड ग्लेन, डी.एम. (1993) *स्टडीज इन टेक्नोलोजी ट्रांसफर ऑफ इन्टीग्रेटेड फार्मिंग सिस्टम्स। कंसीड्रेशन एंड प्रिंसीपुल्स ऑफ डेवेलपमेंट*। ब्रिस्टोल: एफ आर सी इंस्टीट्यूट ऑफ एरेबल क्रोप्स रिसर्च। लोंग आस्टन रिसर्च स्टेशन।

कैंप, के., ग्रीगोरी, आर., एंड चौहान, जी. (1993) फीश कटिंग पेस्टसाईड यूज। *आयलिया न्यूजलेटर* 2, 22-23.

कांग, बी.टी., विल्सन जी. एफ., एंड लावसन. टी.एल. (1984) *एलेय क्रापींग ए स्टेबल अलटरनेटिव टू सिफरींग एग्रीकल्चर*। इबादान आर भाइटीए।

केंमोर, पी. (1991) *हाउ राइस फारर्मस क्लीन अप इनवारनमेंट, कंजर्व बायोडायवर्सिटी, रेज मोर फूड, मेक हायर प्रोफिट्स। इंडोनेशियाज आईपीएम- ए मॉडल फॉर एशिया*, मनिला, फिलीपींस, फाओ।

करखौफ (1990) *एग्रोफोरेस्ट्री इन अफ्रीका: ए सर्वे ऑफ प्रोजेक्ट एक्सपेरियेन्स*। लंदन, पेनोस इंस्टीट्यूट।

कींगसले, एम. ए., एंड मुसात्ते, पी. (1994 जुलाई) *एक्टीविटीज फॉर डेवेलपमेंट लिंकेजेज एंड कोपरेटिव एक्सचेंज एमोंग फारमर्स ओरगेनाजेंसस। एन जी ओ, जीओ एंड रिसर्चस केस स्टडी ऑफ आई पी एम इन इंडोनेशिया*। पेपर प्रेजेंटेड एंट आई आई ई डी सिंपोजियम, ब्रीगटन।

कीस, ए., एंड मीरमैन, एफ. (1991) *इन्टीग्रेटे पेस्ट मैनेजमेंट इन अफ्रीकन एग्रीकल्चर*। वर्ल्ड बैंक टेक्नीकल पेपर, 142 अफ्रीकन टेक्नीकल डिपार्टमेंट सीरीज, वाशिंगटन डी सी वर्ल्ड बैंक।

कृष्णा, ए, (1993) *वाटरसेड डेवेलपमेंट इन राजस्थान। दी न्यू एप्रोच।* जयपुर, वाटरसेड डेवेलपमेंट, गवर्नमेंट ऑफ राजस्थान।

लाल, आर. (1989) एग्रोफोरेसट्री सिस्टम एंड सोयाल सरफेश मैनेजमेंट ऑफ ट्रॉपिकल अलफिसोल। सोयाल मोयाचर्स एंड क्रॉप यील्ड्स। *एग्रोफोरेस्ट्री सिस्टम 8*.7-29.

ली बाईट, डब्ल्यू., एन्ड्रूज आर. डब्ल्यू., कुलीक एम. एन., हार्वुड आर. आर. जांके, आर. आर. रड़के, जे. के. एंड रीजर स्च्वार्ट्ज, एस. एल. (1989) क्राप प्रोडक्शन ड्यूरिंग कनवर्सन फ्रोम कन्वेशनल टू लो इन्पुट मेथड्स। *एग्रोमोमी जरनल* 81(2) 150-159.

लोबो, सी., एंड कोचेनडार्फर लुसिसस जी.,(1992) *दी रेन डिसाई डेंड टू हेल्थ अस: एन एक्सपेरियंस पार्टिसिपेटर बाटर सेड डेवेलपमेंट इन महाराष्ट्र स्टेट, इंडिया*। अहमदनगर, सोशल सेंटर।

लोंग, एन., एंड लांग, ए. (इडीएस.) (1992) *बैटलफिल्ड्स ऑफ नोलेज दी इन्टरलौकींग ऑफ थ्योरी एंड प्रैक्टिस इन सोशल रिसर्च एंड डेवेलपमेंट*, लंदन राउटलेज।

एमएएलडीएम, (1998-1994) रिपोर्ट्स कैचमेंट एप्रोच प्लानिंग एंड रैपीड कैचमेंट एनलाइसिस। नैरोबी: सोयाल एंड वाटरर कंजर्वेसन ब्रांच, कृषि मंत्रालय, लाइफस्टॉक डेवेलपमेंट एंड मार्केटींग।

मैरीस, जे. (1990) *एक्सटेंशन अल्टरनेटिव्स इन अफ्रीका*। लंदन ओडीआई।

मैटेसन, पी.सी. (1992) फार्मर फर्स्ट फॉर एस्टैबलीशिंग आईपीएम *बुलेटिन ऑफ इन्टोमोलोनिकरल रिसर्च, 82*, 293-296.

मैटेसन, पी. सी., गलाघोर, के.डी. एंड कैमोर, पी.ई. (1992) एक्सटेंशन ऑफ इन्टीग्रेटैड पैस्ट मैनेजमेंट फॉर प्लांट होपर्स इन एशियन इटीगेटेड राईस: इम्पॉवारिंग दी यूजर। इन आर. एफ. डेनो एंड टी. जे. परफेक्ट (इडीस.) *यूकोलोजी एंड मैनेजमेंट ऑफ प्लांट होवर्स*। लंदन, चैपमैन एंड हॉल।

एनआरसी (1989) *अलटरनेटिव एग्रीकल्चर*। वाशिंगटन, डी.सी. नेशनल रिसर्च काउंसिल, नेशनल एकेडमी प्रेस।

आरेनेस, एफ. (1988) कम्युनिटी ट्रेनिंग सेंटर्स फॉर ओरगेनिक एग्रीकल्चर एंड एप्रोप्रीएट टेक्नोलोजी। डोमिनियम रिपब्लिक इन सी. कोन्राय एंड एम. लिविनोफ (इडीएस.) *दी ग्रीनिंग ऑफ एड*। लंदन, अर्थस्केन पब्लिकेशंस।

पिम्बर्ट एम., एंड प्रेटी, जे. एन. (1994) *पार्क्स, पिपुल एंड प्रोफेशनल पुटिंग पार्टिसिपेशन इन्टू प्रोटेक्टेड ऐरियास मैनजमेंट,* जेनेवा अनरिस्ड एंड डब्ल्यूडब्ल्यू एफ, लंदन, आईआईईडी।

प्रेटी, जे. एन. (1994ए) पोलिसिज वैट वर्क्ड फॉर ए मोर सस्टेनेबल एग्रीकल्चर, लंदन, आईआईईडी।

प्रेटी, जे. एन. (1994बी) अलटरनेटिव सिस्टम ऑफ इन्क्वायटी फॉर सस्टेनेबल एग्रीकल्चर। *आइडीएस बुलेटिन, 25*(2) 37-48 यूनिवर्सिटी ऑफ ससेक्स आईडीएस।

प्रेटी, जे. एन. (1995) *रिजेनरेटेरिंग एग्रीकल्चर: पोलिसिज एंड प्रैक्टिस सस्टेनबीलिटी एंड सेल्फ-रिलायंस,* लंदन, अर्थस्केन पब्लिकेशंस।

प्रेटी. जे. एन एंड चैंबर्स, आर. (1993) *टुवार्डस ए लर्निंग पैटाडिग्म: न्यू प्रोफेसलीज्म एंड इंस्टीट्यूशन फॉर सस्टेनेबल एग्रीकल्चर। आईवीएस डिस्कशन पेपर* डीपी 334, ब्राईअन: आईबीएस।

प्रेटी, जे. एन., एंड होव्स, आर. (1993) *सेस्टेनेबल एग्रीकल्चर इन बिटेन रीसेंट एचिवमेंट्स एन न्यू पॉलिसी चैलेंजेज,* लंदन, आईआई ईडी।

प्रेटी, जे. एन. एंड शाह, पी. (1994) *स्वायल एंड वाटर कंजर्वेशन इन दी 21स्ट सेंचुरी: ए हिस्ट्री ऑफ कोअरसन एंड कंट्रोल।* रूरहल हिस्ट्री सेंटर रिसर्त्त सीरीज नं.1 रीडिंग, यूनिवर्सिटी ऑफ रीडिंग।

प्रेटी, जे. एन., थामसन, जे., एंड कियारा जे. के. (1994) एग्रीकल्चरल रीजेनेरेशन इन केन्या। दी कैचमेंट एप्रोच टू स्वायल एंड वाटर कंजर्वेशन। *एंबियो।*

रिजन्टजेंस, सी., हैवरकोर्ट, बी., एंड वाटर्स-बेयर ए. (1992) फार्मिंग *फॉर दी फ्यूचर: एने इन्ट्रोडक्शन टू लो एक्सटनेल इन्पुट एंड सस्टेनेबल एग्रीकल्चर।* दी इन्फोरमेशन सेंटर फॉर लो एक्टरनल-इन्पुट एंड सस्टेनेबल एग्रीकल्चरल (आईडीएलआइए) लंदन मैकमिलन।

रार्बट्स, एन. (इडी.) (1989) *एग्रीकल्चरल एक्सटेंशन इन अफ्रीका* वर्ल्ड बैंक सिपोजियम, वाशिंगटन डीसी, वर्ल्ड बैंक।

रोचे, सी. (1992) *आपरेशनेलिटी इन टबुलेंस: दी नीड फॉर चेंज।* लंदन : एकोर्ड।

रोजर्स, ई. एम. (1962 एंड 1983) *डिफ्युजन ऑफ इन्नोवेशन,* न्यूयार्क : फ्री प्रेस।

रोलिंग, एन. (1992, अक्तूबर) *फैसिलटेटींग सस्टेनेबल एग्रीकल्चर टर्निंग पोलिसी मोडेल्स अपसाईड डाउन।* पेपर प्रेजेंटेड एंट आईआईईडी/आईडीएम कंफ्रेंस, ब्राईटन।

रोलिंग, एन. (1993) एग्रीकल्चरल नोलेज एंड इनवायरमेंटल लेशन: दी क्राप प्रोटेक्शन प्लान एंड दी कोयकोक्सलोल्डर, *सोशलेनिय रूरलिस, 33*(2) 212-23.

रोलींग, एन., (1994ए) प्लेटफार्मस फॉर डिसिजन मेकिंग एबाउट इको सिस्टम्स। इन एल फ्रेस्को (इडी.) *दी फ्यूचर ऑफ दी लैंड /* चिर्चस्टर: जोन विलो एंड संस।

रोलींग, एन. (1994बी) क्रियेटींग ह्यूमेन प्लेटफार्मस टू मैनेज नेचुरल रिसोर्सेस: फर्स्ट रिजल्ट ऑफ ए रिसर्च प्रोगाम। *इन प्रोडिंग्स ऑफ दी इन्टरनेशनल सिपोजियम ऑन सिस्टम्स ओरियेंटेड रिसर्च इन एग्रीकल्चर एंड रूरल डेवेलपमेंट* (पे. 391-395) मोंट पेलियर, फ्रांस नवंबर 21-25, 1994

रोलींग, एन., एंड इंजेल, पी. (1989) आईकेएम एंड नोलेज मैनेजमेंट: युटिलाईजिंग इनडीजेनस नोलेज इन इंस्टीट्यूशनल नोलेज सिस्टम्स। इन डी वारेन इट. एल. (इडीएस.) *इन्डीजेनस नोलेज स्टिम्स: इंप्लीकेशंस फॉर कल्चरल एंड इन्टरनेशनल डेवेलपमेंट।* स्टडीज इन टेक्नोलाजी एंड सोशल चेंज, 77, एम्स टेक्नोलोजी एंड सोशल चेंज प्रोग्राम, आईओवा स्टेट यूनिवर्सिटी।

रोलींग, एन. एंड जिगींस, जे. (1993) पोलिसी पैराडिग्ज फॉर सस्टेनेबल फार्मिंग। *यूरोपियन जरनल ऑफ एग्रीकल्चरल एडूकेशन एंड एक्सटेंशन।*(1) 23-44.

रोलींग, एन. एंड वान, दी फ्लायर्ट, ई. (1994) ट्रांसफोर्मिंग एक्सटेंशन फॉर सस्टेनेबल एग्रीक्लचर: दी केस ऑफ इन्टीग्रेटेड पेस्ट मैनेमेंट इन राईस इन इंडोनेशिया। *एग्रीकल्चर एंड ह्यूमेन वैल्यू 11* (23) 96-108.

रसेल, डी. बीच., एंट आयसन, आर. एल. (1991, अप्रील) दी *रिसर्च डेवेलपमेंट रिलेशनशिप इन रैजलैंड्स: ऐन आपरचुनीटी फॉर कंसेरयुएल साईंस।* प्लेनरी पेपर प्रेजेन्टेड एट द 4थ इन्टरनेशनल रेन्जलैंड्स कांग्रेस। मांटपेलियर, फ्रांस।

स्कून्स, आई. एंड थामसन., जे.(इडीएस.) (1994) *बेयोंड फार्मर फर्स्ट,* लंदन आई टी पब्लिकेशंस।

सेन, सी. के. (1993) नेपाल: ग्रुप एक्सटेंशन। *रूरल एक्सटेंशन बुलेटिन 3,*17-23 यूनिवर्सिटी ऑफ रीडिंग यू के.।

शाह, पी. (1994) पार्टिसिपेटरी वाटरसेड मैनेजमेंट इन ईंडिया:दी एक्सपेरियन्स ऑफ आगाखाँ रूरल सपोर्ट प्रोग्राम। इन आई. स्कून्स एंड जे थामसन (इवीएस) *बेयंड फारमर फर्स्ट,* लंदन आई.टी पब्लिकेशंस।

श्रीस्कर‌राज, एन., बाउडेन, आर. जे., एंड पाखम, आर. जी. (1991) सिस्टम एग्रीकल्चर : ए पैराडिज्म फॉर

सस्टेनेविलीटी। *एसोसियेशन फॉर फार्मिंग सिस्टम्स रिसर्च एक्सटेंशन न्यूजलेटर, 2* (2) 5.

स्टॉक, टी. (1994) *दी इम्पैक्ट ऑफ इन्टीग्रेटेड पेस्ट मैनेजमेंट फार्मर फिल्ड स्कूल्स इन कोर्डिलेरा रीजन अ.फ दी फीलीपींस।* अनपब्लिस्ड मास्टर्स थेसिस, यूनिवर्सिटी ऑफ रीडिंग।

एसडब्ल्यूसीबी (1994) दी इंपैक्ट ऑफ दी कैचमेंट एप्रोच टू स्वायल एंड वाटर कंजर्वेशन: ए स्टडी ऑफ सिक्स कैचमेंट्स इन वेस्टर्न ट्रिफ्ट वैली एंड सेंट्रल प्रोविसेंस ऑफ केन्या। नैरोबी, कृषि मंत्रालय, लाइवस्टॉक डिपार्टमेंट ऑफ मार्केटिंग।

यूएनडीपी (1992) *दी बेनिफिट्स ऑफ डायवरसिटी ऐन इन्सेटिव टुवार्ड्स सस्टेनेबल एग्रीकल्चर*। न्यूयार्क, यूनएकनडीपी.

वान, डी, फ्लायर्ट, ई.(1993) *इन्टीग्रेटेड पेस्ट मैनेजमेंट: फार्म फिल्ड स्कूल्स जेररेट सस्टेनेबल प्रैक्टिसेस: एकेस स्टडी इन सेंट्रल जावा इवैल्युएटींग आईपीएम ट्रेनिंग*। डब्ल्यूयू पेपर्स 93-3 पब्लिस्ड डोक्टोरल डिसर्टेशन, बाजेनीजेन, एग्रीकल्चरल यूनिवर्सिटी।

वान, डी, फ्लायर्ट, ई., वान इल्सेन, के. एंड नांगसीर सोयमेंटो, एफ. (1993) इन्टीग्रेटेड रैड मैनेजमेंट: ए कम्युनिटी एक्टीविटी। रिजल्ट्स ऑफ ए पायलट प्रोग्राम इन इंडोनेशिया। *फाओ प्लांट प्रोटेक्शन बुलेटिन 41*(3)।

वान, डर पोएल, एस.एम., एंड वान वर्कम, सी. जे. एम. (1994) *दी पाजिसनटिंग वान कम्युनिकेटी इन बेलीड*। डीलरेपोटआई इन डील 2 (विएववान विजिकोम्सटेम कंनक्लूसिज वान हेट ओंडरजोक इन आन केवे लिंगेन वरववागोंउजाएक) वाजेनीन: एग्रीकल्चरल यूनिवर्सिटी डिपर्मिंट ऑफ कम्युनिकेशंस एंड इनोवेश्स स्टडीज, कैरीड अंडर ए कान्ट्रेक्ट फ्रॉम दी गवर्नमेंट इन्फॉर्मेशन आफिस।

वान, डर वर्फ, ई. एंड डी जेजर ए. (1992) युकोलोजिकल एग्रीकल्चर इन साउथ इंडिया। एन एग्रोइकनोमिक कम्पेरिजन एंड स्टडी ऑफ ट्रांजिशन। डेन हाग एंड ईटीसी फाउंडेशन, ल्युसडेन।

वान, विपरेन डब्ल्यू., रोलींग, एन वान, वोन, के., एंड मूर, पी. (1995) इंट्रोडक्टी जिंटीग्रीडी अकेरवाउ। हेट वरांडरिंग स्प्रोसेस। एरवरिजेन वान उकरंवाउर्स जिहेट औमस्कलेनेन नार इन जिंटीग्रीडी वेडरिपस वोयरिंग, लेलिस्टाड, इनफोरमेटी इन कैनिस्क्ेट्रेस लैंडवाउ एफडेलिंग एजीवी।

वेरिजकेन, पी.(1992) ए मेथडिक वे टू मोर सस्टेनेवुल फार्मिंग सिस्टम। *नीदरलैंड्स जरनल ऑफ एग्रीकल्चरल साईंस, 40*, 209-223

वेजिरजकेन, पी., विजनाडंस, एफ., स्टोल, डब्ल्यू., एंड विसेर, आर. (1994) प्रोग्रेस रिपोर्ट ऑफ रिसर्च नेटवर्क इन्टीग्रेटेड एंड युकोलोजीकल एयरेबल फार्मिंग सिस्टम्स फॉर ईयू एंड एसोसियेटेड कंट्रीज, वाजेनीजेन, डी एल ओ इंस्टीट्यूट फॉर एगोवायोलाजी एंड स्वायल फर्टिलिटी।

वारेन, डी. (1991) दी रोल ऑफ इन्डीजेनस नोलेज इन फैसिलीटेटींग ए पार्टिसिपेटरी एप्रोच टू एग्रीकल्चरल एक्सटेंशन। पेपर प्रेजेंटैड ऐट दी इन्टरनेशनल वर्कशॉप आन एग्रीकल्चरल नोलेज सिस्टम्स। बैड बोल, जर्मनी।

विनार्टो, वाई. (1993) फारमर्स एग्रो-इकोलोजिकल नोलेज कंस्ट्रक्शन: दी केस ऑफ इन्टीग्रेटेड पेस्ट मैनेजमेंट एमोंग राईस फारमर्स ऑन दी नार्थ-वेस्ट कोस्ट ऑफ वेस्ट जावा। *रूरल पिपुल्स नोलेज: एग्रीकल्चरल रिसर्च एंड एक्सटेंशन प्रैक्टिस,* (3) लंदन : आईआईईडी।

यंग, ए. (1989) *एग्रोफोरेस्ट्री फॉर स्वायल कंजर्वेशनल।* वालिंग फोर्ड : केब इन्टरनेशनल।

यूरयेविक, ए. (1994, जुलाई) *कम्युनिटीबेस्ड सस्टेनेबल डेवेलपमेंट इन लेटिन अमरीका। दी एक्सपेरियंस ऑफ क्लेड्स*। पेपर प्रेजेंटेड ऐट आईआईईडी सियोजियम, ब्राइटन।

जिज्प, डब्ल्यू.(1993) बींग ए गुड कम्युनिकेटर डज नॉट सोल्व ओल ऑफ एक्सटेंशनस प्रोब्लेम्स। *डेवेलपमेंट कम्युनिकेशन रिपोर्ट,* 80.20.

## अध्याय-21

# किसान संगठनों की स्थापना तथा सशक्तिकरण

शंकरिया चामला एवं पी.एम. सिंघी

### ऐतिहासिक परिप्रेक्ष्य

ऐतिहासिक आधार पर प्रसार में केवल तकनीक स्थानांतरण शामिल रहा है, जहाँ ग्राम प्रसारकर्मी अनुसंधान स्थलों से तकनीक किसानों तक पहुँचता है व्यक्तियों, समूहों तथा मासमीडिया के द्वारा। हाल में प्रसार से 'तकनीक विकास भूमिका' अदा करने कहा गया है अनुसंधान के समुदाय के समूह की आवश्यकताओं से जोड़कर एवं उपयुक्त तकनिकी विकास के लिये सुविधा जुटाने में सहायता देकर। यह ऐतिहासिक संदर्भ में ही है कि कई सरकारी संस्थाओं ने राष्ट्रीय नीति को विकसित किया ग्रामीण विकास के लिये तथा नीति के लिये तथा निर्धारण कर ग्रामीण लोगों को संगठित होने में सहायता प्रदान किया ताकि विभिन्न प्रकार के किसानों के संगठनों या समूहों द्वारा संगठनों के लिये सहकारिता तथा सामुदायिक संगठनों द्वारा ढाँचागत निर्माण का रास्ता सुझाया जिससे किसानों को विभिन्न प्रकार के साधन बाजार एवं शैक्षणिक सेवाएँ प्राप्त हों। ग्राम प्रसारकर्मियों के लिये किसान समूहों तथा संगठनों के निर्माण का लक्ष्य निर्धारित कर दिया गया, पर इसके लिए उन्हें सामुदायिक संगठन के सिद्धांत एवं व्यवहार के बारे में कोई प्रशिक्षण नहीं दिया गया। इन संगठनों की स्थापना प्रक्रिया के बारे में प्रसारकर्मियों को बहुत ज्ञान या अनुभव प्राप्त नहीं था। थाईलैंड जैसे देश में ग्रामीण क्षेत्रों में सहकारिता की स्थापना के लिये ग्रामीण प्रसारकर्मी थे जबकि अन्य देशों जैसे, मलयेशिया तथा इंडोनेशिया 'नाभिकीय जागीर' विकास छोटे रबड़ उत्पादकों के लिये किया गया जहाँ छोटे कृषक प्रक्रिया के लिये यहाँ रबड़ लाते थे। भारत ने दुग्ध सहकारिता में कुछ सफलता हासिल किया।

फिर भी, चूँकि कई देशों में ग्रामीण प्रसारकर्मियों में ज्ञान जानकारी तथा नीति एवं उच्च लक्ष्यों का अभाव था, इसलिये उन्होंने सहज रास्ता अपनाया किसान समूहों तथा संगठनों की स्थापना के लिये। कई ग्रामीण प्रसारकर्मियों ने ग्रामीण समुदाय की सरकारी नीतियों को अति सहज रूप में बताया यह सुझाव देते हुए कि जब तक वे सहकारिता, समूहों या संगठनों में संगठित नहीं हो जाते तब तक उन्हें सरकारी आर्थिक सहायता या ऋण तथा तकनिकी सेवाएँ प्राप्त नहीं हो सकतीं। फलस्वरूप, बहुत से किसान संगठनों की स्थापना कागज पर रातोंरात हो गयी। कई किसान संगठन सरकारी आर्थिक सहायता आबंटन तक काफी सक्रिय रहे, पर सक्रियता से सहकारिता या भागीदारी की स्थापना नहीं की तथा कृषि विकास प्राप्त करने के लिये स्थानीय संसाधनों की सहायता नहीं ली। ग्रामीण संपन्नवर्ग द्वारा अधिकांश सेवाओं तथा संसाधनों को हड़प लिया गया जबकि गरीब एवं महिलाएँ पीछे छूट गईं या उन्हें बहुत कम लाभ मिल पाया। किसान संगठनों के नेताओं की प्रबंधन क्षमता विकसित करने का बहुत कम प्रयास किया गया और यही हाल संगठन के सदस्यों तथा ग्रामीण प्रसारकर्मियों का रहा। कर्मचारी प्रशिक्षण कार्यक्रम में सामुदायिक संगठन तथा सुविधा जुटाने के ज्ञान को शामिल नहीं किया गया।

इक्कीसवीं सदी की निम्नलिखित विकास चुनौतियों का मुकाबला करने के लिये किसानों तथा सहकारिता संगठनों के परंपरागत विचारों के पुनर्रीक्षण की आवश्यकता है:

- कई देशों में पूर्ण एवं अपेक्षित दरिद्रता में वृद्धि।
- मिट्टी, जल, जीव-जंतुओं तथा वनस्पतियों जैसे प्राकृति संसाधनों की अवनति।

- स्वास्थ्य, कृषि एवं अन्य विकास कार्यक्रमों में महिलाओं की निम्नलिखित संलग्नता।
- ग्रामीण क्षेत्रों में स्वास्थ्य एवं शिक्षा की क्रम सुविधायें।
- समुदायों के बीच सामाजिक राजनैतिक अशांति।

## प्रसार की नयी भूमिका

ग्रामीण समुदायों को संगठित करने में सहायता देने के लिये प्रसार की कई भूमिकाएँ सोची जा सकती हैं, पर हम यहाँ केवल चार महत्त्वपूर्ण भूमिकाओं पर ही प्रकाश डालेंगे ये निम्नलिखित हैं:

### सशक्तिकरण भूमिका

प्रसार के प्रति नये विचार में सशक्तिकरण भूमिका शुरुआती कदम हो सकता है। प्रसार कर्मचारियों को एक नये दर्शन विकसित करने की आवश्यकता है जहाँ, उनकी भूमिका किसानों तथा ग्रामीण समुदायों को अपने को संगठित करने तथा उनकी वृद्धि तथा विकास के लिये उन्हें सशक्त करने में सहायता करना है। वयस्कों को क्या करना है कहने से प्रतिक्रिया होती है, पर उन्हें दिखाने से कल्पना का आगमन होता है, उन्हें शामिल करने से समझ आती है तथा उन्हें सशक्त करने से संकल्प एवं कार्य आते हैं। (चमाका, 1990)

'सशक्त' शब्द का अर्थ होता है सक्षम बनाना, अनुमति देना, तथा जिसे स्वयं-पहल या अन्यों द्वारा पहल दोनों ही समझा जा सकता है। ग्राम प्रसारकर्मियों के लिये सशक्तिकरण समुदायों की सहायता करना होता है निर्माण, विकास तथा सहकारिता द्वारा उनकी शक्ति बढ़ाना, भाग लेना एवं एक साथ काम करना सशक्तिकरण की शक्ति का उदय समुदाय की छिपी तथा सुसुप्त सामूहिक कार्यों का निर्माण है बजाय इसके कि शक्तियुक्त लोगों से शक्ति लेकर इसे शक्तिहीनों के बीच पुनर्आबंटित कर दिया जाये। किसान संगठन इस शक्तिशाली शक्ति प्राप्ति में सहायता कर सकते हैं इसके सदस्यों के अस्तित्व, वृद्धि एवं विकास के लिये। सशक्त किसान संगठन अभिसारी बिंदू या मंच हो सकते हैं स्थानीय समस्याओं का समाधान करने तथा मानवीय एवं वित्तीय संसाधनों को जुटाने में ताकि स्थायी विकास हो पाये। (मनालिली को भी देखें, 1990)

### समुदाय-संगठन की भूमिका

समुदाय खासकर गरीबों या कमजोर वर्गों की सहायता करने के लिये ग्रामीण प्रसारकर्मियों को समुदाय-संगठन तथा समूह प्रबंधन के सिद्धांतों की जानकारी अवश्य होनी चाहिये। (चामला एंड मोर्टिस, 1990) ढाँचों, कानूनों, नियमों तथा भूमिकाओं की समझ से नेताओं को योजना बनाने, कार्यान्वयन तथा अपने कार्यक्रमों की देखरेख करने में तथा इस नयी भूमिका को प्रभावी ढंग से निभाने में सहायता मिलेगी। झगड़ों को निपटाने, वार्तालापों तथा समझाने के संचार का कौशल, ग्रामीण प्रसारकर्मी को किसान संगठनों के नेताओं एवं सदस्यों के विकास में सहायता करेगा।

### मानव संसाधन विकास भूमिका

मानव संसाधन विकास विचार लोगों को सशक्त करता है तथा अन्य सभी भूमिकाओं को नया अर्थ प्रदान करता है। तकनिकी क्षमताओं को निश्चित रूप से प्रबंधन क्षमता से युक्त होना चाहिये। प्रशिक्षण के तरीके अब उपलब्ध हैं (चामल एंड मोर्टिस, 1990, मोर्टिस एंड चामला, 1991) व्यक्तिगत तथा समूह प्रबंधन कौशल का विकास करने में सहायता देने। मानवीय क्षमता निर्माण का संपूर्ण दर्शन है ग्रामीण समुदाय को प्रोत्साहित करने कि वे अपने व्यक्तिगत तथा समूह शैली के प्रबंधन में अपने आपको समझें तथा अपनी योजनाओं, कार्यान्वयनों तथा देखरेख कौशल का सुधार करें।

### समस्या-निवारण तथा शिक्षा की भूमिका

समस्या-समाधान एक महत्त्वपूर्ण भूमिका होती है, पर तकनिकी निदान बताने की भूमिका बदल कर किसान संगठनों की सशक्तिकरण की हो गई है जिससे वे अपनी समस्याओं का समाधान स्वयं करें। इसे प्राप्त किया जाता है उन्हें समस्याओं की पहचान तथा सही निदान ढूँढने में सहायता देकर जो उनके घरेलु ज्ञान को विकसित ज्ञान से जोड़कर तथा अपने संसाधनों का उचित उपयोग द्वारा होता है। इसी प्रकार शिक्षण भूमिका में भी बदलाव हुआ है तथा लेक्चरों, सेमिनारों तथा प्रशिक्षण के बदले काम करने से सीखने पर जोर रहता है जो किसानों को प्रयोग करने तथा कार्य-सीख के की योजनाओं के लिये प्रोत्साहित करता है।

## किसानों के संगठन

### संगठन के प्रकार

किसानों के संगठनों को दो समूहों में रखा जा सकता है। पहला है समुदाय-आधारित संसाधनोन्मुख संगठन तथा दूसरा है वस्तु आधारित बाजारोन्मुख संगठन।

*समुदाय-आधारित संसाधनोन्मुख किसान संगठन* - इस प्रकार के संगठन ग्रामीण-स्तर पर सहकारी संस्थाएँ या संघ हो सकते हैं जो सदस्यों की आवश्यकताओं संसाधन स्वामियों, अपने जल, जंतु तथा भूमि पर आधारित व्यवसाय का उत्पादन बढ़ाने में संलग्न हों। ऐसे संगठन साधारणत: छोटे होते हैं, निश्चित भौगोलिक क्षेत्र में तथा मुख्यतया साधनों से संबंधित होते हैं। पर फसलों तथा वस्तुओं के आधार पर ग्राहकों का समूह विविधतापूर्ण रहता है।

विकसित हो रहे संसार में कई प्रारंभिक स्तर के कृषि सहकारी समितियाँ हैं, पर उनमें से अधिकांश वित्तीय रूप से सुभेद्य तथा अप्रभावी होते हैं। ऐसे संगठनों को सशक्त करने के कौशल विकसित किये गये हैं। (वह भाग देखें कि वर्तमान किसान संगठनों को सशक्त किया जाये) संगठन के ऐसे समूह साधनों तथा उत्पादनों की बिक्री से आय पैदा कर सकते हैं। इस आय को पुन: संगठन में लगाया जा सकता है इसे प्रसार, आँकड़ा उत्पादन, व्यवसाय योजना एवं प्रशासन में खर्च कर। एक व्यवसायिक तथा ईमानदार प्रबंधन अनिवार्य होता है जिसकी लगातार देखरेख तथा सामयिक मूल्यांकन होता रहे। (गुप्ता, 1989)।

*वस्तु-आधारित, बाजारोन्मुख किसान संगठन*- ऐसे संगठन एक ही वस्तु में विशेषज्ञता हासिल करते हैं तथा मूल्यसंवर्धित उत्पाद अपनाते हैं, जिसका विस्तृत बाजार होता है। इन्हें उत्पादन-प्रमुख संगठन कहा जाता है। किसी एक वस्तु पर ही निर्भर न होकर वे उसके क्षेत्रीय उत्पादकों के बीच सदस्य प्राप्त कर सकते हैं जो कुछ भाग-पूँजी का विनियोजन करने में रुचि दिखाते हों तथा निकटतम हाल के तकनीक प्रक्रिया तथा पेशेवर मानव शक्ति को प्राप्त करना चाहें। ऐसे संगठन छोटे नहीं होते तथा उन्हें प्रतियोगी वातावरण में काम करना पड़ता है। अनुसंधान, साधनापूर्त्ति, प्रसार ऋण, उत्पादन संग्रह, प्रक्रिया करने तथा बाजारीकरण ये सभी एकीकृत होते हैं अधिकाधिक लाभ के लिये, सदस्यों के विनियोजन पर जिन्होंने सामूहिक उपक्रम में विनियोजन किया है। भारत में ऐसे कई सफल मामले हैं जैसे आनंद दुग्ध एवं अन्य दुग्धोत्पादक किसान संगठन।

इन संगठनों की सफलता की दर का निर्धारण उनकी क्षमता द्वारा होता है जो बड़ी मात्रा में विनियोजन तथा कच्चे माल के निरंतर प्रवाह पर देखा जाता है। इसके लिये एक सुयोग्य तथा सहमति प्रबंधन की आवश्यकता रहती है जो उपक्रम संबंधित तथा सदस्य-संबंधित दोनों होते हैं। इससे आये लाभ का उपयोग पूरक एवं समर्थक सेवाओं के प्रावधान के लिये होता है कम दाम पर सदस्यों को इनके इस्तेमाल की प्रेरणा देने के लिये। इसके लिये आवश्यक होता है उच्च क्षमता संपन्न प्रतिनिधियों तथा बौद्धिक नेतृत्व की किसनों के बीच से ही। इस प्रकार के किसान संगठनों की सोच, प्रकार, निर्माण तथा सेवा चुनौतीपूर्ण कार्य होता है।

ग्रामीण प्रसारकर्मी अन्य सरकारी संस्थाओं तथा गैर-सरकारी संगठनों के साथ परामर्श एवं कार्य कर सकते हैं। फिर भी प्रत्येक किसान संगठन को अपना BASE (मूल कार्य, बनाये रखने उपक्रम को) को परिभाषित करने की आवश्यकता होती है। वस्तु आधारित किसान संगठनों के प्रसार की बहुत अधिक संभावनाएँ हैं भारत में तथा अन्य विकासशील देशों में। एक मान्य नियम सुझाव देता है कि कोई भी वस्तु जो कच्चा माल के 50% लागत से अधिक का हो तो उसे मूल्य संवर्द्धित प्रक्रिया के लिये गाना जा सकता है किसी किसान संगठन द्वारा। (वी.आर. गायकवाड, व्यक्तिगत संचार, 1994)

### किसान संगठनों में भागीदारी प्रभावित करने वाले मुद्दे

निम्नलिखित मुद्दे भागीदारी के विस्तार को प्रभावित करते हैं :-

- संगठित कार्य के नतीजों पर किसानों की निर्भरता का अंश,
- उत्पादन उपलब्धता की निश्चितता का अंश,
- उत्पादन की वह सीमा जो उपलब्ध होगी केवल सामूहिक कार्य के नतीजों से,
- सामूहिक कार्य से संबंधित ईनामों के समान आबंटन की सीमा,

- निरंतर भागीदारी से संबद्ध खर्चों को पूरा करते ईनामों की सीमा। (सिंघवी एंड ब्लुह्म, 1987)

## किसानों के संगठन में प्रसार की भूमिका

संगठन की भूमिका के साथ ही प्रसार की भूमिका भी निम्न होगी जिसमें संगठन कार्यरत रहता है, सेवाएँ दी जाती हैं तथा संगठंनात्मक रूप इस्तेमाल होता है। समुदाय आधारित संगठनों में, प्रसार का उपयोग पूरक या समर्थक कार्यों के लिये होता है, वह लक्ष्य प्राप्त करने जो संगठन का BASE कार्य है। वस्तु आधारित संगठनों में प्रसार संगठन के अन्य सभी पहलुओं से एकीकृत होता है सामूहिक उपक्रम के विनियोजनों के लिये सर्वाधिक लाभ प्राप्त करने। प्रसार को संगठन तथा इसके सदस्यों दोनों द्वारा गंभीरता से लिया जाता है क्योंकि इससे दोनों ही लाभ प्राप्त करते हैं।

प्रसार भूमिका के विकास के लिये निम्नलिखित मसलों पर विचार करना आवश्यक है खासकर किसान संगठनों के लिये जिनकी स्थापना प्रसार में विशेषता प्राप्त करने के लिये हुई है:

किसान संगठनों के क्षेत्र में प्रसार में किसी विशिष्ट वस्तु के लिये क्या आवश्यकता की कोई पहचान है?

- क्या किसान संगठन अकेले प्रसार कार्यकलापों से आय पैदा करने में सक्षम हो सकते हैं (जहाँ किसान इन सेवाओं के लिये भुगतान करने को राजी हों) जो किसान संगठनों के खर्चों की भरपाई करें तथा इसके सदस्यों को, उनके मौद्रिक या गैर-मौद्रिक योगदान के लिये संतोषजनक ईनाम दे सकें। यह महत्त्वपूर्ण होना अनुमान लगाना कि अनिगमित विवादों के उच्च क्रियाशीलता समानता के मसले तथा प्रसार सेवाओं के दर के ऊपर होते हैं।

- समय पर प्रसार कार्य कैसे स्थायी होंगे तथा कितना स्थायी होगा संगठन। यह संभव है सलाह के लिये कि इसे मुफ्त संचार योग्य ज्ञान में बदल दिया जाये, जो किसी भी व्यक्ति को स्थानांतरित किया जाये बिना किसी भुगतान के। प्रसार सलाह की कीमत इस ज्ञान तक पहुँच को सीमित करता है। इसलिये प्रसार नीति से प्राप्त आय घट सकता है खासकर उस ग्राहक समूह के साथ जिनके संसाधन कम हैं तथा जिनका संबंध जीवनपालन अर्थव्यवस्था से ही है।

- क्या दी गई सलाह को वास्तव में कार्यरूप में परिणत किया जा सकता है किसान संगठनों के सदस्यों के प्रत्यक्ष लाभ के लिये। इसे सुनिश्चित करने के लिये किसान संगठनों को आवश्यक साधनों को जुटाने या इन्हें नियंत्रित करने की आवश्यकता होगी नहीं तो प्रसार संगठन असफल होंगे जैसाकि पहले कई विकासशील देशों में हुआ है। इसका अर्थ होता है कि प्रसार कार्य को अनुसंधान अनुशंसा के साथ पीछे मुड़कर एकीकृत होना होगा तथा आगे साधनों की आपूर्त्ति से जुड़ना होगा। अनुसंधान केंद्रों से सूचना प्राप्ति के अतिरिक्त संगठनों को विशेष सूचनाएँ देने की आवश्यकता होगी। इसे करने तथा अपना अस्तित्व बनाये रखने के लिये संगठनों के सरकारी तथा विश्वविद्यालय अनुसंधान संस्थाओं से संबंध स्थापित करना होगा। यह लाभदायक होगा अगर किसान संगठन योग्य तथा संकल्पित वैज्ञानिकों को नियोजित कर सकें जिनका अनुसंधान संगठनों के साथ सक्रिय संपर्क रहा हो या जो सदस्यों के समूहों के लिये परामर्शदाता का कार्य कर सकें। यह प्रसार सलाह का खर्च बढ़ायेगा सदस्यों के लिये अगर किसान संगठन स्वयं वित्त समर्थन प्राप्त करना है।

- यह प्रशंसनीय है कि 'प्रसार बाजार' कृषि जल-वायुविक अंतरों, मूलसरंचना विकास तथा बाजारी ताकत की शक्तियाँ जैसे तत्त्वों से चालित रहते हैं। किसान संगठन जो मरूभूमि में, एकल फसल वर्षा आधारित क्षेत्रों, तथा सिंचाई प्रमुख क्षेत्रों में कार्यरत हों उनकी पेशेवरी तथा प्रसार की आवश्यकताएँ भिन्न होंगी और इसलिये भिन्न प्रतिक्रिया प्रणाली का अनुमान करना होगा प्रसार के लिये। गुप्ता, 1981, 1985) इसी प्रकार खाद्याभाव या खाद्य अधिशेषित मंचों पर कार्यरत किसान संगठनों की भूमिका, उम्मीदें तथा प्राप्तियाँ भिन्न होंगी।

## किसान संगठनों की स्थापना के चरण

सामाजिक कार्य नमूने, समुदाय संगठन तथा प्रबंधन के कुछ सिद्धांतों तथा चरणों का इस्तेमाल किसान संगठनों की स्थापना की सहज विचारों के लिये होता है (चामला, 1990) उस व्यक्ति या व्यक्ति समूह के चुनाव में सावधानी बरतने की जरूरत होती है जो समुदाय आधारित या वस्तु

आधारित किसान-संगठनों की स्थापना में नेतृत्व करेगा। इस व्यक्ति किसी अन्य किसान संगठन या सरकारी या अन्य संगठनों जैसे ग्राम प्रसारकर्मी को इसकी जानकारी देनी होगी तथा राजी करना होगा कि किस प्रकार किसान संगठनों का उपयोग छोटे उत्पादकों की आय में वृद्धि ला सकते हैं। निम्नलिखित चरणों में ग्राम प्रसारकर्मी को वह व्यक्ति या समूह समझा जायेगा जिन्हें किसान संगठन की स्थापना के लिये चुना गया है:

**चरण-1 ग्राम समुदाय की समझ**

ग्राम प्रसारकर्मी को समुदाय में खुले विभाग से प्रवेश करना चाहिये तथा समुदाय के ढाँचे को समझना चाहिये। उन्हें निश्चित तौर पर समुदाय शक्ति के ढाँचे, समस्याओं तथा विकास के अवसरों को समझ लेना चाहिये। घूम-घूम कर प्रमुख व्यक्तियों से बातचीत करने से समुदाय में उनका प्रवेश सहज हो जायेगा। इन कर्मियों को संपूर्ण समुदाय की जानकारी होनी चाहिये जिसमें गरीब, मझोले किसान तथा महिलाएँ भी शामिल हों।

समुदाय को समझने के कुछ प्रमुख तरीके होते हैं जो प्रमुख सूचना तरीकों का इस्तेमाल, समुदाय की बैठकों तथा चाय दुकानों पर भागीदार बनकर तथा चारों ओर घूमकर हो सकता है। समुदाय के संसाधनों का स्वामित्व तथा लोगों की भावनाएँ, जानकारी तथा कृषि उत्पादन के विकास में उनके कौशल की समझ ग्राम प्रसारकर्मी की सहायता प्रदान करेगा समुदाय के बारे में जानकारी के लिये। ये प्रसारकर्मी स्थिति की गहराई को समझ सकते हैं आय एवं उत्पादकता के स्तर से संबंधित गुणात्मक तथा मात्रात्मक दोनों प्रकार की सूचनाओं का संग्रह कर तथा खेती के खर्च, कटाई-इतर नुकसानों, उत्पादन उपयोगिता तथा इन प्रत्येक तत्त्व में अद्भुत सुधार लाने की संभावनाओं को भी समझ सकते हैं।

प्रथम चरण बहुत महत्त्वपूर्ण होता है तथा इसे जल्दबाजी में नहीं किया जा सकता। ग्राम प्रसारकर्मी को कुछ समय लगाना चाहिये ग्राम समुदाय के ढाँचे राजनीतिक समूहों एवं किसान संगठनों में भूत के अनुभवों को समझने के लिये।

**चरण-2 समुदाय में क्रियाशील नेताओं की पहचान**

ग्राम प्रसारकर्मियों की आम प्रवृत्ति होती है औपचारिक नेताओं तथा समुदाय के वाणिज्यिक संभागों से बातचीत करना। सामाजिक तरीकों का इस्तेमाल कर वे क्रियाशील नेता की पहचान कर सकते हैं (बाक्स 1 देखें), परंतु उस संस्कृति में कार्यरत नेतृत्व स्वरूप के प्रति संवेदनशील होना भी महत्त्वपूर्ण होता है तथा जानकारी तथा कौशल के प्रति भी जो किसी किसान संगठन के सफल नेता के लिये आवश्यक है।

कुछ संस्कृतियों में बुद्धिमानी यह है कि वैसे अर्धवयस्क नेताओं से संपर्क साधा जाये जो न तो बहुत युवा हों और न ही उम्रदराज हों। उन्हें संपन्न परिवार का होना चाहिये, समाज में उनकी इज्जत तथा प्रभाव हो, तथा खेतिहर परिवार के हों। किसान संगठनों के निर्माता नेताओं के अध्ययन से पता चलता है कि इन नेताओं ने प्रारंभ में काफी त्याग किया है, वित्तीय क्षति उठाया है तथा उन्हें परिवार से समर्थन लेना पड़ा है। नेताओं के साथ बैंकों से भी जूझना तथा वार्तालाप करना पड़ा है साथ ही अफसरशाहों से, राजनीतिज्ञों से, आलोचकों से तथा अन्य लोगों से उनके अपने किसान सदस्यों से भी। (सीतारमण एंड सिंघी, 1992) परिवार की यह पृष्ठभूमि तथा महत्त्व इन नेताओं की सहायता करता है अवस्थाओं से जूझने में जिसे वे बिना झुके विस्तारपूर्वक मुकाबला करते हैं। एक विश्वासी तथा साधारण किसान के लिये किसान संगठन का नेतृत्व संभव नहीं है।

**बाक्स-1 सोशियोमिट्री**

कुछ लोगों से अनौपचारिक रूप से निम्नलिखित प्रश्न करें:

1. मैं गाँव के लिये नया हूँ। क्या आप मुझे गाँव के तीन नेताओं के नाम बता सकते हैं? (ये पदस्थापित नेता है जो वर्तमान में नेतापद पद है) उनके नाम लिख लें या उन्हें बाद में लिखने के लिये याद रखें।

   *पदस्थापित नेता*

   ..........................................

   ..........................................

   ..........................................

2. तीन नेताओं का नाम बतायें जिनके विचार कृषि के लिये उनके मित्रों तथा समुदाय नेताओं के लिये प्रभावी होते हैं (इन नामों की समाज के प्रत्येक संभाग से होना निश्चित कर लें : बड़े, मध्यम तथा छोटे किसानों के क्योंकि नेताओं का मत समुदाय के प्रत्येक सामाजिक आर्थक स्तर पर विद्यमान रहता है।

   *मत-नेता*

   उच्चतर ..........................................

   मध्यम ..........................................

   निम्न या गरीब ..........................................

## चरण-3 मान्य नेताओं से बातचीत तथा अन्य संस्थाओं से सहयोग का अनुरोध करना

ग्राम प्रसारकर्मी इन नेताओं से बातचीत कर सकते हैं सामान्य कृषि विकास पर तथा उनसे किसान संगठनों पर विचार तथा सूचना प्राप्त कर सकते हैं। वे सरकारी संस्थाओं से भी तथा खासकर गैरसरकारी संगठनों से सहयोग ले सकते हैं (अगर उस क्षेत्र में हो) किसान संगठनों की स्थापना में सहायता के लिये तथा सफलता प्राप्त करने में उनके समर्थन के लिये।

क्या समुदाय में कोई किसान संगठन है? अगर नहीं तो क्या ऐसे संगठन की आवश्यकता है? अगर समुदाय में किसान संगठन है तो इनका गठन एवं इतिहास क्या है? समुदाय विकास में किसान संगठन किस प्रकार की भूमिका निभा सकते हैं। कृषि विकास के विस्तृत संपूर्ण प्रणाली में किसान संगठन की भूमिका के लिये ग्राम प्रसारकर्मी समुदाय के विचारों का प्रचार कर सकते हैं तथा अपने विचार भी उसमें जोड़ सकते हैं। वे इसकी व्याख्या कर सकते है कि किस तरह किसान संगठनों ने अन्य समुदायों के विकास में सहायता की है। सक्रिय नेताओं को समझाने के लिये तथ्यों तथा किसानों की बड़ी संख्या की आय वृद्धि की संभावनाओं एवं विचारों को बताने तथा क्षेत्र के आर्थिक विकास के लिये आँकड़ों की आवश्यकता होती है। किसान संगठनों के अच्छे नेता इससे राजनैतिक लाभ भी उठा सकते हैं उस क्षेत्र में रहने वाले संतुष्ट किसानों तथा लोगों से नेता का समर्थन सुरक्षित होना चाहिये अपने बीच परामर्श के लिये कि समुदाय में किसान संगठनों की स्थापना से क्या लाभ या हानि है।

## चरण-4 स्थानीय नेताओं को बैठक बुलाने के लिये सहायता देना

ग्राम प्रसारकर्मी उत्साही स्थानीय नेताओं को समुदाय की बैठक बुलाने में सहायता कर सकते हैं। कभी-कभी एक से अधिक बैठक की आवश्यकता हो सकती है कृषि विकास में किसान संगठनों की आवश्यकता एवं भूमिका पर चर्चा के लिये। इन बैठकों में पड़ोसी गाँव के नेताओं को बोलने के लिये आमंत्रित किया जा सकता है। कभी-कभी अल्पसंख्य समूह तथा कम संसाधन के किसानों की छोटी बैठक बुलायी जा सकती है। अपनी विशिष्ट आवश्यकता के लिये वे अपना अलग किसान संगठन बना सकते हैं। ग्राम में एक से अधिक किसान संगठन होने से कोई नुकसान नहीं है। यह महत्त्वपूर्ण है कि इन बैठकों में सभी संभागों के उत्पादक भाग लेते हैं क्योंकि किसी उपक्रम आधारित किसान संगठनों की सफलता उत्पादक सदस्यों से प्राप्त कच्चे माल की मात्रा पर निर्भर होती है। इस आयतन में छोटे, बड़े सभी सदस्य योगदान करते हैं। आपूर्त्तिकर्त्ता की सामाजिक आर्थिक स्थिति से अधिक महत्त्वपूर्ण होता है स्वयं आयतन। आसन्न सदस्यों को यह समझाने की आवश्यकता होती है कि प्रत्येक को अपने योगदान के अनुसार लाभ प्राप्त होगा न कि केवल बड़े किसानों को, जैसी धारणा होती है।

**बाक्स-2- संगठनात्मक ढाँचे के विकास के चरण**

प्रमुख समूह नेताओं का मुख्य लक्ष्य होता है अपने किसान संगठनों के सक्षम प्रबंधन के लिये उपयुक्त संगठन के ढाँचे, इनके गठन तथा कार्यकारी नियमों को समझें।

**प्रथम चरण- अन्य किसान संगठनों से संगत मार्गदर्शन प्राप्त करें तथा सावधानीपूर्वक उनका अध्ययन करें।** एक किसान संगठन की पहल सरकार या किसानों एवं समुदाय द्वारा हो सकती है। अगर सरकारी पहल हो तो नेताओं को इसके नियमों तथा मार्गदर्शन की एक प्रति प्राप्त करना चाहिये अगर समुदाय द्वारा है तो उन्हें मार्गदर्शन तथा संविधान प्राप्त करने के लिये अन्य किसान संगठनों से बात करना चाहिये। प्रमुख समूह का इसका अध्ययन कर यह तय करना चाहिये कि इन्हें अपने समुदाय में कैसे बैठाया जाये।

**दूसरा चरण- इसके बाद नेताओं को तब एक काम चलाऊ संगठनात्मक ढाँचा तथा कार्यकारी नियम अपने किसान संगठनों के लिये तैयार करना चाहिये।** उन्हें विभिन्न प्रकार के संगठनों के नमूने पर विचार करना चाहिये जो कृषि विकास के लिये उनकी विशिष्ट आवश्यकताओं को पूरा करें, तथा इस पर अन्य अनुभवी नेताओं से चर्चा करें जो उस गाँव के अथवा अन्य पडोसी ग्राम के हों। ढाँचे से कार्यों को पूरा होना चाहिये। क्या प्रत्येक कार्य की प्राप्ति के लिये उपसमूह होना चाहिये?

## चरण-5 किसान संगठन की स्थापना करने के लिए प्रमुख समूह नेताओं का नामांकन

समुदाय की बैठक में प्रमुख समूह नेता का चुनाव या नामांकन होता है, और आगे समुदाय-सलाह से किसान संगठनों का स्वरूप तय करते है। फिर भी, कुछ संस्कृतियों में इस विचार से वैसे नेता की नियुक्ति हो सकती है जो किसान संगठन की जटिलताओं के साथ नहीं चल पाते हैं

जैसा कि दूसरे चरण में बताया जा चुका है। अगर नेताओं का चुनाव या नामांकन होता है तो ग्राम प्रसारकर्मियों को उन मसलों पर विचार करना चाहिये जो चरण-2 में बताया गया है जब वे प्रत्येक उम्मीदवार की जाँच करें जिन्हें चयनित या नामित होना होता है।

उन अवस्थाओं में जहाँ नेताओं की नियुक्ति अधिक उपयुक्त हो, उपयुक्त उम्मीदवार का चयन बहुत महत्त्वपूर्ण होता है तथा इसके लिये समय एवं धैर्य की आवश्यकता होती है। यह भी महत्त्वपूर्ण होता है कि चयनित नेताओं को कृषि आधारित क्रियाशील उपक्रम की खोज में शामिल किया जाये जो BASE की तरह कार्य करें आर्थिक विकास के लिये। इस प्रक्रिया की आवश्यकता है, समय, धैर्य, परस्पर क्रिया तथा बौद्धिक साधन ग्राम प्रसारकर्मी किसान संगठन के नेताओं को इस प्रक्रिया में सहायता कर सकते हैं।

## चरण-6 किसान संगठनों के लिये एक संगठनात्मक ढाँचे का विकास करना

प्रमुख समूह के नेताओं को प्रसारकर्मी उनके किसान संगठनों के संगठनात्मक ढाँचे के विकास करने में सहायता दे सकते हैं। अतीत में, नक्शे का विचार अपना लिया गया बिना इस पर विचार किये कि किसान संगठनों के कार्यों पर इसके स्वरूप की क्या भूमिका रहती है। सावधानीपूर्वक योजना की आवश्यकता को उजागर करने के लिये समूह चर्चा से सहायता मिलती है।

ढाँचा संगठन के कार्यों एवं लक्ष्यों को पूरा करता है। विभिन्न प्रकार के किसान संगठनों की जानकारी लाभदायक है। चाहे वे वस्तु-आधारित संगठनों, सहकारिताओं भागीदारियों के समूहों या सिंडीकेट हों। क्या उन्हें बहुउद्देश्यीय होना चाहिये। क्या एक ही किसान संगठन संपूर्ण गाँव के लिये होना चाहिये या कई संगठन जो विशिष्ट रुचि के समूहों की आवश्यकताओं को पूरा करें (कम आय के किसानों, महिलाओं, कारीगरों, छोटे व्यवसाय तथा इसी प्रकार के अन्य) क्या इनका उप-समूह या परामर्शी समिति होना चाहिये? यह किसानों का संगठन है इसलिये इसे बाक्स 2 में दी गई प्रक्रियाओं से गुजरना चाहिये तथा सावधानी से इसकी रूपरेखा तैयार करना चाहिये इनकी भूमिकाओं, जिम्मेदारियों, ईनामों तथा सज्जाओं का वर्णन कर उन लोगों के लिये जो किसान संगठन में कार्यरत हों। इस अवस्था में संभव सीमा तक ग्राम प्रसारकर्मी को निष्क्रिय रहना चाहिये क्योंकि नेता ही किसान संगठनों का निर्माण करते हैं। गैर-सरकारी संगठन उनके अनुभवों की भागीदार हो सकते है तथा संगठनात्मक ढाँचे के विकास में उनकी सहायता कर सकते हैं।

इस स्थिति में कई कम महत्त्वपूर्ण कार्य पर भी ध्यान देना जरूरी होता है। इसमें शामिल है, अहातों की तलाश तथा भूमि, मुद्रा, तकनिकी, कर्मचारी, निर्माण तथा संरचना की सेवाएँ जैसे विद्युत तथा टेलीफोन के लिये बातचीत करना (अगर उपलब्ध हों)।

## चरण-7 शिक्षा तथा सीख कार्यों द्वारा किसान संगठनों के प्रबंधन का विकास करना

समुदाय सशक्तिकरण का एक अनिवार्य अंश है नेताओं एवं सदस्यों को प्रबंधन सिद्धांतों के लिये शिक्षित करना जो योजना, कार्यान्वयन तथा उनके कार्यक्रमों तथा कार्यों की, देखरेख करना शामिल करता है। निम्नलिखित सशक्तिकरण के तरीके कारगार साबित हो सकते हैं:

- *शिक्षण*- औपचारिक तथा अनौपचारिक सीख कार्यों का आयोजन करें।
- *नेतृत्व*- नेताओं को नेतृत्व में सहायता करें तथा एकदल की प्रतिक्रियात्मकता पर उनके कार्यों को सीखें।
- *सलाह एवं समर्थन देना*- प्रारंभिक अवस्था में सदस्यों को सलाह एवं समर्थन दें उनकी योजनाओं तथा कार्यान्वयन में।
- *प्रावधान करना*- अन्य दावेदारों, किसान संगठनों तथा ग्रामप्रसारकर्मियों की सेवा प्राप्त करें किसान संगठनों की सेवा के विभिन्न कार्यों का प्रावधान का विकास प्रारंभिक दौर में।
- *तरीके बताना*- किसान संगठनों की बैठकों के आयोजन तथा विभिन्न भागीदारी नियोजन कार्यों में सहायता दें तथा प्रतिक्रिया से उनके अनुभवों को जानें।
- *वास्तविक बनाना*- उनके किसान संगठनों के प्रबंधन प्रक्रिया पर प्रतिक्रिया व्यक्त करने में उनकी सहायता करें। कार्य का सीखना उनके स्वयं की वास्तविकता की पहचान में सहायता कर सकता है। (वोग्र एवं मरेल को देखें, 1990)

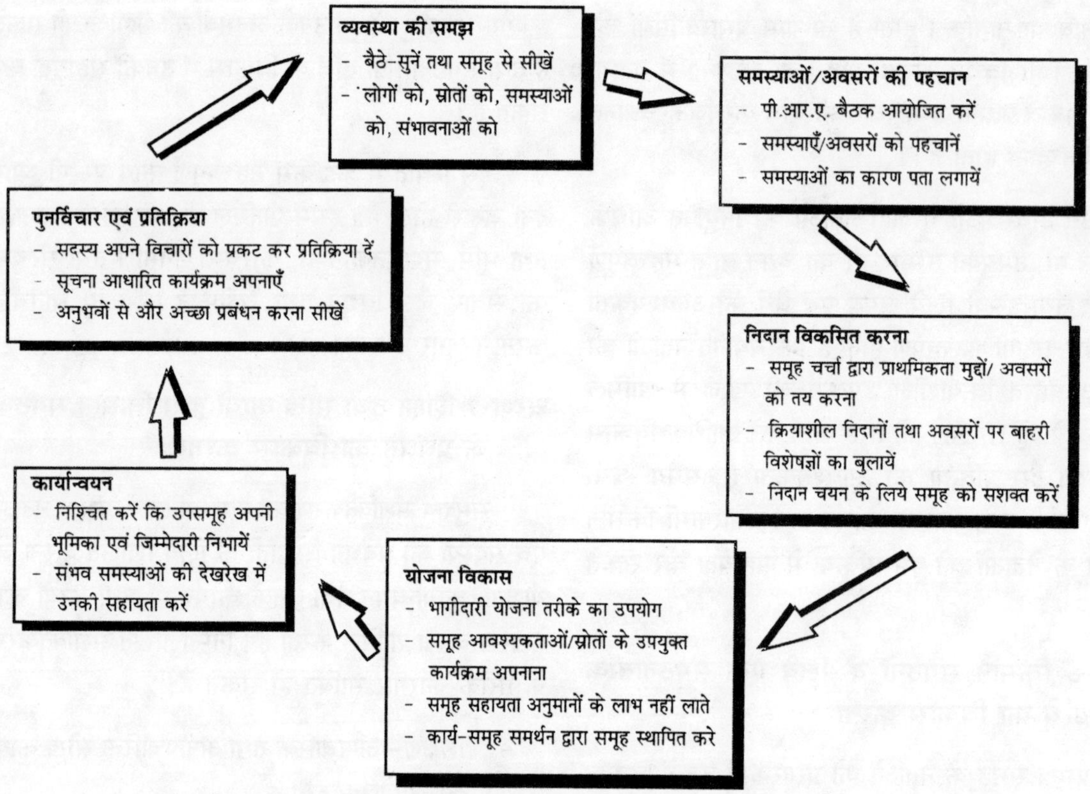


**चित्र 1 : पीएएम योजना चक्र के छः स्तरों का विवरण। (*स्रोत :* चामला 1995ए)**

## चरण-8 कार्य के लिये तैयार होना

इस चरण में किसान संगठन अपनी कार्य योजना की जाँच करते हैं तथा कार्यदल का गठन किया जाता है मानवीय एवं वित्तीय संसाधनों को जुटाने। भागीदारी कार्य प्रबंधन के लिये योजना प्रक्रिया लाभदायक होती है। (अधिक जानकारी के लिये देखें, चामला, 1995) एक विस्तृत 6 चरणीय पाम (PAM) योजना चक्र से किसान संगठनों को सहायता मिलती है भागीदारी योजना प्रक्रिया में। यही वह चरण है जब समय, माप एवं प्रसार के विषय तथा किसान संगठन के अनुसंधान साधन पर विचार शुरू होता है।

निम्नलिखित प्रक्रिया लाभदायक हो सकती है:

- चयनित योजनाओं का कार्यान्वयन प्रारंभ करें,
- संसाधन प्राप्त करें तथा कार्यों का बँटवारा करें,
- लक्ष्य प्राप्ति के लिये कार्यकलापों का समय विकसित करें,
- देखरेख प्रक्रिया विकसित करें, लगातार घटनाओं तथा कार्यों पर प्रतिक्रिया के लिये औपचारिक या अनौपचारिक किसी भी तरह।
- समिति सदस्यों से आग्रह करें कि वे सामयिक बैठक कर कार्यों पर चर्चा करें उन्हें लगातार सूचना देने तथा इसमें शामिल करने।

## चरण-10 किसान संगठनों की प्रगति की देखरेख तथा मूल्यांकन

साधारणतः मूल्यांकन औपचारिक आवश्यकताओं के लिये वार्षिक रूप से होता है। परंतु ग्रामप्रसार कर्मचारी किसान संगठनों को अपने कार्यों पर प्रतिक्रिया करने की आवृत्ति बढ़ाने के लिये प्रोत्साहित कर सकते हैं कि वे अपने प्रबंधन कौशल को सीखें तथा सुधार करें। उन्हें उन लोगों पर नजर रखने की जरूरत है जो किसान संगठनों का उपयोग अपने लाभ के लिये करते हैं। किसी भी नकारात्मक प्रभाव पर कार्यवाही महत्त्वपूर्ण होता है। इस प्रकार की

देखरेख तथा प्रतिक्रियात्मक प्रक्रिया से किसान संगठनों को बल मिलता है तथा निहित समस्याएँ अपने आप दूर हो जाती हैं। सामूहिक प्रतिक्रिया द्वारा सीख संगठन का सृजन होता है तथा वित्तीय तथा अन्य प्रबंधन विषयों में खुलापन आता है। (सेंज, 1990)।

किसान संगठनों की सफलता का मूल्यांकन हो सकता है संगठनों द्वारा सदस्यों की उत्पादकता की वृद्धि माप कर, उनकी शुद्ध आय में वृद्धि कर तथा साधनों के थोक खरीद के कारण खेती की लागत में शुद्ध कमी लाकर। देखरेख एवं सामयिक मूल्यांकन करना अनिवार्य होता है।

## वर्तमान किसान संगठनों को सशक्त करें

कई किसान संगठन जो उच्च कार्यकलापों से गुजरते हैं, के निष्क्रिय या मृतप्रायः हो जाते हैं कुछ समय बाद। यह कई समूहों किसान संगठनों में यह सामान्य प्रक्रिया होती है। ग्राम प्रसारकर्मी समुदाय को इस पतनक तर्कों तथा कारणों को मानने में सहायता कर सकते हैं।

समूह तथा प्रबंधन के अध्ययन पर पुनर्विचार करते हुए चामला (1995बी) ने 26 तत्त्वों की पहचान की जो कारण बनते हैं। (2) सेवा संस्था तत्त्व, (3) समुदाय तत्त्व एवं (4) अन्य बाह्य तत्त्व।

ग्राम प्रसारकर्मियों को उन तत्त्वों को समझने की जरूरत होती है जो समूह या संगठन की प्रभावशीलता या सफलता को प्रभावित करते हैं (बाक्स 3 देखें) बहुत से किसान संगठन भ्रष्टाचार, कुप्रबंधन, झगड़ों तथा स्पष्ट लक्ष्य के अभाव के कारण असफल हुए। यह महत्त्वपूर्ण है कि ग्राम प्रसारकर्मी इन शक्तियों को समझते हैं जो उनके कार्यों को प्रभावित करते हैं। वर्तमान किसान संगठनों के पुनरुत्थान या पुनर्जीवित करने के लिये कई चरण सुझाये गये हैं।

**बाक्स-3 समुदाय समूह प्रभावशीलता के प्रभावी तत्त्व**

*समूह के आंतरिक तत्त्व*- इस श्रेणी में कम से कम 10 तत्त्वों की पहचान हुई है।

1. समूह बनावट,
2. समूह-ढाँचा,
3. समूह वातावरण,
4. लगाव,
5. समूह स्तर एवं स्वरूप,
6. नेतृत्व शैली,
7. समूह रखरखाव की आवश्यकता, व्यक्तिगत आवश्यकता तथा कार्य की आवश्यकता के बीच संतुलन,
8. समूह में 'समूह विचार' विशेषता को समान करना,
9. समूह का विकास चरण,
10. समूह संस्कृति : सशक्तिकरण या नियंत्रण या एक संतुलन।

*सेवा संस्थाओं के तत्त्व*- प्रभावशीलता को सरकारी तथा गैरसरकारी संस्थाएँ प्रभावित कर सकती हैं।

11. प्रसार कर्मचारियों की तकनिकी क्षमताएँ,
12. समूह प्रबंधन में कर्मचारियों के 'लोगों के कौशल'
13. कर्मचारियों की भावना तथा समूह के प्रति संकल्प,
14. इस्तेमाल हुए योजना तरीकों के प्रकार : निदेशात्मक या भागीदारी, ऊपर से नीचे से ऊपर, या तरीकों का संतुलन अधिकतम भागीदारी लाने,
15. साधन एवं साध्य की पहचान : कुछ समूहों का निर्माण विकास के साधन की तरह होता है जबकि कुछ अन्य केवल सरकारी आर्थिक सहायता प्राप्त करने होते हैं। एक समूह सहायता पा सकते हैं, पर इन्हें अपने संसाधन भी जुटाने चाहिये।
16. क्षेत्र प्रसार अधिकारियों का समर्थन।

***कम्युनिटी फैक्टर :*** **ग्रुप तथा संस्था समाज के ही भाग हैं जो निकल जाते हैं। ग्रुप के सफल होने पर समाज झुक जाता है।**

**प्रथम चरण – ग्राम समुदाय की समझ तथा उनका विश्वास प्राप्त करना**

यह चरण किसान संगठनों की स्थापना के प्रथम चरण के ही समान होता है। यहाँ प्रमुख तत्त्व होता है ग्रामप्रसारकर्मी द्वारा समुदाय का विकास प्राप्त करना ताकि उनके विकास में सहायता दें।

**द्वितीय चरण –नेताओं से बात करना कि क्यों किसान संगठन कम सक्रिय होते हैं**

अनौपचारिक रूप से समुदाय के पहचाने नेताओं के बहुसंख्यक परिप्रेक्ष्यों की जानकारी प्राप्त करना दूसरा चरण होता है। मजाकिया भ्रांत समस्याओं को एक साथ रखकर यह समझाने के लिये कि किसान संगठन क्यों निष्क्रिय हैं, इसके लिये कूटनीतिक तथा खोजी दृष्टि आवश्यक है। किसान संगठनों के ऐतिहासिक परिप्रेक्ष्यों तथा विभिन्न स्थानीय तत्त्व जिससे उनकी निष्क्रियता प्रभावित हो उसे प्राप्त करना चाहिये। समुदाय समूह की प्रभावशीलता को प्रभावित करने वाले तत्त्वों का इस्तेमाल मार्गदर्शन के लिये हो सकता है जो संगत तत्त्वों के चयन तथा असंगत तत्त्वों को अवहेलित कर हो सकता है।

**तीसरा चरण – समुदाय के किसान संगठनों को पुनर्जीवित तथा सशक्त करने के लिये विचारों को जानना**

फिर ग्राम प्रसारकर्मी प्रमुख नेताओं से बात कर सकते हैं, तथा उनके विचार जान सकते हैं कि वर्तमान किसान संगठनों को कैसे पुनर्जीवित या सशक्त किया जाये या नये संगठनों को कैसे सृजित किया जाये। यह उनके विकास के लिये समुदाय का संगठन होता है इसलिये नेताओं के मत तथा समर्थन प्राप्त करना चाहिये।

**चौथा चरण – समुदाय की बैठक बुलाने के लिये नेताओं को प्रोत्साहित करना**

किसान संगठनों को सशक्त करने या नया संगठन बनाने के लिये समुदाय की बैठक बुलाने के लिये प्रसारकर्मी नेताओं की सहायता कर सकते हैं।

प्रासरकर्मी आग्रहपूर्वक मसविदा का प्रावधान कर सकते हैं तथा सुझाव दे सकते हैं कि बैठक कैसे आयोजित हो तथा किसान संगठनों को कैसे सशक्त किया जाये।

**पाँचवाँ चरण – प्रस्ताव का मसविदा तैयार करने के लिये एक प्रमुखसमूह की स्थापना करें**

एक नेताओं का प्रमुख समूह या परिचालन समिति इस पर आगे विचार कर सुझावों पर गौर करेगी जो सदस्यों द्वारा एक कौशल विकसित करने दिया गया सशक्तिकरण के लिये या किसान संगठनों को पुनर्जीवित करने के लिये।

**छठा चरण – कौशल पर मंतव्य तथा समुदाय की सहमति प्राप्त करना**

नेताओं को सतर्क रहना चाहिये जिससे बैठक में समुदाय का वह विचार न पनपे जो किसी को शिकार बनाने या नियंत्रण प्राप्त करने के लिये किसान संगठनों की अक्षमता का दोष किसी पर मढ़ दिया जाये। कार्यकारी कौशल विकसित करने के लिये समुदाय को सकारात्मक दिशा का मार्गदर्शन देना आवश्यक होता है। इसके कई तरीके उपलब्ध हैं जैसे SWOT जो हैं शक्ति, कमजोरियाँ, अवसरें एवं धमकियाँ का विश्लेषण करना, प्राथमिकता तय करना तथा कार्ययोजना के तरीके। भागीदारी योजना तथा समुदाय परामर्श के तरीकों के लिये देखें, चामला एवं मोर्टिस (1990) तथा कार्मन एंड कीथ (1994)।

किसान संगठनों की स्थापना के 7 से 10 चरणों में लाभदायक प्रक्रियाएँ बतायी गयी हैं। समुदाय को यह समझने में सहायता देना कि किसान संगठनों को सशक्त करना सबके हित में है जीत और केवल जीत कौशल के साथ। उन्हें यह बताने में सहायता करना कि वे छोटी राजनीति तथा व्यक्तिगत द्वेष से बाहर आवें तथा विकास के संपूर्ण सिद्धांतों को विकसित करना प्रसारकर्मियों के प्रमुख कार्यों में से एक है। सुविधाकर्त्ता का ज्ञान प्राप्त करना महत्त्वपूर्ण होता है।

## किसान संगठनों की स्थापना तथा सशक्तिकरण में नीति के मसले

किसान संगठनों की स्थापना पर कई बृहस्तरीय नीति के मसले प्रभाव डालते हैं। कुछ पर पहले चर्चा की जा चुकी है, पर दो मुद्दों पर स्पष्टीकरण तथा चर्चा की आवश्यकता है (देखें कोटॅन, 1989; एसमान एवं ऊचौफ, 1984, बर्की 1993, गारफोर्थ, 1993)

## सेवाओं की माँग में वृद्धि

क्या सशक्त किसान संगठनों से सेवाओं की माँग का अधिक सृजन होता है और अगर हो तो इसे कैसे निदानित किया जाये। कुछ नीति-निर्धारकों का मत है कि सशक्त किसान संगठन अनुसंधान तथा प्रसार की अधिक माँग कर सकते हैं। इसमें थोड़ी सच्चाई है, पर अगर संपूर्ण नीति कार्यक्रम सशक्तिकरण, स्वयं-सहायता या उपभोक्ता भुगतान पद्धति पर जोर डालता है तो अधिक स्थानीय संसाधनों को जुटाया जा सकता है तथा स्थायी आधार पर वर्तमान प्राकृतिक संसाधनों के सही इस्तेमाल को बढ़ा सकता है। कई कम संसाधित किसान समूह जो अन्य दावेदारों जैसे बैकों, कृषि व्यवसायों, गैर-सरकारी संगठनों, निजी सलाह संस्थाओं तथा धार्मिक एवं लोक हितैषी संस्थाओं में कार्यरत हों, वे विकास प्रक्रिया में अधिक संसाधन लायेगे। अवकाश प्राप्त पेशेवर शिक्षक नर्सें तथा कृषि वैज्ञानिकों को प्रोत्साहित किया जा सकता है स्वयंसेवक की तरह कार्य करने किसान संगठनों के साथ। कई विकासशील देशों में समुदाय में सेवाओं का प्रावधान करने स्वयंसेवक प्रमुख स्रोत होते हैं।

## सेवाओं के लिये प्रतियोगिता

क्या संगठित गरीब किसान वर्तमान वाणिज्यिक-उपक्रम क्षेत्र के साथ प्रसार सेवाओं के लिये प्रतियोगिता कर पायेंगे और अगर हाँ तो क्या इस मसले का समाधान होगा? सिद्धांततः पूर्ण सशक्त किसान संगठन 'सामान्य प्रसार' कार्यों पर दबाव कम करते हैं, जिस पर प्रसारकर्मियों का काफी समय लगता है। उदाहरण के लिये, आस्ट्रेलिया में 'भूमि-ध्यान' के समूह तथा कुछ सफल किसान संगठन मलयेशिया, फिलीपींस, थाईलैंड, इंडिया तथा अफ्रीका में ये अन्य किसान समूहों तथा किसान संगठनों की सहायता करते हैं प्रभावी बनने में, जनकल्याण की भावना से नहीं। पर चूँकि वे देख पाते हैं कि वाणिज्यिक क्षेत्र गरीब किसानों या ऊपरी भूमि के किसानों पर निर्भर होते हैं उनके लवणीयता, क्षय, जल गुणवत्ता तथा कीट एवं घास प्रबंधन समस्याओं के लिये। पर्यावरणीय तौर पर वाणिज्यिक क्षेत्र निर्भर है स्रोतों से गरीबों या अन्य अल्पसंख्यक जातियाँ एवं समूहों पर अपने अस्तित्व के लिये। जैसाकि किसान से किसान प्रसार तरीके में होता है ठीक उसी तरह ग्राम प्रसारकर्मी को वाणिज्य क्षेत्र को गरीब खेती के क्षेत्र से जोड़ने में सहायता करना चाहिये ताकि सभी के लिये समान योजनाओं को विकसित किया जा सके।

इसी प्रकार वाणिज्यिक क्षेत्र को शांति तथा उन्नति की आवश्यकता होती है सामाजिक अशांति, चोरी तथा अन्य समस्याओं को दूर रखने के लिये। स्थायी विकास के लिये एक समान दृष्टि के विकास के ग्रामप्रसारकर्मी एक सकारात्मक भूमिका का निर्वाह कर सकते हैं। फिर कई तरीके जैसे भविष्य अनुसंधान, समस्या सेंसस तथा SWOT विश्लेषण सहायता करेगा वाणिज्यिक क्षेत्र के लिये समान दृष्टि लाने में साथ ही कम स्रोत की खेती तथा अल्पसंख्यक समूहों में भी। सामूहिक कार्य महत्त्वपूर्ण होता है अस्तित्व की रक्षा तथा स्थायी विकास के लिये।

ग्रामीण विकास के लिये सामुदायिक संगठन अनिवार्य होते हैं। नक्शे का विचार नहीं अपनाना चाहिये बल्कि सीख प्रक्रिया के विचार को कार्य सीख फ्रेमवर्क में लाना चाहिये। (कोर्टन, 1989)

## संदर्भ

बर्की, एस. (1993) *पिपुल फर्स्ट ए गाईड टू सेल्फ-रिलायंट पार्टिसिपेटरी डेवेलपमेंट*। लंदन, जेड बुक्स।

कारमन, के., एंड कीथ, के. (1994) *कम्युनिटी कंसलटेशन टेकनिक्स : परपसेस, प्रोसेसेस एंड पिटफॉल्स-ए गाईड फॉर प्लानर्स एंड फैसिलिटेटर्स*। ब्रिसबेन : डिपार्टमेंट ऑफ प्राईमरी इन्डस्ट्रीज, क्वीन्सलैंड।

चामला, एस. (1990) एस्टैबलिसिंग ए ग्रूप : ए पार्टिसिपेटिव ऐक्शन मोडेल। इन एस.चामला एंड पी.डी. मोर्टिस *वर्किंग टूगेदर फोर लैंडकेयर : ग्रूप मैनेजमेंट स्कील्स एंड स्ट्रैटजीस*, पे.13-38, ब्रिसबेन, आस्ट्रेलिया एकेडमिक प्रेस।

चामला, एस. (1991) एस्टैबलिसिंग ए ग्रूप : ए मोडेल फोर पार्टिसिपेटिव एक्शन मैनेजमेंट। इन पी.डी. मोर्टिस एंड एस.चामला *ग्रूप मैनेजमेंट स्कील्स फोर लैंडकेयर : ए ट्रेनर्स गाईड*, पे. 33-60 ब्रिसबेन : आस्ट्रेलियन एकेडमिक प्रेस।

चामला, एस. (1995) ओवरव्यू ऑफ पार्टिसिपेटिव एक्शन एप्रोचेज इन आस्ट्रेलियन लैंड एंड वाटर मैनेजमेंट। इन चामला एंड के कीथ (इडीएस.) *पार्टिसिपेटिव एप्रोचेज टू लैंडकेयर : पर्सपेक्टिवस, पोलिसिज, एंड प्रोग्राम्स*, ब्रिसबेन, आस्ट्रेलियन एकेडमिक प्रेस।

चामला, एस. (1995इ) ग्रूप इफेक्टिवनेस : फ्रोम ग्रूप एक्सटेंशन मेथड्स टू पार्टिसिपेटिव कम्युनिटी लैडकेयर ग्रूप्स। इन

एस.चामला एंड के कीथ (इडीएस.) *पार्टिसिपेटिव एप्रोजेज टू लैंडकेयर : पर्सपेटिकव्स, पोलिसिज एंड प्रोग्राम्स*, ब्रिसबेन, आस्ट्रेलियन एकेडमिक प्रेस।

चामला, एस., एंड मोर्टिस, पी.डी. (1990) *वर्किंग टूगेदर फोर लैंडकेयर : ग्रूप मैनेजमेंट स्कील्स एंड स्ट्रैटजीस*, पे.368 ब्रिसबेन, आस्ट्रेलियन एकेडमिक प्रेस।

इसमान, एम.जे. एंड ऊफौफ, एन.टी. (1984) *लोकल ओरगेनाईजेसंस : इन्टमीडियरीज इन रूरल डेवेलपमेंट*। इथाका न्यूयार्क : कोर्नेल यूनिवर्सिटी प्रेस।

गारफोर्थ, सी. (1993) रूरल पिपुल्स ओरगेनाईजेसंस एंड एक्सटेंशन कम्युनिकेशंस इन नार्दन थाईलैंड *जरनल ऑफ एक्सटेंशन सिस्टम 9*(2) 63-64.

गारकोविच, एल.ई. (1989) लोकल ओरगेनाइजेशंस एंड लीडरशीप इन कम्युनिटी डिवलपमेंट। इन जे.ए. क्रियेशनसन एंड जे.डब्ल्यू.जे.आर. रोबिनसन (इडीएस.) *कम्युनिटी डेवेलपमेंट इन पर्सपेक्टिव*, पे.196-218, *एम्स* : लोवा स्टेट यूनिवर्सिटी प्रेस।

गुप्ता, ए.के. (1981) स्माल फारमर्स क्रेडिट कंस्ट्रेंट्स : ए पैराडिज्म *एग्रीकल्चरल सिस्टम 7*(4), 157-161.

गुप्ता, ए.के. (1985) ओन ओरगेनाइजिंग इक्वीटी : आर सोल्युशंस रियली दी प्रोब्लेम? *जरनल ऑफ सोशल एंड इकनोमिक स्टडीज, 4*, 295-312.

गुप्ता, वी.के. (1989) *गाईड टू मोनिटरिंग एंड इवेल्युएशन ऑफ स्मॉल फारमर्स कोपरेटिव्स इन एशिया*, पे.121, रोम, फाओ।

गुप्ता, वी.के., एंड गायकवाड, वी.आर. (1986) *गाईड टू मैनेजमेंट ऑफ स्माल फारमर्स कोपरेटिव्स*, पे.172, नई दिल्ली, कंसेप्ट पब्लिशिंग कंपनी।

कोंटेन, डी. सी. (1980) कम्युनिटी ओरगेनाईजेशन एंड सरल डेवेलपमेंट : ए लर्निंग प्रोसेस एप्रोच। *पब्लिक एडेमिनिस्ट्रेशन रिव्यू 40*, 480-510.

कोंटेन, डी.सी. (1989) *गोटींग टू दी 21स्ट सेंचुरी : वोलंटरी एक्शन एंड दी ग्लोबल एजेंडा*, मनीला, बुकमार्क।

मनालिजी, ए.जी. (1990) *कम्युनिटी ओरगेनाईजिंग फॉर पिपुल्स इम्पावरमेंट*। मनीला : कपाटीवान – कौनलारन फाउंडेशन।

मोर्टिस, पी.डी. एंड चामला, एस. (1991) *ग्रुप मैनेजमेंट स्कील्स फॉर लैंडकेयर : ए ट्रेनिंग गाईड*, पे. 407, ब्रिसबेन, आस्ट्रेलियन एकेडमिक प्रेस।

नोपकन, एम., एंड चामला, एस. (1992) एडोप्सन ऑफ लाइव-स्टॉक प्रैक्टिसेस बाइ सक्सेसफुल एंड लेस सक्सेसफुल एक्सटेंशन ग्रूप्स ऑफ स्मॉल फारमर्स। इन दी डब्ल्यू. डेनियल्स, एस. होल्डन, लेविन एंड एस. दादी (इडीएस.) *लाइवस्टॉक सर्विसेज फॉर स्मॉल होल्डरर्स : ए क्रीटिकल इवेल्युएशन*। प्रोसिडिंगस ऑफ ए सेमिनार हेल्ड इन योग्याकर्त्त, इंडोनेशिया, नवंबर, 10-15, 1992. जाकार्त्ता, डारेक्टोरेट जेनरल ऑफ लाइवस्टॉक सर्विसेज, इंडोनेशिया।

सीतारमन, एस.पी. एंड सिंघी, पी.एम. (1992) *एग्रो बिजनेस कापरेटिवस*, पे.210, आईसीए दोमस्ट ट्रस्ट, नई दिल्ली ऑक्सफोर्ड एंड आई बी एच पब्लिशिंग कोमपेन।

सेंज, पी.एम. (1990) दी लीडर्स न्यू वर्क। बिल्डिंग लर्निंग ओरगानाईजेशंस। *स्लोन मैनेजमेंट रिव्यू* पे. 7-22.

सिंघी, पी.एम. एंड ब्लुहम, एल.एच. (1987) पार्टिसिपेशन इन इरिगेशन प्रोजेक्ट्स चेंजींग पैटर्नस इन नार्थ वेस्टर्न इंडिया। इन एच.के. स्वार्जबेलर (इडी.) *रिसर्च इन रूरल सोशियोलोजी एंड डेवेलपमेंट, वोल्युम 3* पे. 65-84, ग्रीन विच : जय प्रेस।

## अध्याय-22

# कृषि प्रसार का निजीकरण

विलियम एम. रिवेरा एवं जॉन डब्ल्यू. केरी

सन् 1980 दशक के मध्य से ही निजीकरण के नाम पर विश्वस्तर पर सरकारों ने विविध कृषि प्रसार कोष तथा पूर्णता की व्यवस्था को ग्रहण कर लिया है। इस अध्याय में इन कार्यों तथा उनके प्रभावों पर विचार किया गया है।

जब कृषि प्रसार पर चर्चा होती है, निजीकरण का इस्तेमाल विस्तृततम अर्थ में होता है, निजी क्षेत्र की भागीदारी लागू करना या बढ़ाना जो आवश्यक रूप से यह नहीं बताता कि सरकारी स्वामित्व की संपदा का स्थानांतरण निजी क्षेत्र में हुआ है। वास्तव में, विभिन्न लागत वसूली, वाणिज्यिकरण तथा अन्य निजीकरण विकल्पों को कृषि प्रसार के सुधार के लिये अपनाया गया है।

यह अध्याय पाँच प्रमुख भागों में संगठित हुआ है। पहला है सरकार के प्रमुख प्रेरक शक्तियों को नये प्रसार कोष के लिये लागू करना प्रत्यार्पण व्यवस्था सहित या जिसे समान्यत: 'निजीकरण' कहा जाता है। दूसरा प्रभाग परिवर्तन के लिये नतीजतन कौशल पर चर्चा करता है। तीसरा चर्चा तथा श्रेणीबद्ध करता है संस्थागत परिवर्तन के निजीकरण के प्रमुख प्रकार वित्त तथा कृषि प्रसार के कार्य संपादन में। चौथा प्रभाग प्रसार के संस्थागत परिवर्तन में निहित मूलाधार पर विचार करता है तथा पाँचवाँ इन परिवर्तनों की जाँच करता है। अध्याय इस अनुशंसाओं के साथ समाप्त होता है कि देश अन्य जगह हुए संस्थागत परिवर्तनों की जाँच करता है, फिर अपनी अवस्था का विश्लेषण करता है और फिर उस आधार पर मार्गदर्शन विकसित करता है कृषि प्रसार सेवाओं के भविष्य के विकास का।

### परिवर्तन की शक्तियाँ

सन् 1980 के दशक के दौरान विश्वस्तर पर बदलाव के कारण जन कृषि प्रसार का विकास हुआ जिसने उस प्रमुख चरण को समाप्त कर दिया जब विकसित तथा विकासशील विश्व में सरकार कोषित प्रसार का विस्तार था। कृषि प्रसार की बढ़ती हुई परिभाषा है कि यह एक या एक से अधिक विभिन्न कार्यकलापों का तकनिकी स्थानांतरण या ग्रामीण विकास है। कई अवस्थाओं में तकनीक का स्थानांतरण अब से आगे सरकारी क्षेत्र प्रणाली के अधीन होने का पुनर्विचार आया। ऐसे परिवर्तन सरकारी क्षेत्र के प्रसार की निष्पत्ति प्रतिमान को फिर से उजागर करते हैं।

औद्योगिक रूप से विकसित देशों में, जो प्रसार सेवा कार्यक्रम के नमूने होते हैं अन्य जगह, कृषि का कम होता आर्थिक विकास के लिये अपेक्षित महत्त्व। ग्रामीण उत्पादकों की छोटी संख्या की समृद्धि तथा शिक्षा, तथा बाह्य साधनों को बढ़ती खरीद का इस्तेमाल आदि ने जन कोषित प्रसार सेवाओं की प्रकृति परिवर्तित कर दिया है तथा सरकार द्वारा जुटायी जा रही प्रसार सेवाओं पर प्रश्न खड़ा कर दिया है। (केरी, 1993a) विकासशील देशों में जहाँ जहाँ जनकोषित प्रसार सेवाएँ अधिक महत्त्वपूर्ण होती हैं, वहाँ प्रसार सेवाओं के स्वरूप तथा ढाँचे पर काफी प्रश्न उठ खड़े हुए हैं।

### विश्वव्यापी प्रतियोगिता

शुल्क तथा व्यापार पर आमसहमति (GATT) के अनुमोदन के फलस्वरूप अब कोई भी देश खाद्य तथा रेशों के उत्पादन एवं बिक्री में तुलनात्मक कृषि लाभों को अधिक सक्रियता से विकसित नहीं करेगा। अधिक रूढ़िवादी

राजनैतिक विचारधारा तथा मुक्त बाजार अर्थशास्त्र की ओर झुकाव का संयोग है कि विश्वव्यापी विकास कृषि में अधिक प्रतियोगिता का सुझाव देते हैं। जबकि देश अपने तुलनात्मक लाभ पर अधिक प्रकाश डालेंगे, कई अवस्थाओं में वे अभी भी राष्ट्रीय खाद्य सुरक्षा तथा अधम ग्रामीण दरिद्रता से चिंताग्रस्त रहते हैं।

## जन प्रसार का पुनर्निधारण

जहाँ 'आधुनिक' प्रसार 19वीं सदी से ही अस्तित्व में है, कृषि प्रसार विश्वस्तर पर बिल्कुल युवा है एक औपचारिक संस्था के रूप में जहाँ बहुसंख्यक देशों ने ऐसी सेवाओं को 1950 तथा 1960 के दशकों से प्रारंभ किया है। धनी देशों में भी जहाँ प्रसार कुछ पहले शुरू हुआ द्वितीय विश्व युद्ध के बाद वित्तीय संकल्प में भारी उछाल आया जब विज्ञान एवं तकनिकी का भारी पिछला भंडार जमा हो गया। एक फाओ सर्वेक्षण के अनुसार 15 देशों के 207 कृषि प्रसार संगठनों में 50% संगठनों की स्थापना या पुनर्गठन पिछले दो दशकों में हुआ (स्वानसन, फार्नर एंड, बहल, 1990)

इस पृष्ठभूमि में हाल में सरकारों ने समझा है कि वे उन सभी सेवाओं का प्रावधान करने में असमर्थ हैं, जो पहले करते थे। बढ़ती लागतों, सीमित उपलब्ध संसाधनों तथा उपयुक्त सरकारी हस्तक्षेप के वर्तमान दर्शन में बदलाव के कारण, सरकार के कुछ कार्यों को कम कर दिया गया है एवं अन्य का निजीकरण कर दिया गया है। खास पहले के केंद्र प्रबंधित अर्थव्यवस्थाओं में ऐसे परिवर्तन खास महत्त्वपूर्ण है।

चूँकि विश्वस्तर पर प्रसार के पास बड़ी संख्या में कर्मचारी होते हैं, इसलिये प्रसार का खर्च काफी होता है। फाओ के कृषि प्रसार पर विश्वव्यापी परामर्श के रिपोर्ट में बताया गया है कि संसारभर में लगभग 600000 कृषि प्रसार कर्मचारी थे तथा इसका 95% भाग जनकृषि प्रसार प्रणाली में कार्यरत था। अमरीका में लगभग 9000 प्रसार संस्थाएँ, 4000 विषय विशेषज्ञ तथा 1000 निदेशक तथा प्रशासनिक समर्थन के कर्मचारी थे। (यूएसडीए, 1993 आँकड़ा)

यद्यपि प्रसार कर्मचारी की इकाई लागत कई देशों में कम है। कर्मचारियों के बड़े आकार सरकारी खर्च को बढ़ा देते हैं। वित्तीय संबंधों के कारण कई देशों ने वैकल्पिक ढाँचागत व्यवस्थाओं की जाँच के फलस्वरूप, सरकारी क्षेत्र के प्रसार खर्चों को कम करने की संभावना के कारण कर उगाहने में परिवर्तन, सरकारी प्रसार कार्यों के लिये मूल्य तथा वाणिज्यिकरण एवं निजीकरण हुआ। (संबद्ध कर्मचारियो की कमी हुई)। (होवेल 1985) कई देशों ने सरकारी क्षेत्र के कृषि प्रसार प्रावधान से संबद्ध खर्चों के भार का स्थानांतरण या उनकी कमी एवं वसूली पर ध्यान दिया है खासकर निजी उद्योग के निजी अच्छे कार्यों का स्थानांतरण।

प्रसार पर खर्च की चिंताओं को आर्थिक एवं सामाजिक लाभ पर आँकने की आवश्यकता है जो सफल प्रसार से संबद्ध हैं। जबकि सरकारी क्षेत्र के प्रसार सेवाओं में किये विनियोजन पर आर्थिक लाभ की परिमाप के लिये अधिक अनुसंधान की आवश्यकता है, उपलब्ध अनुसंधान ईंगित करते हैं कि बहुत जगहों पर प्रसार उच्चदर का लाभ देते हैं और इसलिये एक लाभदायक सरकारी विनियोजन है यद्यपि यह कुछ वर्तमान आलोचनाओं से मेल नहीं खाता। (अध्याय 3 देखें, तथा इवेंशन, 1987, वर्कहाउस, इवेंशन एंड फेडर, 1988)। इसके अतिरिक्त सभी प्रसार खर्चों को तकनीक स्थानांतरण द्वारा लाभ का परिमाप नहीं किया जा सकता, अल्पावधि में मानव विकास से संबंधित प्रसार लाभों का परिमाप कठिन होता है।

## परिवर्तन का कौशल

समानता कार्यक्रम चलाने में नहीं, अपने बढ़ते खर्च तथा क्षमता के अभाव के कारण आलोचना झेल रहे सरकारी क्षेत्र के प्रसार परिवर्तन की कई संभावनाओं के सम्मुखीन हैं।

समायोजन युक्त विभिन्न प्रसार पद्धतियों में यह प्रवृत्ति देखी गयी है अधिक लचीलेपन तथा बहुसंख्यक भागीदारों के लिये तथा कृषि सलाहकार सेवाओं के वित्त के लिये (ओसीईडी, 1989, ले गुईस, 1991) ले गुईस ने प्रसार के निजीकरण से संबंधित तीन प्रमुख नीतियों को पाया जो सरकार तथा किसान संगठनों द्वारा अपनाये गये हैं। जो निम्नलिखित हैं:

1 सामान्य लोगों के प्रत्यक्ष संबंध की सेवाओं के प्रकार के लिये ही करदाता द्वारा जन कोष का प्रावधान;

2 कुछ व्यक्तिगत सेवाओं के लिये प्रत्यक्ष वसूली प्रत्यक्ष लाभ के साथ (आय सुधार के रूप में);

3 मिश्रित कोष सरकारी तथा निजी पेशेवर संघों के योगदान द्वारा कुछ सेवाओं के लिये जहाँ लाभ का बँटवारा हो। (ले गुईस, 1991, पे.32)

वित्तीय समर्थन के नये रूप में व्याप्त विकास प्रसार के लिये यह हुआ है कि मिश्रित संसाधन की प्रवृत्ति जगी है जिसकी प्रतिक्रिया अतिरिक्त कोष प्राप्त करने के लिये नये कौशल में है। कई विकासशील देशों में सरकारी निजी प्रसार समन्वय की स्थापना हो चुकी है। वैकल्पिक प्रणाली में निजी निगमित पहल के आगमन का संकेत है। जो किसानों द्वारा सहयोगी उपक्रमों सरकारी-निजी प्रसार सेवाओं का समन्वय तथा जनप्रणाली के निजीकरण को प्रोत्साहित करता है। (विलसन, 1991)

एक उन्नत तथा विस्तृत प्रसार कार्यकलापों के साथ राष्ट्रीय अर्थव्यवस्थाओं में कम सरकारी संलग्नता के दार्शनिक विचार के सशक्तिकरण ने कई कौशलों का उदय किया है प्रसार सेवाओं के निष्पादन के तरीके में परिवर्तन के लिये।

## पुनर्जीवित करना

संयुक्त राज्य (अमरीका) सहकारिता प्रसार सेवाओं की जब संगतता तथा दृष्टि के अभाव के लिये आलोचना हुई तो आलोचनाओं को पुनर्समूहित कर पुनर्विचार किया गया। (विलमान, 1986) संगठन एवं नीति पर इसके प्रसार समिति (ECOP) ने भविष्य के लिये कार्यदल गठित किया जिसने मसलों पर पुनर्विचार कर प्रणाली को पुनर्जीवित करने के लिये अनुशंसाएँ दीं जिससे विभिन्न प्रकार के परिवर्तन ढाँचे तथा कार्यक्रमों में देखे गये। इस बीच वैद्युतिक सूचना प्रणाली के विकास से निजीकरण में वृद्धि हुई है जो अमरीकी कृषि के भविष्य के स्वरूप के लिये महत्त्वपूर्ण प्रभाव का है। (गो एंड केनी, 1988)

## वाणिज्यिकरण

न्यूजीलैंड के कृषि एवं मत्स्यपालन मंत्रालय की कृषि सलाहकार सेवा अब उपभोक्ता भुगतानान्तर्गत कार्य करती है, वाणिज्यिक आधार पर। (हर्कस, 1991) इस मंत्रालय की सलाहकार सेवा को पुनर्निर्मित किया गया एमएएफ सलाह तथा इसके बाद न्यूजीलैंड का कृषि एक जनसंस्था बना रहा (अस्थायी तौर पर) यद्यपि इसके कर्मचारियों ने कई जन नियोजन लाभों को छोड़ दिया तथा अब सलाहकार कार्य के लिये कमीशन प्राप्त करते हैं। यह संस्था अपने वार्षिक बजट के लिये सलाह शुल्क पर निर्भर है, जो इसे किसानों तथा सरकार के साथ ठेकेदारी व्यवस्था प्राप्त होता है सरकार को नीति की सूचना एवं ग्रामीण गुप्त सूचना देने के लिये।

## लागत व वसूली

अन्य जन प्रसार प्रणाली ने लागत वसूली विचारों की शरण ली है। मैक्सिको ने बृहत स्तर के किसानों के बीच शुल्क आधारित पद्धति को विकसित किया है उत्तर-पश्चिमी क्षेत्रों में तथा इसी प्रकार की योजना लघुस्तर के किसानों के लिये दक्षिण-केंद्रीय क्षेत्रों के लिये भी है। (विलसन, 1991) कृषि विकास तथा सलाहकार सेवा इंगलैंड तथा वेल्स नाम का 'वाणिज्यिक' है, वह आंशिक लागत वसूली के आधार पर कार्यरत है। एडास के ग्राहक सलाह के लिये शुल्क देते हैं, जो पहले उन्हें मुफ्त उपलब्ध था। सन् 1987 में लागू यह लागत वसूली की प्रक्रिया उन संस्थाओं की ओर निदेशित है जो अपनी आय का 50% वाणिज्यिक शुल्क से 1993-94 में प्राप्त करते हैं। (बनी एंड बाउकट, 1991; हार्टर, 1992)

## पुर्जों की पद्धति

कुछ देशों ने जन प्रसार प्रतिपादन पद्धति को पुर्जों से प्रतिस्थापित कर लिया है जो किसानों के लिये सरकारी सेवाओं द्वारा आबंटित होता है जिसका इस्तेमाल वे निजी प्रसार सलाह लेने के लिये कर सकें। (चीली की तरह) प्रसार सेवाओं के लिये ऋण के कुछ प्रतिशत को संकल्पित किया गया है कृषि बैंक ऋण से संबद्ध कूपन में से तथा इसका इस्तेमाल कोलंबिया में हुआ है।

## क्रमिक निजीकरण

सन् 1990 में नीदरलैंड ने उपयुक्तता के साथ जन प्रसार सेवा का आधे भाग का निजीकरण कर दिया है क्षेत्र प्रसार कर्मचारियों का स्थानांतरण किया है प्रारंभिक सरकारी वित्तीय समर्थन के साथ किसान संघों के लिये। प्रसार सेवाओं के तत्त्व जो अनुसंधान तथा निजी प्रसार सेवाओं के संबंधों, नीति तैयार करने, कार्यान्वयन, तथा उन्नति नियमन कार्य के लिये जिम्मेदार हैं, वह कृषि मंत्रालय के अधीन रहा। (ले गुईश, 1991) निजीकृत प्रसार सेवाओं का प्रशासन एक बोर्ड द्वारा होगा जिसमें किसान संगठनों तथा सरकार का समान प्रतिनिधित्व करेगा। (प्रुस्ट एंड रोलिंग, 1991)

नीदरलैंड के किसान नये संगठन के लिये आंशिक योगदान करते हैं, किसान संगठनों में सदस्यता शुल्क बढ़ाकर तथा व्यक्तिगत विश्लेषणों के लिये प्रत्यक्ष भुगतान कर किसान इसके परिणामस्वरूप सेवाओं के 50% लागत के लिये योगदान करेंगे व्यक्तिगत विश्लेषणों जैसी सेवाओं का पूर्ण भुगतान ग्राहकों द्वारा किया जायेगा। उच्च सरकार ने नये सरकार कोषित ढाँचों का निर्माण किया है विषय विशेषज्ञों को प्रसारदल के साथ एकीकृत कर ताकि सूचना तथा ज्ञान के स्थानांतरण में सुविधा हो तथा सरकारी नीति की सूचना का प्रावधान हो। (बोस, प्रुस्ट एंड कुपर, 1991, प्रुस्ट एंड रोलिंग, 1991)

निजीकरण का एक अधिक नम्र स्वरूप प्रस्तावित किया गया है सरकारी प्रसार सेवाओं के प्रतिपादन के लिये आस्ट्रेलिया के विक्टोरिया में। प्रसार सेवाओं के पुनर्विचार से निर्धारित हुआ कि सरकार द्वारा सेवाएँ अनिवार्य रूप से व्यक्तियों को निजी लाभ पहुँचाते हैं बजाय सरकारी शुल्क लगाकर, लागत की वसूली हो, यह अधिक वांछित है कि अधिक सक्षम निजी सलाहकार ऐसी सेवाएँ जुटाएँ। फिर भी प्रसार सेवाओं के प्रतिपादन में जटिलताओं के कारण तथा विभिन्न प्रकार के कृषि क्षेत्रों की भिन्न प्रकृति तथा विकास स्तर के कारण कई बाधाओं की पहचान की गयी जिसने ऐसे सिद्धांतों के सर्वव्यापी ग्राह्यता पर रोक लगायी। (वाटसन, इट. एल., 1992, केरी 1993ए)

ग्रामीण उद्योग संगठनों द्वारा तकनीक स्थानांतरण की अधिक जिम्मेदारी लेने के लिये विक्टोरिया की सरकार ने भविष्य के प्रसार कार्यक्रमों के लिये बाहरी संसाधनों को प्राप्त करने का प्रस्ताव किया। बाहरी संसाधन प्राप्ति का अर्थ होता है कि सरकारी प्रसार संस्थाएँ प्रसार योजना के कर्मचारियों का एक प्रमुख पुल बनाकर रखेगा तथा निजी क्षेत्र से पेशेवर सेवाओं की खरीद करेगा उस कुशलता के लिये जिसे संस्था आवश्यक मानती हो। कृषि सलाहकार तथा ठेकेदार कर्मचारियों को नियोजित किया जायेगा विशिष्ट योजनाओं में सेवाओं को जुटाने में जिसका वित्तग्रामीण उद्योग तथा संघ सरकार द्वारा दिया जायेगा। ऐसी योजनाएँ विस्तृत उपयोग में होगी तथा इन्हें व्यक्तिगत खेती की अवस्थाओं तक ही सीमित नहीं किया जायेगा।

अधिकांश मामलों में सरकारों ने वास्तव में अपने कृषि प्रसार सेवाओं का निजीकरण नहीं किया है शुद्ध रूप से निजीकरण का अर्थ होता है स्वामित्व का पूर्ण स्थानांतरण (बिक्री द्वारा)। सरकार से निजी संस्था को और इसके साथ ही वह संस्था खर्च करती है तथा लाभ भी प्राप्त करती है। प्रसार के मामले में सरकार ने एक अलग रास्ता अपनाया है सेवाओं का वाणिज्यिकरण कर पर इसे जनसंस्था के रूप में कायम रखकर, सरकारी क्षेत्र के सेवा प्रतिपादन के निजी क्षेत्र में स्थानांतरित कर, प्रतिपादन के स्पष्ट एवं मूल वित्त बनाये रखकर या सेवाओं के लिये लागत वसूली तरीके से भुगतान लेकर। इस प्रकार कृषि प्रसार का निजीकरण का मुहावरा साधारणतः भ्रामक होता है।

**अन्य प्रावधान**

कुछ देशों ने कभी भी सरकारी क्षेत्र के कृषि प्रसार सेवाओं को विकसित नहीं किया एवं कृषि प्रसार कार्यों को निजी क्षेत्र के वस्तु-उपक्रमों या औद्योगिक संस्थाओं पर छोड़ दिया यद्यपि प्रायः कुछ सरकारी वित्तीय सहायता के साथ। फ्रांस में, कृषि चैंबरों तथा निजी क्षेत्र की कंपनियाँ प्रसार सेवाओं का प्रावधान करती है पर चैंबरों को सरकारी कोष से काफी वित्तीय समर्थन प्राप्त होता है। न्यूजीलैंड में दुग्धोत्पादन उद्योग में प्रसार सेवाएँ कई वर्षों से दुग्धोत्पादन बोर्ड सलाहकार सेवा द्वारा दी जाती है, जिसका वित्त दुग्धोत्पादन उद्योग से आता है।

अन्य मामले में सरकारी क्षेत्र की प्रसार सेवाओं को पूरा करने के लिये गैर-सरकारी संगठनों का उपयोग हुआ है, खासकर ग्रामीण विकास क्षेत्र में (अमानर एंड फारिंगटन, 1991) इस व्यवस्था के अन्य लाभ भी हैं प्रसार कार्य बढ़ाने के लिये तथा तकनीक पद्धति में किसानों की भागीदारी को प्रोत्साहित करने के लिये, पर इसकी कुछ निहित सीमाएँ होती हैं।

अधिकांश देशों में तकनीक स्थानांतरण में निजी क्षेत्र की कंपनियाँ महत्त्वपूर्ण योगदान करती हैं साथ ही कृषि विकास की प्रगति में भी प्रमुख रूप से ठेकेदारी व्यवस्था द्वारा किसानों के साथ सही रूप से निजी क्षेत्र को प्रमुख सूचनादाता के रूप में मान लिया गया है छोटे तथा बड़े किसानों के लिये जो एक फसल की खेती करते हैं। केरी एंड वालिंकसन (1992) निजीकृत प्रसार प्रणाली वाणिज्यिक खेती पर प्रकाश डालते हैं। सेवाओं का प्रावधान निजी या सरकारी हो इससे संबंधित निर्णय की स्पष्टता हितकर होती है। जब प्रसार का प्रतिपादन निजी होता है,

यह वाणिज्यिक निर्णय का प्रतिनिधित्व करता है तथा जब प्रसार का प्रतिपादन सरकारी होता है तो यह एक राजनैतिक या अफसरी निर्णय होता है। इसलिये निजीकरण का फैसला करने से पहले महत्त्वपूर्ण होता है यह जानना कि प्रसार कार्यक्रम की स्थापना से वाणिज्यिक उपक्रम को सहायता मिलती है या लघुस्तर खेती एवं ग्रामीण विकास को।

## वैकिल्पक कोष तथा प्रतिपादन

विविध दिशाएँ ली गयी हैं तथा भुगतान के बहु-संख्यक साधन उदित हुए हैं क्योंकि सरकार ने वैकल्पिक वित्तीय एवं प्रतिपादन व्यवस्था को चुना है सरकारी क्षेत्र के कृषि प्रसार सेवाओं के भुगतान के लिये। प्रसार प्रावधान प्रायः बहु-संस्थानात्मक तथा संगठित उस प्रकार होते हैं जो आवश्यक रूप से स्वाधीन नहीं होते।

जहाँ सरकारी क्षेत्र प्रसार का प्रावधान करता है वहाँ वैकल्पिक कोष व्यवस्था में शामिल रहता है:

1. सामान्य कर आधारित सरकारी वित्त कृषि के लिये कृषि प्रसार सेवाओं का वित्त सहित जो है परंपरागत सरकारी क्षेत्र का तरीका प्रसार वित्त के लिये।
2. वस्तु कर आधारित सरकारी वित्त (उपकर या गैर वित्तीयकर) जैसे इल्वाडोर में कॉफी जैसे कृषि वस्तु पर लगा कर।
3. शुल्क आधारित सरकारी कोष जिसमें शुल्क देना पड़ता है साधारणतः बड़े किसानों पर प्रसार सेवा के लिये जैसे मेक्सिको के अन्नोन्नत उत्तरी क्षेत्र।
4. **ठेकेदार आधारित सरकारी सेवाओं का वाणिज्यिकरण-** जहाँ ठीकेदार आधारित व्यवस्थाएँ की जाती हैं किसानों तथा सरकारी प्रसार सेवाओं के बीच जैसे न्यूजीलैंड में।

जहाँ निजी क्षेत्र प्रसार का प्रावधान करता है, वैकल्पिक कोष व्यवस्था में शामिल रहता है:

1. सरकारी आय आधारित वाउचर या पुर्जे किसानों को दिया जाता है और तब वे निजी क्षेत्र की संस्थाओं को ठेके देते हैं प्रसार सूचना के प्रावधान का जैसा कि चीली में होता है।
2. सरकारी ऋण आय आधारित कूपन प्रणाली जो कृषि ऋण से संबद्ध होते हैं जहाँ ऋण लेने वाले किसानों को ऋण का कुछ प्रतिशत प्रसार सलाह उद्देश्यों के लिये उपयोग की छूट है।
3. सदस्यता तथा शुल्काधारित, वस्तु कराधारित कोष सहित, जहाँ किसान सदस्यता शुल्क तथा सेवा शुल्क का भुगतान करते हैं तथा निजी संगठनों (कृषि चैंबर) को सरकारी उपकर या वित्तीयकर के बाहर कृषि वस्तुओं पर लगाये गये कर से भी कोष प्राप्त होता है तथा जिन कोषों को निजी क्षेत्र के संगठनों को स्थानांतरित कर दिया जाता है और इसके बाद निजी क्षेत्र प्रसार सेवाओं का प्रावधान करता है- यद्यपि सरकारी क्षेत्र के अधिकारी साधारणतः चैंबर के संचालन समिति में बैठते हैं।

| कौन प्रतिपादित करता है / कौन भुगतान करता है | सरकारी | निजी |
|---|---|---|
| सरकारी | कुल सरकारी कोष तथा प्रतिपादन (परंपरागत कृषि प्रसार पद्धति मंत्रालय) | शुल्क आधारित या ठेकेदार आधारित जिसका भुगतान किसान करते हैं (यथा- मेक्सिको, न्यूजीलैंड) |
| निजी | सरकारी कोष (छोटे किसानों को पुर्जे या कूपन देकर) निजी सलाह के लिये (चीली, कोस्टा रीका) परजीवी व्यवस्था की | किसान संघों, निजी संस्थाएँ (प्रसार का प्रतिपादन, कृषि विकास संस्थाओं द्वारा उत्पादन सलाहकार-साधन आपूर्तिकर्ताओं द्वारा) गैर सरकारी संगठन |

**चित्र 1 : कृषि प्रसार के कोष तथा प्रतिपादन के लिये सरकारी संस्थागत परिवर्तन।**
**(निलसन, 1993 से उन्नत किया गया)**

4. **सदस्यता शुल्क के साथ साधन आपूर्तिकर्ताओं द्वारा वाणिज्यिक प्रायोजन-** जहाँ किसान समूहों को गैर-सलाहकारी, शैक्षणिक प्रसार सेवाओं का प्रावधान किया जाता है निजीरूप से नियोजित कृषि सलाहकारों द्वारा जिसका आंशिक वित्त आता है ग्रामीण क्षेत्र के वाणिज्यिक प्रयोजनों से तथा ऐसे समूह बृहत पैमाने पर संयोजित प्रसार लक्ष्यों के लिये कार्य कर सकते हैं।
5. निजीकरण जहाँ सेवाओं का प्रावधान एवं फलस्वरूप संस्था को वेतन भुगतान किसान संघों या अन्य निजी संस्थाओं पर डाल दिया जाता है।

अधिकांश देशों के प्रसार में जटिल सरकारी तथा निजी कार्यकलाप शामिल होते हैं। इस प्रकार कोष तथा कृषि प्रसार प्रतिपादन के लिये बहुसंख्यक व्यवस्थाएँ मौजूद होती हैं। चित्र 1 में दर्शाता है सरकारी एवं निजी प्रतिपादनों का मिश्रण तथा कृषि प्रसार सेवाओं के लिये भुगतान। इस प्रकार दर्शायी गयी व्यवस्थाओं की वास्तविकता अधिक जटिल होती है। जैसे फ्रांस में कृषि चैंबरों का निजी संस्था माना जाता है जो किसानों की सदस्यता के लिये तथा सेवाओं के लिये शुल्क पर कार्यरत रहता है, पर फ्रांसिसी सरकार द्वारा काफी कोष दिया जाता है (49% तक) कार्यकारी तथा कार्यक्रम खर्चों के लिये।

## प्रसार निजीकरण का संदर्भ

सरकारी क्षेत्र की भूमिका पर बहस कृषि प्रसार संदर्भ तक ही सीमित नहीं होता है, पर इसमें सरकारी नीतियों एवं संस्थागत तथा संगठनात्मक विकास के बृहत्तर संबंध भी शामिल रहते हैं। वास्तव में, सरकारी बनाम निजी संलग्नता का अंश अर्थव्यवस्था में एक स्थायी दार्शनिक तथा राजनैतिक रूप से पीड़ादायक प्रश्न है। इसी तथ्य पर आधारित होते हैं निजीकरण की ओर झुकाव तथा सरकारी कार्यों के विकेंद्रीकरण के प्रयास।

### निजीकरण पर बहस

विस्तृत निजीकरण बहस में दो विचार आते हैं, प्रथम एक 'राजनैतिक अर्थव्यवस्था' जो अर्थव्यवस्था में सरकार के आकार तथा भूमिका पर विचार करता है जो यह बताता है कि निजी बाजारों की असफलता हुई है अथवा नहीं तथा दूसरा, यह कि सरकारी खर्च कम करने की आवश्यकता की उक्ति। जबकि सरकार कोषित प्रसार के कई पुनर्निधारणों से ज्ञात होता है कि अर्थव्यवस्था में सरकारी बनाम निजी कार्यकलापों पर विचार का औचित्य है। मिश्रित अर्थव्यवस्था में किसी कार्य में सरकार की संलग्नता मौजूद आर्थिक औचित्य बाजार की असफलता है जैसे कृषि प्रसार जहाँ बाजारी तंत्र अकेले, सब आर्थिक कार्य नहीं कर सकता उपयुक्त संसाधन आबंटन के लिये। बाजार की असफलता उदित होती है क्योंकि कुछ वस्तुएँ या सेवाएँ सरकारी वस्तुएँ होती हैं (जैसे सरकार कोषित कृषि अनुसंधान ज्ञान) जिसका उपयोग गैर-प्रतियोगी रूप से समान के सभी सदस्यों द्वारा हो सकता है जहाँ किसी व्यक्ति द्वारा उपभोग दूसरे व्यक्ति की उपलब्धता को कम नहीं करेगा। चूँकि एसी वस्तुओं के प्रावधान का लाभ व्यक्तियों द्वारा नहीं जुटाया जा सकता, साधारणतः व्यक्ति ऐसी वस्तुओं का प्रावधान नहीं करेगा समाज में यद्यपि उत्पादकों तथा उपभोक्ताओं को इससे महत्त्वपूर्ण प्राप्ति हो सकती है। बाजार की असफलता के कारण कुछ प्रसार कार्यों का संबंध सरकारी वस्तुओं से होता है। अन्य कार्यकलापों से उपयुक्त निजी लाभ मिलते हैं जिसे निजी बाजार यथेष्टरूप से आपूर्ति कर सकते हैं।

कभी-कभी निजी वस्तुएँ बाजार की असफलता से आती हैं। जहाँ निजी बाजार के कार्य सामाजिक अन्यतम स्तर पर कुछ सेवाओं को नहीं दे सकते या जहाँ बाहरी खर्च या लाभ, वस्तु आपूर्तिकर्त्ता की बजाय अन्य लोगों तक चला जाता है। बाजारी असफलता तब भी हो सकती है जब मौजूद उत्पादन, भविष्य के उत्पादन के लिये यथेष्ट संसाधन के संचय के महत्त्व पर ध्यान नहीं देते। पिछली अवस्था खासकर भूमि एवं जल के स्तर को कम करती है। (केरी, 1983) सरकार कोषित संरक्षण प्रसार का उद्देश्य प्रायः ऐसी बाजार असफलता से निबटने का होता है। (बार एंड केरी, 1992)

प्रसार सेवाओं के प्रावधान के लिये सरकारी समर्थन का अर्थ होता है ऐसी सेवाओं का यथेष्ट प्रावधान बिना हस्तक्षेप के नहीं हो सकता या समदृष्टि के कारण, चूँकि सेवाएँ उस सीमा तक उपलब्ध नहीं होती हैं जो सामाजिक वांछनीयता है। कृषि प्रसार के लिये कुछ अवस्थाएँ स्पष्ट रूप से निजी वस्तुओं को परिलक्षित करती हैं तथा कुछ अवस्थाएँ सरकारी वस्तुएँ की बीच में कई धुँधले स्थल होते हैं जहाँ खासकर यह स्पष्ट नहीं हो पाता कि प्रसार कार्य, निजी है या सरकारी। ऐसी अवस्था में सरकार कोषित

प्रसार के क्षेत्र का निर्धारण राजनैतिक प्रभाव द्वारा होता है जो संगत समूह लाभ द्वारा वहन होता है। (केरी, 1993बी)

सामान्य निजीकरण बहस का दार्शनिक पहलू का केंद्र एक तरफ होता है कि तथा कुछ सरकारी कार्यों को अधिक क्षमतापूर्वक निजी संस्थाओं द्वारा किया जा सकता है निजी बाजारों में एवं दूसरी तरफ, क्या इससे असमानता आती है क्योंकि सभी लोगों के पास निजी रूप से आपूर्ति की सेवाओं को खरीदने का संसाधन नहीं रहता।

## प्रसारापेक्षित बहस या चर्चा

प्रसार से संबद्ध सरकारी नीति पर चर्चा में काफी कुछ जोर तथाकथित निजीकरण या वाणिज्यिकरण पर डाला गया है सरकारी खर्च कम करने के साधन की तरह पर, अन्य पहलुओं पर विचार आवश्यक है। न्यूजीलैंड कृषि के वाणिज्यिकरण अनुभवों ने उदाहरण पेश किया है वाणिज्यिकरण के पक्ष में यद्यपि इसमें समस्याएँ भी हैं। वाणिज्यिकरण का विचार 'खेती द्वार से बाहर' की गति के लिये सकारात्मक प्रभाव का होता है प्रसारकर्मियों की संलग्नता के लिये संपूर्ण उत्पादन- प्रक्रियात्मक-परिवहन-बाजार कड़ी में। ग्राहकोन्मुखता की ओर जाने पर भी प्रकाश डाला गया है तथा उत्पादन के नतीजों के प्रति भी चिंता है बजाय इसके कि सहजता से काम किये जाओ। (हर्कस, 1991)

आर्थिक रूप से विकसित देशों में, जहाँ बृहत पैमाने के वाणिज्यिक खेती की प्रधानता रहती है, वहाँ गैर-सरकारी औद्योगिक संस्थानों द्वारा आधुनिक औद्योगीकृत खेती के तकनिकों की वृद्धि का विकास किया जा रहा है। जो निजी बाजार के उपयुक्त हैं तथा सरकारी प्रसार की कोई आवश्यकता नहीं या बहुत कम रह जाती है। विकसित देशों में, सरकार कोषित प्रसार का पक्ष लेना कठिन होता है ग्रामीण उद्योग के लिये जिसमें थोड़े उत्पादक ही रहते हैं जो सन्निकटता से जुड़े तथा एकीकृत रहते हैं अनुसंधान प्रणाली से।

निजीकरण की कमजोरियाँ अधिक स्पष्ट रहती हैं विकासशील देशों के संदर्भ में, जहाँ अवस्थाएँ बिल्कुल भिन्न रहती हैं। जैसे अफ्रीकी कृषि में उपभोक्ताओं द्वारा वित्त उपयुक्त नहीं होता है। यह एक गलत धारणा हो सकती है कि सरकारी सेवाओं के प्राप्तिकर्त्ता सामान्यत: सरकार द्वारा वित्तपोषित होते हैं। लियोनार्ड, (1985) के अनुसार यह अफ्रीकी कृषि उत्पादकों से बहुत दूर है। सबसे बड़ी आसान कमी होती है उपभोक्ताओं के शुल्क वसूली में तथा दरों को उचित स्तर पर लाने के लिये लागत-लेखा प्रक्रिया की स्थापना में। अधिकांश अफ्रीकी कृषि की जीवनधार्य प्रवृत्ति सरकारी हस्तक्षेप का मजबूत आधार बनता है खाद्योत्पादन के समर्थन में विकसित देशों की अपेक्षा।

## संस्थागत विचार

विभिन्न अवस्थाओं के लिये उपयुक्त संस्थागत व्यवस्थाओं की खोज ने मौजूदावस्था में बड़ी बहस छेड़ दी है निजी क्षेत्र के सृजनात्मक उपयोग के लिये जो सरकारी सेवाओं को पूरा करती हों। बहस में निजीकरण एक बात का प्रतिनिधित्व करता है कि किस प्रकार सरकारी कार्यों को संग्रहित करना चाहिये। वाईज (पेज 152) ने बताया है कि निजीकरण.... आवश्यक रूप से सहजता का कौशल नहीं होता है..... सरकारी संगठनों की जिम्मेदारियाँ विलीन नहीं होती हे, केवल बदलती हैं। प्रारंभिक मुद्दा यह नहीं हो सकता है कि क्या किसी कार्य को निजी या सरकारी संगठन को सौंप दिया जाये, पर यह कि संगठन का कौन-सा स्वरूप, निजी तथा सरकारी दोनें की जरूरत है तथा उनके बीच किस व्यवस्था से सर्वाधिक प्रभावी नतीजा आयेगा।

कुछ उदाहरणों में केंद्रीय सरकार के अफसरशाह अप्रतिक्रियात्मक तथा अक्षम समझे जाते हैं तथा जिम्मेदारियों का बिखराव इस चिंता के कारण कि सरकारी क्षेत्र का आकार छोटा किया जाये। अन्य मामलों में सरकारी क्षेत्र के आकार कम करने पर जोर कम है एवं अधिक जोर रहता है विभिन्न इकाइयों के बीच अधिकारों की भागीदारी पर। (ह्वाईट, 1989) बढ़ती जटिलताओं के संस्थागत क्षेत्र में सरकारी भूमिका क्या हो इससे संबंधित प्रश्न स्वयं जटिल होता है तथा को भी एक आवश्यक रूप से सहज उत्तर नहीं होता।

## मूलाधारों का सारांश

निजी क्षेत्र द्वारा कृषि प्रसार सेवाओं के प्रावधान का मूलाधार होता है कार्यरत निजी बाजार के साथ क्षमता वृद्धि के अनुमान पर आधारित कार्य तथा इस पर कि नतीजतन क्षमताओं से देश के कुल राष्ट्रीय उत्पाद के विकास में क्या योगदान आता है। इसके विपरीत सरकार द्वारा कृषि प्रसार सेवाओं के प्रावधान का मूलाधार निम्नलिखित बिंदुओं पर निर्भर

करता है, (1) अधिक कृषि सूचना लोगों के लिये अच्छा है, (2) प्राकृतिक संसाधन प्रबंधन को बढ़ावा देने के लिये केवल सरकारी प्रसार सेवाएँ ही संभावित हैं, (3) सरकारी क्षेत्र के प्रसार किसानों की शिक्षा को बढ़ा सकते हैं जिन्हें शैक्षणिक संस्थाओं तक पहुँचने का अवसर नहीं होता, (4) सरकारी सेवा प्राय: सूचनाओं का प्रावधान करती है जो किसानों का जोखिम कम करता है, (5) सेवा वह सूचना दे सकती है जिससे लेन-देन का खर्च कम होता हो, तथा (6) प्रसार सेवा समुदाय के स्वास्थ्य से संबद्ध हो सकती है जिनका संबंध संभव मानव संकटों से होता है जैसे कृषि रसायन से संबंधित दुर्घटनाएँ तथा जहरीलापन।

निजीकरण के तरीके आधारित होते हैं:

- अधिक सक्षम सेवाओं का प्रतिपादन,
- कम सरकारी खर्च, तथा
- सेवाओं की उच्च गुणवत्ता।

निजीकरण में अनुचरों के लिये कुछ हानियाँ हो सकती है संसाधनों की असमान आवस्था के कारण तथा संस्थाओं की विविधता एवं बाहरी समूहों तथा अन्य सरकारी विभागों के संयोजन से संबद्ध कठिनाइयों के कारण। सरकारी नीति की दिशाओं के प्रति निजी प्रतिपादन संस्थाएँ कम उत्तरदायी होंगी तथा सरकार समर्थित अनुसंधान संगठनों के साथ संबंधों की समस्या भी हो सकती है।

जब परंपरागत ढंग से किसानों के बीच सूचनाओं की प्रक्रिया सहकारिता द्वारा होती है। सूचना का मुक्त विनिमय, औद्योगिक सूचना परंपरागत रूप से निजी वस्तु होती है जिसकी विशेषता होती है एकस्वाधिकार, प्रक्रिया अधिकार पत्र भुगतानित सलाहकारों का इस्तेमाल तथा भिन्नतायुक्त उत्पादन तथा बाजारी प्रक्रिया। विकसित अर्थव्यवस्थाओं में वाणिज्यकृत कृषि क्षेत्रों सहित... औद्योगिक सूचना स्थानांतरण की कई विशेषताएँ कृषि में अधिक सामान्य हो रही हैं। ऐसी अवस्थाएँ जितनी ही अधिक होंगी उतनी ही निजीकरण की प्रवृत्ति बढ़ेगी। विश्वस्तर पर कृषि प्रसार में मौजूद विभिन्न अवस्थाओं का विस्तार बताता है कि विचारों की विस्तृत विविधता मौजूद होना चाहिये।

## प्रसार निजीकरण का महत्त्व

साधारणत: एक अधिक वाणिज्यिकृत विचार प्रसार कर्मियों पर विस्तृत प्रकाश डालता है तथा ग्राहकों की आवश्यकता तथा बदलती हुई आर्थिक एवं सामाजिक अवस्थाओं के प्रति प्रसार सेवाओं को अधिक जिम्मेदार बनाता है। परंतु निजीकरण के अन्य तात्कालिक महत्त्वों में शामिल है (1) संबंधों को कम करने की प्रवृत्ति की ओर झुकाव संगठनों तथा किसानों दोनों के बीच कृषि तथा अन्य संगत सूचनाओं के विनिमय में; (2) लघुस्तरीय खेती के नुकसान पर भी बृहतस्तरीय खेती उपक्रमों को बढ़ावा देने की प्रवृत्ति; (3) लोगों के लिये अच्छी सूचनाओं के जोर में ह्रास तथा ज्ञान की प्रगति को बिक्री योग्य वस्तु मानना एवं (4) कृषि विकास सेवाओं की ओर झुकाव जो प्रारंभिक तौर पर बृहतस्तर की खेती की आवश्यकता पूरी करती है।

आंशिकतापूर्ण निजीकृत प्रणाली को अपनाने के नीदरलैंड अनुभवों से कृषि प्रसार के कुछ महत्त्वों को उजागर किया जाता है खासकर विकसित देशों में। नीदरलैंड के विचार ने सरकारी खर्चों को कम कर दिया है तथा सरकारी संस्थाओं की उस भूमिका को भी जो किसानों के लाभ की चिंताओं तथा कठोर पर्यावरणीय नीतियों की वृद्धि के बीच विवाद से संबंधित रहता है। (बोस इट. एल., 1991, प्रुस्ट एंड रोलींग, 1991) प्रसार सेवाओं के लिये बढ़ती दरों का किसानों द्वारा भुगतान होने से, उनके प्रतिनिधियों का प्रसार सेवा की दिशा पर अधिक प्रभाव रहता है। संगठनों के नये ढाँचों तथा संबंधों की स्थापना करनी होगी निजीकृत एवं निजी प्रसार सेवाओं को अनुसंधान संस्थानों, प्रयोगस्थलों तथा क्षेत्रीय प्रायोजित खेतों के साथ जोड़ने के लिये।

डच व्यवस्थाओं के फलस्वरूप या साथ-साथ नीदरलैंड की प्रसार पद्धति में अन्य परिवर्तन भी आये हैं। कुछ साक्ष्य मिले हैं खासकर वनस्पति हरे गृह क्षेत्र के लिये कि प्रसार सूचना संगठनों के बीच उच्चस्तरीय सहयोग निजी तथा सरकारी दोनों क्षेत्रों में, अब नहीं है। (हुबांग, 1992) पद्धति की अधिक वाणिज्यिक उन्मुखता से प्रसारकर्मियों तथा ग्राहकों के बीच मानसिक दबाव आया है एक कम खुले ज्ञान एवं सूचना पद्धति में जिससे वे किसान जो अध्ययन समूह की बैठकों में सूचना भागीदारी का इस्तेमाल करते थे, अब वे जाना नहीं चाहते।

न्यूजीलैंड के कृषि एवं मत्स्यपालन मंत्रालय की सलाहकार सेवा, जिसका पूर्ण वाणिज्यिकरण हो चुका है तथा जो प्रत्यक्ष रूप से सरकारी वित्त नहीं पाते, अगर उनकी बिक्री हो तो वह प्रथम प्रसार संस्था होगी जो सरकारी स्वामित्व से पूर्ण निजीकृत रहेगी। सन् 1994 में इस संस्था

में नियोजित सलाहकारों की संख्या, सन् 1987 के शीर्ष दिनों में नियोजित सलाहकारों की संख्या से आधी थी इनमें से कुछ सलाहकार अवकाश प्राप्त होकर या स्वेच्छापूर्वक चले गये। दूसरों ने निजी सलाह उपक्रम की स्थापना कर ली है। न्यूजीलैंड में इस परिवर्तन का नतीजा हुआ है सलाहकार सेवा शुल्क में वृद्धि (खेतों की संख्या तथा बागवानी सलाहकारों की संख्या लगभग दुगुनी हो गयी है) क्योंकि अब बड़े पैमाने पर परंपरागत सलाहकारी प्रसार नहीं हैं। जबकि अधिकांश मामलों में परिवर्तनों को अपना लिया गया है पर कृषि का वैज्ञानिक निष्कर्षों के स्थानांतरण पर चिंता व्याप्त है। (वाकर, 1993) अनुसंधान संस्थाओं तथा सलाहकार कार्यों की क्षमताओं पर विस्तृत ढाँचागत परिवर्तनों ने प्रकाश तेज कर दिया है। परंपरागत तकनिक स्थानांतरण प्रसार अब कृषि वस्तु बोर्ड तक सीमित है। न्यूजीलैंड ने ठेकेदारी आधार पर कुछ तकनिकी स्थानांतरण योजनाओं में जनहित को विशेष रूप से संलग्न किया है, वस्तु अनुसंधान संस्थाओं तथा अनुसंधान, विज्ञान एवं तकनिकी के राष्ट्रीय-निधि के लिये।

न्यूजीलैंड के परिवर्तनों के औपचारिक निर्धारण का कोई प्रभाव नहीं पड़ा है। फिर भी संगठनों के बीच परस्पर क्रिया कम हुई है, वैज्ञानिकों को किसानों से प्राप्त सूचना में कमी आई है तथा सूचना आबंटन अधिक सीमित हुआ है खासकर गरीब किसानों के लिये। (वाकर, 1993)

उन प्रसार सेवाओं ने जिन्होंने तेजी से वाणिज्यिकरण या निजीकरण कौशल को अपनाया है, परंपरागत रूप से सलाहकार विचार को नियोजित किया है प्रसार प्रतिपादन के लिये दी गयी सलाह के निजी अच्छाई होने की अधिक संभावना है। साथ प्रसार सलाहकार के वाणिज्यिक रूप से सेवाएँ प्रदान करने की अधिक संभावना है। फिर भी कुछ कर्मचारी ऐसी स्थिति सहजता से नही स्वीकार करेंगे, नये वाणिज्यिकृत सलाहकारों के लिये नये सलाहकार ज्ञान की आवश्यकता होगी तथा परिवर्तन का कोई भी स्वरूप को सावधानीपूर्वक नियोजित करना होगा। ले गुईस (1991) ने बताया है कि सरकार वाणिज्यिकरण शुल्क बाजार पर तय होना चाहिये ताकि मौजूद निजी सलाहकारों के साथ विषम प्रतियोगिता न हो।

## संस्थागत प्रभाव

नये विचारों से बड़ी संस्थागत बहुलता पर प्रकाश पड़ता है। प्रसार का विस्तृत अर्थ होता है प्राय: मिश्रित पद्धति या एक मिश्रण जहाँ सेवाओं का प्रावधान सरकारी तथा निजी संस्थाओं द्वारा किया जाता है। बृहत्तर संदर्भ में जहाँ निजी तथा सरकारी सेवाओं का मिश्रण कार्यरत हो एक नयी चुनौती उपस्थित करता है सरकारी क्षेत्र के नयी क्रियाशील भूमिका तथा जिम्मेदारियों के साथ। इस अध्याय का एक बड़ा प्रमुख क्षेत्र है कि नीति निर्धारकों को वित्त आबंटन की योजना में या सरकारी क्षेत्र के लिये वैकल्पिक कोष व्यवस्था में संपूर्ण कृषि प्रसार जटिलता पर विचार करना चाहिये।

प्रसार सेवाओं की जटिलताओं पर तथा उनके उद्देश्यों तथा स्रोताओं पर विचार करने से सरकार बेहतर ढंग से सरकारी क्षेत्र की भूमिका पर विचार कर सकती है। खासकर किस सीमा तक सरकारी क्षेत्र जाँय:

1. निजी क्षेत्रों द्वारा छोड़े गये लक्षित ग्राहकों पर ध्यान,
2. बहुसंख्यक प्रसार आपूर्तिकर्त्ताओं का समन्वय,
3. विपरीत सूचनाओं पर पंचाट या अंतिम फैसले की सेवा,
4. लोगों के प्रति निजी तथा सरकारी दोनों संस्थाओं का उत्तरदायित्व निश्चित करना, तथा
5. मिश्रण के कार्यों को नियमनों एवं सूचनाओं द्वारा सुचारु करना।

प्रसार सेवाओं के कई प्रावधानकर्त्ताओं के बीच सरकारी क्षेत्र के प्रसार को एक या एक समूह समझने से विश्लेषण तथा सूचित निर्णयों में सुविधा होती है कि विस्तारित जिम्मेदारियों के बीच मिश्रण में किस प्रकार सर्वोत्तम ढंग से प्रसार लाया जाये।

## उपसंहार

इस अध्याय का समापन होता है विभिन्न निजीकरण व्यवस्थाओं की अनुशंसाओं के साथ जो यहाँ बताया गया है पर व्यक्तिगत देश की अवस्थात्मक विश्लेषण के महत्त्व तथा स्वतंत्र राजनैतिक तथा तकनिकी संकल्पों पर भी जोर देता है कृषि प्रसार के लिये कोष के विकास तथा प्रतिपादन व्यवस्था में निरूपण या फार्मूले के उपयोग पर नहीं।

उदाहरण के लिये ट्यूनिया ने धीरे-धीरे बढ़ने तथा संबंधित मौजूद विकास के सावधानीपूर्वक अध्ययन की आवश्यकता को समझा। सन् 1990 में ट्यूनिया ने कृषि प्रसार की संस्था का सृजन किया पहले प्रसार सेवाओं में

सुधार करने तथा धीरे-धीरे इन्हें निजीकरण तक ले जाने के लिये। सन् 1994 में एक राष्ट्रीय कार्यशाला आयोजित हुआ विश्वस्तर पर अन्य प्रसार सेवाओं में वैकल्पिक कोष तथा प्रतिपादन व्यवस्था की जाँच करने तथा वह दिशा स्पष्ट करने जिस ओर ट्यूनिया प्रसार निजीकरण के लिये कदम बढ़ाये।

पिछले दो दशकों में विश्वस्तर पर सरकारों द्वारा अपनाई गयी विविध वित्तीय व्यवस्थाओं द्वारा कृषि प्रसार सेवाओं को वित्त प्रावधान करना एक महत्त्वपूर्ण सूची पेश करता है विकल्पों का अन्य देशों के विचार के लिये जो सरकारी क्षेत्र की सेवाओं के निजीकरण के सम्मुखीन हैं।

फिर भी कई देशों ने कृषि प्रसार के निजीकरण की ओर की प्रवृत्ति से चिंतित होकर। विकसित तथा विकासशील दोनों प्रकार के देशों में फिर से नयी बहस तथा प्रसार के इर्द-गिर्द प्रयोग की आवश्यकता निश्चित तौर पर माना है, पर मात्र आबंटन निर्णयों तथा निजी क्षेत्र के साथ कैसे सहकार व्यवस्था का सर्वोत्तम विकास के लिये नहीं।

अधिकांश देशों में सरकार कोषित प्रसार के उपस्थित जन-अच्छाई कार्यों के लिये अपने कार्यों पर चयनित रूप से प्रकाश डालने की संभावना है उन क्षेत्रों के लिये जहाँ बाजार द्वारा सेवा प्रावधान की संभावना नहीं है सामाजिक अन्यतम स्तर पर। ऐसे क्षेत्र में शामिल होंगे 'विस्तृत' न कि 'विशिष्ट' तकनिकी स्थानांतरण, पर्यावरणीय तथा संसाधन तकनीक का प्रसारण तथा मानव संसाधन विकास। सरकारी क्षेत्र की प्रमुख भूमिका तथा इसके संयोजन कार्य की जिम्मेदारियों के कार्यकारी प्रश्न को उजागर करने की निरंतरता पर सरकारी क्षेत्र को निजीकरण की ओर ले जाने तथा सरकारी कार्य के विकेंद्रीकरण के प्रयासों से यथेष्ट प्रकाश पड़ता है। नियमन की इसकी भूमिका तथा प्राथमिक ग्राहकों के लिये सेवा प्रावधान में कोई ह्रास नहीं होगा क्योंकि निजी क्षेत्र इसे पूरा नहीं करता।

## नोट

1. भविष्य कार्य दल के रिपोर्ट में बताया है कि: (1) अनुमानित मुद्दे आधारित योजना तंत्रों को संस्थागत करना, (2) समस्योन्मुख अन्तर्विभागीय दल की स्थापना, (3) अनुसंधात्मक संबंधों के विकास की आवश्यकता अतिरिक्त विश्वविद्यालय विभागों के साथ तथा कोष के नये स्रोतों के साथ और (4) प्रसार शिक्षा के कार्य की 'स्पष्टता' समस्यासमाधान की गाड़ी बनाम मात्र तकनिकी स्थानांतरण।
2. सन् 1994 के अंत में एमएएफ सलाहकार सेवा स्वयं वित्त पोषित था। न्यूजीलैंड सरकार अभी इसकी बिक्री कर संस्था का पूर्ण निजीकरण करना चाहती है।
3. दक्षिण आस्ट्रेलिया में खेती प्रबंधन 500 कार्यक्रम में 450 किसान सदस्य हैं, 15 निजी रूप से नियोजित सलाहकार हैं तथा पाँच वाणिज्यिक साधन या सेवा आपूर्त्तिकर्त्ता प्रायोजक हैं। कार्यकारी खर्च का आधा खर्च किसानों की सदस्यता शुल्क आता है। (केरी एंड विल्किंसन, 1994)
4. डेविड नीलसन, वर्ल्डबैंक, लेटिन अमरीकी ब्यूरौ ने यह योजना एक विश्वबैंक सेमिनार में पेश किया जो हार्पर फेरी, पश्चिम वर्जिनिया में 10 सितंबर को हुआ।

## संदर्भ

एमानर, के., एंड फैरिंगटन, जे. (1991) एनजीओस एंड एग्रीकल्चरल टेक्नोलोजी डेवेलपमेंट। इन डब्ल्यू.एम. टिवेरा एंड डी.जे. गुस्ताफसल (इडीएस.) *एग्रीकल्चरल एक्सटेंशन वर्ल्डवाईड इंस्टीट्यूशनल इवोल्युशन एंड फोर्सेस फॉर चेंज*। एम्सटरडाम, एल्सेवियर।

बार, एन. एफ., एंड केरी, जे. डब्ल्यू. (1992) *ग्रीनींग ए ब्राऊनलैंड : दी आस्ट्रेलियन सर्च फॉर ससटेनेबल लैंड यूज*। मेलबर्न : मैकमिलन।

बर्कहाउसर, डी., इवेंसन, आर.ई., एंड फेडर, जी. (1988) दी *इकनोमिक इंपैक्ट ऑफ एग्रीकल्चरल एक्सटेशन : ए रिव्यू*। वाशिंगटन डीसी, दी वर्ल्ड बैंक।

बोस, जे.टी.एम., प्रुस्ट, एम.डी.सी., एंड कूपर, डी. (1991) रिओरेगेनाईजिंग दी डच एग्रीकल्चरल एक्सटेंशन सर्विस : दी आईकेसी इन फोकस। इन डी. कूपर एंड एन.जी रोलींग (इडीएस.) *प्रोसिडिंग्स ऑफ दी यूरोपियन सेमिनार ऑन नोलेज मैनेजमेंट एंड इन्फोरमेशन टेक्नोलोजी*। बाजेनी जोन, दी नीदरलैंड्स एग्रीकल्चरल यूनिवर्सिटी, डिपार्टमेंट ऑफ एक्सटेंशन सर्विस।

बनी, एफ.एम.जी., एंड वाउकट, डी.ई. (1991) में किंग ए बिजनेस ऑफ ऐन एक्सटेंशन सर्विस। *एग्रीकल्चरल प्रोग्रेस*, 66, 36-43.

बटेल, एफ. (1991) दी रिस्ट्रकचरिंग ऑफ दी अमरीकन पब्लिक एग्रीकल्चरल रिसर्च एंड टेक्नोलोजी ट्रांसफर सिस्टम : इम्प्लीकेशंस फॉर एग्रीकल्चरल एक्सटेंशन। इन डब्ल्यू. एम. रिवेरा एंड डी.जे. गुस्ताफसन (इडीस.) *एग्रीकल्चरल एक्सटेंशन : वर्ल्डवाईड इंस्टीट्यूशनल इवोल्यूशन एंड फोर्सेस फॉर चेंज*। एम्सटरडाम : एल्सेवियर।

केरी, जे.डब्ल्यू. (1983) सोशल डायलेयाज इन कैचमेंट मैनेजमेंट फॉर पोल्युशन कंट्रोल। इन नन-प्वायंट सोर्सेस ऑफ पोल्युशन इन आस्ट्रेलिया। आस्ट्रेलिन वाटर रिर्सोस काउंसिल, केनेबरा : आस्ट्रेलियन गवर्नमेंट पब्लिशींग सर्विस।

केरी, जे. डब्ल्यू. (1993ए) चेंजींग फाउंडेशन फोर गवर्नमेंट सपोर्ट ऑफ एग्रीकल्चरल एक्सटेंशन इन इकोनोमिकली डेवेलप्ड कंट्रीज। *सोशियोलोजय रूरलिस 33* (3/4) 334-345.

केरी, जे. डब्ल्यू. (1993बी) थ्री इरास ऑफ एक्सटेंशन इन आस्ट्रेलिया फ्रोम पब्लिक फौली टू प्राइवेट गुड। *आस्ट्रेलिया पैसिफिक कंफ्रेंस प्रोसिडिंग्स वोल्युम 1*, बिसब्रेन, डिपार्टमेंट ऑफ प्राईमरी इन्डस्ट्रीज।

केरी, जे. डब्ल्यू. एंड विल्कींसन आर.एल. (1992) *दी प्रोविजन ऑफ गवर्नमेंट एक्सटेंशन इन विक्टोरियन फार्मिंग कम्युनिटी*, पार्क विले, यूनिवर्सिटी ऑफ मेलबोर्न स्कूल ऑफ एग्रीकल्चर एंड फोरेस्ट्री।

केरी, जे.डब्ल्यू., एंड विल्किंसन, आर.एल. (1994) *एन एवेल्यूएशन ऑफ फार्म मैनेजमेंट 500 : ए प्रोग्राम प्रोमोटिंग बेटर बीजीनेस मैनेजमेंट*। पार्कविले : यूनिवर्सिटी ऑफ मेर्लवार्न, स्कूल ऑफ एग्रीकल्चर एंड फोरेस्ट्री।

दिलमान, डी.ए. (1986) कोपरेटिव एक्सटेंशन ऐट दी बिजीनींग ऑफ दी 21स्ट सेंचुरी, *दी रूरल सोशियोलोजिस्ट 6* (2) 102-119.

इवेंशन, आर.ई. (1987) *इकनोमिक इशुज इन एग्रीकल्चरल एक्सटेंशन पोलिसी*। न्यू हेवन, सीटी : येले यूनिवर्सिटी इकनोमिक ग्रोथ सेंटर।

एक्सटेंशन कमिटी आन ओरगेनाइजेशन एंड पोलिसी (इकोप) फ्यूचर्स टास्क फोर्स (1987) *एक्सटेंशन इन ट्रांजीशन ब्रिजींग दी गैप किटचीन विजन एंड रियलिटी*, वाशिंगटन डीसी एनएएसयूएलजीसी।

गोए, डब्ल्यू.आर., एंड केनी, एम. (1988) दी पालिटिकल इकनोमी ऑफ दी प्राइवेटाईजेशन ऑफ एग्रीकल्चरल इन्फोरमेशन : दी केस ऑफ दी यूनाइटेड स्टेट्स। *एग्रीकल्चरल एडमिनिस्ट्रेशन एंड एक्सटेंशन 28(2)* 81-99।

गुस्ताफसन, डी.जे, (1990) डेवेलपिंग एक्सटेंशन विदीन ए कंप्लेक्स इंस्टीट्यूशनल एरेना। *जरनल ऑफ एक्सटेंशन सिस्टम्स, 8*(1) 87-99।

हार्टर, डी, (1992) कमर्शियालाईजेशन इन ब्रिटेन। *इन्टर पाक्स, इंटरचेंज 9*(1) 5-6।

हर्केस, जे.एम (1991) दी कमर्शियालाईजेशन ऑफ गवर्नमेंट एग्रीकल्चरल एक्सटेंशन सर्विसेज इन न्यूजीलैंड। इन डब्ल्यू. एम. रिवेरा एंड डी.जे. गुस्ताफसन (इडीएस.) *एग्रीकल्चरल एक्सटेंशन वर्ल्डवाईड इंस्टीट्यूशनल इवोल्युशन एंड फोर्सेस फोर चेंज*। एम्सटरडम, एल्सेवियर।

होवेल, जे., (1985) *रिकरेंट कोस्ट्स एंड एग्रीकल्चरल डेवेलपमेंट*। लंदन, ओवरसीज डेवेलपमेंट इंस्टीट्यूट।

हुवांग, आर. क्यू. (1992, अगस्त) *दी लेवल ऑफ कोरपरेशन एमोंग एग्रीकल्चरल एक्सटेंशन ओरगेनाईजेशन्स इन दी ग्रीनहाऊस वेजिटेबल सेक्टर इन दी वेस्टलैंड एरिया इन दी नीदरलैंड्स*। पेपर प्रेजेंटेड ऐट दी 8थ वर्ल्ड कांग्रेस फॉर रूरल सोशियोलोजी। यूनिवर्सिटी पार्क, पेंसिल वानिया स्टेट यूनिवर्सिटी।

ले गुईश, एम. (1991) अलटरनेटिव पुाइनांसिंग ऑफ एग्रीकल्चरल एबसटेंशन : रिसेंट ट्रेंड्स एंड इम्प्लीकेशन्स फॉर दी फ्यूचर। इन डब्ल्यू. एम. रिवेश एड डी.जे गुस्तफरन (इडीएस.) *एग्रीकल्चरल एक्सटेंशन : वर्ल्डवाईड इंस्टीट्यूशनल इवोल्युशन एंड फोर्सेस फॉर चेंज*, एम्सटरडाम, एल्सवियर।

लियोनार्ड, डी.के. (1985) अफ्रीकन प्रैक्टिस एंड दी थ्योरी ऑफ यूजर फीस। इन जे. होवेल (इडी.) *रिकरेंट कोस्ट्स एंड ओवरसीज डेवेलपमेंट* (पेज 130-145) लंदन : ओवरसीज डेवेलपमेंट इंस्टीट्यूट।

नीलसन, डी. (1993, सितंबर) *इंस्टीट्यूनल रिफार्म एंड प्राइवेटाइजेशन इन रिसर्च एंड एक्सटेंशन*। पेपर प्रेजेंटेड एट दी लेटिन अमरीकन एग्रकील्चरल रिट्रीट, हार्पर्स फेरी, डब्ल्यू. बी. वाशिंगटन, डीसी. दी वर्ल्ड बैंक।

ओईसीडी (ओरगेनाइजेशन ऑफ इकनोमिक कोरपरेशन एंड डेवेलपमेंट, (1989)। *सर्वे ऑन इफेक्ट्स एंड कसीक्वेंसेज ऑफ डिफरेंट फॉर्म्स ऑफ फंडीज एग्रीकल्चरल सर्विसिज*, पेरिस, ओईसीडी डोक एजीआर। आरईई 89.7.

प्रुस्ट, जे., एंड रोलींग एन. (1991) गोईंग डच इन एक्सटेंशन। *इंटरपाक्स इंटरचेंज 9*(1) 3-4.

रिबेरा, डब्ल्यू. एम. (1989) ऐन ओवरव्यू ऑफ एग्रीकल्चरल एक्सटेंशन सिस्टम्स। इन ए.एम. केसेवा (इडी.) *टेक्नोलोजी सिस्टम्स फॉर स्मॉल फारमर्स : इशुज एंड आपशंस*। वोल्डर सीमो, वेस्टव्यू प्रेस विथ दी इंटरनेशनल फंड फॉर एग्रीकल्चरल डेवेलपमेंट।

रिबेरा, डब्ल्यू. एम. (1993) इंपैक्ट्स ऑफ एक्सटेंशन प्राइवेटाइजेशन। *जरनल ऑफ एक्सटेंशन,* फॉल 28-29.

रिबेरा, डब्ल्यू. एम. (1994) *रेपोर्ट डीला डियूक्सीम मिशन डु कंसलटेंट कोओरडिनेटेयोर*। प्रोजेक्ट पीएनयुडी/ फाओ-टी।

यू एन 90/005/ एसिस्टेंट टेकनिक एउ डेवेलपमेंट डी ला वलगराईजेशन एग्रीकोल इन टुनिशी, रोम, फाओ।

रिबेरा, डब्ल्यु.एम., एंड गुस्ताफसन, डी.जे. (1991) न्यू रोल्स एंड रिसपोंसिबिलिटीज फॉर पब्लिक सेक्टर एग्रीकल्चरल एक्सटेंशन : दी इंपैक्ट ऑफ मल्टी इंस्टीट्यूशनल एक्टीविटीज। इन डब्ल्यू. एम. रिबेरा एंड डी.जे. गुस्ताफ सन (इडीएस.) *एग्रीकल्चरल एक्सटेंशन वर्ल्डवाईड इंस्टीट्यूशनल इवोल्यूशन एंड फोर्सेस फॉर चेंज*। एम्सटरडाम, एल्सवियर।

रिबेरा, डब्ल्यू. एम., एंड श्वाम एस.जी. (1987) *एग्रीकल्चरल एक्सटेंशन वर्ल्डवाईड : इशुज, प्रैक्टिसेस एंड इमर्जिंग प्रायरोटीज,* लंदन क्रूहेल्म।

स्वानसन, बी.ई., फार्नर, बी.जे., एंड बहल, आर. (1990) दी करंट स्टेटस ऑफ एग्रीकल्चरल एक्सटेंशन वर्ल्ड-वाईड। इन बी.ई. स्वानसन (इडी.) *रिपोर्ट आफ दी गलोबल कंसलटेशन ऑन एग्रीकल्चरल एक्सटेंशन,* रोम, फाओ।

यू. एस. ऑफिस ऑफ टेक्नोलोजी एसेसमेंट (ओटीए) (1986) *टेक्नोलोजी पब्लिक पोलिसी एंड दी चेंजींग स्ट्रक्चर ऑफ अमरीकन एग्रीकल्चर*। वाशिंगटन डीसी।

वाकर, ए.बी. (1993) रिसेंट न्यूजीलैंड एक्सपेरियंस इन एग्रीकल्चर एक्सटेंशन : *आस्ट्रेलिया पैसिफिक एक्सटेंशन कॉफ्रेंस प्रोसिडिंग्स, वोल्यूम 1,* ब्रिसबेन, डिपार्टमेंट ऑफ प्राइमरी इन्डस्ट्रीज।

वाटसन, ए.एस, हेली, आर., औकीफ, एम.केरी, जे. डब्ल्यू. एंड क्लार्क एन. (1992) *रिव्यू ऑफ फिल्डवेस्ड सर्विसेज इन दी विक्टोरियन डिपार्टमेंट ऑफ फूट एंड एग्रीकल्चर*। मेलबोर्न, अगमेडिया।

ह्वाईट, एल.जी. (1989) पब्लिक मैनेजमेंट इन ए प्लूरस्लिटिक एरेना। *पब्लिक एडमिनिस्ट्रेशन रिव्यू, 49(6)* 522-531.

विल्सन, एम. (1991) रिड्यूशींग दी कोस्ट ऑफ पब्लिक एक्सटेंशन सर्विसेज इनिसियेटिवस इन लेटिन अमरीका। इन डब्ल्यू.एम., रिबेरा एंड डी.जे. गुस्ताफसन (इडीएस.) *एग्रीकल्चरल एक्सटेंशन : वर्ल्डवाईड इंस्टीट्यूशनल इवोल्युशन एंड फोर्सेस फोर चेंज*। एम्सटरडाम, एल्सवियर।

वाइज, सी.आर. (1990) पब्लिक सर्विस कंफिरगरेशन एंड पब्लिक ओरगेनाईजेश्नस पब्लिक ऑरगेनाइजेशन डिजाइन इन दी पोस्ट प्राइवेटाईजेशन एरा। *पब्लिक एडमिनीशट्रेशन* रिव्यू, 50(2) 141-155.

अध्याय-23

# प्रसार में गैर-सरकारी संगठनों की भूमिका

जॉन फैरिंगटन

हाल के वर्षों में कई पर्यवेक्षकों ने सुझाव दिया है कि कृषि एवं ग्रामीण विकास कौशलों को सरकारी अनुसंधान तथा प्रसार संगठनों तथा गैर-सरकारी विकास संगठनों की भागीदारी की वृद्धि से लाभ होगा जिन्हें क्रमश: जीओ तथा एनजीओ कहा जायेगा। (कैरोल, 1992) खासकर दानकर्त्ताओं ने कार्यक्रमों में गैर-सरकारी संगठनों की संलग्नता के लिये आवाज उठाना शुरू कर दिया है जिन्हें परंपरागत ढंग से सरकारी क्षेत्रों द्वारा कार्यान्वित किया जाता रहा है, तथा हाल में प्रत्यक्ष-कोष में दानकर्त्ताओं की रुचि बढ़ी है, दक्षिण-आधारित एनजीओ में। (वर्ल्ड बैंक, 1991ए, 1991बी, फार्नवर्थ, 1991, बेबिंगटन एंड रिडेल 1994)

एनजीओ तथा जीओ की निकटता भागीदारी के इन समर्थकों के निम्नलिखित बातों पर जोर दिया है:

- मौजूद परस्पर क्रिया का विस्तृत क्षेत्र जहाँ सभी भागीदारी के नहीं हैं, किसी एक पक्ष या दूसरे पक्ष का दबाव रहता है।
- एक साथ कार्य करने के प्रयासों की सीमाएँ।
- सफल भागीदारी की पूर्व शर्तें, खासकर आपसी विश्वास बनाने के लिये औपचारिक पूर्व संपर्क जरूरी।
- एनजीओ कार्यों की सफलता तथा सीमा।
- 'जन अच्छाई' से संबंधित कुछ कार्यों को सरकारी क्षेत्र द्वारा लागत प्रभावी ढंग से संपादित होना जारी रहेगा एनजीओ की अपेक्षा। जीओ एनजीओ के साथ कार्य कर सकेंगे विश्लेषण के लिये। सरकारी क्षेत्र प्रबंधन के तरीकों में सुधार की निरंतरता रहना आवश्यक है, वह क्षेत्र जहाँ ढाँचागत समायोजन सुधार को अनुमानित सफलता नहीं मिली है।

यह अध्याय हाल के एक प्रमुख अध्ययन पर ध्यान देता है जो स्थायी कृषि विकास में एनजीओ की भूमिका तथा इनके जीओ के साथ भागीदारी की क्रियाशीलता पर किया गया है। (फेरिंगटन एंड बेविंगटन, 1993, बेंविग टन एंड थयेल, 1993, फेरिंगटन एंड लेविस, 1993, वेलार्ड एंड कोप्स्टेक, 1993) निम्नलिखित पर पुनर्विचार किया जायेगा:

एनजीओ की विशेषताएँ, कृषि तकनीक के प्रति उनकी शक्ति तथा कमजोरी, तथा व्यवहारिक तरीके जिसमें वे तथा सरकारी क्षेत्र की प्रसार सेवाएँ भविष्य में अधिक पूर्णता के साथ भागीदारी करें।

## एनजीओ की विशेषताएँ

यहाँ एनजीओ को गैर-सदस्यता विकासोन्मुख संगठनों की तरह माना गया है। यहाँ हमारी चिंता दक्षिण आधारित एनजीओ के अधिक सशवत होने के प्रति है जो प्रत्यक्ष रूप से ग्रामीण गरीबों को या जमीनी स्तर की सदस्यता से संगठनों को सेवाएँ प्रदान करता है तथा अंतर्राष्ट्रीय गैर-सरकारी संगठनों की स्थानीय शाखाओं के साथ जिन्हें भिन्न अंशों की स्वायत्तता प्राप्त है। इसलिये वे किसान संगठनों जैसे औपचारिक एवं अनौपचारिक सदस्यता संगठनों से भिन्न होते हैं। परंतु इस परिभाषा अन्तर्गत भी इनके उद्‌भव तथा दर्शन में भारी विविधता होती है। कुछ एनजीओ की स्थापन वाम झुकाव के व्यवसायिकों या बुद्धिजीवियों द्वारा हुई जो राजनीति में सरकार के विरोधी हैं या उसके समर्थक हैं

या मौजूद भ्रष्ट प्रणाली, संरक्षणता या निरंकुशता के प्रति उदासीन हैं। कुछ धार्मिक सिद्धांतों पर आधारित होते हैं, दूसरे विस्तृत मानवतावादी विचारों पर तथा कुछ अन्य का गठन हाल के दानकर्त्ता-कोष की पहल की प्र्'.क्रिया मे अर्ध-सलाहकार संस्था की तरह हुआ है। कुछ एनजीओ मौजूद सामाजिक तथा राजनैतिक ढाँचे को अस्वीकार करते हैं तथा अपने आय को क्रांतिकारी परिवर्तनों का अगुआ मानते हैं; कुछ ऐसे हैं जो क्रमिक परिवर्तनों के पक्षधर हैं मानव संसाधन द्वारा (साधारणत: समूह गठन द्वारा) उनकी अपनी आवश्यकता की पूर्त्ति के लिये। वे सरकारी सेवाओं का दावा करते हैं, पर कुछ ऐसे भी होते हैं जो मौजूदा ढाँचे में सेवाओं के प्रावधान पर अधिक ध्यान देते हैं। कृषि तकनीक के प्रति उनके वैचारिक उन्मुखताओं में भी भिन्नता होती है तो कइयों की चिंता कम बाह्य साधनों की कृषि है। अन्य मूल रूप से जैविक विचारों का पालन करते हैं, तथा खासकर भारतीय समाजों में कुछ लोग परंपरागत कृषि तरीकों को सशक्त या पुनर्जीवित करना चाहते हैं जो सामाजिक संगठन का आधार निर्मित करता है। (सीएआरपी, 1991) एनजीओ तथा जीओ के संबंधों पर विचार में निर्णायक महत्त्व का यह होता है कि एनजीओ स्वतंत्र होते हैं वे सरकारी विभागों की तरह अनुसंधान तथा प्रसार सेवाओं के साथ भागीदारी करने को बाध्य नहीं होते। वे तभी भागीदारी करेंगे अगर जीओ के पास देने को कुछ हो।

## एनजीओ की शक्ति

- अधिकांश एनजीओ छोटे तथा समस्थलीय स्वरूप के होते हैं जिनका संचार कम रहता है और इसलिये लचीलेपन तथा द्रुत गति से ग्राहकों की आवश्यताओं तथा बदलती अवस्थाओं के प्रति प्रतिक्रियात्मक होते हैं। स्थायी प्रक्रियाओं तथा प्रभावों के उत्पादन में सहायक कार्य नैतिकता की विशेषता से वे प्रभावित रहते हैं।
- ग्रामीण गरीबों के प्रति एनजीओ की चिंता का अर्थ होता है कि वे निर्जन स्थलों पर भी क्षेत्रीय उपस्थिति बनाये रखते हैं जहाँ सरकारी कर्मचारियों को अपने पदों पर रहना कठिन होता है।
- एनजीओ की प्रमुख चिंताओं में से एक होता है स्थायी कृषि विकास के लिये ग्रामीण गरीबों की आवश्यकता पर ध्यान देना। इसलिये उन्होंने निदान के लिये भागीदारी तरीकों के एक विस्तृत क्षेत्र का ईजाद कर लिया है तथा चीली की तरह, कुछ संदर्भों में नये तकनीक की जाँच के लिये पद्धतियों के विचारों को विकसित कर लिया है (सोटोमेयर 1991) कुछ मामलों में इन विचारों ने खेती पद्धति से बाहर प्रक्रिया या बाजार में विस्तार पा लिया है जैसा कि बांग्लादेश ने सोचा (कलैंड एंड ग्राहम, 1990) गांबिया में सिसेम (गिल्वेट, 1990) तथा कोकोश बोलिविया में (ट्रूजिलो, 1991)
- किसानों के साथ संपर्क ने उन्हें स्थानीय ज्ञान पद्धति की ओर झुकाया है तकनीक के विकल्प के रूप में तथा इन पद्धतियों को सशक्त किया है यह सुनिश्चित कर कि तकनिकों के विकास को उनमें पुनर्एकीकृत किया जायेगा। (चागुभा एंड गुंबो, 1993)।
- एनजीओ ने अनुसंधानात्मक प्रसार तरीकों को विकसित कर लिया है। किसान से किसान के संपर्क पर आधारित चाहे वह व्यक्तिगत या समूह स्तर पर हो (जैसे सोलोज, थोंगपान एंड लीलापाजा, 1993)।
- कुछ मामले में, एनजीओ ने नये तकनिकों को विकसित कर लिया है जैसे बांग्लादेश में सोया उत्पादन (बकलैंड एंड ग्राहय, 1990) या प्रबंधन तरीके जैसे फिलीपींस का ढाल कृषि भूमि तकनीक (वाटसन एंड लेक्वीहन, 1993) पर वे प्राय: मौजूदा तकनिकों को ही अपनाना चाहते हैं जैसे भारत में प्रदान के प्रयासों को सरकार द्वारा तकनीक विकास को वह रूप देना जिससे छोटे किसानों की भी पहुँच कुकुरमुत्ते तथा कच्चे रेशम उत्पादन में हो सके। (वासिमलाय, 1993)
- निस्संदेह, एनजी की एक प्रमुख शक्ति है उनका समूह निर्माण का कार्य। यह कई स्तरों पर वैचारिक आवश्यकता की प्रतिक्रियास्वरूप हुआ है, (1) कुछ प्रकार के अनुसंधानों की तकनिकी आवश्यकताओं को पूरा करने। इस प्रकार भारत में विश्व एकता के कार्य ने जमीनी स्तर के संगठनों के साथ मिलकर एक ही साथ एकीकृत कीट प्रबंधन कार्यक्रम की प्राप्ति के लिये कार्य किया है (सतीश एंड वर्द्धन, 1993) गांबिया तथा इथियोपिया में एनजीओ ने

**बाक्स 1 : चीली : इन्डेप एनजीओ को प्रसार का ठेका देती है।**

अपने टेक्नोलोजी स्थानांतरण के कार्यक्रम में, इसके लिये जिम्मेदार एनएआरएम कुछ निजी सलाहकारी कंपनियों द्वारा किसानों को प्रसार का प्रावधान करती है। कंपनियों के कार्यों के वित्त का प्रावधान सरकारी आर्थिक सहायता से होता है जो 330 अमरीकी डालर है प्रत्येक जीवनधार्य किसान के लिये जो भाग लेता है। आइएनडीएसी संसाधनों के आबंटन की योजना बनाती है तथा प्रसार कार्यक्रमों की देखरेख करती है।

सन् 1990 में चुनावी गणतंत्र एवं नागरिक शासन की पुनर्बहाली के बाद आइएनडीएसी ने एनजीओ को सलाहकार कंपनियों में भागीदारी की अनुमति दे दी। कार्यक्रम के विभिन्न पहलुओं की एनजीओ ने आलोचना की इस आधार पर की यह व्यक्तिगत किसानों के लिये बना है, मात्र तकनिकी सहायता को लेता है, तथा ऋण कार्यक्रम से संबद्ध नहीं है, ऊपर से नीचे का है तथा अल्पकालीन होता है। इसके बाद भी उनमें से कई ने कार्यक्रम में भाग लेना तय किया है, आंशिक रूप से इस पर प्रभाव डालने तथा आंशिक रूप से कोश तक पहुँचने। एग्रोरिया ने अपने आपको एक सलाहकारी संस्था के रूप में उपस्थित किया तथा 1991 तक इसके पास सात इंडैप कार्यक्रम थे (जो अब बढ़ चुका है) प्रसार तरीके उस क्षेत्र में एग्रोरिया के पूर्वानुभव पर आधारित थे। यद्यपि कार्यक्रम अधिक लचीला हो गया है, पर इसकी सख्ती अभी भी प्रसार के कार्य के तरीके को प्रभावित करती हैं फिर भी स्थानांतरण कार्य के लिये राज्य संसाधन जुटाता है, एग्रोरिया अनुभव करता है कि अधिक समय तक यह अपने कोष से स्थानांतरण कार्य का समर्थन कोष नहीं रह सकता।

जीआईए ने भी इंडैप कार्यक्रमों में प्रवेश का निर्णय लिया तथा इसके कई तकनिकी दलों ने अपने सलाहकार कंपनी का गठन कर लिया। फिर भी जी आईए की प्रेरणा थोड़ा भिन्न है। कार्यक्रमाधीन कार्य करने का जीआईए का उद्देश्य है खेतिहर किसानों पर अपने प्रभाव की जाँच करने का तथा इंडैप को अनुशंसा देने का कि कार्यक्रम को कैसे सशक्त बनाया जा सकता है।

आद्यतन जीआईए में इस कार्य को, कार्य क्रमाधीन तीन तरीकों को ठीके पर देकर, अंजाम दिया है तथा उन्हें विभिन्न कार्यान्वियन तरीकों पर प्रयोग करते हुए किया है। जैसे, इसने व्यक्ति के बदले प्रसार में समूह का, इस्तेमाल किया है तथा विस्तृत सकारात्मक अनुभवों के आधार पर इंडैप को संस्तुति प्रदान किया है कि इन्हें कैसे अधिक विस्तृत रूप में लागू किया जा सकता है।

*स्रोत :* एजीवरे तथा नामदार-इरानी (1992) सोटोमेयो (1991) एग्रोरिया एक चीली एनजीओ है जिसे खाद्य एवं एगेरिया विकास कहते हैं। जीआईए भी यही है या कृषि अनुसंधान समूह।

स्थानीय बीज उत्पादन के औपचारिक संगठन में सहायता दी है जिससे अवांछित क्रासपरागन दूर हो। (हेंडर्सन एंड सिंह, 1990) (2) संपदासमूह का प्रबंधन करना। बांग्लादेश में एनजीओ ने भूमिहीन श्रमिकों को जल-निवासी तकनीक में कार्य करने तथा प्राप्त करने में सहायता दी है (मुस्तफा, रहमान एवं सत्तार 1993), (3) सार्वजनिक संपदा संसाधनों के प्रबंधन के लिये। औपचारिक तथा अनौपचारिक सघों के उदाहरण मौजूद हैं, प्रायः एनजीओ के समर्थन द्वारा जो सिंचाई जल का प्रबंधन करते हैं। अन्य मामलों में, एनजीओ ने मिट्टी तथा जल संरक्षण में समूह प्रयासों को समर्थन दिया है चाहे वह निजी भूमि पर हो या लघु जलाशयों के आधार जिसमें शामिल हों निजी या सार्वजनिक भूमि। (फर्नान्डीज, 1993ए) उन्होंने स्थायी रूप से सार्वजनिक चारागाहों एवं जंगली भूमि के प्रबंधन में सहायता की है तकनिकी तथा पहुँच मसले पर सरकार से माँग करने की क्षमता के सृजन दोनों के लिये। (फर्नान्डीज, 1993बी)

## एनजीओ की कमजोरी

- इनके छोटे आकार का अर्थ होता है कि ग्रामीण दरिद्रता के निहित ढाँचागत तत्त्वों को पूरा करने के लिये शायद ही उनकी कोई योजना हो। छोटे आकार स्वाधीनता तथा विचारों की भिन्नता आदि भी एक दूसरे अनुभवों से सीखने के खिलाफ होते हैं तथा प्रभावी संस्था के सृजन के खिलाफ भी चाहे वह राष्ट्रीय या प्रांतीय स्तर पर हो।
- एनजीओ की विविधता के कारण कुछ फैशनेबल स्थल इतने घने हो गये हैं कि समस्याएँ मात्र प्रतियोगिता की नहीं रह गयी हैं समान ग्राहकों के लिये, वरन् दूसरों के कार्यों में कमी ढूँढ़ने के लिये है। (एयर्स, 1992)
- एनजीओ ने कृषि तकनिकी विकास एवं प्रसार की क्षमताओं को सीमित कर दिया है तथा सरकारी सेवाओं की माँग आधारित प्रभाव के सृजन के प्रति जागरुकता को भी सीमित किया है।
- कुछ एनजीओ की प्रतिबद्धता बाह्य कोष संस्थाओं के प्रति अधिक होती है उन ग्राहकों की अपेक्षा

जिनकी सेवा का वे दावा करते हैं। अल्पकालीन प्रभाव प्राप्ति पर दानकर्त्ताओं के दबाव तथा एक दूसरे से सीख के अभाव ने कुछ मामलों में अनुपयुक्त तकनीक को बढ़ावा दिया है जैसे वोलिवियन एंड्स में संरक्षित बागवानी पद्धतियाँ। (कोल, 1991)

- कई एनजीओ स्वयंसेवकता पर बहुत जोर डालते हैं। जबकि 'स्वयंसेवी प्रसारकर्मी' जैसे विचार का जोरदार अंतर्ज्ञान आकर्षक होता है तथा इससे विस्तृत प्रशंसनीय महत्त्व परिलक्षित होते हैं, कभी-कभी इन्हें वित्तीय स्थायी विकल्पों की तरह विकसित होते हैं। यह उत्तरी वियतनाम के सीडा के खेतस्तर वनों की योजना में देखा जा सकता है। जहाँ एक निजी प्रारंभिक क्षेत्र में तकनिकी सलाह के उदय के क्षेत्र के समर्थन को अवहेलित कर दिया गया तथा इसके बदले ग्रामस्तर पर एक जटिल एवं बृहत स्वयंसेवी सलाह सेवा को अपनाया गया। (लेखक का विचार, अप्रील 1994)

## एनजीओ-जीओ की परस्पर क्रिया ये प्रतिकृत्यात्मक क्रियाशीलता के उदाहरण

निम्नलिखित उदाहरण एनजीओ-जीओ के ढाँचे को प्रमाणित करता है जो तीन क्षेत्रों में क्रियाशीलता तथा प्रतिकृत्यात्मकता को अपना लेता है जो है तकनिकी सलाह तथा सूचना का प्रावधान, प्रशिक्षण तथा समूहों के साथ कार्य।

## तकनिकी सलाह तथा सूचना के प्रावधान में एनजीओ-जीओ का आकार

यह अध्याय बताता है कि आखिरी संस्थागत स्थान जिसमें सभी प्रसार सेवाओं का प्रावधान सरकारी क्षेत्र द्वारा होता है, उसके अक्षम होने की संभावना होती है। दूसरे सिरे पर किसी विशिष्ट अवस्था में ही सरकार प्रसार कार्यों के बड़े भाग को पूर्णरूपेण एनजीओ को सौंप सकती है। ऐसा चीली में किया गया है जहाँ सरकार ने निजी तकनिकी कंपनियों को ठेका दे दिया बृहत वाणिज्यिक किसानों की आवश्यकता पूरा करने का तथा एनजीओ को छोटे जीवनधार्योंमुख किसानों के लिये। (बाक्स 1)

फिर भी भारत में इसी प्रकार के प्रयास असफल हुए हैं। आठवीं योजना में गुजरात, राजस्थान, उड़ीसा, केरल तथा पश्चिमी बंगाल के कुछ भगों में तकनीक स्थानांतरण का संपूर्ण क्षेत्र तथ प्रशिक्षण कार्य एनजीओ को सौंपने के प्रस्ताव, जिसमें कुछ तकनिकी समर्थन राज्य के कृषि विश्वविद्यालयों तथा कृषि विभागों से लेने का भी प्रावधान था, उस प्रस्ताव के प्रति एनजीओ ने उदासीन प्रतिक्रिया व्यक्त की है। इसका एक कारण यह था कि एनजीओ की नजर में जीओ से तकनिकी अनुशंसाओं को प्रसारित करने की उम्मीद उनसे की गयी थी, उनमें से कई लघुस्तर किसानों के लिये संगत नहीं थे। दूसरा कारण था कि नीचे से ऊपर की सूचना मौजूद तकनीक में तथा नयी तकनीक के लिये मांग निर्धारण कार्य कमजोर था।

राजस्थान में कृषि के राज्य सचिव द्वारा उदयपुर जिले में प्रसार को एनजीओ को सौंप देने का प्रस्ताव है। जहाँ एनजीओ की संख्या काफी है, इसने ऐसी प्रतिक्रिया को जन्म दिया जिसके कई देशों के एनजीओ के लिये विचित्र होने की संभावना है और यह है कि ऐसा कर सरकार अपनी जिम्मेदारियों को पूरा करने से मुकर रही है जो छोटे स्तर के किसानों को संगत तकनीक की नियमित आपूर्ति करते रहने की है।

अन्य स्थलों पर विकसित नमूने कार्यों के विभाजन का प्रावधान करने का जो सन्निकट है दोनों पक्षों के पारस्परिक तुलनात्मक लाभों से, वह अधिक सफल हुआ है। सर्वाधिक ज्ञात नमूनों में से एक है पूर्वी वोलिवियाका जहाँ सरकारी क्षेत्र की प्रसार सेवाओं को काफी समय से कठिन कमजोरी का योग समझा गया है। (थिएल, डेविस एंड फैरिंग्टन, 1988) सन् 1889 में एक स्थापित कौशलाधीन उष्ण-कटिबंधीय कृषि अनुसंधान केंद्र ने एक संयोजन इकाई को गठित किया-तकनिकी स्थानांतरण विभाग, जिसकी भूमिका किसानों के साथ प्रत्यक्ष कार्य की नहीं थी वरन् विभिन्न बीच के ग्राहकों के साथ जिनकी अपनी स्थानीय प्रसार सेवाएँ थीं। एनजीओ निचले ग्राहकों में एक सर्वाधिक महत्त्वपूर्ण ग्राहक होते हैं।

डीडीटी में विषय विशेषज्ञ तथा क्षेत्रीय विशेषज्ञ होते हैं जिनके कार्य का समर्थन संचार विभाग करता है। विषय विशेषज्ञ अपने समकक्ष सीआईएटी से निरंतर संपर्क में रहते हैं अनुसंधानकर्त्ताओं के साथ तथा कुछ अनुसंधान कार्यों में भाग भी लेते हैं। वे अनुसंधान सूचनाओं को निचले ग्राहकों तक ले जाते हैं तथा अनुसंधानकर्त्ताओं तक किसानों की सूचना पहुँचाने के हकदार बनाये जाते हैं।

बहुधा जिन तकनिकों को प्रायोगिक केंद्रों में विकसित किया जाता है वे अभी भी स्थानांतरण के लिये तैयार नहीं हैं। इसलिये एसएमएस खेतों पर अपनाये प्रयोग करते हैं तथा इसके अलावा यह सुनिश्चित भी करते हैं कि प्रसारकर्मी किसानों तक उपयुक्त संदेश पहुँचायें। इसका अन्य कार्य होता है प्रसारकर्मियों के लिये तकनिकी बुलेटिन तैयार करना तथा उन्हें सूचना तथा सलाह देना। (प्रदर्शन के मुद्दों पर) तथा यह बताना कि किसानों को कैसे संबोधित किया जाये।

औपचारिक भागीदारी व्यवस्था जीओ की पहल पर निर्भर होती है अगले अनुसंधान तथा प्रसार एजेंडा में विषयों को ले जाने के लिये। बोलिविया में कई उपकरणों द्वारा सूचना को प्रोत्साहित किया गया जिसमें स्थानीय अनुसंधान स्थल की अनुसंधान नियोजन समिति में एनजीओ का प्रतिनिधित्व भी था तथा कई क्षेत्रीय उपस्थलों के साथ सलाह को उपलब्ध नहीं किया गया, जिसका एक आंशिक कार्य उपभोक्ताओं के विचारों को एकत्र करना था।

भारत में राजस्थान के उदयपुर जिले में एक भिन्न प्रकार के औपचारिक व्यवस्था को विकसित किया जा रहा है, वह है एक त्रैमासिक फोरम जिसकी मेजबानी 'हायब्रिड' जीओ-एनजीओ संस्थान करते हैं-एक सरकारी खेती विज्ञान केंद्र जो एक एनजीओ में स्थित है जिसमें उत्कंठित एनजीओ तथा जीओ भाग लेते हैं। अनिवार्य रूप से, इसका उद्देश्य घनिष्टता बढ़ाना होता है एक-दूसरे के कार्यक्रम में पारस्परिक दौरा, जो एनजीओ की आवश्यकताओं के अनुसार प्रशिक्षण पाठ्यक्रमों का निर्धारण हो तथा एनजीओ को मौजूद उपलब्ध तकनिकी पर सूचना देना तथा आगे की तकनिकी आवश्यकता को बताना, जो अभी नहीं है। जिले के अन्तर्गत एनजीओ-जीओ वर्तमान परस्पर क्रिया के प्रभावों तथा देखरेख की प्रक्रिया के प्रयासों से भविष्य की परस्पर क्रिया के लिये सीख को विकसित करना भी फोरम का एक उद्देश्य है। इनमें से कुछ क्षेत्रों में फोरम ने प्रगति करना आरंभ कर दिया है, पर एक प्रमुख कठिनाई पूर्व नियोजित लक्ष्य का है जिसे कृषि प्रसार विभाग को प्रत्येक मौसम में निश्चित प्रकार के प्रदर्शनों की संख्या को अंजाम देना पड़ता है। फोरम को अतिरिक्त लाभ है कि यह जीओ के बीच यथेष्ट परस्पर क्रिया को सुविधाजनक बनाता है (कृषि प्रसार विभाग, पशु उत्पादन एवं स्वास्थ्य तथा बागवानी) नहीं तो जिनकी मासिक बैठक होती है, पर केवल प्रशासनिक उद्देश्यों के लिये ही तथा जिले की बड़ी संख्या के एनजीओ के बीच।

जो बाकी छूट गया है, वह है इसी प्रकार के औपचारिक संबंधों की सीमा एनजीओ तथा उनके साथ कार्यरत सदस्यता संगठनों के बीच तथा जीओ जो चारागाह या चारा संग्रह के लिये उपयुक्त भूमि का बड़े क्षेत्र का नियंत्रण करना। यद्यपि केंद्रीय सरकार ने ग्रामीणों द्वारा ऐसी भूमि तक विस्तृत पहुँच की संयुक्त प्रबंधन व्यवस्था द्वारा कर दिया है, फिर भी भूमि के एक भाग पर धनी किसानों ने कब्जा जमा रखा है, तथा स्थानीय स्तर के अधिकारी इसे खाली कराने में असमर्थ है जिससे वह भूमि ग्राम समूह के इस्तेमाल के लिये उपलब्ध हो जाये।

**प्रशिक्षण में एनजीओ-जीओ का आकार**

जीओ द्वारा आयोजित कुछ किसान प्रशिक्षण का अधिक संबंध जीओ कार्यक्रमों तथा लक्ष्यों से है बजाय किसानों की आवश्यकता के। क्लासरूम वातावरण में काफी प्रशिक्षण दिया जाता है व्यवहारिक विषयों के बिना जो किसानों की रुचि जगाने के लिये आवश्यक होते हैं। कई संदर्भों में इन कमियों को दूर करने के लिये एनजीओ ने जीओ के साथ कार्य करने की पहल की है।

- भारत, गुजरात मे आगा खाँ ग्रामीण समर्थन योजना (ARQSP) ने किसानों के साथ चर्चा कर उनकी आवश्यकताओं का पता लगाया। (शाह एंड मणि, 1993) प्रारंभ में इसने इस प्रशिक्षण के सरकारी प्रावधानों को संगठित किया, पर शैली में पाठ्यक्रम औपचारिक थे (क्लासरूम में लेक्चर) तथा किसानों के मूल्यांकन से पता चला कि इससे उन्होंने बहुत कम सीखा है। इसकी प्रतिक्रियास्वरूप एकेआरएसपी ने एक वैकल्पिक आवश्यकता-आधारित प्रशिक्षण विकसित किया प्रसार तरीकों के साथ जिसकी जाँच इसने कई क्षेत्रों में की। इसके बाद सरकारी कर्मचारियों को निरीक्षण तथा भाग लेने बुलाया गया और अंत में तरीके को अपनाया गया। सफल ग्राह्यता को और भी सशक्त किया गया अनौपचारिक क्रियाओं द्वारा तथा कार्य-शालाओं तथा परामर्शों द्वारा अनुभवों का विनिमय हुआ। जीओ कर्मचारियों के भागीदारी तरीकों

में प्रशिक्षण देने में कारगार भूमिका निभाया है एकेआरएसपी ने मायराड के साथ मिलकर (फर्नांडीज, 1993)

- एक भिन्न संदर्भ में फिलीपींस के ग्रामीण पुनर्निर्माण के अंतर्राष्ट्रीय संस्थान ने एनजीओ तथा जीओ से धनी लोगों को एक साथ जुटाया, जिसका उद्देश्य था एक कृषि वन संसाधन प्रशिक्षण मैनुअल को पूरा करना। इस मैनुअल का अब विस्तृत उपयोग होता है। (गोन साल्वेस तथा मिकलेटिव्स 1993)
- स्पष्टत: कई ऐसे उदाहरण हैं जहाँ जीओ कर्मचारियों के ज्ञान से एनजीओ कर्मचारियों ने लाभ उठाया है तथा लेखन तकनीक का प्रशिक्षण देने में समर्थ हुए हैं जो कई एनजीओ के लिये लाभदायक साबित हुआ है।

### समूह निर्माण में एनजीओ-जीओ का आकार

एनजीओ के समूह संगठन ज्ञान से जीओ के लाभ उठाने की प्रचुर क्षेत्र मौजूद है। भारत में, उदाहरण के लिये प्रशिक्षण तथा प्रसार दौरा पद्धति में हाल के सुधारों के कारण ग्रामस्तर के प्रसारकर्मियों के लिये लगभग 20 किसानों के समूह के साथ परस्पर क्रिया आवश्यक है व्यक्तिगत 'संपर्क-किसानों' के बदले। फिर भी प्रसारकर्मियों को समूह रचना ज्ञान का प्रशिक्षण नहीं दिया जाता तथा वे उनके द्वारा निर्मित समूह, बचे रहने पर भी, उपलब्ध तकनीक के तत्काल जाँच को छोड़कर और किसी में रुचि नहीं दिखाते। ऊपर के उदाहरण से प्रमाणित होता है कि किस प्रकार एनजीओ प्रभावी ढंग से समूहों को संगठित कर सकते हैं, एकीकृत कीट प्रबंधन, मिट्टी तथा जल प्रबंधन तथा सार्वजनिक संपदा संसाधनों तथा पूजी संपदाओं के प्रबंधन के लिये।

## एनजीओ के साथ भागीदारी को बढ़ाने के लिये प्रसार सेवाएँ क्या कर सकती हैं?

आगे बढ़ने के कई प्रभाव हैं प्रसार सेवाओ के लिये जो एनजीओ के साथ नजदीकी संबंध विकसित करना चाहते हैं।

एनजीओ के विस्तृत विविध प्रकारों की स्पष्टता आवश्यक होती है। सभी नहीं पर बहुत एनजीओ, ऐसे सदस्यता के संगठनों के विकास की स्थापना का समर्थन

**बाक्स-2 महिलाओं तथा भूमिहीनों के लिये तकनीक। बांग्लादेश ग्रामीण उन्नयन समिति द्वारा विकसित उन्नत मुर्गीपालन उत्पादन।**

बांग्लादेश में ग्रामीण परिवारों के 50% लोग भूमिहीन या इसके समकक्ष हैं तथा महिलाओं पर घर के बाहर कार्य करने पर सांस्कृतिक प्रतिबंध होता है। पशुपालन उत्पादन एक ऐसा कार्य है जो गृह परिसर के अंदर किया जा सकता है। अकेले मुर्गीपालन से मांस एवं अंडे दोनों रूप में 23% प्रति व्यक्ति पशु प्रोटीन उपभोग का अनुमान है, पर इसमें मृत्यु दर काफी अधिक है तथा उत्पादन कम।

सन् 1979-1983 के बीच मुर्गी उत्पादन बढ़ाने के प्रयासों की असफलता के बाद 1980 के दशक के मध्य तक ब्रास ने एक तकनिकी तथा स्थानीय संस्थागत खोजों का पूरक तरीका खोज किया। सन् 1990 तक इन प्रयासों को आकृतिबद्ध किया गया सरकारी तथा अन्य एनजीओ द्वारा 7400 ग्रामों में जिससे 10% मुर्गी उत्पादन पर असर पड़ा। अनुसंधान में शामिल थे।

- 1000 मुर्गी पर एक मुर्गीपालक (महिला, पालनकार्य में स्वास्थ्य देखभाल तथा टीका लगने में प्रशिक्षित)।
- पशुधन विकास तथा डोल तथा ब्रास द्वारा संयुक्त प्रशिक्षण द्वारा कर्मियों को टीके की आपूर्त्ति; टीके लगाने के शुल्क से कर्मियों की वेतनापूर्त्ति।
- एक प्रणाली का निर्माण जिसके द्वारा सरकारी ब्रीडिंग फार्म से एक दिन की मुर्गी के बच्चों तक पहुँच या अगर वे विश्वस्त हों इन मुर्गी बच्चों को संभालने मे तो दो महीने के बच्चों का उस विशिष्ट पालन केंद्र से लाना जिन इकाइयों को ब्रास तथा डोल ने स्थापित किया है, पर जिसका प्रबंधन स्थानीय पालक करते हैं तथा जो एक दिन से दो महीने तक के मुर्गी बच्चों का पालन करने में सक्षम होते हैं।
- एक भोज्य उत्पादन केंद्र जो कई ग्रामों की सेवा करे एक संतुलित भोज्य पूरा करे क्रॉस-ब्रेड स्टॉक के लिये।

योजना की जानकारी है कि अब 33,000 से अधिक प्रमुख पालक वाणिज्य स्तर पर कार्यरत हैं, तथा लगभग 550 मुर्गीपालन कर्मचारी प्रशिक्षित हो चुके हैं। सरकारी पालन केंद्र से मुर्गी बच्चों की माँग मध्य 80 के दशक के 0.5 मीलियन प्रतिवर्ष से बढ़कर आज 2 मीलियन तक पहुँच गया है। फिर भी प्रणाली निर्णायक रूप से सरकार की क्षमता पर निर्भर है साधनों के लिये खासकर टीके लिये स्थानीय स्तर तक।

*स्रोत* – मुस्तफा इट. एल., (1993)

करते हैं जो उनकी तकनिकी आवश्यकता को पूर्ण करें दीर्घकाल में या तो उनके अपने संसाधनों से या सरकारी सेवाओं की माँगकर या दोनों के मिश्रित रूप द्वारा। क्रोमवेल तथा विगिंस (1993) ने बीजापूर्त्ति के लिये एनजीओ द्वारा अपनाये गये कई तरीकों को बताया है जैसे एनजीओ द्वारा स्थानीय स्तर पर बीजोत्पादन, सोयाबीन तथा वनस्पति उत्पादन में बांग्लादेश का समर्थन किया है तथा इक्वाडोरिपन एन्ड्स में आलू के लिये बहुसंख्यक रोपन वस्तुओं को भी माना है। नेपाल तथा जांबिया जैसे देशों में भी ऐसी पहल की गई है तथा पौधा उत्पादन का संपूर्ण जोर ग्रामीण गरीबों की आवश्यकता पर रहा है तथा बीजोत्पादन एवं वितरण से संबंधित कई संस्थाओं के बीच संबंधों को सुविधाजनक बनाया है। इनमें से कुछ प्रयासों ने जीवनधार्यता को वाणिज्यिक व्यवस्थाओं को दीर्घकालीन स्थायित्व के लिये अनिवार्य माना है। भारत में, इस प्रकार प्रादान ने एक स्थानीय समूह द्वारा क्रोम-चमड़े उद्योग के वर्षों के प्रयास में, वाणिज्यिक ऋण संस्थाओं के साथ संबंधों को प्रोत्साहित किया तथा निजी चमड़े व्यापारियों के साथ भी जो मात्र इसलिये नहीं था कि ये संस्थाएँ उत्पाद गुणवत्ता के लिये सही सूचना दें। एक जटिल उदाहरण वर्षों तक विभिन्न प्रकार की महिला समूहों के साथ मुर्गीपालन उत्पादन के प्रयोगों के बाद, बांग्लादेश ग्रामीण उन्नयन समिति ने अंत में एक प्रवर्द्धक ढाँचे को निरूपित किया जिसमें पालन, स्थानीय भोज्य उत्पादन तथा स्वास्थ्य देखभाल जानवर चिकित्सा से बाहर की महिलाओं द्वारा होना था। ये महिलाएँ आवश्यक टीकों के लिये सरकार पर निर्भर थीं, सूई लगाने के लिये भुगतान पर जीविकार्जन करती थी, तथा प्रसार कार्यों के तत्त्वों की सलाह भी देती थी प्रबंधन एवं पोषण के लिये उन्हें जो सूई लगाने की कीमत अदा करते थे (बाक्स-2) तथा वे सरकार के साथ 'सेवा प्रतिपादन' के लिये भागीदारी संबंध कायम करने को इच्छुक थे तथा वे तभी ऐसा करेंगे जब सरकारी संगठनों के पास किसानों की उपयुक्त आवश्यकता के लिये कुछ रहे। इसलिये, प्रसार सेवाओं को एनजीओ के साथ संपर्क साधने की आवश्यकता होती है उस विश्वास के साथ जो अनुसंधान-प्रसार के पास मौजूद है या इसे पैदा करने की क्षमता है जो एनजीओ तथा उनके ग्राहकों के लिये लाभदायक हो।

- निकट की परस्पर क्रिया असंभव है अगर प्रसार विभाग एनजीओ से यह उम्मीद करें कि वे केवल वर्तमान लक्ष्यों की प्राप्ति में सहायता देने के लिये हैं जैसे प्रत्येक गौसम में एक खास प्रकार के एक खास संख्या में प्रदर्शन करना ही है। जीओ को संबंधों में एक खुला एजेंडा लाना होगा जहाँ कुछ संसाधनों को अनाबंटित रखना होगा एनजीओ द्वारा सुझाई गई कुछ आवश्यकताओं को पूरा करने। एक बहुत विशिष्ट प्रयास की आवश्यकता होगी मौजूद तकनीक तथा एनजीओ की नई तकनीक की आवश्यकता दोनों को अनुसंधानकर्त्ताओं तक पहुँचाने की। कई जीओ में सूचना पर कार्य करने के लिये प्रसारकर्मियों तथा अनुसंधानकर्त्ताओं को नहीं प्रेरित करता जो कई जीओ में ईनाम पद्धति से प्राप्त हो।
- जीओ एवं एनजीओ कर्मचारी संयुक्त रूप से प्रशिक्षण पाठ्यक्रमों में भाग ले सकते हैं (एक संयुक्त दल द्वारा) कार्योन्मुख तरीकों में जैसे एनजीओ द्वारा समर्थित भागीदारी ग्रामीण जाँच। व्यक्तिगत एनजीओ कर्मचारी के लिये इसकी उपयोगिता भिन्न होगी, पर किसानों की परिप्रेक्ष्यता में जागरुकता बढ़ाने में उनकी क्षमता महत्त्वपूर्ण है।
- अपने दर्शन पर निर्भर कि एनजीओ की चिंता स्थानीय क्षमताओं को विकसित करना होता है, प्रयोगों के लिये जिसका निर्माण पूर्णरूपेण किसानों के घरेलु ज्ञान पर होता है या संगत बाह्य विचारों पर। इस कौशल से ग्रामीण उन्नयन में योगदान मिलेगा अपने अधिकारों के बल पर ही तथा इनके द्वारा सृजित क्षमताएँ अनुसंधान के लिये एक लाभदायक स्वतंत्र संसाधन हो सकती हैं जब सरकार से उपयोगी तकनिकें न मिलें। वैकल्पिक अवस्था में जहाँ जीओ गरीबों के साथ कार्य करने का इच्छुक तथा सक्षम हों, तो यह एक लाभदायक पूर्णता लायेगी जो प्रसार सेवाएँ दे सकें।

## उपसंहार

उन तरीकों के अब उदाहरण मिलने लगे हैं कि एनजीओ तथा प्रसार सेवाएँ पारस्परिक पुनर्सशक्तिकरण के रूप में कार्य कर सकते हैं। पूर्वाभासित यह समूह-संगठन तथा मानव संसाधन विकास कौशल है एनजीओ का जिनकी प्रवृत्ति सरकार के पास उपलब्ध सुविधाओं तथा तकनिकी कौशलों को पूरा करने की है। उस प्रकार की परस्पर क्रिया

का पूर्वानुमान कम ही होता है जिसके लिये विशिष्ट निर्माणों की आवश्यकता होती है। इसकी संभावना अधिक प्रतीत होती है कि एनजीओ की व्यक्तिगत विशेषताओं तथा उन अवस्थाओं, जिनमें वे कार्यरत होते हैं, के प्रति अस्थायी तौर पर प्रतिक्रिया हो। फिर भी यह अधिक स्पष्ट हो चला है कि कुछ खास प्रकार की परस्पर क्रिया के लिये एक औपचारिक मंच की आवश्यकता है। प्रशिक्षण सहित, अनुसंधान तथा प्रसार का संयुक्त एजेंडा तथा मिट्टी, जल, चारा तथा चारागाह संसाधनों की प्राप्ति के लिये संयुक्त प्रबंधन सहमति आदि के लिये। आगामी दशक के लिये यह कार्य इन्हें इस प्रकार विकसित करने की है जो शामिल संगठनों तथा उनके द्वारा की जारी अनौपचारिक परस्पर क्रिया दोनों के लिये खतराहीन हो, एक पूर्व आवश्यकता की तरह पारस्परिक विश्वास तथा एक-दूसरे के कार्यों के प्रति जागरुकता के विकास के लिये जिस पर जिसका औपचारिक परस्पर क्रिया निर्भर है।

## नोट्स

1 उदाहरणों के लिये, देखे निम्नलिखित बाह्य तथा स्थायी कृषि के सूचना केंद्र के समाचार (आई एफ ई आई ए) पोस्ट बॉक्स 64, 3830 AB लियुसडेन, नीदरलैंडस पर आधारित।

2 इन्टरनेशनल फेडरेशन ऑफ ओरगेनिक एग्रीकल्चर मुवमेंटस से संबद्ध संस्थाएँ। (आई एफ ओ ए एम)

3 इन तरीकों के पुनर्विचार के लिये देखे फैरिंगटन एंड मार्टिन, 1988, चैंबर्स, पेयी एंड थ्रूप, 1989, स्कून्स एंड थामसन, 1994. किसान भागीदारी अनुसंधान के विचारों तथा तरीकों के हाल के पुनर्विचार के लिये देखें ओकाली, इट. *अल.*, 1994.

## संदर्भ


एगुइरे, एफ., एंड नामदार, ईरानी, एम. (1992) कंप्लीमेटरीटीज एंड टेंशनस इन एनजीओ-स्टेट रिलेशंस इन एग्रीकल्चरल डिवलपमेंट। दी ट्राजेक्टरी ऑफ एग्रेरिया (चीली)।

*एग्रीकल्चरल रिसर्च एंड एकसटेंशन पेपर नं. 32*, लंदन ओवरविज डिवलपमेंट इंस्टीट्यूट।

आयर्स, ए. (1992) कंफ्लीट्स ऑर कंप्लीमेंटटीज? दी स्टेट एंड एनजीओ इन दी कोलोनाईजेशन जोन्स ऑफ सान जुलियन एंड बर्लिन, इस्टर्न बोलिविया। *एग्रीकल्चरल रिसर्च एंड एक्सटेंशन नेटवर्क पेपर नं. 37*। लंदन, ओवरसीज डिवलपमेंट इंस्टीट्यूट।

बेबींगटन, ए.जे., एंड रिडेल, आर. (1994) *न्यू एजेंडास एंड ओल्ड प्राब्लेम इशुज, ऑपसंस एंड चैलेंजेज डारेक्ट फन्डिंग ऑफ साउर्थन एनजीओस.* ड्राफ्ट, मिमेओ. लंदन : ओवरसीज डेवेलोपमेंट इंस्टीट्यूट।

बेबींगटन, ए.जे., एंड थीएले, जी. (एडीस.) (1993). *एनजीमोस एंड दी स्टेट इन लेटिन अमरीका; रिथंकीग रोल्स इन सस्टेनेबल एग्रीकल्चर, डेवेलपमेंट*। लंदन : राउटलेज।

बकलैंड, जे., एंड ग्राहम, पी. (1990) दी मेनोनाईट सेंट्रल कमिटीज एक्सपेरिंयस इन एग्रीकल्चरल रिसर्च एंड एक्सटेंशन इन बांग्लादेश। *एग्रीकल्चरल रिसर्च एंड एक्सटेंशन नेटवर्क पेपर नं. 17*, लंदन, ओवरसीज डेवेलपमेंट इंस्टीट्यूट।

काप (1991, दिसंबर) जेनरेशन वाइ ट्रांसफरेंसिया डी टेकनोलोजिया एग्रोपिकयुरिया। सिस्टेमेटाईजेशन डी एक्सपेरियंस इन इल काप। पेपर प्रेजेंटेड ऐट *टॉलर रिजनल पारा अमरीका डेल सुर : जेनरेशन वाइ ट्रांसफरेंसिया डी टेकनोलोजिया एग्रोपिक्युरिया; एल पेपल डी लास ओएनजी से वाई इल सेक्टर पब्लिको*, सांता क्रूज, बोलिविया (समराईज्ड इन ईंगलिस ऐज एल सेंट्रो एंडिनो डी एसियन पोपुलर इन ए.जे. बेबींगटन एंड जी. थियेल (इडीएस.) *एनजीओ एंड दी स्टेट इन लेटिन अमरीका : रिथींकिंग रोल्स इन सस्टेनेबल एग्रीकल्चरल डेवेलपमेंट*। लंदन राउटलेज (1993)।

कैरोल, टी. (1992) *इन्टरमीडियरी एनजीओज : दी सपोर्टिंग लिंक इन ग्रासरूटस डेवेलपमेंट*। वेस्ट हार्टफोर्ड, सीटी, कुमारियन प्रेस।

छागुमा, ए., एंड गंबो, डी. (1993) एडा-जिंबाबे एंड कम्युनिटी रिसर्च। इन के. वेलार्ड एंड जे.जी कोप्सरेक (इडीएस.) *एनजीओ एंड दी स्टेट ऑफ अफ्रीका : रिथींकिंग रोल्स इन सस्टेनेबल एग्रीकल्चरल डेवेलपमेंट*। लंदन, राउटलेज।

चैंबर्स, आर. पेसी एंड थ्रूप एल.ए. (इडीएस.) (1989) *फार्मर फर्स्ट फार्मर : इन्नोवेशन एंड एग्रीकल्चरल रिसर्च*, लंदन, इन्टरमीडियेट टेक्नोलोजी पब्लिकेशंस।

क्रोमवेल, ई. एंड विर्जीस एस. (1993) *सोईंग वियंड दी स्टेट। एनजीओज एंड सीट सप्लाई इन डेवेलपिंग कंट्रीज*। लंदन, ओवरसीज डेवेलपमेंट इंस्टीट्यूट।

डी. जौवरी, ए. मार्श, रंसटेन, डी, सेडौलेट, ई. एंड जाबिन, सी(1989) इंपैक्टोहीला क्रापसिस इन ला इक्नोंफा कंपेसिना डी अमेरिका लेटिंस वाई एल कैरिब। इन एफ जोर्डन (इडी.) *ला इकनोमिका कंपेसिना क्रायसिस, रिएक्टीवेशन पालिटिकास* (पे. 91-205) सेनजोस, कास्टारीका ईंस्टीट्यूट इन्टर अमेरिकानो डी कोरपरेशन पारा ला एग्रीकल्चर।

फार्नवर्थ, ई. जी. (1991, जून) *दी इंटर अमेरिकन डेवेलपमेंट बैंकस इन्टर एक्शंस विथ नन गवर्नमेंटल, इन वायलेंटल ओरगेनाइजेशंस*। पेपर प्रेजेंटेड ऐट दी थर्ड कंसल्टेटिव मीटिंग ऑन दी इन हायरमेंट केराकस, वेनेजुएला।

फेरिंगटन, जे. एंड बेबींगटन, ए.जे. (1993 *रिलक्टेंट पार्टनर्स? नन गर्वनमेंटल ओरगेनाईजेशंस : दी स्टेट एंड सस्टेनेबल एग्रीकल्चरल डेवेलपमेंट*। लंदन, राउटलेज।

फेरिंगटन, जे. एंड लेविस, डी. (इडीएस.) (1993) *एनजीओज एंड दी स्टेट इन एशिया। रिथींकिंग रोल्स इन सस्टेनेबल एग्रीकल्रल डेवेलपमेंट*। लंदन, राउटटनेज।

फेरिंगटन, जे. एंड मार्टिन, ए. (1988) फार्मर पार्टिसिपेशन इन एग्रीकल्चरल रिसर्च : ए रिव्यु ऑफ कंसेप्ट्स एंड प्रैक्टिसेस। *आकेजनल पेपर नं.11*, लंदन : ओवरसीज डेवेलपमेंट इंस्टीट्यूट।

फर्नांडिज, ए. (1993ए) एनजीओज एंड गवर्नमेंट : ए लव-हेट रिलेशनशिप इन फेरिंगटन एंड डी लेविस (इडीएस.) *एनजीओज एंड दी स्टेट इन एशिया। रिथींकिंग रोल्स इन सस्टेनेबल एग्रीकल्चरल डेवेलपमेंट*, लंदन, राउटलेज।

फर्नांडिज, ए.पी. (1993बी) *दी मापराडा एक्सपेरियंस : दी इन्टरवेंशनस ऑफ ए वोलंटरी एजेंसी इन दी इमरजेंस एंड ग्रोथ ऑफ पिपुल्स इंस्टीट्यूशंस फॉर सस्टेंड एंट एक्वीटेबल मैनेजमेंट ऑफ मापराडा वाटर सेड्स*। बंगलोर इंडिया, मापराडा।

फर्नांडीज, ए.पी., एंड मेसकेरेंहास, जे. (1993) मापराडा पार्टिसिपेटरी रूरल एप्रैजल एंड पार्टिसिपेटरी लर्निंग मेथड्स। इन जे. फेरिंगटन एंड डी. लेवीस (एडीस.), *एजीओज एंड दी स्टेट इन एशिया : रिथींकिंग रोल्स इन सस्टेनेबल एग्रीकल्चरल डेवेलमेंट*, लंदन, राउटलेज।

गिल्बर्ट, ई. (1990) नन-गवर्नमेंटल ओरगेनाईजेशंस एंड एग्रीकल्चरल रिसर्च : दी एक्सपेरियंस ऑफ दी गांबिया। *एग्रीकल्चरल रिसर्च एंड एक्सटेंशन नेटवर्क पेपर नं. 12*, लंदन, ओवरसीज डेवेलपमेंट इंस्टीट्यूट।

गियरडानो, ई., सतीश, एस. एंड फेरिंगटन, जे. (1993) ग्रीनवर्क एट आरोबिल फ्रोम सरवायवल टू इन्टर इस्टीयूशनल कोलेबोरशन। इन जे. फेरिंगटन एंड डी. लेविस (इडीएस.) *एनजीओज एंड दी स्टेट इन एशिया : रिथींकिंग रोल्स इन सस्टेनेबल एग्रीकल्चरल डेवेलपमेंट*, लंदन, राउटलेज।

गोंसाल्वेज, जे., एंड मिकलेट टिव्स, ए. (1993) दी इन्टरनेशनल इंस्टीट्यूट फॉर रूरल रिकंस्ट्रक्शन (आईआईआरआर) डेवेलपींग एन एग्रोफोरेस्ट्री कीट इन जे फेरिंगटन एंड दी लेविस (इडीएस.) *एनजीओज एंड दी स्टेट एन एशिया रिथींकिंग रोल्स इन सस्टेनेबल एग्रीकल्चरल डेवेलपमेंट*, लंदन, राउटलेज।

हैडरसन, पी.ए., एंड सिंह आर. (1990) एनजीओ गर्वनमेंट लिंक इन सीड प्रोडक्शन। केस स्टडीज फ्रोम जाबिया एंड इथियोपिया। *एग्रीकल्चरल रिसर्च एंड एक्सटेंशन नेटवर्क, पेपर नं. 14*, लंदन ओवरसीज डेवेलपमेंट इंस्टीट्यूट।

जोर्डन, एफ, (इडी.) (1989) *ला इकनोमिका कंपेसिना; कायसिस रिएकटीवेशन पालिटिकस*, सैन जोसे, कास्टारीका/इंस्टीट्यूट इन्टरअमेरिकन एंड कोरपोरेशन पारा एग्रीकल्चरल।

कोहल, बी (1991) प्रोटेक्टैड टोर्टिकल्चरल सिस्टम इन बोलिविय एंड्स : ए केस स्टडी ऑफ एनजीओज एंड इन एप्रोप्रियेट टेक्नोलोजी। *एग्रीकल्चरल रिसर्च एंड एक्सटेंशन नेटवर्क पेपर नं. 29*, लंदन, ओवरसीज डेवेलपमेंट इंस्टीट्यूट।

कोर्टन, डी 1987) थर्ड जेनरेशन एनजीओज स्ट्रैटजीस : ए की टू पिपुलसेंटर्ड डेवेलपमेंट, *वर्ल्ड डेवेलपमेंट, 15* (सप्लीमेंट 145-159)।

मुस्तफा, एस, रहमान, एस, एंड सतार, जी. (1999) बांग्लादेश रूरल एडवांसमेंट कमिटि (बीआरएसी) बैकयार्ड पौल्टरी एंड लैंडलेस इरिगेटर्स प्रोग्राम। इन जे. फेरिंगटन एंड डी लेविस (इडीएस.) *एनजीओज एंड दी स्टेट ऑफ एशिया रिथींकिंग रोल्स इन सस्टेनेबल एग्रीकल्चरल डेवेलपमेंट*, लंदन, राउटलेज।

ओकली, सी., समबर्ग, जे., एंड फेरिंगटन, जे (1994) *फारमर पार्टीसिपेटरी रिसर्च : रिहटोरिक एंड रयेलिटी*। लंदन : आई. टी. पब्लिकेशन।

सतीस, एस., एंड वर्द्धन, टी.जे.पी.एस. (1993) एक्शन फॉर वर्ल्ड सोलीडेटरी एंड दी रेड-हैडिड हैरी केटरपीलर इन जे. फेरिंगटन एंड डी. लेवीस (इडीस.) *एनजीओज एंड दी स्टेट इन एशिया : रिथिंकिंग रोल इन सस्टेनेबल* एग्रीकल्चरल डेवेलोपमेंट। लंदन : राउटलेज।

स्कूंस, आई., एंड थामसन, जे. (1994, अक्तूबर) *बियोंड फारमर फर्स्ट : रूरल पिपुल्स नोलेज, एग्रीकल्चरल रिसर्च*

*एंड एक्सटेंशन प्रैक्टिस : टूआईस ए थियोरेटिकल फ्रेमवर्क*। पेपर प्रेजेंटेड ऐट दी बेयोंड फार्मर फर्स्ट वर्कशॉप। इंस्टीट्यूट ऑफ डेवेलपमेंट स्टडीज : यूनिवर्सिटी ऑफ ससेक्स, ब्राईटन।

शाह, पी., एंड मणि., पी. एम. (1993) नेटवर्किंग इन पार्टिसिपेटरी ट्रेनिंग एंड एक्सटेंशन। एक्सपेरियंसेस ऑफ दी आगा खाँ रूरल सपोर्ट प्रोग्राम इन गुजरात स्टेट। इन जे. फेरिंगटन एंड डी. लेविस (इडीएस.) *एनजीओज एंड दी स्टेट इन एशिया : रिथींकिंग रोल्स इन सस्टेनेबल एग्रीकल्चरल डेवेलपमेंट*, लंदन, राउटलेज।

सोलोज, जे., थोंगपान, एन., एंड लीलापात्र, डब्ल्यू. (1993) एनजीओ गवर्नमेंटल इन्टरएक्शन इन राइसफिश कल्चर इन एनई थाईलैंड। इन जे. फेरिंगटन एंड डी. लेविस (इडीएस.) *एनजीओज एंड दी स्टेट इन एशिया : रिथिंकिंग रोल्स इन सस्टेनेबल एग्रीकल्चरल डिवलपमेंट*। लंदन : राउटलेज।

सोटोमेयर, ओ. (1991) जीया एंड न्यू चीलियन पब्लिक सेक्टर : दी डायलेमास ऑफ सक्सेसफुल एनजीओ इंफ्लुयेंस ओवर दी स्टेट। *एग्रीकल्चरल रिसर्च एंड एक्सटेंशन नेटवर्क पेपर नं. 30*. लंदन, ओवरसीज डेवेलपमेंट इंस्टीट्यूट।

थियेले, जी., डेविस, पी. एंड फेरिंगटन, जे. (1988) स्ट्रेंग्थ इन डायवरसिटी : इन्नोवेशन इन एग्रीकल्चरल टेक्नोलोजी डेवेलपमेंट टू इस्टर्न बोलिविया। *एग्रीकल्चरल रिसर्च एंड एक्सटेंशन पेपर नं.* 1. लंदन। ओवरसीज डेवेलपमेंट इंस्टीट्यूट।

ट्रुजिलो, ई. (1991 दिसंबर) *इन्वेस्टीगेशन वाई एकसटेंशन फोर इलसिबो इन एल अल बेनी*। पेपर प्रेजेंटेड ऐट दी रिजनल वर्कशाप फॉर साऊथ अमरीका। दी जेनरेशन एंड ट्रांसफर ऑफ एग्रीकल्चरल टेक्नोलोजी : दी रोल ऑफ एनजीओज एंड दी पब्लिक सेक्टर, सांता क्रूज, बोलिविया।

वासी मलाई, एम. (1993) प्रोफेशनल एसिसटेंस फॉर डेवेलपमेंट एक्शन (पीआरएडीएएन) : एन एनजीओ डिमीस्टीफाय एंड स्केलस डाउन टेक्नोलाजी। इन जे. फेरिंगटन एंड डी. लेविस (इडीएस.)। *एनजीओज एंड दी स्टेट इन एशिया : रिथींकिंग रोल्स इन सस्टेनेबल एग्रीकल्चरल डेवेलपमेंट*, लंदन : राउटलेज।

वाटसन, एच.आर., एंड लैक्वीहन, डब्ल्यू. ए. (1993) दी मिंडानों बाघिस्ट रूरल लाईफ सेंटर्स स्लोपींग एग्रीकल्चरल लैंड टेक्नोलोजी (एसएएलटी) रिसर्च एंड एक्सटेंशन इन फिलीपींस। इने जे. फेरिंगटन एंड डी. लेविस (इडीएस.) *एनजीओज एंड दी स्टेट इन एशिया : रिथींकिंग रोल्स इन सस्टेनेबल एग्रीकल्चरल डेवेलपमेंट*, लंदन, राउटलेज।

वेलार्ड, के., एंड कोपेसटेक, जे. जी. (इडीएस.) (1993) *एनजीओज एंड दी स्टेट ऑफ एशिया : रिथिंकींग रोल्स इन सस्टेनेबल एग्रीकल्चरल डेवेलपमेंट*, लंदन, राउटलेज।

वर्ल्ड बैंक (1991ए) *वर्ल्ड डेवेलपमेंट रिपोर्ट 1991 : दी चैलेंज ऑफ डिवलपमेंट*। ऑक्सफोर्ड, ऑक्सफोर्ड यूनिवर्सिटी प्रेस।

वर्ल्ड बैंक (1991बी) *ट्रेंड्स इन डेवेलपींग कंट्रीज, 1991*। वाशिंगटन, डीसी, वर्ल्ड बैंक।